TRIERER HISTORISCHE FORSCHUNGEN

TRIERER HISTORISCHE FORSCHUNGEN

Herausgegeben von
Hans-Hubert Anton, Günter Birtsch, Kurt Düwell,
Alfred Haverkamp, Heinz Heinen, Franz Irsigler,
Wolfgang Schieder, Ralf Urban

Band 2

THF
Verlag Trierer Historische Forschungen
Trier 1982

Rudolf Holbach

Stiftsgeistlichkeit im Spannungsfeld von Kirche und Welt

Studien zur Geschichte des Trierer Domkapitels
und Domklerus im Spätmittelalter
Teil 1

THF
Verlag Trierer Historische Forschungen
Trier 1982

Umschlagbild: Siegel der Artistenfakultät der alten Trierer Universität (15. Jahrhundert)

Stiftsgeistlichkeit im Spannungsfeld von Kirche und Welt.
Studien zur Geschichte des Trierer Domkapitels und Domklerus
im Spätmittelalter/von Rudolf Holbach – Trier:
Verlag Trierer Historische Forschungen, 1982, 2 Tle
(Trierer Historische Forschungen: Bd. 2)
ISSN 0720-9096
ISBN 3-923087-01-2

Alle Rechte vorbehalten
© Verlag Trierer Historische Forschungen (THF)
Universität Trier, Postfach 3825, 5500 Trier
Fotosatz und Offsetdruck: Volksfreund-Druckerei Nik. Koch, Trier

Meinen Eltern

Inhaltsverzeichnis

Vorwort

Einleitung 1

   1. Allgemeiner Forschungsüberblick   1
   2. Forschungs- und Quellenlage zum Trierer Domkapitel   10
   3. Abgrenzung und Aufriß des Themas   14

A. Domklerus und weltliche Herrschaftsträger

I. Königtum   17

   1. Königliche Förderung des Domkapitels   17
   2. Bistumsbesetzung   20
   3. Besetzung von Kapitelsstellen   32
   4. Domherren im Dienste von König und Reich   35
   5. Finanzielle Forderungen   36
   6. Auseinandersetzungen mit anderen Herrschaftsträgern   38
   7. Zusammenfassung   39

II. Territorialherren und Adel   39

   1. Verwandtschaftsbeziehungen   39
   2. Bistumsbesetzung   43
   3. Besetzung von Kapitelsstellen   54
   4. Herrschaftsrechte und Besitz   58
   5. Stiftungstätigkeit   74
   6. Zusammenfassung   75

III. Stadt Trier   76

   1. Personelle Verknüpfungen   76
   2. Rechtliches Verhältnis   86
   3. Wirtschaftliche Beziehungen   108
   4. Religiöse Bindungen   135
   5. Verhalten in Krisensituationen   151
   6. Zusammenfassung   155

B. Domklerus und geistliche Herrschaftsträger und Institutionen

I. Papst und Kurie   157

1. Bistumsbesetzung   157
2. Pfründenvergabe   172
   a) Dignitäten und Kanonikate   172
   b) Vikarien, Altäre u. ä.   192
3. Besondere persönliche Kontakte   202
   a) Domherren als Inhaber von Ehrenstellungen   202
   b) Domherren als päpstliche Beauftragte   204
4. Kuriales Finanzsystem   217
5. Päpstliche Gesetzgebungsgewalt   228
6. Päpstliche Gerichtsbarkeit   232
7. Zusammenfassung   241

II. Erzbischof   243

1. Bistumsbesetzung   243
   a) Herkunft und vorherige Stellung der Erzbischöfe   243
   b) Wahlkapitulationen   246
2. Beteiligung der Domherren an der Verwaltung des Erzstifts   256
   a) Konsensrecht des Kapitels   256
   b) Archidiakone und Offiziale   257
3. Vergabe von Kapitelsstellen   263
4. Besondere persönliche Kontakte   271
5. Einflüsse erzbischöflicher Amts- und Banngewalt   274
6. Beziehungen im wirtschaftlichen Bereich   281
7. Religiöse Bindungen   287
8. Verhalten in Konfliktlagen   292
9. Zusammenfassung   294

III. Weitere geistliche Institutionen   295

1. Trierer Domherren als auswärtige Pfründeninhaber   295
2. Stiftungen und Testamente   298
3. Rechtliche Beziehungen   323
4. Wirtschaftliche Kontakte   328
5. Religiös-kultische Bindungen   338
6. Zusammenarbeit und Auseinandersetzung in Krisensituationen   342
7. Zusammenfassung   355

Schlußbemerkungen   357

Inhaltsverzeichnis zu Teil 2

Vorbemerkungen

C. Die personelle Zusammensetzung des Domkapitels

I. Chronologische Listen

1. Pröpste
2. Dekane
3. Scholaster
4. Custoden
5. Cantoren
6. Domherren

II. Alphabetische Listen

1. Domherren ohne Angabe der Familie
2. Domherren nach Familien

D. Das Herkunftsgebiet der Trierer Domherren

1. Die Gebiete im Westen
2. Die Gebiete südlich von Mosel und Lahn
3. Die Gebiete nördlich von Mosel und Lahn

Schlußbemerkungen

Abkürzungen
Quellen und Literatur
Register
Kartenanhang

Vorwort

Der vorliegende Band stellt die nur z. T. überarbeitete Fassung einer Dissertation dar, die im Sommersemester 1978 vom Fachbereich III der Universität Trier angenommen wurde.

Die Anregung zur Beschäftigung mit dem Thema erhielt ich durch meinen verehrten Lehrer, Herrn Prof. Dr. Alfred Haverkamp, der mir überhaupt erst den Zugang zur mittelalterlichen Geschichte vermittelt, die Arbeit dann in all ihren Phasen mit seinem Rat begleitet und – stets ansprechbar – mich auf vielfältige Weise gefördert hat. Ihm gebührt an erster Stelle mein Dank. Zu größtem Dank verpflichtet bin ich aber ebenso Herrn Prof. Dr. Franz Irsigler, der mir nicht nur durch manche Anregungen und sein treffendes Urteil sehr weitergeholfen wie auch meinen wissenschaftlichen Horizont insgesamt erweitert hat, sondern mir als seinem wissenschaftlichen Mitarbeiter in großzügiger Weise den nötigen Freiraum zur Fertigstellung der Dissertation gewährte.

Für wichtige Hinweise und Gespräche danke ich Kollegen und Freunden innerhalb wie außerhalb der Universität. Den Leitern und Mitarbeitern der benutzten Archive und Bibliotheken bin ich für ihre Hilfsbereitschaft und Freundlichkeit sehr verpflichtet. Herrn Prof. Dr. Franz-Josef Heyen danke ich für das Entgegenkommen, mir vor der Drucklegung die zum größten Teil von ihm selbst erstellte Generalkartei der Germania Sacra zugänglich zu machen. Dankbar erinnere ich mich besonders auch der Unterstützung, die ich bei meinem Studienaufenthalt in Rom am Deutschen Historischen Institut fand.

Das Cusanus-Werk hat mich während meines Studiums, dann auch im Rahmen eines Promotionsstipendiums materiell wie ideell sehr gefördert; ihm weiß ich mich in besonderem Maße verbunden. Auch die Drucklegung der Arbeit hat es durch ein Darlehen finanziell unterstützt. Für weitere namhafte Zuschüsse, zinslose Darlehen oder anderweitige Unterstützung habe ich zu danken: dem Kultusministerium des Landes Rheinland-Pfalz, dem Bistum Trier, dem Kulturdezernat der Stadt Trier, der Kreisverwaltung Trier-Saarburg, der Vereinigung „Freundeskreis" Trierer Universität e. V., der Stadtsparkasse Trier, der Kreissparkasse Trier-Saarburg und der Volksbank Trier.

Den Herausgebern der Trierer Historischen Forschungen bin ich für die Aufnahme der Arbeit in die neue Schriftenreihe verpflichtet. Frau Antje Gräber, Frau Renate Heinzkill und Frau Brigitte Weimann danke ich für ihre mit viel Mühen verbundene Arbeit an der Herstellung des Manuskripts.

Danken möchte ich aber vor allem meinen Eltern! Für meinen Werdegang haben sie vielfältige, keineswegs immer leichte Opfer auf sich genommen. Ihnen sei der vorliegende Band gewidmet. Meiner Frau Marianne schließlich danke ich für ihre tatkräftige Unterstützung und ihre Geduld.

Trier, im Dezember 1981   Rudolf Holbach

Einleitung

1. Allgemeiner Forschungsüberblick

Die bis auf die Presbyterien der Urkirche zurückführenden Klerikergemeinschaften an den Domkirchen, die sich in Deutschland vom 9. bis 11. Jahrhundert als Kapitel organisatorisch verselbständigten, konnten im weiteren Verlauf des Mittelalters zunehmend politische Bedeutung erlangen. Die Ausbildung des alleinigen Wahlrechts bei der Bistumsbesetzung bis zum beginnenden 13. Jahrhundert versetzte sie in die Lage, den zukünftigen Landesherrn zu bestimmen, durch entsprechende Auflagen zu binden und eigene Ansprüche, insbesondere die aus Konsensrecht und Zwischenregierungsgewalt erwachsende Beteiligung an der geistlichen und weltlichen Leitung des jeweiligen Hoch- oder Erzstifts, weiter zu verankern. Zu den Möglichkeiten politischer Einflußnahme bei privilegierter Stellung und weitgehender Selbständigkeit kam das Verfügungsrecht über reichen Besitz, was die Domkapitel bis zur Säkularisation eine Anziehungskraft auf den Adel ausüben und als Folge einer entsprechenden Adelspolitik einen exklusiven Charakter ausprägen und behalten ließ. – Ihrer großen Bedeutung gemäß ist ein spezielles Interesse für sie in der Literatur bereits im 16., 17. und 18. Jahrhundert festzustellen[1]. Im einzelnen kann auf diese Arbeiten nicht eingegangen werden. Es erscheint jedoch für die folgenden Ausführungen sinnvoll, die historiographische Tradition zumindest in ihren Leitlinien zurückzuverfolgen, da von hierher eine Standortbestimmung gegenwärtiger Domkapitelsforschung besser erfolgen kann. Der Rückblick deutet die Relevanz des Untersuchungsthemas an und erleichtert insbesondere die Abschätzung weiterer Möglichkeiten der Forschung.

Ein Schwerpunkt der Beschäftigung mit den Domkapiteln lag zunächst auf kirchenrechtlichem Gebiet. Hier sei stellvertretend auf die Arbeiten von *Franz Anton Duerr* (1729–1805) hingewiesen[2]. Im 18. Jahrhundert befaßten sich ferner

---

[1] Vgl. *Dohna*, Ständischen Verhältnisse, S. 11. Zu dieser Literatur, angefangen von den ältesten Werken wie dem 1572 erschienenen „Von der Thumstifft Ursprung . . ." des Protestanten *Georg Coelestin* bis zu den Veröffentlichungen gegen Ende des 18. Jahrhunderts vgl. auch *Johann Friedrich von Schulte*, Die Geschichte der Quellen und Literatur des canonischen Rechts von Gratian bis auf die Gegenwart, Bd. 3: Von der Mitte des 16. Jahrhunderts bis zur Gegenwart, 1875, Ndr. Graz 1956. Das Werk von *Caspar Thurmann* bietet ein frühes Verzeichnis (Bibliotheca canonicorum, in qua de canonicis et canonicatibus, eorumque collegiis, statu et officiis, residentiis, statutis, privilegiis, praebendis, vicariis, et quae eo pertinent, remissive, ad novissimos, eosque selectissimos autores, agitur, juxta seriem alphab., Halle-Magdeburg 1700). Eine Zusammenstellung älterer Literatur findet sich auch bei *Hinschius*, Kirchenrecht 2, S. 49.

[2] Disquisitio inauguralis canonica de capitulis clausis ecclesiarum tam cathedralium, quam collegiatarum in Germania, Mainz 1763; Dissertatio iuris ecclesiastici de oboedientiis et obsequiis ecclesiarum cathedralium et collegiatarum in Germania, in: Thesaurus novus iuris ecclesiastici potissimum Germaniae, seu Codex statutorum ineditorum ecclesiarum cathe-

Staatsrechtler wie etwa *Johann Jakob Moser*[3] und *Joseph von Sartori*[4] mit den Kapiteln. Die zeitgenössische Diskussion um mangelhafte Zustände in den geistlichen Wahlstaaten und eine Säkularisation als Lösungsmöglichkeit[5] führte zu Abhandlungen, wie sie auf eine Preisfrage des fuldaischen Domkapitulars *Philipp Anton von Bibra* (1786)[6] u. a. von demselben *Joseph von Sartori*[7], von *Friedrich Karl von Moser*[8] und von *Ernst von Klenk*[9] vorgelegt wurden. Im Zusammenhang mit der Exklusivität der Domstifte und einer gegen die adeligen Privilegien gerichteten Kritik aus bürgerlichen Kreisen[10] steht *Johann Michael Seufferts*

---

dralium et collegiatarum in Germania, ed. *Andreas Mayer,* Bd. 2, Mainz 1782, S. 105–172. Sie können einer episkopalistischen Richtung zugeordnet werden.

3 Moser behandelte in seinem Gesamtwerk auch das Staatsrecht der Stifte. Vgl. *Johann Jakob Moser,* Teutsches Staatsrecht, Th. 11, Leipzig-Ebersdorff 1743. Moser schrieb ferner ein: Staats-Recht des Chur-Fürstlichen Erzstiffts Trier, wie auch der gefürsteten Abbtey Prümm und der Abbtey St. Maximin, Leipzig-Frankfurt 1740.

4 *Joseph Edler von Sartori,* Geistliches und weltliches Staatsrecht der Deutschen, Catholisch-geistlichen Erz-Hoch- und Ritterstifter, 2 Bde., Nürnberg 1788–1791. Ein dritter Band, in dem speziell die Verfassung der Domkapitel behandelt werden sollte, erschien nicht mehr; lediglich das Inhaltsverzeichnis liegt vor.

5 Vgl. zum allgemeinen Hintergrund *Karl Otmar Frhr. von Aretin,* Heiliges Römisches Reich 1776–1806. Reichsverfassung und Staatssouveränität (Veröffentlichungen des Instituts für europäische Geschichte Mainz, Bd. 38), 2 Tle., Wiesbaden 1967; speziell: *Peter Wende,* Die geistlichen Staaten und ihre Auflösung im Urteil der zeitgenössischen Publizistik (Historische Studien, H. 396), Lübeck-Hamburg 1966, bes. S. 5–47.

6 Vgl. in diesem Zusammenhang *Wende* (wie vor. Anm.), S. 9–12; *Max Braubach,* Die kirchliche Aufklärung im katholischen Deutschland im Spiegel des „Journal von und für Deutschland" (1784–1792), in: HJb 54 (1934), S. 1–63, 178–220, bes. S. 5–18.

7 *Joseph Edler von Sartori,* Gekrönte Preißschrift, eine statistische Abhandlung über die Mängel in der Regierungsverfassung der geistlichen Wahlstaaten und von den Mitteln, solchen abzuhelfen, Augsburg ²1788.

8 Friedrich Karl von Moser war der Sohn Johann Jakob Mosers und zählt zu den bekanntesten Reichsjuristen und Publizisten des 18. Jahrhunderts. Der Titel seiner Schrift lautete: Über die Regierung der geistlichen Staaten in Deutschland, Frankfurt-Leipzig 1787.

9 Preisfrage: Da die Staaten der geistlichen Reichsfürsten Walstaaten und ueberdies groestenteils die gesegnetesten Provinzen von Teutschland sind, so solten sie von Rechtswegen auch der weisesten und gluecklichsten Regierung geniesen, sind sie nun nicht so gluecklich, als sie sein solten, so ligt die Schuld nicht sowol an den Regenten, als an der innern Grundverfassung. Welches sind also die eigentliche Maengel? Und wie sind solche zu heben? Beantwortet von *Ernst von Klenk,* Frankfurt-Leipzig 1787.

10 Vgl. hierzu: *Andreas Ludwig Veit,* Geschichte und Recht der Stiftsmäßigkeit auf die ehemals adeligen Domstifte von Mainz, Würzburg und Bamberg, in: HJb 33 (1912), S. 323–358; *Friedrich Keinemann,* Das Domstift Mainz und der mediate Adel. Der Streit um die Zulassung von Angehörigen der landsässigen Ritterschaften zu Mainzer Dompräbenden, in: HJb 89 (1969), S. 151–170. Zur Adelskritik vgl. *Johanna Schultze,* Die Auseinandersetzung zwischen Adel und Bürgertum in den deutschen Zeitschriften der letzten drei Jahrzehnte des 18. Jahrhunderts (1773–1806) (Historische Studien, H. 163), Berlin 1925; *Adelheid Bues,* Adelskritik – Adelsreform. Ein Versuch zur Kritik der öffentlichen Meinung in den letzten beiden Jahrzehnten des 18. Jahrhunderts an Hand der politischen Journale und der Aeusserungen des Freiherrn vom Stein, Diss. masch. Göttingen 1948, S. 1–79, 119–122.

„Versuch einer Geschichte des teutschen Adels in den hohen Erz- und Domcapiteln" (1790)[11]. Insgesamt ist in der Literatur des 18. Jahrhunderts das Interesse an den Domkapiteln nicht primär historisch. Zwar gehen verschiedene Arbeiten auf die geschichtliche Entwicklung ein; dies geschieht jedoch hauptsächlich, um bestimmte Argumentationen mit historischem Material zu stützen oder aber die zeitgenössischen Zustände überhaupt verständlich zu machen. Die untergeordnete Rolle der Geschichte in diesen Werken entspricht der Lage der zeitgenössischen Geschichtsforschung allgemein, die weitgehend lediglich „Hilfswissenschaft" für Theologie bzw. Jurisprudenz war, allerdings als solche immer unentbehrlicher wurde[12]. Bei den Verfassern der Literatur zu den Domkapiteln handelte es sich auch um Theologen und Juristen[13], die zu den in ihrer Zeit auftretenden Problemen Stellung nahmen.

Die Säkularisation ließ die Domkapitel neben ihrer Machtposition und bisherigen gesellschaftlichen Rolle auch ihre Bedeutung als Objekt zeitgenössischer Auseinandersetzungen in der Literatur zunächst verlieren[14]. Das Bewußtsein von einer in der Übergangsperiode befindlichen Verfassung Deutschlands förderte

---

11 *Johann Michael Seuffert*, Versuch einer Geschichte des teutschen Adels in den hohen Erz- und Domcapiteln nebst einigen Bemerkungen über das ausschließliche Recht desselben auf Dompräbenden, Frankfurt/M. 1790. Seuffert nahm eine gemäßigte Position ein.

12 Vgl. *Josef Engel*, Die deutschen Universitäten und die Geschichtswissenschaft, in: HZ 189 (1959), S. 223–378, bes. S. 242–276; *Andreas Kraus*, Vernunft und Geschichte. Die Bedeutung der deutschen Akademien für die Entwicklung der Geschichtswissenschaft im späten 18. Jahrhundert, Freiburg-Basel-Wien 1963, bes. S. 412–468; zur Entwicklung von Geschichte und Kirchengeschichte in dieser Zeit auch *Emil Clemens Scherer*, Geschichte und Kirchengeschichte an den deutschen Universitäten. Ihre Anfänge im Zeitalter des Humanismus und ihre Ausbildung zu selbständigen Disziplinen, Freiburg 1927.

13 Vgl. *v. Schulte* (wie Anm. 1), S. 238–240 (Dürr); *Erwin Schömbs*, Das Staatsrecht Johann Jakob Mosers (1701–1785). Zur Entstehung des historischen Positivismus in der deutschen Reichspublizistik des 18. Jahrhunderts (Schriften zur Verfassungsgeschichte, Bd. 8), Berlin (1968); *Walter Gunzert*, Friedrich Carl von Moser. Reichshofrat, Präsident und Kanzler in Darmstadt, deutscher Publizist und Freund Goethes 1723–1798, in: Lebensbilder aus Schwaben und Franken, hg. v. *Max Miller* und *Robert Uhland*, Bd. 11, Stuttgart 1969, S. 82–117; ADB 30, S. 378 (Sartori), 34, S. 53–58 (Seuffert).

14 Zur Säkularisation von Kapiteln und den Folgen vgl. etwa: Geschichte des Breslauer Domkapitels im Rahmen der Diözesangeschichte vom Beginn des 19. Jahrhunderts bis zum Ende des zweiten Weltkriegs, hg. v. *Kurt Engelbert*, Hildesheim 1964; *Dietrich Pietschmann*, Die Säkularisation des Domkapitels in Magdeburg und seiner Nebenstifter. Stiftische Herrschaften im späten Feudalismus, in: Beiträge zur Geschichte des Erzbistums Magdeburg, hg. v. *Franz Schrader* (Studien zur katholischen Bistums- und Klostergeschichte, Bd. 11), Leipzig (1968), S. 123–154; *Monika Lahrkamp*, Münster in napoleonischer Zeit 1800–1815. Administration, Wirtschaft und Gesellschaft im Zeichen von Säkularisation und französischer Herrschaft (Quellen und Forschungen zur Geschichte der Stadt Münster, NF Bd. 7/8), Münster (1976), S. 343–418. Zur Rolle von Domkapiteln im 19. und 20. Jahrhundert vgl.: *Norbert Trippen*, Das Domkapitel und die Erzbischofswahlen in Köln 1821–1929 (Bonner Beiträge zur Kirchengeschichte, Bd. 1), Köln-Wien 1972; Das Domkapitel zu Münster 1823–1973, hg. v. *Alois Schroer* (Westfalia Sacra, Bd. 5), Münster 1976.

jedoch in dieser Zeit eine Hinwendung zu historischer Betrachtung. Die weitere Existenz von Domkapiteln in einer veränderten Kirche machte es auch notwendig, ihre Funktion und rechtliche Stellung zu diskutieren sowie erneut zu bestimmen, und veranlaßte Theologen und Juristen des 19. Jahrhunderts[15] zu entsprechenden Untersuchungen. Hingewiesen sei auf die Arbeiten von *Binterim*[16], *Gehring*[17] und *Huller*[18], die Ausführungen im Kirchenrecht von *Hinschius*[19] und die umfangreiche Monographie von *Philipp Schneider*[20]. Der stärkere Zentralismus in der Kirche bewirkte insgesamt gegenüber der episkopalistischen Literatur des 18. Jahrhunderts eine Betonung des Papsttums[21]; der Machtverlust der Kapitel führte dazu, daß im Verhältnis zum Bischof weniger die Gegensätzlichkeit gesehen, als vielmehr eine starke Stellung des Bischofs und die Funktion des Kapitels als diesen bei der Diözesanverwaltung unterstützendes Organ herausgestellt wurden. Bei der Darstellung berücksichtigt wurden insbesondere die staatskirchenrechtlichen Gegebenheiten, wobei je nach Position des Verfassers abweichende Auffassungen zum Verhältnis von Staat und Kirche vertreten wurden.

Nahmen durch das Interesse der Autoren an der Gegenwart die aktuellen Zustände einen breiten Raum innerhalb der Ausführungen ein, wurde dennoch die historische Betrachtung keineswegs vernachlässigt. Sie blieb freilich weitgehend auf die rechtlichen Verhältnisse beschränkt und richtete sich noch nicht wie in der Folgezeit auch auf sozialgeschichtliche Probleme. Die Hinwendung

---

15 Für die nachfolgenden Autoren vgl. etwa: NDB 2, S. 249 f. (Binterim); 9, S. 190 f. (Hinschius) sowie die biographischen Angaben in ihren im folgenden zitierten Abhandlungen.
16 *Anton Joseph Binterim,* Die vorzüglichsten Denkwürdigkeiten der Christ-Katholischen Kirche aus den ersten, mittlern und letzten Zeiten. Mit besonderer Rücksichtnahme auf die Disziplin der katholischen Kirche in Deutschland, Bd. 1, T. 1 u. Bd. 3, Mainz 1825 u. 1826. Binterim war Vertreter eines militanten Katholizismus, der Auseinandersetzungen mit dem Staat nicht scheute.
17 *Gustav Gehring,* Die katholischen Domkapitel Deutschlands als juristische Personen nach dem historischen und heutigen Rechte dargestellt, Regensburg 1851.
18 *Georg Anton Huller,* Die juristische Persönlichkeit der katholischen Domkapitel in Deutschland und ihre rechtliche Stellung. Eine gekrönte Preisschrift, Bamberg 1860. Gehring und der bairische Ministerialsekretär Huller nahmen gemäßigte Positionen ein.
19 *Hinschius,* Kirchenrecht 2, S. 49–161.
20 *Philipp Schneider,* Die bischöflichen Domkapitel, ihre Entwicklung und rechtliche Stellung im Organismus der Kirche, Mainz 1885. Schneider zählt zu den engagierten Vertretern der Existenz der Domkapitel und kirchlicher Rechte gegenüber dem Staat.
21 Vgl. *Fritz Fleiner,* Ueber die Entwicklung des katholischen Kirchenrechts im 19. Jahrhundert. Rektoratsrede, gehalten am Jahresfeste der Universität Basel, dem 8. November 1901, Tübingen-Leipzig 1902. Zur Entwicklung der Kanonistik vom 18. zum 19. Jahrhundert: P. Muschard, Die kanonistischen Schulen des deutschen Katholizismus im 18. Jahrhundert außerhalb des Benediktinerordens (zugleich ein Ausblick ins 19. Jahrhundert), in: Theolog. Quartalsschr. 112 (1931), S. 350–400, S. 396–400; *Engelbert Plassmann,* Staatskirchenrechtliche Grundgedanken der deutschen Kanonisten an der Wende vom 18. zum 19. Jahrhundert (Freiburger Theologische Studien, H. 88), Freiburg-Basel-Wien 1968.

zur Geschichte diente vielmehr vor allem dazu, das Entstehen der gegenwärtigen rechtlichen Situation deutlich zu machen, bei den Domkapiteln das Verständnis ihrer aus dem Gewohnheitsrecht hergeleiteten gegenwärtigen Rechte zu erleichtern[22]. Darüber hinaus wurde der Rückblick auf die Vergangenheit dazu benutzt, die derzeitige Situation im Vergleich entweder zu kritisieren oder positiv zu beurteilen[23]. Das Interesse, das sich auf bestimmte, in den verschiedenen Domkapiteln ähnliche rechtliche Verhältnisse konzentrierte, sowie die Orientierung an normativen Quellen wie den Statuten verleiteten zu allzu schematisierender Betrachtung, die den doch unterschiedlichen Verhältnissen zu den einzelnen Zeiten in den einzelnen Kapiteln in nicht genügendem Maße gerecht wurde und daher auf die Kritik nachfolgender Bearbeiter stieß.

Nachdem *Georg von Below* mit seiner Dissertation von 1883 über die Entstehung des ausschließlichen Wahlrechts der Domkapitel ein für die Kapitelgeschichte außerordentlich wichtiges Einzelthema behandelt hatte[24], wurde von grundlegender Bedeutung für die weitere Domkapitelforschung die Arbeit von *Albert Brackmann* über das Halberstädter Domkapitel im Mittelalter (1898). *Brackmann* wich von dem zur Abstraktion neigenden Verfahren ab, die Domkapitel insgesamt zu behandeln, und beschränkte seine Untersuchung auf ein bestimmtes Domkapitel zu einem bestimmten Zeitraum. Hierdurch wurde eine intensivere und differenziertere Betrachtung möglich[25]. Was ihn von den vorher besprochenen Autoren wesentlich unterschied, war auch die Tatsache, daß sein Interesse primär historisch war. Der Gegenstand seiner Darstellung war nicht die gegenwärtige Situation der Domkapitel, wie dies bei den kirchenrechtlichen Arbeiten in erster Linie der Fall war, vielmehr ging es ihm darum, die Verhältnisse in einem einzelnen Domkapitel und vornehmlich die von der bisherigen Forschung vernachlässigte „komplizierte äußere Organisation"[26] in einem bestimmten Zeitraum der Vergangenheit aufzuzeigen[27].

---

22 Vgl. hierzu auch *Ulrich Stutz*, Die kirchliche Rechtsgeschichte. Rede zur Feier des 27. Januar 1905, gehalten in der Aula der Universität zu Bonn, Stuttgart 1905, S. 18–24.
23 Vgl. etwa *Huller* (wie Anm. 18), S. 210–235.
24 Vgl. zu seiner Würdigung auch *Schieffer*, Entstehung, S. 93 f.
25 Diese wurde vor allem auch durch die inzwischen erfolgte Edition wichtigen Quellenmaterials erleichtert.
26 *Albert Brackmann*, Literaturbericht. Kirchliche Verfassungsgeschichte, in: HZ 135 (1914), S. 128–136, S. 130.
27 Die deutsche historische Forschung, die sich im 19. Jahrhundert in besonderem Maße auch der Erforschung des Mittelalters zugewandt hatte, hatte zum Jahrhundertende eine stoffliche Bereicherung erfahren und setzte sich nach einer Zeit weitgehend politischer Geschichtsschreibung verstärkt mit Problemen der Wirtschaft, Verwaltung und Verfassung auseinander. Im Rahmen der mittelalterlichen Verfassungsgeschichte mußte wegen der Bedeutung der Kirche in dieser Zeit gerade auch kirchlichen Verhältnissen besondere Bedeutung zukommen.

Das Anliegen von *Aloys Schulte* und seinen Schülern, namentlich von *Wilhelm Kisky*, war dagegen vor allem die Untersuchung der in den geistlichen Institutionen herrschenden Standesverhältnisse. Man bemühte sich, die Führungsrolle des Adels in der deutschen Kirche des Mittelalters nachzuweisen und in den Stiften und Klöstern die Relation von „Klassen"[28] im Adel zueinander festzustellen, dem man als dem „tragenden Stand der deutschen Geschichte" bis 1918[29] überhaupt starkes Interesse in der zeitgenössischen Historiographie entgegenbrachte[30]. Für die Domkapitelsforschung blieb der Ansatz von *Schulte* und *Kisky* wie der von *Albert Brackmann* in der Folgezeit maßgeblich; zahlreiche ähnliche Arbeiten zu anderen Domkapiteln und weiteren kirchlichen Einrichtungen folgten[31].

Leo Santifaller behandelte in seiner Untersuchung von 1924/25 über das Brixner Domkapitel im Mittelalter[32] sowohl die persönliche Zusammensetzung als auch die Verfassung und Verwaltung und verband damit die beiden bisher getrennten Verfahrensweisen miteinander. Darüber hinaus erweiterte er die Forschung zu den Domkapiteln um neue Gesichtspunkte[33]; insbesondere erkannte er aus dem Bewußtsein einer „naturgemäß engen Verbundenheit" der Mitglieder „mit dem betreffenden Lande"[34] die Notwendigkeit, einen Zusam-

---

28 Vgl. *Kisky,* Domkapitel, S. 4 f. Kisky beschränkt sich ausdrücklich nicht auf die Scheidung von Adel und Nichtadel, sondern will den Anteil der von ihm scharf getrennten Freien (Fürsten, Grafen, Freiherren) und Unfreien (Ministerialen) in den von ihm untersuchten Domkapiteln herausarbeiten. Die Abstufungen innerhalb der Freien erscheinen ihm nicht so entscheidend, da hier Konnubium bestanden habe.

29 *Schulte,* Adel und Kirche, Nachtrag, S. 31.

30 Zur Wertung des Adels seit dem 18. Jahrhundert und der Historiographie: *Karl Bosl, Hans Mommsen,* Art. Adel, in: Sowjetsystem und Demokratische Gesellschaft. Eine vergleichende Enzyklopädie, hg. v. *C. D. Kernig,* 6 Bde., Freiburg-Basel-Wien 1966–1972, Bd. 1, Sp. 51–74; *Werner Conze,* Art. Adel, Aristokratie, in: Geschichtliche Grundbegriffe. Historisches Lexikon zur politisch-sozialen Sprache in Deutschland, hg. v. *Otto Brunner, Werner Conze, Reinhart Koselleck,* Bd. 1, Stuttgart 1972, S. 1–48. In diesem Zusammenhang steht auch die Belebung der Genealogie; vgl. *Friedrich von Klocke,* Die Entwicklung der Genealogie vom Ende des 19. bis zur Mitte des 20. Jahrhunderts. Prolegomena zu einem Lehrbuch der Genealogie, Schellenberg b. Berchtesgaden 1950.

31 Vgl. Anm. 26; ferner: *Max Braubach,* Verzeichnis der von Aloys Schulte in Freiburg, Breslau und Bonn angeregten und geleiteten Dissertationen, in: HJb 57 (1937), S. 535–540.

32 *Leo Santifaller,* Das Brixner Domkapitel in seiner persönlichen Zusammensetzung im Mittelalter (Schlern-Schriften, Bd. 7), 2 Halbbde., Innsbruck 1924–1925.

33 So bezieht er Bildungsstand, literarische und künstlerische Bestrebungen und die Reisen der Domherren in die Betrachtung ein. Hierzu erörtert er nicht nur die bestehenden Vorschriften und Möglichkeiten, sondern bietet auch zahlenmäßige Übersichten. Ein Verzeichnis bringt er über Domherren als Inhaber anderer Ämter, Pfründen und Benefizien und stellt so Material über Verbindungen des Brixner Kapitels zu anderen kirchlichen Institutionen und weltlichen Mächten zur Verfügung. Nicht zuletzt geht er auch auf das kirchlich-religiöse Leben der Domherren ein und führt dabei insbesondere die Stiftungen auf.

34 *Leo Santifaller,* Urkundenforschung. Methoden, Ziele, Ergebnisse, Köln-Graz-Wien ³1968, S. 73.

menhang zwischen den Personalverhältnissen des Kapitels und der Struktur des entsprechenden Gebietes herzustellen. Ebenso wie *Schulte* hat er seine Untersuchungen durch Schülerarbeiten abgestützt[35].

Daß bis in jüngste Zeit ähnliche Untersuchungen entstanden, ist vor allem das Verdienst des Unternehmens der „Germania Sacra", das eng mit dem Namen *Brackmanns* und vor allem seines Lehrers *Paul Kehr* verknüpft ist[36]. Als Aufgabe wird die „historisch-statistische Darstellung der deutschen Bistümer, Domkapitel, Kollegiat- und Pfarrkirchen, Klöster und der sonstigen kirchlichen Institute"[37] angesehen. Innerhalb der „Studien zur Germania Sacra" erschien die Dissertation von *Rudolf Meier* über die Kapitel zu Goslar und Halberstadt im Mittelalter[38]. Neben der herkömmlichen Betrachtungsweise ist hier vor allem auf das lokale Geschehen und die Stadtgeschichte etwas stärker eingegangen und darüber hinaus das Verhältnis des Goslarer Stifts zum Königtum und der Hofkapelle in die Betrachtung einbezogen, wobei der Verfasser auf die wichtigen Ausführungen von *Hans-Walter Klewitz* zurückgreifen konnte[39]. Hervorzuheben ist bei *Meier* außer der vergleichenden Behandlung zweier Stifte das schon bei *Santifaller* erkennbare Bemühen, die Geschichte der von ihm behandelten Kapitel in einen größeren Zusammenhang zu stellen und die Beziehungen zu verschiedenen wichtigen Herrschaftsträgern aufzuzeigen.

Die Darstellung von *Friedrich Keinemann* über das Domkapitel Münster ist mit dem 18. Jahrhundert auf einen Zeitraum konzentriert, an dessen Ende die Auflösung der alten Kapitel stand. Sie lehnt sich zum Teil an das übliche Schema an, behandelt aber über die „verfassungsgeschichtliche, ständische und personengeschichtliche Untersuchung hinaus die im Kapitel bestehenden Parteiverhält-

---

35 Vgl. ebda., S. 69–74; *ders.,* Leo Santifaller, in: Österreichische Geschichtswissenschaft der Gegenwart in Selbstdarstellungen, hg. v. *Nikolaus Grass,* Bd. 2, Innsbruck 1951, S. 163–208, S. 171.
36 Zur Germania Sacra vgl. die in der 10. Aufl. d. *Dahlmann-Waitz,* Abschn. 8, Sp. 91–94, zit. Lit.
37 *Hermann Heimpel,* Max-Planck-Institut für Geschichte in Göttingen, in: Jahrbuch der Max-Planck-Gesellschaft zur Förderung der Wissenschaften E. V., 1961, Teil II, S. 316–338, bes. S. 327–331.
38 Im Mittelpunkt der Arbeit steht nach Aussage des Verfassers das „Verhältnis von Kirche und Ständewesen in Ostfalen und Ostsachsen", *Rudolf Meier,* Die Domkapitel zu Goslar und Halberstadt in ihrer persönlichen Zusammensetzung im Mittelalter (mit Beiträgen über die Standesverhältnisse der bis zum Jahre 1200 nachweisbaren Hildesheimer Domherren) (Veröffentlichungen des Max-Planck-Instituts für Geschichte 5, Studien zur Germania Sacra 1), Göttingen 1967, S. 5.
39 *Hans-Walter Klewitz,* Königtum, Hofkapelle und Domkapitel im 10. und 11. Jahrhundert, 1939, Ndr. Darmstadt 1960. Klewitz übte auch an der früheren Domkapitelsforschung Kritik und bemängelte, daß die „Stellung der Domkapitel im System der Reichskirche und ihre Rolle in der königlichen Reichskirchenpolitik" viel zuwenig beachtet worden sei (S. 44).

nisse" und das „Geflecht politischer und sozialer Verbindungen"[40]. Die freilich notwendigerweise auf wenige Beispiele beschränkte Untersuchung führt damit ebenfalls aus einer allzu isolierenden Betrachtung heraus, wie sie durch das bloße Nebeneinanderstellen von Einzelbiographien der Domherren bewirkt wird.

Die 1971 publizierte Dissertation von *Irmtraud Liebeherr* orientiert sich gleichermaßen z. T. an der älteren verfassungsgeschichtlichen Literatur, ist aber hauptsächlich dem Besitz des Mainzer Domkapitels und damit einem Themenbereich gewidmet, der in der Forschung bisher etwas zu kurz gekommen ist[41]. Mit einem grundlegenden Problem, der Entstehung von Domkapiteln in Deutschland, hat sich *Rudolf Schieffer* in seiner 1976 erschienenen Arbeit befaßt und dabei aufgezeigt, daß die Ausbildung dieser Institutionen nicht allgemein im 9. Jahrhundert erfolgte, sondern sich phasenweise verschoben und unterschiedlich bei den Bistümern westlich und östlich des Rheins vom 9. bis zum 11. Jahrhundert vollzog[42]. Einer der interessantesten modernen Beiträge zur Domkapitelgeschichte stammt aus Frankreich: *Hélène Millet* konnte auf Grund einer günstigen Quellenlage für das Domkapitel Laon EDV-Methoden anwenden. Mit ihrer Hilfe kommt sie durch die Sammlung von parallelen Angaben zu kollektiven Biographien von Domherren und kann entscheidende Gemeinsamkeiten und Konstanten, aber auch Abweichungen und Wandlungen in geographischer und sozialer Herkunft, Laufbahn, Lebensumständen und dem gesamten Umfeld der Kanoniker deutlich machen[43].

Ein Interesse an den Domkapiteln ist also auch in der neueren Forschung gegeben, wenn sicher auch andere Probleme stärker in den Vordergrund gerückt sind. Nachdem lange Zeit in der Historie Königtum und Adel und die in enger Beziehung zu diesen stehenden politisch einflußreichen kirchlichen Würdenträger und Institutionen Gegenstand von Untersuchungen waren, hat der politische und gesellschaftliche Wandel in der jüngeren Vergangenheit eine Verände-

---

40 Vgl. *Friedrich Keinemann*, Das Domkapitel zu Münster im 18. Jahrhundert. Verfassung, persönliche Zusammensetzung, Parteiverhältnisse (Veröffentlichungen der Historischen Kommission Westfalens XXII, Geschichtliche Arbeiten zur Westfälischen Landesforschung, Bd. 11), Münster 1967, S. 1, 113–202.
41 Stärker berücksichtigt wurde allerdings die Wirtschaftsverfassung. Zur Lit. zu diesem Komplex vgl. die umfangreiche Bibliographie bei *Schieffer,* Entstehung.
42 *Schieffer* untersucht vor allem drei Aspekte hinsichtlich des Alters und der Entstehungsbedingungen: die Abschichtung vom übrigen bischöflichen und städtischen Klerus, das gemeinschaftliche Leben in Befolgung einer Regel und die wirtschaftliche Verselbständigung vom Bischof (*Schieffer,* Entstehung, S. 95 f.).
43 *Hélène Millet,* Les Chanoines du Chapitre Cathedral de Laon (1272–1412), Thèse Paris 1977. Die Verfasserin machte mir die Arbeit zugänglich, wofür ich ihr herzlich danke. Zur Methode der kollektiven Biographie vgl.: *Jean-Philippe Genet,* Die kollektive Biographie von Mikropopulationen: Faktorenanalyse als Untersuchungsmethode, in: Quantitative Methoden in der Wirtschafts- und Sozialgeschichte der Vorneuzeit, hg. v. *Franz Irsigler* (Historisch-Sozialwissenschaftliche Forschungen, Bd. 4), Stuttgart (1978), S. 69–100.

rung des Erkenntnisinteresses bewirkt. Die Historiker haben sich verstärkt solchen Schichten und Lebenskreisen zugewandt, die bisher zuwenig berücksichtigt wurden; Impulse aus dem Ausland und die intensivere Aufnahme eigener Traditionen vor allem aus der geschichtlichen Landeskunde haben eine Öffnung gegenüber Nachbardisziplinen gefördert, die bei der herkömmlichen, am Historismus orientierten Betrachtungsweise weniger gegeben war[44]. Auch die hieraus erwachsene moderne Sozialgeschichte, die sich nicht als „Sektorwissenschaft" versteht[45], erfordert gleichwohl die Behandlung eines Themas wie die Geschichte eines Domkapitels. Freilich ist es dabei wünschenswert, daß statt einer isolierenden Betrachtungsweise die Verbindungen nach außen beachtet werden und eine Einordnung des behandelten Gegenstandes in das umgebende Sozialgefüge erfolgt[46].

Die Beispiele aus der jüngeren Forschung, die genannt wurden, zeigen zum Teil eine solche Erweiterung des Forschungsspektrums an. In stärkerem Maße wurde versucht, die Stellung des untersuchten Domkapitels in seinem Einzugsbereich und die Beziehungen innerhalb des Kapitels und wenigstens zu einzelnen politischen Mächten und Institutionen außerhalb aufzuzeigen. Trotz der genannten Ansätze liegt neben dem ebenfalls bisher insgesamt zuwenig beachteten wirtschaftlichen Bereich hier aber wohl noch ein weites Aufgabenfeld, da meist nur einzelne Aspekte angesprochen wurden und auch längst nicht zu allen Domkapiteln entsprechende Beiträge vorliegen.

Dem Verhältnis zum Bischof wurde traditionell die größte Aufmerksamkeit zugewendet[47]; Beziehungen zum Königtum wurden wenigstens teilweise beachtet[47a]. Zum Thema Domkapitel – Papst sind gerade im letzten Jahrzehnt Beiträge

---

44 Zur Krise des Historismus und neuen Tendenzen vgl. *George G. Iggers,* Deutsche Geschichtswissenschaft. Eine Kritik der traditionellen Geschichtsauffassung von Herder bis zur Gegenwart (dtv Wissenschaftliche Reihe 4059), München 1971, S. 163 ff. Zur gegenwärtigen Forschungssituation und ihren Grundlagen vgl. auch *Alfred Haverkamp,* Die „frühbürgerliche" Welt im hohen und späten Mittelalter. Landesgeschichte und Geschichte der städtischen Gesellschaft, in: HZ 221 (1975), S. 571–602, S. 571–574 u. d. dort zit. Lit.
45 Zur Unterscheidung Sektorwissenschaft und integrale Aspektwissenschaft für die Sozialgeschichte: *Jürgen Kocka,* Sozial- und Wirtschaftsgeschichte, in: SDG 6 (wie Anm. 30), Sp. 1–39.
46 Vgl. hierzu auch: *Edeltraut Klueting,* Stift Elsey und seine räumliche Verflechtung im südlichen Westfalen. Ein Beitrag zur Strukturbeschreibung geistlicher Stiftungen im Spätmittelalter, in: Westfälische Zeitschrift 126/127 (1976/77), S. 27–50; *Peter Moraw,* Zur Sozialgeschichte des Frankfurter Bartholomäusstifts im Mittelalter, in: Hess. Jb. f. LG 27 (1977), S. 213–235; *ders.* Hessische Stiftskirchen im Mittelalter, in: Aus Geschichte und ihren Hilfswissenschaften. Festschrift für Walter Heinemeyer zum 65. Geburtstag, hg. v. *Herrmann Bannasch* u. *Hans-Peter Lachmann* (Veröffentlichungen der Historischen Kommission für Hessen, Bd. 40), Marburg 1979, S. 425–458.
47 Das Interesse an diesem Problem ist bereits in der genannten Literatur des 18. und 19. Jahrhunderts ausgeprägt.
47a Vgl. Anm. 39.

veröffentlicht worden, die sich aber weitgehend auf die Bistumsbesetzungen beschränken[48]. Im Zusammenhang mit den Beziehungen von Stadt und Domkapitel sind die Verdienste der Stadtgeschichtsforschung hervorzuheben, die die Wichtigkeit des Komplexes Stadt und Kirche erkannt hat und auch auf die Domkapitel in diesem Zusammenhang eingegangen ist[49]. Während eine der neueren Arbeiten hierzu, die von *Dieter Demandt* über Mainz, hinter der Hauptfragestellung nach dem Weg „von einer Einheit aus Geistlichkeit und Bürgerschaft im Hochmittelalter bis hin zum spätmittelalterlichen Dissens"[50] bewußt andere Aspekte zurücktreten läßt, ist die im Jahre 1972 erschienene Darstellung von *Rolf Kiessling* über Augsburg mit ihrer umfassenden Untersuchung der zwischen Stadt und Geistlichkeit vorhandenen Berührungspunkte und deren Verknüpfung durch die Verdeutlichung von Interdependenzen ein Beispiel für die fruchtbare Anwendung moderner gesellschaftsgeschichtlicher Methoden. Sie zeigt in besonderem Maße auch die Notwendigkeit auf, Stadt bzw. geistliche Institutionen nicht isoliert und nur innerhalb ihrer eigenen Organisation zu betrachten, sondern die „Frage nach der Zahl, der Natur und der Zielrichtung der Kräfte" zu stellen, die zwischen den einzelnen gesellschaftlichen Gruppen und Mächten vorhanden sind, „welche Spannungen daraus resultieren" und in welche Richtung eine Veränderung eintritt[51]. Ein ähnliches Vorgehen bei der Untersuchung eines Domkapitels scheint dazu geeignet, dessen Rolle in der es umgebenden Gesellschaft besser deutlich zu machen.

2. Forschungs- und Quellenlage zum Trierer Domkapitel

Das Trierer Domkapitel war ebenfalls bereits früh Gegenstand wissenschaftlichen Interesses. Hingewiesen sei aus dem Zeitraum vor der Säkularisation auf die „Metropolis Ecclesiae Trevericae"[52] von *Christoph Brower* (1559–1617) und *Jakob Masen* (1606–1681)[53] und die Aufzeichnungen des 1795 verstorbenen Domdechanten *Anselm von Kerpen*[54]. Aus dem 19. Jahrhundert sind zu nennen *Michael Franz Joseph Müller* mit seiner „Summarisch, geschichtliche(n) Darstellung der Kollegiat-Stifter unserer Vaterstadt und ihrer Umgebungen"[55] und einer

---

48 *Ganzer*, Bischofswahl; *Volkert Pfaff*, Die deutschen Domkapitel und das Papsttum am Ende des 12. Jahrhunderts, in: HJb 93 (1973), S. 21–56.
49 Vgl. hierzu auch die Forschungsüberblicke bei *Kießling*, Augsburg, S. 15 f.; *Demandt*, Mainz, S. 1.
50 Ebda., S. 7.
51 *Kießling*, Augsburg, S. 17.
52 Sie erschien allerdings erst posthum.
53 Zu Brower und Masen: ADB 3 S. 368 f. u. 20 S. 558 f.; NDB 2 S. 639.
54 BATR Abt. 9, 6.
55 *Michael Franz Joseph Müller*, Summarisch, geschichtliche Darstellung der Kollegiat-Stifter unserer Vaterstadt und ihrer Umgebungen, Trier 1826. Im Zusammenhang mit dem Domkapitel geht Müller auf Aufnahme ins Kapitel, Bischofswahlrecht, Wahlkapitulationen und Zwischenregierung ein.

1831 gesondert herausgebrachten „Namenliste verschiedener Kapitularen des Domstiftes zu Trier"[56], der dem Kreis um Bischof *Hommer* zuzuordnende[57] *Johann Jakob Blattau*, Herausgeber der „Statuta synodalia"[58], mit den Ausführungen vor allem zur „Kapitular-Verfassung" innerhalb der Festschrift für *Wilhelm Arnold Günther*[59], ferner *Jakob Marx d. Ä.* als „bedeutendster Vertreter" einer neuen Ära in der Geschichtsschreibung des Bistums[60] mit seiner Geschichte des Erzstifts Trier (1858–1864), in der er das Domkapitel im Rahmen der Landesverfassung und im Zusammenhang mit der Betrachtung der einzelnen Kollegiatstifte behandelte[61]. Hinzu kommen *Julius von Wegeler* mit seiner auf den Aufzeichnungen *von Kerpens* basierenden Personenliste (1880)[62] und *Sidney Speyer*, der sich vor 1888 im Anschluß an die grundlegende Arbeit von *Georg von Below* über die Entstehung des ausschließlichen Wahlrechts des Kapitels mit diesem Thema speziell für Trier befaßte und versuchte, die Entwicklung aus der sich wandelnden Stellung des Kapitels innerhalb des Beziehungsgeflechts von Kaiser, Kurie, Adel und Bischof für die Zeit von 1122 bis ins 13. Jahrhundert hinein herzuleiten[63]. Die Bischofswahlen standen dann auch in der 1909 erschienenen Dissertation von *Richard Martini* im Vordergrund[64]; *Johannes Kremer* behandelte 1911 die ebenfalls für das Verhältnis von Erzbischof und Kapitel wichtigen Wahlkapitulationen[65].

Schon wenige Jahre früher erschienen die beiden grundlegenden Untersuchungen zur Geschichte des Trierer Domkapitels im Mittelalter, die erwähnte von *Wilhelm Kisky* über die Standesverhältnisse und die Darstellung von *Hubert Bastgen*, die sich hauptsächlich auf die Verfassung und Verwaltung des Domkapitels bezieht. Die Personenlisten des *Schulte*-Schülers *Kisky* werden als wichtige Grundlage bis heute immer wieder zitiert. *Bastgen* steht dagegen in der Tradition von *Brackmann*[66] und wendet eine ähnliche Fragestellung und Vor-

---

56 Es handelt sich um die Ergänzung einer Liste in seiner Anm. 55 genannten Arbeit.
57 Vgl. *Alois Thomas*, Archivalische und historische Arbeiten im Bistum Trier unter Bischof Joseph v. Hommer (1824–1836), in: Arch. f. mrh. KiG 1 (1949), S. 183–208, S. 198–200.
58 Von 1844 bis 1859.
59 Der Dom zu Trier oder Statuta des vormaligen erzbischöflichen Domkapitels zu Trier, Seiner Hochwürden Gnaden, dem Hochwürdigsten Weihbischofe, Herrn Wilhelm Günther, Bischof von Sina, gewidmet am Tage seiner Consekration (14. September 1834), Trier 1834.
60 *Thomas* (wie Anm. 57), S. 208.
61 *Marx*, Erzstift Trier 1/1, S. 293–298; 2/2, S. 21–54.
62 *Julius von Wegeler*, Beiträge zur Specialgeschichte der Rheinlande, Bd. 2. Das hohe Domstift zu Trier. Die Bürgermeisterei Burgbrohl, Koblenz 1880.
63 Speyer faßt aber Gruppen wie „Adel", „Prälaten" und „Kapitel" als allzu homogen auf.
64 Zum Anliegen Martinis vgl. *Martini*, Bischofswahlen, S. 7–11. Martini prüft insbesondere, wieweit das Priviteg von 913 für die Wahl Bedeutung hatte, das dem Trierer Klerus und „Volk" das Wahlrecht übertragen hatte.
65 Vgl. zu dieser Arbeit unten den Abschnitt über EB u. Wahlkapitulationen.
66 Vgl. auch *Bastgen*, Domkapitel, S. 2 f.

gehensweise wie dieser auf das Trierer Kapitel an. Dank seiner Vorarbeit sind wir umfassend über dessen innere Verhältnisse informiert, freilich weitgehend anhand normativer Quellen. In kleineren Beiträgen hat *Bastgen* ebenso wie andere Autoren[67] verschiedene für die Kapitelsgeschichte wichtige Einzelprobleme angesprochen[68]. Die Dissertation von *Friedrich Wilhelm van Gelder* über die Standesverhältnisse der kölnischen und trierischen Archidiakone lieferte eine wertvolle Ergänzung zur Personenliste von *Kisky*[69], der in der Reihe der Kunstdenkmäler der Rheinprovinz 1931 erschienene Band von *Nikolaus Irsch* über den Dom zu Trier brachte wesentliche historische Nachrichten nicht nur zur Baugeschichte[70]. Aus der Forschung seit dem Zweiten Weltkrieg[71] ragt

---

67 Hier sei etwa auf Johann Christian Lager, Heinrich Volbert Sauerland, Gottfried Kentenich, Margarete Seidel, Heinrich Milz hingewiesen. Vgl. neben den im Lit.-Verz. genannten Arbeiten: *Johann Christian Lager,* Die ehemalige Domdechanei in Trier, in: Trier. Chron. 5 (1909), S. 7–10; *ders.,* Zur Geschichte des Trierer Domschatzes seit der französischen Revolution, in: Trier. Chron. 12 (1916), S. 114–127, 152–174, 13 (1917), S. 17–25; *ders.,* Bemühungen des Domkapitels von Trier, um den h. Nagel zurückzuerhalten, in: Trier. Chron. 14 (1918), S. 16–23, 51–57; *Scheuffgen-Lager,* Das Domcapitel in Trier in seinem Verhältnisse zum dortigen Bantusseminar, Köln 1891; zuvor: *dies.,* Prüfung und Würdigung der Endres'schen Schrift: Das „Banthusseminar in Trier", Trier 1889. *Heinrich Volbert Sauerland,* Rechtsgeschichte des Trierer Bantusseminars, Trier 1892; *ders.,* Das Trierer Domhospital während des Mittelalters, in: Pastor bonus 5 (1893), S. 89–94. *Gottfried Kentenich,* Zur Geschichte des Trierer Domschatzes in: Trier. Chron. 12 (1916), S. 30 f.; *ders.,* Zur Geschichte der Trierer Domfreiheit, in: Trier. Chron. 13 (1917), S. 189–191; *ders.,* Die Trierer Domschule im Mittelalter, in: Trierer Heimatbuch. Festschrift zur rheinischen Jahrtausendfeier 1925, hg. v. d. Gesellschaft für nützliche Forschungen in Trier, Trier 1925, S. 177–192. *Heinrich Milz,* Ahnenproben auf Trierer Denkmälern, in: Trier. Heimat 5 (1928/29), S. 87–91, 101–106, 132–134, 145–149, 164; *ders.,* Ahnenproben auf Trierer Denkmälern, Neue Folge, in: Trier. Heimat 7 (1931), S. 23–25, 31–35, 74 f., 100–103, 121–124.
68 Vgl. *Bastgen,* Archidiakonate (1907); *ders.,* Beschwerdeschrift (1909); *ders.,* Das Archiv des Erzstifts und des Domkapitels zu Trier im 14. Jahrhundert, in: Trier. Arch. 14 (1909), S. 1–10; *ders.,* Die Stellung des Trierer Domkapitels zur Säkularisation des Kölner Erzstifts und zum Konzil von Trient, in: Trier. Arch. 19/20 (1912), S. 183–198, 21 (1913), S. 33–64.
69 *Friedrich Wilhelm van Gelder,* Die Standesverhältnisse der Kölner und Trierischen Archidiakone in der Zeit von etwa 1000–1500. Ein Beitrag zur kirchlichen Verfassungsgeschichte der Erzbistümer Köln und Trier im Mittelalter, Diss. masch. Bonn 1925.
70 Der Band enthält vor allem eine gute Zusammenstellung der älteren Literatur.
71 Vgl. hierzu bes. die im Lit.-Verz. genannten Veröffentlichungen von Richard Laufner, Nikolaus Kyll, Erich Meuthen, Franz-Josef Heyen, Georg Friedrich Böhn, Hans-Jürgen Krüger. Ferner: *Rudolf Brandts,* Die Trierer Domimmunität im Wandel der Baukunst vom 11. bis 18. Jahrhundert, in: Rh. Vjbll. 12 (1942), S. 89–121; *ders.,* Kapitelshäuser im Domviertel von Trier, in: Arch. f. mrh. KiG 1 (1949), S. 89–135; *Richard Laufner,* Trierer Domkurien und ihre Bewohner, in: Trier. Jb. 1954, S. 17–30; *Balthasar Fischer,* Die jährliche Schiffsprozession des mittelalterlichen Trierer Dom- und Stiftsklerus auf der Obermosel, in: Trier. Jb. 1954, S. 6–12; *Heinrich Milz,* Ahnenproben auf Trierer Denkmälern, Denkmäler mit 16 Ahnenwappen, in: Trier. Jb. 1955, S. 34–41; *Benedikt Caspar,*

zweifellos die Dissertation von *Sophie-Mathilde Gräfin zu Dohna* hervor, die in Fortsetzung zu *Kiskys* Arbeit den ständischen Verhältnissen vom 16. bis zum 18. Jahrhundert gewidmet ist, dabei aber auch die rechts- und verfassungsgeschichtliche Fragestellung einbezieht[72]. Hingewiesen sei ferner auf die 1970 erschienene materialreiche Dissertation von *Adalbert Kurzeja* über den ältesten „Liber ordinarius" der Trierer Domkirche, die vor allem die Kenntnis über die religiöse Funktion des Doms wesentlich erweitert hat[73].

Insgesamt liegt damit zwar zum Domkapitel Trier eine Reihe von Veröffentlichungen vor; diese berücksichtigen jedoch nur einen begrenzten Ausschnitt aus dem Kreis der zu behandelnden Themen. Ebenso wie bei der Domkapitelsforschung allgemein sind die dominierenden Gesichtspunkte in den umfangreicheren Arbeiten die Verfassung und Verwaltung bzw. die persönlichen Verhältnisse des Kapitels. Andere Fragestellungen werden durch die kleineren Veröffentlichungen und die das Domkapitel betreffenden Teile in größeren, thematisch anders orientierten Untersuchungen nur in unvollkommenem Maße abgedeckt. Dies gilt gerade für das Mittelalter, das in umfassender Weise lediglich auf der Basis der gewiß zu ihrer Zeit fortschrittlichen, den Forderungen einer modernen Sozialgeschichte aber nur teilweise genügenden Fragestellungen von *Schulte* und *Brackmann* untersucht worden ist.

Die Quellengrundlage für eine Bearbeitung der Geschichte des mittelalterlichen Trierer Domkapitels kann als gut bezeichnet werden. Auf die Vielzahl von gedrucktem Material und insbesondere die zahlreichen Urkunden- und Regestensammlungen braucht hier nicht im einzelnen eingegangen zu werden[74]. Sie erfassen vor allem die Zeit bis 1300[75]. Zum ungedruckten Material haben *Bastgen* und *Kisky* in den Einleitungen zu ihren Untersuchungen bereits Hinweise gegeben[76]. Der für das Domkapitel hauptsächlich wichtige Bestand befindet sich im Landeshauptarchiv in Koblenz; er umfaßt für den Untersuchungszeitraum der folgenden Arbeit zirka 1100 Urkunden und eine Reihe von Akten. Ergänzungen bieten umfangreiche Kopialbände. Im Bistumsarchiv Trier lagern weitere, das Dom-

---

Das Erzbistum Trier im Zeitalter der Glaubenspaltung bis zur Verkündigung des Tridentinums in Trier im Jahre 1569 (Reformationsgeschichtliche Studien und Texte, H. 90), Münster (1966) (mit Liste von Domherren); *Egon Boshof,* Das Erzstift Trier und seine Stellung zu Königtum und Papsttum im ausgehenden 10. Jahrhundert. Der Pontifikat des Theoderich (Studien und Vorarbeiten zur Germania Pontificia, Bd. 4), Köln-Wien 1972; *Paul Brewer Pixton,* Dietrich von Wied: Geistlicher Ehrgeiz und politischer Opportunismus im frühen 13. Jahrhundert, in: Arch. f. mrh. KiG 26 (1974), S. 49–73; *ders.,* Auf Gottes Wachturm: Ein erzbischöfliches Reformprogramm im Trier des 13. Jahrhunderts, in: Kurtrier. Jb. 17 (1977), S. 12–23.

72 Vgl. auch Besprechung von *Peter Neu* zu Dohna, in: Rhein. Vjbll. 26 (1961), S. 354–359.
73 Bemerkenswert sind unter anderem auch die Ausführungen zur Topographie.
74 Vgl. hierzu den ersten Teil des Lit.-Verz.
75 Bis etwa zu dieser Zeit reichen vor allem die wichtigen Mittelrheinischen Regesten und Wampachs Urkundenbuch; das Mittelrheinische Urkundenbuch geht nur bis 1259.
76 Vgl. *Kisky,* Domkapitel, S. 6 f.; *Bastgen,* Domkapitel, S. 4–6.

kapitel direkt betreffende Quellen, vereinzelte Belege werden im Stadtarchiv Trier oder anderen Archiven aufbewahrt. Selbstverständlich sind bei einer möglichst umfassenden Betrachtungsweise und gerade bei der noch zu erläuternden Anlage dieser Arbeit über die direkten Domkapitelsbestände hinaus weitere Materialien von Belang. So bieten etwa die in Koblenz befindlichen anderen Abteilungen zum Erzstift, zu geistlichen Institutionen und zum Adel wie auch entsprechende Bestände in anderen Archiven wichtige Informationen. Für die Beziehungen des Domkapitels zu Papst und Kurie ist auf die – freilich zum Teil mangels Vorarbeit allzu schwierig zu erschließenden – vatikanischen Quellen hinzuweisen. Insgesamt ist die Quellenbasis genügend umfangreich für eine weitere Untersuchung der Geschichte des Trierer Domkapitels im Mittelalter unter neuen Fragestellungen.

3. Abgrenzung und Aufriß des Themas

Auf der Grundlage der genannten Forschung sowie der Quellen soll im folgenden ein Problem behandelt werden, das bisher insgesamt zuwenig beachtet wurde, nämlich Geschichte eines Domkapitels in seinen Außenbeziehungen. Als – freilich keineswegs streng eingehaltener – zeitlicher Rahmen wurden dabei die Mitte des 13. Jahrhunderts und die Mitte des 15. Jahrhunderts gewählt, wobei die interessanten Trierer Bistumsbesetzungen von 1242 und 1456 und die im Zusammenhang damit stehenden Ereignisse noch in die Betrachtung einbezogen werden. Die Begrenzung erscheint insbesondere im Hinblick auf Veränderungen in einzelnen Bereichen sinnvoll. Bis zur Mitte des 13. Jahrhunderts hat das Trierer Kapitel sein ausschließliches Wahlrecht durchgesetzt, bald darauf erfolgt die Abschließung gegenüber den Bürgern. Der Zerfall der Stauferherrschaft und das Interregnum beeinträchtigten die Machtposition des Königtums[77] und hatten ihre Auswirkung auf Territorien und Adel, insbesondere auch auf die für das Kapitel wichtige Reichsministerialität. In der Stadt Trier fällt in die Mitte des 13. Jahrhunderts die Konsolidierung der Schöffenherrschaft. Um die Mitte des 15. Jahrhunderts sind entscheidende territoriale Veränderungen und Verschiebungen an den Grenzen des Erzstifts vollzogen oder zumindest im Gange. Das Königtum hat seinen Schwerpunkt endgültig nach Osten verlagert und bleibt nunmehr in der Hand der Habsburger. Innerhalb der Stadt hat sich eine neue, stärker von den Zünften geprägte Führungsschicht durchgesetzt. Das Domkapitel formuliert 1451 seine ersten ausführlichen Kapitelsstatuten, die in der Folgezeit grundlegend blieben.

---

77 Nach neueren Forschungen darf jedoch die Bedeutung des Interregnums in diesem Zusammenhang nicht überbewertet werden; vgl. *Fred Schwind,* Die Landvogtei in der Wetterau. Studien zu Herrschaft und Politik der staufischen und spätmittelalterlichen Könige (Schriften des Hessischen Landesamtes für Geschichtliche Landeskunde 35), Marburg 1972; *Peter Moraw,* Hessen und das deutsche Königtum im Mittelalter, in: Hess. Jb. f. Landesgesch. 26 (1976), S. 43–95, S. 50, 64, 71.

Von der Quellenlage her bietet ein Einstieg um die Mitte des 13. Jahrhunderts den Vorteil einer breiteren Grundlage und für die genannten Personen eine bessere Identifizierungsmöglichkeit, da sich um diese Zeit die Angabe von Vor- und Beinamen weitgehend durchgesetzt hat.

Voraussetzung für die Erörterung der Außenbeziehungen des Kapitels war die Kenntnis seiner personellen Zusammensetzung, da die Kontakte nach außen mit der Herkunft und dem sozialen Umfeld der einzelnen Kanoniker in Zusammenhang gebracht werden können. Weil sich die Angaben von *Kisky* doch in allzu vielen Punkten als korrektur- oder ergänzungsbedürftig erwiesen, mußten neue Personenlisten erstellt werden. Zusammen mit den knappen Ausführungen über das Herkunftsgebiet der Kanoniker, die unter Zuhilfenahme der Karte Kontinuität bzw. Wandlungen in diesem Bereich deutlich machen können, stellen sie nunmehr den zweiten Teil der Untersuchung dar. Im ersten Teil erfolgt die Darstellung des eigentlichen Problemkreises, der im Titel – freilich in plakativer Form verkürzt – mit „Stiftsgeistlichkeit im Spannungsfeld von Kirche und Welt" umschrieben ist. Der Trierer Domklerus wird dabei als eine Klerikergemeinschaft, die in einer bestimmten Organisationsform (Stift) zusammengeschlossen ist, in Relation gesetzt zu einem Umfeld, das mit dem verwendeten Begriffspaar („Kirche" und „Welt") als ein doppeltes und in gewisser Weise – wenn auch nicht im Sinne einer Trennung – gegensätzliches verstanden wird. Durch die außerordentliche Dimension beider Begriffe und ihr verschiedenartiges, sich teilweise überlagerndes Bedeutungsspektrum freilich bleibt es so weit und unbestimmt gefaßt, daß jene Vielzahl von nur teilweise voneinander zu lösenden Zusammenhängen darunter subsumiert werden kann, in die eine geistliche Institution wie die untersuchte einbezogen war.

Es bedarf weiterer Spezifizierung, in welcher Weise die Rolle von Trierer Domkapitel und Domgeistlichkeit in dem sie umgebenden „Spannungsfeld" vor Augen geführt werden soll. Die Darstellung versucht dies auf dem Wege einer Gliederung nach institutionell-herrschaftlichen Kriterien, d. h. durch eine Untersuchung der Beziehungen des Trierer Domklerus zu einzelnen anderen laikalen wie klerikalen Herrschaftsträgern. Auf weltlicher Seite sind hier Königtum, Territorialherren und Adel des Umlandes sowie die Stadt Trier zu nennen. Andere Städte, Institutionen wie die für die Beziehungen der Kanoniker zweifellos wichtigen Universitäten und vor allem auch der ländliche Bereich müssen ausgeklammert bleiben, Voraussetzung wäre vor allem im letzteren Zusammenhang eine detaillierte Untersuchung des Kapitelsbesitzes, die aber auf Grund von dessen Umfang Gegenstand einer gesonderten Arbeit sein muß und hier nicht geleistet werden konnte. Im geistlichen Bereich wird auf Verbindungen zwischen dem Kapitel, der Domgeistlichkeit und Papst und Kurie, dem Trierer Erzbischof und verschiedenen Kirchen, insbesondere den Stiften und Klöstern in Trier und seinem Umland, einzugehen sein. Um eine größere Übersichtlichkeit und auch Vergleichsmöglichkeiten zu erreichen, bot es sich an, bei der Darstellung des Verhältnisses zu den jeweiligen Herrschaftsträgern eine systematische Unterscheidung nach verschiedenen Kontaktebenen und einzelnen Lebensbereichen vorzunehmen, wenn hier auch selbstverständlich Überschneidungen gegeben sind.

Umfang und Reihenfolge der Behandlung in den einzelnen Abschnitten ist aus sachlichen Gründen unterschiedlich; einige Gesichtspunkte sind nur für bestimmte Personen und Institutionen von Gewicht oder quellenmäßig besser erfaßbar, zum Teil sind spezielle weitere Aspekte zu beachten, auch ist die wechselseitige Richtung der Beziehungen zu berücksichtigen.

Anzusprechen sind vor allem:
- politische Orientierungen und daraus resultierendes Verhalten am Beispiel der Bistumsbesetzungen
- personelle Kontakte, insbesondere Einflüsse von außen auf die Zusammensetzung des Kapitels und Leben und Laufbahn der einzelnen Kanoniker
- rechtliches Verhältnis und hieraus resultierende gegenseitige Eingriffsmöglichkeiten
- wirtschaftliche Beziehungen, vornehmlich finanzielle Ansprüche bzw. Verpflichtungen sowie Erwerb bzw. Veräußerung von Besitzungen oder Einkünften
- religiöse Bindungen, wie sie in Stiftungen und Testamenten und im kultischen Bereich zum Ausdruck kommen
- Verhalten bei Konflikten und Beeinflussung des gegenseitigen Verhältnisses durch äußere Ereignisse.

Eine solche Vorgehensweise hat zweifellos den Nachteil, daß gewisse Themen – wie etwa die Bistumsbesetzungen – mehrfach und nicht geschlossen behandelt werden. Hierfür treten aber die einzelnen weltlichen und geistlichen Mächte und Institutionen in der Gesamtheit ihrer Beziehungen zum Trierer Domkapitel stärker hervor; die Art, die Intensität, die Schwerpunkte und die Richtung ihrer Kontakte können bei der aufeinanderfolgenden Betrachtung nach einzelnen Bereichen deutlich gemacht werden. Gewiß sind verschiedene Aspekte dieser Verbindungen in früheren Arbeiten bereits zur Genüge beschrieben worden, so daß hier eine weitere Untersuchung keine wesentlich neuen Erkenntnisse zutage fördern kann; sie müssen jedoch unter Referierung des Forschungsstandes in eine bisher noch nicht unternommene umfassende Darstellung der Außenbeziehungen eines Kapitels miteinbezogen werden. Natürlich kann auch diese Arbeit keine Gesamtschau sämtlicher möglichen Gesichtspunkte bieten und beim Umfang der Fragestellung viele interessante Probleme und Vorgänge nur ansprechen und sie nicht bis in die Einzelheiten verfolgen. Sie bemüht sich jedoch, in stärkerem Maße, als es bislang geschehen ist, das Spektrum unterschiedlicher Kontakte des Trierer Kapitels zu erfassen, in Zusammenhang zu bringen und dadurch die Gefahr einer einseitigen Betrachtungsweise zu vermeiden. Die Einbeziehung der Geschichte einer wichtigen geistlichen Institution in die des umgebenden Gesellschaftsgefüges versucht auch den Forderungen einer modernen Sozialgeschichte als „integraler" Wissenschaft für den untersuchten Themenbereich Rechnung zu tragen.

A. Domklerus und weltliche Herrschaftsträger

I. Königtum

1. Königliche Förderung des Domkapitels

Eine Förderung der Domkirche und des Kapitels in der Merowinger- und Karolingerzeit[1] steht sicherlich im Zusammenhang mit der allgemeinen Kirchenpolitik der Könige[2]. Einen ersten eindeutigen, sogar in ältere Zeiten zurückweisenden Beleg für die wirtschaftliche Verselbständigung und das Sondervermögen des Kapitels stellt die Urkunde Arnulfs von 893 dar, der auf Bitte des Erzbischofs Ratbod den „canonicis in principali episcopii sui ecclesia die ac nocte domino famulantibus" alles bestätigte, was ihnen von seinen Vorgängern und den Erzbischöfen zu ihrem Lebensunterhalt geschenkt worden war[3]. Im folgenden Jahr erneuerte er auch die im Präsenzgelderverzeichnis von 1399 auf Dagobert zurückgeführte Schenkung des Dorfes Mairy durch seinen Onkel Ludwig[4]. Im März 900 erfolgte durch Ludwig das Kind eine erneute Bestätigung der Verfügungen Arnulfs, der Schenkung einer Manse mit Hörigen durch Zwentibold und eine für Thionville geltende Zollbefreiung von Gütern und Leuten des Domkapitels in Mairy[5], die für beide Orte durch den Salier Heinrich III. im Jahre 1045 bestätigt wurde[6].

Die durch diese Belege dokumentierte Begünstigung des Trierer Domkapitels findet in späterer Zeit mit dem allgemeinen Rückgang königlichen Einflusses auf

---

1 NLBH Ms. XVIII, 1006, fol. 9': „It. memoria Dagilberti regis, qui contulit nobis Meris. Pensionarius dabit 40 sol. et propinabit"; fol. 3': „It. memoria Karoli magni et aliorum qui contulerunt nobis Celle cum suis attinentiis. Pensionarius solvit 40 sol. et propinabit." Vgl. MRR 1 Nr. 78. Zur angeblichen Schenkung von Mairy durch Dagobert und der späteren Bestätigung durch Arnulf (s. u.) auch *Eugen Ewig,* Trier im Merowingerreich. Civitas, Stadt, Bistum, 1954, Ndr. Aalen 1973, S. 124, 166, 170 u. 183.
2 Vgl. *Heyen,* St. Paulin, S. 248, der so auch die Belege für Schenkungen und Restitutionen durch Dagobert, Ludwig d. Frommen und Heinrich I. für St. Paulin wertet. Zum Verhältnis des Königtums zur Trierer Kirche vgl. allg. die vor. Anm. genannte Arbeit von *Ewig.* Zu bis auf Dagobert zurückgeführten Fälschungen *Erich Wisplinghoff,* Untersuchungen zur frühen Geschichte der Abtei St. Maximin bei Trier von den Anfängen bis etwa 1150 (Quellen u. Abhandlungen zur mittelrheinischen Kirchengeschichte, Bd. 12), Mainz 1970, bes. S. 5–22, 126–142 mit älterer Lit.
3 MGH DD Kar. Germ. 3 Nr. 113; MRUB 1 Nr. 132 v. 893 II 7; RI I Nr. 1885; MRR 1 Nr. 772 mit weiteren Belegen. Vgl. ferner *Bastgen,* Domkapitel, S. 9 f. und neuerdings *Schieffer,* Entstehung, S. 141 u. 271 f.
4 MGH DD Kar. Germ. 3, Nr. 124; MRUB 1 Nr. 136 v. 894 IV 16; RI I Nr. 1896, vgl. *Bastgen,* Domkapitel, S. 9; *Schieffer,* Entstehung, S. 141; sowie Anm. 1.
5 MGH DD Kar. Germ. 4 Nr. 2; RI I Nr. 1985; MRUB 1 Nr. 149; vgl. *Schieffer,* Entstehung, S. 141.
6 MGH DD reg. imp. Germ. 5 Nr. 143; MRUB 1 Nr. 322; MRUB 2 Nr. 362; MRR 1 Nr. 1296 mit weiteren Belegen.

die Bischofskirchen[7] kaum Fortsetzung[8]. Lediglich unter den Luxemburgern wurden dem Kapitel Urkunden ausgestellt. Ein stärkeres Interesse dieses dem Trierer Erzbistum entstammenden und dort auch engagierten Herrscherhauses liegt auf der Hand. Karl IV. hat im Dezember 1346, also noch zu Lebzeiten Ludwigs des Bayern, unter Hinweis auf die traditionellen Bindungen und auf die Unterstützung Erzbischof Balduins bei der Erlangung des Königtums versprochen, Domkirche und Kapitel bei der Wahrung ihrer Privilegien zu unterstützen und sie und ihren Besitz vor jeglichem Unrecht zu verteidigen[9]. Hinzu kam eine Zollbefreiung, die Karl am selben Tag für die „clericos tam religiosos quam seculares necnon opidanos et homines" von Erzbischof und Kapitel aussprach[10]. Gleichsam als Gegenleistung erklärten die Domherren, bei einer kommenden Sedisvakanz die Interessen des Königs zu vertreten und dem nachfolgenden Erzbischof das Stift nur zu übergeben, wenn er ihn als Herrscher anerkannt habe und entsprechende Verpflichtungen eingegangen sei[11]. Zweifellos stehen diese Urkunden im Zusammenhang mit dem Regierungsantritt des Luxemburgers und können vor dem Hintergrund seiner noch nicht allgemeinen Anerkennung als gegenseitige Abmachungen angesehen werden, die von seiten des Königs darauf abzielten, das Trierer Kapitel im Hinblick auf weitere Auseinandersetzungen an sich zu binden.

Aber auch zu einem späteren Zeitpunkt, als Karls Stellung längst nicht mehr angefochten war, sind Kontakte zwischen ihm und den Trierer Domherren überliefert. Unter anderem wandte sich der König in einer Urkunde vom 16. Februar 1354 an sie und forderte Hilfe für seinen Juden Samuel[12]. Am 4. März nahm er

---

7 Vgl. in diesem Zusammenhang auch *Alfons Dopsch,* Die Wirtschaftsentwicklung der Karolingerzeit vornehmlich in Deutschland, T. 1, Darmstadt ³1962, S. 202–244; dazu Rez. v. *K. Haff* in: ZRG/GA 33 (1912), S. 524–543, bes. S. 533. Königliche Besitzbestätigungen in früherer Zeit hängen freilich auch damit zusammen, daß sich die Kapitel bei Besitzstreitigkeiten an den König wandten und um Bestätigung ihrer Rechte nachsuchten (vgl. *Dopsch,* a. a. O., S. 238–244).

8 Die Urkunde König Philipps von 1202 X 11 gilt allgemein der „ecclesie Treuerensi, prelatis, clericis, abbatibus necnon ministerialibus et universis ciuibus Treuirensibus" und ist vor dem Hintergrund des Thronstreits zu verstehen (MRUB 2 Nr. 202; MGH Const. 2 Nr. 7; MRR 2 Nr. 932 mit weiteren Belegen. Vgl. als Gegenstück den Schutzbrief Ottos IV., der sich nur auf die Ministerialen und Bürger bezieht: MRUB 2 Nr. 281–282; *Rudolph,* Quellen, Nr. 9; MRR 2 Nr. 1159 mit weiteren Belegen). Spätere königliche Erklärungen zugunsten der Geistlichkeit erfolgten im Zusammenhang mit der Wahl für den jeweiligen Erzbischof.

9 MGH Const. 8 Nr. 143.

10 Ebda., Nr. 142.

11 *Verkooren,* Inventaires 2, Nr. 931; *Würth-Paquet,* Table, 23 (1868), Nr. 64 v. 1346 XII 15; LHAKO Abt. 1 D Nr. 502.

12 Am selben Tag und bereits zuvor setzte sich Karl für Samuel auch bei den Städten Trier und Koblenz bzw. beim Adel ein: *Goerz,* Luxemburgische Urkunden, 28 (1873), S. 222; RI VIII Nr. 6099; *Lindner,* Nachträge, Nr. 65; MGH Const. 11 Nr. 69; LHAKO Abt. 1 A Nr. 4014 u. 5098 f. u. 1 D Nr. 551. Zur Interpretation der Vorgänge und der Stellung

dann Propst, Dekan, Kapitel und Stift, ihre Leute, ihr Land und ihr Gut unter seinen Schutz und erließ ein entsprechendes Gebot für alle Fürsten, Grafen, Freiherren und andere Untertanen des römischen Reiches[13]. Am selben Tag gestattete er nach einer Einigung mit dem Kapitel auf seine Lebenszeit dem Erzstift Trier den unbehelligten Besitz der Städte Boppard und Wesel[14]. Auch diesmal ist die königliche Begünstigung nicht uneigennützig erfolgt. Das Kapitel lieh Karl IV. einen Betrag von 2000 fl. und bot ihm 3000 weitere an, falls Boemund von Saarbrücken als Erzbischof bestätigt würde; hierfür wurde den Domherren ein Turnos aus der Zollstätte in Boppard verschrieben[15]. Ferner erhielt der König einige wertvolle Reliquien[16]. Die ganzen Vorgänge stehen eindeutig in Beziehung zum Tod von Karls Großonkel Balduin, der Sedisvakanz und einem hierdurch bedingten königlichen Interesse an Trier, wohin sich Karl zur Trauerfeier für den Erzbischof im Februar begeben hatte[17]. Daß dem Kapitel an der Unterstützung Karls für den zum Nachfolger gewählten Boemund besonders gelegen war, mag trotz der gewiß vorhandenen Sympathie für diesen Kandidaten in Avignon damit zusammenhängen, daß man Komplikationen mit dem Papst befürchten konnte, weil dessen Vorgänger sich die Nachfolgeregelung beim Tode Balduins vorbehalten hatte und zudem päpstliche Ansprüche auf den Nachlaß des verstorbenen Erzbischofs erhoben wurden[18]. Die Zugeständnisse gegenüber dem König waren offenbar auch eine Gegenleistung für dessen Verzicht auf entsprechende Forderungen; der Chronist Heinrich von Diessenhofen berichtet jedenfalls, daß Karl IV. und die Kanoniker sich wegen der Hinterlassenschaft Balduins verständigt hätten[19].

Eine besondere Beziehung zum Trierer Kapitel bewies Karl auch dadurch, daß er der Domkirche das Haupt der heiligen Helena schenkte[20]. Sein Sohn Wenzel bestätigte im Februar 1378, also im selben Jahr, als sein Vater starb, die durch Karl IV. dem Kapitel verliehenen Privilegien[21]. Für spätere Zeiten fehlen anson-

---

Samuels vgl. *Haverkamp*, Studien, S. 476 f.; ders., Juden Trier, S. 107–109. Samuel hatte bereits 1348 von Karl einen Schutz- und Geleitbrief erhalten (vgl. ebda., S. 104 u. 109; RI VIII Nr. 753; MGH Const. 8 Nr. 644; LHAKO Abt. 1 A Nr. 5516).
13 *Lindner*, Nachträge, Nr. 72; LHAKO Abt. 1 D Nr. 689; BATR Abt. 21 Nr. 3 u. Abt. 95 Nr. 311 fol. 64'.
14 *Lindner*, Nachträge, Nr. 73; MGH Const. 11 Nr. 88; LHAKO Abt. 1 D Nr. 552 u. 4413 S. 769 f.; *Werunsky*, Karl IV. 2,2 S. 365.
15 Vgl. ebda.; Regest bei *Lindner*, Nachträge, Nr. 71.
16 Vgl. *Hans Horstmann*, Ein Brief Kaiser Karls IV. über seinen Besuch in Trier 1354, in: Trierer Zs. 22 (1953), S. 167–175, S. 167 f.
17 Zu den Vorgängen auch *Haverkamp*, Studien.
18 Vgl. zu päpstlichen Forderungen u. S. 221.
19 Heinricus de Diessenhofen und andere Geschichtsquellen Deutschlands im späteren Mittelalter, hg. v. *Alfons Huber* (Fontes Rerum Germanicarum 4), 1868, Ndr. Aalen 1969, S. 89; RI VIII Nr. 1774a.
20 *Goerz*, Regesten, S. 101; LHAKO Abt. 1 D Nr. 617 u. 4416 S. 333–335; BATR Abt. 91 Nr. 414.
21 LHAKO Abt. 1 D Nr. 689 u. 4416 S. 789–796; BATR Abt. 50,54 Nr. 2 u. Abt. 95 Nr. 311 fol. 23.

sten entsprechende Belege; von einer speziellen Förderung der Domherren durch den König kann außer den genannten Beispielen nicht gesprochen werden. Ein stärkeres Interesse von seiner Seite war offenbar, wie an Karl IV. und dem Zeitpunkt der von ihm ausgestellten Urkunden deutlich wurde, nur in bestimmten Situationen gegeben.

2. Bistumsbesetzung

Die königliche Einflußnahme auf die Vergabe der deutschen Bistümer, speziell auch die Besetzung des Trierer Erzbischofsstuhls, war im Früh- und Hochmittelalter beträchtlich[22]. Ihre besondere Ausbildung erfuhr sie im Rahmen des ottonisch-salischen Reichskirchensystems. Das Wormser Konkordat schränkte zwar die vorherigen Befugnisse des Herrschers ein, in der Praxis blieb er bei den Wahlen zunächst aber immer noch mitentscheidend[23]. Das ausschließliche Wahlrecht der Kapitel, vom Papsttum gefördert, setzte sich erst mit dem 13. Jahrhundert durch[24]. – In der Reichspolitik stellten die Bischöfe zentrale Figuren dar. Dies gilt in besonderem Maße für den Trierer Erzbischof, dessen Bedeutung auch in der Zugehörigkeit zu dem im Spätmittelalter sich konstituierenden Kollegium der sieben Kurfürsten zum Ausdruck kommt. Das Territorium des Trierer Erzstifts konnte im Laufe der Zeit beträchtlich erweitert werden, dehnte sich entlang der Moselachse nach Osten aus und griff über den Rhein hinüber. Unter anderem gerieten als Pfandschaften größere Teile des Reichsgutes an Kurtrier, so das Gebiet um Cochem (1294) und die Städte Boppard und Oberwesel mit den lukrativen Rheinzöllen (1312)[25]. Unter solchen Umständen konnte es dem jeweiligen

---

22 Zu den Vorgängen vom Beginn des 10. bis zum Ausgang des 12. Jahrhunderts vgl. insbesondere *Martini,* Bischofswahlen.

23 Vgl. hierzu *Klewitz* (wie S. 7 Anm. 39); *Fleckenstein,* Hofkapelle; *Leo Santifaller,* Zur Geschichte des ottonisch-salischen Reichskirchensystems (Österr. Akad. d. Wiss., Phil.-hist. Kl., Sitzungsberichte, 229. Bd., 1. Abh.), Köln 1964; *Oskar Köhler,* Die ottonische Reichskirche. Ein Forschungsbericht, in: Adel und Kirche. Gerd Tellenbach zum 65. Geburtstag dargebracht von Freunden und Schülern, hg. v. *Josef Fleckenstein* und *Karl Schmid,* Freiburg-Basel-Wien (1968), S. 141–204. Vgl. neuerdings auch: *Monika Minninger,* Von Clermont zum Wormser Konkordat. Die Auseinandersetzungen um den Lehnsnexus zwischen König und Episkopat (Forschungen zur Kaiser- und Papstgeschichte des Mittelalters, 2), Köln-Wien 1978.

24 Vgl. allgemein *Below,* Entstehung; *Ganzer,* Bischofswahl; für Trier speziell *Speyer,* Entstehung.

25 Vgl. *Hermann Aubin,* Das Reich und die Territorien, in: *ders. u. a.,* Geschichte des Rheinlandes von der ältesten Zeit bis zur Gegenwart, Bd. 2, Essen 1922, S. 1–50; *Aloys Schulte,* Trier in raumpolitischer Betrachtung, in: Trierische Heimat 11 (1934), S. 2–7; *Ludwig Petry,* Der Trierer Raum im Wandel der Jahrhunderte, in: Geschichte des Trierer Landes I, hg. v. *Richard Laufner* (Schriftenreihe zur Trierischen Landesgeschichte und Volkskunde, Bd. 10), Trier 1964, S. 1–7; *Franz Steinbach,* Grundzüge der politischen Entwicklung an der oberen und mittleren Mosel im Mittelalter, in: Collectanea Franz Steinbach. Aufsätze

König nicht gleichgültig sein, welcher Person das Trierer Erzstift bei Vakanz zufiel. Zu fragen ist allerdings, inwieweit er im Spätmittelalter noch die Möglichkeit fand, in den Vorgang der Bistumsbesetzung einzugreifen.

Die Wahl in Trier im Jahre 1242 fiel in eine Zeit, in der eine starke antistaufische Partei in Deutschland und ein Bündnis der zwei rheinischen Erzbischöfe gegen die Staufer eine Anteilnahme an dem Geschehen in Trier für den König besonders wichtig machten[26]. Beim Tode des Theoderich von Wied am 28. März in Koblenz befand sich Konrad auch gerade in der Nähe, nachdem er zuvor mit dem Grafen von Jülich, der den Kölner Erzbischof Konrad von Hochstaden gefangengenommen hatte, wegen der Auslieferung seines Gegners verhandelt und in Köln die Konfiskation von dessen Einkünften versucht hatte[27]. Daß er nunmehr beim Tode des Trierer Erzbischofs das Spolienrecht ausübte, auf das sein Vater verzichtet hatte, trug nicht gerade dazu bei, die Sympathien für ihn bei der Theoderich freundlichen Partei und insbesondere dessen Testamentsexekutoren zu verstärken. Von diesen wurde Dompropst Arnold dann gegen den königlichen Willen Erzbischof, der Archidiakon Arnold von Schleiden und der Propst Heinrich von Pfalzel waren bei den Kämpfen auf dessen Seite zu finden[28].

Zur Wahl selber, die wohl in den folgenden Tagen stattfand, begab sich der König nicht nach Trier, sondern wartete den Ablauf in Koblenz ab. Dies beugte

---

und Abhandlungen zur Verfassungs-, Sozial- und Wirtschaftsgeschichte, geschichtlichen Landeskunde und Kulturraumforschung, hg. v. *Franz Petri* u. *Georg Droege,* Bonn 1967, S. 82–90; *Richard Laufner,* Die Ausbildung des Territorialstaates der Kurfürsten von Trier, in: Der deutsche Territorialstaat im 14. Jahrhundert, hg. v. *Hans Patze,* Bd. 2 (Vorträge und Forschungen, Bd. XIV), Sigmaringen 1971, S. 127–147.

26 Vgl. hierzu und zum Bündnis der Erzbischöfe: *Manfred Stimming,* Kaiser Friedrich II. und der Abfall der deutschen Fürsten, in: HZ 120 (1919), S. 210–249, bes. S. 226–235; *Karl E. Demandt,* Der Endkampf des staufischen Kaiserhauses im Rhein-Maingebiet, in: Hess. Jb. f. Landesgesch. 7 (1957), S. 102–164, bes. S. 113 u. 118 f.; zu den Erzbischöfen *Georg Wilhelm Sante,* Siegfried von Eppstein, Erzbischof von Mainz. 1230-1249, in: Nassauische Lebensbilder, Bd. 1, hg. v. *Rudolf Vaupel* (Veröffentlichungen der Historischen Kommission für Nassau X,1), Wiesbaden 1940, bes. S. 22 f.; *Hermann Cardauns,* Konrad von Hostaden, Erzbischof von Köln (1238–61), Köln 1880; *Erich Wisplinghoff,* Konrad von Hochstaden, Erzbischof von Köln (1205–1261), in: Rheinische Lebensbilder, Bd. II, Düsseldorf 1966, S. 7–24; zum Bündnis: *Lacomblet,* UB Niederrhein 3, Nr. 257; RI V,1 Nr. 4439a; V,2 Nr. 11367. Zur Politik Konrads allgemein: *Heinz Hartmann,* Die Urkunden Konrads IV. Beiträge zur Geschichte der Reichsverwaltung in spätstaufischer Zeit, in: AUF 18 (1944), S. 39–163; *Brigitte Hoffmann,* Das deutsche Königtum Konrads IV., Diss. masch. Tübingen 1960, zu Trier S. 101 f.
27 Vgl. RI V,1 Nr. 4452b u. c, V,2 Nr. 11378a; *Cardauns* (wie Anm. 26), S. 9 ff. *Aldinger,* Erhebung, S. 16 f.
28 Vgl. ebda. Zur Maßnahme Konrads vgl. RI V,1 Nr. 4454b; MGH SS XXIV (Gesta Treverorum), S. 406. Zum Testament Theoderichs von Wied vgl. MRR 3 Nr. 79. Domcantor Kuno, ein weiterer Testamentsexekutor, starb wohl 1241 kurz nach seinem eigenen Testament. Simon v. Franchirmont zählte sicher ebenfalls zu den Anhängern Arnolds, vgl. *Michel,* Gerichtsbarkeit, S. 20 (Offizial).

dem möglichen späteren Vorwurf eines unkanonischen Verfahrens vor. Rudolf von der Brücke, der von der einen, Konrad näherstehenden Partei[29] erhoben wurde, mußte ihm durchaus genehm sein, während er in dem mit dem feindlichen Mainzer Erzbischof verwandten Arnold von Isenburg einen Gegner erblicken konnte, mit dem es überdies schon bei seinem Besuch kurz zuvor in Trier Schwierigkeiten gegeben hatte[30]. Die Regalienverleihung an Rudolf war ein Schachzug, der dem von ihm begünstigten Kandidaten zu größerem Ansehen und damit größeren Erfolgsaussichten verhelfen konnte[31]. Dabei kam dem Staufer auch zustatten, daß der päpstliche Stuhl in dieser Zeit unbesetzt war[32].

Von einer direkten, insbesondere einer militärischen Unterstützung Konrads für Rudolf von der Brücke und seine Parteigänger kann aber für die Folgezeit nicht gesprochen werden. Er stellte lediglich im Sommer 1242 in Hagenau einen Schutzbrief für die Trierer Bürger wegen ihrer „devota servicia" aus[33]. Sein Interesse galt vielmehr Operationen wie im Rheingau gegen den Mainzer Erzbischof Siegfried von Eppstein[34]. Auch nach dem Verzicht Rudolfs von der Brücke sind keine weiteren Aktivitäten des Staufers in Trier faßbar, weder Versuche, Arnold zu gewinnen, noch Bestrebungen gegen ihn. Der jugendliche König hatte mit seinen in verschiedenen Gegenden Deutschlands auftretenden Gegnern allzuviel zu schaffen, um sich um die Trierer Angelegenheiten noch ferner kümmern zu können[35].

---

29 Die Parteigänger Rudolfs waren: W(irich) von Rodenmacher und J(ohann) von Weiler (also Dekan und Cantor), J(ohann) von Rodenmacher, der Propst von St. Simeon (Richard von Daun), Dietrich von Ulmen, der Scholaster von Karden, Siegfried; vgl. *Aldinger,* Erhebung, Beilage; *Bastgen,* Beschwerdeschrift, S. 81–85; *Wampach,* UQB 2, Nr. 413 (alle drei Autoren jedoch mit Gleichsetzung von Johann von Rodenmacher und Cantor, z. T. Propst von St. Simeon und Dietrich von Ulmen auf Grund ihrer Interpretation der Zeichensetzung). Die Reichsministerialen von Daun und Ulmen sind wohl damals noch als stauferfreundlich einzustufen. Zur Haltung der Ministerialen allg. vgl. *Hoffmann* (wie Anm. 26), S. 75–81. Zu Luxemburg, Lothringen und Sayn vgl. die Ausführungen weiter unten zu Territorialherren u. Adel. *Aldinger* (Erhebung, S. 24) weist aber darauf hin, daß etwa der Arnold unterstützende Propst von Pfalzel dem König bei seinem Aufenthalt in Trier 300 Pfund geliehen hatte und dieser ihm für die Rückerstattung drei gefangene Juden überschrieb (MRUB 3 Nr. 699; RI V,1 Nr. 4451; MRR 3 Nr. 279 mit weiteren Belegen). Die Polarisierung bei der Wahl darf nicht nur vom reichspolitischen Aspekt betrachtet werden, wie *Heyen* zu Recht bemerkt hat (Doppelwahlen, S. 32).
30 Vgl. MGH SS XXIV (Gesta Treverorum), S. 405, *Aldinger,* Erhebung, S. 24.
31 Zur Regalienverleihung *Aldinger,* Erhebung, S. 22 f.; zur Zeitbestimmung bes. S. 22 Anm. 7. Vgl. hierzu auch MGH SS XXIV (Gesta Treverorum), S. 406 u. MGH Epp. saec. XIII 2, Nr. 41; RI V,1 Nr. 4454b.
32 Vgl. die Ausführungen zum Papst, S. 158.
33 MRUB 3 Nr. 751 v. 1242 VII 14; *Rudolph,* Quellen, Nr. 15; RI V, 1 Nr. 4466; MRR 3 Nr. 302 mit weiteren Belegen.
34 Vgl. hierzu insbesondere *Demandt* (wie Anm. 26).
35 Vgl. ebda. und die Anm. 26 genannten Arbeiten.

Die nächste Vakanz im Trierer Erzbistum fiel in die Zeit des Interregnums, in der die beiden nicht dem Reich entstammenden Prätendenten zu einem Eingriff in einer solchen Situation nicht in der Lage waren. Eine Anteilnahme des ohnehin nie nach Deutschland gekommenen Alfons von Kastilien oder Richards von Cornwall an der Bistumsbesetzung, die 1260 mit der Erhebung Heinrichs von Finstingen durch den Papst entschieden wurde, ist auch nicht nachzuweisen. Ebensowenig ist zu belegen, ob der Papst bei seiner Ernennung auch den Verhältnissen im Reich Rechnung trug. Dem englischen Bewerber stand er allerdings damals bereits näher[36], und auch Heinrich von Finstingen kann im Gegensatz zu seinem Vorgänger Arnold nicht als Parteigänger des Kastiliers gelten[37].

Bei der wiederum zwiespältigen Wahl im Jahre 1286 setzte sich schließlich Boemund von Warsberg durch. Die Entscheidung fiel durch Nikolaus IV., der Rudolf von Habsburg im allgemeinen nicht allzu freundlich gesinnt war[38]. Er ernannte jeden der in Trier einander gegenüberstehenden Kandidaten, die beide nicht zu den Anhängern des Königs gerechnet werden, für ein Erzbistum[39]. Der Eppsteiner, der bereits zuvor in Mainz gegen den vom Habsburger protegierten Heinrich von Isny unterlegen war[40], dürfte dem König sicherlich am wenigsten erwünscht gewesen sein; in der Tat hat er sich Rudolf gegenüber später recht kühl

---

36 Zur Stellung der Päpste und besonders Alexanders IV. im Thronstreit vgl. *Arnold Busson*, Die Doppelwahl des Jahres 1257 und das römische Königthum Alfons X. von Castilien. Ein Beitrag zur Geschichte des großen Interregnums. Mit bisher ungedruckten Briefen, Münster 1866, S. 39–58, zu Alexander IV. zur Zeit der Trierer Bistumsvakanz S. 43 f.; *Josef Kempf*, Geschichte des deutschen Reiches während des großen Interregnums 1245–1273, Würzburg 1893, bes. S. 226; *Oswald Redlich*, Zur Wahl des römischen Königs Alfons von Castilien (1257), in: MIÖG 16 (1895), S. 659–662; *Heinrich Otto*, Papst Alexander IV. und der deutsche Thronstreit, in: MIÖG 19 (1898), S. 75–91, bes. S. 80, 83 u. 89; *Walther Neumann*, Die deutschen Königswahlen und der päpstliche Machtanspruch während des Interregnums (Historische Studien, H. 144), 1921, Ndr. Vaduz 1965, bes. S. 58–61; *Unverhau*, Approbatio; *Castorph*, Ausbildung.

37 Dies kam auch bei der allgemeinen Entwicklung der Dinge (englisch-französischer Friedensschluß; kein Auftreten von Alfons im Reichsgebiet) kaum in Frage. Zur unterschiedlichen Stellung Erzbischof Arnolds und seines Nachfolgers vgl. (zit. nach vor. Anm.) *Busson*, S. 35 f., 65 u. 70; *Kempf*, S. 201–203, 224; vor allem bei *Alois Gerlich*, Rheinische Kurfürsten und deutsches Königtum im Interregnum, in: Festschrift Johannes Bärmann, T. 2 (Geschichtliche Landeskunde, Bd. 3), Wiesbaden 1967, S. 44–126, bes. S. 54 f., 63, 67, 85 f., 108, 113, 120. Gerlich mißt Heinrich aber wohl zu Recht eine weniger wichtige Rolle bei den Thronstreitigkeiten als den anderen Kurfürsten zu. Für die Beziehungen von Heinrich und Richard vgl. auch *Martène-Durand*, Collectio IV, Sp. 497 u. 503; *Hontheim*, Historia 1, S. 780, 784, 787, 799.

38 Vgl. *Oswald Redlich*, Rudolf von Habsburg. Das deutsche Reich nach dem Untergange des alten Kaisertums, Innsbruck 1903, Ndr. Aalen 1965, S. 708–711.

39 *Kaltenbrunner*, Actenstücke, Nr. 335 f.; RI VI,1, Nr. 2220 f. Vgl. *Lindner*, Deutsche Geschichte 1, S. 71 f.

40 Vgl. *Redlich* (wie Anm. 38), S. 446 f. u. 696 f.; *Ottokar Lorenz*, Deutsche Geschichte im 13. und 14. Jahrhundert, Bd. 2,1, Wien 1866, S. 366 f. Damals war noch der in besserer Beziehung zu Rudolf stehende Honorius IV. Papst.

verhalten⁴¹. Für Boemund von Warsberg gilt dies weniger; von den geistlichen Kurfürsten hat er sich noch am willfährigsten gezeigt⁴².

Die Erhebung Diethers von Nassau (1300) ist ein weiterer päpstlicher Akt unter Übergehung des Kapitels. Er richtete sich eindeutig gegen den Habsburger Albrecht, der sich damals gerade mit Frankreich verbündet hatte⁴³. Königliche Einwirkung ist also hier erneut nur in negativem Sinn gegeben. Auch bei der Wahl Balduins von Luxemburg im Dezember 1307 gibt es keinen Beleg für eine Einflußnahme Albrechts, der um diese Zeit vor allem im Osten des Reiches engagiert war⁴⁴. Vielmehr soll der junge Luxemburger auf Betreiben vor allem seines Bruders Heinrich und des französischen Königs durch den von Frankreich abhängigen Clemens V. ernannt worden sein⁴⁵.

Interessanter im Hinblick auf das deutsche Königtum ist nach der langen Regierungszeit Balduins die Bischofswahl von 1354. Karl IV., dem Großneffen Balduins, lag viel daran, daß der Trierer Erzbischofsstuhl, der so lange in der Hand der Luxemburger gewesen war, auch weiterhin mit einem ihnen förderlichen Mann besetzt blieb. Es wird von einer großen Eile berichtet, mit der das Dom-

---

41 Vgl. ebda., S. 368; *Redlich* (wie Anm. 38), S. 718 u. 726 f.
42 Vgl. ebda., S. 726; ferner *Dominicus,* Erzstift Trier, S. 13. Auch die Quellenaussage um die Ernennung des Peter von Aspelt zum Trierer Dompropst deutet nicht auf ein gespanntes Verhältnis hin: Die Gesta Trevirorum (S. 138) berichten, Peter, der auch von Boemund unterstützt wurde, sei „ob honorem regis Alemanniae" bestellt worden. Vgl. ferner die königliche Privilegienverleihung für Boemund von 1291: RI VI,1 Nr. 2465–2468.
43 Vgl. Gesta Trevirorum 2, S. 184; *Kaltenbrunner,* Actenstücke, Nr. 481–485; *Dominicus,* Erzstift Trier, S. 28 f.; *Sauerland,* Dieter von Nassau, S. 2–5; *Hoernecke,* Albrecht I., S. 55; *Hessel,* Jahrbücher, S. 114 f., bes. *Fritz Kern,* Die Anfänge der französischen Ausdehnungspolitik bis zum Jahre 1308, Tübingen 1910, S. 190–213. Heinrich von Virneburg hatte zwar zunächst König Adolf nahegestanden, war aber schon bald nach der Schlacht von Göllheim zu dem Habsburger übergegangen (MRR 4 Nr. 2784; *Sauerland,* Dieter von Nassau, S. 5). Im Zusammenhang mit den Vereinbarungen von Quatrevaux erscheint er allerdings im Umkreis des opponierenden Kölner Erzbischofs Wikbold von Holte (Reg EB Köln 4 Nr. 92; vgl. auch *Werkenthin,* Rheinische Bischofswahlen, S. 73 f.; zur Kurfürstenopposition *Kern,* a. a. O., S. 203–213; *Hessel,* Jahrbücher, S. 74–92). Ein Einschwenken auf die französische Linie, wie es von *Spieß* schon für diese Zeit vermutet wird (Wahlkämpfe. S. 78), müßte belegt werden.
44 Vgl. zu Albrechts letzter Zeit: *Hessel,* Jahrbücher, S. 134–239; *Hoernecke,* Albrecht I., S. 74–91.
45 Vgl. *Brosien,* Heinrich VII., S. 506 f.; *Werkenthin,* Rheinische Bischofswahlen, S. 75 f.; *Hörnicke,* Besetzung, S. 12 Anm. 5. Vgl. in diesem Zusammenhang auch: Acta Imperii Angliae et Franciae ab anno 1267 ad annum 1313. Dokumente vornehmlich zur Geschichte der auswärtigen Beziehungen Deutschlands, hg. v. *Fritz Kern,* Tübingen 1911, Ndr. Hildesheim-New York 1973, Nr. 162 u. 177. Der englische König hat sich ebenfalls für Balduin eingesetzt (vgl. *Wampach,* UQB 7, Nr. 1058 f.; *Spieß,* Wahlkämpfe, S. 91). Zum besonderen französischen Einfluß auf die westlichen Bistümer (Köln, Mainz, Trier, Basel, Konstanz) vgl. neben der genannten Lit. auch *Hoernecke,* Albrecht I., S. 90; *Hessel,* Jahrbücher, S. 230–235; *Gutsche,* Reich und Kurie, S. 25–42. Zu den Beziehungen Frankreich – Luxemburg vgl. *Eugène Welvert,* Philippe le Bel et la Maison de Luxembourg, in: Bibliothèque de l'Ecole des Chartes 45 (1884), S. 180–188.

kapitel seine Wahl durchgeführt habe, wohinter man die Absicht vermutet hat, die Wahlberechtigung und Eigenständigkeit wieder stärker zur Geltung zu bringen[46]. Daß eine Entscheidung gefallen war, bevor Karl persönlich eingreifen konnte, wird in der Chronik Heinrichs von Diessenhofen betont[47]. Gleichwohl nahm man im gewiß in der Mehrheit luxemburgfreundlichen Domkapitel auf die Interessen des Königs Rücksicht und handelte nicht gegen dessen Willen[48]. Der zum Erzbischof bestimmte Mann, Boemund von Saarbrücken, genoß so in besonderem Maße das Vertrauen Karls IV. und hielt sich auch gerade in seinem Auftrag in Metz auf[49]. Mit der Bestellung des Nachfolgers von Balduin konnte der König zufrieden sein, arrangierte sich auch in der bereits erwähnten Weise nach den Trauerfeierlichkeiten für Balduin mit dem Kapitel und setzte sich für Boemund beim Papst ein[50].

Bei der nachfolgenden Bistumsbesetzung spielte das Kapitel offenbar keine entscheidende Rolle, im Zusammenhang mit dem Übergang der Regierung von Boemund auf Kuno im Jahre 1362 wird nur vom Konsens der Domherren berichtet[51]. Mit dem neuen Erzbischof, der nach der Resignation Boemunds als zuvor ernannter Koadjutor die Kurwürde erlangte, verband den König weniger als mit seinem Vorgänger; während der Suspension Heinrichs von Virneburg hatte er dem damaligen Mainzer Dompropst sogar feindlich gegenübergestanden, sich schließlich aber mit ihm geeinigt[52]. Das trotz verschiedener Enttäuschungen relativ gute Verhältnis zwischen Karl IV. und Papst Innozenz VI.[53], der Kuno bestätigte, deutet freilich darauf hin, daß er zumindest nicht grundsätzlich gegen die Bestellung Kunos als Nachfolger Boemunds eingestellt war. Ein Indiz für päpstliche Rücksichtnahme auf den im allgemeinen flexibel agierenden[54] Kaiser ist es, daß von Innozenz mit der Prüfung von Boemunds Resignationsantrag gerade der Erzbischof Ernst von Prag und Bischof Johann von Straßburg beauftragt

---

46 Vgl. auch *Gruhler*, Boemund II., S. 9.
47 Vgl. Anm. 19; *H. Kröger*, Der Einfluß und die Politik Karls IV. bei der Besetzung der deutschen Reichsbistümer, Diss. Münster 1885, S. 89.
48 Vgl. auch *Lindner*, Deutsche Geschichte 2, S. 35 f.
49 *Salomon*, Akten, Nr. 6, S. 19; VR 4 Nr. 86a u. 103, S. LXXIII–LXXV; *Gruhler*, Boemund II., S. 8.
50 VR 4 Nr. 147.
51 Vgl. Gesta Trevirorum 2, S. 273 u. 275; *Johannes Trithemius*, Opera Historica, Frankfurt 1601, Ndr. Frankfurt 1966, T. 2, S. 336.
52 Diese Streitigkeiten zogen sich bis 1354 hin. Vgl. *Ferdinand*, Cuno von Falkenstein, S. 10–20, zum Verhältnis Karl IV. – Kuno S. 27 f. zu 1359; *Kentenich*, Kuno von Falkenstein, S. 3 f.; vor allem *Vigener*, Kuno von Falkenstein.
53 Zu den Beziehungen zwischen Kaiser und Papst im fraglichen Zeitraum vgl. insbesondere *Stephan Stoy*, Die politischen Beziehungen zwischen Kaiser und Papst in den Jahren 1360–1364, Diss. Leipzig 1881.
54 Zum politischen Konzept Karls IV. bei der Besetzung der Bischofsstühle vgl. neben der Arbeit von *Kröger* (wie Anm. 47) auch *Kummer*, Bischofswahlen, S. 8–12; *Heinz Angermeier*, Das Reich und der Konziliarismus, in: HZ 192 (1961), S. 529–583, S. 534.

wurden[55], die beide Karl IV. nahestanden[56]. Kuno von Falkenstein hatte den Kaiser 1360 in seinem Kampf gegen Opponenten in Schwaben tatkräftig unterstützt[57].

Zur Zeit der Resignation Kunos und der Erhebung Werners von Falkenstein im Jahre 1388 hatte König Wenzel mit einer allzu starken fürstlichen Opposition zu kämpfen, um einen ihm genehmeren Mann als den eindeutig dieser Gruppe nahestehenden Großneffen des Trierer Erzbischofs durchsetzen zu können[58]. Kuno von Falkenstein, der sich für den römischen Papst Urban VI. eingesetzt hatte, konnte mit päpstlicher Unterstützung rechnen und so die Nachfolge in seinem Sinne regeln[59]. Die Beziehungen zwischen dem Papst und dem deutschen König waren dagegen 1388 nicht allzu freundlich[60], wenn dieser sich auch nicht dem avignonesischen Gegenpapst Clemens VII. zuwandte. In der Trierer Angelegenheit erfolgte keine Rücksichtnahme auf Wenzel, der sich nach *Lindner* sogar gegen die Veränderung ausgesprochen hat[61]. Das Kapitel wurde bei der Bistumsbesetzung offenbar ebenfalls übergangen und war zumindest teilweise mit der

---

55 VR 4 S. LXXVIII u. Nr. 807.

56 Johann von Lichtenberg hatte schon in enger Beziehung zu Balduin gestanden und war dessen Generalvikar gewesen. Zu Johann bzw. Ernst: ADB 14, S. 419 f. u. 6 S. 300 f.

57 Vgl. Gesta Trevirorum 2, S. 283. Für seine Hilfe erhielt Kuno später Zollabgaben am Rhein, vgl. *Lindner*, Nachträge, Nr. 162 v. 1365 VIII 9; *Ferdinand*, Cuno von Falkenstein, S. 29–31.

58 Vgl. allgemein immer noch *Franz-Martin Pelzel*, Lebensgeschichte des Römischen und Böhmischen Königs Wenceslaus, 2 Tle., Prag 1788; *Theodor Lindner*, Geschichte des deutschen Reiches vom Ende des 14. Jahrhunderts bis zur Reformation. Erste Abtheilung: Geschichte des deutschen Reiches unter König Wenzel, Bd. 2, Braunschweig 1880; ders., Deutsche Geschichte 2, S. 153–163; *Bosl*, Handbuch Geschichte böhmischen Länder, S. 473–494; ferner *Julius Weizsäcker* in: RTA 2 S. VIII–XI u. 21–25; *H. Mau*, König Wenzel und die rheinischen Kurfürsten, Diss. Rostock 1887, S. 36–41, zu Trier S. 41; *Franz Voiss*, König Wenzel und die römische Curie. I. Theil, in: Gymnasium zu Düren. Festschrift zur fünfzigjährigen Gedenkfeier der am 13. November 1823 erfolgten Anerkennung des Gymnasiums, Düren 1876, S. V–XLIX, bes. S. XLVI f.; *Helmut Weigel*, König Wenzels persönliche Politik. Reich und Hausmacht. 1384–1389, in: DA 7 (1944), S. 133–199, bes. S. 180–189; *Gerlich*, Westpolitik, S. 118 f. mit einer kurzen Zusammenfassung aller Belastungen. Weitere Lit.: *Ivan Hlaváĉek*, Das Urkunden- und Kanzleiwesen des böhmischen und römischen Königs Wenzel (IV.) 1376–1419. Ein Beitrag zur spätmittelalterlichen Diplomatik (Schriften der MGH, Bd. 23), Stuttgart 1970.

59 Vgl. *Parisius*, Kuno II. von Trier, S. 16–21, 66–68. Vom Papst wurden neben Abt Rorich von Eppelborn aus St. Maximin Wilhelm aus St. Marien ad Martyres und der Kölner EB Friedrich von Saarwerden, Neffe Kunos, mit der Prüfung der Angelegenheit betraut.

60 Vgl. *Voiss*, König Wenzel (wie Anm. 58), S. XLIX. Urban war auch mit den italienischen Wirren beschäftigt.

61 Vgl. *Lindner*, Wenzel (wie Anm. 58), S. 116; *Pelzel* (wie Anm. 58), 1, Urk. S. 50 Nr. 31; *Franz Palacky*, Über Formelbücher, zunächst in bezug auf böhmische Geschichte. Nebst Beilagen. Ein Quellenbeitrag zur Geschichte Böhmens und der Nachbarländer im XIII., XIV. und XV. Jahrhunderte, in: Abhandl. d. Kgl. Böhm. Gesellsch. d. Wiss., 5. Folge, 5 (1847), Prag 1848, S. 1–216, S. 12. Die auf dem Abdruck Pelzels und den Verbesserungen von Palacky basierende Deutung Lindners erscheint allerdings problematisch.

Ernennung Werners nicht einverstanden; jedenfalls wird von einer kurzfristigen Opposition berichtet[62]. Inwieweit Zusammenhänge zwischen der Position des Königs und der widersetzlichen Domherren bestanden, läßt sich aber aus den Quellen nicht ersehen.

Im Zusammenhang mit dem Versuch, den angeblich kranken und regierungsunfähigen Werner von Falkenstein aus seinem Amt zu entfernen, ist der nach der Absetzung Wenzels zur Regierung gekommene Ruprecht von der Pfalz in Erscheinung getreten[63]. Wahrscheinlich Ende 1402 oder Anfang 1403 trat er mit dem Domkapitel in Kontakt und legte ihm nahe, einen von ihm vorzuschlagenden Kandidaten zu akzeptieren[64]. Dabei hatte er wohl den Kölner Domcustos Joffrid von Leiningen im Auge. Hierauf deutet zumindest dessen Äußerung hin, Ruprecht zu unterstützen, falls er mit seiner Hilfe Erzbischof von Trier würde[65]. Bereits wenige Jahre zuvor hatte sich Joffrid um den Mainzer Erzbischofsstuhl bemüht, war aber hierbei dem Gegenkandidaten Johann von Nassau unterlegen gewesen. Damals stand eine falkensteinisch-saarwerdisch-leiningische Koalition den von der Kurpfalz unterstützten Kräften gegenüber[66]. Joffrid hatte jedoch noch vor 1400 seinen Frieden mit der pfälzischen Partei geschlossen und zur Folgezeit engere Beziehungen zu dieser angeknüpft[67]. Mit Sicherheit war der Trierer

---

62 Vgl. Gesta Trevirorum 2, S. 290 f.
63 Noch im Februar 1402 hatte aber Ruprecht den Papst gebeten, den vom Koadjutor Friedrich v. Blankenheim angestrengten Prozeß gegen einen wieder im Vollbesitz seiner Kräfte befindlichen Werner niederzuschlagen (GLAKA Abt. 67 Nr. 898 S. 286; Regesten Pfalzgrafen 2, Nr. 2041).
64 Vgl. *Julius Weizsäcker*, in: RTA 5, S. 367–370; *Ruthe*, Werner III. von Falkenstein, S. 60–62; *Edgar Reck*, Reichs- und Territorialpolitik Ruprechts von der Pfalz, Diss. Heidelberg 1948, S. 55 f. Die Vorgänge werden von Reck im Zusammenhang mit dem Gegensatz Ruprechts zum Herzog von Orléans und dessen Expansionspolitik im Westen des Reiches gesehen. Vgl. zu den Ereignissen auch unten S. 350 ff. mit weiteren Belegen. Ruprechts Schreiben an das Kapitel und Philipp von Falkenstein in der Trierer Angelegenheit gedruckt in: Frankfurts Reichscorrespondenz nebst andern verwandten Aktenstücken von 1376–1519, hg. v. *Johannes Janssen*, Bd. 1: Aus der Zeit König Wenzels bis zum Tode König Albrechts II. 1376–1439, Freiburg 1863, S. 761–766, Nr. 1213 f.; vgl. auch *Hontheim*, Historia 2, Nr. 771, S. 341–344; Regesten Pfalzgrafen 2, Nr. 2688.
65 Vgl. Regest in: RTA 5 S. 368; *Ruthe*, Werner III. von Falkenstein, S. 60.
66 Vgl. *Gerlich*, Rheinische Kurfürsten, S. 159 f.; *ders.*, Habsburg-Luxemburg-Wittelsbach, S. 106–129, 164 f. Vor allem aber die Beiträge von *Anton Philipp Brück:* Zur Geschichte des Mainzer Kurfürsten Johann II. von Nassau bis zum Jahre 1405, Diss. masch. Frankfurt 1943; Vorgeschichte und Erhebung des Mainzer Erzbischofs Johann II. von Nassau, in: Arch. f. mrh. KiG 1 (1949), S. 65–88; Graf Jofrid von Leiningen, ein rheinischer Prälat des späten Mittelalters, in: Aus der Enge in die Weite. Beiträge zur Geschichte der Kirche und ihres Volkstums. Dr. theol. Georg Biundo von Fachgenossen und Freunden zum 60. Geburtstag dargeboten, hg. v. *Theodor Kaul* (Veröffentlichungen des Vereins für Pfälzische Kirchengeschichte, Bd. IV), Grünstadt 1952, S. 44–51.
67 Vgl. *Karl Adolf Konstantin Höfler*, Ruprecht von der Pfalz, genannt Clem, römischer König. 1400–1410, Freiburg 1861, S. 330; *Brück*, Vorgeschichte (wie vor. Anm.), S. 85. Zum Frieden zwischen Gottfried und Johann, *Guden*, Cod. dipl. 4, S. 2 f. Nr. 2. Vgl. auch RTA 4, S. 385, Nr. 326.

Erzbischofsstuhl als Kompensation für Joffrids Verzicht auf Mainz gedacht[68]. Seine Pläne in Trier konnte Ruprecht allerdings nicht verwirklichen[69], Werner von Falkenstein blieb Erzbischof.

Beim Übergang des Erzstifts von Werner auf den vorherigen Dompropst Otto von Ziegenhain (1418) ist kein Eingreifen des Luxemburgers Sigismund in die Kapitelsbelange erkennbar. Die Regalien verlieh er dem Gewählten ohne Zögern[70]. Bei den Auseinandersetzungen um den Trierer Erzbischofsstuhl während der Manderscheidschen Fehde hielt der König sich zunächst zurück, wenn er auch den in guten Beziehungen zu ihm stehenden Jakob von Sierck[71] begünstigte[72]. Auf ein Schreiben des Herzogs von Berg erklärte er im April 1430 jedenfalls, sich vor einer Absprache mit den Kurfürsten nicht für den Manderscheider beim Papst verwenden zu können, da er ja auch für Jakob von Sierck nichts unternehme[73]. Nach der Provision Rabans durch den Papst äußerte sich Sigismund dann zugunsten einer Wahlfreiheit des Kapitels[74], das sich nach Jakobs Verzicht in der Mehrheit auf Ulrich einigen konnte. Die strengen Mahnungen des Papstes beachtete der König wenig. Vielmehr setzte er 1431 für den Austrag der Angelegenheit zwei Ulrich von Manderscheid freundliche Fürsten ein, deren Spruch vorteilhaft für diesen ausfiel[75]. Auch in der Folgezeit betätigte er sich zunächst stärker für Ulrich[76], ebenso wie die Mehrzahl der Domherren zumindest bis zum Sommer

---

68 In diesem Sinn auch der Friedensvertrag zwischen Joffrid und Johann (vgl. vor. Anm.). Vgl. ferner *Richard Gerits,* Zur Geschichte des Erzbischofs Johann II. von Mainz. 1396–1419. I. Theil. Sein Regierungsantritt, Diss. Halle-Wittenberg, Halle 1882, S. 55 f.

69 Er war auch selbst in Schwierigkeiten: vgl. *Julius Weizsäcker* in: RTA 5, S. 371–374; *Ruthe,* Werner III. von Falkenstein, S. 62.

70 Gesta Trevirorum 2, S. 311; *Zenz,* Taten der Trierer 6, S. 19. Zum Verhältnis zwischen dem Kurkolleg und Sigismund seit 1416 und einem selbständigen Auftreten der Kurfürsten vgl. *W. Auener,* Die Kurvereine unter der Regierung König Sigmunds, in: MIÖG 30 (1909), S. 225–257; neuerdings *Mathies,* Kurfürstenbund. Die Rolle der Kurfürsten hing auch mit der fast ständigen Abwesenheit Sigismunds zusammen. 1418 zur Zeit der Wahl Ottos war er im Osten engagiert (vgl. für diese Zeit *Aschbach,* Geschichte Kaiser Sigmunds 2, S. 380–396).

71 Vgl. ebda. 4, S. 103–106; Anm. 89.

72 Vgl. ASV Reg. Vat. 372 fol. 97'–100; Arm. XXXIX,6 fol. 190'–191.

73 RI XI Nr. 7664 v. 1430 IV 3; RTA 9 S. 418 Nr. 329; vgl. auch *Meuthen,* Trierer Schisma, S. 65. 1424 hatte Sigismund aber wohl Rabans Utrechter Kandidatur unterstützt, vgl. *Richardus Regnerus Post,* Geschiedenis der Utrechtsche Bisschopsverkiezingen tot 1535 (Bijdragen van het Instituut voor middeleeuwsche Geschiedenis der Rijks-Universiteit te Utrecht, Bd. 19), Utrecht-Leipzig-München 1933, S. 139.

74 Vgl. *Meuthen,* Trierer Schisma, S. 75 f. Im Zusammenhang mit der Wiederholung eines Befehls v. 12. April an Koblenz (LHAKO Abt. 1 A Nr. 1114), nur dem Domkapitel in der Sedisvakanz zu gehorchen, diesmal für Oberwesel und Boppard (LHAKO Abt. 1 A Nr. 2871).

75 Vgl. *Meuthen,* Trierer Schisma, S. 96 f.; RTA 9 S. 584.

76 Vgl. etwa *Meuthen,* Trierer Schisma, S. 122 f. (Schreiben Sigmunds ans Konzil mit negativen Äußerungen über das Vorgehen Rabans v. 8. Mai 1432), S. 156. Noch 1433 nach seiner Krönung unterstützte er den Manderscheider (S. 179–182).

1432 den Manderscheider gegen Raban unterstützte[77]. Der Abfall von Ulrichs Anhängern – unter anderem auch aus dem Domkapitel –, beginnend in der ersten Hälfte des Jahres 1432, hat zunächst keine sichtbare Änderung in der Politik Sigismunds bewirkt. Erst das kaiserliche Mandat vom Dezember 1433 weist auf eine neutralere Haltung hin[78]. Zwar wandte sich der Luxemburger schließlich von Ulrich ab; dennoch versuchte er vermittelnd für ihn einzugreifen und anscheinend das Schlimmste für ihn zu verhüten[79]. Im Jahre 1434 verlieh er Raban die Regalien[80].

Die Haltung Sigismunds, wie sie skizziert wurde, kann von unterschiedlichen Gesichtspunkten gewertet werden. In der Forschung ist betont worden, daß er – wie auch aus seiner Erklärung für die Kapitelswahl deutlich – auf eine Wahrung der Reichsrechte gegenüber päpstlichen Ansprüchen bedacht war[81]. Das Verhältnis zum Papst war aber keineswegs feindlich, Sigismund versuchte zunächst, zwischen Eugen und dem Konzil zu vermitteln, und überwarf sich mit ihm nur vorübergehend, zumal ihm auch an seiner Kaiserkrönung gelegen war[82]. Die zögernde und nicht sonderlich engagierte Haltung des Königs ist vor diesem Hintergrund verständlich. Zu berücksichtigen sind aber besonders die Verhältnisse im Reich. Zunächst mag die starke Anhängerschaft Ulrichs Sigismund davon abgehalten haben, sich für den ihm nahestehenden Jakob zu sehr zu engagieren, nach dessen Verzicht war ihm Ulrich gewiß politisch genehmer als Raban. Der Speyerer Bischof wurde vom Kurfürsten Ludwig von der Pfalz unterstützt, der sich nach anfänglicher Zusammenarbeit mit Sigismund in ständigem mehr oder weniger scharfem Gegensatz zum König befand, allerdings um diese Zeit bereits gesundheitlich geschwächt war[83]. Sigismund wandte sich damals auch besonders dem traditionellen Gegner kurpfälzischer Bestrebungen zu, nämlich dem Erzbischof von Mainz[84]. Das sich zuspitzende Verhältnis zwischen Sigismund und Herzog Philipp von Burgund, dem er im Juni 1434 schließlich den Krieg erklärte, trug dann möglicherweise mit dazu bei, ihn auf die Seite Rabans zu bringen[85]. Dieser hatte ihm bereits Anfang 1434 für die Verleihung der Regalien die Hilfe

---

77 Vgl. *Meuthen*, Trierer Schisma, S. 145.
78 RI IX S. 259 Nr. 9851; vgl. *Meuthen*, Trierer Schisma, S. 184 f.; *Lager*, Raban von Helmstadt, S. 751 f.
79 Vgl. *Meuthen*, Trierer Schisma, S. 213–215.
80 Vgl. ebda., S. 220. RI XI Nr. 10456; vgl. früher Nr. 10006 u. 10016.
81 Vgl. *Angermeier* (wie Anm. 54), S. 534; *Meuthen*, Trierer Schisma, S. 76.
82 Vgl. *Theodor Lindner* in: ADB 34 S. 267–282, S. 277; *Aschbach*, Geschichte Kaiser Sigmunds 4, S. 57–106; zu den Vorgängen in der Zeit der Kaiserkrönung auch: RTA 10,2.
83 Vgl. *Häusser*, Pfalz, S. 263–299; *Schmeidler*, Das spätere Mittelalter, S. 248; *Theodor Lindner*, in: ADB 34 S. 277; RTA 10,1 S. 141.
84 Vgl. *Mathies*, Kurfürstenbund, S. 268–271.
85 Vgl. zum Verhältnis Sigismund – Philipp insbesondere: *Franz von Löher*, Kaiser Sigmund und Herzog Philipp von Burgund, in: Münchner Hist. Jb. f. 1866, München 1866, S. 305–419; ferner *Aschbach*, Geschichte Kaiser Sigmunds 4, S. 173–183; *Gustav Beckmann* in: RTA 11 S. 368–372 u. Nr. 215–223; *Heit*, St. Maximin, S. 144 f. u. 148.

gegen den Burgunder zugesagt[86], der Ulrich von Manderscheid unterstützte[87]. Hinzu kam natürlich, daß sich die Angelegenheit im Erzstift überhaupt zugunsten Rabans entwickelte und sich der Kaiser mit ihm arrangieren mußte.

Der Übergang des Erzbistums durch Resignation von Raban auf Jakob von Sierck ging 1439 relativ glatt vonstatten. Der Siercker hatte es geschickt verstanden, sich wichtige Mächte geneigt zu machen, und besaß auch einen starken Anhang im Kapitel[88]. Seine Beziehungen zum Königtum waren zur Zeit Sigismunds gut gewesen, wie auch sein Titel als Rat des Königs und die finanziellen Verpflichtungen der Luxemburger ihm gegenüber beweisen[89]. Zur Zeit der Übernahme des Erzstifts war allerdings bereits Sigismunds Schwiegersohn Albrecht von Habsburg deutscher König. Auch er hatte Schwierigkeiten im Osten seines Machtbereichs und konnte sich so weniger um eine Angelegenheit wie die Besetzung eines Erzbistums am anderen Ende des Reiches kümmern. Ein Wechsel in der Regierung in Trier war ihm aber wohl nicht unangenehm, hatte es mit dem alternden Raban von Helmstadt doch Schwierigkeiten im Hinblick auf eine gemeinsame Position von König und Kurfürsten in der Kirchenpolitik gegeben[90]. Jakob schwenkte denn auch bald auf die kurfürstliche Linie ein[91].

Nach seinem Tode im Jahre 1456 kam es erneut zu einer gespaltenen Wahl, aus der schließlich Johann von Baden als Sieger hervorging. Damit hatte sich der Kandidat durchgesetzt, den die Mehrheit des Kapitels begünstigte[92], der aber auch

---

86 RI XI Nr. 10016. Vgl. *Meuthen*, Trierer Schisma, S. 220.
87 Vgl. unten zu Territorialherren und Adel, S. 50.
88 Vgl. hierzu auch unten zum Verhältnis von Erzbischof und Domkapitel, S. 269 f.
89 Zu den Beziehungen Sigismunds und der Luxemburger zu Jakob s. u. S. 69 für Elisabeth von Görlitz; bes. auch LHAKO Abt. 54 S Nr. 1072 fol. 7–10' u. Nr. 1083 fol. 13–17. Zum Titel als Rat etwa RTA 10,2 S. 700 Nr. 414 v. 1433 V 23; vgl. auch die zahlreichen Belege zu Jakob von Sierck im Register von RTA 10,2 S. 1128. Sigismund unterstützte ihn auch in Würzburg (RI XI Nr. 9396 u. 9425).
90 Vgl. RTA 14 S. IX f. Raban fehlte als einziger beim Abschluß der sogenannten Ersten Intelligenz (S. 127–130, Nr. 65). Zuvor hatte es für ihn Zusicherungen durch die Erzbischöfe von Mainz und Köln und Gesandte Albrechts gegeben (S. 107–109, Nr. 55). Vgl. auch *Kraus*, Deutsche Geschichte, S. 33–46; *Bachmann*, Könige und kurfürstliche Neutralität, S. 27–68, bes. 48–52, 57 f. Bachmann wertet aber das besondere Verhalten Rabans im Zusammenhang mit dessen Bemühen, die Nachfolgeregelung zu treffen, und geht von einer hierdurch bedingten Rücksichtnahme auf Rom aus. Albrecht scheint ihm nur aus seinem Friedenswillen gegenüber den Kurfürsten beigetreten zu sein und keinen Anteil an der Neutralität gehabt zu haben. Vgl. hiergegen *Rudolf Manns*, König Albrecht II. und die Kirchenpolitik des römischen Reiches 1438 und 1439, Diss. Marburg 1911, der in stärkerem Maße eine aktive Rolle Albrechts und ein völliges Einvernehmen zwischen Albrecht und den Kurfürsten betont. Vgl. zu Albrecht neuerdings: *Günther Hödl*, Albrecht II. Königtum, Reichsregierung und Reichsreform 1438–1439 (Forschungen zur Kaiser- und Papstgeschichte des Mittelalters. Beihefte zu J. F. Böhmer, Regesta Imperii, 3), Wien-Köln-Graz 1978.
91 Vgl. RTA 14 S. X; *Lager*, Jakob von Sirk, TA 2 (1899), S. 3 f.
92 Nämlich: Bischof Konrad (Beyer von Boppard) von Metz, Wilhelm von Haraucourt (später Bischof in Verdun), der von Jakob als sein Nachfolger vorgeschlagene Dompropst Philipp

dem Kaiser am nächsten stand[93]. Freundliche Beziehungen zwischen den Habsburgern und Baden sind in der vorhergehenden Zeit faßbar[94]. In der Folgezeit unterstützten Friedrich III. und sein Nachfolger Maximilian auch andere Kandidaten aus dem markgräflichen Hause bei der Kandidatur für Bischofsstühle[95]. Bei der päpstlichen Bestätigung für Johann werden auch die damaligen politischen Verhältnisse in Deutschland eine Rolle gespielt haben. Die Beziehungen zwischen Friedrich III. und dem Papst müssen als recht gut bezeichnet werden, zumal eine von den Kurfürsten getragene Opposition gerade 1456 sich sowohl gegen kaiserliche wie auch päpstliche Forderungen wandte[96]. Wenn Kaiser und Papst freilich hofften, daß Johann die von seinem Vorgänger Jakob von Sierck in den letzten Jahren eingeschlagene Politik[97] nicht fortsetzen werde, sahen sie sich getäuscht, da sich Johann recht bald der Haltung der übrigen Kurfürsten anschloß[98].

Ein Einfluß des Königs bei den Trierer Bischofswahlen ist – wie aus den Ausführungen deutlich wurde – im betrachteten Zeitraum nicht mehr so direkt faßbar, wie dies noch im endenden 12. Jahrhundert der Fall war. Gleichwohl lassen sich je nach politischer Konstellation und Schwerpunkten königlicher Politik durchaus auf den König zurückzuführende Auswirkungen auf die Vergabe des Erzbischofsstuhls erkennen. Abhängig war die Bistumsbesetzung im Untersuchungszeitraum von der Wahl des Kapitels, der Einsetzung durch den Papst und bei Resignation auch von der Bestellung durch den Vorgänger. Gespannte Verhältnisse konnten zu einem Affront gegen den König durch Erhebung eines ihm mißliebigen Kandidaten, freundliche Beziehungen und Abhängigkeit zu einer Rücksichtnahme auf dessen Wünsche führen. Die Rolle, die das Königtum jeweils in der Reichspolitik spielte und die sich auch für den Adel und damit auch die im Trierer Kapitel repräsentierten Geschlechter auswirkte, mußte selbstverständlich ihren Nieder-

---

von Sierck, dem vom Verfasser der Gesta Treverorum auch das Hauptverdienst an der Erhebung Johanns zugeschrieben wird, Heinrich von Greiffenclau, auch Dekan von Mainz, Domdekan Edmund von Malberg, die Archidiakone Johann von Greiffenclau, Johann Beyer von Boppard, der auch schon im Januar 1457 von Johann von Baden zum erzbischöflichen Kaplan ernannt wurde, Domcantor Philipp von Savigny sowie Salentin von Isenburg (-Grensau). Diether von Isenburg wurde unterstützt von seinem Bruder Philipp, den Archidiakonen Walter von Brucken und Rorich von Reichenstein, dem Scholaster Friedrich Meynefelder, Wiegand von Nassau-Sporkenburg, Custos Dietrich von Kellenbach und Johann vom Stein. Vgl. Gesta Trevirorum 2, S. 336 f.; LHAKO Abt. 1 D Nr. 1173 fol. 5.

93 Zu Habsburg-Baden und der Parteinahme auch bei anderen Bistumsbesetzungen vgl. *Kraus*, Deutsche Geschichte, S. 461–463; *Brosius*, Päpstlicher Einfluß; *Krimm*, Habsburg und Baden, für Trier S. 99–101.
94 Vgl. *Krimm*, Habsburg und Baden, S. 27–98.
95 Vgl. ebda., S. 194–197; auch *Brosius*, Päpstlicher Einfluß.
96 Vgl. unten zu den Päpsten; *Schmeidler*, Das spätere Mittelalter, S. 261 f.; *Lager*, Johann II. von Baden, S. 24–27.
97 Vgl. bes. *Weigel*, Kaiser, Kurfürst und Jurist.
98 Vgl. *Lager*, Johann II. von Baden, S. 22–27.

schlag bei der Vergabe der Trierer Kurfürstenwürde finden. Schwäche oder anderweitige Schwierigkeiten des Königs konnten von Gegenkräften ausgenutzt werden; bei einer starken Stellung und Präsenz des Herrschers war eine Orientierung an seinen Wünschen eher gegeben. Insgesamt rückte freilich eine zunehmende Schwerpunktverlagerung der Königsherrschaft nach Osten[99] das Trierer Erzstift in eine Randlage, entzog es so königlichem Zugriff und trug wohl auch zu einer Minderung des königlichen Interesses an Trier bei.

3. Besetzung von Kapitelsstellen

Ein den Königen mindestens seit dem 13. Jahrhundert zustehendes Recht waren die „preces primariae" (Erste Bitten), die die Besetzung der ersten nach der Krönung freiwerdenden Pfründen an allen Klöstern und Stiften vom Vorschlag des Herrschers abhängig machten[100]. Für eine Ausübung in der Praxis findet sich aber für das Trierer Domkapitel im Spätmittelalter fast kein Beleg; die „preces primariae" wurden auch von Heinrich VII. 1308, von Ludwig dem Bayern 1314, von Karl IV. 1346, Wenzel 1376, Ruprecht 1401, Sigismund 1414 und von Friedrich 1452 an den Trierer Erzbischof übertragen[101]. Lediglich Ruprecht von der Pfalz hat – freilich vergeblich – versucht, dem Kaplan des Trierer Dompropstes, Konrad von Zülpich, 1401 zu einem Kanonikat zu verhelfen, und im Zusammen-

---

99 Hierzu auch *Ursula Lewald,* Ursache und Bedeutung der politischen Schwerpunktverlagerung im Deutschland des ausgehenden Mittelalters, in: West-Ostdeutsche Forschungsaufgaben. Die Wechselbeziehungen zwischen West- und Ostdeutschland als Forschungsaufgabe der geschichtlichen Landeskunde. Bericht über die 12. Arbeitstagung des Instituts für geschichtliche Landeskunde der Rheinlande an der Universität Bonn vom 12. bis 14. April 1954, bearb. v. *Georg Droege* (Schriftenreihe für die Begegnung der deutschen Stämme, Vortragsheft Nr. 7), Troisdorf 1955, S. 36–38; *Jean Schoos,* Der Weg der Luxemburger von West nach Ost, ebda., S. 39–43; aber *Schneider,* Probleme, S. 83 f.

100 Vgl. hierzu: *Hinschius,* Kirchenrecht 2, S. 639–649; *Heinrich von Srbik,* Zum ius primariarum precum, in: ZRG KA 4 (1914), S. 488–492; *Hanns Bauer,* Die Preces primariae der deutschen Könige im früheren Mittelalter, Diss. Stuttgart 1914; *ders.,* Das Recht der ersten Bitte bei den deutschen Königen bis auf Karl IV. (Kirchenrechtliche Abhandlungen, H. 94), 1919, Ndr. Amsterdam 1963; *Hans Erich Feine,* Papst, Erste Bitten und Regierungsantritt des Kaisers seit dem Ausgang des Mittelalters, in: ZRG/KA 20 (1931), S. 1–101; *ders.,* Kirchliche Rechtsgeschichte, S. 387.

101 *Stengel,* Nova Alamanniae Nr. 68 v. 1308 II 5; MGH Const. 5 Nr. 63 u. 157 v. 1314 IX 20 u. XII 24 (vgl. hierzu auch bes. *Bauer,* Recht der ersten Bitte, wie vor. Anm., S. 123 f.). Balduin erhielt v. Ludwig 1330 XII 26 erneut das Recht der ersten Bitte (MGH Const. 6 Nr. 893); vgl. hierzu auch *Vogt,* Reichspolitik Balduins, S. 32–34. Für 1346 XI 26 vgl. MGH Const. 8 Nr. 112; RI VIII Nr. 273. 1374 XI 11 wurden Kuno die „preces primariae" von Karl IV. in Aussicht gestellt, falls er die Wahl Wenzels unterstütze (RTA 1 Nr. 3, S. 19). Für 1376 VII 11 vgl. LHAKO Abt. 1C Nr. 5, S. 351, Nr. 383. Vgl. ferner RTA 4 Nr. 215 v. 1401 I 10; RI XI Nr. 1325 v. 1414 XI 19 (vgl. zu Sigismund auch *Feine,* Papst, Erste Bitten, wie vor. Anm., S. 7–9); für 1452 XI 16 vgl. *Weigel,* Kaiser, Kurfürst und Jurist, S. 97 f. mit Belegen.

hang mit seiner Krönung eine entsprechende Aufforderung an die Domherren gerichtet[102]. Daß die Domkapitel königliche Einmischung nach Möglichkeit vermeiden wollten, ist unter anderem aus den Beratungen verschiedener Kapitel im Jahre 1452 zur Abwehr der Zehntforderungen und der Ersten Bitten ersichtlich[103].

Häufiger gingen die Könige andere Wege, um ihnen nahestehenden Personen zu einem Kanonikat in Trier zu verhelfen. Während Einflußnahmen auf Kapitelsmitglieder bei der Kanonikatsvergabe nicht nachzuweisen, bei den engen Beziehungen zwischen einzelnen Familien und dem Herrscherhaus vor allem während der Regierungszeit der Luxemburger aber nicht unwahrscheinlich sind, können Aktivitäten beim Papst vor allem über die an diesen gerichteten Suppliken verfolgt werden. Von Peter von Aspelt, dem Leibarzt König Rudolfs, heißt es, daß der Papst ihn „ob honorem regis Alemanniae" für die Trierer Dompropstei providiert habe[104]. Adolf von Nassau setzte sich bei Bonifaz VIII. 1296 für seinen Verwandten und Kaplan Heinrich von Virneburg ein[105]. Johann Gileti, der um die Trierer Domkantorei kämpfte, wird als sein „clericus" und „familiaris" bezeichnet, für den Adolf 1297 in einer Supplik sich für ein Metzer Kanonikat verwandte[106]. Die Übertragung einer Trierer Domherrnstelle an den Bürger Johann Button, einen Neffen des Peter von Aspelt und „clericus" und „familiaris" König Albrechts, erfolgte im Jahre 1306 auf dessen Veranlassung und ist möglicherweise auch als Geste gegenüber dem erst kurz zuvor zur Regierung gelangten Mainzer Erzbischof zu werten[107]; sie stieß auf erfolgreichen Widerstand in dem auf Wahrung seiner Exklusivität bedachten Kapitel[108].

Daß während der langen Regierungszeit Ludwigs des Bayern keine Belege für königliche Suppliken vorhanden sind, liegt mit Sicherheit an dem langen und heftigen Gegensatz zwischen diesem und der Kurie[109]. Karl IV. hat sich dann

---

102 Regesten Pfalzgrafen 2, Nr. 375; *Joseph Chmel*, Regesta Chronologico-Diplomatica Ruperti Regis Romanorum. Auszug aus den im k. k. Archive zu Wien sich befindenden Reichsregistraturbehörden vom Jahre 1400 bis 1410. Mit Benutzung der gedruckten Quellen, Frankfurt/M. 1834, S. 5, Nr. 84.
103 Vgl. *Weigel*, Kaiser, Kurfürst und Jurist, S. 88f.
104 Gesta Trevirorum 2, S. 138; vgl. *Dominicus*, Erzstift Trier, S. 11.
105 VR 1 Nr. 28 v. 1296 V 18. Vgl. auch RI VI,2 Nr. 718; Reg. EB Köln 4 Nr. 68.
106 VR 1 Nr. 41 u. VR Loth 1 Nr. 26; RI VI,2 Nr. 819.
107 VR 1 Nr. 190; vgl. unten zu den päpstlichen Provisionen. Zu Albrecht und Peter von Aspelt vgl. *Hoernecke*, Albrecht I., S. 87–89; *Hessel*, Jahrbücher, S. 235 f.; *Werkenthin*, Rheinische Bischofswahlen, S. 100–104; *Gutsche*, Reich und Kurie, S. 29–33 (Gutsche wertet im Gegensatz zu anderen das Verhältnis beider positiver), sowie Personenliste.
108 Vgl. unten zu Stadt und Kapitel, S. 76.
109 Von der umfangreichen Literatur sei genannt: *Carl Müller*, Der Kampf Ludwigs des Baiern mit der römischen Curie. Ein Beitrag zur kirchlichen Geschichte des 14. Jahrhunderts, 2 Bde., Tübingen 1879–1880 (teilweise veraltet); *Richard Moeller*, Ludwig der Bayer und die Kurie im Kampf um das Reich (Historische Studien, H. 116), 1914, Ndr. Vaduz 1965; *Stengel*, Avignon u. Rhens; *Friedrich Bock*, Reichsidee und Nationalstaaten vom Unter-

mehrfach um die Verleihung von Kanonikaten in Trier bemüht, was erneut seine bereits erwähnten besonderen Beziehungen zum Papsttum, aber auch zum Trierer Domkapitel deutlich werden läßt. Zunächst verwandte er sich für seinen Hauskaplan und zeitweiligen Offizial Balduins, Rudolf Losse, der ihm im Zusammenhang mit der Königswahl Dienste geleistet hatte[110]. Er schrieb in dieser Angelegenheit unter anderem 1348 an den Archidiakon Boemund[111] und hat es an weiteren Bemühungen nicht fehlen lassen[112]. 1355 richtete er eine Supplik wegen seines Verwandten Johann von Luxemburg-Ligny an Innozenz VI.[113]; 1357 für Heinrich Beyer von Sterrenberg[114]. Karls Gattin Anna bat im selben Jahr für Reymbold Beyer von Boppard um ein Kanonikat in Worms[115], 1358 für denselben um eine Dignität (o. a.) in Trier und für Heinrich Beyer um eine Pfründe in Mainz[116]. Auf die engen Bindungen der am Rhein ansässigen Ministerialenfamilie Beyer an die Luxemburger sei an dieser Stelle hingewiesen[117]. Für 1365 sind schließlich noch zwei Suppliken Karls IV. für Otto von Wettin[118], seinen Kaplan, ständigen Tischgenossen und „secretarius", und für Hugo von Elter, Sohn seines Marschalls Hubert, überliefert[119].

Die angeführten Belege für königliche Suppliken beim Papst beziehen sich in fast allen Fällen auf Personen, die in besonderem Maße das Vertrauen des Herrschers besaßen. Dies wird aus zusätzlichen Angaben über Verwandtschaftsbeziehungen oder bestimmte Funktionen deutlich. Daß der König bestrebt war, ihm genehme Leute in einflußreiche Stellungen zu bringen, liegt auf der Hand. Auf der anderen Seite darf jedoch sein Interesse nicht allzusehr in den Vordergrund gerückt werden; natürlich ging in starkem Maße die Initiative von den Begünstigten aus, die ihre Sonderbeziehungen zum Herrscher für ihre Karriere auszunutzen

---

gang des alten Reiches bis zur Kündigung des deutsch-englischen Bündnisses im Jahre 1341, München 1943; *Hermann Otto Schwöbel,* Der diplomatische Kampf zwischen Ludwig dem Bayern und der römischen Kurie im Rahmen des kanonischen Absolutionsprozesses 1330–1346 (Quellen und Studien zur Verfassungsgeschichte des Deutschen Reiches in Mittelalter und Neuzeit, Bd. X), Weimar 1968 mit weiterer Lit. Ludwigs langjähriger Kontrahent beim Kampf um die Krone, der Habsburger Friedrich der Schöne, war wohl an Domherrenstellen in Trier weniger interessiert, wo sich Erzbischof Balduin auch keineswegs gegen den Wittelsbacher wandte (vgl. bes. *Priesack,* Reichspolitik).

110 *Stengel,* Nova Alamanniae, Nr. 803 u. VR 3 Nr. 590 v. 1346 VII 11.
111 *Stengel,* Nova Alamanniae, Nr. 838 v. 1348 XII 3; MGH Const. 8 Nr. 685; RI VIII Nr. 6552; *Lindner,* Nachträge, Nr. 14; LHAKO Abt. 1 D Nr. 509; Karl schuldete Rudolf und Hermann Losse auch Geld (vgl. *Stengel,* Nova Alamanniae, Nr. 839).
112 Vgl. *Langer,* Losse, T. 2, S. 369 f., 381 f., 409; *Schäfer,* Dank.
113 VR 4 Nr. 264 v. 1355 IX 30.
114 VR 4 Nr. 451 v. 1357 XI 9.
115 VR 4 Nr. 424; *Struck,* Klöster Lahn 2, Nr. 1161 v. 1357 VII 20.
116 VR 4 Nr. 526; *Struck,* Klöster Lahn 2, Nr. 1168 v. 1358 IX 12.
117 Vgl. etwa RI VIII Nr. 291, 362, 1386, 2170, 2617, 2675, 2685, 3060, 3934; MGH Const. 8 Nr. 40 u. 139.
118 VR 5 Nr. 360 v. 1365 III 6.
119 VR 5 Nr. 402 v. 1365 VI 8.

suchten. Der Erfolg war dabei unterschiedlich[120]. Zu beachten im Zusammenhang mit den königlichen Suppliken sind die jeweiligen Beziehungen des Herrschers zum Papst. Bei Spannungen wie in der ersten Zeit unter dem Habsburger Albrecht[121] oder unter Ludwig dem Bayern fehlen die Belege. Das Verhältnis von Adolf von Nassau und Bonifaz VIII. zum Zeitpunkt der Suppliken von 1296/97 kann auch vor dem Hintergrund des englisch-französischen Gegensatzes gesehen werden, in dem die Kurie zu vermitteln suchte und dabei dem sich recht undurchsichtig verhaltenden König zeitweise entgegenkam[122]. Die Kontakte des auf Frankreich orientierten Clemens V. zu Albrecht waren zwar nicht allzu ausgeprägt, es bestanden aber auch keine entscheidenden Differenzen[123]. Karl IV. hatte 1346 bei seiner Wahl Clemens VI. hinter sich und konnte so auch mit Genehmigung seiner Suppliken rechnen[124]; trotz der Goldenen Bulle kann auch in den späteren fünfziger Jahren das Verhältnis nicht als gespannt bezeichnet werden[125]. Zwischen Urban V. und Karl IV. gab es 1365 ebenfalls engere Beziehungen[126]. Ein Zusammenhang zwischen Suppliken und einer zumindest nicht gegensätzlichen Position zum Papst, wie er sich hieraus ergibt, ist freilich naheliegend.

4. Domherren im Dienste von König und Reich

Engere Beziehungen des Herrschers zu einzelnen Domherren sind aus dem Einsatz von Trierer Kanonikern für seine Belange zu erkennen. An erster Stelle sei

---

120 Vgl. zu den tatsächlich ins Kapitel gelangten bzw. gescheiterten Personen die Zusammenstellung u. S. 174 ff.
121 Zu den Beziehungen Albrechts zu den Päpsten vgl. u. S. 162 f.; *Alfred Niemeier*, Untersuchungen über die Beziehungen Albrechts I. zu Bonifaz VIII. (Historische Studien, H. XIX), 1900, Ndr. Vaduz 1965; *Gutsche*, Reich und Kurie; *Hessel*, Jahrbücher, S. 109–133, 230–239.
122 Vgl. hierzu *Carl Hentze*, England, Frankreich und König Adolf von Nassau 1294–1298, Diss. Kiel 1914, zur Kurie S. 57–60, 70–74; *Vinzenz Samanek*, Studien zur Geschichte König Adolfs. Vorarbeiten zu den Regesta Imperii VI,2 (1292–1298) (Akademie der Wissenschaften in Wien, Philosophisch-historische Klasse. Sitzungsberichte, 207. Bd., 2. Abh.), Wien-Leipzig 1930, S. 153–160; *Friedrich Bock*, Englands Beziehungen zum Reich unter Adolf von Nassau, in: MIÖG Erg. Bd. 12, (1932/1933), S. 199–257; *Fritz Trautz*, Die Könige von England und das Reich 1272–1377. Mit einem Rückblick auf das Verhältnis zu den Staufern, Heidelberg 1961, S. 127–175; zu Adolf: *ders.*, Studien zur Geschichte und Würdigung Adolfs von Nassau, in: Geschichtliche Landeskunde 2 (1965), S. 1–45 mit weiterer Literatur. Zu den Beziehungen von Papst und Adolf v. Nassau auch RI VI,2 Nr. 666 u. 685.
123 Vgl. *Seppelt*, Geschichte Päpste 4, S. 80; *Gutsche*, Reich und Kurie.
124 Vgl. *Scheffler*, Karl IV. und Innozenz VI., S. 17–20.
125 Vgl. ebda., bes. S. 102 f.
126 Vgl. *Seppelt*, Geschichte Päpste 4, S. 158 f.; *Gebhardt*, Handbuch, S. 570 u. die dort zit. Lit., bes. *Johann Peter Kirsch*, Die Rückkehr der Päpste Urban V. und Gregor XI. von Avignon nach Rom. Auszüge aus den Kameralarchiven des vatikanischen Archivs (Quellen und Forschungen aus dem Gebiet der Geschichte, Bd. 6), Paderborn 1898.

hier der spätere Erzbischof Boemund von Saarbrücken genannt, der sich – wie erwähnt – noch zur Zeit seiner Wahl im Auftrag Karls IV. in Metz aufhielt[127], aber schon früher für die Luxemburger vor allem als Verbindungsmann zum Papst tätig gewesen war[128]. Auf Rudolf Losse und seine Aktivitäten für Karl IV. wurde bereits hingewiesen; sie sind vor und nach der Verleihung der Trierer Domherrnstelle faßbar[129]. Auch Dompropst Konrad von Spiegelberg hat sich offenbar um Karl IV. verdient gemacht, da ihm und Herbrord von Herxheim im Jahre 1368 ein großer Königsturnos vom Rheinzoll in Kapellen auf Lebenszeit ausgesetzt wurde[130], wie ähnliches 1354 für seinen Vorgänger Johann von Zolver erfolgt war, wohl um diesen nach Balduins Tod an sich zu binden[131]. Ein früheres Beispiel ist der auf Betreiben Balduins Dekan gewordene Johann von Bruaco, der 1310 vom Bruder des Erzbischofs, Heinrich VII., als Überbringer einer Bitte um einen früheren Termin der Kaiserkrönung zu Clemens V. gesandt wurde[132]. Daß es sich in allen genannten Fällen um einen König aus dem Hause Luxemburg handelt[133], unterstreicht einmal mehr die besondere Bindung dieser Herrscher an den Trierer Raum, die sich freilich durch ihre Verlagerung nach Osten mehr und mehr lockerte.

5. Finanzielle Forderungen

Auf das Spolienrecht am Nachlaß der Erzbischöfe verzichteten die Könige im Untersuchungszeitraum weitgehend, wobei sich Karl IV. allerdings – wie erwähnt – hierfür anderweitig abfinden ließ[134]. Die Herrscher nutzten aber verschiedentlich ihre Beziehungen zum Papst aus, um sich von ihm die Erhebung von Zehnten vom Klerus genehmigen zu lassen, die grundsätzlich von Bonifaz VIII. 1296 den Laien verboten worden war[135]. In Deutschland finden sich allerdings zunächst Beispiele für Territorialzehnten, die 1325 König Johann von Böhmen und Herzog Leopold

---

127 Vgl. oben Anm. 49.
128 Vgl. etwa VR 1 Nr. 1016; VR 2 Nr. 1252, 2201.
129 Vgl. *Langer,* Losse, T. 2, S. 356–399, 411–415.
130 *Lindner,* Nachträge, Nr. 175; LHAKO Abt. 1 A Nr. 3407 u. 1 D Nr. 618 v. 1368 II 3. Bereits irgendwann im Jahre 1365 hatten dieselben einen Turnos erhalten (*Lindner,* Nachträge, Nr. 165; LHAKO Abt. 1A Nr. 3406).
131 *Max Bär,* Nachträge zu den Regesten Karls IV., in: NA 9 (1884), S. 215–220, S. 217; *Haverkamp,* Studien, S. 472; MGH Const. 8 Nr. 70; allerdings auf drei Jahre befristet in Koblenz.
132 *Stengel,* Nova Alamanniae, Nr. 79.
133 Für Beziehungen auch des Habsburgers Friedrich III. zu Trierer Domherren, nämlich Dompropst Philipp v. Sierck, vgl. LHAKO Abt. 54 S Nr. 1174–1178: Philipp wird als Rat Friedrichs bezeichnet und erhält Zolleinkünfte. Für Jakob von Sierck und den Luxemburger Sigismund vgl. Anm. 89.
134 Vgl. bes. *Haverkamp,* Studien, S. 471. Für Konrad vgl. *Aldinger,* Erhebung, S. 24.
135 Vgl. hierzu und dem Folgenden bes. *Hennig* (wie u. S. 221 Anm. 274), S. 46–72.

von Österreich gestattet wurden[136]. Der erste, für die Italienunternehmung Karls IV. ausgeschriebene Reichszehnt datiert von 1366[137]. Im Jahre 1391 erhielt König Wenzel ebenfalls einen Reichszehnten, 1403 Ruprecht von der Pfalz, 1418 König Sigismund und 1452 Friedrich III.[138].

Im Zusammenhang mit dem Verhältnis von Domgeistlichkeit und Papst wird auf die Reaktion des heimischen Klerus gegen solche Abgaben erneut einzugehen sein. Die Zahlungen nach der Auflage von 1366 erfolgten aus Trier nur stockend, zumal damals vorübergehende Spannungen zwischen Erzbischof Kuno von Falkenstein und dem Papst bestanden[139]. Die Geistlichkeit des Niederstifts schloß sich 1367 der Haltung des unter Führung des Domkapitels protestierenden Oberstifts an[140]. Insgesamt war die Zehnteintreibung im ganzen Reich wenig erfolgreich[141]. Bei dem König Wenzel 1391 bewilligten Zehnten war der trierische Klerus ebenfalls nicht zahlungswillig. In einem Schreiben vom 20. Januar 1392 baten das Domkapitel und die anderen trierischen Kirchen Erzbischof Werner, sie beim König wegen ihrer Armut zu entschuldigen, die mit wirtschaftlichen Einbußen auf Grund von pestbedingten Wüstungsvorgängen und dem Schisma und Auseinandersetzungen mit verschiedenen Gegnern begründet wurde[142]. Im Jahre 1405 schlossen sich die Kirchen des Niederstifts einer Appellation durch die Trierer Stifte und Klöster gegen den vom Papst gewährten Zehnten für den Romzug König Ruprechts von der Pfalz an[143]. Im selben Jahr quittierte der König allerdings dem Domkapitel und dem weiteren Klerus über die Zahlung von 1500 fl. als „volleist" und „sture"[144]. Im Jahre 1452 schließlich knüpften auf die Kunde der Zehnterhebung zunächst die Domkapitel von Mainz, Worms und Speyer Kontakte an und vereinbarten ein gemeinsames Vorgehen. Sie versuchten, Köln und Trier einzubeziehen, und sandten so am 25. Juli ein Schreiben an das Trierer Kapitel. Resultat war eine Einung im September zwischen den Kapiteln der drei geistlichen Kurfürstentümer, die auf eine Abwehr der Zehntforderung abzielte. Diese blieb dann jedoch aus[145].

---

136 Ebda. u. VR 1 Nr. 809.
137 Vgl. VR 5 s. XCVII–CI u. Nr. 533 u. 541 ff.
138 Vgl. unten zu Papst u. kurialem Finanzsystem S. 227 Anm. 313 f.
139 Wegen der Ungültigkeitserklärung der Übertragung der Koadjutorie in Köln an Kuno (vgl. VR 5 S. XCIX u. Nr. 549–551). Vgl. zu den Widerständen im Klerus auch allg. *Werunsky*, Karl IV. 3, S. 367–370.
140 VR 5 S. XCIX u. Nr. 562.
141 Vgl. VR 5 S. CI.
142 VR 6 Nr. 471.
143 VR 7 Nr. 495 v. 1405 II 18.
144 Regesten Pfalzgrafen 2, Nr. 4023 v. 1405 VI 6.
145 Vgl. zu den Vorgängen *Weigel*, Kaiser, Kurfürst und Jurist, S. 86–89 mit Belegen. Zu späteren Widerständen vgl. etwa *Lager*, Johann II. von Baden, S. 24 Anm. 3.

Im allgemeinen läßt sich also bei Versuchen des Königs, den Klerus und damit auch das Trierer Domkapitel mit Abgaben zu belasten, Widerstand beobachten, wobei man sich in der betroffenen Geistlichkeit zusammenzuschließen suchte. Um eine vereinte Abwehr unwirksam zu machen, reichten die Machtmittel des Herrschers nicht aus. Auf der anderen Seite versuchte die Geistlichkeit zwar, die rechtlichen Möglichkeiten etwa durch Appellation auszuschöpfen, aber einen offenen Konflikt zu vermeiden; Entschuldigungsschreiben und Teilzahlungen konnten dazu dienen, den König zu besänftigen.

6. Auseinandersetzungen mit anderen Herrschaftsträgern

Für die Reaktion des Domkapitels bei Thronstreit, bei Gegensätzen zwischen dem König und Kurfürsten, auswärtigen Mächten wie auch dem Papst fehlen weitgehend die Belege. Es ist davon auszugehen, daß sich Polarisierungen im Reich, die sich auf den Adel übertrugen, im mit dessen Familienmitgliedern besetzten Domkapitel niederschlugen. Die persönlichen Bindungen der einzelnen Domherren spielten hier sicher eine entscheidende Rolle und bewirkten Parteiungen innerhalb des Kapitels, wie sie vor allem im Zusammenhang mit den Bistumsbesetzungen erkennbar sind.

Bei Konflikten der Domgeistlichkeit mit Herrschaftsträgern im Reich trat das Königtum als Ordnungsmacht nur selten in Erscheinung. Ein Beispiel hierfür ist jedoch die Auseinandersetzung der Stadt Trier mit dem Stadtherrn Kuno von Falkenstein und dem Klerus, bei der Karl IV. als Entscheidungsinstanz angerufen wurde und sich weitgehend gegen die Bürger aussprach[146]. Eine Unterstützung erhielten die Domherren auch 1430 durch König Sigismund, der an die Städte Koblenz, Wesel und Boppard Schreiben richtete, dem Domkapitel in der Sedisvakanz gehorsam zu sein[147]. Dies ist freilich vor dem Hintergrund der Manderscheidschen Fehde zu sehen. Das Domkapitel besaß auf Grund seines ausgedehnten Besitzes genügend Ressourcen, über seine adeligen Mitglieder zahlreiche wichtige, auch im Konfliktfall zu nutzende Verbindungen und setzte sich in der Regel auch auf andere Weise gegen seine Gegner zur Wehr, indem es sich an den Erzbischof oder den Papst wandte; es war auf den König in solchen Situationen also kaum angewiesen[148].

---

146 Vgl. unten zum Verhältnis Stadt–Domkapitel; *Ferdinand,* Cuno von Falkenstein, S. 46–49; *Lindner,* Nachträge, Nr. 154 u. 156; *Werunsky,* Karl IV. 3, S. 308–310.
147 Vgl. *Meuthen,* Trierer Schisma, S. 75; RI XI Nr. 7719; LHAKO Abt. 1 A Nr. 1114 u. 2871. Auch in die Auseinandersetzung von Stadt und Klerus zur Zeit Jakobs v. Sierck wurde der König eingeschaltet: vgl. STATR Urk. K 26, E 11 u. C 9.
148 Zur Schiedstätigkeit der Könige allgemein vgl. jetzt: *Ute Rödel,* Königliche Gerichtsbarkeit und Streitfälle der Fürsten und Grafen im Südwesten des Reiches 1250–1313 (Quellen und Forschungen zur höchsten Gerichtsbarkeit im Alten Reich, Bd. 5), Köln-Wien 1979.

7. Zusammenfassung

Zwischen Domkapitel und König bestand ein keineswegs dauernder und nur in bestimmten Situationen aktualisierter Kontakt, wobei vor allem die Bistumsbesetzungen zu nennen sind.

Etwas stärker ausgeprägt sind die Beziehungen unter dem Luxemburger Karl IV. gewesen. Königliche Urkunden für das Kapitel sind im Untersuchungszeitraum auch nur durch ihn und seinen Sohn Wenzel ausgestellt worden.

Eine Abhängigkeit der Vergabe des Erzbischofsstuhls von der jeweiligen Machtstellung des Königs ist zumindest in einigen Fällen faßbar.

Eine Einflußnahme der Könige auf die persönliche Zusammensetzung des Kapitels erfolgte fast überhaupt nicht über das Instrument der Ersten Bitte, sondern über Supliken beim Papst und auch wohl über eigene Anhänger im Kapitel.

Spannungen ergaben sich durch finanzielle Forderungen einzelner Könige, was freilich nicht zu offenen Konflikten, sondern lediglich Leistungsverweigerungen führte.

Als Garant von Rechten des Domkapitels und als Entscheidungsinstanz für dieses fungierten die Herrscher selten.

II. Territorialherren und Adel

1. Verwandtschaftsbeziehungen

Ohne daß auf die Vielfalt der im Kapitel vertretenen Adelsgeschlechter und ihre unterschiedlichen familiären Kontakte im einzelnen weiter eingegangen werden kann[1], sei hier allgemein auf einige Aspekte der Verwandtschaftsbeziehungen hingewiesen. Wenn Adelige ins Domkapitel gelangten, schuf dies für ihre Angehörigen eine besondere Verbindung, die bei Gelegenheiten wie der Bistumsbesetzung politisch genutzt werden konnte, aber auch finanzielle Möglichkeiten eröffnete, da durch den Einfluß der geistlichen Familienmitglieder leichter andere mit kirchlichen Stellen und den damit verbundenen Einnahmen versorgt werden konnten. Auf den Zusammenhang zwischen personeller Besetzung des Domkapitels und der Vergabe weiterer Kanonikate braucht nicht weiter eingegangen zu werden; die im Mittelalter und später noch verbreitete „Vetternwirtschaft" vor allem in der höheren Geistlichkeit ist eine bekannte Tatsache[2] und für das Trierer Kapitel aus der Personenliste leicht zu ersehen.

---

1 Vgl. in diesem Zusammenhang auch Teil 2.
2 Vetternwirtschaft gab es vor allem auch im Zusammenhang mit dem Papsttum, vgl. *Arnold Esch*, Das Papsttum unter der Herrschaft der Neapolitaner. Die führende Gruppe Neapolitaner Familien an der Kurie während des Schismas 1378–1415, in: Festschrift für Hermann Heimpel zum 70. Geburtstag am 19. September 1971, Bd. 2 (Veröffentlichungen des

Die in den geistlichen Institutionen untergebrachten Personen blieben selbstverständlich weiterhin in das Familiengeschehen einbezogen. In Urkunden, die wie bei Käufen und Verkäufen Veränderungen im Familienbesitz betrafen, traten sie gemeinsam mit ihren weltlichen Verwandten als Aussteller auf[3], gaben ihren

---

Max-Planck-Instituts für Geschichte, 36), Göttingen 1972, S. 713–800; *Wolfgang Reinhard*, Nepotismus. Der Funktionswandel einer papstgeschichtlichen Konstante, in: Zs. f. Kirchengesch. 86 (1975), S. 145–185.

3   1279 II 6 Theoderich v. Homburg und sein Bruder Philipp verkaufen Zehntenanteil zu „Werstad" (MRR 4 Nr. 589); 1282 IV 14 dieselben Zehnten zu „Gunderamesheim" (MRR 4 Nr. 922); 1333 III 10 Robin v. Isenburg, Eltern u. Brüder verkaufen Wingertszehnten (LHAKO Abt. 96 Nr. 1645); 1355 VII 24 Johann v. Urley u. sein Bruder Wilhelm mit Frau verzichten auf Forderungen gegenüber Heinrich v. Daun (LHAKO Abt. 29 D Nr. 63); 1368 III 16 dies. Verkauf an St. Simeon (LHAKO Abt. 215 Nr. 479, vgl. auch 478, 480, 482); 1357 IX 12 Konrad v. Schöneck, Wilhelm v. Urley und dessen Bruder Johann, Domherr, erklären, EB Boemund 443 Pf. trier. u. 50 Ml. Hafer zu schulden infolge Verschreibungen ihrer Onkel an Trierer Juden (LHAKO Abt. 1 C 8 Nr. 118 u. 1 C 6 Nr. 247); 1424 III 2 Friedrich v. Kröv u. seine Brüder verkaufen Ewigzins ans Domkapitel (LHAKO Abt. 1 D Nr. 884 u. 54 K Nr. 351); 1443 Arnold v. Sierck u. sein Sohn, Dompropst Philipp, Heiratsvertrag mit den Herren v. Isenburg wegen der Hildegard v. Sierck (LHAKO Abt. 54 S Nr. 1171); 1446 II 14 Chorbischof Johann Beyer von Boppard, Heinrich und Rudolf Beyer, Herren von Castel, verkaufen 40 fl. Zins an Liebfrauen/Trier (*Kreglinger*, Analyse, S. 150 Nr. 1219; LHAKO Abt. 206 Nr. 31).

4   1273 II 2 Gerhard v. Eppstein mit Bruder Gottfried für eine Schenkung seines Vaters Gottfried (*Sauer*, Nass. UB 1,1–2 Nr. 838; MRR 4 Nr. 1028); 1296 IV 15 Heinrich v. Ulmen für Schenkung seines Vaters Theoderich (MRR 4 Nr. 2516); 1297 IV 26 Heinrich v. Gondorf für Verpfändung durch Bruder Arnold (MRR 4 Nr. 2637); 1298 VIII 3 Heinrich, Diethard u. Sybert v. Ulmen sowie ihr Bruder Johann für Schenkung ihres Vaters Dietrich an Kl. Engelport (BATR Abt. 95 Nr. 129 S. 167); 1300 IX 18 Diethard v. Ulmen für Verkauf seines Vaters Theoderich (MRR 4 Nr. 3064); 1303 Johann v. Kerpen für Stiftung seiner Eltern (*Wampach*, UQB 6, Nr. 966); 1317 X 3 Heinrich v. Gondorf für Verkauf durch Bruder Arnold (LHAKO Abt. 157 Nr. 33); 1329 V 8 Gerhard v. Virneburg für Verpfändung durch Ruprecht (*Wilhelm Iwanski*, Geschichte der Grafen von Virneburg. Von ihren Anfängen bis auf Robert IV. (1383). Mit Beilagen, Diss. Berlin, Koblenz 1912, S. 57–59, Nr. 9); 1330 I 1 Güterverzicht d. Jakob v. Montclair auch für seinen Bruder, den Domherrn Friedrich Gyot (LHAKO Abt. 54 M Nr. 829); 1333 XI 10 Nikolaus v. Weiskirchen für „donatio propter nuptias" durch seinen Bruder Philipp (*Stengel*, Nova Alamanniae, Nr. 296); 1335 IV 2 Gottfried v. Brandenburg bei Verkauf seines Bruders Johann Herrn v. Falkenstein (LHAKO Abt. 54 B Nr. 328); 1337 VI 24 Nikolaus v. Weiskirchen für Verkauf seines Bruders Johann (LHAKO Abt. 1 A Nr. 4913, vgl. auch Abt. 54 W Nr. 343 v. 1338 III 30); 1374 XII 20 Verkauf v. Beppingen durch Gerhard v. Blankenheim und Söhne; sobald Domdekan Friedrich ins Land kommt, soll er dem Käufer eine versiegelte Urkunde über sein Einverständnis geben (LHAKO Abt. 54 S Nr. 347); 1397 XI 21 Johann v. Hammerstein für Lehensabhängigkeit eines Burganteils seines Bruders von Trier (*Hammerstein-Gesmold*, Urkunden, Nr. 605); 1428 VI 23 Kraft v. Saffenberg für Abgabenbefreiung des Liebfrauenklosters Andernach durch seinen Vater (*Zimmer*, Quellen Landskron, Nr. 859). Natürlich war auch der umgekehrte Fall möglich: Vgl. etwa 1278 XI 10: Gottfried v. Eppstein Konsens für Verkauf des halben Schlosses Wied durch Archidiakon Gerhard an Bruno v. Isenburg-Braunsberg (*Sauer*, Nass. UB 1,1–2, Nr. 945, S. 564 f.; MRR 4 Nr. 562); 1327 III 6 für Domherrn Gobelo von Esch

Konsens⁴, ihr Siegel⁵ oder waren Zeugen⁶. Zum Teil sind sie auch selbst als „Geschäftspartner" ihrer Angehörigen belegt⁷. Sie waren an der Vermögensregelung in ihrer Familie beteiligt⁸, wobei es allerdings zu Streitigkeiten kommen

---

    durch seinen Bruder, den „armiger" Theoderich, für den Verkauf einer Ewigrente (LHAKO Abt. 1 A Nr. 3883); 1339 XII 21: Johann v. Weiskirchen Konsens für Verkauf durch seinen Bruder, Domherrn Nikolaus (LHAKO Abt. 1 A Nr. 1557).

5 Vgl. etwa MRR 4 Nr. 1309 v. 1285 (Isenbard v. Warsberg, Robert v. Mengen), *Lamprecht*, Wirtschaftsleben 3, Nr. 79 v. 1301 I 16 (Dietrich v. Daun); *Toepfer*, UB Hunolstein 1, Nr. 204 v. 1332 III 10 (Nikolaus v. Hunolstein statt des Georg v. Heinzenberg); ebda., Nr. 209 v. 1334 I 7 (ders.); *Karl Menzel*, Regesten der in dem Archiv des Vereins für Nassauische Alterthumskunde und Geschichtsforschung aufbewahrten Urkunden aus den Jahren 1145–1807, in: Nass. Ann. 15 (1879), S. 143–264, Nr. 12 S. 155 v. 1334 II 2 (Robin v. Isenburg); *Herrmann*, Saarwerden 1, Nr. 282 v. 1334 VIII 5 (Johann v. Saarwerden); *Dün*, UB Daun, Nr. 402 v. 1354 II 2 (Dietrich v. Daun); LHAKO Abt. 1 A Nr. 6009 v. 1359 II 20 (Robert v. Saarbrücken).

6 1270 XI 15 Radulf v. Weiler für Johann v. Weiler (MRR 4 Nr. 2923); 1335 VIII 28 Nikolaus v. Weiskirchen für Philipp v. Weiskirchen (LHAKO Abt. 1 A Nr. 4844).

7 1342 II 25: Dietrich v. Esch überläßt seinem Oheim Gobelo, Domherr, Güter und Gülten in Bartringen, Strassen, Brotdorf(?) (LHAKO Abt. 54 E Nr. 174 f.; *Würth-Paquet*, Table, 21, 1865, Nr. 1496, S. 5 f.); 1342 VI 30: Johann, Dietrich (= Domherr) und Gerhard v. Hammerstein versetzen an ihren Oheim Gerhard v. Landskron ihren Anteil an Kaltenborn und ihre Leute im Königsfelder Gericht (*Hammerstein-Gesmold*, Urkunden, Nr. 405); 1363 IX 30: Graf Johann v. Sponheim erhält v. Pfalzgraf Ruprecht die Genehmigung, einen Teil des Dorfes Winningen an seinen Vetter, Chorbischof Gottfried, zu versetzen (Regesten Pfalzgrafen 1, Nr. 3469); 1369 IV 2 Domherr Ruprecht v. Daun schuldet 35 Mainzer Goldgulden seinem Bruder Richard, Herrn von Daun, und dessen Frau Ermesinde (*Dün*, UB Daun, S. 64 Nr. 500; LHAKO Abt. 29 D Nr. 97); 1392 V 11 Wilhelm, Herr zu Differdingen, verkauft den Hof Brubach an seinen Neffen, Dompropst Arnold von Berwart (LHAKO Abt. 1 D Nr. 4417 S. 377–384); 1434 Arnold v. Sierck überträgt seinem Bruder Jakob für von diesem getilgte Schulden einen Schuldbrief des EB von Mainz (LHAKO Abt. 54 S Nr. 1123).

8 1240 XI 24 Dompropst Arnold von Isenburg beim Vergleich über Wiedsche Erbgüter (MRUB 3 Nr. 688; MRR 3 Nr. 177; *Sauer*, Nass. UB 1,1–2, Nr. 488 S. 320 f.); 1307 XII 5 Johann u. Jakob v. Warsberg bestimmen unter anderem den Vermögensanteil des Archidiakons Robert (*Wampach*, UQB 7, Nr. 1129); 1310 IX 9 erhält Kaniker Johann v. Diez Erbgüter durch Verzicht seines Bruders (Urkundenbuch der Abtei Eberbach im Rheingau, hg. v. *Karl Rossel*, Bd. 2, Wiesbaden 1870, Nr. 663); 1336 III 21 Erbteilung zwischen Domherrn Herbrand v. Differdingen und seinem Bruder Rudolf (AELUX Archiv Culemborg, Nr. 55; frdl. Hinweis v. Herrn René Klein, Lamadelaine); 1368 III 13 Domherr Boemund (II.) v. Saarbrücken hat vorübergehend das Erbteil seiner Schwester Irmgard gekauft „umbe eyn behelff ... also dat ich yn ir gut, erve und gulde behalde" (*Hammerstein-Gesmold*, Urkunden, Nr. 497; LHAKO Abt. 54 H Nr. 70). 1368 V 12 Gerhard, Custos in Köln, und Ludwig, Kanoniker in Trier, haben v. ihrem Vater Arnold v. Pittingen Einkünfte als Erbe erhalten (vgl. *Würth-Paquet*, Table, 24,2, 1869, Nr. 533 S. 110). 1384 III 20 Pfalzgraf Ruprecht verspricht d. Konrad v. Hohenlohe, nach dessen Tod seine Lehen an seinen Bruder, Dompropst Gottfried, zu vergeben (Regesten Pfalzgrafen 2, Nr. 4535). 1438 Siercksche Erbregelungen; Scholaster Jakob und Laie Arnold iunior sind die Hauptnutznießer; für die Schwestern werden Summen zur Ausstattung festgelegt (LHAKO Abt. 54 S Nr. 1126–1131).

konnte[9]; in ihren Testamenten bedachten sie selbstverständlich ihre weltlichen Verwandten, wenn auch Stiftungen für kirchliche Einrichtungen und an geistliche Familienmitglieder vielfach einen höheren Stellenwert besitzen[10]. In verschiedenen Fällen vertraten Domherren ihre Angehörigen und wickelten für sie Angelegenheiten ab[11]. Bei Auseinandersetzungen der Familie mit fremden Herr-

---

9 1327 Gefangennahme des Domherrn Konrad v. Dahn im Streit um das Erbe mit Adelheid v. Trimberg u. Söhnen nach dem Tod des kinderlosen Johann v. Dahn (LASP Abt. F 1 Nr. 4 Stück 5–10). 1369 VII 2 Vergleich des Domherrn Dietrich v. Eich mit seinem Bruder Peter um das Erbe (LHAKO Abt. 52,19 Nr. 113). 1382 XII 29 Dompropst Schilz v. Milberg beurkundet seine Sühne mit seinem Neffen Ulrich v. Roeser wegen geerbter Sachen (Gut u. Möbel), vgl. Urkunden des Fürstlich Salm-Salm'schen Archives in Anholt, des Fürstlich Salm-Horstmar'schen Archives in Coesfeld und der Herzoglich Croy'schen Domänenadministration in Dülmen, bearb. v. *Ludwig Schmitz-Kallenberg*. (Veröffentlichungen der Historischen Kommission der Provinz Westfalen, Inventare der nichtstaatlichen Archive der Provinz Westfalen, Inventare der Provinz und des Regierungsbezirks Münster, Beibd. 1), Münster 1902–1904, Nr. 669 S. 300, vgl. auch Nr. 671. Nicht immer sind Erbschaftsangelegenheiten als Grund für die Streitigkeiten ausdrücklich erwähnt: 1239 III 2 Vergleich zwischen Domthesaurar S(imon) u. dem Bruder Reiner v. d. Brücke über die Hunrige in Grenderich (MRUB 3 Nr. 615; MRR 3 Nr. 109; *Goerz*, Regesten, S. 41). 1331 III 5 Einigung des Domherrn Johann von Gerlfangen mit den Brüdern Heinrich und Henkin von Fürweiler über Gerlfangen und anderen Besitz (BATR Abt. 5,1 Nr. 3 u. Abt. 95 Nr. 311 fol. 181; LHAKO Abt. 1 D Nr. 4414 S. 9–11, 4415 S. 544 f.; vgl. bereits die früheren Streitigkeiten BATR Abt. 5,1 Nr. 1 u. 14; Abt. 95 Nr. 311 fol. 177; LHAKO Abt. 1 D Nr. 4413 S. 685–690. Die Güter kamen später ans Kapitel.) Bei Burgfrieden sind Domherren ebenfalls beteiligt: 1323 V 26 Burgfrieden auf Eltz auch mit Parzival (LHAKO Abt. 53 C 14 Nr. 257); 1350 IV 23 Burgfrieden auf Hammerstein mit Dietrich und Johann (LHAKO Abt. 1 A Nr. 2003 u. Abt. 54 H Nr. 53 f.; *Hammerstein-Gesmold*, Urkunden, Nr. 422); 1362 XII 6 ebenso (ebda., Nr. 478, LHAKO Abt. 54 H Nr. 68).

10 Vgl. hierzu S. 323 zu den geistlichen Institutionen. Daß Verwandte auch die Begleichung von Schulden des verstorbenen Domherrn übernahmen, zeigt sich an den Brüdern des Dompropst Friedrich v. Kröv, die 1441 XII 25 dem Domkapitel ein Zahlungsversprechen über 460 rhein. fl. gaben, davon 360 wegen des „versetze" ihres Bruders, 100 vom Testament Heinrichs von dem Kamphofe (LHAKO Abt. 54 K Nr. 350).

11 1321 Nikolaus, Cantor, mit Johann Vogt v. Hunolstein Zahlungsversprechen für Johann iunior über 20 lib. „nomine feudi" nach Erhalt v. 200 lib. für diesen (*Toepfer*, UB Hunolstein 1, Nr. 171). 1337 I 30 Gottfried von Brandenburg vergleicht sich für seinen Bruder Johann v. Falkenstein mit dem Trierer Juden Ysaac quondam Sandermanni wegen einer Forderung v. 800 lib. (LHAKO Abt. 54 B Nr. 329). 1409 I 17 Heinrich v. Daun Heiratsvermittlung für Ännchen v. Daun (LHAKO Abt. 29 D Nr. 150); 1434 I 4 Jakob v. Sierck Vergleich mit Wild- und Rheingraf Konrad, EB v. Mainz, über die Forderungen der Siercker aus der Heirat Jakobs v. Montclair mit Hildegard v. Rheingrafenstein (LHAKO Abt. 54 S Nr. 1110); 1451 III 10 Eheabredung zwischen Rudolf v. Leiningen und Frau einerseits u. Dompropst Philipp v. Sierck andererseits wegen Aleyde, Nichte des Propstes (LHAKO Abt. 54 S Nr. 1187); 1453 II 1 Eheabredung zwischen Gerhard v. Sayn u. Jakob u. Philipp v. Sierck wegen der Else v. Sierck (*Goerz*, Regesten, S. 197). Vermittlung bei Streitigkeiten v. Verwandten: 1304 X 23 Heinrich v. Zweibrücken bei Streit Eberhard u. Walram; *Carl Pöhlmann*, Regesten der Grafen von Zweibrücken aus der Linie Zweibrücken, bearb. v. *Anton Doll* u. *Hans-Walter Herrmann* (Veröffentlichungen der Pfälzischen Gesellschaft zur Förderung der Wissenschaften. Bd. 42), Speyer 1962, Nr. 457.

schaftsträgern waren sie beteiligt[12], wie auch Verwandte sie in entsprechenden Fällen unterstützten[13]; für die politische Orientierung waren vielfach Verwandtschaftsverbindungen maßgeblich. Schließlich sind in den Zusammenhang von Familienbeziehungen auch die Resignationen zur Rückkehr in den Laienstand einzuordnen, die oftmals der Sorge um den Fortbestand des Geschlechts entsprangen[14]. Insgesamt ist Verwandtschaft als ein entscheidendes Bindeglied zwischen dem weltlichen Adel und dem Domkapitel anzusehen.

2. Bistumsbesetzung

Die nach altem Recht vorgesehene Wahl des Bischofs durch Klerus und „Volk"[15] blieb auch nach der Überlagerung von den Ansprüchen des Königtums durchaus im Bewußtsein verankert und ließ für den weltlichen Adel eine Einwirkung bei der Bestellung des jeweiligen geistlichen Oberhauptes der Diözese zu[16]. Im Wormser Konkordat wurde an der Gemeinsamkeit von Geistlichkeit und Laien bei der Bischofswahl festgehalten[17]. Eine teilweise recht aktive Rolle der lokalen weltlichen Kräfte bei den Bistumsbesetzungen in Trier hat *Richard Martini* in seiner Untersuchung für das 10. bis 12. Jahrhundert herausgestellt[18]. Die im 13. Jahrhundert abgeschlossene Ausbildung des alleinigen Wahlrechts des Kapitels schuf eine neue Situation[19]; zu prüfen ist, ob und inwieweit sich dennoch

---

Funktion als Bürge: 1347 IV 29 Dietrich v. Daun für Richard; *Dün*, UB Daun, Nr. 351; AELUX A. LII Nr. 358.

12 1336 X 9: Vergleich Himmerod mit Salentin v. Isenburg, Frau u. Kindern, darunter auch Chorbischof Robin, in Güterstreitigkeiten (LHAKO Abt. 96 Nr. 780); 1342 XII 7: Robin u. sein Bruder Salentin in Auseinandersetzungen mit EB Balduin (*Mötsch*, Balduineen, Nr. 1645); 1377 I 26 Robert v. Daun, der in der Fehde seines Bruders Schilz gegen den Vogt v. Hunolstein gefangen war, schwört dem Grafen Walram v. Sponheim Urfehde (*Toepfer*, UB Hunolstein 2, Nr. 22).

13 Für den vom EB gefangengehaltenen Archidiakon Adam Foil von Irmtraud trat sein Bruder Gerhard ein (LHAKO Abt. 1 D Nr. 1054 v. 1445 VIII 31); 1452 VII 8 befahl EB Jakob v. Sierck den Brüdern Dietrich u. Peter v. Rheineck, die ihren in Opposition zu ihm stehenden gebannten Bruder Heinrich, den Domcustos, seit langem unterstützt hätten, ihm „abtrag, wandel und kerung" zu tun (vgl. *Goerz*, Regesten, S. 196; die Auseinandersetzungen zogen sich aber lange hin, vgl. S. 233; vgl. auch LHAKO Abt. 1 D Nr. 1097 u. 1099). Insbesondere sei in diesem Zusammenhang auch allgemein auf die Parteiungen im Kapitel hingewiesen, bei denen die Verwandten der Domherren Anteile nahmen (vgl. bes. die Manderscheidsche Fehde).

14 Vgl. hierzu Personenliste.
15 Vgl. *Hinschius*, Kirchenrecht 2, S. 512–522.
16 Für Trier vgl. das Privileg Karls des Einfältigen v. 913 (MRUB 1 Nr. 157). Vgl. allgemein *Hinschius*, Kirchenrecht 2, S. 522–540.
17 Vgl. *Feine*, Kirchliche Rechtsgeschichte, S. 268.
18 Vgl. *Martini*, Bischofswahlen.
19 Vgl. hierzu *Below*, Entstehung; *Speyer*, Entstehung; *Ganzer*, Bischofswahl.

in der Folgezeit bei den Trierer Bistumsbesetzungen durch Fürsten und Adel des Umlandes ein Laieneinfluß bemerkbar machte.

Die zwiespältige Wahl von 1242 und die anschließenden Auseinandersetzungen zwischen den Parteigängern von Arnold von Isenburg und Rudolf von der Brücke brachten sogar eine recht weitgehende Beteiligung regionaler weltlicher Mächte mit sich[20]. Dabei werden allerdings nur für den schließlich unterlegenen Kandidaten laikale Anhänger namentlich faßbar. Ob diesem Befund entsprechend die Ausschließung der Laien bei der Bischofswahl zu einer Parteinahme für den aus der stadttrierischen Oberschicht stammenden Opponenten Rudolf geführt hat, muß aber bezweifelt werden[21]; hier dürften andere Gründe ausschlaggebend gewesen sein. Die gegen den Isenburger in das Geschehen eingreifenden Grafen von Luxemburg und Sayn und der Herzog von Lothringen[22] standen nicht in Gegensatz zu König Konrad, der ebenfalls Rudolf unterstützte; sie hatten sich mit den Staufern arrangiert[23] und waren auch nicht dem Bündnis der Erzbischöfe von Köln und Mainz beigetreten[24]. Bei Luxemburg, das sich in besonderem Maße engagierte[25], kamen Lehnsbeziehungen hinzu, die es mit Teilen der trierischen Führungsschicht und insbesondere den Herren von der Brücke verbanden[26]. Man konnte hoffen, über Rudolf stärkeren Einfluß im Erzstift zu gewinnen, als es bei einem Erzbischof aus einem mächtigen Grafengeschlecht im Westerwald der Fall sein konnte. Ferner war man wohl darauf bedacht, die luxemburgische Partei im Kapitel zu stärken. Die Anhänger Rudolfs aus dem Kreis der Domherren gehörten in der Tat dem oberstiftischen, insbesondere dem luxemburgischen Adel an, so der Dekan Wirich von Rodenmacher, der Cantor Johann von Weiler und Johann von Rodenmacher[27]. Eine Beteiligung lothringischer Geschlechter auf der Seite der Opponenten ist allerdings nicht auszumachen. Inwieweit außer reichspolitischen Erwägungen den Herzog ähnliche Überlegungen wie den Luxemburger zu

---

20 Vgl. auch die Aufführungen zur Stadt, S. 151 f.
21 Vgl. *Speyer*, Entstehung, S. 38 f. Speyer hebt lediglich auf persönliche und nicht durch den Wahlmodus bedingte Motive für die Opponenten ab. Vgl. ferner *Aldinger*, Erhebung, S. 24 f.
22 Vgl. MGH SS XXIV (Gesta Treverorum), S. 406.
23 RI V,2 Nr. 11250 v. 1240 IV 2. Vgl. auch *Günter Rauch,* Die Bündnisse deutscher Herrscher mit Reichsangehörigen vom Regierungsantritt Friedrich Barbarossas bis zum Tode Rudolfs von Habsburg (Untersuchungen zur deutschen Staats- und Rechtsgeschichte, NF Bd. 5), Aalen 1966, S. 101–103.
24 Vgl. *Aldinger*, Erhebung, S. 15 f. Daß Luxemburg die Staufer bis 1250 unterstützte, bemerkt auch *Goedert* (Formation territoriale, S. 79). Zu Lothringen u. Sayn vgl. Anm. 28 u. 32 f.
25 Der Graf v. Luxemburg zog nach den Gesta Arnoldi mit Rudolf v. d. Brücke dem vom Rhein kommenden Arnold entgegen und zwang ihn zur Umkehr; er berannte auch nach der Gefangennahme verschiedener seiner Anhänger einen Tag und eine Nacht lang den Palast in Trier, MGH SS XXIV (Gesta Treverorum), S. 406 f. Vgl. *Aldinger,* Erhebung, S. 28 f.
26 Vgl. MRUB 3 Nr. 618 v. 1238 IV 5.
27 Vgl. die Ausführungen zum Königtum, Anm. 29; ferner *Heyen,* Doppelwahlen.

seiner Parteinahme bewogen haben, ist schwer zu sagen[28]. Auffällig ist jedenfalls, daß seine Mitwirkung bei der Auseinandersetzung offenbar von kürzerer Dauer war. Daß dagegen auch nach dem Rücktritt Rudolfs von seiten der Grafen von Luxemburg und Sayn kriegerische Operationen stattfanden[29] und anscheinend erst 1248 der Friede zwischen dem neuen Erzbischof und dem Luxemburger hergestellt war[30], deutet hier auf einen längerfristigen, über das unmittelbare Interesse an der Wahl hinausgehenden Gegensatz hin und bestärkt die Vermutung territorialpolitischer Motive, was bei den in der Nähe Triers ansässigen Luxemburgern eine Ausweitung ihres Herrschaftsbereichs auf Kosten des Erzstifts bedeuten mußte. Inwieweit sich Heinrich von Sayn möglicherweise durch bereits von früheren Erzbischöfen eingeleitete und von Arnold von Isenburg fortgesetzte Expansionsbestrebungen des Erzstifts am Rhein[31] bedroht fühlte, müßte noch genauer untersucht werden. Zwischen Sayn und Isenburg können zumindest einige Zeit vor 1242 kaum allzu schlechte Beziehungen bestanden haben, da Bruno von Isenburg noch im September 1240 Heinrich von Sayn über die Burg Braunsberg einen Lehnsrevers ausstellte und ihm Hilfe gegen jeden „invasor terre" versprach[32]. Auf alle Fälle unterhielt Heinrich gute Beziehungen zu König Konrad, hatte sich aber auch 1239 mit dem zur Opposition gehörenden Kölner Erzbischof Konrad von Hochstaden versöhnt[33].

Neben dem Herzog und den beiden Grafen treten nur wenige andere laikale Parteigänger in Erscheinung. Die bei den Kämpfen in Trier genannten Angehörigen der Familien Fels, Linster und Weiler müssen eindeutig dem luxemburgischen Anhang zugerechnet werden[34]. Der Wildgraf, der zusammen mit dem Abt von Rettel und weiteren ungenannten Personen in einer Klage der Domherren möglicherweise noch im Zusammenhang mit den genannten Vorgängen der Übergriffe gegen ihre Einkünfte und Güter beschuldigt wird[35], befand sich reichspolitisch[36] auf seiten des Staufers Konrad[37]. Die Anhänger des Arnold von Isenburg erscheinen bei den Kampfhandlungen nur als „fideles ecclesie"[38], ohne daß neben den faßbaren Domherren weltliche Personen namentlich genannt werden.

---

28 Zur staufertreuen Haltung des Herzogs vgl. *Hoffmann* (wie S. 21 Anm. 26), S. 94 f.; *Thomas*, Lehnrechtliche Beziehungen, S. 170 f.
29 Vgl. MRUB 3 Nr. 798 v. 1244 VII 30; *Aldinger*, Erhebung, S. 31 Anm. 2.
30 Vgl. ebda.
31 Vgl. *Gensicke*, Landesgeschichte, S. 235 f.
32 MRUB 3 Nr. 683 v. 1240 IX 9.
33 Vgl. *Gensicke*, Landesgeschichte, S. 266 f.; *Friedrich Wilhelm Wenke*, Graf Heinrich der Große von Sayn und sein Denkmal im Germanischen Nationalmuseum, in: Mitteilungen aus dem Germanischen Nationalmuseum 1920/21, S. 103–125, bes. S. 107.
34 Vgl. MGH SS XXIV (Gesta Treverorum), S. 406.
35 MRUB 3 Nr. 817 v. 1245 III 10.
36 Für Lehnsbeziehungen zu Luxemburg: MRUB 3 Nr. 215 v. 1223 XII 25.
37 MRR 3 Nr. 415 v. 1245 II 21.
38 MGH SS XXIV (Gesta Treverorum), S. 406.

Für die Bischofswahl nach dem Tode des Arnold von Isenburg im Jahre 1259 sind Hinweise auf ein Eingreifen von Laien nicht gegeben. Möglicherweise standen aber die gegensätzlichen Gruppierungen im Domkapitel in Beziehung zu mächtigen Herrschaftsträgern, die einen der konkurrierenden Bewerber begünstigten. Bei den Ereignissen der folgenden Jahre, als Heinrich von Finstingen mit einer mächtigen Opposition im Klerus in Auseinandersetzungen lag, wurde der von ihm vertriebene Abt von St. Matthias, Theoderich von Warsberg, vom Herzog von Lothringen freundlich in seinem Gebiet aufgenommen[39]. Der Abt war seinerzeit – allerdings angeblich zufällig – mit Heinrich von Bolanden nach Rom gereist, als dieser dort seine Ansprüche auf den Trierer Erzbischofsstuhl hatte durchsetzen wollen[40]. Der andere Bewerber um den Trierer Erzbischofsstuhl, Arnold von Schleiden, hat das Scheitern seiner Bemühungen nach dem Bericht der Gesta Treverorum auch auf Einflüsse Theoderichs zurückgeführt und wird als einer der Drahtzieher für die Auseinandersetzung Heinrichs von Finstingen mit den Warsbergern dargestellt[41]. Er entstammte einer Familie, die sich ebenso wie andere Eifelgeschlechter in dieser Zeit an die Luxemburger anschloß und Lehnsbeziehungen zu diesen eingegangen war[42]. Für Heinrich, dessen Familie im Besitz von Malberg in der Eifel war, sind jedoch vor allem aus der Eifel und dem luxemburgischen Gebiet Parteigänger faßbar, nämlich neben Arnold und wohl Dietrich von Blankenheim Wirich von Rodenmacher, die Mönche Wilhelm von Meisenburg und Egid von Manderscheid, der Abt von St. Maximin (Heinrich von Daun), der Herr von Falkenstein a. d. Our und Johann von Neuerburg[43]. Der Graf von Luxemburg selbst hielt sich bei den Kämpfen im Erzstift offenbar zurück. Daß er 1264 auf ein Schreiben des Papstes hin reagierte und den Herrn von Falkenstein a. d. Our zur Herausgabe der geraubten Schätze von St. Matthias veranlaßte[44], schließt aber nicht eine vorherige stillschweigende Duldung für das Vorgehen seines Vasallen[45] und damit eine Unterstützung des Finstingers aus. Ob nun eine differierende Position von Luxemburg und Lothringen bei der Besetzung des Trierer Erzbischofsstuhls nach dem Tode des Arnold von Isenburg wie auch später eine Rolle spielte, ist freilich kaum zu entscheiden. Sicherlich war Mißtrauen vorhanden und die Interessenlage unterschiedlich. Luxemburg unterstützte auch,

---

39 Vgl. MGH SS XXIV (Gesta Treverorum), S. 422.
40 MGH SS XXIV (Gesta Treverorum), S. 414.
41 Ebda., S. 415. Arnold wird sogar als „principalis consiliarius" Heinrichs bezeichnet.
42 Vgl. allgemein *Goedert*, Formation territoriale, S. 84 u. 92. Bereits 1243 wurden mit Luxemburg Lehnsbeziehungen angeknüpft (vgl. *Verkooren*, Inventaires 2, Nr. 878). Schleiden unterstützte offenbar ebenso wie Luxemburg Richard v. Cornwall (vgl. *Friedrich Schirrmacher*, Die letzten Hohenstaufen, Göttingen 1871, S. 143 u. 457).
43 Vgl. MGH SS XXIV (Gesta Treverorum), S. 415, 423, 425 f., 441 f., 452, 454 u. S. 153.
44 Ebda., S. 441 f.
45 Zu Falkenstein als Vasall Luxemburgs vgl. *Goedert*, Formation territoriale, S. 69 Nr. 65 v. 1236 XII.

im Gegensatz zu Lothringen, schon früh den englischen Thronbewerber[46]. Freilich gab es zur selben Zeit auch Gemeinsamkeiten[47].

Die Zustände beim Tod des Finstingers 1286 und die erneuten Wahlstreitigkeiten sind, vor allem im Hinblick auf die Bewerber um den Erzbischofsstuhl, noch verworrener. Von den drei zunächst gewählten Personen stand Boemund von Warsberg wohl dem lothringischen Herzog nahe, seine Familie hatte inzwischen aber auch Kontakte zum Luxemburger Grafenhaus angeknüpft[48]. Über Egbert von Vilreche ist zu wenig bekannt[49]. Bei Johann von Sierck, dem dritten, gleich zurückgetretenen Kandidaten, kann auf Grund seiner Herkunft von Bindungen an den Herzog von Lothringen ausgegangen werden[50]. Gerhard von Eppstein, der nach dem Tode des Egbert bei einer erneuten Wahl gegen Boemund gewählt wurde, war dagegen vom eigenen und dem Wirkungskreis seiner Familie auf das Mainzer Gebiet orientiert[51] und unterscheidet sich damit wesentlich von den anderen Bewerbern; nach dem Bericht der Gesta Treverorum müßte ihn aber gerade die Partei im Domkapitel gewählt haben, die zuvor Egbert unterstützt hatte[52]. Eine Einwirkung weltlicher Mächte auf die Erzbischofswahl ist nicht auszumachen; für das Luxemburger Haus ist dabei auch zu berücksichtigen, daß es damals in den mit dem Debakel von Worringen endenden Limburger Erbfolgekrieg verstrickt war[53].

Auch für die Wahl Heinrichs von Virneburg durch das Kapitel nach dem Tod Boemunds und die Bestellung Diethers von Nassau durch den Papst im Jahre 1300 fehlen Hinweise auf den Einfluß von Herrschaftsträgern im Erzbistum und den Nachbargebieten. Von ihrer Herkunft und ihrem Umkreis her müssen aber beide Anwärter auf den Erzbischofsstuhl unterschiedlichen Gruppierungen zugeordnet werden, wobei insbesondere ihre andersartige Stellung in der Reichs-

---

46 Vgl. *Wampach*, UQB 3, S. 24* f. u. Nr. 246 u. 250 f.
47 Vgl. *Goedert*, Formation territoriale, S. 79–81; *Wampach*, UQB 3, S. 32*. 1260 VI 13 regelte Heinrich der Blonde Zahlungstermine für von Herzog Ferri geschuldete Geldsummen; 1262 XI 26 erfolgte ein Bündnis zwischen Ferri u. Heinrich, 1264 VIII 4 gab es ein weiteres Abkommen, auf Grund dessen Ferri Amance und anderes behalten sollte (*Wampach*, UQB 3, Nr. 323, 405 u. 484, *Pange*, Catalogue Ferri, Nr. 173, 206, 250; vgl. ferner bis 1266 Nr. 259, 266, 268, 299 u. *Wampach*, UQB 3, Nr. 457).
48 *Pange*, Catalogue Ferri, Nr. 211 v. 1263 I u. 230 v. 1264 I; vgl. auch *Wampach*, UQB 5, Nr. 97 v. 1284 IV 28: Jakob v. Warsberg wird Mann des Grafen Heinrich und erhält Manngeld (auch Nr. 172 v. 1286). Die engen Beziehungen, die Boemund in den letzten Jahren zu Heinrich v. Finstingen hatte, können aber vielleicht als Indiz dafür gelten, daß er von der Partei seines Vorgängers unterstützt wurde.
49 Vgl. aber *Wampach*, UQB 4, Nr. 386 v. 1276 VIII 4 zu Gerars de Villerech im Zusammenhang mit dem sog. Kuhkrieg.
50 Vgl. Personenliste mit Lit.
51 Vgl. ebda.
52 Vgl. Gesta Trevirorum 2, S. 132; *Zenz*, Taten der Trierer 4, S. 87.
53 Für die Schwierigkeiten Luxemburgs vgl. *Brosien*, Heinrich VII., S. 475–478; *Schötter*, Geschichte des Luxemburger Landes, S. 50–55; *Goedert*, Formation territoriale, S. 86 f.

politik von Belang gewesen sein dürfte[54]. Heinrich besaß nach seiner Wahl angeblich vor allem im Niederstift Einfluß[55].

Bei der Erhebung Balduins von Luxemburg 1308 wirkte sich in erster Linie wohl die Unterstützung seines Bruders und des französischen Königs für die Entscheidung des Papstes aus, während der von einer Minderheit gewählte Emicho von Sponheim von einer antifranzösischen Gruppe gefördert wurde[56]. Nach der langen Regierungszeit Balduins ist für die anschließende Wahl Boemunds von Saarbrücken eine Einwirkung von Territorialherren und Adel nicht faßbar, für die Regierungsantritte der miteinander verwandten Kuno, Werner von Falkenstein[56a] und Otto von Ziegenhain gilt dies ebenso. Letzterem

---

54 Vgl. hierzu auch o. S. 24.

55 Vgl. *Brower-Masen*, Antiquitatum 2, S. 180; *Dominicus*, Erzstift Trier, S. 29. In den Gesta Trevirorum (2, S. 185) ist aber nur davon die Rede, daß ein größerer Teil des Erzstifts Heinrich gehorchte (ebenso *Sauerland*, Dieter von Nassau, S. 20, vgl. auch S. 42 Beil. 7). Vgl. ferner Reg EB Köln 4 Nr. 94.

56 Vgl. zu den Parteiverhältnissen zwar *Spieß*, Wahlkämpfe. Spieß stützt sich jedoch allzusehr auf Kisky und geht so von einer andersartigen personellen Zusammensetzung des Kapitels und damit falschen Voraussetzungen aus. Mit Johann Button (von Trier), Percival von Eltz, Herbrand und Johann von Franchirmont, Wilhelm von Schleiden, Walter von Bolar und dem auch von Kisky irrtümlich für Friedrich von Warsberg angegebenen Friedrich von Ulmen als Wahlbeteiligten ist nicht zu rechnen. Bei dem angeblichen Johann von Schleiden handelt es sich in Wirklichkeit um Johann von Bleid wohl aus einem Adelsgeschlecht bei Virton. Dem Kreis der Wähler hinzugezählt werden müssen wohl Nikolaus von Hunolstein (Propst von Pfalzel), Wilhelm von Dorsweiler, Robert von Warsberg, Johann von Berg, Johann von Kerpen, Dietrich von Daun iunior und vielleicht Sybert von Ulmen. Spieß zieht auch die Urkunde von 1309 II 22 heran, in der Balduin namentlich genannte Domherren Unterstützung in seinem Streit mit der Stadt geloben. Es handelt sich hier um den größten Teil des Kapitels (vgl. *Wampach*, UQB 7, Nr. 1243: „quidam facientes capitulum seu maiorem et seniorem partem capituli"). Dabei sind auch Friedrich und Isenbard von Warsberg sowie der Cantor Friedrich von Sierck belegt, die von ihm zu den Gegnern Balduins gerechnet werden. Gewiß war das Verhältnis des früheren Erzbischofs Boemund von Warsberg zu Adolf von Nassau gut gewesen; auch mögen durchaus englandfreundliche Haltung und Verbindung zu dem englandfreundlichen Bar bestanden haben; dennoch sind für die Warsberger auch Verbindungen zu Luxemburg bezeugt. Im Falle von Sierck ist die Beweisführung von Spieß ebenfalls nicht zwingend. Nicht genannt werden in der Urkunde Arnold von Blankenheim, Arnold von Bruch, die von ihm der balduinfreundlichen Partei zugeordnet werden; ferner Gottfried von Eppstein, Heinrich von Pfaffendorf, Heinrich von Finstingen und Conrad von Roeser, die er als Gegner des Luxemburgers oder als nicht eindeutig erkennbare Parteigänger einstuft. Eine Interpretation der Urkunde, die allzu sehr auf das Fehlen von Domherren und ihre Gleichsetzung mit Gegnern Balduins ausgerichtet ist, verbietet sich allerdings insofern, als auch Abwesenheit der Genannten der Grund für ihr Nichterscheinen gewesen sein kann, für die Archidiakone Gottfried von Eppstein und Heinrich von Pfaffendorf liegt dies durchaus nahe. Zur Position Balduins und Emichos vgl. *Spieß*, Wahlkämpfe, S. 90–94. Zur antifranzösischen Haltung der Sponheimer vgl. auch *Fritz Trautz*, Die Könige von England und das Reich 1272–1377. Mit einem Rückblick auf ihr Verhältnis zu den Staufern, Heidelberg 1961, S. 144–172. Vgl. ferner *Werkenthin*, Rheinische Bischofswahlen, S. 75 f.

56a Der Onkel Werners, Philipp von Falkenstein, berief sich aber ihm gegenüber auf seine Hilfe bei der Erhebung (Gesta Trevirorum 2, S. 295).

war allerdings bereits im Jahre 1405 vom Mainzer Erzbischof Johann von Nassau Unterstützung zugesagt worden, falls er sich um ein Erzbistum, Bistum oder eine Koadjutorie bemühen werde[57].

Etwas ausführlicher eingegangen sei wieder auf die besonders interessanten und bereits gut erforschten Auseinandersetzungen nach dem Tode Ottos im Jahre 1430. *Erich Meuthen* hat die Manderscheidsche Fehde auch als Versuch eines Teils des Laienadels gedeutet, sich einen Zugriff auf das Erzstift zu verschaffen, und die Kämpfe vor dem Hintergrund ständischer Formierung interpretiert[58]. Er kann sich dabei auf zeitgenössische Berichte stützen, die das schwache Regiment Erzbischof Werners und Ottos von Ziegenhain für eine zunehmende Macht und Selbständigkeit des Adels, insbesondere der Grafen von Virneburg, verantwortlich machen[59]. Eine Beschwerde des Domkapitels wegen Beeinträchtigung seiner Sedisvakanzrechte unterstreicht das selbstbewußte Auftreten des Adels, der sich hiernach unter Führung von sechs „Regenten" in beträchtlichem Umfang Kirchengut angeeignet hatte[60]. Die Förderung Ulrichs von Manderscheid[61] durch diese Kräfte darf freilich nicht, wie es die Quellen nahelegen, als Ausdruck eines frontalen Gegensatzes von drohendem Laienadel und pflichtbewußtem Domkapitel gewertet werden[62]; die Spaltung erfaßte vielmehr Adel wie Klerus.

Der Manderscheider wurde am eifrigsten von seinen Verwandten[63] und von Ruprecht von Virneburg unterstützt, der ihn auch zur römischen Kurie begleitete[64]. Jedoch noch eine ganze Reihe weiterer Mitglieder des erzstiftischen Adels wie auch andere wichtige Herrschaftsträger finden sich auf seiner Seite[65]. Schon früh setzte sich Adolf, Herzog von Jülich-Berg, für ihn ein[66]. Ihn begünstigten die

---

57 Vgl. *Guden*, Cod. dipl. 4, Nr. 20, S. 52.
58 Vgl. *Meuthen*, Trierer Schisma, S. 55–58.
59 Vgl. ebda., S. 55 mit Belegen.
60 Vgl. LHAKO Abt. 1 D Nr. 911. Derselbe Vorwurf erscheint auch in der Argumentation Ulrichs (vgl. *Meuthen*, Trierer Schisma, S. 81).
61 Angeblich bereits vor dem Tod Ottos, vgl. *Müller*, Ulrich von Manderscheidt, S. 32 f.
62 Hierauf weist *Meuthen* zu Recht hin (Trierer Schisma, S. 58).
63 Zur Rolle der Manderscheider vgl. auch *Neu*, Manderscheid, S. 44–52.
64 Vgl. *Meuthen*, Trierer Schisma, S. 60; zum Ergebnis der Fehde für die Virneburger S. 253; vgl. auch *Müller*, Ulrich v. Manderscheidt, S. 33.
Zu einer spektakulären virneburgischen Aktion im Zusammenhang mit der Fehde durch den Einsatz der – offenbar nicht zu Rouen verbrannten – Jeanne d'Arc vgl. *Alain Atten*, Jeanne Claude des Armoises – ein Abenteuer zwischen Maas und Rhein, in: Kurtrier. Jb. 19 (1979), S. 151–180.
65 Vgl. hierzu und zum folgenden *Meuthen*, Oboedienzlisten, bes. S. 57. Vgl. zur Anhängerschaft Ulrichs auch *ders.*, Trierer Schisma, S. 95 f., 145 f., 193 u. 225; *Laufner*, Manderscheidsche Fehde, S. 49; *Lager*, Raban von Helmstadt, S. 737 f.; ferner *Müller*, Ulrich von Manderscheidt, S. 50; Gesta Trevirorum 2, S. 319–321; *Zenz*, Taten der Trierer 6, S. 24 f.
66 Er hatte sich in einem Schreiben an den König gewandt (vgl. oben zu dessen Einfluß; *Meuthen*, Trierer Schisma, S. 65). Vgl. zu Adolf ferner bes. ebda., S. 96 f. u. 226; *Richard Laufner*, Politische Korrespondenz zur Trierer Doppelwahl 1430, in: Trier. Jb. 1954, S. 52–59.

beiden geistlichen Kurfürsten[67], weiterhin Pfalzgraf Stephan von Simmern-Zweibrücken, Landgraf Ludwig von Hessen, Markgraf Jakob von Baden und bis 1435 Herzog Philipp von Burgund[68]. Mit Johann von Sponheim schloß er 1430 ein Bündnis[69]. Unter seinen Parteigängern erscheinen ferner die Grafen Friedrich von Veldenz[70] und Bernhard von Solms[71] sowie zahlreiche weitere, vor allem in Eifel, Hunsrück und im östlichen Teil des Erzstifts ansässige Adelsgeschlechter[72].

Raban von Helmstadt wurde hauptsächlich vom Pfalzgrafen Ludwig unterstützt, für den ein auf seiner Seite stehender Trierer Kurfürst als Gegengewicht zu Mainz von Bedeutung war[73]. Im Lager Rabans finden sich weiter die Grafen von Katzenelnbogen[74]; die Burg Schöneck im Hunsrück wurde von Ulrich seinetwegen belagert[75]. Als traditionellen Gegner der manderscheidischen Verbündeten nennt *Meuthen* Lothringen[76]. Herzog René waren aber die Hände gebunden, nachdem er im Zusammenhang der unglücklichen Auseinandersetzung mit Anton von Vaudémont in Gefangenschaft geraten und von Philipp von Burgund abhängig geworden war[77]. Nicht eindeutig war vor allem auch die Stellungnahme der Herrin

---

67 Vgl. *Meuthen*, Trierer Schisma, passim.
68 Vgl. *Zenz*, Taten der Trierer 6, S. 24 f.; Gesta Trevirorum 2, S. 321 Notea; *Lager*, Raban von Helmstadt, S. 735; *Laufner* (wie Anm. 66), S. 50; zur Haltung des Burgunders vgl. auch *Meuthen*, Trierer Schisma, S. 128, zur Wendung 1435 S. 226 f. Für die Unterstützung des Burgunders hatte Ulrich diesem aber Alken und Welmich verpfändet (vgl. *Müller*, Ulrich v. Manderscheidt, S. 50). Nach *Neu* (Manderscheid, S. 45) verhielt sich der Burgunder zunächst neutral (Der Verweis auf *Laufner*, Manderscheidsche Fehde, S. 49, belegt dies aber nicht). Vgl. aber ebda., S. 57 über mögliche Beziehungen der Stadt zu Burgund. Vgl. auch *Hontheim*, Historia 2, S. 377 f.
69 *Goerz*, Regesten, S. 160; LHAKO Abt. 1 A Nr. 7090; Abt. 1 D Nr. 927; *Goerz*, Regesten, S. 165. Zu Sponheim auch *Meuthen*, Trierer Schisma, S. 118 u. 145 f.; *Laufner*, Manderscheidsche Fehde, S. 51.
70 Vgl. *Meuthen*, Trierer Schisma, S. 225.
71 Vgl. *Lager*, Raban von Helmstadt, S. 752 (vgl. auch *Franz Xaver Remling*, Geschichte der Bischöfe zu Speyer, Bd. 2, Mainz 1854, S. 54 Anm. 177: 1433 sagte Raban Graf Bernhard die Speyerer Lehen auf). Für das Ende der Fehde *Meuthen*, Trierer Schisma, S. 249.
72 Auf eine Aufzählung der einzelnen Geschlechter soll hier verzichtet werden. Vgl. hierzu insbesondere *Meuthen*, Oboedienzlisten u. weitere genannte Lit. Zu Ulrichs Partei gehörten aber auch Angehörige von Geschlechtern aus dem Westen, so von Finstingen u. Houffalize (vgl. *Lager*, Raban von Helmstadt, S. 744).
73 Vgl. *Meuthen*, Trierer Schisma, S. 63–65. Zur Haltung des Pfalzgrafen weiter bes. S. 103, 126–128, 156, 174. Vgl. auch LHAKO Abt. 1 A Nr. 1125.
74 Vgl. *Meuthen*, Trierer Schisma, S. 96.
75 Vgl. ebda., S. 223 ff.; *Lager*, Raban von Helmstadt, S. 755 mit falscher Identifizierung Schönecken/Eifel. Dort stand Richard Hurt auf seiten Ulrichs.
76 *Meuthen*, Trierer Schisma, S. 96.
77 Vgl. immer noch *Augustin Calmet*, Histoire de Lorraine, qui comprend ce qui s'est passé de plus memorable dans l'Archevêché de Trèves & dans les Evêchés de Metz, Toul & Verdun, depuis Jules César ... jusqu'à 1737, Bd. 5, Nancy 1752, S. 254–261; *G. Morizet*, Histoire de Lorraine (Les vieilles provinces de France), Paris ⁴1926, S. 49–53; *Robert Parisot*. Histoire de Lorraine (duché de Lorraine, duché de Bar, Trois-Evêchés), Bd. 1,

von Luxemburg, Elisabeth von Görlitz, die ebenfalls in einer bedrängten Situation war und den Einfluß des Burgunderherzogs hinnehmen mußte, wobei allerdings ein größerer Teil des luxemburgischen Adels sich gegen diese Entwicklung wehrte[78]. Der luxemburgische Bailli und lothringische Vasall Arnold von Sierck wandte sich gegen Ulrich; die Parteinahme erfolgte allerdings weniger für Raban als für eigene Zwecke[79]. Jakob von Sierck, der auf seine Kandidatur zugunsten Rabans verzichtet hatte[80], gelang es ja schließlich auch, Nachfolger des Helmstädters zu werden.

Insgesamt muß die Motivation der einzelnen genannten Herrschaftsträger unterschiedlich bewertet werden. Die Tatsache, daß Raban von der Kurpfalz unterstützt wurde, mußte deren Gegner ins Lager Ulrichs treiben[81]. Von daher ist die Parteinahme rheinischer Fürsten und Adeliger für den Manderscheider erklärlich. Darüber hinaus spielten sicherlich persönliche Beziehungen und Abhängigkeiten eine Rolle, die etwa die Eifelgeschlechter an Ulrich banden. Wie sehr der eigene Nutzen einen Grund für die Teilnahme an den Auseinandersetzungen auf dieser oder jener Seite darstellte, zeigt das Beispiel der Siercker, vor allem aber der Virneburger, die sich nach dem Tod Erzbischof Ottos Stiftsgüter angeeignet hatten und im Frieden mit Raban 1437 dann vorteilhaft abschnitten[82]. Zum Teil ist die Unterstützung offenbar auch durch Zugeständnisse der Kandidaten erkauft worden, so bei Philipp von Burgund[83].

Gegenüber solchen teilweise kurz-, teilweise längerfristigen Zielen verdient aber auch die prinzipielle Argumentation stärker hervorgehoben zu werden, die von den Gegnern Rabans und deren Wortführer Cusanus vorgebracht wurde. Es ist die gegen päpstliche Eingriffe gerichtete Betonung des Rechts zur Bischofs-

---

Paris 1925, S. 242 f. *Lager* (Raban von Helmstadt, S. 743) stuft die Hilfe Lothringens für Trier gering ein. *Laufner* (Triers Bündnis- und Schirmverträge, S. 115) weist dagegen darauf hin, daß der Stadt „von den Luxemburger und Lothringer Schirmherren und Erzbischof Raban ... zahlreiche Bewaffnete geschickt worden waren".

78 Vgl. *Meuthen*, Trierer Schisma, S. 96 Anm. 224. Zur Stellung von Elisabeth von Görlitz in dieser Zeit vgl. auch *Heit*, St. Maximin, S. 141–145 u. die dort zit. Lit. Zur Adelsopposition vgl. bes. *Ursula von Dietze*, Luxemburg zwischen Deutschland und Burgund (1383–1443), Diss. masch. Göttingen 1955, S. 28 f. u. 52 f. Elisabeth von Görlitz ging 1433 ein Bündnis mit Raban u. 1435 mit Ulrich ein (vgl. *Meuthen*, Trierer Schisma, S. 176 u. 226; LHAKO Abt. 1 A Nr. 7103, 7123; *Goerz*, Regesten, S. 162).

79 Vgl. zu den Sierckern *Lager*, Raban von Helmstadt, S. 744, 755 f.; *Meuthen*, Trierer Schisma, S. 96 Anm. 224, S. 149, 175–177, 223; *Jules Florange*, Histoire des seigneurs et comtes de Sierck en Lorraine, Paris 1895, S. 79–88.

80 Jakobs Kandidatur war nicht nur von Sigismund, sondern offenbar auch von einer größeren Anzahl weltlicher und geistlicher Fürsten und Adeligen unterstützt wordem; vgl. ASV Arm. XXXIX,6 fol. 190.

81 Vgl. *Meuthen*, Trierer Schisma, S. 103; Gesta Trevirorum 2, S. 320. Zur Mächtekonstellation auch *Mathies*, Kurfürstenbund.

82 Vgl. *Meuthen*, Trierer Schisma, S. 253.

83 Vgl. Anm. 68.

wahl, vor allem der Mitwirkung des Laienelements hierbei[84]. Der Konsens der Laien wird dabei als konstitutiv empfunden. Dies bedeutet den Versuch, sich nach einer Zeit der Zurückdrängung wieder stärker in die Wahlvorgänge einzuschalten. Der auf das Kapitel ausgeübte Druck ging dabei recht weit. Die Entschuldigung der Domherren beim Papst wegen der vorherigen Wahl Ulrichs sprach sogar – wenn auch sicher etwas übertrieben – von einer drohenden Säkularisation[85]. Auf das Vorhandensein entsprechender Ansätze im zeitgenössischen Denken, wie etwa in der „Reformatio Sigismundi", sei hier wenigstens hingewiesen[86]. Im Zusammenhang mit der Erzbischofswahl von 1456 begegnen laikale Ansprüche für die Besetzung des Erzbistums erneut.

Nach dem Tod Jakobs von Sierck, der ohne Komplikationen, aber mit der Unterstützung mächtiger Territorialherren wie des Herzogs von Burgund[86a] zur Regierung gelangt war, lassen sich die einander gegenüberstehenden Parteiungen im Kapitel wiederum zu den politischen Konstellationen in Beziehung setzen. Im Anschluß an die zuvor erwähnte Argumentation der Anhänger Ulrichs während der Manderscheidschen Fehde ist aber zunächst auf die Einung einer großen Anzahl von Vertretern des Adels und von Städten vom 10. Mai 1456 hinzuweisen, einem Zeitpunkt, als Jakob von Sierck noch lebte, aber bereits krank war[87]. Das Bündnis bezog sich ausdrücklich auf die Wirren in den dreißiger Jahren und zielte auf eine eidliche Verpflichtung des künftigen Erzbischofs zur Gewährleistung der eigenen Rechte ab. Es richtete sich vor allem aber auch gegen das Domkapitel, da es dem Gewählten ein Eingehen auf die geforderte Wahlkapitulation des Kapitels gegen die Interessen des „stiffts und seiner undersassen" untersagte.

Bei der Wahl stand hinter dem schließlich erfolgreichen Johann von Baden der Kaiser und sein Anhang[88]. Zwischen den Verbündeten Pfalzgraf Friedrich und dem Mainzer Erzbischof Dieter von Erbach war eine Kandidatur Ruprechts, des

---

84 Dies hat Meuthen herausgestellt. Vgl. *Meuthen,* Trierer Schisma, bes. S. 81–92; ders., Nikolaus von Kues und der Laie.
85 Vgl. *Meuthen,* Trierer Schisma, S. 67 mit Belegen u. S. 82; ders., Nikolaus v. Kues und der Laie, S. 118.
86 Reformation Kaiser Siegmunds, hg. v. *Heinrich Koller* (Monumenta Germaniae Historica 500–1500. Staatsschriften des späteren Mittelalters, VI. Bd.), Stuttgart 1964, bes. S. 126–129, 146–148, 230–235.
86a Vgl. Choix de documents luxembourgeois inédits tirés des Archives de l'Etat à Bruxelles, ed. *N. van Werveke,* in: Publ. Sect. Hist. Lux. 40 (1889), S. 149–252, S. 197.
87 Vgl. hierzu und zum folgenden: *Lager,* Johann II. von Baden, S. 12–17; *Meuthen,* Nikolaus von Kues und der Laie, S. 120–122; *Kremer,* Wahlkapitulationen, S. 133 f.; *Knetsch,* Landständische Verfassung, S. 28–36; *Helbig,* Fürsten und Landstände, S. 48 f.; *Böhn,* Pfalz-Veldenz, S. 100 f. Gedruckt: *Hontheim,* Historia 2, Nr. 835, S. 423–425; *Scotti,* Sammlung, Nr. 24, S. 147–152. Vgl. auch LHAKO Abt. 1 A Nr. 8315–8317, 8313. Beteiligt ist vor allem Adel des Niederstifts. Nachträglich traten noch Pfalzgraf Ludwig von Veldenz und der Ort Kyllburg bei. Vgl. zur Einung auch: *Richard Laufner,* Die Landstände von Kurtrier im 17. und 18. Jahrhundert, in: Rhein. Vjbll. 32 (1968), S. 290–317, S. 291 f.
88 Vgl. oben zum Königtum mit Anm. 93–95.

Bruders des Pfalzgrafen, vereinbart worden[89]. Ihnen dürfte aber auch Diether von Isenburg nicht unerwünscht gewesen sein, der jedenfalls in der Mainzer Stiftsfehde von 1461 die Unterstützung der Kurpfalz besaß[90]. In Veldenz wurde der Sohn des dortigen Pfalzgrafen gewählt, wohl mit Beteiligung von Burgund[91]. Eine solche Gruppierung entspricht den politischen Gegensätzen im Reich. Der Pfalzgraf Friedrich befand sich im Gegensatz zum Kaiser, von dem er nicht als Kurfürst anerkannt wurde, und bildete ein Haupt der reichsständischen Opposition[92]; seine in dieser Zeit enge Anlehnung an Frankreich, mit dem er Bündnisse geschlossen hatte, bewirkte ein gespanntes Verhältnis zum Burgunderherzog; zwischen Burgund und dem Habsburger schließlich gab es Spannungen vor allem wegen der stetigen Machterweiterung des Burgunderstaates auch gegenüber dem Reich[93].

Nach der päpstlichen Bestätigung für den Sohn des Markgrafen von Baden und der Katharina von Lothringen bestanden weiterhin Widerstände. Im März 1457 fand eine Versammlung der geistlichen und weltlichen Stände des Erzstifts in Koblenz statt. Hier wurden auf die Verlesung der päpstlichen Bulle und die Aufforderung zur Huldigung von den Vertretern des Adels Bedenken vorgetragen, wobei Johann von Eltz als Sprecher auf die vorhergegangene Union hinwies und einen Aufschub verlangte[94]. Der zuvor von Papst Calixt III. mit der Prüfung des Bündnisses beauftragte Nikolaus von Kues sprach sich im April weitgehend für dessen Unverfänglichkeit aus, während von kaiserlicher Seite etwa zur gleichen Zeit ein Verbot erfolgte[95]. Auf einer erneuten Tagung der Ständevertreter in Koblenz mußte Johann von Baden eine Erklärung abgeben und ein Versprechen

---

89 Vgl. *Guden*, Cod. dipl. 4, S. 321 f. Nr. CXLVIII; *Lager*, Johann II. v. Baden, S. 7 f.; *Weigel*, Kaiser, Kurfürst und Jurist, S. 107.
90 Vgl. *Grüneisen*, Westlichen Reichsstände, S. 34 f.; zu Diether von Isenburg Personenliste.
91 Vgl. *Böhn*, Pfalz-Veldenz, S. 98–100. Zu einer Unterstützung dieser Opponentengruppe bereits bei den Auseinandersetzungen zur Zeit Jakobs von Sierck und dessen Absetzung vgl. *Lager*, Jakob von Sirk 3 (1899), S. 29, 5 (1900), S. 5 f.; *Hansen*, Westfalen und Rheinland, Nr. 225 u. 227. Zur dagegen ablehnenden Haltung Friedrichs III. gegenüber der Absetzung Jakobs durch den Papst Nr. 209.
92 Zum Gegensatz Kurpfalz-Reich vgl.: *Eduard Ziehen*, Mittelrhein und Reich im Zeitalter der Reichsreform. 1356–1504, Bd. 1. 1356–1491, Frankfurt/M. 1934, S. 26 f. u. 176, bes. S. 62–65; *Häusser*, Pfalz, S. 346–350; *Karl Menzel*, Kurfürst Friedrich der Siegreiche von der Pfalz. Nach seinen Beziehungen zum Reiche und zur Reichsreform in den Jahren 1454 bis 1464 dargestellt, Diss. München 1861.
93 Zu Burgund und dem Reich: *Schmeidler*, Das spätere Mittelalter, S. 250–255; *Paul Bonenfant*, Philippe-Le-Bon (Collection „Notre Passe"), Bruxelles ³(1955), bes. S. 84–89; *Richard Vaughan*, Philip the Good, London 1970; zur burgundischen Politik vor 1456 bes. *Yvon Lacaze*, Philippe le Bon et les terres d'empire. La diplomatie bourguignonne à l'oeuvre en 1454–1455, in: Annales de Bourgogne 36 (1964), S. 81–121, für den Gegensatz zur Kurpfalz bes. S. 110 f.
94 Vgl. *Lager*, Johann II. v. Baden, S. 12; *Knetsch*, Landständische Verfassung, S. 35 f.; LHAKO Abt. 1 C Nr. 16212 fol. 26–41.
95 *Hontheim*, Historia 2, Nr. 837, S. 428 f.; LHAKO Abt. 1 A Nr. 8337 u. 8346.

leisten, ehe er anerkannt wurde[96]. Die Union blieb trotz eines folgenden Verbotes durch den Papst weiter bestehen und besaß offenbar 1459 noch Anhänger[97]. Im Zusammenhang mit der folgenden Wahl von Johanns Neffen Jakob im Jahre 1499 kam es zu einer Neuauflage[98].

Die zuletzt geschilderten Vorgänge zeigen in besonderem Maße, daß die Neuvergabe des Trierer Erzbischofsstuhls als Führungsposition im Erzstift und wichtige Stellung im Reich das Interesse des heimischen Adels wie auch mächtiger Herrschaftsträger in angrenzenden Gebieten hervorrief. Insgesamt werden Aktivitäten vor allem bei zwiespältigen Wahlen faßbar. Bei einer Uneinigkeit im Wahlgremium des Kapitels bot sich die Möglichkeit zu direktem Eingreifen, zum Teil sogar mit militärischen Mitteln. Ansonsten kann vielfach von einer indirekten Einwirkung über den im Kapitel vertretenen freundlichen Adel ausgegangen werden, wie ja auch verschiedene Parteiungen von Domherren die jeweiligen Mächtekoalitionen widerspiegeln. Die Durchsetzung des ausschließlichen Wahlrechts der Kapitel und der Ausbau päpstlicher Rechte setzte den weltlichen Kräften freilich Grenzen; Versuche zur Beeinflussung der Bischofswahl waren an die hierfür zuständigen geistlichen Institutionen gebunden.

3. Besetzung von Kapitelsstellen

Da eine rechtliche Handhabe zur Mitwirkung bei der Besetzung von Kanonikaten am Trierer Dom den laikalen Herrschaftsträgern des Umlandes nicht gegeben war, waren auch hier ihre Möglichkeiten beschränkt. Durch die im einzelnen kaum nachzuweisenden Einwirkungen über Parteigänger im Kapitel oder Suppliken an den Papst konnten sie aber ihnen genehmen Personen zu einem Kanonikat verhelfen. Die Belege hierfür sind nicht allzu zahlreich, einige Aktivitäten lassen sich jedoch nachweisen.

Daß Bitten auch ans Kapitel selbst gerichtet wurden, beweist als Einzelfall in dieser Hinsicht die Nomination von Domherren im Jahre 1251, bei der auch drei Domizellare auf „petitio" von Laien aufgenommen wurden: Philipp von Dudeldorf auf Veranlassung des Grafen von Luxemburg, auf Vorschlag der Herrin von Montclair ihr Sohn und auf Bitte des Grafen von Looz dessen Sohn[99]. Ein frühes Beispiel für eine vom Papst erwirkte Provision ist die erst nach Widerstreben vom Kapitel akzeptierte Aufnahme des Johann von Koerich, für den sich Theobald von Bar, Heinrich der Blonde von Luxemburg und dessen Gemahlin einsetzten[100].

---

96 Vgl. *Lager*, Johann II. von Baden, S. 14 f.; *Knetsch*, Landständische Verfassung, S. 35 f.
97 Vgl. *Lager*, Johann II. von Baden, S. 16 f.
98 Vgl. *Knetsch*, Landständische Verfassung, S. 37; *Laufner* (wie Anm. 87), S. 292 f.
99 Vgl. MRUB 3 Nr. 1110. Im selben Jahr werden auf „petitio" des Grafen von Luxemburg u. des Ritters Rudolf v. d. Brücke auch Kanoniker von St. Paulin nominiert (ebda., Nr. 1124 v. 1251 XI 24).
100 *Wampach*, UQB 3, Nr. 369 v. 1262 III 6. Vgl. auch MRR 3 Nr. 1818, 1821, 1823.

Im 14. Jahrhundert kam es dann über etwa 20 Jahre zu einer Reihe von Suppliken, die von König Johann von Böhmen ausgingen. Es ist freilich kaum möglich, die jeweiligen Motive Johanns zu erkennen, insbesondere zu unterscheiden, inwieweit er ohne weitergehende eigene Absichten auf die Wünsche ihm nahestehender Personen einging und sie förderte, inwieweit er mit seinem Onkel, Erzbischof Balduin, zusammenarbeitete oder aber spezielle eigene Ziele verfolgte[101]. Als Herr Luxemburgs mußte er freilich an der Besetzung des nahe gelegenen und auch in Luxemburg begüterten Trierer Kapitels Interesse haben. Im Jahre 1324 reservierte Papst Johannes XXII. dem Johannes Bertaudi, den er auch mit der Sorge für die Publizierung des Prozesses gegen Ludwig den Bayern beauftragte, ein Kanonikat in Verdun[102]. Es liegt nahe, daß er ihm auch die Domherrnstelle in Trier auf Veranlassung des Böhmenkönigs verliehen hat, als dessen „nuntius" der Begünstigte fungierte[103]. Arnold von Blankenheim wurde 1325 „consideratione Johannis regis Boemie" ein Kanonikat übertragen[104], 1326 ebenso Johann von Nassau[105], wobei in beiden Fällen verwandtschaftliche Beziehungen zu Johann vorlagen[106]. Es ist anzunehmen, daß die Vergabe einer Domherrnstelle in Metz an Boemund von Saarbrücken am selben Tag wie die zuletzt genannte päpstliche Verleihung ebenfalls auf Veranlassung des böhmischen Königs oder Balduins erfolgt ist[107]. Im Juli 1330 wurde Gottfried von Brandenburg mit einem Kanonikat auf Bitte Johanns versehen, zur selben Zeit auch Gottfried von Leiningen, ohne daß freilich in diesem Falle der König von Böhmen genannt wird[108]. Heinrich von Sterpenich wurde als „clericus" und „familiaris" Johanns auf dessen Supplik für St. Paulin providiert[109]; auch bei seiner Dompräbende in Trier, um die er lange Auseinandersetzungen hatte[110], könnte der Einfluß des mächtigen Kurfürsten mitgespielt haben. Im Jahre 1334 war Nikolaus von Simmern/Septfontaines der

---

101 Zu Gegensätzen zwischen Balduin und Johann vgl. *Stengel,* Avignon und Rhens, S. 216–222; ferner *ders.,* Baldewin, S. 193.
102 VR 1 Nr. 699 u. 701 v. 1324 XI 24.
103 VR 1 Nr. 704 v. 1324 XI 26.
104 VR 1 Nr. 825 v. 1325 VII 20.
105 VR 1 Nr. 1003 v. 1326 VII 29. Es handelt sich hier aber um ein Kanonikat in Würzburg.
106 Arnold u. Johann werden jeweils als „consanguineus" bezeichnet. Gerhard IV. v. Blankenheim war mit Ermesinde, Tochter des Grafen von Luxemburg, verheiratet (vgl. *Eugen Virmond,* Geschichte des Kreises Schleiden, Schleiden 1898, S. 84 f.). Johann von Nassau ist überdies als „secretarius" des Johann von Böhmen genannt. Er erwarb zahlreiche weitere kirchliche Stellungen (vgl. Personenliste).
107 VR 1 Nr. 1012. Boemund ist nämlich als „nuntius" Johanns und Balduins zu dieser Zeit an der Kurie gewesen (VR 1 Nr. 1016 v. 1326 VII 30). Er fungierte auch später als Kontaktmann (VR 2 Nr. 1252 v. 1327 VIII 31; 2201 v. 1334 VI 11). 1343 VII 11 wurde er als Kollektor für den Johann v. Böhmen bewilligten zweijährigen Zehnten bestellt (VR 3 Nr. 196 f.).
108 VR 2 Nr. 1932 u. 1925; VR Loth 1 Nr. 626 v. 1330 VII 24. Der Vater des Leiningers befand sich allerdings als Gesandter Johanns in Avignon (VR 2 Nr. 1928 v. 1330 VII 28).
109 VR 2 Nr. 2044 v. 1331 V 28. Sterpenich ist ein Luxemburger Geschlecht.
110 Vgl. Personenliste.

Nutznießer einer von Johann von Böhmen beförderten Kanonikatsverleihung[111]. Suppliken durch Johann erfolgten dann vor allem nach dem Regierungsantritt von Clemens VI.[112], 1342 für Gilkin von Weiler[113], 1343 für Jakob von Montclair, seinen Kleriker und Sohn seines „miles specialissimus"[114], 1344 für Johann von Meisenburg[115], 1346 für Johann von Berberg[116], beide aus dem Luxemburger Adel. Johann von Zolver erhielt im selben Jahr Dispens wegen Benefizienpluralität[117].

Die geschilderte Aktivität Johanns von Böhmen steht gewiß auch in Beziehung zu seinem Verhältnis zum Heiligen Stuhl. Seit dem Jahre 1324 hat es wohl ein Bemühen des Papstes gegeben, den Böhmenkönig für seinen Kampf gegen Ludwig den Bayern zu gewinnen, wobei Johann im ganzen nachgiebiger als Balduin taktierte[118]. Das Einlenken auch des Trierer Erzbischofs 1326 führte dann für zwei Jahre zu einem „Wolkenbruch von Gnadenerweisen"[119], wobei freilich für das Trierer Domkapitel eine Beteiligung Johanns nicht zu belegen ist. In den dreißiger Jahren war Papst Johannes XXII. wohl ebenfalls daran gelegen, mit dem einflußreichen König und Kurfürsten gute Beziehungen zu haben, trotz der nicht eindeutigen Haltung und auf den eigenen Vorteil bedachten Politik des Luxemburgers[120]. Unter dem nachfolgenden Papst Benedikt XII. sind keine Suppliken für Trier überliefert; dies mag mit dem Rückgang der Provisionen unter diesem Papst überhaupt[121], nicht zuletzt aber auch mit dessen gespannten Beziehungen zu Balduin zusammenhängen. Johann selbst lavierte auch weiterhin zwischen Papst und Kaiser und schloß sich der antikurialen Opposition nicht an[122].

---

111 VR 2 Nr. 2207 v. 1334 VI 23.
112 Zunächst erhielten der als „familiaris", „clericus" und „servitor" Johanns bezeichnete Heinrich Beyer v. Boppard und Johann Beyer 1342 VIII 2 verschiedene Pfründen. Heinrich ist bereits früher als Kanoniker in Trier belegt (vgl. Personenliste).
113 VR 3 Nr. 25 v. 1342 VII 1.
114 VR 3 Nr. 145 v. 1343 II 2. 1344 IV 28 wurde ein weiterer Sohn mit einem Kanonikat in St. Gereon/Köln versehen, möglicherweise auf Supplik von Johanns Sohn Karl.
115 VR 3 Nr. 316 v. 1344 I 26.
116 VR 3 Nr. 521 v. 1346 II 4.
117 VR 3 Nr. 591 v. 1346 VII 22.
118 Vgl. *Schötter*, Johann v. Luxemburg 1, S. 300–319; *Gerlich*, Johann von Böhmen, bes. S. 135 f. Johann erhielt auch 1325 VI 1 einen dreijährigen Zehnten für Böhmen und Luxemburg (VR 1 Nr. 809; vgl. *Schötter*, Johann v. Luxemburg 1, S. 340–342).
119 VR 1 S. XII.
120 Vgl. *Schötter*, Johann v. Luxemburg 2, S. 6 f., 10–12, 54 f., 61–64; *Raymond Cazelles*, Jean l'aveugle, comte de Luxembourg, roi de Bohême, Bourges 1947, S. 181–218; *Gerlich*, Johann von Böhmen, S. 136 f.; für die 30er Jahre und das italienische Unternehmen vgl. auch speziell: *Adolf Lehleiter*, Die Politik König Johanns von Böhmen in den Jahren 1330–1334, Bonn 1908, für die Beziehungen zum Papst bes. S. 28 f., 40 f., 44 f.; *Carla Dumontel*, L'impresa italiana di Giovanni di Lussemburgo re di Boemia (Università di Torino. Pubblicazioni della Facoltà di Lettere e Filosofia, vol. IV, fasc. 3), Torino 1952, für die Beziehungen zum Papst S. 24–31.
121 Vgl. hierzu die Ausführungen zu den päpstlichen Provisionen, S. 186.

Mit dem Beginn des Pontifikats von Clemens trat eine Entspannung in den Beziehungen der Kurie zu den Luxemburgern ein; der Gegensatz zwischen diesen und Ludwig dem Bayern verschärfte sich durch die Streitigkeiten um Tirol[123]. Johann sagte sich von Ludwig dem Bayern los und wurde absolviert[124]; auch Balduin schloß seinen Frieden[125]. Pfründenvergaben über den Papst für die luxemburgischen Schützlinge sind die natürliche Folge einer solchen Lage[126]. Die Gemeinsamkeit im Kampf gegen Ludwig den Bayern und die Pläne zu seiner Ablösung verbanden Papst und Luxemburger aufs neue. Suppliken für Trierer Domherrenstellen sind dann nach dem Tod Johanns in der Schlacht von Crécy weiterhin durch seinen Sohn Karl IV. erfolgt[127].

Ansonsten finden sich nur vereinzelt entsprechende Vorgänge unter Beteiligung weltlicher Herrschaftsträger. Hierzu gehören die Ersuchen außerdeutscher Fürsten wie des französischen Königs oder aber des Königs Robert von Sizilien[128]. Arnold von Pittingen, der 1363 für seinen Sohn Ludwig um Verleihung einer Dompfründe bat, stand in verwandtschaftlicher Beziehung zu den Luxemburgern und wird als Ratgeber des Kaisers und des Herzogs genannt[129]. Der einzige weltliche Territorialherr[130], der über Suppliken einen nennenswerten Einfluß[131] auf die Besetzung von Kanonikatsstellen in Trier ausübte[132], ist Johann von Böhmen gewesen, ein erneuter Beleg für die Sonderstellung, die den Luxemburgern zeitweise im Hinblick auf das Trierer Kapitel zukam.

---

122 Für Johann vgl. *Gerlich,* Johann v. Böhmen, S. 139; *Bosl,* Handbuch Geschichte böhmischen Länder, S. 381.
123 *Schötter,* Johann von Luxemburg 2, S. 207–217; *Cazelles* (wie Anm. 120), S. 267–276; *Johannes Richter,* Die Reichspolitik König Johanns von Böhmen seit dem Ausbruch des Erbstreites um die Alpenlande (1335–1346), Diss. masch. Marburg 1924; *Riedmann,* Bemühungen.
124 VR 3 Nr. 14 v. 1342 VI 26.
125 Vgl. VR 3 S. XXII–XXVI; *Stengel,* Avignon u. Rhens, S. 184–192.
126 Für weitere Kontakte Johanns bis zu seinem Tod: vgl. VR 3 S. XXVII–XXXVI; zur Pfründenvergabe an seine Günstlinge bes. auch VR 4 S. XIX.
127 S. o. zum Königtum, S. 34.
128 Vgl. die Ausführungen zu den päpstlichen Provisionen.
129 VR 5 Nr. 108 v. 1363 III 19.
130 Für geistl. Fürsten vgl. Liste S. 174 ff.
131 Vgl. zum tatsächlichen Erfolg der Provisionen S. 174 ff.
132 Hingewiesen sei noch auf zwei Versuche von Verwandten, ihre Familienangehörigen bei der Erlangung von Pfründen zu unterstützen: Um 1290/1291 führte der Konflikt zwischen dem vom Kapitel unterstützten Domscholaster Luther von Eltz und Philipp von Schöneck um die Propstei von Münstermaifeld zu einer Aktion der Schönecker gegen den Hof der Domherren in Thür; die Streitigkeiten zogen sich länger hin (vgl. LHAKO Abt. 54 S Nr. 399 f.; MRR 4 1929 u. 1935). Daß das Kapitel dem Konrad von Rüdesheim eine von Wolfram von Löwenstein zu seinen Gunsten resignierte Dompräbende nicht verliehen, sondern dem Heinrich Vogt von Hunolstein übertragen hatte, bewirkte den Protest seiner Verwandten und Freunde und einen Rechtsstreit (LHAKO Abt. 1 D Nr. 1008–1013, 1015, 1017 f.; BATR Abt. 9,2 Nr. 1 S. 11–12).

4. Herrschaftsrechte und Besitz

Eine besondere Stellung, die freilich in der Regel nur für kurze Zeit von Bedeutung war, besaß das Kapitel durch seine Funktion als Landesherr bei der Sedisvakanz, während der es „alle Zuständigkeiten des Erzbischofes und Kurfürsten in sich einigte und dessen Rechte und Obliegenheiten ausübte"[133]. Dabei kam es bisweilen zu Schwierigkeiten mit dem Adel, so 1354 nach dem Tode Balduins. Hier zeigte sich das Kapitel aber zum Einlenken bereit. Es einigte sich Anfang Februar mit Heinrich von Daun und seinen Söhnen, die zuvor mit Balduin im Streit gelegen hatten, und ließ sie wieder zu ihrem „Haus" in Daun kommen[134], Ende Februar schloß es mit den Herren von Schönecken in der Eifel eine Sühne unter Verzicht auf alle Gülten und Pfandbriefe[135]. Gefährdet war die Position des Kapitels dann, wenn es zu längeren Streitigkeiten um die Neubesetzung des Erzbischofsstuhls kam. Das beste Beispiel ist hier die Manderscheidsche Fehde, in der ihm bzw. seiner Mehrheit von verschiedener Seite überhaupt der Gehorsam verweigert wurde[136]. Daß das Kapitel sehr besorgt um seine Sedisvakanzrechte war, zeigen die entsprechenden Passagen in den Wahlkapitulationen[137] über die erzstiftischen Amtsleute, die hiernach bei Übernahme ihrer Funktion den Domherren entsprechende Zusicherungen zu machen hatten. In der Praxis wurde dies auch durchgeführt[138].

Das Aufeinandertreffen differierender Interessen und Ansprüche von Domherren und adeligen Herrschaftsträgern des Umlandes bei bestimmten Besitzungen und Rechten führte nicht selten zu Spannungen. Eine der Ursachen für Konflikte war die Wahrnehmung vogteilicher Aufgaben durch den Adel. Sie war als

---

133 *Bastgen,* Domkapitel, S. 261.
134 Gedruckt: *Dün,* UB Daun, Nr. 402; zu den Streitigkeiten Balduins mit Daun vgl. *Dominicus,* Baldewin, S. 566–569.
135 Vgl. LHAKO Abt. 54 S Nr. 321 u. Abt. 1 D Nr. 4415 S. 721–724. Eine Maßnahme während dieser Sedisvakanzverwaltung durch das Kapitel ist auch die Einlösung der verpfändeten Feste Wolfstein in der Pfalz von Georg von Veldenz gegen 2050 kl. Gulden (LHAKO Abt. 1 A Nr. 11455 v. 1354 II 21). 1357 III 6 erklärten EB Boemund und das Kapitel ihren Verzicht auf alle Ansprüche u. Forderungen an Stadt und Burg Kaiserslautern und der Feste Wolfstein, was sie pfandweise vom Reich innehatten (LHAKO Abt. 1 A Nr. 5931). Wichtig sind vor allem auch die Verhandlungen von 1354 mit Karl IV. über erzstiftischen Besitz, auf die im Zusammenhang mit dem Königtum weiter oben eingegangen wurde. Dabei war auch Herzog Wenzel von Luxemburg beteiligt. Auf ein Schreiben des nachfolgenden Erzbischofs Boemund wandte sich Papst Innozenz VI. am 19. Mai 1354 an Karl IV., nahm auf die Verhandlungen des Königs, des Herzogs und des Kapitels Bezug und drückte seine Besorgnis im Hinblick auf eine Entfremdung erzstiftischen Gutes aus (VR 4 Nr. 147). Vgl. hierzu auch *Haverkamp,* Studien.
136 Vgl. die Ausführungen zu den Bistumsbesetzungen. Insbesondere sind hier die Virneburger zu nennen. Auch mit den Städten gab es Schwierigkeiten (vgl. LHAKO Abt. 1 A Nr. 1114 u. 2871).
137 Vgl. unten zu EB und Domkapitel.
138 Vgl. LHAKO Abt. 1 A Nr. 265, 332 f., 776, 1025, 1028, 1974–76, 2361 f., 2870.

Schutz für die geistlichen Institutionen, ihre Hörigen und ihren Besitz in einem bestimmten Gebiet gedacht, gab den Inhabern dieser Gewalt aber Gelegenheit, die ihnen anvertraute Stellung wirtschaftlich sowie machtpolitisch zu einem Ausbau ihrer Stellung zu nutzen[139]. Das Interesse der Kirchen lief dagegen zwar auf Sicherung des Besitzes, aber möglichst geringe Belastung und weitgehende Unabhängigkeit hinaus. Es kam bereits früh zu Übergriffen von Vögten und Gegenwehr von betroffenen Stiften und Klöstern, unter anderem dem Trierer Domkapitel[140]. Auch für das 13. Jahrhundert und die Folgezeit sind noch Auseinandersetzungen belegt.

Schauplatz, Ablauf des Geschehens und die Gegner des Kapitels differierten dabei freilich. In Viviers, einem relativ weit von Trier entfernten und öfter gefährdeten[141] Ort domkapitularischen Besitzes, wurden die Übergriffe des Vogtes Nikolaus von Öttingen, der sich nicht mit seiner „assisa" begnügte, mit Exkommunikation durch den Erzbischof geahndet[142]. Bei dem Vergleich mit Johann Cluinet mußte sich das Domkapitel 1228 die Freiheit von den Ansprüchen des Laien mit einer Zahlung von 60 Metzer Pfund und einem Jahrzins von 40 sol. erkaufen und ein Rückkaufrecht der Vogtei nach zehn Jahren gestatten[143]. Gegen

---

139 Vgl. für den hiesigen Raum: *Lamprecht*, Wirtschaftsleben 1,2 bes. S. 1062–1138; allg. etwa *Adolf Waas*, Vogtei und Bede in der deutschen Kaiserzeit (Arbeiten zur deutschen Rechts- und Verfassungsgeschichte, I. u. V. Heft), 2 Tle., Tübingen 1919–1923, T. 1, S. 168–173, T. 2, S. 1–53; *Ernst Klebel*, Eigenklosterrechte und Vogteien in Baiern und Österreich, in: *ders.*, Probleme der bayerischen Verfassungsgeschichte. Gesammelte Aufsätze, München 1957, S. 257–291, bes. S. 283–289; *Otto Brunner*, Land und Herrschaft. Grundfragen der territorialen Verfassungsgeschichte Österreichs im Mittelalter, ⁵1965, Ndr. Darmstadt 1970, bes. S. 303–313; auch: *Theodor Mayer*, Fürsten und Staat. Studien zur Verfassungsgeschichte des deutschen Mittelalters, Weimar 1950, S. 1–24 u. ö.

140 Für Vogteistreitigkeiten in früherer Zeit sei ein anschauliches Beispiel erwähnt: Etwa um 1190 stellte Heinrich von Luxemburg dem Domkapitel eine Urkunde wegen der Höfe Lenningen und Beuren aus. Die Höfe waren hiernach ursprünglich frei von aller Vogtei und hiermit verbundenen Abgaben gewesen. Wegen andauernder Räubereien hatte aber die Domkirche seinen Vorfahren gegen 1 Fuder Wein jährlich den Schutz der Einwohner übertragen. Diese jährliche Einnahme wurde von den Grafen an Gottfried von Rodenborn („Rodenburne") zu Lehen vergeben und kam von diesem an Wilhelm v. Aldenges. Dieser begann damit, die Bewohner mit zusätzlichen Forderungen zu bedrängen („equorum pabulo et hospitacionibus grauasset et tandem exactionibus et iniuria inmoderata opprimeret"). Nach vergeblichen Aufforderungen zur Änderung seines Verhaltens wurde er exkommuniziert und außerhalb des Friedhofs beerdigt. Mit seinem Erben Hugo schloß die Trierer Kirche dann Frieden, zahlte 102 Metzer Pfund und löste damit alle Vogteirechte ab (vgl. MRUB 2 Nr. 146; MRR 2 Nr. 627; *Bastgen*, Domkapitel, S. 230 f.; *Wampach*, UQB 1, Nr. 540).

141 Vgl. weiter unten Anm. 163.

142 1227 V 11 Vergleich durch EB Theoderich. Nikolaus v. Öttingen soll 15 Jahre nur diese Einnahme erhalten (MRUB 3 Nr. 313; MRR 2 Nr. 1809; *Wampach*, UQB 2, Nr. 205; *Bastgen*, Domkapitel, S. 228 f.).

143 1228 V 13 vergleicht der EB das Kapitel mit Johann (MRUB 3 Nr. 342; MRR 2 Nr. 1865; *Bastgen*, Domkapitel, S. 230). Ein Beispiel für geldliche Ablösung ist auch im 14. Jahr-

Ende des 13. Jahrhunderts wurden mit Dietrich von Esch für beide Seiten verbindliche Regelungen für Piesport über Gerechtsame und Bezüge gefunden[144]; Arnold von Bruch und das Kapitel erzielten eine ähnliche Übereinkunft wegen Speicher[145]. Im Jahre 1321 schließlich wurde Wirich von Berberg als Vogt des an die Vikarie von Conrad de Veteri Castro übergebenen Hofes Bruch dazu aufgefordert, die von ihm okkupierten Besitzungen herauszugeben und die geraubten Einkünfte in Höhe von 20 Pfund kleiner Turnosen zu erstatten[146].

Trotz bestehender Unterschiede ist in allen Fällen das Bemühen des Kapitels zu erkennen, seine Stellung zu behaupten; die angewandten Mittel reichen von der Anrufung von Instanzen wie des Erzbischofs und Anwendung schwerer Kirchenstrafen bis zu gütlicher Einigung und Zugeständnissen finanzieller Art. Die zum Teil sehr detaillierten schriftlichen Festlegungen zeigen die Kompliziertheit der Herrschaftsverhältnisse, vor allem aber auch das Bestreben an, ein für die Zukunft anwendbares Instrument zur Legitimierung der eigenen Ansprüche zu haben. In seinem Widerstand gegenüber den Adeligen, die nach den hier geschilderten Vorgängen bis ins 14. Jahrhundert hinein die Vogtei als Herrschaftsinstrument gegen die Interessen der Geistlichkeit zu nutzen versuchten, scheint das Kapitel relativ erfolgreich gewesen zu sein und eine Entfremdung von Gütern vermieden zu haben, wie sie in früheren Zeiten in größerem Umfang etwa für das Kloster St. Maximin bezeugt ist[147].

Die Gefahr eines Verlustes drohte auch bei Grundbesitz und Rechten, die an Laien vergeben worden waren und später von diesen ohne Anerkennung der bestehenden Abhängigkeit bzw. ohne Leistung der geforderten Verpflichtungen beansprucht wurden. Auch hiergegen setzte sich das Kapitel zur Wehr oder versuchte sich zu arrangieren. 1228 einigte es sich unter Vermittlung des Erzbischofs

---

       hundert belegt: Verzicht der Brüder Hennekin, Warin, Isenbard v. Rupedingen auf ihre von Jakob von Montclair lehnsrührigen Rechte am Hof Perl, sei es in der „advocatia" oder anderem bestehend, für 200 lib. Trev. (LHAKO Abt. 1 D Nr. 4414 S. 153–157 v. 1331 IX 25). Vgl. ferner Anm. 147.

144   1285 I 4 Entscheidung des Landdechanten von Schweich (Weisthümer, gesammelt von *Jacob Grimm*, Th. 3, Göttingen 1842, S. 802; *Lamprecht*, Wirtschaftsleben 3, Nr. 68, S. 92 f.; MRR 4 Nr. 1215).

145   1293 V 22 (*Lamprecht*, Wirtschaftsleben 3, Nr. 75 S. 102 f.; MRR 4 Nr. 2169). Um Speicher gab es auch im 15. Jahrhundert langjährige Streitigkeiten mit den Herren von Rheineck als Herren von Bruch (vgl. LHAKO Abt. 1 D Nr. 4126, 1 C Nr. 16205; *Bastgen*, Domkapitel, S. 229 Anm. 1; *Ernst Friedländer*, Rheinische Urkunden, in: Ann. Hist. Ver. Niederrh. 50 (1890), S. 242 f.).

146   Der Offizial erteilt auf Klage des Kapitels einen entsprechenden Befehl an den Landdechanten von Mersch (vgl. LHAKO Abt. 1 D Nr. 296 f. u. 4413 S. 641–643; BATR Abt. 91 Nr. 135 fol. 98 f. u. Abt. 95 Nr. 311 fol. 160' u. 161).

147   Vgl. allg. Anm. 139; für St. Maximin neuerdings: *René Klein*, Untersuchungen über die Vögte der Trierer Abtei St. Maximin auf luxemburgischem Gebiet, in: Kurtrier. Jb. 17 (1977), S. 5–11. Auch das Domkapitel hatte bereits frühere als die zuvor erwähnten Auseinandersetzungen zu bestehen und Übergriffe von Untervögten hinzunehmen.

und einiger anderer Personen mit Rudolf von Weiler (La Tour) über Land und Leute von Bredimus und gestattete ihm anstelle der bisherigen Verbindlichkeiten eine Zahlung von 24 Scheffel Weizen aus einem Lehen der Raugrafen bei Bitburg[148]. Gegen Boemund von Dagstuhl erging 1312 durch verschiedene Domherren der Schiedsspruch, entweder den zur domkapitularischen Pension von Nunkirchen gehörigen Hof bei Wahlen abzugeben oder daraus neben den alten Zinsen jährlich 15 sol. zu zahlen; hinzugefügt wurde das Verbot, weitere Ländereien im „territorio sancti Petri" zu erwerben[149]. Interessant ist wegen der Lage des Streitobjekts die Vereinbarung mit dem Ritter Heinrich von Hüchelhoven aus dem Jahre 1325. Ihm wurden der Hof „Cumbe" und zwei Teile des Zehnten von Adendorf im heutigen Landkreis Bonn – also relativ weit von den Schwerpunkten des domkapitularischen Besitzes entfernt[150] – nach vorherigen Streitigkeiten und Zahlungsrückständen gegen entsprechende Zusicherungen überlassen. Da es jedoch die Gefährdung dieses Streubesitzes erkannte, ließ das Kapitel dem Ritter ausdrücklich die Möglichkeit, gleiche Einkünfte diesseits des Elzbaches in Richtung auf Trier zu erwerben und ihm statt der zu zahlenden Summe zu übereignen[151]. Um Adendorf hatte es bereits früher Auseinandersetzungen gegeben[152].

Bei weiteren laikalen Ansprüchen[153] auf Güter, Zehnten und Patronatsrecht reagierten Kapitel und Kanoniker auf die Gefährdung der eigenen Position unter-

---

148 Diese gaben hierzu ihr Einverständnis (vgl. MRUB 3 Nr. 359; MRR 3 Nr. 1884; *Wampach,* UQB 2, Nr. 220).

149 1312 X 9: LHAKO Abt. 1 D Nr. 3662 u. 4413 S. 313–316; *Kreglinger,* Analyse, S. 37 Nr. 268.

150 Diese lagen außer in der Nähe Triers an Obermosel, Saar und im Luxemburger Gebiet, vor allem auch im Mittelmoselraum. In größerer Nähe zu Bonn, aber doch noch relativ weit entfernt, waren die Besitzungen im Maifeld (Bell, Mendig, Ochtendung, Polch, Thür).

151 1325 XI 15: Die Rechte des EB von Trier werden nicht betroffen (*Lamprecht,* Wirtschaftsleben 3, Nr. 114, S. 141–144; *Goerz,* Regesten, S. 71; Reg EB Köln 4 Nr. 1559).

152 Es war vor 1122 an Seward von Millenheim auf Lebenszeit vergeben worden. Nach dessen Tod beklagte sich das Kapitel darüber, daß seine Witwe „Officia de Doneburch" (Tomberg) das Gut „quasi hereditario iure . . . multis sibi annis usurpauerat". Nach Rückgabe wurde das Gut erneut an sie auf Lebenszeit vergeben (MRUB 1 Nr. 449; MRR 1 Nr. 1734). 1215 war der Hof nach einer von EB Theoderich v. Wied ausgestellten Urkunde vom Domhospital an Jakob v. Tomberg gegen 4 Mk. zu 12 Schilling Kölner Währung verberbpachtet. Verboten wurde dem Pächter Weiterveräußerung und Teilung des Besitzes; bei Streitigkeiten unter den Erben sollte Rückfall ans Hospital eintreten (MRUB 3 Nr. 32; MRR 2 Nr. 1258; *Goerz,* Regesten, S. 32).

153 Als spezieller Fall sei der Besitz einer Domkurie genannt. 1373 III 31 erklärten die Ritter Wilhelm und Johann von Urley, daß „alsulche hoiffstat und garten, als wir bizher inne gehabet han, gelegen binnent der montaten bij dem düme" vom Dom abhängig sei und weder sie noch ihre Erben als Domkanoniker irgendwelche Rechte daran hätten (LHAKO Abt. 1 D Nr. 661 u. 4416 S. 589 f.; BATR Abt. 95 Nr. 311 fol. 128). Die Ritter hatten das Anwesen zuvor an Dietrich Mont und seine Ehefrau Katharina, Trierer Bürger, vergeben, die am selben Tag ihren Verzicht auf alle Ansprüche erklärten (ebda., fol. 129; LHAKO Abt. 1 D Nr. 662 u. 4416, S. 593 f.). Vgl. auch *Holbach,* Domfreiheit.

schiedlich und wohl der Situation und dem Kontrahenten angepaßt, wobei freilich auch jeweils andere Stadien der Auseinandersetzung überliefert sein können. Zum Teil beschritten die Domherren und ihre Kontrahenten den gerichtlichen Weg, um zum Erfolg zu kommen. Im Streit um Güter mit Theoderich von Bruch als Patronatsherr der dortigen Pfarrkirche stützten sich 1226 die Kanoniker auf Zeugenaussagen, um ihre Ansprüche nachzuweisen[154]. Im selben Jahr bei der Differenz mit dem Ritter Hermann von Wollmerath wegen eines Hörigen von Pünderich wurde die Sache vor dem Offizial, dem Domscholaster Thimar, ausgetragen, der die Angelegenheit zugunsten des Kapitels entschied[155]. Einen Prozeß gab es auch um die Mitte des 14. Jahrhunderts wegen der Kirche von Gerlfangen im Zusammenhang mit dem strittigen Patronat und dem Besetzungsrecht zwischen dem von seiten des Kapitels vorgesehenen Dietmar von Hardewych und dem von Johann von Fürweiler eingesetzten Johann Pytit aus Saarburg. Es handelte sich hier um ererbte Ansprüche[156]. Eine harte Reaktion der Domherren erfolgte

---

154 Vgl. MRUB 3 Nr. 298; MRR 2 Nr. 1783.
155 Vgl. MRUB 3 Nr. 300; MRR 2 Nr. 1785.
156 Vgl. *Pauly,* Siedlung und Pfarrorganisation 6, S. 112 f.; LHAKO Abt. 1 D Nr. 518–521, 4415 S. 573–582, 4416 S. 518–556 u. BATR Abt. 5,1 Nr. 12 u. 95 Nr. 311 fol. 201'–211'. Der Richter der Kurie des Archidiakons von Tholey entschied zugunsten des Dietmar. Die Auseinandersetzungen um Gerlfangen lassen sich bis 1305 zurückverfolgen. Damals verglichen sich Heinrich von Fürweiler und seine Gattin Elisabeth mit dem Armiger Johann von Gerlfangen wegen Erbauseinandersetzungen (LHAKO Abt. 1 D Nr. 4413 S. 685–690; BATR Abt. 5,1 Nr. 14 u. 95 Nr. 311 fol. 177–179', 213'). 1322 I 26 erneuter Vertrag zwischen der Witwe des Heinrich von Fürweiler und ihrem erwähnten Bruder Johann, Herrn zu Gerlfangen, auch auf ihre Kinder Heinrich und Henkin ausgedehnt (BATR Abt. 5,1 Nr. 1). Johann hatte inzwischen noch einiges Gut hinzuerworben (vgl. etwa LHAKO Abt. 54 G Nr. 100; 1 D Nr. 4413 S. 257 f., 273–275, 461 f., 4418 S. 53–56; BATR Abt. 95 Nr. 311 fol. 177' u. 211', Abt. 5,2 Nr. 61 S. 3–8). Nach dem Tod des Johann kam der Besitz an seinen gleichnamigen Sohn, Domherrn zu Trier und letzten seines Geschlechts. Dieser hatte Streitigkeiten mit seinen Vettern über die Erbschaft und einigte sich mit ihnen 1331 III 5 (vgl. BATR Abt. 5,1 Nr. 3 u. 7 u. 95 Nr. 311 fol. 181; LHAKO Abt. 1 D Nr. 4414 S. 9–11 u. 4415 S. 544 f., 4417 S. 285–296). 1344 VII 24 vererbte Domscholaster Johann von Gerlfangen die Herrschaft ans Domkapitel (BATR Abt. 5,1 Nr. 6, 8 u. 15; Abt. 95 Nr. 311 fol. 183 u. 217'; LHAKO Abt. 1 D Nr. 4415 S. 293–300, 546–549). Wegen der Regelung der Angelegenheiten in Gerlfangen setzte das Kapitel im selben Jahr Johann von Zolver und Boemund von Saarbrücken ein (LHAKO Abt. 1 D Nr. 490 u. 4415 S. 325–327). Boemund, auf den durch die Schenkung des Johann von Gerlfangen Rechte übergegangen waren, einigte sich 1346 mit dem Armiger Heinrich Leffel, der seine Verpflichtungen gegen ihn und das Kapitel bekundete (LHAKO Abt. 1 D Nr. 501 u. 4415 S. 417–419; BATR Abt. 5,1 Nr. 9 u. Abt. 95 Nr. 311 fol. 188'; zu vorherigen Abhängigkeiten zwischen Heinrich und Johann v. Gerlfangen vgl. LHAKO Abt. 54 G Nr. 103 u. 1 D Nr. 501; Nr. 4414 Nr. 193–196 u. 517–519; Nr. 4415 S. 417–419; BATR Abt. 5,1 Nr. 4 u. Abt. 95 Nr. 311 fol. 182 u. 188'). Heinrich verkaufte später eine Wiese und dann all sein Gut in Gerlfangen an Boemund (ebda., fol. 189–200 u. Abt. 5,1 Nr. 10 f.). Boemund hatte auch die Kurie des Johann in Trier von diesem erhalten (BATR Abt. 5,1 Nr. 5 u. LHAKO Abt. 1 D Nr. 4415 S. 549–551). 1375 gab es eine Streitigkeit in Gerlfangen um das Halbscheid einer zu Gut und Hof gehörigen Wiese zwischen Gerhard

zunächst auf die unerlaubt und angeblich unter Usurpation erfolgte Errichtung einer Mühle im domkapitularischen Land bei Faha und die Anlegung eines Fischteiches; der Ritter Anselm wurde offenbar exkommuniziert und nach seinem Tod außerhalb des Friedhofs beerdigt. Ein Vergleich mit seinen Erben im Jahre 1263 brachte dem Kapitel dann jährlich Einnahmen von drei Maltern Getreide aus der Mühle und 5 sol. Trev. bei jeder Ausfischung des Weihers[157].

In anderen Situationen machten die Domherren eine kleinere Konzession, ohne freilich grundsätzliche Positionen aufzugeben. In der Sühne zwischen Boemund von Saarbrücken als Pensionär und dem Kapitel einerseits, den Vögten von Hunolstein und Johann und Dietrich von Scharfpillig andererseits kamen die Geistlichen den Gegnern wenigstens so weit entgegen, daß für einen im Verlauf der Auseinandersetzungen dem Boemund weggenommenen Hengst im Werte von angeblich 80 Pfund trierischer Pfennige eine Zahlung von nur 60 Pfund in zwei Raten vereinbart wurde; ansonsten wurden aber die Rechte Boemunds und des Kapitels in Emmel herausgestellt[158]. Zu einem Vergleich bequemen, der den Ansprüchen beider Seiten stattgab[159], mußte man sich im Jahre 1215 im Streit um den Zehnten in Niedermendig mit dem Kloster Laach und den Rittern Johann und Heinrich von Rheineck[160], ferner auch 1345, als sich die Kapitel vom Dom und St. Marien/Kyllburg sowie der Konvent von Oeren mit den Rittern Wilhelm und Tristand von Dudeldorf über bereits eine Generation früher strittige Rechte in Dudeldorf verständigten und der Zehnt in fünf Teile geteilt wurde, von denen auch die Ritter einen Teil und darüber hinaus Rechte in anderen Orten erhielten[161]. Bei berechtigten Forderungen waren die Domherren auch zu Zahlungen bereit. Dies zeigt die Sühne des Arnold von Pittingen und Dagstuhl mit dem Kapitel im Jahre 1390, nachdem er die hohe Summe von 150 Mainzer Goldgulden für Schäden und insbesondere einen Hengst erhalten hatte, den ihm wegen der

---

Streuffe von Himmersdorf und dem Hofmann von Gerlfangen, in dem ersterer schließlich auf sein Recht verzichtete (LHAKO Abt. 1 D Nr. 682 u. 4416 S. 729–731; BATR Abt. 5,2 Nr. 61 S. 1 f.); vgl. zu Gerlfangen ferner LHAKO Abt. 1 D Nr. 795 u. 4417 S. 465 f. u. BATR Abt. 95 Nr. 311 fol. 11 v. 1394 V 1.

157 *Lamprecht*, Wirtschaftsleben 3, Nr. 16, S. 23 f.; MRR 3 Nr. 1907 v. 1263 VIII 13.
158 1344 III 6 Schiedsspruch durch Chorbischof Gottfried v. Brandenburg u. Schultheiß Colin v. Wittlich (*Toepfer*, UB Hunolstein 1, Nr. 241). Im Hinblick auf das geraubte Pferd kann aber angenommen werden, daß dessen Wert von dem Geschädigten recht hoch angesetzt wurde, so daß die Einigung auf 60 Pfund wohl nicht als besondere Nachgiebigkeit gewertet werden kann. Zu Preisen von Pferden vgl. *Lamprecht*, Wirtschaftsleben 2, S. 544 f. Bei dem geraubten Hengst muß es sich hiernach um ein relativ wertvolles Tier gehandelt haben.
159 Das Domkapitel sollte 3 Andernacher Scheffel („modios") vorab erhalten. Vom Rest ging ein Drittel an den Pfarrer; vom weiter verbleibenden Rest je ein Drittel ans Kapitel, an Laach und an die Ritter.
160 MRUB 3 Nr. 31.
161 1345 VIII 24: LHAKO Abt. 54 D Nr. 183 u. 1 D Nr. 4415 S. 365–371. Vgl. auch unten zu den geistlichen Institutionen.

nunmehr dem Kapitel gehörigen Güter in Kobern der Ritter Johann Romleain geraubt hatte[162].

Größere Schwierigkeiten hatte das Kapitel vor allem da, wo ihm die Entfernung das Eingreifen erschwerte oder wo ihm starke Herrschaftsträger gegenüberstanden. In dem bereits im Zusammenhang mit den Vogteistreitigkeiten erwähnten Viviers gab es mehrfach Auseinandersetzungen mit verschiedenen Kontrahenten[163]; Adendorf in der Bonner Gegend wurde bereits genannt[164]. Etwas ausführlicher eingegangen sei auf die mächtigsten zeitweiligen Gegner der Domherren, die Herzöge von Lothringen und die Grafen von Luxemburg. Dabei war in den Streitigkeiten mit dem Herzog von Lothringen und den von ihm abhängigen Leuten vornehmlich der Ort Perl an der Obermosel betroffen.

Im Jahre 1269 gab Herzog Ferri eine Erklärung ab, keine Rechte am dortigen Hof des Domkapitels und auch keine Muntgewalt über die Leute dort zu besitzen[165]. Dies deutet auf vorherige Spannungen hin. Im Zusammenhang mit dem Frieden zwischen Erzbischof Balduin und Herzog Rudolf von 1334 wurde ausdrücklich auf die Rechte des Kapitels in Perl Bezug genommen, die keine Beeinträchtigung erfahren sollten[166]. Etwa zehn Jahre später kam es gerade in Perl zu

---

162 1390 VIII 11. Romleain hatte 4 Ohm Wein zu Mannlehen aus dem Gut von Kobern, die ihm angeblich „versessen" waren. Arnold hatte aber das Gut schon zu anderer Zeit ans Kapitel verkauft (LHAKO Abt. 1 D Nr. 774 u. 4417 S. 477–479). 1385 XI 24, 1390 XI 12 u. 1401 X 27 hat Johann Romleain den Domherrn eine Quittung über den Erhalt von 4 Ohm Wein ausgestellt (ebda., Nr. 760, 775, 827). 1403 IX 15 bei einer Verpachtung des Gutes in Kobern an „Henne der beginen enkelin scheffen zů Coveren" ist erneut v. der Zahlung an Romleain die Rede (LHAKO Abt. 1 D Nr. 833 u. 4418 S. 37–46). Zum Preis des Pferdes vgl. Anm. 158.

163 1323 III 18 Untersuchung in Viviers durch „Egidius de Rodemacres" und „Herbrandus de Breves Eques" im Streit zwischen Dompropst „Joffridus de Rodemacres" für sich und das Kapitel und „Raymundus de Villette, scutiferus", für sich und „consortes" um die Gerichtsrechte in Viviers u. seinem Bann. Die Entscheidung fällt zugunsten des Propstes aus, der Meier, Schöffen und Gerichtsbarkeit nach Belieben einrichten und entfernen kann (LHAKO Abt. 1 D Nr. 303). 1341 IX 12 eine Aussage verschiedener, vom Trierer Domscholaster Johann von Gerlfangen herbeigerufener Zeugen über die Zugehörigkeit von Viviers zum Domkapitel (ebda., Nr. 465 u. 4415 S. 117). 1362 XII 2 Jean de Chardogne, „escuier", ratifiziert den Schiedsspruch in seinem Streit mit dem Domkapitel um Leute im Bann von Viviers (LHAKO Abt. 1 D Nr. 601, 649 u. 4416 S. 561–563). 1378 V 30 Walter von Amance wird vom Domkapitel als Procurator eingesetzt in der Streitsache gegen den Herzog v. Bar „super mensuris bladorum, vinorum, molendinorum imponendis ac viis et stratis publicis villarum et banni de Mairis distinguendis, panibus alienandis, vendendis, iustum pretium imponendis" (also in Mairy), sowie für ihre Auseinandersetzung in Ort und Bann v. Viviers (LHAKO Abt. 1 D Nr. 690 u. 4416 S. 805 f.). Vgl. ferner ein Schreiben des Domkapitels wegen der Übergriffe in Mairy und Viviers (LHAKO Abt. 1 D Nr. 872; 15. Jh.).

164 Vgl. Anm. 150 u. 151.

165 1269 V 22: MRR 3 Nr. 2433; LHAKO Abt. 1 D Nr. 128 u. BATR Abt. 95 Nr. 311 fol. 68'.

166 *Goerz*, Regesten, S. 77; LHAKO Abt. 1 D Nr. 397 f., 4413 S. 289–302 u. 4414 S. 317–324; Abt. 52,17 Nr. 1; BATR Abt. 95 Nr. 311 fol. 20. Daß das Kapitel an einer Sicherung des

Übergriffen des Schultheißen von Sierck und anderer Leute. Das Kapitel rief daraufhin die elf Beauftragten für den lothringischen Landfrieden an und erreichte die Wiederherstellung des Zerstörten[167]. Zwischen Herzog Johann und Erzbischof Kuno sowie dem Kapitel gab es 1368/69 Streitigkeiten über die seinerzeit mit Herzog Rudolf getroffenen Vereinbarungen[168], die Angelegenheit zog sich länger hin. In seiner Rechnungslegung über die Ausgaben von der Pension Perl spricht der Thesaurar Dietrich von Daun vom Bailli des lothringischen Herzogtums als seinem früheren „contrarius"; von 1371 bis 1373 hat er diesem und dem Schultheißen von Sierck Naturalabgaben für die Verteidigung der Hörigen des Hofes gezahlt[169]. Schließlich ist der Hof Perl noch in der Zeit der Wirren nach dem Tod Erzbischof Ottos in Mitleidenschaft gezogen worden. Herzog Karl beklagte sich im September 1430 darüber, daß der Vogt von Hunolstein als Lehnsmann des Stiftes Frau Else von Montclair und Arnold von Sierck großen Schaden zugefügt habe, forderte die Domherren zum Eingreifen auf und drohte andernfalls ein Vorgehen gegen Besitzungen ihrer Kirche an[170]. Gleichzeitig wurden schon Kampfmaßnahmen durch den Schultheißen von Sierck eingeleitet. Dies zeigt die vier Tage später abgegangene Antwort des Kapitels, in der es sein Bedauern ausdrückte, gegen den Vogt von Hunolstein nichts unternehmen zu können und sich gleichzeitig darüber beschwerte, daß der Schultheiß all ihre Renten und Gülten im Hof von Perl „verboden" habe[171]. In den Zusammenhang der Übergriffe in Perl gehört ferner ein Schreiben des Kapitels an Herzog Karl, daß der Schultheiß ihre Leute gefangengenommen und sich unterstanden habe, ihnen ihr „hocgericht zu Perle abezudregen"[172].

Ortes Perl interessiert war, geht auch aus einer Urkunde von 1337 hervor, in der König Johann von Böhmen als Graf v. Luxemburg dem EB Balduin über den Hof zu „Usme" und den neuen Burgbau namens Freudenburg einen Lehensrevers ausstellt, wobei er jedoch unter anderem auch keine Muntleute haben soll, soweit es das Domkapitel aus dem Gericht Perl betrifft (LHAKO Abt. 1 D Nr. 4414 S. 597–600; BATR Abt. 95 Nr. 311 fol. 118'). 1331 IX 25 hatte auch das Kapitel 200 Pfund Turnosen an die Brüder Hennekin, Warin u. Isenbard v. Rupedingen „armigeri" für deren Verzicht auf alle Rechte am Hof Perl bezahlt (LHAKO Abt. 1 D Nr. 4414 S. 153–157).

167 LHAKO Abt. 1 D Nr. 490–493 u. 4415 S. 321–327, 4414 S. 253–258. Zum lothringischen Landfrieden vgl. neuerdings: *Heinz Thomas*, Die Luxemburger und der Westen des Reiches zur Zeit Kaiser Karls IV., in: Jb. f. Westdt. Landesgesch. 1 (1975), S. 59–96, bes. S. 66–68 und die dort zit. Lit.
168 *Herrmann*, Inventar saarländischer Betreffe, S. 190; *Goerz*, Regesten, S. 103; LHAKO Abt. 1 A Nr. 6195 u. 6205; 1 D Nr. 624, 626 u. 4416 S. 373–378. Eine Einigung ist zunächst nicht erfolgt; die Frist für die Entscheidung der eingesetzten Schiedsrichter wurde verlängert (vgl. *Goerz*, Regesten, S. 107: 1371 IX 25 neuer Schiedsrichter, 1372 IX 12 neue Verlängerung).
169 LHAKO Abt. 1 D Nr. 650.
170 BATR Abt. 9,2 Nr. 4 S. 2–3.
171 Ebda., S. 4.
172 LHAKO Abt. 1 D Nr. 815; vgl. *Bastgen*, Domkapitel, S. 229 Anm. 1.

Mit den Grafen von Luxemburg gab es 1308 Differenzen um die Einkünfte der trierischen Kirche in Bübingen, die schließlich durch eine Einigung des Kanonikers Johann von Berg in seinem und des Kapitels Namen mit dem luxemburgischen Propst von Arlon namens des Grafen beigelegt wurden[173]. Gravierender waren Auseinandersetzungen, bei denen neben dem Kapitel auch weitere geistliche Institutionen betroffen waren. Im Jahre 1273 kam es zu einem Vergleich zwischen dem Grafen Heinrich und dem Domkapitel, den Äbten von St. Matthias und St. Maximin und dem übrigen Klerus der Trierer Kirchen[174]. Vorausgegangen war offenbar ein schwerer Konflikt, da Heinrich mit Exkommunikation und sein Land mit dem Interdikt belegt worden war und der Graf und seine Leute anschließend sich Güter der Kirchen angeeignet hatten. Über die Ursache der Spannungen wird nichts ausgesagt; der Graf verpflichtete sich zur Erstattung des Hinweggenommenen nach Abschätzung der hierfür eingesetzten Inquisitoren. Ebenso wie bei dem zuvor erwähnten Beispiel von Perl war also auch in diesem Falle der Kapitelsbesitz im gegnerischen Machtbereich das bevorzugte Ziel von Angriffen. Eine ähnliche Situation findet sich 1285, als Erzbischof Heinrich von Finstingen von den geistlichen Institutionen den zwanzigsten Teil ihrer Einkünfte erhob, um gegen Heinrich vorgehen zu können, der die Straßen und die Mosel gesperrt und die Güter und Einkünfte der Kirchen in Beschlag gelegt hatte[175]. Auch hier werden keine Gründe für die Streitigkeiten angegeben. In beiden Fällen spielten wohl auch territorialpolitische Momente und die Position des Erzbischofs eine wichtige Rolle.

Bei den besser überlieferten Vorkommnissen fast ein Jahrhundert später im Jahre 1376 wird ein Anlaß für das Vorgehen von Herzog Wenzeslaus genannt. Der hundertjährige Krieg zwischen England und Frankreich zog auch das luxemburgische Gebiet in Mitleidenschaft, da hier mehrfach Söldnerbanden einfielen[176]. Der Herzog sammelte angeblich 10 000 Leute, um den Eindringlingen zu begegnen. Gleichzeitig stellte er Subsidienforderungen auch an die geistlichen Institutionen Triers, was deren Widerstand hervorrief. Nach der Zahlungsverweigerung

---

173 1308 VII 15. Es handelt sich insbesondere um „viginti solidos Treverensium denariorum, maldrum siliginis et maldrum avene", die in der vergangenen Zeit vom Grafen nicht gezahlt wurden. 1308 X 13 Bestätigung durch den Grafen (*Wampach,* UQB 7, Nr. 1191 u. 1218 mit weiteren Belegen).

174 *Wampach,* UQB 4, Nr. 309; *Goerz,* Regesten, S. 52, MRR 3 Nr. 2823; LHAKO Abt. 1 D Nr. 134; BATR Abt. 95 Nr. 311 fol. 68.

175 *Wampach,* UQB 5, Nr. 161; *Blattau,* Stat. syn., Nr. 22, S. 56 f.; MRR 4 Nr. 1328; *Goerz,* Regesten, S. 56. Vgl. *Goedert,* Formation territoriale, S. 86. Goedert sieht vor allem die wirtschaftlichen Interessen Luxemburgs, die Teilhabe am trierischen Handel. Vgl. ferner: *Klaus Klefisch,* Kaiser Heinrich VII. als Graf von Luxemburg, Diss. Bonn 1971, S. 62 f. Klefisch äußert sich auch zu den aus Luxemburg stammenden Domherren, die in einen Zwiespalt geraten seien.

176 Vgl. hierzu und zum folgenden *Goedert,* Formation territoriale, S. 163; *Schötter,* Geschichte des Luxemburger Landes, S. 108 f.; *Parisius,* Kuno II. von Trier, S. 23 f.

ging er gegen die Güter verschiedener Kirchen vor – des Domkapitels, der Klöster St. Maximin, St. Matthias und St. Marien ad martyres – und eignete sich die Einkünfte an. Die Mission des Archidiakons Dietrich von Güls, der vom Erzbischof an ihn gesandt wurde, verlief ergebnislos; der Herzog und von ihm abhängige Leute, besonders der Seneschall Egid von Rodenmacher, Heinrich von Bastogne und der Propst Ludwig setzten ihre Tätigkeit gegen die Kirchen fort. Die Folge war, daß die Exkommunikation über Wenzeslaus ausgesprochen und über sein Land das Interdikt verhängt wurde[177]. Der Herzog appellierte an den Papst; der Offizial nahm hierzu in einem Schreiben an Gregor XI. Stellung[178]. Eine Einigung der beiden Parteien ist schließlich durch die Vermittlung des Erzbischofs von Köln erfolgt[179]. Die Auseinandersetzung zeigt erneut die Gefährdung des Kapitelsguts im Machtbereich fremder Herrschaften.

Der Niedergang der Luxemburger im Westen[180] führte zu einem teilweise recht selbstbewußten Auftreten des lokalen Adels[181]. In diesem Zusammenhang ist wohl auch die Fehde zu sehen, die zwischen Erzbischof Otto von Ziegenhain und den Brüdern Wynmar und Erhard von Gymnich in den Jahren 1422 bis 1425 ausgetragen wurde[182]. Erhard von Gymnich hatte als Hauptmann des Luxemburger Landes sich geistlichen Besitz unter anderem des Domkapitels angeeignet und vor allem auch Bauten in Wasserbillig errichtet, dort die Straße gesperrt und eine Fähre eingerichtet. Ende 1422 wandte sich deshalb der Erzbischof an Richter, Schöffen und Gemeinde von Luxemburg und forderte sie dabei auch dazu auf, auf die Rückerstattung des Geraubten hinzuwirken[183]. Mit den Gymnichern

---

177 Vgl. *Goerz*, Luxemburgische Urkunden, 29 (1874), S. 363 f. u. LHAKO Abt. 1 A Nr. 6300; 1 D Nr. 683 u. 4416 S. 693–706; BATR Abt. 95 Nr. 311 fol. 17 mit Schilderung der früheren Ereignisse aus der Sicht des Trierer Erzbischofs und des Offizials (1376 XI 24 u. III 13); vgl. auch *Würth-Paquet*, Table, 24, 2 (1869), S. 152 f. Nr. 721 u. 724; *Goerz*, Regesten, S. 111. Vgl. insgesamt LHAKO Abt. 1 C Nr. 459.
178 Vgl. *Würth-Paquet*, Table, 24, 2 (1869), S. 152–154, Nr. 720, 722 u. 726; LHAKO Abt. 1 A Nr. 6301; 1 D Nr. 4416 S. 749–759; BATR Abt. 21 Nr. 4. Der Offizial wies auch darauf hin, daß sich Wenzeslaus bereits vor dem Einfall der „societates malarum gentium qui se Britones appellarent" habe Übergriffe zuschulden kommen lassen. Das geraubte Gut sei auch zur Entschädigung der laikalen Untertanen des Luxemburgers verwendet worden, während man zu den kirchlichen Personen keinen Ersatz ihrer Verluste geleistet habe. Die Appellation des Herzogs wird so als unberechtigt dargestellt.
179 *Goerz*, Regesten, S. 113 u. 115; *Würth-Paquet*, Table, 24,2 (1869), S. 173 Nr. 838 u. S. 190 Nr. 929 v. 1378 X 31 u. 1381 VIII 7. Vgl. *Goedert*, Formation territoriale, S. 163; *Schötter*, Geschichte des Luxemburger Landes, S. 109; *Parisius*, Kuno II. von Trier, S. 24.
180 Vgl. hierzu auch Teil 2 (Herkunftsgebiet) u. die dort zit. Lit.; bes. *Gerlich*, Westpolitik.
181 Vgl. hierzu auch *Schötter*, Geschichte des Luxemburger Landes, S. 123.
182 Vgl. zum folgenden auch *Johann Leonardy*, Geschichte des Trierischen Landes und Volkes, Trier ²1877, S. 555; insgesamt LHAKO Abt. 1 C Nr. 452.
183 *Goerz*, Regesten, S. 151; *Würth-Paquet*, Table, 26 (1870/71), S. 17 Nr. 60 v. 1422 XII 3. Die Wiederholung derselben Bitte erfolgte einen Monat später am 3. 1. 1423: *Goerz*, Regesten, S. 152; *Würth-Paquet*, Table, 26 (1870/71), S. 17 Nr. 63. In den Zusammenhang des Streits gehören auch Übergriffe der Herren von Rodenmacher und von Zolver gegen Güter des Domkapitels in Lenningen um 1422/23. LHAKO Abt. 1 D Nr. 821).

schloß er dann zwar eine Sühne ab, offenbar kamen aber diese den vereinbarten Verpflichtungen nicht nach. Daher versuchte der Erzbischof, andere Herrschaftsträger zum Eingreifen zu bewegen. Er schrieb mehrfach an Hans von Parsberg, Truchsessen des Herzogtums, wandte sich erneut an Richter und Schöffen zu Luxemburg und forderte Herzog Johann von Bayern, den Gatten der Luxemburger Pfandherrin Elisabeth von Görlitz, dazu auf, jegliche Unterstützung für den Gymnicher zu unterlassen und zu den Vorgängen Stellung zu nehmen. Den Kölner Erzbischof rief er um Vermittlung an und erbot sich 1425 zu einem rechtlichen Austrag vor dem Herzog von Lothringen[184]. Hauptsächlich ging es ihm dabei zwar um die Wasserbilliger Angelegenheiten, die das Erzstift und seine Interessen betrafen; dennoch findet sich im Schreiben vom September 1424 an Richter und Schöffen von Luxemburg erneut die Ermahnung, auf eine Rückgabe der geistlichen Gefälle hinzuwirken. Inwieweit sich das Domkapitel selbst eingeschaltet hat, ist nicht auszumachen. Otto ergriff jedenfalls auch militärische Maßnahmen und nahm Wasserbillig ein.

Die aufgeführten Belege zeigen deutlich, wie sehr der Besitz des Domkapitels gerade im luxemburgischen Bereich fremdem Zugriff ausgesetzt war. Insgesamt ist dabei festzustellen, daß die überlieferten Zusammenstöße nicht in die Zeit fallen, in der ein gutes Verhältnis zwischen dem Luxemburger Haus und dem Erzbistum auf Grund der personellen Besetzung des Erzbischofsstuhls vorausgesetzt werden kann. In Krisensituationen wurde die Möglichkeit von den laikalen Kräften genutzt, um sich Vorteile auf Kosten der geistlichen Institutionen Triers zu verschaffen. Das Domkapitel und die anderen Kirchen suchten hiergegen die Unterstützung des Erzbischofs und setzten sich unter Ausschöpfung geistlicher Strafmittel wie der Exkommunikation und des Interdikts zur Wehr.

---

184 Vgl. die verschiedenen Belege bei *Goerz*, Regesten, S. 153–155, ferner *Würth-Paquet*, Table, 26 (1870/71), S. 18 Nr. 66, S. 21–25 Nr. 86, 89–95, 98, 101, 111.

185 Für Auseinandersetzungen seien noch folgende Fälle genannt: c. 1230 Geleitsbrief des Herzogs v. Lothringen für das Kapitel zur Verhandlung mit denen von Finstingen und von Siersberg (MRUB 3 Nr. 415); Auseinandersetzungen mit den Herren von Dorsweiler, 1323 Friedensschluß (Gesta Trevirorum 2, S. 241; *Zenz*, Taten der Trierer 5, S. 51; *Goerz*, Regesten, S. 70; *Würth-Paquet*, Table, 19 (1863), S. 11 Nr. 492; LHAKO Abt. 1 A Nr. 4565); 1352 Streitigkeiten zwischen Friedrich von Ulmen, Vogt zu Senheim, und dem Kaplan des Leonardaltars wegen einer Gültenschenkung des Diethard von Ulmen (LHAKO Abt. 1 D Nr. 540 f.; BATR Abt. 91 Nr. 135 fol. 92–94). 1374–1376 Zweiung zwischen dem Grafen von Sponheim einerseits und dem Kapitel andererseits, unter anderem mit Übergriffen wie Brandschatzung durch einen Mann des Grafen; mehrfach verlängerter „Stedefrieden" („treuga") (LHAKO Abt. 1 D Nr. 653; BATR Abt. 9,1 Nr. 8a–d); 1397 VI 23 Cůnchin v. Ulmen schwört dem Domkapitel Urfehde und wird, falls er künftig sein Feind wird, zuvor das vom Propst und Kapitel gezahlte Sühnegeld von insgesamt 9 Gulden zahlen (LHAKO Abt. 1 D Nr. 806). Im Jahre 1445 hatte Archidiakon Johann Greiffenclau eine Auseinandersetzung mit Nikolaus Vogt und Herrn zu Hunolstein (LHAKO Abt. 1 D Nr. 4036). Für den auch im Zusammenhang mit den Gegensätzen im Kapitel stehenden Konflikt zwischen Johann und dem Pfalzgrafen Ludwig

Das Nebeneinander von Domkapitel und laikalen adeligen Herrschaftsträgern und ihrem Besitz führte aber selbstverständlich nicht nur zu Auseinandersetzungen[185], sondern auch zu gegenseitiger Anlehnung[186]. Darüber hinaus kam es gelegentlich zu Verbindungen geschäftlicher Art[187]. Dabei ging es zum Teil um

---

      von Pfalz-Veldenz wegen Gefangensetzung von Abhängigen im Jahre 1456 vgl. *Böhn,* Pfalz-Veldenz, S. 89; LHAKO Abt. 1 C Nr. 19433 f.

186 Besondere Beziehungen zu bestimmten Herrschaftsträgern lassen sich auch in der Übernahme von Funktionen für diese durch einzelne Domherren fassen, so für Philipp v. Sierck: 1444 IV 4 Vollmacht an Philipp v. Sierck unter anderem durch Herzog Wilhelm v. Sachsen zur Bezahlung der Schuld von Herzog Philipp v. Burgund für die Überlassung von Luxemburg u. Chiny (*Würth-Paquet,* Table, 29, 1874, S. 32). In der Zusammenstellung der Verpfändungen v. Elisabeth v. Görlitz an die Siercker finden sich auch 100 Gulden Reisekosten für Philipp v. Sierck für Reisen etwa zum Herzog v. Sachsen u. dem Herzog v. Burgund (LHAKO Abt. 54 S Nr. 1139). Als früheres Beispiel sei auf Boemund v. Saarbrücken hingewiesen, der sich auch im Auftrag Johanns v. Böhmen nach Avignon begab. Vgl. hierzu und zu den personellen Beziehungen auch weiter oben S. 55. Ein Beispiel für die Unterstützung des Kapitels bzw. seines größeren Teils durch eine weltliche Macht ist die Urkunde aus dem Jahre 1428, in der Elisabeth von Görlitz den Domherren während deren Auseinandersetzung mit Erzbischof Otto gestattete, in ihrem Herzogtum „sicher zu wandelen und iren penninck zu zeren" wie auch des „doms heyltom cleynoden und ander ire guter" in ihr Land zu schaffen (*Würth-Paquet,* Table, 26, 1870/71, S. 43, Nr. 179; *Kreglinger,* Analyse, S. 135 Nr. 1091; LHAKO Abt. 1 D Nr. 897 u. 4418 S. 557–559; BATR Abt. 95 Nr. 314 S. 269–272). Vorausgegangen war hier eine Bitte des Scholasters Jakob v. Sierck, der sich guter Beziehungen zu der Luxemburger Pfandherrin erfreute, die – vor allem auch später – ihm und der Familie Sierck finanziell sehr verpflichtet war (vgl. *Nicolas van Werveke,* Archives de Betzdorf et de Schuttbourg, in: Publ. Sect. Hist. Lux. 55 (1908), S. 58 f. Nr. 130 v. 1427; *Verkooren,* Inventaires 4, Nr. 1613 u. 1622 v. 1428 u. 1431; LHAKO Abt. 54 S Nr. 1072 fol. 7–9 v. 1431 u. 1433; Nr. 1083 fol. 13–17 v. 1433 an Arnold v. Sierck, Bestätigungen für Jakob; vor allem auch Abt. 54 S Nr. 1139 für die Zeit seit 1438). Ähnliche Schriftstücke wie Elisabeth stellten 1428 Herzog Karl von Lothringen und René von Bar aus (LHAKO Abt. 1 D Nr. 906 u. 4418 S. 573–576; BATR Abt. 95 Nr. 314 S. 280–283; bzw. LHAKO Abt. 1 D Nr. 900). Der lothringische Herzog René von Anjou war etwa ein Jahrzehnt später seinerseits auf das Wohlwollen des Kapitels angewiesen, nachdem er von Philipp von Burgund gefangengesetzt und erst nach langjähriger Haft gegen ein hohes Lösegeldversprechen wieder freigelassen worden war (vgl. Anm. 77). Im Jahre 1437 gestattete deswegen das Domkapitel „par faveur speciale, amitié et afection", von seinen Untertanen in den von René abhängigen Gebieten ein Subsidium in Höhe von 1 fl. pro Feuerstelle zu erheben. Zugleich sicherte man sich jedoch gegen Konsequenzen in späterer Zeit ab und betonte die Einmaligkeit und Freiwilligkeit dieser Leistung (*Kreglinger,* Analyse, S. 141 Nr. 1146; LHAKO Abt. 1 D Nr. 978 f. u. 4063; BATR Abt. 95 Nr. 311 fol. 58', Nr. 314 S. 549–552; STATR 1610b/416 4°, S. 215 f.). Auch hier ist wohl nicht zuletzt der Einfluß Jakobs von Sierck wirksam gewesen, der als Protonotar u. Kanzler für René und Isabelle tätig war (LHAKO Abt. 54 S Nr. 1113 f. v. 1436 III 22; Nr. 1117 v. 1436 XII 20; Nr. 1136 v. 1438 VII 24). Wie wichtig die politischen Verbindungen der einzelnen Domherren für das gesamte Kapitel und sein Verhältnis zu verschiedenen Mächten waren, wird gerade an seiner Person deutlich.

187 Adelige verkauften auch an Domaltäre bzw. die Geistlichkeit von Liebfrauen: 1291 X 8: Heinrich v. Schönecken Weinrente von zwei Fuder bei Lörsch für den Margarethenaltar gegen 90 lib. Trev. (MRR 4 Nr. 1946; *Kreglinger,* Analyse, S. 23 Nr. 168; vgl. auch

recht bedeutende Summen und Liegenschaften. Tausch fand offenbar kaum statt, zu nennen ist hier lediglich Simon von Sponheim, der 1251 Güter, Zehnten und Patronat in Reil ans Kapitel gegen Güter in Sprendlingen gab[188]. Vom Ritter Wilhelm Buzzel von Stein kauften die Domherren 1274 dessen Allod in Hamm und Wawern gegen 120 lib. Trev.[189], von Abertin von Runniche 1280 Waldteile bei Beyern und Rechte an einer Hufe[189a]. Im Jahre 1380 erwarben sie von Arnold von Pittingen Teile der Herrschaft Kobern gegen die Zahlung von 2900 Mainzer Gulden[190]. Wichtig sind vor allem die mehrfach bezeugten Verkäufe von Geld- und Naturalabgaben ans Kapitel, ein Hinweis auf dessen Rolle als Geldgeber und auf Verlegenheiten der verkaufenden Adeligen[191]. In denselben Zusammenhang

---

LHAKO Abt. 1 D Nr. 176 u. 464 v. 1341; ferner LHAKO Abt. 1 C Nr. 10 S. 45 Nr. 69: Bestätigung durch EB Otto 1420); 1357 II 19: Ritter Friedrich v. d. Fels an die Präbendaten v. Liebfrauen 12 Ml. Roggen aus dem Zehnten in Euren für 200 kl. fl. (vgl. LHAKO Abt. 206 Nr. 21 u. Abt. 1 D Nr. 4415 S. 793–800); 1360 VIII 14 ders. an dies. 3 Ml. u. 3 Ohm Wein (LHAKO Abt. 206 Nr. 22 u. 1 D Nr. 4416 S. 45–51).

188 1251 VII 6; MRUB 3 Nr. 1111; MRR 3 Nr. 875; Bestätigung durch Kardinal Hugo tit. S. Sabinae 1252 VII 25 (MRUB 3 Nr. 1155, MRR 3 Nr. 956).

189 1274 IV 17 (MRR 4 Nr. 63; vgl. auch unten zur Stadt S. 128).

189a *Wampach*, UQB 4 Nr. 524 f.

190 1380 III 8 (*Günther*, Cod. dipl. 3, 2, Nr. 579; vgl. auch LHAKO Abt. 1 D Nr. 725 f. mit dem Konsens v. Verwandten u. 4416 S. 877–900; BATR Abt. 10,3 Nr. 1 S. 452; STATR 1760/976 2° fol. 136–143). Zu den Auseinandersetzungen deswegen weiter oben S. 63 f. Das Kapitel hatte von dem Gekauften offenbar noch weitere Zahlungen zu leisten; vgl. die Quittungen des Heinrich Wynter von Burgen, Wepeling, für das Kapitel über 2 Mark Gulden bzw. 28 Brabanter Schilling vom Gut der Herren von Pittingen, dem Hof in Polch (vgl. LHAKO Abt. 1 A Nr. 3051; 1 D Nr. 763 v. 1386 XI 3; Nr. 773 v. 1390 VII 30; Nr. 796 v. 1395 VIII 10). Streitigkeiten gab es offenbar um das Haupt des hl. Matthias, das sich zeitweise in Kobern befand (vgl. LHAKO Abt. 1 D Nr. 4417 S. 65 f. u. 101 f.). Für den Erwerb v. Gütern durch das Kapitel vgl. auch folg. Anm.

191 Käufe durch das Kapitel: 1339 XII 15 Hermann v. Brandenburg verkauft 13 lib. 17 sol. Zinsen aus Trier ans Kapitel (LHAKO Abt. 1 D Nr. 4414 S. 757–764). 1382 IX 18 Hermann v. Eich eine Gülte von 16 Ml. Korn in Altrich für 500 Mainzer Goldgulden (*Kreglinger*, Analyse, S. 109 Nr. 854; LHAKO Abt. 1 D Nr. 745 u. 4417 S. 117–130); BATR Abt. 91 Nr. 135 fol. 84–90); 1422 Ritter Heinrich Mule v. d. Neuerburg 4 rhein. Gulden Ewigzins aus dem Hof „Wenichem" vor Wittlich für 100 Gulden (LHAKO Abt. 1 D Nr. 879); 1424 III 2 Dompropst Friedrich v. Kröv u. seine Brüder Johann u. Heinrich sowie des letzteren Frau Jutta v. d. Neuerburg 50 Gulden in Ayl gegen 125 rhein. Gulden (LHAKO Abt. 1 D Nr. 884); 1429 gestattete das Kapitel auch dem Arnold v. Sierck, Herrn zu Meinsberg, die Wiedereinlösung der Jahresrente von 40 fl. aus Dörfern bei Saarburg gegen 1000 fl., wie von ihm verkauft (Anm. 193). Ebenso wurde ihm der Wiederkauf v. Dorf, Gülte und Rente in Riol bei Trier gestattet, was von seinen Vorgängern, den Herren v. Montclair, an den Trierer Schöffen Walrave für 900 Gulden verkauft, durch diesen an Ritter Colin v. Öttingen weiterveräußert und von dem Ritter ans Kapitel verkauft worden war (vgl. LHAKO Abt. 54 S Nr. 1093 f. sowie Nr. 1151; Abt. 1 D Nr. 4418 S. 625–632, 645–652; BATR Abt. 95 Nr. 314 S. 319–335, 603 f.); 1440 XI 10 Goedart Herr zu Wiltz u. zu Hartelstein u. Ehefrau Sara v. Brandscheid verkaufen 12 rhein. Gulden Ewigzins aus Hof und Einkünften zu Issel ans Kapitel für 300 rhein. Gulden (LHAKO Abt. 1 D Nr. 1000; Konsens des Trierer Bürgers Clais v. Aiche und seiner Frau Katherine,

sind wohl auch Verpfändungen einzuordnen, wie etwa 1340 durch Hermann von Brandenberg für Güter in Bernkastel, Lieser und Monzel[192]. Endgültige oder vorübergehende Abtretung von Besitz durch Adelige gegen eine Zahlung erfolgte natürlich auch an einzelne Domherren[193]. Aus den wenigen Belegen Tendenzen ablesen zu wollen, erscheint allerdings problematisch. Die Tatsache, daß eine größere Anzahl von Veräußerungen in der zweiten Hälfte des 14. Jahrhunderts und im 15. Jahrhundert erfolgt, könnte jedoch als Indiz dafür gewertet werden, daß zumindest ein Teil des Adels in dieser Zeit in wirtschaftliche Schwierigkeiten geriet, die im Zusammenhang mit Agrarkrise und Lohn- und Preisentwicklung gesehen werden könnten[194]. Zu untersuchen wäre allerdings, inwieweit der Geld-

---

Schwester des Goedart, Nr. 1001). 1442 IV 10 Dietrich, ältester Sohn zu Rheineck und Bruch, u. a. verkaufen 20 rhein. Gulden Ewigzins aus den Dörfern u. Gerichten Klüsserath, Rivenich und Heidweiler ans Kapitel für 500 rhein. Gulden (BATR Abt. 10,3 Nr. 2). Für Rheineck vgl. auch LHAKO Abt. 43 Nr. 214 S. 81, 87 f. u. 105.

192   1340 I 7 (LHAKO Abt. 1 A Nr. 5031). Er verkaufte zur selben Zeit auch Zinse ans Domkapitel; vgl. vor. Anm.

193   Beispiele für Verkäufe an Domherren: 1332 IX 30 Ritter Kuno v. Bolliche u. Frau Hof Yttel an Dompropst Nikolaus v. Hunolstein (*Toepfer*, UB Hunolstein 1, Nr. 206); 1336 X 9 Heinrich von Fürweiler u. Frau Güter in „Rimele" und Umgebung an Johann von Gerlfangen (LHAKO Abt. 1 D Nr. 4414 S. 517–519); 1343 VI 3 der „armiger" Heinrich Leffil u. Frau Einkünfte an dens. (LHAKO Abt. 54 G Nr. 103 u. 1 D Nr. 4414 S. 193–196); 1346 I 27 ders. Fruchtrente aus Zehntem an Boemund v. Saarbrücken (LHAKO Abt. 1 D Nr. 501 u. 4415 S. 417–419); BATR Abt. 95 Nr. 311 fol. 188'); 1346 XI 23 erklärt ders. seine Verpflichtungen (BATR Abt. 5,1 Nr. 9 u. Abt. 95 Nr. 311 fol. 188'); 1347 I 25 verkaufen Heinrich u. Frau eine Wiese an Boemund (BATR Abt. 95 Nr. 311 fol. 189'); 1349 I 16 dieselben all ihr Gut in Gerlfangen an Boemund (ebda., Nr. 190–200 u. Abt. 5,1 Nr. 10 f.). 1427 V 1 Johann v. Schwarzenberg u. Frau 12 fl. Jahreszins an Bernkastel an Domkellner Heinrich v. Daun u. Nachf. (vgl. *Würth-Paquet*, Table, 26, 1870/71, S. 39 Nr. 155, BATR Abt. 18,3 Nr. 1); 1429 VI 29 Arnold v. Sierck Ayl an die Testamentsexek. des Bruno v. Hammerstein (LHAKO Abt. 1 D Nr. 908 u. 4418 S. 625–632). Verpfändung: 1211 Rechte in Pluwig durch Friedrich v. d. Brücke an Dompropst Konrad (*Toepfer*, UB Hunolstein 1, Nr. 5; MRUB 2 Nr. 275); 1337 XII 26 Jakob v. Montclair für Schulden v. 700 lib. schwarzer Turnosen 70 lib. aus dem Dorf „Burniche" an Philipp v. Sierck (LHAKO Abt. 54 M Nr. 838); 1367 VII 3 Ritter Thomas v. Öttingen für Schulden von 200 fl. parv. den von Dompropst Johann v. Zolver erbten Besitz in Brubach und Trier an Herbrand v. Differdingen (LHAKO Abt. 1 D Nr. 612 u. 4416 S. 301 f.). Für Elisabeth v. Görlitz u. die Siercker vgl. oben Anm. 186. Auf die im Zusammenhang mit Verwandtschaftsbeziehungen stehenden Fälle ist bereits an anderer Stelle hingewiesen, vgl. Anm. 7.

194   Auf die Diskussion um die Bedeutung des Schwarzen Todes im Zusammenhang mit der Agrarkrise sei hier wenigstens hingewiesen. Das Jahr 1350 wird in der wirtschaftsgeschichtlichen Forschung weithin als gravierender Einschnitt aufgefaßt (vgl. etwa auch Handbuch der deutschen Wirtschafts- und Sozialgeschichte, hg. v. *Hermann Aubin* u. *Wolfgang Zorn*, Bd. 1, Stuttgart 1971). Vor allem *Friedrich Lütge* hat die durch die Pest bedingten Bevölkerungsverluste für die wirtschaftlichen Veränderungen als entscheidend angesehen und so das Jahr 1350 als Epochengrenze in den Vordergrund gerückt: Das 14. und 15. Jahrhundert in der Sozial- und Wirtschaftsgeschichte, in: Jahrbücher f. Nationalökonomie u. Statistik 162, 1950, S. 161–213, überarbeitet in: *ders.*, Studien zur Sozial- und Wirtschaftsgeschichte, Bd. 1, Stuttgart 1963, S. 281–335; zu ähnlicher Auffassung vgl. auch *Wilhelm*

bedarf nicht vorher und insgesamt bei anderen Geldgebern wie den Juden gedeckt wurde[195] und in welchem Maße hier durch die Judenverfolgungen Auswirkungen auf dem Kapitalmarkt erfolgten, die auch das Domkapitel als Geldgeber stärker in den Vordergrund rückten. Auf jeden Fall scheint dieses als der jeweilige Geldgeber zumindest nicht im selben Maße von einer Krise betroffen.

Abel, Agrarkrisen und Agrarkonjunktur. Eine Geschichte der Land- und Ernährungswirtschaft Mitteleuropas seit dem hohen Mittelalter, Hamburg-Berlin ³1978 und auch die weiter unten zitierten Arbeiten v. Abel. Die Thesen Lütges stießen allerdings auf Kritik von verschiedener Seite. In der jüngeren Forschung wird eher davon ausgegangen, daß die Pestjahre eine bereits vorher vorhandene Entwicklung lediglich verstärkt haben: vgl. weiter *Jacob van Klaveren,* Die wirtschaftlichen Auswirkungen des Schwarzen Todes, in: VSWG 54 (1967), S. 187–202; für England: *Ian Kershaw,* The Great Famine and Agrarian Crisis in England 1315–1322, in: Past and Present 59 (1973), S. 3–50. Vgl. ferner allgemein: *Neithard Bulst,* Der Schwarze Tod. Demographische, wirtschafts- und kulturgeschichtliche Aspekte der Pestkatastrophe von 1347–1352. Bilanz der neueren Forschung, in: Saeculum 30 (1979), S. 45–67. Eine Auswirkung der wirtschaftlichen Veränderungen auf die Situation von Adel und geistlichen Institutionen konnte nicht ausbleiben. Zur spätmittelalterlichen Agrarkrise und der Minderung des Herreneinkommens mit ihren Folgen vgl. *Wilhelm Abel,* Geschichte der deutschen Landwirtschaft vom frühen Mittelalter bis zum 19. Jahrhundert (Deutsche Agrargeschichte, hg. v. *Günther Franz,* II), Stuttgart ³1978, bes. S. 133–142; *ders.,* Die Wüstungen des ausgehenden Mittelalters (Quellen u. Forschungen zur Agrargeschichte, Bd. 1), Stuttgart ³1976, S. 138–160. Eine spezielle Untersuchung über die Situation des niederen Adels im fraglichen Zeitraum hat *Hans-Peter Sattler* vorgelegt (Die Ritterschaft der Ortenau in der spätmittelalterlichen Wirtschaftskrise. Eine Untersuchung ritterlicher Vermögensverhältnisse im 14. Jahrhundert, Diss. Heidelberg 1962). Sattler stellt eine starke wirtschaftliche Differenzierung und hohe Vermögenseinbußen für den Adel in seinem Untersuchungsraum fest. Nach seinen Feststellungen erreicht die Krise aber bereits vor der Pest, nämlich zwischen 1330 u. 1349, ihren Höhepunkt, um danach weiter zu schwelen. Eine Konsolidierung scheint ihm am Ende des 14. Jahrhunderts gegeben. Vgl. ferner *Willi A. Boelcke,* Die Einkünfte Lausitzer Adelsherrschaften in Mittelalter und Neuzeit, in: Wirtschaft, Geschichte und Wirtschaftsgeschichte. Festschrift zum 65. Geburtstag von Friedrich Lütge, hg. v. *Wilhelm Abel, Knut Borchardt, Hermann Kellenbenz, Wolfgang Zorn,* Stuttgart 1966, S. 183–205, bes. S. 185–193. Daß verschiedene Adelsgeschlechter aber gerade in der fraglichen Zeit von Verschuldungen des Landesherrn profitierten und ihren Besitz vergrößern konnten, hat etwa *Gebhard von Lenthe* herausgestellt: Niedersächsischer Adel zwischen Spätmittelalter und Neuzeit, in: Deutscher Adel 1430–1555. Büdinger Vorträge 1963, hg. v. *Hellmuth Rössler,* Schriften zur Problematik der deutschen Führungsschichten in der Neuzeit, Bd. 1, Darmstadt 1965, S. 177–202, S. 184–186. Zu einer positiven Beurteilung adeliger Wirtschaftskraft im Spätmittelalter auf Grund erhaltener Rechnungen gelangt auch *Franz Irsigler:* Adelige Wirtschaftsführung im Spätmittelalter. Erträge und Investitionen im Drachenfelser Ländchen 1458–1463, in: Wirtschaftskräfte und Wirtschaftswege I: Mittelmeer und Kontinent. Festschrift für Hermann Kellenbenz, hg. v. *Jürgen Schneider* (Beiträge zur Wirtschaftsgeschichte, Bd. 4), Stuttgart 1978, S. 455–468. Zur Umorientierung des spätmittelalterlichen Adels im wirtschaftlichen Bereich jetzt auch: *Roger Sablonier,* Adel im Wandel. Eine Untersuchung zur sozialen Situation des ostschweizerischen Adels um 1300 (Veröffentlichungen des Max-Planck-Instituts für Geschichte 66), Göttingen 1979, S. 224–253.

195 Vgl. demnächst Diss. von *Jutta Roth-Laudor.* Auch der hiesige Adel war in nicht geringem Maße bei Juden verschuldet. Es handelte sich oft um recht hohe Beträge von mehreren hundert Pfund. Die Judenverfolgung um die Jahrhundertmitte bedeutete einen Einbruch,

Für Veräußerungen durch das Kapitel fehlen so fast gänzlich die Hinweise[196], wenn auch die Domherren bisweilen in momentanen Geldverlegenheiten waren. Dies war wohl vor 1396 der Fall, als Boemund von Saarbrücken, Herr zu Linster, dem Kapitel 50 Mainzer Gulden gegen einen erblichen Jahreszins in Wittlich von zwei Mainzer Gulden gegeben hatte[197]. In den vierziger Jahren des 15. Jahrhunderts gab es eine lange Kontroverse zwischen Johann von Dalstein dem Jungen und dem Kapitel wegen einer Forderung von 100 Gulden, die der Schultheiß Jakob von Sierck, sein Schwiegervater, angeblich ausgeliehen und nie zurückerhalten hatte. Offenbar hatten aber die Domherren hierfür weder Besitz noch Einkünfte überschrieben, die Verschuldung war also gewiß nur kurzfristig gedacht[198].

Die Möglichkeit, zu Natural- oder Geldeinkünften zu gelangen, bot sich den Domherren freilich auch durch Verpachtungen und Verlehnungen von Teilen ihres umfänglichen Besitzes, was mit der Entwicklung zur „Rentengrundherrschaft" häufig wurde[199]. Die Besitzvergabe brachte allerdings die Gefahr der Entfremdung mit sich, wie es im Zusammenhang mit den Auseinandersetzungen von Kapitel und Adel bereits angesprochen wurde. Die seit der zweiten Hälfte des 14. Jahrhunderts wieder häufigeren Verpachtungen[200] erfolgten jedoch fast ausschließlich[201] und wohl auch wohlweislich an nichtadelige Personen und waren vielfach auch in ihrer Laufzeit begrenzt, so daß dem Kapitel hier weniger Gefahr drohte. Insgesamt sind „geschäftliche" Beziehungen zwischen dem Kapitel und

---

allerdings sind auch später noch – freilich in geringerem Maße – Anleihen bei Juden überliefert. Ferner zu diesem Komplex demnächst: *Alfred Haverkamp*, Art. Trier, in: Germania Judaica, Bd. 3.

196 Die Arbeit von *Irmtraud Liebeherr* über den Besitz des Mainzer Domkapitels im Spätmittelalter weist ebenfalls in ihrem darstellenden Teil nur auf Ausbau des Kapitelsbesitzes hin. Vgl. aber *Ogris,* Leibrentenvertrag, S. 137 mit Beispielen für Veräußerungen von Renten durch Kapitel.

197 LHAKO Abt. 1 D Nr. 802 u. 4417 S. 605 f. Boemund verzichtete dann aber auf diese Zahlung und stiftete sie für Gedächtnismessen an die Dompräsenz.

198 LHAKO Abt. 1 D Nr. 4036. Zu weiteren Fällen kurzfristiger Verschuldung von Domherren vgl. die Ausführungen zu Domgeistlichkeit und Bürgern. Eine enorme Schuld hatte allerdings Dompropst Otto von Ziegenhain, der spätere Erzbischof. Ihm hatte Thyss von Alken 1000 Gulden geliehen, weshalb diesem Erzbischof Werner, der ebenfalls 386 Gulden geliehen hatte, Zolleinkünfte überschrieb (*Goerz,* Regesten, S. 142 v. 1416 VI 29). Für eine Schuld von 800 fl. des Domherrn Otto von Schönburg 1345 beim Juden Jakob Danielis *Mötsch,* Balduineen, Nr. 1792.

199 Zur Verpachtung von Besitzungen durch das Trierer Kapitel vgl. auch *Bastgen,* Domkapitel, bes. S. 220–234.

200 Vgl. hierzu vor allem auch die Ausführungen zur Stadt, S. 129 ff., das dort Ausgeführte gilt auch für Besitzungen außerhalb.

201 Bei dem als Ritter bezeugten Johann Frijheits, dessen Witwe den Andernacher Besitz erhielt, handelt es sich um den Sohn eines Schöffen von Andernach (LHAKO Abt. 1 D Nr. 4418 S. 285–289). Freilich hatten verschiedene Adelige Güter von Kapitelsmitgliedern zu Lehen. Vgl. etwa für die Propstei LHAKO Abt. 54 T Nr. 32 u. 1 D Nr. 4016 (Propstei. Lehensbuch) für Walter v. Treis, Abt. 54 M 119 für Ludwig Zant v. Merl.

dem Adel nur sehr unvollkommen ausgeprägt. Dies mag beim Adel mit dem Bestreben, die eigene Substanz nach Möglichkeit zu erhalten, mit anderen Finanzierungsmöglichkeiten und Ressourcen, ferner mit Beziehungen zu anderen Partnern wie den Juden zusammenhängen, beim Domkapitel etwa im Hinblick auf die Verpachtungen mit dem Bestreben, das Risiko einer Entfremdung des eigenen Besitzes durch Adelige nach Möglichkeit zu vermeiden.

5. Stiftungstätigkeit

Belege für Stiftungen an Dom und Domgeistlichkeit von weltlichen Personen sind im Untersuchungszeitraum hauptsächlich für städtische Bürger vorhanden, für den Adel dagegen fehlen sie weitgehend. Im 12. Jahrhundert schenkte Meffried d. ä. von Neumagen dem Kapitel einen Wingert gegenüber seiner Burg[201a]. 1226 vermachte die Herzogin von Lothringen dem Domkapitel den Ort „Campuete"[202], vor 1234 Ritter Peter von Veldenz Wingerte in Kues[202a]. Die 1344 durch Loretta von Sponheim geschenkte Ölgülte für eine ewige Lampe im Dom steht im Zusammenhang mit ihrer 16 Jahre zuvor erfolgten Sühne mit Erzbischof Balduin von Luxemburg und stellt die recht späte Erfüllung eines damals gegebenen Versprechens dar[203]. Gobelo von Hollenfels überließ mit seiner Frau 1360 dem Jodocusaltar verschiedene Güter, die aber aus der Erbmasse seines Onkels, des verstorbenen Domthesaurars Ludolf, stammten; als Zweck der Schenkung wird auch dessen Seelenheil angegeben[204]. 1396 schließlich stiftete Boemund von Saarbrücken, Herr zu Linster, 2 Gulden Ewigzins in Wittlich an die Dompräsenz für das eigene und das Seelenheil weiterer Personen[205]. Im Präsenzgelderverzeichnis findet sich ein Hinweis auf das Anniversar der Elsa von Hunolstein[206]; im Jahrzeitbuch von Liebfrauen erscheinen einige Adelige[207]. Dieser im

---

201a *Jungk,* Regesten, Nr. 100
202 MRR 2 Nr. 1762 v. 1226 VI 8. Frühere Belege: Im Jahre 1136 schenkten verschiedene namentlich genannte „nobiles" dem Kapitel Güter in Acteville (MRUB 1 Nr. 487; MRR 1 Nr. 1900). 3 Tage früher hatte Hazo von Speicher dem Domhospital 13 Wingertsstücke in Minheim übertragen mit der Auflage, daß sein schwachsinniger Sohn, sofern er ihn überlebe, ins Hospital aufgenommen würde (MRUB 1 Nr. 486; MRR 1 Nr. 1899). Ob es sich bei ihm um einen Adeligen handelt, ist freilich nicht festzustellen. Zu ihm und anderen Stiftern auch *Lager,* Verzeichnis.
202a MRUB 3 Nr. 512.
203 LHAKO Abt. 33 Nr. 87; vgl. *Lehmann,* Grafschaft Sponheim 2, S. 37 u. 42.
204 LHAKO Abt. 1 D Nr. 592 u. 4416 S. 1 f. v. 1360 IV 2.
205 LHAKO Abt. 1 D Nr. 802 u. 4417 S. 605 f. Hier spielte sicher auch die Verwandtschaft zu den Domherren Robert, Arnold u. Boemund eine Rolle (LHAKO Abt. 1 D Nr. 701 f.)
206 NLBH Ms. XVIII, 1006, fol. 29': 1 fl. 12 sol.; zum Läuten 1 sol.; bei anderen Personen wie etwa Johann v. Rodenmacher im Dezember (fol. 62) wird es sich eher um Geistliche handeln (gleichnamiger Domherr).
207 Ritter Arnold von Mörsdorf am 9. 4. mit einer Stiftung v. einem Pferd im Werte v. 10 fl. für sein Anniv.; Thilmann vom Stein am 9. 7. mit 20 fl. = 30 sol. Zins für Anniv., der

ganzen recht magere Befund deutet auf ein Desinteresse des Adels am Dom als religiöser Stätte hin. Nur besondere Gründe wie Verwandtschaft zu Trierer Domherren scheinen Stiftungen gefördert zu haben[208], in größerer Nähe zum eigenen Lebensbereich liegende geistliche Institutionen – vor allem auch Eigengründungen – wurden von Adeligen offenbar bevorzugt[208a]. Überhaupt ist aber wohl die Stiftungstätigkeit von Adeligen für Kirchen und kirchliche Einrichtungen im Spätmittelalter nicht allzu hoch einzuschätzen[209].

6. Zusammenfassung

Für die einzelnen Domherren spielten Verwandtschaftsbeziehungen und die Einbindung in die Familie zum Teil eine gravierende Rolle und bewirkten eine unterschiedliche Orientierung.

Parteiungen im Kapitel, wie sie sich in besonderer Weise bei Bistumsbesetzungen äußerten, können teilweise zur jeweiligen Konstellation der mächtigen Herrschaftsträger im Westen des Reiches in Beziehung gesetzt werden. Von deren Seite sind bei zwiespältigen Wahlen bisweilen deutliche Versuche erkennbar, einen ihnen genehmen Kandidaten als Erzbischof durchzusetzen. Zum Teil wandte man sich zu entsprechenden Zwecken auch an den Papst.

Dies gilt in ähnlicher Weise für die Besetzung von Kapitelsstellen. Häufigere Suppliken sind allerdings nur für König Johann von Böhmen überliefert, ein weiterer Beweis für die besondere Bedeutung der Luxemburger für das Trierer Kapitel.

Anlaß zu Auseinandersetzungen boten mehrfach Herrschaftsrechte und Besitz des Kapitels, wo dessen Interessen auf die konkurrierender adeliger Herrschaftsträger trafen. Schwierigkeiten hatten die Domherren im Bereich der Vogtei; häufiger gefährdet war ihre Position dort, wo ihnen ein Eingreifen durch größere Entfernung oder das Entgegenstehen einer starken Macht wie Luxemburgs oder Lothringens erschwert war. Bei verschiedenen Konflikten, die anderweitig verursacht waren, erfolgte durch die Gegner ein Zugriff auf Kapitelsgut in ihrem Machtbereich.

„domicellus" Boemund v. Saarbrücken, Herr zu Linster, mit 100 lib. = 4 lib. Zins für Anniv. (LHAKO Abt. 206 Nr. 102).

208 Natürlich tätigten auch die Domherren selbst für das Seelenheil ihrer Verwandten Stiftungen, meist für Eltern und Geschwister (vgl. unten zu den geistlichen Institutionen, S. 299 ff.).

208a Ein schönes Beispiel für ein Adelstestament stellt das der Mechtilt von Sayn dar, vgl. *Lacomblet*, UB Niederrhein 2, Nr. 786.

209 Die spätmittelalterliche Stiftungstätigkeit des Adels ist leider viel zu wenig untersucht. Vgl. für England: *Joel T. Rosenthal*, The Purchase of Paradise. Gift Giving and the Aristocracy, 1307–1485 (Studies in Social History), London-Toronto 1972, bes. S. 127 f. Durchaus schwerwiegende Vermögensverluste durch Stiftungen stellt *Sattler* (wie Anm. 194) für den von ihm untersuchten Adel der Ortenau fest (ebda., S. 48–50).

Domkapitel und Domherren übernahmen in verschiedenen Fällen – vor allem im 14. und in der zweiten Hälfte des 15. Jahrhunderts – für Adelige die Rolle eines Kapitalgebers und konnten dabei Besitzungen und Einkünfte hinzuerwerben. Im Gegensatz zu anderen, offenbar teilweise von einer Krise betroffenen Herrschaftsträgern scheint es ihnen besser gelungen zu sein, Substanzverluste zu vermeiden. Man griff allenfalls zur Verpachtung, freilich kaum an Adelige.
Im religiösen Bereich läßt sich ein besonderes Interesse adeliger Laien an Domkirche und Domkapitel nicht fassen. Belege für Stiftungen fehlen fast ganz. Das Kapitel wurde wohl vom Adel in erster Linie als Versorgungsinstitut für Familienmitglieder aufgefaßt und war für ihn wirtschaftlich, aber auch politisch von Belang. Als religiöser Mittelpunkt diente der Dom dagegen kaum.

III. Stadt Trier

1. Personelle Verknüpfungen

Die Forschungen von *Kisky* haben ergeben, daß das Trierer Kapitel als „gemischtadliges" anzusehen ist und daß in ihm das ministerialische Element überwiegt[1]. Die sich ebenfalls aus der Ministerialität herleitende[2] städtische Oberschicht Triers ist jedoch in seinem Untersuchungszeitraum im Kapitel fast nicht mehr vertreten. Der Versuch des trierischen Bürgers Peter von Aspelt – allerdings aus einem luxemburgischen Ministerialgeschlecht und auch in Luxemburg geboren –, nach päpstlicher Provision als Dompropst Fuß zu fassen, scheiterte am Widerstand einer Kapitelsopposition und wurde auch durch seine Ernennung zum Bischof von Basel und später Erzbischof von Mainz nicht zu Ende geführt[3]. Sein Neffe Johann Button, der einer Trierer Schöffenfamilie entstammte, erhielt wohl hauptsächlich durch Peters Protektion vom Papst ein Kanonikat und später das Archidiakonat von Tholey[4]. Daß das Kapitel gegen sein Eindringen opponierte, geht aus einer Urkunde vom 26. April 1308 hervor, in der es verschiedene Mitglieder bevollmächtigte, unter anderem auch die ihrerseits erfolgte Appellation beim Heiligen Stuhl gegen „Johannem natum Henrici Botton" zu betreiben und sich um die notwendigen Kosten zu kümmern[5]. Johann erscheint in der Folgezeit in der Tat nicht als Kapitular.

---

1 Vgl. hierzu *Kisky*, Domkapitel, S. 156 f. Zur Terminologie, die sich an Aloys Schulte anlehnt, vgl. *Schulte*, Adel und Kirche, Nachtrag, bes. S. 1–5.
2 Vgl. hierzu bes. *Schulz*, Ministerialität Trier.
3 Zu Peter von Aspelt vgl. Personenliste.
4 Vgl. zu Johann, der auch zahlreiche andere Pfründen besaß, ebda. sowie *Schulz*, Ministerialität Trier, S. 126–129.
5 LHAKO Abt. 1 D Nr. 222 u. 4413, S. 125–127. Zu den beiden anderen von Kisky als bürgerlich geführten Domherren Rudolf Losse und Johannes de Fontibus vgl. Teil 2 (Personenliste); *E. Vogt*, Besprechung Kisky, in: MIÖG 31 (1910), S. 637; ferner *Braband*, Unterschopf, S. 42.

Die Feststellungen von *Kisky* erstrecken sich allerdings nicht auf das 13. Jahrhundert, in dessen erster Hälfte trotz erkennbarer Förderung des Landadels durch die Erzbischöfe Johann und Theoderich[6] durchaus noch Trierer in der Kapitelsliste zu finden sind. Insbesondere sei hier auf das mächtige Ministerialgeschlecht von der Brücke verwiesen, das so wichtige Funktionen wie Archidiakonat, Cantorei und Dompropstei besetzen konnte und den Gegenkandidaten bei der zwiespältigen Bischofswahl von 1242 stellte[7]. Trotz mächtiger Helfer, zu denen unter anderem der Graf von Luxemburg als ihr Lehnsherr und der an einem stauferfreundlichen Bischof interessierte König gehörten, konnten sie sich gegen die Isenburger Partei aber nicht durchsetzen und verschwanden in der Folgezeit gänzlich aus dem Kapitel.

Beim fast völligen Fehlen von Domherren aus Trierer Familien im späteren Mittelalter erscheint ein Blick auf die vom 27. Mai 1256 datierende Ausschließung der Trierer Bürger von der Aufnahme ins Kapitel wichtig[8]. Als Begründung für diese Maßnahme werden vom Kapitel unrechtmäßige und feindselige Handlungen der Bürger innerhalb wie außerhalb der Stadt, Minderung kirchlicher Freiheit, häufige Immunitätsverletzungen, Usurpation von Gerichtsbarkeit und eigenmächtiges Verfügen bei kirchlichen Angelegenheiten angegeben, Vorwürfe, wie sie auch bei späteren Auseinandersetzungen in ähnlicher Form vorgebracht werden. *Kentenich* hat den Vorgang dementsprechend aus den Spannungen zwischen Domstift und Schöffen zu erklären versucht und im Zusammenhang mit dem „gewaltigen Aufschwung bürgerlicher Selbständigkeit" im 13. Jahrhundert gesehen[9]. Nicht unbedingt im Gegensatz dazu betont *Bastgen* in stärkerem Maße eine Abschließungstendenz des Domkapitels gegenüber den Bürgern[10], was auch *Kisky* in seiner Untersuchung über die personelle Zusammensetzung nachzuweisen versucht hat[11]. Ein Verbot zur Aufnahme Bürgerlicher findet sich im 13. Jahrhundert und später ebenso in anderen deutschen Domkapiteln. Sicherlich sind jedoch dort wie auch in Trier konkrete Auseinandersetzungen ausschlaggebend für den Zeitpunkt einer entsprechenden Erklärung gewesen[12]. In der Urkunde von 1256 ist nur von den „cives Treverenses" die Rede. Die für die Auffassung *Bastgens* sprechende Interpretation, es seien damit nicht nur Bürger-

---

6 Vgl. *Speyer,* Entstehung, S. 25 f. u. 31–33; *Kentenich,* Geschichte Trier, S. 157.
7 Vgl. S. 152.
8 MRUB 3 Nr. 1345; *Rudolph,* Quellen, Nr. 18; MRR 3 Nr. 1296.
9 *Kentenich,* Geschichte Trier, S. 195.
10 Vgl. *Bastgen,* Domkapitel, S. 26–30.
11 Vgl. *Kisky,* Domkapitel, bes. S. 12–14.
12 Vgl. zum Ausschluß der Bürger in anderen Kapiteln *Braband,* Unterschopf, S. 41–46 (auch zu Auseinandersetzungen in Mainz); *Demandt,* Mainz, S. 87 f.; *Kießling,* Augsburg, S. 323–352; *Trüdinger,* Würzburg, S. 76; für Worms: *Heinrich Boos,* Geschichte der rheinischen Städtekultur von ihren Anfängen bis zur Gegenwart unter besonderer Berücksichtigung der Stadt Worms, Bd. 2, Berlin 1897, S. 29 f.; zu den Auseinandersetzungen vorher S. 38 f.

söhne der Stadt, sondern Bürgersöhne überhaupt ausgeschlossen, wird erst 1272 vom Domkapitel ausdrücklich formuliert[13].

Zum weiteren Verständnis der Klagen von 1256 kann ein allerdings mehr als zwei Jahre späterer Beleg herangezogen werden[14]. Es handelt sich um eine Beurkundung von Privilegien der domkapitularischen Dienerschaft. Dabei wird darauf hingewiesen, daß der Gerichtsstand für diesen Personenkreis bei Schuldforderungen und Forderungen anderer Art der Dompropst und nicht etwa der Schultheiß oder irgendein anderer geistlicher Richter sei und daß die Dienerschaft vom Fegen des Stadtbaches und anderen Lasten befreit sei. Dies kann einerseits vor dem Hintergrund der Streitigkeiten mit Erzbischof Arnold von Isenburg gesehen werden[15], dem die Bestellung des Schultheißen und die Offizialatsgerichtsbarkeit unterstanden[16]; darüber hinaus deutet es aber auch auf Versuche der Stadt hin, die bevorrechtigte Stellung der Geistlichkeit und der von ihr Abhängigen anzugreifen. Im selben Zusammenhang sind wohl auch die Einungen zu sehen, die von Domkapitel und Trierer Stiften und Klöstern von 1256 bis 1258 geschlossen werden[17]. Zwischen dem Stadtherrn und den städtischen Führungskräften scheint es zu dieser Zeit zumindest keine ernsten Spannungen gegeben zu haben, zumal Arnold von Isenburg sich offensichtlich weitgehend auf Ehrenbreitstein aufhielt[18]. Entscheidungen durch ihn fielen zugunsten der Stadt und gegen das Domkapitel aus[19].

Die Ausschließung der Trierer Bürger von 1256 kann im Rahmen dieser Auseinandersetzungen gesehen und als Kampfmaßnahme gewertet werden. Sie ist jedoch in der Praxis nicht in jedem Fall zur Anwendung gekommen. Von 1263 bis 1286 begegnet mit Bartholomäus von der Fleischgasse ein Domherr, der mit Sicherheit der Trierer Bürgerschaft zuzurechnen ist. Er gehört zu den Kanonikern, die 1263 ohne Erlaubnis des Scholasters und Kapitels die Subdiakonatsweihe erhalten haben[20]. Über seine Aufnahme wird nichts berichtet, von päpstlicher

---

13 MRR 3 Nr. 2688. BATR Abt. 95 Nr. 311 fol. 76'.
14 *Bastgen*, Domkapitel, S. 305 f. MRUB 3, Nr. 1468; MRR 3 Nr. 1525; *Rudolph*, Quellen, Nr. 19 v. 1258 XII 2.
15 Vgl. die Mahnschrift an den EB von 1257 II 10 und dessen Antwort (MRUB 3 Nr. 1388'f.; MRR 3 Nr. 1370; 1377). Zur Angelegenheit wurden von päpstl. Seite Entscheidungen getroffen (MRR 3 Nr. 1409, 1413, 1468; MRUB 3 Nr. 1407 u. 1439). Der Erzbischof gab schließlich nach und beauftragte Schiedsrichter (MRUB 3 Nr. 1414, 1434, 1436 ff.; MRR 3 Nr. 1422, 1460, 1465 ff.; *Blattau*, Stat. syn,. S. 51 f., Nr. 17). Auch nach deren Entscheid scheint das Verhältnis noch gespannt gewesen zu sein.
16 Vgl. *Schulz*, Ministerialität Trier, S. 39–41; *Michel*, Gerichtsbarkeit, bes. S. 20 f.
17 1256 XI 20 schloß sich das Domkapitel zusammen gegen alle Gegner zur Wahrung der „iura ecclesie", „libertas", „res", „emunitas", „privilegia" (MRUB 3 Nr. 1365; MRR 3 Nr. 1335). 1257 I 5 kamen St. Paulin und St. Simeon hinzu, 1258 XI 29 St. Matthias und St. Maximin (MRR 3 Nr. 1359 u. 1524).
18 Im Mahnbrief des Kapitels an den EB heißt es: „castrum ecclesie Erenbreitstein, quod quasi pro domicilio inhabitatis" (MRUB 3 Nr. 1388).
19 MRUB 3 Nr. 1439 (Schultheiß allerdings erzbischöflicher Amtsträger) u. 1461; MRR 3 Nr. 1468 u. 1513.
20 Vgl. MRR 3 Nr. 1928.

Provision ist nichts bekannt. Inwieweit erzbischöfliche oder anderweitige Protektion eine Rolle spielte, ließ sich nicht klären. Offensichtlich ist Bartholomäus jedoch vom Kapitel anerkannt worden, da er zwischen 1277 und 1284 bei den Pensionsverteilungen genannt wird und 1286 zusammen mit Peter von der Fleischgasse, Kanoniker von St. Simeon, und anderen Personen als Prokurator der Trierer Kirchen fungierte[21]. Welcher der Trierer Familien er zuzuzählen ist, war zwar nicht zu ermitteln[22]. Die Tatsache, daß er ins Kapitel gelangen konnte und weitere Familienmitglieder, wie der genannte Peter, ferner Gottfried und Wilhelm als Kanoniker von St. Simeon, St. Paulin und Pfalzel erscheinen[23], deutet jedoch auf einen Angehörigen der städtischen Oberschicht hin. Er stellt freilich eine Einzelerscheinung dar; nach seiner Zeit läßt sich, abgesehen von den mißglückten Versuchen des Peter von Aspelt und Johann Button, kein Trierer Bürger mehr als Domherr nachweisen. Nach der Auseinandersetzung von 1242 und der Niederlage der Partei derer von der Brücke hat es also der im Kapitel vertretene Adel des Umlandes verstanden, die städtische Konkurrenz bei der Besetzung der begehrten Domherrenstellen weitgehend auszuschalten.

Zu berücksichtigen für die Folgezeit ist aber, daß sich die Trierer Oberschicht mit im Domkapitel vertretenen Geschlechtern vor allem aus dem luxemburgischen Raum und der Eifel verschwägerte[24]. Darüber hinaus existierten vielfältige Lehnsbeziehungen[25]. Eine engere Verbindung zwischen städtischen Kreisen und dem Domkapitel ergab sich ferner durch Funktionen. Die Belege von *Schulz* zeigen, daß auch Schöffenfamilien als domstiftische Ministerialen anzusprechen sind, so etwa Walram/Oeren, Drinkwasser und Britten[26]. Mit Ausnahme der erstgenannten, die auch zur erzbischöflichen Ministerialität zählten, treten diese Familien aber erst seit dem Ende des 13. Jahrhunderts stärker in Erscheinung und können als „Emporkömmlinge" gelten[27]. *Schulz* wertet diese Tatsache als einen weiteren Beleg für die von ihm festgestellte Rangordnung der verschiedenen

---

21 *Lamprecht,* Wirtschaftsleben 3, S. 75 Nr. 57; S. 87 Nr. 66 u. S. 90 Nr. 67; MRR 3 Nr. 2267 u. 4 Nr. 914 u. 1200; 1328.
22 Bei der Familie Oeren/Scholer/Tristand erscheint in einer Linie kurz vor 1300 der Beiname „vleysch", wie Knut Schulz vermutet, auf Grund der Besitzungen in der Fleischgasse (*Schulz,* Ministerialität Trier, S. 72; vgl. Jakob, Sohn des verst. Tristand in der Fleischgasse, LHAKO Abt. 215 Nr. 345 v. 1344). Der Vorname Bartholomäus ist bei diesem Geschlecht jedoch nicht verbreitet; dagegen kommt er bei mehreren anderen Trierer Familien vor wie Wolf, Meuze, Bonifaz. Bei der Familie Bonifaz erscheint er mehrfach; auch war diese in der Fleischgasse begütert (vgl. *Schulz,* Ministerialität Trier, S. 96 f.; *Wampach,* UQB 10, Nr. 279b v. 1353 V 28); Fetzis nennt sich 1364 „son wilne her Colins in vleyschgass ritters" (*Kentenich,* Trierer Stadtrechnungen, S. 96).
23 Vgl. LHAKO Abt. 215 Nr. 68, 140, 174. Vater des Wilhelm ist Cuno. Zu Wilhelm vgl. auch *Heyen,* St. Paulin, S. 679, zu Gottfried vgl. *Michel,* Gerichtsbarkeit, S. 133.
24 Vgl. *Schulz,* Ministerialität Trier.
25 Vgl. ebda.
26 Vgl. ebda., S. 105, 131 u. 171.
27 Vgl. ebda., S. 129.

Ministerialitäten[28]. Die Mitglieder der genannten Geschlechter haben, wie er zu Recht bemerkt, sicherlich nicht zu den niederen Dienstmannen des Domstifts gezählt. Sie haben vor dem Mai 1297 als „ministeriales dicte ecclesie nostre" zusammen mit Philipp von Mannebach[29] dem Dompriester Jakob wegen seiner „negligentia" das Küsterlehen entzogen[30]. In einem Beleg von 1334 erscheinen Johann Damp, Gerhard Wolf („de Lupo") und Gilet vom Kreuz („de Cruce") beim Verkauf des Küsterlehens von Liebfrauen in der Zeugenliste als „ministeriales in ecclesia Treverensi scabini etiam eiusdem ecclesie"[31]. Der ähnliche Zusammenhang wie 1297 und die Formulierung lassen den Schluß zu, daß es sich hier ebenfalls um Domministeriale handelt, wenn auch nicht ausdrücklich von der „ecclesia maior" die Rede ist. Die Bezeichnung als „scabini" ist ein Hinweis auf die Existenz von Domschöffen, die auch in der Dienerordnung von 1256 genannt werden, wenn vom „iudicium summorum scabinorum maioris ecclesie Treverensis" bzw. „dswysonge der oeberster scheffen uer oeberster kirchen zu trier" die Rede ist[32]. Die Nennung als Schöffen in der eben genannten Urkunde ist auch ein Beleg dafür, daß die aufgeführten Personen sicherlich als Ministerialen keine niedere Stellung eingenommen haben. Die Tatsache, daß Damp und Kreuz ebenso wie die vorher genannten Drinkwasser und Britten nicht zu den älteren Schöffengeschlechtern zählen[33] und bei der Familie Wolf Doppelministerialität vorliegt[34], bestätigt die zuvor erwähnte Feststellung von *Schulz*. Im Präsenzgelderverzeichnis von 1399 wird erneut ein Mitglied der Familie Wolf als domstiftischer Ministeriale genannt[35].

Daß gerade auch die reicheren Bürger der Stadt an der Zugehörigkeit zur Domministerialität interessiert waren, hat *Ludwig Schmugge* für Reims deutlich gemacht[36]. Der privilegierte Gerichtsstand und die Freiheit von Abgaben und

---

28 Vgl. ebda., S. 171.
29 Zu Philipp von Mannebach, der ebenfalls dem „weiteren Patriziat" zugeordnet werden kann, vgl. *Schulz,* Ministerialität Trier, S. 155.
30 MRR 4 Nr. 2646; BATR Abt. 8,1 Nr. 1; Abt. 95 Nr. 311 fol. 115'–116.
31 LHAKO Abt. 1 A Nr. 3919 v. 1334 II 4.
32 *Bastgen,* Domkapitel, S. 280–317, S. 301. Domschöffen erscheinen auch 1256 II 3 (MRUB 3 Nr. 1333). Dem „Godefridus de Ruzecolve" wurden von Reiner von Davels, dem Pensionär von St. Cäcilia, in Halbpacht überlassene, zur Pension gehörige Güter in Kürenz wegen Nachlässigkeit in der Bebauung abgesprochen „per scabinos et ministeriales nostros... coram nobis".
33 Vgl. *Schulz,* Ministerialität Trier, S. 138 u. 154.
34 Vgl. ebda., S. 111–117.
35 NLBH, Ms. XVIII, 1006, fol. 66': „It. j. ministerialis qui nunc est dominus Ernestus Wolff scabinus habet de jure in qualibet propinatione sollempni et simplici 2 stauff vini per totum annum." Im Jahrzeitbuch von Liebfrauen erscheint mit Bartholomäus Bristge als Trierer Bürger und „ministerialis in ecclesia Treverensi" ein weiteres Mitglied der späteren Trierer Schöffenfamilien (LHAKO Abt. 206 Nr. 102 für 18. Sept.).
36 Vgl. *Ludwig Schmugge,* Ministerialität und Bürgertum in Reims. Untersuchungen zur Geschichte der Stadt im 12. und 13. Jahrhundert, in: Francia 2 (1974), S. 152–212; zur Domministerialität S. 173–179.

Verpflichtungen gegenüber der Stadt ließen es verschiedenen Personen attraktiv erscheinen, sich in die Abhängigkeit des Kapitels oder eines Kanonikers zu begeben. Dabei führten Reimser auch Handelsgeschäfte im Auftrag des Kapitels aus[37] und zogen hierbei weitere Vorteile; gewinnbringend waren für sie wie für die Trierer[38] Einkünfte und Lehen für ihre Dienste. Mit den nicht zu den „servientes" zählenden Bürgern kam es in Reims im 13. Jahrhundert zu Zusammenstößen. Auch in Trier blieb die Sonderstellung der domkapitularischen Ministerialität keineswegs unangetastet, wie noch im folgenden zu erörtern sein wird. Namentlich werden jedoch kaum Mitglieder dieser Gruppe bekannt, so daß es schwerfällt, sie in ihren personellen Beziehungen zu städtischen Kreisen zu erfassen und in ihrer sozialen Stellung einzuordnen. Die Besitzer von niederen Ministerialenämtern gehören mit Sicherheit einer anderen Schicht an als die eben genannten Mitglieder von Schöffenfamilien[39].

Genannt im Dienst des Kapitels werden 1256 neben anderen nur mit Vornamen angegebenen Personen die beiden Bäcker Jakob und Th. Stilinch[40]. Auch sie haben sicherlich zur höheren Ministerialität gezählt, zumal in der betreffenden Urkunde ebenfalls von Domschöffen die Rede ist[41]. 1368 wird ein Pförtner („janitor ecclesie Treverensis") namens „Mathias dictus Greve de Stalle"[42] mit einem Haus im Palastviertel erwähnt. Er ist mit der Person identisch, die 1363/64 in der Volleiste als „Mathijs Greve des doymdechin dyner" mit 4 lib. und 1374/75 als „Greve famulus domini decani" mit 1 fl. Steueraufkommen verzeichnet ist und „in dem sack" (= Nähe Palast) bzw. dem „vicus palatii" wohnte[43]. Bereits 1356 hatte er als „famulus" des Nikolaus von Pittingen zusammen mit seiner Schwester Katharina vom Dekan ein Haus auf dessen Lebenszeit gepachtet, 1368 übernahm er es als Türhüter erneut vom Kapitel[44].

---

37 Vgl. *Schmugge* (wie vor. Anm.), S. 179.
38 Für Trier vgl. insbesondere auch die Dienerordnung bei *Bastgen*, Domkapitel, S. 282–317 (frühere Veröffentlichung v. Lager); vgl. auch *Lamprecht*, Wirtschaftsleben 1,2, S. 820 f.; *Schulz*, Ministerialität Trier, S. 173–175.
39 Auf die Tätigkeit dieser Personengruppe soll hier nicht eingegangen werden. Hierzu liegen bereits Erörterungen von Bastgen u. Schulz vor. Vgl. *Bastgen*, Domkapitel, S. 183–188 u. 282–317 (Dienerordnung im Anhang); *Schulz*, Ministerialität Trier, S. 173–175.
40 1256 II 3: MRUB 3 Nr. 1333; vgl. *Schulz*, Ministerialität Trier, S. 175.
41 Vgl. ebda., S. 175, der sie nicht zu den „ministeriales cottidiani" rechnet. Zur Urkunde vgl. Anm. 32.
42 LHAKO Abt. 1 D Nr. 619 u. 4416 S. 381–384.
43 *Kentenich*, Trierer Stadtrechnungen, S. 37. Die Liste von 1374/75 konnte im Manuskript von Herrn Ltd. Archivdirektor Prof. Dr. Laufner eingesehen werden. Die Zählung im folgenden richtet sich nach dem Original (hier fol. 4).
44 LHAKO Abt. 1 D Nr. 563 u. 4415 S. 789–791; Nr. 621 u. 4416 S. 385–388. Inwieweit Verwandtschaft mit den ebenfalls in der Steuerliste eingetragenen Heinrich und dem Mitglied der Bürgerbruderschaft Mathijs Greve, beide Krämer, vorhanden ist, konnte nicht geklärt werden. (Vgl. *Kentenich*, Trierer Stadtrechnungen, S. 15, 32, 96). *Schulz* setzt den Dompförtner und den in der Volleiste genannten gleichnamigen Krämer gleich (Ministe-

Für die im Dienste einzelner Domherren stehenden Personen bieten vor allem die beiden Volleisten verschiedene Belege. Sie zeigen darüber hinaus, daß die Stadt die Abgabenfreiheit der Dienerschaft zumindest zu dieser Zeit außerhalb der Domfreiheit nicht beachtet hat[44a]. Die Liste von 1363/64[45] nennt neben dem erwähnten „Mathijs Greve" den „Henkin Geburchin", Knecht des Domdekans, mit 21 sol.[46]; „Coynze", Koch des Chorbischofs, mit 6 lib. 4 sol.[47]; „Jehan der Waille", Knecht des Chorbischofs Ruprecht, mit 6 sol.[48]; „Henkin Muserich", Koch des Domdekans, mit 3 lib.[49]; „Henkin Karle", ehemals Karcher des Dompropstes, mit 6 sol.[50] und „Peter Munche", Diener des Dekans, mit 30 lib.[51] Steuersumme. Die etwa zehn Jahre spätere Volleiste führt Ludwig, den bei Wilrebettnach wohnhaften Karcher des Dompropsts, ohne Steuersumme[52] auf, in der Flandergasse den schon vorher veranlagten „Geburichin", Knecht des Domdekans, mit diesmal 1 fl.[53], weiterhin „Johannes Gallicus domini prepositi ecclesie Trevirensis" als „pauper"[54], Johannes, den Schneider des Propstes, mit 5 lib.[55] und „Meister Johannes dez costers coch" mit 31 sol.[56]. Das unterschiedliche Steueraufkommen weist auf ein gewisses soziales Gefälle hin. Meist liegt die Summe jedoch zwischen 1 und 10 lib., was zwar kein großes Vermögen, aber wohl doch eine relativ gesicherte Existenz bedeutete. Der größte Teil der genannten Personen dürfte nach dem von ihnen zu zahlenden Betrag der unteren Mittelschicht zuzuordnen sein[57].

Stadteinwohner und deren Verwandte nahmen jedoch nicht nur weltliche Funktionen in Ministerialität und Gesinde wahr, sondern sind auch als Vikare, Altaristen oder sonstige Pfründner am Dom und der Annexkirche von Liebfrauen

---

rialität Trier, S. 145 f.). Daß es sich nicht um dieselbe Person handeln kann, geht daraus hervor, daß Mathijs Greve als Diener des Domdekans an anderer Stelle der Volleiste erscheint (*Kentenich*, Trierer Stadtrechnungen, S. 37).

44a Vgl. auch *Holbach*, Domfreiheit.
45 Vgl. für 1363/64 auch die Zusammenstellung bei *Seidel*, Immunitätsrechte, S. 136.
46 *Kentenich*, Trierer Stadtrechnungen, S. 26.
47 Ebda., S. 28.
48 Ebda., S. 31.
49 Ebda., S. 34.
50 Ebda., S. 35.
51 Ebda., S. 38.
52 Zur Volleiste von 1374/75 vgl. Anm. 43. Vgl. hier Volleiste, fol. 6'.
53 Ebda., fol. 14'.
54 Ebda., fol. 16. Hinter den Predigern.
55 Ebda., fol. 16. Hinter den Predigern.
56 Ebda., fol. 17'. „Ante palatium et in sacco."
57 Vgl. zur Schichtungsproblematik allgemein und der Schichtung speziell in der Stadt Trier *Annette Winter*, Studien zur sozialen Situation der Frauen in der Stadt Trier nach der Steuerliste von 1364, in: Kurtrier. Jb. 15 (1975), S. 20–45; ferner *Jutta Roth*, Die Steuerlisten von 1363/64 und 1374/75 als Quellen zur Sozialstruktur der Stadt Trier im Spätmittelalter, in: Kurtrier. Jb. 16 (1976), S. 24–37.

anzutreffen[58]. Dadurch hatten sie ständige Berührung mit dem Geschehen am Dom und auch den dort bepfründeten Kapitularen. Es ist zwar nicht immer möglich, die Herkunft der Personen in der niederen Geistlichkeit zu klären; teilweise liegt ihr Heimatort, wie im Falle des Heinrich Kuvleisch, relativ weit von Trier entfernt[59]. In einigen Fällen sind jedoch eindeutig Verwandtschaftsbeziehungen zu Trierer Bürgern nachzuweisen.

Johann Jakelonis, der neben dem Kanonikat von Liebfrauen[60] zahlreiche weitere Pfründen und Funktionen innehatte[61], war Trierer Bürgersohn. Bereits die Vielzahl von Benefizien deutet auf einen Angehörigen einer höheren Schicht hin. Johann erscheint auch 1328 unter den Mitgliedern der neugegründeten Marienbruderschaft[62]. Von seinen weltlichen Brüdern[63] sind Arnold und Contzo als Mitglieder der Bürgerbruderschaft bezeugt[64], in der Volleiste von 1363/64

---

58 Auch Inhaber des Küsterlehens von Dom und Liebfrauen und Glöckner entstammen der Stadtbevölkerung. In diesen Funktionen begegnen mehrfach Kleriker, so 1297, als dem Dompriester Jakob das „officium custodie seu feudum" dieser Kirche aberkannt wurde (vgl. Anm. 30). Der Kleriker Gobelinus, Sohn eines gleichnamigen Trierer „falcastrator" (Sensenmacher), verkaufte 1334 II 4 das Küsterlehen von Liebfrauen an den „apothecarius" Heinrich (LHAKO Abt. 1 A Nr. 3919). „Arnoldus natus Henrici dicti crüder", der 1393 V 5 als Küster begegnet, dürfte der Sohn des letzteren sein (LHAKO Abt. 206 Nr. 69 u. Abt. 1 D Nr. 4417, S. 421–430; Crüder = Apotheker, Gewürz- und Spezereienhändler). Der 1343 I 24 als Domglöckner bezeugte Johannes, Sohn des verstorbenen „vasator" (Faßbänders) Ludwig und ebenso Kleriker, dürfte gleichfalls als Trierer anzusprechen sein (vgl. LHAKO Abt. 1 D Nr. 469 u. 4414 S. 129–132; bereits 1339 IV 28 ist ein Domglöckner Johannes bezeugt: LHAKO Abt. 1 A Nr. 3949 u. 1 D Nr. 4414 S. 605 f.). Zu Küstern und Glöcknern in Trier vgl. *Bastgen*, Domkapitel, S. 152 f. u. S. 308 u. 315 (Dienerordnung).
59 Vgl. sein Testament von 1316 VIII 2, in dem als Heimatort Zabern angegeben wird: LHAKO Abt. 1 D Nr. 4413 S. 445–458.
60 LHAKO Abt. 206 Nr. 19 u. 4415 S. 501–507, bereits 1328 III 8.
61 Johann war erzbischöflicher Kaplan (*Stengel*, Nova Alamanniae, Nr. 1474), Siegler der Trierer Kurie (vgl. *Schmidt*, Quellen 1, Nr. 691 u. LHAKO Abt. 1 D Nr. 465 u. 4415 S. 117; *Mötsch*, Balduineen, Nr. 1741), Offizial des Archidiakons Gerhard von Virneburg (*Stengel*, Nova Alamanniae, Nr. 634 u. 636–639 v. 1340 I 15 u. II 3), Kanoniker von St. Paulin (*Heyen*, St. Paulin, S. 687: vor 1352 gemäß VR 4 Nr. 43; aber bereits 1340 VI 8 belegt: *Werveke*, Cartulaire 2, Nr. 382; LHAKO Abt. 231, 47 Nr. 10), Dekan von St. Simeon (seit 1341: *Heyen*, St. Paulin, S. 687; LHAKO Abt. 215 Nr. 284, 287 f., 327, 338, 346, 351, 356, 389 f., 403, 405, 416 f., 487, Abt. 1 D Nr. 465 u. 4415 S. 117), im Besitz des Johannes-Evangelista-Altars in Liebfrauen (LHAKO Abt. 215 Nr. 416 f. u. VR 4 Nr. 492 v. 1343 I 28 u. 1358 III 10), und der Pfarrkirche „Vertonno" in der Trierer Diözese (*Kirsch*, Kollektorien, S. 194); Kanoniker in Münstermaifeld und Karden (ebda., S. 193).
62 Vgl. *Zimmer*, Bürger-Sodalität, S. 109. Vgl. zur Marienbruderschaft auch *Schulz*, Ministerialität Trier, S. 150 f.
63 Zusammen mit ihm belegt 1341 X 10 (LHAKO Abt. 215 Nr. 346). Zu ihnen u. weiteren Familienmitgliedern vgl. bes. LHAKO Abt. 215 Nr. 287 von 1347 IX 15 u. Nr. 416 f. v. 1343 I 28.
64 *Kentenich*, Trierer Stadtrechnungen, S. 96.

erscheinen sie mit 50 bzw. 4 lib. Steueraufkommen[65], 1374/75 ist bei Contzo sogar „non iuravit" und „equus" eingetragen, Arnold zahlt 2 lib.[66]. Zwei weitere Brüder Johanns, Wilhelm und Gottfried, sind ebenfalls Kanoniker von Liebfrauen[67]; Wilhelm ist auch für St. Simeon belegt[68]. Diese Tatsachen zeigen, daß die Mitglieder der Familie, vor allem Contzo, zu den vermögenderen und angeseheneren Bürgern der Stadt zu zählen sind. Die Bedeutung Johanns läßt sich nicht zuletzt auch daran ersehen, daß er als Prokurator bei einer Auseinandersetzung in der Utrechter Kirche fungierte[69]. Verwandt war er ferner mit „Michael de domo viridi", dessen Sohn Kaplan des Agnetenaltars war, und mit Nikolaus von Vulbach, Kaplan des Stephansaltars im Dom[70].

Für „Jacobus dictus de Castelle Treverensi" ist die Zugehörigkeit zur Stadtbevölkerung bereits aus dem Namen zu ersehen und wird auch durch Verfügungen in seinem Testament von 1252 nahegelegt[71]. Jakob Constantini, der als Notar, Kanoniker von Liebfrauen und Vikar des Willibrordaltars von 1301 bis 1352 genannt ist[72] und als der Neffe[73] des seit 1291 erscheinenden[74] gleichnamigen Prokurators an der römischen Kurie angesehen werden muß, ist ein Bruder des Trierer Bürgers und Gerbers Johannes Starckman[75]. Der Vikar Gottfried von Weckeringen ist 1337 als Bruder des Trierer Webers Johannes Ramechere bezeugt[76].

---

65 Ebda., S. 15 f.
66 Volleiste 1374/75 (vgl. Anm. 43), fol. 12 u. 14. Contzo erscheint auch 1373/74 unter den Gläubigern der Stadt (*Kentenich,* Trierer Stadtrechnungen, S. 56 u. 68).
67 Gottfried erscheint 1325 IX 14, 1328 III 8 u. 1347 IX 15 (VR 1 Nr. 841; LHAKO Abt. 206 Nr. 19 sowie Abt. 215 Nr. 287); zu Wilhelm vgl. folgende Anm.; vgl. zu beiden auch das Jahrzeitbuch von Liebfrauen (LHAKO Abt. 206 Nr. 102 zum 7. u. 26. Januar).
68 Vgl. LHAKO Abt. 215 Nr. 187, 233, 247, 287 f., 338, 344, 346, 350 f.
69 Regesten van oorkonden betreffende de bisschoppen van Utrecht uit de jaren 1301–1340, hg. v. *Jan Willem Berkelbach van der Sprenkel* (Werken, uitg. door het Historisch Genootschap, 3. Ser., Nr. 66), Utrecht 1937, Nr. 475, 484, 490, 493.
70 Vgl. LHAKO Abt. 215 Nr. 416 f. v. 1343 I 28. 1338 verkauften Michael von Grünhaus („de domo viridi") und seine Frau Metildis ihrem Sohn einen Zins auf dem Markt für den von ihm eingenommenen Altar (LHAKO Abt. 1 D Nr. 426 u. 4415 S. 521–524).
71 MRUB 3 Nr. 1141; MRR 3 Nr. 930, Testamentsänderung 1262 XI 29 (MRR 3 Nr. 1833 = LHAKO Abt. 1 D Nr. 105).
72 Vgl. LHAKO Abt. 1 D Nr. 198 f. v. 1301 II 20, Nr. 234 v. 1309 IV 19 u. Nr. 4415 S. 85–88 v. 1352 III 2. Vgl. zu ihm ferner *Michel,* Gerichtsbarkeit, S. 165 mit letztem Beleg allerdings für 1337. In der Urkunde von 1352 ist Jakob nicht als tot erwähnt. Auf jeden Fall noch lebend 1343 VII 16 (LHAKO Abt. 1 A Nr. 3974 u. 1 D Nr. 4415 S. 221–224).
73 Vgl. *Wiese,* Sponheimer, UB Wetzlar 1, Nr. 775 f. v. 1312 VIII 29/30.
74 MRR 4 Nr. 1919.
75 Vgl. LHAKO Abt. 1 D Nr. 539 u. 4415 S. 85–88 v. 1352 III 1. Zu Starckman auch LHAKO Abt. 215 Nr. 241; ferner das Jahrzeitbuch von Liebfrauen (LHAKO Abt. 206 Nr. 102) für 22. 2. mit 10 sol.
76 LHAKO Abt. 1 D Nr. 423 u. 4414 S. 577–582. Er könnte auch mit dem 1328 III 8 belegten Präbendar von Liebfrauen identisch sein (LHAKO Abt. 206 Nr. 19 u. 1 D Nr. 4415 S. 501–507). Belegt als Bruder des Webers auch 1343 I 14 (LHAKO Abt. 1 D Nr. 468 u. 4415 S. 145–147; zu Ramechere auch LHAKO Abt. 215 Nr. 253).

Der Vikar „Paulus de Verne"[77], der Präbendat an Liebfrauen „Johannes dictus Vurne"[78] und Marsilius, Priester des Cosmas/Damian-Altars und naher Verwandter des Paulus[79], könnten durchaus mit „Paulus van Vurne", Mitglied der Bürgerbruderschaft bei Steueraufkommen von 31 lib.[80], verwandt sein. „Michael Johannis de Heylenbuch", der als Inhaber vieler Benefizien und auch als Präbendat von Liebfrauen sowie Rektor des Allerheiligenaltars im Dom erscheint[81], studierte 1387 und 1388 in Heidelberg als „Mychael filius Johannis de Heylenborgh de Treveris"[82]. In der Steuerliste von 1363/64 zahlt ein Wilhelm von Heilenbuch, wohnhaft in der Neugasse, immerhin 3 lib.[83]; 1374/75 ist ein Johann von Heylenbuch, der von der Zeit her der Vater des Michael sein könnte, mit 2 lib. und dem Vermerk „equus" aufgenommen[84]. Auch „Jacobus Arnoldi aliter de Ponte de Treveri", neben anderen Pfründen für den Erasmus/Silvester-Altar im Dom belegt, ist Trierer[85].

Im Jahrzeitbuch von Liebfrauen werden „Jodocus filius Jodocis carnificis Trev." als Präbendar dieser Kirche und Simon, der Sohn des verstorbenen Webers Johann Simpelmann, als Kaplan des Leodegaraltars im Dom aufgeführt[86]. Johann von Kues, Kaplan des Agnetenaltars im Dom, der zusammen mit seiner Mutter verzeichnet ist[87], und der Kanoniker von Liebfrauen, Hermann von Weiß[88], müssen ebenfalls als Trierer angesehen werden, da Demoid von Kues in einer Urkunde als Bürgerin erscheint[89] und die Nichte Hermanns, deren Bruder Gobelo mit ihr genannt ist, ein Haus bei der Musilporte besitzt[90]. Schließlich deuten Namen wie die der Vikare „Thomas dictus de sancto Laurentio"[91], „Johannes de

---

77 1319 IX 18 – 1327 II 10: LHAKO Abt. 1 D Nr. 289 u. 329; BATR Abt. 95 Nr. 311 fol. 77' u. 100. Bereits 1313/14 erscheint ein Notar Paulus Johannis de Vurne (vgl. *Michel*, Gerichtsbarkeit, S. 166). Vgl. auch Jahrzeitbuch von Liebfrauen für den 14. 2. (LHAKO Abt. 206 Nr. 102).
78 1337 VII 12 u. 1343 I 14, LHAKO Abt. 1 D Nr. 423 u. 4414 S. 577–582; 468 u. 4415 S. 145–147. Vgl. auch Jahrzeitbuch für den 3. 2. (LHAKO Abt. 206 Nr. 102).
79 LHAKO Abt. 1 D Nr. 287 u. 4413 S. 613–615.
80 *Kentenich*, Trierer Stadtrechnungen, S. 25 u. 96.
81 Michael war weiter im Besitz der Pfarrkirche Piesport, Kanoniker von St. Kastor/Koblenz, Kanoniker, Dekan u. Propst von St. Simeon, providiert für St. Florin/Koblenz; vgl. RepGerm 2 Sp. 868; *Diederich*, St. Florin, S. 249; ferner *Schmidt*, Quellen 1, Nr. 1533, 1553 u. 1579, VR 6 Nr. 854 u. 1137 von 1396 VI 27, 1398 X 15 u. 1400 VII 12.
82 *Toepke*, Matr. Heidelberg S. 26.
83 *Kentenich*, Trierer Stadtrechnungen, S. 8.
84 Volleiste 1374/75 (s. Anm. 43), fol. 6'.
85 Vgl. RepGerm 2 Sp. 535; *Heyen*, St. Paulin, S. 690. Jakob ist auch erwähnt: als Kanoniker St. Paulin, im Streit um ein Kanonikat von St. Simeon, Anwärter in Münstermaifeld, im Besitz eines Beneficium, das der Collation des Echternacher Abts untersteht.
86 LHAKO Abt. 206 Nr. 102 für 27. 1., 9. 3. bzw. 3. 9.
87 Ebda. für 28. 2.
88 Ebda. für 14. 10.
89 LHAKO Abt. 1 D Nr. 849 u. 4418 S. 93–96 v. 1409 II 7.
90 Vgl. vorletzte Anm.
91 1312 IX 22 tot (LHAKO Abt. 1 D Nr. 248 u. 4413 S. 309–312).

sancto Mathia"[92], „Johannes Ludewici de Palatio"[93], der Präbendare von Liebfrauen „Everhardus de Ponte" und „Johannes dictus cornicius de veteri castro"[94], des zu den „bantini" (Pfründnern am Banthushospital) zählenden „Everardus de sancto Paulino"[95] und auch des Kaplans am Jodokusaltar „Johannes filius quondam Tholomanni pistoris"[96] auf eine Herkunft aus der Stadt oder den Suburbia hin.

Auf Grund der aufgeführten Beispiele läßt sich sagen, daß gewiß ein nicht geringer Prozentsatz der in Dom und Liebfrauen tätigen niederen Geistlichkeit und Pfründner aus der Stadt selbst stammte. Die identifizierten Personen sind dabei zum Teil der zur Mittelschicht zu zählenden Handwerkerschaft oder aber, wie im Falle des Johann Jakelonis, den angeseheneren Bürgern Triers zuzuordnen. Für diese Einwohnerschaft Triers und ihre Kontakte personeller Art zum Domkapitel ist ferner die Präsenz in weiteren geistlichen Institutionen und kirchlichen Ämtern Triers zu berücksichtigen, was insbesondere für die beiden Kollegiatstifte St. Paulin und St. Simeon gilt[97]. Trotz der Ausschließung Trierer Bürger aus dem Kapitel sind damit auf vielfältige Weise personelle Berührungen gegeben, die hier nur angedeutet werden konnten und im folgenden bei der Behandlung der rechtlichen, wirtschaftlichen, geistlich-religiösen Beziehungen ergänzt werden können.

2. Rechtliches Verhältnis

Die Entwicklung des rechtlichen Verhältnisses von Stadt und Domkapitel ist geprägt von einem wachsenden Bemühen der Bürgerschaft, ein einheitlich geltendes Recht für alle Bewohner durchzusetzen, und den Versuchen der bevorrechtigten Geistlichkeit, ihre Privilegien zu wahren. Eine besondere Stellung des Klerus ergab sich aus seiner Exemtion in der Gerichtsbarkeit, die von einem räumlichen, personellen und sachlichen Aspekt betrachtet werden kann[98]. Der

---

92 1316 VIII 2 (LHAKO Abt. 1 D Nr. 4413 S. 445–458).
93 1344 VI 7 tot (LHAKO Abt. 1 D Nr. 487–489 u. 4415 S. 277–287; vgl. auch Belege von 1343 VI 13 (LHAKO Abt. 1 D Nr. 4415 S. 213–219) u. von 1348 VI 11 (LHAKO Abt. 1 D Nr. 537 u. 4415 S. 449–451).
94 Vgl. Jahrzeitbuch unter 19. 1., 23. 1., 26. 2., 14. 6. u. 18. 6. Johann Cornicius war 1363 an Liebfrauen bepfründet, wie die Aufzeichnung im Jahrzeitbuch vor den monatlichen Eintragungen zeigt (vgl. LHAKO Abt. 206 Nr. 102). Ein „Conradus de veteri castro" ist 1321 als Domvikar belegt (LHAKO Abt. 1 D Nr. 296 f. u. 4413 S. 641–643; BATR Abt. 95 Nr. 311 fol. 98 u. 160'; Abt. 91 Nr. 135 fol. 98 f.).
95 1328 III 8 u. 1336 II 14 (LHAKO Abt. 206 Nr. 19 u. 4415 S. 501–507; STATR 2099/686 4° fol. 178').
96 1340 IV 6 (LHAKO Abt. 1 A Nr. 3979; 1 D Nr. 447 u. 4415 S. 21–25, 29–31).
97 Vgl. für St. Paulin die sorgfältige Arbeit von Heyen. Die Publikation desselben Verfassers über St. Simeon liegt zur Zeit noch nicht vor. Auf die engen Beziehungen des städtischen „Patriziats" gerade zu St. Simeon weist *Knut Schulz* hin (Ministerialität Trier, S. 73).
98 Vgl. hierzu auch *Kießling*, Augsburg, S. 84.

gesonderte Bezirk des Domberings[99] bildete einen eigenen, von der Stadt getrennten Rechtsbereich und bot von den städtischen Organen verfolgten Rechtsbrechern Asyl. Der Personenkreis der Geistlichkeit beanspruchte für sich und seine Dienerschaft auf Grund des „privilegium fori" als Gerichtsstand ausschließlich den geistlichen Richter. Für bestimmte Fälle erklärte sich das geistliche Gericht allein, oder doch neben dem weltlichen zuständig, letzteres in Trier auch bei „zinsen und erbe"[100]. Zu dieser Sonderstellung der kirchlichen Personen kam ihre Befreiung von Abgaben und Steuern, die der Stadt beträchtliche Einnahmen entzog und den Klerus bei Unternehmungen in Handel und Gewerbe begünstigte[101]. Vor diesem Hintergrund sind auch die verschiedenen für den Untersuchungszeitraum überlieferten Auseinandersetzungen zu sehen, bei denen entsprechende Klagen der Stadt immer wieder erhoben wurden. Für die vorhergehende Zeit weist *Margarete Seidel* auf die Bedeutung des Trierer Stadtrechts aus dem 12. Jahrhundert hin[102]. Hier werden die Häuser von Kanonikern innerhalb der Domimmunität und die der Ministerialen und Schöffen von der Zahlung eines Obolus an den pfalzgräflichen Vogt für das Abhalten von Gerichtsverhandlungen ausgenommen; ihre Exemtion wird so deutlich[103].

Aufschlußreich für das beiderseitige Verhältnis im 13. Jahrhundert ist eine Urkunde von 1248, in der für vier Jahre die Erhebung einer Akzise zum Mauerbau durch den Erzbischof, das Domkapitel und die Gemeinde beschlossen wird[104]. Die Geistlichkeit und kirchliche Personen, „milites" und „ministeriales" werden ausdrücklich von dieser Zahlung befreit, sofern sie nicht Wein in kleinen Mengen verkaufen. Auch ihre Pfänder sind städtischem Zugriff entzogen, und nur der Offizial als geistlicher Richter kann Hand darauf legen. Damit wird die besondere rechtliche Stellung dieser Personengruppe anerkannt, allerdings für den Kleinhandel mit dem in Trier besonders wichtigen Wirtschaftsgut Wein eine Gleich-

---

99 Auf die Domimmunität, insbesondere auch von der topographischen Seite her, soll hier nicht gesondert eingegangen werden. Hierzu *Holbach*, Domfreiheit; ferner: *Rudolf Brandts*, Die Trierer Domimmunität im Wandel der Baukunst vom 11. bis 18. Jahrhundert, in: Rhein. Vjbll. 12 (1942), S. 89–121; ders., Kapitelshäuser im Domviertel von Trier, in: Arch. f. mrh. KiG 1 (1949), S. 89–135; *Richard Laufner*, Trierer Domkurien und ihre Bewohner, in: Trier. Jb. 1952, S. 17–30. Zur Bedeutung der Immunität allg. vgl. *Konrad Hofmann*, Die engere Immunität in deutschen Bischofsstädten im Mittelalter (Görres-Gesellschaft zur Pflege der Wissenschaft im katholischen Deutschland. Veröffentlichungen der Sektion für Rechts- und Sozialwissenschaft, H. 20), Paderborn 1914; *Ursula Hoppe*, Die Paderborner Domfreiheit, Untersuchungen zu Topographie, Besitzgeschichte und Funktionen (Münstersche Mittelalter-Schriften, Bd. 23), München 1975.
100 Vgl. *Seidel*, Immunitätsrechte, S. 69 f.
101 Auf den kirchenrechtlichen Hintergrund dieser Sonderstellung soll hier nicht eingegangen werden; vgl. dazu *Feine*, Kirchliche Rechtsgeschichte, S. 393–395 mit weiterer Lit. Vgl. insbesondere auch *Eugen Mack*, Die kirchliche Steuerfreiheit in Deutschland seit der Dekretalengesetzgebung (Kirchenrechtliche Abhandlungen, H. 88), Stuttgart 1916.
102 Vgl. *Seidel*, Immunitätsrechte, S. 68.
103 *Rudolph*, Quellen, Nr. 1, S. 7; vgl. auch *Kentenich*, Geschichte Trier, S. 126.
104 MRUB 3 Nr. 932; *Rudolph*, Quellen, Nr. 16.

stellung mit den Bürgern erstrebt. Daß gerade für diesen Bereich eine Einschränkung der Abgabenfreiheit erfolgt, deutet auf ein besonderes Interesse städtischer Kreise an der eigenen finanziellen Entlastung und speziell an dieser Einnahmequelle hin, die auch später bei Auseinandersetzungen eine Rolle spielt. Es kann in diesem Zusammenhang allerdings gefragt werden, inwieweit die der Dienstmannschaft entstammende oder ihr angehörende Trierer Oberschicht nicht selbst zu den begünstigten „ministeriales" und „milites" zu rechnen ist. Eine Scheidung zwischen Ministerialität und Bürgertum bringt jedoch Schwierigkeiten mit sich[105]. Für das Domkapitel wichtig ist, daß auf Grund der Formulierung von 1248 es selbst und seine Dienerschaft eindeutig von der Leistung der Akzise befreit waren[106].

Die erwähnten Ereignisse im Zusammenhang mit dem Ausschluß der Trierer Bürger aus dem Domkapitel[107] machen jedoch deutlich, daß diese rechtliche Sonderstellung von städtischen Kreisen bald nicht mehr akzeptiert wurde. Mit dem Erstarken der bürgerlichen Führungsschicht und der städtischen Selbstverwaltungsorgane ging auch der Versuch der Bürgerschaft einher, die eigenen Interessen durch Erweiterung von Kompetenzen besser wahrzunehmen. Hierzu gehörte das Bestreben, die eigene Gerichtsbarkeit auf möglichst alle Einwohner auszudehnen. Die Aussicht auf Erfolg war dabei für die mächtigen adeligen Domherren gering. Ihre zum Teil außerhalb der Domimmunität wohnende Dienerschaft bot eher eine Angriffsfläche. Die vom Domkapitel beurkundete ausdrückliche Exemtion seines Gesindes deutet auf entsprechende Verstöße hin[108].

Das Interesse mußte auch dahin gehen, die eigenen Gerichtsentscheide durchzusetzen und ihnen in der gesamten Stadt Geltung zu verschaffen. Deshalb setzte man sich unter Umständen über räumliche Begrenzungen hinweg und drang in die Domimmunität ein. Daß dies nicht nur zur Zeit der hier genannten Ausein-

---

105 Vgl. hierzu insbesondere *Schulz*, Ministerialität Trier. Aufschlüsse über die von der Zahlung befreiten Laien bringen allerdings Regelungen späterer Zeit wie die Verträge der Erzbischöfe Diether und Balduin mit der Stadt von 1303 bzw. 1309 (*Rudolph*, Quellen, Nr. 31 u. 34). In beiden Fällen wird der Bürgerschaft die Ungelderhebung gestattet. 1303 wird ausdrücklich betont, daß auch die Schöffen und „consules" zu zahlen haben; in ähnlicher Weise wird 1309 erklärt, daß Schöffen und Gemeinde sich selbst zur Zahlung verpflichten können und nur „religiosi, clerici et forenses" keine Abgaben zu leisten brauchen. Hier ist keine Bevorrechtigung der städtischen Führungsschicht zu sehen. Die Situation war jedoch 1248 insofern anders, als zu dieser Zeit noch Teile dieser Personengruppe in engerer Dienstbeziehung zum Erzbischof standen und auch die städtischen Ämter wie die Funktion eines Schöffen noch stärker vom Stadtherrn abhängig waren. Die erwähnte Regelung im ältesten Trierer Stadtrecht zeigt eine rechtliche Sonderstellung der Ministerialen wie der Schöffen an, an der nach den Emanzipationsbestrebungen der Bürgerschaft der Erzbischof wohl weniger Interesse hatte.
106 Zu 1248 vgl. auch *Seidel*, Immunitätsrechte, S. 114; *Schoop*, Verfassungsgeschichte Trier S. 131 f.
107 Siehe oben zu den personellen Beziehungen.
108 MRUB 3 Nr. 1468 von 1258 XII 2; *Rudolph*, Quellen, Nr. 19.

andersetzungen geschah[109], beweisen spätere Beispiele. Im Jahre 1271 wurde die gewaltsame Entführung von zwei Personen aus dem Chor des Doms, Blutvergießen und anschließende Hinrichtung durch die Stadt mit Schenkungen an den von ihr errichteten Altar gesühnt[110]. Ein besonders schwerer Übergriff in der Domfreiheit ereignete sich 1287. Das Domkapitel ergriff während der Sedisvakanz im Erzbistum am 19. Juli Maßnahmen gegen einige Trierer Laien, darunter Mitglieder der Schöffenfamilie Sistapp, die angeblich den Domherrn Peter von Franchirmont innerhalb der Immunität mißhandelt, ihn zum Haus des Schultheißen geschleppt und dort eingekerkert hatten[111]. Ursache und Ausgang der Angelegenheit sind zwar nicht bekannt, der Vorgang zeigt jedoch zur Genüge, in welchem Maße das Selbstbewußtsein städtischer Führungskräfte auch vor der privilegierten höheren Geistlichkeit nicht zurückschreckte.

Der Stadt war weiter daran gelegen, ihre Gerichtsbefugnis im sachlichen Bereich auszudehnen. Die Vorwürfe des Domkapitels von 1256 sprechen so von einer Usurpation eigener Jurisdiktion durch die Bürger, die über kirchliche Angelegenheiten nach Gutdünken entscheiden würden[112]. Nicht zuletzt bemühte sich die Bürgerschaft um Verbesserung ihrer Finanzen. Die Tatsache, daß das Domkapitel in der Urkunde von 1258 auf die Befreiung seiner Dienerschaft von Abgaben besonders hinweist, deutet darauf hin, daß auch hier wohl bereits Spannungen bestanden.

Für das spätere 13. Jahrhundert fehlen jedoch außer den genannten Immunitätsverletzungen Belege für gravierende Auseinandersetzungen. Ein entscheidender Vorstoß gegen die Privilegien der höheren Geistlichkeit erfolgte anscheinend in den fünfziger Jahren, als „die aus der Ministerialität hervorgegangenen Schöffengeschlechter eine vorherrschende Stellung erlangten und das Patriziat der Stadt bildeten"[113]. In der Machtprobe der sich konsolidierenden städtischen Führungsschicht mit den vereinigten Stiften und Klöstern[114] erwies sich die Stellung der Geistlichkeit wohl noch als allzu stark, so daß man sich in der Folgezeit zurückhielt. Die beiden Immunitätsverletzungen zeigen zwar an, daß die Bürgerschaft durchaus auf Durchsetzung ihres Rechts bedacht war, können aber wohl nicht als Angriffe grundsätzlicher Natur gewertet werden. Auch ist bezeichnend, daß die

---

109 In der Urkunde des Domkapitels über die Ausschließung Trierer Bürger von 1256 V 27 heißt es: „emunitatem nostram sepius violando" (MRUB 3 Nr. 1345; *Rudolph,* Quellen, Nr. 18).
110 1271 IV 28: *Rudolph,* Quellen, Nr. 23; MRR 3 Nr. 2605; *Seidel,* Immunitätsrechte, S. 102. STATR Urk. Tr 4.
111 MRR 4 Nr. 1459; LHAKO Abt. 1 D Nr. 4412 S. 489–491.
112 „iurisdictionem nostram usurpando, de rebus ecclesiasticis pro sue beneplacito voluntatis disponentes" (MRUB 3 Nr. 1345; *Rudolph,* Quellen, Nr. 18).
113 *Schulz,* Ministerialität Trier, S. 57.
114 Daß es sich nicht um das Domkapitel allein handelte, geht aus dem Zusammenschluß der Trierer Stifte und Klöster von 1257 I 5 u. 1258 XI 29 hervor (MRUB 3 Nr. 1380 u. MRR 3 Nr. 1359 u. 1524), der sich jedoch vor allem auch gegen Erzbischof Arnold richtete (vgl. MRUB 3 Nr. 1388 f.).

geschilderten Vorstöße sich zu Zeitpunkten ereigneten, als die Domherren nicht auf die Unterstützung des Erzbischofs hoffen konnten. Arnold von Isenburg hielt sich in seinen letzten Regierungsjahren vorwiegend auf dem Ehrenbreitstein auf; er hatte selbst Meinungsverschiedenheiten mit dem Klerus[115]. Der suspendierte Heinrich befand sich nach seinem unerlaubten Weggang von Rom vor allem in seinem Finstinger Gebiet[116]; 1287 schließlich war der Erzbischofsstuhl nach seinem Tod noch unbesetzt.

Das beginnende 14. Jahrhundert brachte den Trierern die Einrichtung einer Ratsverfassung[117], ihre Rechtsposition gegenüber dem Domkapitel blieb jedoch im wesentlichen unverändert. Die Stellung des Erzbischofs Diether von Nassau war zwar so schwach, daß er auf das Wohlverhalten der Bürgerschaft angewiesen war und der neuen städtischen Führungsgruppe 1303 Zugeständnisse machen mußte; andererseits konnte er aber trotz verschiedener Differenzen keinen Bruch mit dem Domkapitel riskieren und einigte sich im selben Jahr mit ihm[118]. Im Vergleich Diethers mit der Stadt wurde am eximierten Gerichtsstand der Ministerialen festgehalten[119]; auch weiterhin waren die Kleriker nicht zur Zahlung des Ungelds verpflichtet, allerdings wurde über eine Befreiung ihrer Dienerschaft hiervon nichts ausgesagt[120]. Eine Neuregelung der Rechte der Geistlichkeit erfolgte nicht.

Einige Jahre später wurde deren rechtliche Sonderstellung erneut bekräftigt, zunächst im Hinblick auf die Abgabenfreiheit. Die starke Persönlichkeit des Luxemburgers Balduin, mit dem die Stadt zu Beginn seiner Regierungszeit eine Auseinandersetzung wagte, zwang die Bürgerschaft, die Zurücknahme der Ratsverfassung zu erklären. Die Erhebung des Ungeldes wurde ihr zwar gestattet, auch jetzt waren jedoch Kleriker ausdrücklich ausgenommen[121]. Erneut ist kein Hinweis auf die Stiftsministerialen gegeben; die Stadt könnte hier schon eine Wendung zu ihren Gunsten erreicht haben. Das Trierer Provinzialkonzil von 1310 stellte dann die Eximierung der Geistlichkeit im Gerichtswesen besonders heraus. Auf ihr Recht, die Gegner vor das geistliche Gericht zu ziehen, wurde besonderer Wert gelegt[122]. Kein Kleriker sollte eine Bürgschaft vor dem weltlichen Gericht übernehmen[123]; verboten wurde überhaupt, Geistliche vor irgendeinen weltlichen

---

115 Siehe Anm. 18. Vgl. auch *Schoop,* Verfassungsgeschichte Trier, S. 133–135.
116 Vgl. *Casper,* Heinrich II. von Trier, S. 53 u. unten zu den geistlichen Institutionen, S. 345 ff.
117 Vgl. hierzu *Kentenich,* Geschichte Trier, S. 203, 207–209; *Rudolph,* Quellen, S. 52*–57*.
118 *Blattau,* Stat. syn., S. 62 f. Nr. 24; *Goerz,* Regesten, S. 63; *Wampach,* UQB 6, Nr. 950.
119 „Ministeriales quoque ecclesiarum et campsores, dicti husegenosen, convenientur, sicut de iure et consuetudine est hactenus observatum" (*Rudolph,* Quellen, Nr. 31).
120 „ad quod ungelt tam scabinos quam consules quam etiam alios cives volumus obligari, religiosis, clericis et nobilibus dumtaxat exceptis."
121 „ita quod religiosi, clerici et forenses nihil inde solvere teneantur" (*Rudolph,* Quellen, Nr. 34).
122 *Blattau,* Stat. syn., Nr. 25, S. 88, Cap. XXXV.
123 Ebda., S. 97, Cap. LV.

Richter zu zitieren[124]. Die Bestimmungen zeigen, daß die Privilegierung kirchlicher Personen entgegen allen Angriffen in der alten Weise bestehen blieb[125].

Im Laufe des 14. Jahrhunderts spitzte sich das Verhältnis von Stadt und Geistlichkeit erneut zu. Eine besondere Rolle spielte dabei der Haus- und Grunderwerb des Klerus, wodurch immer mehr Liegenschaften der städtischen Besteuerung entzogen wurden. Der sich ausbildende Ewigzinsmarkt, bei dem gerade die Kirche als Geldgeber auftrat, führte zu einer Belastung des bürgerlichen Besitzes. Bei Zahlungsrückständen drohten die Pfänder in geistlichen Besitz überzugehen; Weitervergabe und Veräußerung der Häuser und Grundstücke, auf denen Zinsen lagen, waren erschwert.

Ähnlich wie andere deutsche Städte[126] versuchte die Trierer Bürgerschaft, diesen Tendenzen entgegenzuwirken. Da ein grundsätzlicher Angriff auf die Abgabenfreiheit der kirchlichen Güter wenig Aussicht auf Erfolg versprach, wandte man zunächst eine andere Methode an. Als gravierend muß die erste bekannte Ratsordnung der Stadt angesehen werden, die als Amortisationsgesetzgebung gelten kann. Sie legte fest, daß alle Verkäufe von Liegenschaften und Zinsen an Nichtbürger innerhalb von 60 Jahren für die Kaufsumme wieder eingelöst werden könnten[127]. Dies bot die Möglichkeit, einem allzu ausgedehnten Erwerb von Gütern und Einkünften durch die Geistlichkeit und damit finanziellen Einbußen für die Stadt durch rechtzeitigen Wiederkauf zu begegnen. Eine relativ lange Frist war gegeben, innerhalb der der Kauf rückgängig gemacht werden konnte. Daß die Summe die gleiche wie bei Abschluß der Transaktion sein sollte, brachte in einer Zeit der Verschlechterung des Geldes für den geistlichen Käufer die Gefahr eines Verlustes. Wie sehr sich der Klerus durch diese Maßnahme betroffen fühlte, geht aus den Klagen hervor, die in späterer Zeit gegen die Stadt erhoben werden. So forderte Erzbischof Cuno 1364, daß die „statuten, condicio und gesetze", die die Stadt gemacht habe, „als von eygn und erbe zu verkeufen und wiederkeufen", aufzugeben seien, da sie wider ihn, seine „kirchen, cloister

---

124 Ebda., S. 122, Cap. C.
125 Allerdings enthielten die Statuten auch die Bestimmung, „ne Presbyteri seu Clerici in sacris ordinibus constituti et maxime monachi saeculares negotiationes exerceant aliqualiter, et praecipue tabernas non teneant..." (ebda., S. 78, Cap. XIX). Gerade der Unterhalt v. geistlichen Schenken bildete einen der vielen Klagepunkte von Bürgern in mittelalterlichen Städten (vgl. *Störmann*, Gravamina, S. 151). Daß ein solcher Weinkauf auch in Trier offensichtlich praktiziert wurde, beweist die Urkunde von 1338 XII 18, laut der der Bruderhof vom Kapitel an einen Kanoniker vergeben werden sollte, aber mit dem ausdrücklichen Zusatz, daß dort kein Weinverkauf „ad tabernam" erfolgen sollte (*Blattau*, Stat. syn., Nr. 34, S. 179). Vgl. auch die weiteren Ausführungen.
126 Zur Amortisationsgesetzgebung vgl. allg. *Friedrich Merzbacher*, Amortisationsgesetzgebung, in: Handwörterbuch zur deutschen Rechtsgeschichte, hg. v. *Adalbert Erler* u. *Ekkehard Kaufmann*, mitbegr. v. *Wolfgang Stammler*, Bd. I, Berlin 1971, Sp. 148–150; *Störmann*, Gravamina, S. 97–122; *Adalbert Erler*, Bürgerrecht und Steuerpflicht im mittelalterlichen Städtewesen mit besonderer Untersuchung des Steuereides, Frankfurt/M. ²(1963), S. 35 f.
127 *Rudolph*, Quellen, Nr. 45 v. 1344 VII 9; vgl. *Kentenich*, Geschichte Trier, S. 212.

und paffheit" gemacht seien[128]. Im Friedensschluß mit dem Erzbischof von 1365 mußte die Stadt ihre Verordnung widerrufen[129].

Um die Mitte des 14. Jahrhunderts und in der Folgezeit kam es jedoch auch auf anderen Gebieten zu Zusammenstößen zwischen Stadt und Kirche. Eingriffe in die geistliche Gerichtsbarkeit[130], insbesondere der auf die Geistlichen ausgeübte Druck, ihre Zinsen vor dem weltlichen Gericht einzuklagen[131], Versuche, Geistliche und ihr Gesinde vor dieses Gericht zu ziehen[132], das Eindringen in die Domfreiheit mit Bruch des Asylrechts und Tätlichkeiten gegen seine Dienstleute gehören zu den Vorwürfen, die Erzbischof Balduin im Februar 1351 gegen die Stadt erhob. Darüber hinaus wandte er sich gegen Kampfmaßnahmen der Bürger auf wirtschaftlichem Gebiet wie Stapelzwang[133], Veränderung der Weinmaße[134], die Verlagerung der Verkaufsstätten von der Posterne nach St. Gangolf und dadurch bedingte Verluste an Einnahmen für ihn und das Stift[135], Erhebung des Sestergeldes von Geistlichen[136], Gesetze gegen einen Weinverkauf durch die Geistlichkeit[137], Behinderung des Klerus beim Transport von Wein, Korn und anderem[138]. Der Katalog von Vorwürfen zeigt, daß die Stadt erneut versuchte, auf dem Gebiet der Gerichtsbarkeit und im wirtschaftlichen Bereich gegen die Privilegierung der Geistlichkeit anzugehen. Beide Seiten schreckten auch vor Gewaltmaßnahmen nicht zurück. Die berichtete Gefangennahme des Johann Howas durch die Domherren Richard von Densborn und Dietrich Meynefelder führte dazu, daß sich Prälaten und Kanoniker aus der Stadt begeben mußten, um vor Nachstellungen sicher zu sein[139].

In einer undatierten Antwort auf die Klagen Erzbischof Balduins nahm die Stadt zu dessen Vorwürfen Stellung[140]. Sie bezeichnete dabei einen Teil der Vorwürfe als aus der Luft gegriffen. Teilweise beharrte sie jedoch auf bestimmten Rechtspositionen, so auf dem Stapelrecht. Die Abgabenfreiheit der Geistlichkeit erkannte sie nur an, wenn diese nicht als ihr wirtschaftlicher Konkurrent auftrat. Sobald die vom Klerus eingeführten Wirtschaftsgüter nicht für den Eigenbedarf verwendet, sondern auf den städtischen Markt gebracht wurden, ließ sie keine Sonderrechte gelten, wie sowohl aus den Vorstellungen beim Sestergeld als auch aus den Äußerungen zur Behinderung von Transporten hervorgeht. Die beson-

---

128 Ebda., Nr. 67.
129 Ebda., Nr. 75, Art. 3. Sie versprach auch, in Zukunft keine Gesetze mehr wider die Freiheit der Geistlichkeit zu machen.
130 Ebda., Nr. 55, Art. 7, 10, 50.
131 Art. 8.
132 Art. 47: Genannt wird Ditzmann von Wangen (Domherr); Art. 49.
133 Art. 2.
134 Art. 4.
135 Art. 9.
136 Art. 14.
137 Art. 20.
138 Art. 19.
139 Art. 35.
140 STATR Y 1. Die einzelnen Artikel decken sich mit den Vorwürfen Balduins.

dere Stellung der Domimmunität wurde grundsätzlich nicht in Frage gestellt. Einzelne Übergriffe wurden mit einem städtischen Interesse entschuldigt, das sich nicht gegen die Geistlichkeit richte. Auf dem Gebiet des Gerichtswesens betonte die Stadt ihre Zuständigkeit bei vor dem Hochgericht zu verhandelnden Fällen. Für die Streitigkeiten um Liegenschaften und Zinse gestand sie nur scheinbar dem geistlichen Gericht eine Sonderstellung zu. Zwar wurde dessen Zuständigkeit nicht bestritten; da jedoch auf Wunsch einer Partei vor dem weltlichen Richter verhandelt werden sollte, war bei Angelegenheiten, bei denen Bürger beteiligt waren, auf Grund dieser Rechtsposition stets das weltliche Gericht zu erwarten.

Ein eigener Rechtsstandpunkt der Stadt gerade im Bereich der Gerichtsbarkeit über Zins und Erbe geht auch aus ihrer Gegenklage vom April 1351 hervor. Sie beschwert sich hier darüber, daß das Domkapitel bei einer Angelegenheit, die eindeutig das weltliche Gericht betreffe, nämlich um „unser bürger gut und erbe", das „in unser fryheide und uszenwendich der dompherrn montaten" gelegen sei, Bürger „mit Römschen briefen uszenwendich der stat" vor Gericht geladen habe[141]. Hiermit ist wohl das päpstliche Gericht gemeint[142]. Mit der Gegenüberstellung von Stadtbezirk und „montaten" der Domherren wird die besondere Rechtsstellung der Domimmunität anerkannt. Für das außerhalb dieses Bezirks liegende städtische Gebiet wird allerdings die Rechtsprechung des weltlichen Richters gefordert.

Eine Einigung zwischen Stadt und Erzbischof fand wohl im folgenden Jahr statt. Dabei konnten die Bürger durchaus Erfolge erzielen. Sie gestanden zwar zu, daß „pfaffen, rittere und knechte, edel lude" vom Stapelzwang befreit seien, allerdings mit dem ausdrücklichen Zusatz, daß es sich um solche handele, „die damit nit kaufmannschaft tribent"[143]. Auch von der Gefangennahme und Gefangenhaltung von Personen wurde nur insoweit abgerückt, als es sich nicht um „sunderlich widersagte viande der stede" handele oder solche, „die wider der stede fryheit getan hetten"[144]. Die Alleinzuständigkeit des geistlichen Gerichts für den Klerus wurde zwar bejaht. Bei Missetaten, die das weltliche Gericht betrafen, sollte der Offizial die Betreffenden jedoch „vahen mit des schultheyßen boten und ... sie degraderen" und anschließend dem Schultheißen überantworten[145]. Auch im Hinblick auf die sachliche Kompetenz der beiden Gerichte wurde zwar die Möglichkeit eingeräumt, daß Offizial bzw. Chorbischof bei Zins- und Erbangelegen-

---

141 *Rudolph*, Quellen, Nr. 56, Art. 20. Eine Klage der Stadt gilt auch der Erhöhung von Gebühren bei Heiraten und Beerdigungen (Art. 12).
142 Vgl. *Seidel*, Immunitätsrechte, S. 69 f. Dies geht auch aus dem Zusatz hervor, daß das Vorgehen deshalb nicht Rechtens sei, weil nur in dem Falle ein Einschalten dieses Gerichts möglich sei, wenn man vor dem geistlichen nicht sein Recht erhalten habe.
143 *Rudolph*, Quellen, Nr. 58, Art. 3. Bereits 1350 IX 8 im Vertrag zwischen Stadt und Balduin wird von ihr gefordert, „paffen, ritter, knechte, edellute" ungehindert verkehren zu lassen (ebda., Nr. 51). Vgl. auch LHAKO Abt. 1 A Nr. 4003.
144 *Rudolph*, Quellen, Nr. 58, Art. 4.
145 Ebda., Art. 9.

heiten vorluden, andererseits jedoch – wie schon in der Antwort der Bürger auf die Vorwürfe Balduins – jedem Beklagten die Möglichkeit zugestanden, eine Verhandlung vor dem weltlichen Gericht zu verlangen[146].

Die Formulierungen des schiedsrichterlichen Spruches zeigen, daß es sich hier um einen Kompromiß mit Vorteilen für die Stadt handelte, der zum Teil auch Ermessensspielraum bot, um die eigene Auffassung bei Gelegenheit wieder zur Geltung zu bringen. Darüber hinaus erweisen sich erneut das besondere Interesse und die Unnachgiebigkeit der Bürgerschaft bei Punkten, die die wirtschaftliche Seite betrafen. Dies wird in der Einschränkung bei der Befreiung vom Stapelzwang deutlich, dies zeigt sich auch im Erfolg der Stadt beim Bestreben, für Zins und Erbe das weltliche Gericht als Instanz stärker durchzusetzen[147]. Im Bereich der personellen Exemtion scheinen die Bürger nach dieser Urkunde ihre Stellung behauptet zu haben; für verschiedene Vergehen ist der Schultheiß auch bei Geistlichen ausdrücklich zuständig, von einem besonderen Gerichtsstand der Dienerschaft ist nicht die Rede. Allerdings kommen gegensätzliche Rechtsauffassungen in dieser Beziehung später wieder zum Tragen.

Daß der Kompromiß überhaupt nicht von langer Dauer gewesen sein kann, läßt sich daraus ersehen, daß schon bald erneute Klagen Balduins gegen die Stadt überliefert sind. Hiernach hat sie ein Gesetz gemacht, das sich gegen die vom Offizial beanspruchte Gerichtsbarkeit bei Zins und Erbe richtet. Sie will „keynen paffen noch geistlichen luden" recht geschehen lassen, wenn der Offizial nicht vorher den von ihm jeweils als Strafe verhängten Bann aufhebt[148], und hat angeordnet, daß Urkunden und Verfügungen von Offizial oder Chorbischof nicht akzeptiert werden sollen, sofern sie sich auf Zinse und Erbe beziehen[149]. Die Bürger haben darüber hinaus die Boten des erzbischöflichen Hofes vor das weltliche Gericht gezwungen[150] und lassen es nicht zu, daß man sich überhaupt vor dem weltlichen Gericht auf Urkunden von geistlichen Richtern gegen im Bann befindliche Leute stützt[151].

Diese und weitere Vorwürfe beziehen sich auf das geistliche Gericht und seine Kompetenz. Sie zeigen, daß die Bürger gerade in dieser Beziehung zu einem Generalangriff angesetzt hatten. Das 1352 im Kompromiß mit Balduin Erreichte

---

146 Ebda., Art. 10.
147 Das formelle Recht der geistlichen Richter zur Vorladung war insofern wenig bedeutsam, als ihm nicht Folge geleistet zu werden brauchte. Vgl. *Seidel*, Immunitätsrechte, S. 71.
148 *Rudolph*, Quellen, Nr. 60, Art. 1.
149 Ebda., Art. 2.
150 Ebda., Art. 3. Als Grund für die Handlungsweise wird die Vorladung von Bürgern in Zinsangelegenheiten angegeben.
151 Ebda., Art. 4. Der Trierer Bürger Heinrich von dem Mulboume, der wegen einer Zinssache gebannt war, spreche mit städtischer Duldung weiterhin als Schöffe Urteile aus; die anderen Schöffen hätten ihm verboten, sich wegen der Zinse vor dem Offizial zu verantworten (Art. 5 f.).
152 Vgl. hierzu und zum folgenden auch *Laufner*, Gerechtsame, S. 28 f.
153 Vgl. STATR Y 2, Art. 25 (bei *Rudolph*, Quellen, Nr. 68 fehlt dieser Artikel).

genügte ihnen anscheinend nicht; nach den Maßnahmen zu urteilen, ging es nunmehr darum, jegliche Mitwirkung des geistlichen Gerichts bei den Besitzstreitigkeiten zu unterbinden. Wie selbstbewußt städtische Kreise gegenüber dem alternden Erzbischof auftraten, beweist auch der zehnte Punkt der Klageschrift. Er nimmt auf ein Ereignis Bezug, das sich zwischen 1351 und 1353 ereignet haben muß. Es liefen angeblich mehr als fünfzig Metzger und auch andere Bürger sonntags „mit nacht und mit nebele" zum erzbischöflichen Palast. Die Schar öffnete dort gewaltsam die Tür und beschädigte sie, schlug den Pförtner und einen Diener des Erzbischofs wund[154]. Über die Ursache des Auflaufs wird nichts ausgesagt[155], es ist aber nicht auszuschließen, daß man bei dem rabiaten Auftreten auf die Rückendeckung der städtischen Führung zählen konnte[156]. Daß die Position Balduins gegenüber den Bürgern kurz vor seinem Tode nicht allzu stark war, läßt sich daraus ersehen, daß er mit ihnen eine „Geduld" auf sechs Jahre abschloß, die im darauffolgenden Jahr sein Nachfolger Boemund von Saarbrücken wieder aufnahm[157]. Dies bedeutete ein Hinausschieben der Entscheidung. Der Stadt gab es die Möglichkeit, bei fehlender Regelung in der Praxis die geistlichen Sonderrechte weiter auszuhöhlen.

Nachdem Kuno von Falkenstein zunächst einen ähnlichen Vertrag geschlossen hatte[158], griff er 1364 zu härteren Maßnahmen gegen die ihm allzu selbstbewußt auftretende Bürgerschaft. Er ließ Triers Zugänge durch Mannschaften sperren, Bürger, die sich dennoch aus der Stadt wagten, gefangennehmen und schloß ein Bündnis mit Herzog Wenzel von Luxemburg, wonach dieser eine Handelssperre gegen die Stadt und gegebenenfalls Hilfe für den Erzbischof versprach[159]. In der städtischen Oberschicht erfolgte um dieselbe Zeit der Zusammenschluß von Jakobs- und Bürgerbruderschaft[160]. Die Streitpunkte ähneln den bereits unter Erzbischof Balduin erhobenen gegenseitigen Vorwürfen[161]. Für das Domkapitel von Bedeutung sind erneut Gerichtsbarkeit, Immunität und geistliche Vorrechte, die sich auf wirtschaftlichem Gebiet auswirkten.

---

154 Vgl. *Rudolph*, Quellen, Nr. 60, Art. 10.
155 *Laufner*, Gerechtsame, S. 29, bringt die Ereignisse mit der Klage von 1364 über den Übergriff Michels von Vierscheid in Verbindung (STATR Y 2, Art. 26). Dies ist jedoch wegen der unterschiedlichen Datumsangabe und des Berufes von Michel („gewender" und nicht Metzger; vgl. *Lamprecht*, Wirtschaftsleben 2, S. 342 Anm. 7) nicht anzunehmen.
156 Allerdings betonte die städtische Führung gegenüber Balduin, „dat uns dat allerwege leit ist geweist unde noch leit ist" (STATR Y 1 Art. 10).
157 Vgl. *Rudolph*, Quellen, Nr. 59 (1353 XI 5) u. 61 (1354 V 7).
158 Ebda., Nr. 66 u. LHAKO Abt. 1 A Nr. 4033 v. 1362 IX 30.
159 *Hontheim*, Historia 2, S. 231–233; *Würth-Paquet*, Table 24 (1869), Nr. 418 S. 90 f.; *Ferdinand*, Cuno von Falkenstein, S. 41 f.; *Kentenich*, Geschichte Trier, S. 213.
160 Vgl. *Schulz*, Ministerialität Trier, S. 141 f.
161 Die Vorgänge sind nur zum Teil bei Rudolph ediert. Margarete Seidel hat in ihrem Aufsatz das ungedruckte Material nicht herangezogen; zu den Streitigkeiten vgl. ferner *Kentenich*, Geschichte Trier, S. 212–219, vor allem aber *Laufner*, Gerechtsame; für die Balduinzeit *ders.*, Triers Ringen, S. 160–162. Vgl. auch LHAKO Abt. 1 A Nr. 4038–4073.

Bereits im Abkommen des Erzbischofs mit den Bürgern vom September 1362 war auf die Gerichtsbarkeit Bezug genommen worden. Ein etwaiges Gebot der Stadt gegen die Gerichte des Stadtherrn und seines Stifts sollte hiernach hinfällig sein[162], was sich wohl auf die erwähnten Kampfmaßnahmen aus der Balduinzeit bezieht. Bei der ersten Aussöhnung beider Parteien 1364 wird über geistliches und weltliches Gericht ausgesagt, daß jedes „by sime rechte verlyben und gehalten werden" solle. Interessant ist, daß die Stadt in diesem ersten Kompromiß wichtige Zugeständnisse machte und auf Behinderung des Verkehrs auf der Mosel und sogar ihre Amortisationsgesetzgebung von 1344 verzichtete[163]. Letzteres fiel ihr jedoch wohl deshalb leichter, weil sie inzwischen auf anderem Wege, nämlich mit der Ausschaltung des geistlichen Gerichts, Erfolge erzielt hatte. Nicht zuletzt ist ihr Nachgeben wohl auch auf die bedrohliche Situation durch das Bündnis des Falkensteiners mit dem Luxemburger Herzog zurückzuführen[164]. So sahen sich die Bürger ihrerseits nach einem mächtigen Bundesgenossen um, den sie in Herzog Johann von Lothringen fanden[165]. Inzwischen waren jedoch von beiden Seiten bereits die Klagepunkte beim Kaiser vorgelegt worden[166].

Die Beschwerde des Erzbischofs, daß die Stadt „leenlude", insbesondere zwei Türhüter des Domkapitels, vor das weltliche Gericht gezogen habe[167], macht deutlich, daß das Kapitel weiterhin auf der exemten Stellung seiner Abhängigen beharrte, die Bürger jedoch versuchten, hier eine Änderung herbeizuführen. Daß bei den Regelungen unter Erzbischof Balduin der Gerichtsstand der Dienerschaft nicht erwähnt wurde, besagt demnach also nicht, daß das Domkapitel bereits seine Position aufgegeben hatte. Einen Boykott hatte die Stadt gegen die Archidiakonatsgerichtsbarkeit verhängt, nach der Darstellung Kunos deshalb, weil sein Vorgänger Boemund unter Bann die christliche Grablegung von einigen als Wucherer bezeichneten Leuten verboten habe[168]. Bei der Aufzählung der

---

162 LHAKO Abt. 1 A Nr. 4033; *Rudolph,* Quellen, Nr. 66, Art. 5.
163 Ebda., Nr. 67 v. 1364 IX 22. Dem Chorbischof wird auch die Sendgerichtsbarkeit zugestanden (Art. 1).
164 Hierzu auch *Ferdinand,* Cuno von Falkenstein, S. 42.
165 Sie schlossen mit ihm 1364 X 28 einen Vertrag (vgl. *Rudolph,* Quellen, Nr. 70; vollständig gedruckt: *Kentenich,* Trierer Stadtrechnungen, S. 101–107). Vgl. auch *Ferdinand,* Cuno von Falkenstein, S. 45 u. insbesondere *Richard Laufner,* Triers Bündnis- und Schirmverträge, S. 111–113.
166 Vgl. hierzu *Laufner,* Gerechtsame; vgl. neben den im folgenden genannten Belegen auch LHAKO Abt. 1 A Nr. 4042 f.
167 STATR Y 2, Art. 28.
168 Art. 13: Sie haben den Chorbischof gehindert, „daz ym die sendtscheffen nit sitzen noch rŭgen wolden", weil Boemund „etzlichen uffenbaren wůcherer verbieden dede under dem banne cristenliche grabeley". Dies ist eine sehr interessante Begründung. Sie zeigt, daß offenbar städtische Bürger der Wucherei bezichtigt wurden, die dann dem Urteil des geistlichen Gerichts wie hier durch den Chorbischof unterstand. Eine exakte Datierung der Vorgänge war leider nicht möglich, die Regierungszeit von EB Boemund (1354–1362) gibt aber den Rahmen an. Die geschilderte Tätigkeit von christlichen Personen dürfte

Beschuldigungen können ferner Immunitätsverletzungen nicht fehlen, wobei hier die Gefangennahme des Abts von Prüm und der beiden Domherren Johann von Urley und Richard Marschall von Daun (= Densborn) erwähnt wird[169]. Darüber hinaus folgt eine Schilderung der Gewalttaten des Michel von Vierscheid in der Domimmunität; für den an diesen gelangten Kapitelshof Weiskirchen wird endlich Rückgabe verlangt[170]. Einen Übergriff hatte sich die Stadt auch gegen den Domherrn und Propst von St. Paulin, Ruprecht von Saarbrücken, erlaubt und ihm an seinen Propsteigütern Schaden zugefügt[171]. Um ein altes Recht, das die Stadt im Dom wahrnahm, handelt es sich beim Läuten der sogenannten „hobeglocke" (Hofglocke) zur Alarmierung der Bürgerschaft bei besonderen Notfällen und zur Versammlung auf dem „Kamphof" zum Gottesurteil im Zweikampf[172]. Erzbischof Kuno verbot nunmehr auf Veranlassung des Domkapitels diesen Brauch, „wan die glocken zu gotzdienste dar gehangen sint und nit von den burgeren noch von der stede wegen"[173]. Das Domkapitel reagierte mit seinem Vorstoß beim Erzbischof sichtlich auf das feindselige Verhalten bürgerlicher Kreise und versuchte, der Stadt jedwede Berechtigung im eigenen Machtbereich abzusprechen. In den wirtschaftlichen Zusammenhang gehört die erneute Klage wegen Transportbehinderung, Erhebung von Wegegeld und der Verlegung der Kramläden von der Posterne nach St. Gangolf[174]. Nach der Klage Kunos hatte die Stadt auch ihren Kampf im Hinblick auf Liegenschaften und Zinse fortgesetzt. Sie gestattete in solchen Angelegenheiten keine Klage vor dem geistlichen Gericht, pochte auf die Zuständigkeit des weltlichen Gerichts und erkannte nur solche Urkunden als Beweisstücke an, die durch das Stadtsiegel beglaubigt waren[175]. Ihre Amortisationsgesetzgebung hatte der Geistlichkeit einen Schaden von angeblich 10 000 Silbermark zugefügt[176].

Die Antwort der Stadt auf die Klageartikel Kunos an Karl IV. ging auf die einzelnen Punkte von ihrem Standpunkt aus ein. Dabei wurden einzelne Vorwürfe

---

auch damit zusammenhängen, daß nach der großen Judenverfolgung von 1348/49 die Übernahme bisher von Juden wahrgenommener Funktionen durch andere Kapitalgeber nötig wurde. Zu 1348/49 vgl. *Alfred Haverkamp*, Der Schwarze Tod und die Judenverfolgungen von 1348/49 im Sozial- und Herrschaftsgefüge deutscher Städte, in: Fragen des älteren Jiddisch. Kolloquium in Trier 1976. Vorträge, hg. v. *Hermann-Josef Müller* und *Walter Röll* (Trierer Beiträge. Aus Forschung und Lehre an der Universität Trier, Sonderheft 2), Trier 1977, S. 78–86; *ders.*, Juden Trier. Zu einem ähnlichen Vorgang STATR Tr 41 Art. 17. Vgl. zur Klage Kunos auch *Ferdinand*, Cuno von Falkenstein, S. 42 f.; *Kentenich*, Geschichte Trier, S. 217 f.
169 Art. 18.
170 Art. 25 f. Vgl. auch *Holbach*, Domfreiheit.
171 STATR Y 2b, Städtische Übergriffe, Art. 1. Unter den Geschädigten erscheint auch der Vikar Nikolaus von Luxemburg (Art. 9).
172 Vgl. *Laufner*, Gerechtsame, S. 9.
173 STATR Y 2, Art. 27.
174 Art. 15 u. 22; *Rudolph*, Quellen, Nr. 68, Art. 20.
175 Art. 3 u. 4.
176 Art. 7.

bestritten[177], für andere berief man sich auf alte Rechte[178]. In den eigenen Klagepunkten gegen den Erzbischof betonte man unter anderem das der Stadt auch vom Reich bestätigte und lange gehörende Stapelrecht[179], beschwerte sich darüber, daß Kuno die Amortisationsgesetzgebung abgeschafft haben wolle[180], bestritt überhaupt die Berechtigung des Offizials, in der Stadt „van eygen und van erbe" zu richten[181] und wandte sich gegen das an die Pfarrer gerichtete Verbot des Offizials, Sakramente zu spenden[182].

Die gegeneinander erhobenen Beschuldigungen brachten vor dem Kaiser die unterschiedlichen Rechtsauffassungen zum Ausdruck. Der Erzbischof konnte sich dabei auf seine Position als Stadtherr stützen, die Stadt argumentierte zum Teil mit Gewohnheitsrechten oder ihr verbrieften Freiheiten. Beide Seiten versuchten ihre Ansichten in Prag möglichst wirksam zu vertreten. Erzbischof Kuno reiste selbst dorthin, die Stadt sandte Ritter Johann Wolf von Sponheim, Schöffenmeister Johann Wolf und den Schöffen Johann Walram[183]. Das Urteil Karls IV. erfolgte im Dezember desselben Jahres in Gegenwart beider Parteien; es begünstigte den Erzbischof und hob sogar den städtischen Rat auf[184].

Etwa ein halbes Jahr später söhnte sich die Stadt mit Kuno aus[185]. In einigen entscheidenden Punkten mußte die Bürgerschaft dabei zurückstecken. Sie verzichtete erneut und diesmal gänzlich auf den Stapelzwang[186], sie erlaubte einen ungehinderten Transport aller Naturaleinkünfte der Geistlichkeit innerhalb wie außerhalb Triers, sofern es sich nicht um Getreide und Wein aus Käufen handelte[187]. Die Abgabenfreiheit des Klerus blieb damit bestehen, jedoch waren nur die eigenen Produkte unbelastet; für Kauf und Weiterverkauf mit Profit wurden die Geistlichen nicht von Zahlungen befreit und als Konkurrenten der Stadt im

---

177 So die Stoßrichtung der Amortisationsgesetzgebung gegen die Geistlichkeit und auch die Behinderung des Sendgerichts (STATR Y 3, Art. 7 u. 13).
178 So für das Läuten der Hobeglocke und für die Transportbehinderung (Art. 27 u. 15). Die Exemtion der geistlichen Lehnsleute vom weltlichen Gericht wurde als unüblich, bei Zins und Erbe die Praxis einer Verhandlung vor dem weltlichen Gericht auf Verlangen des Vorgeladenen als normale Praxis dargestellt. Im Zusammenhang mit der Verlegung der Kaufstätten und einer Vertreibung der Weber von St. Paulin und St. Maximin vom Hauptmarkt wurde auf die Marktfreiheit der Stadt hingewiesen. Für den Fall des Michel von Vierscheid distanzierte man sich nicht mehr in der Form wie zur Zeit Balduins; vielmehr erklärte man, nichts damit zu schaffen zu haben, und verwies auf die Möglichkeit, Michel gerichtlich zu belangen. Der Hof Weiskirchen sei zu Recht an ihn gefallen. Dem Ruprecht von Saarbrücken wurde anheimgestellt, seinen Schaden zu nennen.
179 *Rudolph,* Quellen, Nr. 69, Art. 1.
180 Ebda., Art. 2.
181 Art. 16.
182 Art. 17 f.
183 Vgl. *Ferdinand,* Cuno von Falkenstein, S. 46.
184 Vgl. ebda., S. 84 f.; *Rudolph,* Quellen, Nr. 71, vgl. auch Nr. 73.
185 Ebda., Nr. 75 v. 1365 VI 16. Vgl. auch *Ferdinand,* Cuno von Falkenstein, S. 49.
186 *Rudolph,* Quellen, Nr. 75, Art. 2; vgl. auch Nr. 71, S. 384 f.
187 Ebda., Nr. 75, Art. 4.

Handel damit nicht bevorzugt. Im seit langem strittigen Bereich des Güter- und Zinserwerbs durch den Klerus verzichtete die Stadt auf die Amortisationsgesetzgebung[188]. Den Geistlichen wurde die Möglichkeit zugestanden, Zinse vor dem geistlichen Gericht einzuklagen; allerdings war derjenige, der eine Verhandlung vor dem weltlichen Gericht wünschte, vom Offizial oder Richter des Chorbischofs wieder dorthin zu verweisen. Für anderes „eygen und erbe" in Trier wie Häuser, Gärten, Wingerte, Felder und Wiesen bezeichnete man das weltliche Gericht als zuständig; wer dennoch vor ein geistliches Gericht geladen wurde, mußte auf Verlangen unverzüglich dem weltlichen Richter überstellt werden[189].

Im ganzen weicht die Formulierung von der Regelung von 1352 etwas ab, in der bei der ersten Einigung der Stadt im gravierenden Konflikt mit Balduin eine ähnliche Vereinbarung für den Fall getroffen worden war, daß eine der beiden vor das geistliche Gericht geladenen Parteien einen anderen Gerichtsstand forderte. Insbesondere ist die Trennung von Zinsen und in Häusern und Grundstücken bestehendem Besitz neu, wobei die Stadt im ersteren Fall sich mit der 1352 getroffenen Übereinkunft zufrieden gab, für den andersartigen Besitz jedoch in stärkerem Maße auf dem weltlichen Gericht beharrte. Vor allem an der Einschränkung des Hauserwerbs der Geistlichkeit in der Stadt mußte ihr ja gelegen sein, da ihr sonst wichtige Steuereinnahmen verlorengingen. Daß sie für die geistlichen Zinse wesentlich konzessionsbereiter war, geht auch daraus hervor, daß sie Anweisung gab, den klagenden Geistlichen bei Nachweis ihres Anspruchs Urkunden mit Stadtsiegel auszustellen, und fernerhin bei Verzögerung der Verhandlung vor dem weltlichen Gericht über ein Jahr hinaus eine erneute Klage vor dem Offizial ohne Möglichkeit der „wydersendunge" gestattete[190].

Insgesamt gesehen hatte die Stadt durch das vom Kaiser gefällte Urteil zwar Einbußen hinnehmen müssen. Besonders schwer wogen die Aufhebung des Rates, gegen die sie protestierte und der sie keine Folge leistete[191], sowie die Kassierung seiner Verordnungen wie der Amortisationsgesetzgebung. Auf der anderen Seite hatte sich die Bürgerschaft in einigem recht gut behaupten können. Wenn sie auch mit ihrer zu weit gehenden Absicht, dem Offizial jede Mitwirkung bei den Zins und Erbe betreffenden Fällen abzusprechen, nicht durchgedrungen war[192], hatte sie doch in der Sühne mit dem Erzbischof eine für sie recht tragbare Lösung in der Zuständigkeit des weltlichen Gerichts bei Besitzstreitigkeiten erreicht und für einen nicht auf den eigenen Naturaleinkünften basierenden Handel des Klerus keine Begünstigungen zugesagt. Verschiedene Bereiche, in denen es Streitigkeiten gegeben hatte, wurden von der getroffenen Regelung nicht erfaßt. Hier bot sich den Bürgern die Möglichkeit, die bisher geübte Praxis weiterzuverfolgen.

---

188 Ebda., Art. 3.
189 *Rudolph,* Quellen, Nr. 75, Art. 5. Es wurden auch Einzelverfügungen über die Art des Beweises von Besitzansprüchen getroffen.
190 Ebda., Art. 5.
191 Vgl. *Kentenich,* Geschichte Trier, S. 219.
192 So in der Klage bei Karl anhängend. Vgl. oben u. Anm. 181.

Insbesondere gilt dies für die der Kirche unterstehende Dienerschaft. Deren Abgabenfreiheit wurde von der Stadt nicht anerkannt. Dies machen vor allem die beiden überlieferten Volleisten von 1363/64 und 1374/75 deutlich, in denen etliche vom Kapitel, einzelnen Domherren oder anderen geistlichen Institutionen abhängige Personen zur Steuer veranlagt werden[193]. Ein solches Vorgehen steht im Widerspruch zu der erwähnten, vom Domkapitel 1258 beurkundeten Freiheit seiner Dienerschaft von derlei Zahlungen. Die unter Diether und Balduin getroffene Regelung für die Ungelderhebung[194] deutete jedoch schon darauf hin, daß es der Stadt recht früh gelungen zu sein scheint, diese Rechtsposition zu erschüttern. Lediglich für die eigene Person konnte der Klerus seine bevorzugte Stellung in etwa aufrechterhalten, wie auch die Vereinbarung für den Naturalientransport 1365 erschließen läßt. Die bisherige gerichtliche Sonderstellung der Dienerschaft wurde ebenfalls in Frage gestellt, wie die von Balduin und Kuno erhobenen Vorwürfe belegen. Auch hier steht die Urkunde von 1258 entgegen, die freilich auf schon damals bestehende Schwierigkeiten hindeutet. Städtische Übergriffe richteten sich bei den eben behandelten Auseinandersetzungen des 14. Jahrhunderts auch gegen Domherren selbst, was jedoch bereits früher, so 1287 im Falle des Peter von Franchirmont, geschehen war; die Bürgerschaft nahm jedoch nur bei Bluttaten ein Recht auf derartige Maßnahmen in Anspruch[195]. Sie hatte im Verhältnis zu den etwa 100 Jahre früheren, freilich weniger ausführlich überlieferten Auseinandersetzungen erkennbar eine Verbesserung ihrer rechtlichen Position gegenüber der Geistlichkeit, speziell auch dem Domkapitel, erreicht, vor allem bei Streitpunkten, die das wirtschaftliche Gebiet betrafen, weniger für die geistliche Exemtion auf dem Sektor der Gerichtsbarkeit. Ein sehr selbstbewußtes Auftreten der Bürgerschaft gegenüber dem Stadtherrn und der Geistlichkeit ist bei der Austragung des Konflikts unverkennbar.

Für die Spannungen um die Mitte des 13. Jahrhunderts wurde festgestellt, daß sie sich zeitlich mit der Konsolidierung der Schöffenherrschaft und Ausbildung eines von den Schöffenfamilien gebildeten „Patriziats" decken. Im Verlauf des 14. Jahrhunderts machen sich erneut wichtige Veränderungen bei der städtischen Führungsschicht bemerkbar. Nach einem kurzen Aufflammen von Gegensätzen[196]

---

193 Vgl. oben zu den personellen Beziehungen und *Seidel,* Immunitätsrechte, S. 135–137.
194 Vgl. Anm. 105.
195 Siehe STATR Y 1.
196 Zu den Auseinandersetzungen zu Beginn des 14. Jahrhunderts vgl. *Schulz,* Ministerialität Trier, S. 152–158; zur Datierung (1303) *Heit,* St. Maximin, S. 139 Anm. 70. Die Einrichtung einer Ratsverfassung im Jahre 1303 ist ein Ereignis, dem in der Forschung besondere Bedeutung beigemessen wurde (vgl. *Kentenich,* Geschichte Trier, S. 203; ders., in: *Rudolph,* Quellen, S. 52*–57*). In der Tat stellt sie ein Zeugnis für das Bemühen der nachdrängenden Schichten dar, eine Beteiligung am Stadtregiment zu erhalten. Sicherlich darf aber – wie neuere Forschungen aufgezeigt haben – nicht übersehen werden, daß den „Zunftrevolutionen" keineswegs ein zu großes Gewicht beigemessen werden darf, da sich auf Grund unterschiedlicher Möglichkeiten der im Rat vertretenen Familien sehr bald die alten Geschlechter wieder durchsetzten (vgl. hierzu grundlegend *Erich Maschke,* Verfassung

gab es einen „Prozeß des Ausgleiches und der Annäherung" zwischen dem „Patriziat" und den nachrückenden Schichten[197]. Ein Beleg hierfür ist die Neubesetzung von freigewordenen Stühlen in der Wechslerhausgenossenschaft im Jahre 1351 mit Personen, die nicht „von rechter lynigen dar zu geboren" waren[198]. Noch deutlicher wird dies beim bereits erwähnten Zusammenschluß von 1364 zwischen Jakobs- und Bürgerbruderschaft[199], in denen unterschiedliche städtische Kreise vertreten waren[200]. Welche Bedeutung von den Erzbischöfen und der Geistlichkeit den beiden Vereinigungen beigemessen wurde, geht auch aus den Klagen Balduins und Kunos hervor, die sich über die Schaffung neuer „bruderschefte" beschwerten[201]. Die Zusammenlegung von Jakobs- und Bürgerbruderschaft erfolgte gleichzeitig mit dem Ausbruch der großen Streitigkeiten mit Erzbischof Kuno und kann nicht nur als Beleg für die Annäherung zwischen „engerem" und „weiterem Patriziat"[202], sondern auch für das Bemühen der städtischen Kreise gewertet werden, ein geschlossenes Auftreten im Kampf mit dem Stadtherrn und der Geistlichkeit zu erreichen[203]. Ebenso wie bei den Auseinandersetzungen der fünfziger Jahre des 13. Jahrhunderts mag eine Konsolidierung in der Oberschicht dazu beigetragen haben, daß sich diese für eine Auseinandersetzung mit Stadtherrn und Klerus besser gerüstet glaubte. Im längeren und von seiten der Stadt selbstbewußt geführten Streit kam es zu einem Ausgleich, der zwar einer inzwischen durch die Praxis veränderten Situation teilweise Rechnung trug, der Geistlichkeit und damit auch dem Domkapitel jedoch durchaus noch viele ihrer angestammten Vorrechte und damit für die Zukunft genügend Konfliktstoff im rechtlichen Verhältnis von Stadt und kirchlichen Institutionen bestehen ließ.

Dennoch scheint die Beilegung der Konflikte zu einer gewissen Beruhigung der Situation geführt zu haben, wie auch hundert Jahre früher zunächst außer Immunitätsverletzungen keine weiteren Vorstöße von bürgerlicher Seite belegt sind. Allerdings gab es 1377 einen erneuten Zusammenstoß zwischen Stadt und Stadtherrn, wobei jedoch die schließlich getroffenen Vereinbarungen für die rechtlichen Beziehungen von Bürgern und Kapitel weniger von Belang sind[204]. Das

---

und soziale Kräfte in der deutschen Stadt des späten Mittelalters, vornehmlich in Oberdeutschland, in: VSWG 46, 1959, S. 289–349, 433–476). Für Trier kommt noch die starke Persönlichkeit des Luxemburgers Balduin hinzu, der 1309 von der Stadt eine Aufhebung der unter Diether durchgesetzten Ratseinrichtung erzwang, auf die Dauer allerdings damit scheiterte.

197 *Schulz,* Ministerialität Trier, S. 159.
198 *Kentenich,* Trierer Stadtrechnungen, S. 99–101; *Rudolph,* Quellen, Nr. 57; vgl. hierzu auch *Schulz,* Ministerialität Trier, S. 136–141.
199 1364 VI 30: *Kentenich,* Trierer Stadtrechnungen, S. 96–99; *Rudolph,* Quellen, Nachtrag, S. 710–713. Vgl. hierzu auch *Kentenich,* Geschichte Trier, S. 213 f.
200 Vgl. *Schulz,* Ministerialität Trier, S. 141–150.
201 *Rudolph,* Quellen, Nr. 55, Art. 4; Nr. 58, Art. 7; Nr. 68, Art. 10; Nr. 71, S. 349.
202 Vgl. zu diesen Begriffen *Schulz,* Ministerialität Trier, bes. S. 141.
203 Vgl. ebda., S. 142; *Kentenich,* Geschichte Trier, S. 214.
204 Vgl. *Rudolph,* Quellen, Nr. 85. Vgl. auch *Kentenich,* Geschichte Trier, S. 219–221; *Ferdinand,* Cuno von Falkenstein, S. 50–53; LHAKO Abt. 1 A Nr. 4115; 1 C 5 Nr. 413–415.

Domkapitel wurde freilich ebenso wie andere Institutionen durch die Kampfmaßnahmen der Stadt in Mitleidenschaft gezogen, die die Stadttore mehr als fünf Wochen lang schloß, den anwesenden Klerus wie auch weitere Personenkreise festhielt und am Transport von Gütern hinderte[205]. Auch wurde eine Bestimmung über das geistliche Gericht des Offizials getroffen, die verbot, einem gebannten Bürger innerhalb eines Jahres eine Strafe in Geld oder Geldes Wert aufzuerlegen[206]. Für das Kapitel interessant ist schließlich die Klage der Bürger, daß die Domherren einen öffentlichen Weg außerhalb ihrer Immunität im Stadtbereich, nämlich am Caecilienhof (Dietrichstraße), versperrt hätten[207]. Offenbar antwortete die Stadt hier mit entsprechenden Gegenmaßnahmen. In der Einigung mit dem Erzbischof ist davon die Rede, daß sie den genannten Weg und einen anderen „zu dem putze in dem marte" jetzt geöffnet habe, hierdurch die Angelegenheit jedoch noch nicht erledigt sei und gerichtlich ausgetragen werden solle, falls man sich nicht gütlich einige[208]. Der Anspruch der Bürger auf das in ihrem Bereich gelegene Gebiet wird an diesem Vorgang erneut deutlich. Ansonsten gelang es der Bürgerschaft in der Sühne von 1377, den Erzbischof weiter zurückzudrängen, der in der Folgezeit nur noch selten nach Trier kam[209].

Unter dem Nachfolger Kunos, Werner von Falkenstein, sind keine rechtlichen Änderungen auf Grund von Konflikten zwischen Stadt und Geistlichkeit überliefert. Für die Einung der sieben Kirchen vom Ende des Jahres 1402[210], die in der Formulierung an die Muster aus dem 13. Jahrhundert anknüpft, müssen wohl in stärkerem Maße andere Gesichtspunkte als eine Gegnerschaft zu den Bürgern in Erwägung gezogen werden[211]. Nach einer erneuten Immunitätsverletzung zu Beginn des 15. Jahrhunderts verzichtete der Erzbischof 1403 auf ein Vorgehen gegen die Bürgerschaft[212].

Zu Zeiten Erzbischof Ottos und vor allen Dingen in den dreißiger Jahren kam es wieder zu stärkeren Spannungen zwischen Bürgern und Klerus, speziell dem Domkapitel. Die Gegensätzlichkeiten der späten zwanziger Jahre hängen dabei mit Differenzen zwischen Erzbischof und Kapitel zusammen. Im Verlauf der

---

205 Vgl. *Goerz,* Regesten, S. 354; Gesta Trevirorum 2, S. 272; *Brower-Masen,* Antiquitatum 2, S. 247; *Ferdinand,* Cuno von Falkenstein, S. 51; *Kentenich,* Geschichte Trier, S. 220; LHAKO Abt. 1 C 5 Nr. 413–415.
206 Ebda., *Rudolph,* Quellen, Nr. 85, Art. 4.
207 STATR Y 7: „Item hant die doymeherren uns eynen gemeynen wech der der stede vrijheit zu behorich ist in unser stat bij sent Cecilien hobe vermürt und versperret da midde sij uns gewalt und hochfart bewijst hant und heischen daz geraicht, daz wir auch dicke ersoit han."
208 LHAKO Abt. 1 C 5 Nr. 413; *Rudolph,* Quellen, Nr. 85, Art. 8.
209 Vgl. *Ferdinand,* Cuno von Falkenstein, S. 53; *Kentenich,* Geschichte Trier, S. 221.
210 Vgl. *Hontheim,* Historia 2, Nr. 769, S. 338–340; LHAKO Abt. 1 D Nr. 829–831 u. 4418 S. 17–28; Abt. 210 Nr. 44; Abt. 211 Nr. 513; Abt. 215 Nr. 569; BATR Abt. 95 Nr. 311 fol. 53; STATR G 5 u. 1681/397/4°.
211 Vgl. unten zum EB u. den geistl. Institutionen, S. 250 u. 350 ff.
212 *Goerz,* Regesten, S. 128. Die Stadt hatte den wegen „wegelagerung und geslege" von ihr verfolgten und in die Domfreiheit geflüchteten Thielmann Unbescheiden in ihre Gewalt und vor Gericht gebracht. Vgl. hierzu auch STATR Urk. X 18.

Streitigkeiten schaffte dieses trotz bürgerlicher Proteste den Domschatz und die Heiltümer teilweise aus der Stadt nach dem Familiensitz des Domscholasters Jakob von Sierck. Für das rechtliche Verhältnis von Stadt und Domkapitel ist festzuhalten, daß die Bürger 1429 anerkennen mußten, kein Recht an den Reliquien des Domes zu besitzen[213].

Die dreißiger Jahre brachten mit der Manderscheider Fehde Unruhe und Belastungen für die Stadt und die geistlichen Institutionen[214]. In die Anschlußzeit von 1437 bis 1440 fallen erneute heftige Zusammenstöße, die Zeichen einer durch die vorherigen Ereignisse bedingten Krisensituation, aber auch ein Indiz dafür sind, daß die besondere rechtliche Stellung der Geistlichkeit weiterhin den Anlaß zu Reibereien bildete. Im Bündnis der sieben Stifte und Klöster von 1437[215] werden die Verstöße der Stadt allerdings nicht im einzelnen genannt, es ist nur von Bedrängnissen die Rede, die die Freiheiten und Rechte, Güter, Gülten und Zinse der geistlichen Institutionen bedrohten. Im Dezember 1437 wurden geistliche Vertreter ernannt, die sich gegen die Stadt für die kirchlichen Rechte einsetzen sollten, welche die Bürger angeblich wiederholt verletzt hatten[216]. Erzbischof Raban gelang es trotz seiner Bemühungen[217] nicht, das Zerwürfnis zu beenden. Erst unter Jakob von Sierck kam ein Kompromiß zustande[218].

Die Schiedsrichter von 1440, der Erzbischof, der Domdechant Peter (Echter von Mespelbrunn) von Mainz und Arnold der Junge von Sierck entschieden, daß die Geistlichkeit wieder in Besitz, Privilegien und Herkommen wie zu Werners und Ottos Zeiten einzusetzen sei[219]. Dies bedeutete, daß die von der Bürgerschaft bis dahin erzwungenen Veränderungen bestehen blieben. Gülten und Renten aus Benefizien in und um Trier sollte der Klerus ungehindert transportieren und auch verkaufen dürfen, Mahlen, Backen und Tätigkeiten von Handwerksleuten für die geistlichen Institutionen waren von der Stadt nicht zu behindern[220]. Allerdings wurde die Einschränkung gemacht, daß Getreide oder Wein aus anderen Benefizien, also von weiter außerhalb, in der Stadt nicht von der Geistlichkeit verschenkt oder verkauft werden sollte, was das Domkapitel mit seinen weitverstreuten Besitzungen in besonderem Maße traf. Von der Stadt wurde damit eine räumliche Begrenzung der Handelsfreiheit des Klerus erreicht, der nur noch Produkte aus der engeren Umgebung Triers ohne Beschränkung auf den Markt

---

213 Vgl. LHAKO Abt. 1 D Nr. 901 u. BATR Abt. 91 Nr. 414 v. 1429 III 1.
214 Vgl. *Laufner,* Manderscheidsche Fehde.
215 STATR E 10; LHAKO Abt. 1 D Nr. 977; BATR Abt. 95 Nr. 311 fol. 55–58.
216 LHAKO Abt. 1 A Nr. 4202.
217 Vgl. *Goerz,* Regesten, S. 169 v. 1438 IV 13.
218 *Rudolph,* Quellen, Nr. 131 = LHAKO Abt. 1 D Nr. 996 u. 4190 S. 1–4; STATR 1644/380 S. 483–487; 1760/976 2° fol. 157–159; 1767/977 2° fol. 9–11. Vgl. die Urkunde von 1440 V 10 (STATR E 12; LHAKO Abt. 1 D Nr. 995; *Goerz,* Regesten, S. 175). Vgl. auch *Lager,* Jakob von Sirk (TA 3), S. 36 f.
219 *Rudolph,* Quellen, Nr. 131, Art. 2.
220 Ebda., Art. 3.

bringen konnte[221]. Auch für die Versorgung mit Naturalien galten ungehindert Bestellung, Transport und Kaufmöglichkeit nur für den eigenen Bedarf; der Wiederverkauf wurde verboten[222]. Mit der Lösung im Bereich des Grundbesitzes wurde einer der Hauptstreitpunkte aus dem Kompromiß ausgeklammert. Die Stadt sollte alle Güter der sieben Kirchen und ihrer „zuhelter" angeben, die innerhalb von dreißig Jahren ihr „schetzbahr" gewesen seien, und danach eine gütliche Einigung mit der jeweiligen Kirche treffen[223]. Für das Gesinde der Geistlichkeit wurden Schutz durch die Stadt und Freizügigkeit für Kommen und Gehen gefordert; lediglich bei schweren Übeltaten durfte die Stadt jemanden festhalten, sollte ihn aber „doch zimlich ungeletzt halten und seinen obersten antworten zu strafen"[224].

Die Bestimmungen des Kompromisses zeigen, daß die Bürger erneut im Zusammenhang mit solchen rechtlichen Fragen, die die wirtschaftliche Seite betrafen, Fortschritte erzielen konnten, im Bereich der Gerichtsbarkeit und Immunität jedoch weiterhin die Sonderstellungen anerkennen mußten. Für einen Erfolg und die Hartnäckigkeit der Stadt auf wirtschaftlichem Gebiet spricht auch die Tatsache, daß ihr am selben 11. Juli 1440 Erzbischof Jakob heimlich versprach, sechs Jahre hindurch den zehnten Pfennig vom Wein zu erstatten, den Geistlichkeit und „zuhelter" in Trier verzapften[225]. Dieses Zugeständnis des Stadtherrn, der sich „sauer damit bearbeitet"[226] hatte, die Sühne zustande zu bringen, steht wohl nicht zuletzt im Zusammenhang mit dem Nachgeben der Stadt gerade im Hinblick auf den Handel des Klerus mit Naturalien.

Offensichtlich waren die Spannungen, insbesondere zwischen Stadt und Erzbischof, auch in der Folgezeit noch nicht beendet, wie weitere Quellen bis 1443 belegen[227]. Von den undatierten Beschwerdepunkten Jakobs von Sierck erscheint in unserem Zusammenhang der Hinweis auf ein Vorgehen der Stadt gegen das geistliche Gericht bedeutsam, das nunmehr nach der Äußerung des Erzbischofs überhaupt in Frage gestellt wurde[228]. Auch werden Verstöße gegen die Rechte der Geistlichkeit, insbesondere Behinderung von Weinausschank und Verbot

---

221 *Seidel* (Immunitätsrechte, S. 118) weist auf die Parallelen dieser Bestimmung zur Wormser Pfaffenrachtung hin.
222 *Rudolph,* Quellen, Nr. 131, Art. 4.
223 Ebda., Art. 6.
224 Ebda., Art. 9.
225 *Rudolph,* Quellen, Nr. 132.
226 Ebda. Zu finanziellen Zugeständnissen gegenüber der Stadt auch LHAKO Abt. 1 D Nr. 994 v. 1440 V 6. Der Erzbischof versprach der Forderung der Stadt auf „sture und volleist" für das Domkapitel Genüge zu tun, das hierfür auf seine Ansprüche an die Stadt auf rückständiges Sestergeld verzichten sollte. Finanzielles Entgegenkommen zeigten auch die anderen Stifte und Klöster. Sie versprachen sogar, dem Erzbischof für die Bürger, „das sie die stat an buwe und anders da bas gehanthaben und yre schult erlichtern mogen", 3000 rh. fl. (jährlich 500) in den nächsten sechs Jahren „zu folleist" zu zahlen (LHAKO Abt. 1 A Nr. 4200 f. v. 1440 VII 26).
227 Vgl. *Rudolph,* Quellen, Nr. 134–136.
228 Vgl. *Rudolph,* Quellen, Nr. 135, Art. 1.

des Weintransportes, berichtet[229]. Dies steht durchaus in der Tradition der vorher berichteten Auseinandersetzungen.

Interessant ist, daß auch zum Zeitpunkt der Zusammenstöße in den späten dreißiger und beginnenden vierziger Jahren des 15. Jahrhunderts Veränderungen in der städtischen Führungsschicht vor sich gegangen waren. Die Manderscheidsche Fehde hatte zur Stärkung zünftischer Kreise geführt; die bisher im Hintergrund stehenden neun kleinen Zünfte erlangten eine Mitbeteiligung am Rat, der die Schöffen weiter zurückdrängte[230]. Die kriegerischen Ereignisse der vorherigen Jahre hatten die Stadt finanziell stark belastet[231]. Der Rat mag auf Grund dieser Situation zu einem erneuten Vorgehen gegen die geistlichen Sonderrechte um so eher bereit gewesen sein.

Daß diese auch in der Folgezeit nicht unangefochten blieben und die Stadt ihre Politik fortsetzte, zeigt sich bei einem kurzen Ausblick auf das weitere 15. und 16. Jahrhundert. Die Statuten des Kapitels von 1449 enthalten das für jeden Kanoniker gültige Verbot, sich als Bürger in Trier aufnehmen zu lassen oder sich dem Bürgerrecht zu unterwerfen[232]. Damit wurden grundsätzlich die Möglichkeit einer Assimilierung und ein Aufgeben von geistlichen Sonderrechten auch für den Einzelfall ausgeschlossen, ein Zeichen bestehender Differenzen mit den Bürgern, aber auch der Befürchtungen im Hinblick auf einzelne Mitglieder des zu dieser Zeit zerstrittenen Kapitels[233]. In einer Quelle von wohl 1466 ist davon die Rede, daß die Trierer den Geistlichen nicht siegeln würden; dies kann als Wendung gegen den kirchlichen Besitz in der Stadt gewertet werden[234]. Im Vertrag von 1469 zwischen Erzbischof Johann von Baden und der Bürgerschaft ist an erster Stelle vom geistlichen Gericht die Rede; für die Zeit vor 1495 sind Versuche des Offizials überliefert, wieder Zinsklagen stärker unter seinen Einfluß zu bringen[235]. Auch Immunitätsverletzungen kamen weiterhin vor, wie die Klage des Dompropsts von 1575 beweist[236]. Die Abgabenfreiheit des Klerus wurde vor

---

229 Ebda., Art. 8.
230 Vgl. *Kentenich*, Geschichte Trier, S. 254–257; *Rudolph*, Quellen, S. 72*–74*; *Laufner*, Triers Ringen, S. 162 f. Die Verfassungsänderung darf allerdings nicht überbewertet werden. Sie stellte keinen plötzlichen Einschnitt dar, sondern war ein Resultat langfristiger Bestrebungen. Von einer „Zunftrevolution" kann keine Rede sein (*Matheus*, Trier, S. 138 f.).
231 Vgl. *Laufner*, Triers Ringen, S. 164; *Laufner*, Manderscheidsche Fehde, bes. S. 58.
232 Vgl. *Blattau*, Stat. syn., Nr. 57, S. 277. Zu diesem Komplex vgl. *Bernd Moeller*, Kleriker als Bürger, in: Festschrift für Hermann Heimpel zum 70. Geburtstag am 19. September 1971, Bd. 2 (Veröffentlichungen des Max-Planck-Instituts für Geschichte 36/II), Göttingen 1972, S. 195–224; Vgl. für Trier auch LHAKO Abt. 1 D Nr. 4418 S. 149–160, ferner *Lager*, Jakob von Sirk, TA 5 (1900), S. 8.
233 Vgl. hierzu bes. unten zum Erzbischof und Wahlkapitulationen. In den Statuten selbst werden die Streitigkeiten angesprochen.
234 *Rudolph*, Quellen, Nr. 157, Art. 17.
235 Vgl. *Seidel*, Immunitätsrechte, S. 72 f.; *Rudolph*, Quellen, Nr. 159 u. 179.
236 Ebda., Nr. 280; vgl. *Seidel*, Immunitätsrechte, S. 103.

allem in der Zeit des Bauernkriegs, aber auch später wieder in Frage gestellt[237]. Die Amortisationsgesetzgebung lebte im 16. Jahrhundert erneut auf[238].

Aus dem Überblick über die Entwicklung des rechtlichen Verhältnisses von Stadt und Geistlichkeit, speziell dem Domkapitel, läßt sich sagen, daß die Privilegien der Geistlichkeit in unterschiedlicher Weise von den Bürgern angegriffen wurden. Der besondere Rechtsstatus der Domfreiheit und die persönliche Exemtion der Geistlichen wurden prinzipiell weniger gefährdet, wenn auch im Bedarfsfall die Stadt nicht vor Übergriffen zurückschreckte. Die überlieferten Immunitätsverletzungen zeigen allerdings, daß die Domfreiheit häufiger als Asyl diente, was wohl nicht zuletzt auf ihre Größe und die Nähe zur Stadtmitte zurückzuführen ist[239]. Ansätze der Bürger, in der Stadt wohnende Dienerschaft des Kapitels und anderer geistlicher Institutionen ihrer Gerichtsbarkeit zu unterstellen, konnten gegen den Widerstand des Klerus nur begrenzt zum Zuge kommen. Besonders erfolgreich war die Stadt in dem Bemühen, für die ihr nicht ausschließlich unterstehenden Bereiche von Zins und Erbe die Zuständigkeit ihres Gerichts durchzusetzen. Die Kompromisse zur Zeit Balduins und Kunos machen dies deutlich. Die Hartnäckigkeit der Stadt resultiert wohl aus dem Bestreben, ihre wirtschaftlichen Interessen zu wahren, die durch die Rechtsprechung eines nicht von ihr selbst getragenen Organs auf diesen Gebieten beeinträchtigt werden konnten. In der ebenfalls die wirtschaftliche Seite betreffenden Frage der Abgabenfreiheit des Klerus ist die Bürgerschaft gleichfalls wenig nachgiebig gewesen. Kampfmaßnahmen wie Behinderung des Warentransports kamen immer wieder vor. In der Hauptsache waren es der Handel mit den für Trier wichtigen Naturalien und die damit verbundenen Abgaben, an denen die Stadt interessiert war. Hier gelangen ihr auch bei den Kompromissen Erfolge, die etwa Geschäfte der Geistlichen mit gekauften Produkten belasteten und nur die aus eigenen Einkünften stammenden abgabenfrei ließen oder aber nur Naturalien aus Trier und Umgebung von der Zahlung befreiten und den Erzbischof zur Zahlung bei Weinverkäufen verpflichteten. Bei der Vermögenssteuer wurden Domimmunität und Domgeistlichkeit zwar ausgeklammert, deren Dienerschaft in der Stadt jedoch herangezogen. Die Gesetzgebung gegen den Haus-, Grund- und Einkünfteerwerb der Geistlichkeit von 1344 mußte zwar zurückgenommen werden; die stärkere Durchsetzung der eigenen Gerichtsbarkeit bei Besitzstreitigkeiten gab der Stadt jedoch einen gewissen Ausgleich und Einflußmöglichkeiten. Die Auseinandersetzungen zur

---

237 Vgl. *Rudolph*, Quellen, Nr. 209 u. *Seidel*, Immunitätsrechte, S. 130–132; *Kentenich*, Geschichte Trier, S. 351–354. In diesem Zusammenhang geht es auch um Befreiung der Geistlichkeit von Hut und Wacht, um Beteiligung der Stadt bei der Verwaltung der Reliquien, um Mahlen in den städtischen Mühlen, Beschäftigung nur städtischer Handwerker. Zur Bewertung dieser Auseinandersetzung ist auf die gleichzeitigen sozialen Unruhen hinzuweisen.
238 Vgl. *Seidel*, Immunitätsrechte, S. 180–182 und unter anderem *Rudolph*, Quellen, S. 58, Art. 2, S. 195 u. Nr. 231.
239 Vgl. auch *Seidel*, Immunitätsrechte, S. 103.

Zeit Jakobs von Sierck und die spätere Entwicklung zeigen auch, wie die Stadt weiter bemüht war, daß die Liegenschaften in ihrem Bereich abgabepflichtig blieben.

Als Befund läßt sich damit eine weitgehende Erhaltung der geistlichen Sonderrechte im Hinblick auf personelle Exemtion in der Gerichtsbarkeit und auf den vom Stadtgebiet rechtlich getrennten Immunitätsbezirk, ein Zwang zu Zugeständnissen für den Klerus und eine größere Hartnäckigkeit der Stadt bei wirtschaftlichen Fragen feststellen. Auffällig bei den drei behandelten Zeitspannen größerer Auseinandersetzungen ist die Tatsache, daß jeweils auch in der städtischen Führung Wandlungen ausgemacht werden können. Um die Mitte des 13. Jahrhunderts ist es die Konsolidierung der Schöffenherrschaft und Ausbildung eines „Patriziats", um die Mitte des 14. Jahrhunderts eine Annäherung von „engerem" und „weiterem Patriziat", die ein Einrücken des letzteren in die städtischen Spitzenpositionen möglich machte, in den dreißiger Jahren des 15. Jahrhunderts ein Bedeutungsgewinn bisher unterrepräsentierter zünftischer Kreise.

Aus der Gleichzeitigkeit von Konflikten zwischen Stadt und Geistlichkeit und Verfassungskämpfen innerhalb der Bürgerschaft in Mainz hat *J. B. Seidenberger*[240] Zusammenhänge zwischen dem Kampf gegen die geistlichen Standesprivilegien und gegen die ebenfalls bevorzugten „Patriziergeschlechter" hergeleitet und die Vorgänge von 1329 in Mainz als ersten Zunftaufstand gegen die „Geschlechter im geistlichen Gewand" gewertet[241]. Gegen seine allzu überspitzte Interpretation wendet sich zu Recht *Dieter Demandt* in seiner unlängst erschienenen Dissertation[242]. Sicherlich ist eine Gleichsetzung von „Patriziat" und Geistlichkeit als Gegner der nachrückenden städtischen Schichten nicht möglich. Dennoch sind – wenn auch nicht generell und nur teilweise – Zusammenhänge zwischen dem versuchten oder vollzogenen Eintreten neuer Gruppen in die Führungspositionen der Stadt und dem Wiederaufflammen von Streitigkeiten mit der Geistlichkeit denkbar[243]. Hier ist insbesondere auch auf den bischöflichen Stadtherrn hinzuweisen, dessen Interessen jeweils zumindest tangiert waren, wenn er nicht selbst

---

240 *Johann Baptist Seidenberger*, Die Kämpfe der Mainzer Zünfte gegen Geistlichkeit und Geschlechter im 14. und 15. Jahrhundert, in: HJb 8 (1887), S. 430–453, 9 (1888), S. 1–27.
241 Ebda., S. 433 f.
242 *Demandt,* Mainz, S. 144–147.
243 Gleichzeitigkeit ist teilweise auch in Köln faßbar. Im Jahre 1258 kam es zu Auseinandersetzungen mit dem Stadtherrn und der Geistlichkeit etwa um geistl. Gericht und Immunität: Die Chroniken der niederrheinischen Städte, Cöln, 1. u. 3. Bd. (Die Chroniken der deutschen Städte vom 14. bis ins 16. Jahrhundert, Bd. 12 u. 14), 1875–1877, Ndr. Göttingen 1968, Bd. 1, S. XLIII u. Bd. 3 S. LXXIII f. Für innerstädtische Veränderungen vgl. ebda., S. LIX. Im Jahre 1369 gab es eine Auseinandersetzung zwischen Bürgern und Klerus um die Akzise. Wenig später fanden länger bestehende latente Konflikte in der Stadt im Weberaufstand ihren Ausbruch (ebda., S. CIII–CVI). Hegel wertet die Angelegenheit so, daß sich die „Volkspartei" mit dem Klerus vertrug, um „sich durch ihn zu verstärken" (S. CVI). 1397 nach dem Sturz der Geschlechter gab es erneute Auseinandersetzungen zwischen Stadtherrn und Stadt (ebda., S. CLXXI f.).

an den Auseinandersetzungen in starkem Maße beteiligt war. In Trier ist bei Ausbruch der Feindseligkeiten mit dem Klerus die Änderung in der städtischen Spitze bereits eingetreten. Zwar handelte es sich zumindest um die Mitte des 14. Jahrhunderts in der Hauptsache um einen Kampf gegen den Erzbischof, und die Konflikte mit den geistlichen Institutionen müssen zum Teil als Begleit- oder Folgeerscheinungen gewertet werden. Zwar war in den dreißiger Jahren des 15. Jahrhunderts eine Stiftsfehde vorausgegangen, die große Opfer gekostet hatte und auf Grund hierdurch bedingter Notlage die Austragung bisher latenter Spannungen begünstigte. Dennoch kann zumindest vermutet werden, daß sich gerade in einer Situation, in der neue Teilhaber an der Macht sich eben etabliert hatten, ein besonderes Selbstbewußtsein einstellte und die Bereitschaft zu einer Kraftprobe mit der Geistlichkeit eher gegeben war. Dies darf jedoch nicht dazu verleiten, in den jeweils Nachgerückten auch die Hauptträger der Bewegung gegen den Klerus zu sehen, wenn auch wohl gerade die wirtschaftlich aufgestiegenen Kreise es waren, die in besonderem Maße von den Sonderrechten der Geistlichkeit betroffen waren. Das Verhältnis dieser Gruppe zu Kirche und Klerus war komplexer. Dies geht nicht zuletzt aus den wirtschaftlichen und geistig-religiösen Beziehungen von Bürgerschaft und Domgeistlichkeit hervor.

3. Wirtschaftliche Beziehungen

Auf Aspekte des wirtschaftlichen Verhältnisses von Stadt und Domkapitel wurde im Zusammenhang mit den rechtlichen Gegebenheiten bereits eingegangen. Erwähnt wurde vor allem die Abgabenfreiheit der Geistlichkeit, die immer wieder bei den Streitigkeiten eine Rolle spielte. Die aus seiner rechtlichen Sonderstellung resultierende Bevorteilung des Klerus beim Verkauf von Waren versuchte die städtische Führung durch Auflagen zu unterbinden. Insbesondere war ihr an den Einnahmen aus dem Weinverkauf im großen und kleinen gelegen, bei dem sie die Zahlung von Akzise und Sestergeld auch für die Geistlichkeit verbindlich zu machen suchte, wenn auch nur mit begrenztem Erfolg[244]. Es liegt auf der Hand, daß gerade auf diesem Gebiet die geistlichen Personen infolge ihrer häufig aus Naturalien bestehenden Einkünfte daran interessiert sein mußten, über den eigenen Bedarf hinausgehende Überschüsse auf den Markt zu bringen, wodurch sie zu einer Konkurrenz für den Handel städtischer Kreise wurden[245]. Daß auch das Domkapitel auf den Verkauf von Naturalien in der Stadt großen Wert legte, geht aus dem von 1309 datierenden Bündnis der meisten Domherren mit Erzbischof Balduin gegen die Stadt hervor, in dem sich die Kanoniker ausdrücklich vorbehielten, ihre in Trier befindlichen Weine und Getreide an die städtische

---

244 Vgl. hierzu die vorangehenden Ausführungen.
245 Vgl. hierzu auch *Holbach*, Domherr; ders., Inventar; *Störmann*, Gravamina, S. 148–160; zum Naturalienverkauf in anderen Städten vgl. etwa *Johag*, Köln, S. 196 f.; *Trüdinger*, Würzburg, S. 50 f.

Bevölkerung veräußern zu dürfen[246]. Auf einen Ausschank trotz anderslautender Bestimmungen des Provinzialkonzils von 1289[247] deutet das im Jahre 1338 ausgesprochene Verbot, in der Kurie Bruderhof in Zukunft Wein „ad tabernam" zu verkaufen[248].

Der tatsächliche Umfang des Verkaufs größerer Mengen von Getreide und Wein kann nicht genau verfolgt werden, zumindest einen Eindruck vermittelt aber eine Abrechnung des Domvikars Friedrich von Heimbach für das Jahr 1425/26 „de omnibus distributorum ex parte dominorum nostrorum in summo"[249]. Hiernach hat er von den Getreideeinkünften des Kapitels in Welschbillig 50 Ml. für 19 alb. pro Ml. veräußert, vom Wein aus Wawern und Zell im Hamm 5 Stückfaß („petie") gegen insgesamt 24 fl. 16 alb. 4 sol.[250], weiterhin 2 „petie" alten Wein aus dem Jahre 1423 für 6 fl. pro Fuder („plaustrum")[251]. Die Gesamtsumme aller von dem Vikar aufgeführten Einnahmen einschließlich des noch von der letzten Abrechnung her hinzuzählenden Betrages beläuft sich auf immerhin 352 fl. 19 alb. 4 sol. Daß die Naturalien in Trier umgesetzt wurden, läßt sich aus der nachfolgenden Übersicht über die Ausgaben schließen, in der unter anderem für den Transport des Weines Unkosten angegeben werden, insbesondere am Kranen. Ein Beleg für eine Verkaufstätigkeit des Kapitels ist ferner die im Jahre 1428 vom Lauermeister Johann Michase abgegebene Erklärung, dem Domkapitel 630 Kaufmannsgulden[252] für 63 Fuder Wein zu schulden, die er zu anderer Zeit von ihm gekauft hatte[253]. Die beträchtliche Schuld, für die sein Schwiegervater Clais von Bristge bürgte, konnte nicht bezahlt werden und führte schließlich zum zwangsweisen Verkauf von zwei Häusern in der Palastgasse[254]. Die Maßnahmen der Stadt gegen einen ungehinderten und unbelasteten Naturalienverkauf der Geistlichkeit sind im Hinblick auf diese und sicherlich noch weitere umfangreiche Geschäftstätigkeit des Klerus verständlich.

Im Bereich des Gewerbes sind spezielle Auseinandersetzungen zwischen Domkapitel und Bürgern im Untersuchungszeitraum nicht faßbar, bekannt ist aber,

---

246 Vgl. *Wampach*, UQB 7, Nr. 1243: „quod eisdem civibus, si requirant, blada et vina que in ipsa civitate iam habemus et non alibi vendere poterimus sine ipsius domini nostri et cuiuslibet alterius hominis vel iuris iniuria vel offensa."
247 Vgl. *Blattau*, Stat. syn., Nr. 23, S. 57.
248 Ebda., Nr. 34 S. 179.
249 Vgl. LHAKO Abt. 1 D Nr. 4324. In Mainz finden sich die administrativen Ämter für die Besitzverwaltung bereits früh in der Hand von Vikaren (vgl. *Liebeherr*, Mainzer Domkapitel, S. 59).
250 1 fl. wird hier mit 24 alb. angegeben.
251 Zur „petia", etwas weniger als ein Fuder, vgl. *Holbach*, Inventar, Anm. 231.
252 Zu je 20 Weißpfennigen.
253 LHAKO Abt. 1 D Nr. 896 u. 4418 S. 417–420.
254 Ebda., Nr. 980 v. 1437 IV 13. Es handelt sich um das Haus Blankenheim und das Kronenhaus, die der ehemalige Stadtschreiber Clais van dem Guldenappe für 125 rhein. Gulden erwarb. Er setzte wenig später das Domkapitel in den Besitz ein (ebda., Nr. 988 v. 1438 IX 17).

daß diese sich gegen die Konkurrenz der in Abhängigkeit von St. Maximin und St. Paulin stehenden Handwerker im Vorstadtgebiet zur Wehr setzten[255]. Betroffen waren die Domherren vielleicht von städtischen Eingriffen in das Mühlenrecht[256]. Hierfür gibt es allerdings erst 1440 einen Hinweis, als in der Sühne erklärt wurde, die Stadt solle die geistlichen Institutionen auch „frey lassen mailen, backen und handwerksleut ihn ungeverlich laßen wircken und arbeiten und kein gebot herwider machen oder halten"[257]. Das Verbot der Behinderung der für die Stifte und Klöster arbeitenden Handwerksleute, wie es hier ausgesprochen wird, kann auch auf solche Personen bezogen werden, die zur Ausführung von speziellen Arbeiten von außerhalb zugezogen wurden. Natürlich war man von städtischer Seite daran interessiert, daß von den Geistlichen bei Bedarf die Aufträge an die örtlichen und nicht an fremde Handwerker vergeben wurden[258]. Daß das Domkapitel sich hieran zumindest im 16. Jahrhundert nicht gehalten hat, wird aus einer Klage über Gegenmaßnahmen der Stadt deutlich[259]. Inwieweit es in früherer Zeit auf städtische Bürger bei auszuführenden Arbeiten zurückgegriffen hat, ist aus dem vorhandenen Material nicht klar zu erkennen. Zwar werden in Rechnungen verschiedene Handwerker genannt, jedoch ist eine Identifizierung der Personen bei fehlenden weiteren Angaben nicht möglich und eine Zuordnung zu stadtbürgerlichen Kreisen oft fragwürdig[260].

Etwas besser verfolgen läßt sich der Haus-, Grund- und Zinserwerb des Kapitels und seiner Mitglieder. Auszugehen ist von der bereits vor Beginn der Untersuchungszeit vorhandenen Grundlage von Liegenschaften, Einkünften und

---

255 Vgl. hierzu *Seidel,* Immunitätsrechte, S. 164–166; *Heit,* St. Maximin; *Störmann,* Gravamina, S. 134–148.
256 Vgl. hierzu *Seidel,* Immunitätsrechte, S. 167–169. Seidel weist speziell für das Domkapitel auf dessen Beschwerde im Jahre 1581 wegen der Mühle in Olewig hin. Vgl. zu diesem Komplex allgemein auch *Störmann,* Gravamina, S. 149 f.; ferner *Hoppe* (wie Anm. 99), S. 181–187. In Trier gab es auch eine Mühle innerhalb der Immunität (vgl. *Holbach,* Domfreiheit).
257 *Rudolph,* Quellen, Nr. 131 Art. 3.
258 Vgl. in diesem Zusammenhang auch *Hektor Ammann,* Klöster in der städtischen Wirtschaft des ausgehenden Mittelalters, in: Argovia 72 (1960), S. 102–133.
259 *Rudolph,* Quellen, Nr. 288 Art. 4 v. 1581. Es geht hier um die neue Orgel. Vgl. auch *Seidel,* Immunitätsrechte, S. 166 f.
260 Die Ausgabenliste für die Reparatur der Domorgel aus dem Jahre 1387/88 etwa verzeichnet verschiedene namentlich nicht genannte Handwerker („sutor", „faber", „carpentarius", „pictor", „cantrifex"); vgl. LHAKO Abt. 1 D Nr. 4281; hierzu auch *Gustav Bereths,* Beiträge zur Geschichte der Trierer Dommusik (Beiträge zur mittelrheinischen Musikgeschichte Nr. 15), Mainz (1974), S. 71–74; auf die Rechnung von 1442 (LHAKO Abt. 1 D Nr. 4293) geht Bereths nicht ein. Zu weiteren Rechnungen des Kapitels vgl. LHAKO Abt. 1 D Nr. 4316 f. (Kirchenbeleuchtung 1387/88), Nr. 4279–4295 (Fabrikrechnungen seit 1381). Vgl. vor allem auch die zuvor erwähnte Abrechnung des Vikars Friedrich von Heimbach aus dem Jahre 1425/26, in der verschiedene Gewerbe (etwa Weinbau, Transport) genannt werden (ebda., Nr. 4324). In der erwähnten Orgelrechnung von 1442 werden aufgeführt: „Heinrich des wechters son in dem paulais" (S. 14 u. 15), „Thijs in Woilgais" (S. 14).

Rechten, die freilich wegen der Quellenlage noch ungenügend zu erfassen ist. Für die Frühzeit sind dabei die ergiebigsten Quellen zwei Verzeichnisse von Gütern, Rechten und Gefällen des Domkapitels, denen der Stand vom Ende des 12. Jahrhunderts zugrunde liegt[261]. Auf die Streuung des Besitzes außerhalb der Stadt sei nur hingewiesen; vor allem die Umgebung Triers und der Mittelmoselraum treten als Schwerpunkte in Erscheinung[262]. Wichtiger in unserem Zusammenhang ist die Nennung verschiedener Örtlichkeiten in Trier und seinem unmittelbaren Umkreis[263]. Dabei fällt auf, daß vor allem die Randgebiete in der Nähe und außerhalb der Mauern in der Aufzählung angesprochen werden, wie dies die mehrfache Erwähnung von Brücke, Judenmauer, St. Eucharius, „nova porta", „alba porta", „castellum", Martinsberg und Kürenz bei Ortsangaben beweist. Der zum Zentrum hin liegende Teil der Stadt ist fast überhaupt nicht vermerkt[264]. Dies besagt jedoch nicht, daß das Domkapitel in Trier außer in der Domimmunität als Sonderbereich[265] nur in den Außenbezirken Besitzungen hatte. Die beiden Verzeichnisse müssen als unvollständig angesehen werden; zu berücksichtigen ist ferner, daß für den in starkem Maße aufgeführten Weinbergs- und Gartenbesitz die weniger bebauten Außengebiete eher in Frage kamen als der Siedlungskern. Es überrascht auch nicht, daß als Schwerpunkte des Besitzes vor allem die Gegenden im Süden und Osten bei Trier erscheinen. Im Norden war durch die näher an der Stadt liegenden geistlichen Institutionen St. Maximin und St. Paulin sowie deren Einflußbereich weniger Gelegenheit zur Ausbreitung gegeben.

Die Urkunden, die neben den genannten Verzeichnissen für die Zeit bis zur Mitte des 13. Jahrhunderts überliefert sind, bestätigen im wesentlichen das Bild[266].

---

261 Vgl. MRUB 2 Nr. 11 u. *Lager,* Verzeichnis (= BATR Abt. 11,1 Nr. 1).
262 Dies zeigen Orte wie Euren, Zewen, Ober- und Niederkirch, Ruwer, Ehrang, Kernscheid, Sirzenich, Trierweiler. Für das Mittelmoselgebiet Rachtig, Bernkastel, Kues, Graach, Litzig, Traben, Kesten, Zeltingen.
263 Dabei wird, wie auch im folgenden weitgehend, nur das unmittelbar angrenzende Gebiet südlich bis Feyen, östlich bis Olewig-Petrisberg, Kürenz und nördlich St. Maximin u. St. Paulin erfaßt. Vom jenseitigen Ufer werden nur Pallien und das Gebiet bei der Brücke berücksichtigt. Weitere Orte wie etwa Euren werden ausgeklammert.
264 Ein Turm „in introitu fori" zahlt 2 sol. Abgaben, von Gärten in „Beheim" werden 15 den. gezahlt.
265 Vgl. Anm. 99.
266 Für die angesprochene Zeit finden sich einige weitere Belege für Besitz des genannten Personenkreises: Stücke bei Trier, u. a. Martinsberg, Thiergarten, „in castellun", bei „alba porta" vom Domscholaster an den Altar IV Coronatum gestiftet (1103–1124) (MRUB 1 Nr. 411). Kapitelsgrundbesitz in „Ruselinsgrobe", der 1204 an einen Bürger verpachtet wird (MRR 2 Nr. 986; MRUB 2 Nr. 221). Der Domkellner Friedrich vererbt 1227 einen Weinzins am Deimelberg an Himmerod (*Lager,* Himmerode, Nr. 109); 1233 schenkt ders. einen Gaden am Dom an Rudolf u. Adelheid (MRUB 3 Nr. 492); das Domkapitel tauscht 1226 vom Kloster St. Maria ad Martyres einen Wingert am Deimelberg ein (MRUB 2 Nr. 299; MRR 2 Nr. 2247). Der Domscholaster Thymar verfügt im Testament über eine „vinea" auf dem Martinsberg (MRUB 3 Nr. 631 v. 1238 XI 6). Der Domkellner Friedrich hat dem Willibrordsaltar verschiedenes geschenkt: einen Wingert in Brittenbach, Geldzins

Hinweise auf Besitz in der Stadt bieten einige Häuservergaben[267]. Aus den Zeugnissen insgesamt wird keine Erwerbspolitik von Kapitel, Domherren und weiteren Domgeistlichen deutlich; in der Hauptsache sind Stiftungen, Verleihungen und Verpachtungen überliefert. Auch sind die frühen Angaben allzu unvollständig, als daß aus ihnen genauer die Verteilung von Liegenschaften, Einkünften und Rechten erkannt werden könnte; sie vermögen lediglich einen ersten Eindruck zu geben. Für die Zeit von der Mitte des 13. Jahrhunderts bis zur Mitte des 15. Jahrhunderts können auf der Basis des reichlicher vorhandenen Urkundenmaterials eher Überlegungen zu Tendenzen in den wirtschaftlichen Beziehungen von Stadt und Domgeistlichkeit angestellt werden. Ein besonderes Augenmerk ist dabei auf den Personenkreis in der Stadt zu richten, mit dem „Geschäfte" abgewickelt wurden.

Der Grundbesitz des Kapitels im späteren Mittelalter besteht in Trier und Umgebung hauptsächlich aus Wein- oder anderen Gärten, die in der Mehrzahl außerhalb der Mauern im ansteigenden östlichen Vorstadtgebiet liegen[268]. Wiesen

---

aus zwei Häusern am Graben u. an der „posterna", Gärten hinter dem Castell. Der Priester Jakob schenkte dem Altar ein Haus gegenüber „Muselun", einen Garten außerhalb des Tores dort und einen Weinzins auf dem „Ellenberch" (MRR 3 Nr. 380; MRUB 3 Nr. 794 vor 1244 V). 1241 hat Friedrich bereits dem Kloster St. Thomas seine „apothecam sitam supra fossatum" und Wingerten auf dem Neuberg vererbt (MRUB 3 Nr. 708). Conrad, Propst v. St. Florin u. Domherr, besaß ein Haus in Trier (MRUB 3 Nr. 861 v. 1246 IV 17). Im selben Jahr ist bezeugt, daß das Kapitel zuvor Keller u. Laden am Markt an den Bürger Sibodo vergeben hat (MRUB 3 Nr. 872). Als Sicherheit erhält es einen Zins in der Staffelgasse. Die Cäcilienkurie besaß Güter bei Kürenz (MRUB 3 Nr. 1333 v. 1256 II 3). Zum Besitz des Kapitels vgl. auch *Kentenich,* Geschichte Trier, S. 179.

267 1229 wird ein Haus „retro turrim" vom Kapitel an den Bürger Ernst und seine Frau vergeben (MRUB 3 Nr. 340; MRR 2 Nr. 1856), 1232 ein Haus „retro turrim H. de Lapide concanonici" an Heinrich Sistapp (MRUB 3 Nr. 460; MRR 2 Nr. 2031). 1238 erhält eine Trierer Bürgerfamilie ein dem Dom- und Simeonstift gemeinsam gehöriges Haus über dem Graben am Markt, also an der Domimmunität (MRR 3 Nr. 88). Im selben Jahr ist die Stiftung eines halben Hauses ebenfalls am Graben durch eine Bürgerswitwe überliefert, für ihr und das Anniversar ihres Mannes gedacht (MRUB 3 Nr. 622; MRR 3 Nr. 66). 1230 bestätigte das Domkapitel auch den Verkauf eines ihm zinspflichtigen Hauses beim Turm „in platea S. Simeonis" durch den Bürger Daniel an den Juden Ruben und die Verlegung eines Teils des Zinses (MRUB 3 Nr. 368; MRR 2 Nr. 1898).

268 Für das Stadtinnere vgl. aber: 1393 VIII 25 u. 1403 I 8 Olke an der Johannesgasse verpachtet (LHAKO Abt. 1 D Nr. 789 u. 832); 1408 VI 5 Olke des Refektoriums an der „Burchmüre" bzw. „Nuwerport" innerhalb der Stadt (LHAKO Abt. 1 D Nr. 842). Bisweilen sind es jedoch ganze Anwesen, die verpachtet werden: 1256 III 25 etwa Olke mit Haus und Kelter an der Judenmauer (MRUB 3 Nr. 1339; MRR 3 Nr. 1287). Ansonsten vgl. Anm. 342. Für die Vikare, Altaristen u. Präbendaten von Liebfrauen: 1399 VIII 23 verkauft der Pelzer Andreas seinen Garten „in Kastel in der Memorien", belastet mit einem Ölzins an Liebfrauen, an Michel von Remagen, Präbendat dort, für 9 Mainzer Gulden (LHAKO Abt. 206 Nr. 27). 1422 II 12 kauft auch Johann Kormesser, Kaplan des Blasiusaltars, 2 Wingerten am Deimelberg (LHAKO Abt. 1 D Nr. 873 f.); 1441 VI 6 verkauft der Krämer Johann von Reinsfeld mit Frau dem Peter v. Mörsdorf, Präb./Liebfrauen, Kaplan/Matthiasaltar, einen Garten an der Musilpforte für 12 rheinische Gulden

und Ackerland spielen dagegen kaum eine Rolle[269]. Der recht umfängliche Hausbesitz in Trier[270] ist vor allem durch Verpachtungen belegt[271]. Leider mangelt es vielfach an Belegen für den Erwerb der Baulichkeiten. Fest steht, daß vor allem seit der zweiten Hälfte des 14. Jahrhunderts verschiedene Häuser durch ver-

---

(ebda., Nr. 30); 1444 VIII 26 verkaufen die Kuraten u. Präbendaten von Liebfrauen einen Weinberg im Deimelberg (*Lager,* Reg. Jakobshospital, Nr. 172); 1448 II 24 werden die Herren von Liebfrauen als Anrainer bei einem Weinberg außerhalb der „Nuwerporten" erwähnt (ebda., Nr. 175). Zu Besitz des Domkapitels vgl. bes. auch *Kentenich,* Geschichte Trier, S. 179 f.

[269] 1305 VII 27 verkaufen die Bürger Johannes de Troco und Gattin Drutwinis ihre Wiese in Brubach („juxta vivarium") für 42 lib. Trev. an den Domscholaster Herbrand (LHAKO Abt. 1 D Nr. 4413 S. 77–79); 1311 VII 21 verkauft der Schöffe Jakob, Sohn des verstorbenen gleichnamigen Schultheißen von Trier (Tristand), eine Wiese, ebenfalls „in Olewia in loco qui appelatur Brucbach" beim Haus Herbrands, an diesen für 200 lib. (LHAKO Abt. 1 D Nr. 244 u. 4413 S. 261–264). 1340 IV 6 verkauft Johanneta, die Tochter des verstorbenen Schöffen Gerlach von Britten, mit Zustimmung ihrer Mutter ein Feld („campus") aus der Erbschaft ihres Onkels in der Gegend von Euren gegen 105 lib. Trev. an Johannes, Sohn des Bäckers Tholomann, Priester des Jodocusaltars im Dom, für ihn und den Altar (LHAKO Abt. 1 A Nr. 3979, 1 D Nr. 447 u. 4415 S. 21–25, 29–31).

[270] Für Belege anhand von Verpachtungen vgl. folgende Anm. Hausbesitz des Kapitels ist zum Teil auch im Zusammenhang mit Pensionsverteilungen erwähnt: 1284 XI 29 in der Flandergasse (*Lamprecht,* Wirtschaftsleben 3, S. 90 Nr. 67; MRR 4 Nr. 1200); 1301 II 20 das Haus „Clavis" (Flandergasse) u. Häuser, in denen nun die Schöffen Ordulf von Oeren und Thilmann Vleysch wohnen – deutet auf Verpachtungen hin – (LHAKO Abt. 1 D Nr. 198 f.; *Wampach,* UQB 6, Nr. 862). Zum Ordulphshof und der Caecilienkurie daneben in der Dietrichstraße vgl. *Holbach,* Domfreiheit, S. 33 ff. Genannt sei auch der Hof „Cydere" im Osten Triers (vgl. etwa LHAKO Abt. 1 D Nr. 4413 S. 817–847 v. 1327 II 10). Im Präsenzgelderverzeichnis erscheint öfter der Fischbach als Ort eines domkapitularischen Hauses, aus dem Zinse für Memorien gezahlt werden müssen (NLBH Ms. XVIII, 1006, fol. 7, 9', 10, 13', 18', 31'). 1389 tauschte der Kaplan des Martinsaltares ein dem Altar gehöriges Haus beim Palast mit dem Konvent von St. Alban gegen ein Haus in der Aldenbeyrsgasse (LHAKO Abt. 1 D Nr. 765 u. 4417 S. 301–305). Ein Verzeichnis aus dem 16. Jahrhundert ist durch ein Visitationsprotokoll gegeben (LHAKO Abt. 1 D Nr. 4409 S. 15–88 von 1588). Hierzu auch *Brandts,* Kapitelshäuser (wie Anm. 99). Vgl. ferner *Kentenich,* Geschichte Trier, S. 179.

[271] Für die Zeit vor 1250 vgl. Anm. 267. Häuserverpachtungen nach 1250: 1256 III 25 an der Judenmauer (MRUB 3 Nr. 1339; MRR 3 Nr. 1287); 1272 II 11 Flandergasse (MRR 3 Nr. 2686, vgl. auch *Eberhard Zahn,* Stadthof Fetzenreich in Trier, Trier 1975, S. 3); 1311 XII 4 bei St. Laurentius (LHAKO Abt. 1 D Nr. 245 u. 4413 S. 265–267); 1321 III 24 „domus apud keseburne" (in Olewig) (LHAKO Abt. 1 D Nr. 298 u. 4413 S. 653–655; BATR Abt. 95 Nr. 311 fol. 154'); 1332 VII 14 „supra fossatum" (Grabenstraße) (LHAKO Abt. 1 D Nr. 378 u. 4414 S. 193–196); 1342 III 13 Jakobsgasse (LHAKO Abt. 1 D Nr. 460 u. 4415 S. 89–91); 1354 I 2 Palastgasse; zwei Refektoriumshäuser (LHAKO Abt. 1 D Nr. 544 f.); 1356 II 12 Palastgasse; zum Refektorium gehörig (LHAKO Abt. 1 D Nr. 563 u. 4415 S. 789–791); 1357 III 26 „supra ripam piscium" (Fischbach am Markt) (LHAKO

Abt. 1 D Nr. 569 u. 4415 S. 821–823); 1359 V 9 Martgasse (Distrikt von St. Maximin) (LHAKO Abt. 1 D Nr. 579 u. 4415 S. 877–879); 1360 V 10 „versus ripam piscium" (LHAKO Abt. 1 D Nr. 595 u. 4416 S. 37–43; BATR Abt. 95 Nr. 311 fol. 146'); 1361 II 12 Palastgasse (LHAKO Abt. 1 D Nr. 4416 S. 17–19; Abt. 55 B Nr. 202; BATR Abt. 95 Nr. 311 fol. 126); 1367 XII 7 Fischbach (LHAKO Abt. 1 D Nr. 616 u. 4416 S. 325–327; BATR Abt. 95 Nr. 311 fol. 144'); 1368 IV 5 Palastgasse (Refektorium) (LHAKO Abt. 1 D Nr. 619 u. 4416 S. 381–384); 1368 IV 24 Palastgasse (Refektorium); 2 Verpachtungen (LHAKO Abt. 1 D Nr. 622 u. 4416 S. 341–344 u. Nr. 621 u. 4416 S. 385–388); 1370 VI 21 Palastgasse; zum Refektorium gehörig (LHAKO Abt. 1 D Nr. 635 u. 4416 S. 477–479); 1371 XI 3 Dietrichsgasse; „Ordulphes hoff" von zwei Domherren, die ihn vom Kapitel haben, verpachtet (LHAKO Abt. 1 D Nr. 643 u. 4416 S. 525–528). Dieser Hof ist bereits seit langem Kapitelshof und auch bei Pensionsverteilungen belegt, vgl. vor. Anm. 1374 IV 20 Flandergasse, Haus zum Schlüssel (LHAKO Abt. 1 D Nr. 675 u. 4416 S. 677 f.); 1378 IX 17/18 „supra fossatum" (LHAKO Abt. 1 D Nr. 691 f., 4416 S. 833–835; BATR Abt. 95 Nr. 311 fol. 146'); 1379 X 2 beim Bach nach dem Breidenstein zu; zum Refektorium gehörig (LHAKO Abt. 1 D Nr. 719); 1385 VI 8 Keller der Kurie „Montclair" hinten am Graben (LHAKO Abt. 1 D Nr. 758 u. 4417 S. 201–203); 1389 III 11 beim Markt, Graben (LHAKO Abt. 1 D Nr. 768 u. 4417 S. 249–252; BATR Abt. 95 Nr. 311 fol. 223); 1392 XI 16 kam es zu Auseinandersetzungen wegen eines Kapitelshauses beim Markt, in dem „Peterse genant die sweveleirse" gewohnt hatte. Nach ihrem Tod erhoben ihre Verwandten Ansprüche auf Haus, Gut und Möbel, was die Verstorbene darin hinterlassen hatte. Das Kapitel belehrte sie indes, daß wegen vorhandener Schulden all Habe ihm zustehe und daher einbehalten worden sei (LHAKO Abt. 1 D Nr. 785 u. 4417 S. 405–412; BATR Abt. 95 Nr. 311 fol. 97'); vor 1401 VII: v. Liebfrauen Haus am Fischbach an Katherina von Wellen (LHAKO Abt. 1 D Nr. 4418 S. 1–3); 1415 I 25 u. VII 9 Fischbach (LHAKO Abt. 1 D Nr. 857 u. 4418 S. 189–191; BATR Abt. 95 Nr. 311 fol. 223' u. LHAKO Abt. 1 D Nr. 858 f. u. 4418 S. 213–216; *Kreglinger,* Analyse, Nr. 1041, S. 129); 1416 VIII 4 Palastgasse, zum Refektorium gehörig (LHAKO Abt. 1 D Nr. 860 u. 4418 S. 233–236); 1424 III 3 Hof „zo dem zedair" außerhalb der Stadt bei den Kaiserthermen – „alderburch" – von Pächtern der Obödienz verpachtet (LHAKO Abt. 1 D Nr. 4154 in verschiedenen Fassungen); 1442 IV 2 von dens. Haus „zu der rosen" auf dem Graben (LHAKO Abt. 1 D Nr. 1014); 1443 VII 24 vom Kapitel Haus „zu Heintzenberg"/Flandergasse (LHAKO Abt. 1 D Nr. 1027); 1445 IX 9 Cäcilienhof Dietrichgasse (LHAKO Abt. 1 D Nr. 4009 fol. 1–4; BATR Abt. 9,1 Nr. 11, durch Mäusefraß beschädigt); 1446 IV 10 Graben (LHAKO Abt. 1 D Nr. 1076); 1451 XII 22 Breidenstein/Palastgasse (zum Refektorium) (ebda., Nr. 1152). Neben den Domkapitelshäusern werden auch von einzelnen Domherren, Altaristen usw. Häuser und Höfe vergeben. Vgl.: 1331 VI 26 Johann v. Daun u. Nikolaus v. Hunolstein als Testamentsexekutoren des Wilhelm v. Turm; Haus am Graben (LHAKO Abt. 1 A Nr. 3899 u. 1 D Nr. 4414 S. 125–127); 1344 VI 14 Ludolf von Hollenfels u. Nikolaus v. Pittingen; Weberbach (LHAKO Abt. 1 D Nr. 489 u. 4415 S. 285–287); 1396 IX 9 Arnold von Berward ein Haus beim Hof „Zolver" hinter dem Dom an einen Zimmermann (LHAKO Abt. 1 D Nr. 803); 1455 IX 8 Rorich von Reichenstein Hofstatt hinter Brictiuskurie (LHAKO Abt. 1 D Nr. 4421 S. 113 f.); 1340 II 10, 1340 VI 17 u. 1355 XI 13 für Kaplan des Martinaltars; am Markt bei St. Gangolf (LHAKO Abt. 1 D Nr. 562; *Lager,* Reg. Pfarrarchive, Nr. 202); 1346 III 13 Johann Jakelonis; Martgasse (LHAKO Abt. 215 Nr. 327 u. 1 D Nr. 4415 S. 337–339; BATR Abt. 95 Nr. 311 fol. 137'; Pacht von seinem Bruder an ihn verkauft); vor 1356 VI 16 Hugo, Kaplan des Matthiasaltars; „extra portam Moselle" (LHAKO Abt. 1 D Nr. 566); 1379 II 14 Dietrich von Biersdorf; Olewig (*Lager,* Reg. Pfarrarchive, Nr. 686); 1425 VIII 29 der Kaplan des Agathaaltars; Haus „zu dem Hahnen" in der Brückengasse (LHAKO Abt. 1 A Nr. 4169 und 1 D Nr. 4418 S. 389–392); 1393 V 10 die Präbendaten von Liebfrauen ein zum Küsterlehen gehöriges Haus außer der Kammer, wo ihre Kiste steht (LHAKO Abt. 206 Nr. 69 f. u. 4417 S. 421–430; BATR Abt. 17,1 Nr. 1).

sessene Zinse ans Kapitel und die Domgeistlichkeit gekommen sind[272]. Darüber hinaus sind Stiftungen erfolgt[273]. Für käuflichen Erwerb durch das Kapitel fehlen Hinweise, entsprechende Vorgänge finden sich jedoch für einzelne Domherren und die niedere Geistlichkeit an Dom und Liebfrauen besonders in der ersten Hälfte des 14. Jahrhunderts[274]. Bei einem Blick auf die Lage der bekannten

---

272   1336 II 14 freilich ein Brottisch auf dem Markt an die „bantini" (Banthuspriester) (STATR 2099/686 4° fol. 178'); 1354 VIII 13 Martgasse, ans Kapitel (Distrikt St. Maximin) (LHAKO Abt. 1 D Nr. 556 u. 4415 S. 765 f.; BATR Abt. 95 Nr. 311 fol. 150'); 1369 VI 16 u. 1370 VI 28 das Haus „Prüme" am Breitenstein (LHAKO Abt. 1 D Nr. 630, 636, 639; Nr. 4416 S. 429 f., 473–475; BATR Abt. 95 Nr. 311 fol. 146); 1372 II 17 „prope Musilporte" (LHAKO Abt. 1 D Nr. 644; BATR Abt. 95 Nr. 311 fol. 147'); 1374 II 21, bei der Musilporte und das Haus zum Raben beim Breitenstein (Palastgasse) u. zwei weitere Häuser dort; außerdem zwei Gärten in „villa Castil" und „villa Müsel" (LHAKO Abt. 1 D Nr. 670–673 u. 4416 S. 569–582; BATR Abt. 95 Nr. 311 fol. 149'; 1404 IX 13 Übereinkommen in Auseinandersetzung wegen des Besitzwechsels von „Prüme", vgl. LHAKO Abt. 1 D Nr. 834 f. u. 4418 S. 49–52, BATR Abt. 95 Nr. 314 S. 38–41); 1407 I 24 Walramsneugasse (BATR Abt. 95 Nr. 311 fol. 138'); 1437 IV 13 u. 1438 IX 17 Palastgasse (LHAKO Abt. 1 D Nr. 980 u. 988); 1441 III 9 Dietrichgasse u. auf dem Markt (LHAKO Abt. 1 D Nr. 1004); 1362 V 19 kommt ein Haus bei „Wilrebettnach" auf dieselbe Weise an den Martinaltar (LHAKO Abt. 1 D Nr. 599 u. 4416 S. 105 f.); 1431 IX 24 erhielt Johann Dreysa, Kanoniker von St. Paulin und Vikar des Stephanaltars im Dom, ein Haus in der Dietrichgasse (LHAKO Abt. 1 D Nr. 4418 S. 749 f.); 1443 VII 5 kam an den Agnetenaltar ein Brottisch auf dem Markt (ebda., Nr. 1026); 1444 IV 4 das Haus „zu dem Spiegel" in der Fleischgasse an die Altäre St. Nikolaus, St. Helena, St. Maria Magdalena, St. Cosmas und Damian, St. Martin u. St. Stephan im Dom (LHAKO Abt. 1 A Nr. 4214).

273   Vgl. Anm. 267. So wird ein Haus am Graben vom Bürger Ernst ans Kapitel gestiftet (BATR Abt. 95 Nr. 311 fol. 145). Der Kanoniker G. v. Berg stiftete das Haus gegenüber den Reuerinnen in der Dietrichgasse (NLBH Ms. XVIII, 1006, fol. 13'); 1252 IV ein unbekanntes Haus in Trier durch Jakob de Castelle (MRUB 3 Nr. 1141; MRR 3 Nr. 930); 1341 hinter den Predigern an den Odilienaltar durch Boemund v. Saarbrücken (LHAKO Abt. 1 D Nr. 4415 S. 1–3; *Kreglinger*, Analyse, S. 63 f. Nr. 479); 1354 X 11 in der Flandergasse durch den Vikar Johann Frainoit (LHAKO Abt. 1 D Nr. 561 u. 4415 S. 745–754); 1409 II 7 hinter den Predigern durch Demoid v. Kues, eine Bürgerin (LHAKO Abt. 1 D Nr. 849 u. 4418 S. 93–96).

274   1318 II 9 kauft Vikar Gottschalk (Rait) v. Ulmen ein Haus in der Wollgasse (LHAKO Abt. 1 D Nr. 4413 S. 505–507); 1331 VI 15 Jakob Constantini (siehe oben) in der Wollgasse (LHAKO Abt. 1 D Nr. 365 u. 4414 S. 129 f.); 1331 VII 17 Diethard von Ulmen, Scholaster; bei der Musilporte (LHAKO Abt. 1 D Nr. 366 u. 4414 S. 133–136); 1331 XII 30 Boemund von Saarbrücken, Archidiakon; hinter den Predigern (LHAKO Abt. 1 D Nr. 371 u. 4414 S. 1–3); 1335 V 14 ders.; halbes Haus hinter den Predigern, dessen andere Hälfte ihm schon gehört (LHAKO Abt. 1 D Nr. 405 u. 4414 S. 369–371); 1336 I 18 Matthäus von Eich erwirbt als Pfand einen Anteil des Hauses Fetzenreich in der Flandergasse von Johann von Hunolstein, welcher die Nutzung vom verstorbenen Nicolaus von Hunolstein geerbt hatte, der sie vorher innehatte (*Toepfer*, UB Hunolstein 1, Nr. 212, S. 172 f.; das Haus kam jedoch vorübergehend wieder in bürgerliche Hand: vgl. *Eberhard Zahn*, Stadthof Fetzenreich in Trier, Trier 1975, S. 4 f.); 1344 VI 3 Johann Jakelonis; Flandergasse (Haus „choream boum") (LHAKO Abt. 215 Nr. 403, Abt. 1 A Nr. 3972 u. Abt. 1 D Nr. 4415 S. 269–273; 1350 VI 26 an Johann Franoit, Vikar, verkauft: LHAKO Abt. 1 D Nr. 526 u. 4415 S. 625–628, der es 1354 X 11 halb an den Agathaaltar im Dom, halb an den Hubert-

Häuser im Stadtgebiet zeigt sich, daß in der Hauptsache an der Domimmunität oder doch in ihrer Nähe ein entsprechender Besitz vorhanden war. Lagebezeichnungen nach Graben, Palastgasse, St. Laurentius, Musilpforte, Predigergasse, Wollgasse, Flandergasse, Fischbach und Markt, Dietrichgasse, Jakobsgasse beweisen dies zur Genüge. Dieser Befund kann nicht überraschen; ein Interesse an Besitz möglichst in der Nähe des eigenen Wirkungsbereichs liegt auf der Hand. Die hier und überhaupt in den Quellen genannten Häuser der Domgeistlichkeit machen sicherlich nur einen Teil aus[275]. Berücksichtigt man, daß neben dem Dom noch zahlreiche andere geistliche Institutionen in der Stadt vertreten waren und ebenfalls Besitz erwarben, wird die Sorge der Bürgerschaft über das Anwachsen des kirchlichen Besitzes verständlich.

Umfangreich waren die Geld- und Naturalabgaben, auf die die Domgeistlichkeit in der Stadt und ihrer Umgebung Anspruch hatte. Bereits in den erwähnten beiden frühen Verzeichnissen wird eine Reihe von zu Leistungen verpflichteten Liegenschaften und Personen in und um Trier genannt[276]. Es wird sich dabei zum einen um Einnahmen auf Grund von Erbleihe oder Verpachtung handeln. Auf die Lage meist in den Randgebieten der Stadt wurde hingewiesen; die genannten Häuservergaben deuten jedoch auf größere Einkünfte auch aus dem Stadtinnern hin[277]. Zum anderen sind Stiftungen von jährlichen Einnahmen zu berücksich-

---

altar in St. Simeon schenkte: LHAKO Abt. 1 D Nr. 561 u. 1 D Nr. 4415 S. 745–754); 1358 VIII 14 Nikolaus de Steinsel für den Willibrordaltar, gegenüber Haus „ad noctuam" (bei Musilpforte) hinter anderem, bereits zu diesem Altar gehörigen Haus; Verkäufer ein Kaplan von St. Paulin (LHAKO Abt. 1 D Nr. 575 u. 4415 S. 841–844); 1359 VIII 14 ders., anderes Haus daneben von den Bürgern Wilhelm von Bonn u. Frau, die es einen Tag zuvor für ebenfalls 12 lib. von „Hennekinus dictus Custer" und Frau erworben hatten (LHAKO Abt. 1 D Nr. 581 u. 4415 S. 889–892, 1 A Nr. 4023); 1363 IX 18 ders.; weiterer Kauf dort (LHAKO Abt. 1 D Nr. 603 u. 4416 S. 157–160); 1405 VIII 31 Johann v. Kues (Cuse), Kaplan des Agnetenaltars, u. seine Mutter; hinter den Predigern (ebda. Nr. 4418 S. 73–76).

275 Neben den genannten Liegenschaften sind noch kleinere wie Kelterhäuser zu erwähnen, so das Kelterhaus an der Judenmauer (MRR 3 Nr. 1287; MRUB 3 Nr. 1339 v. 1256 III 25; MRR 4 Nr. 1884 v. 1292 III 1). Hier wie anderswo gehört das Kelterhaus zu einem größeren Anwesen. Von den domkapitularischen Mühlen wird vor allem die beim Herrenbrünnchen genannte Mühle häufiger genannt: 1317 X 22 wird diese Mühle „iuxta baptismum" an den EB getauscht gegen zwei Teile des Zehnten von Osburg u. a. (BATR Abt. 91 Nr. 135 fol. 112 f.). Offensichtlich hatte das Kapitel jedoch später wieder Rechte daran: 1327 II 10 erscheint sie bei der Pensionsverteilung (LHAKO Abt. 1 D Nr. 4413 S. 817–847); 1348 II 1 wird die wohl identische Mühle „apud cedrum" dem Custos Ludolf gegeben (ebda. Nr. 4415 S. 425–428) u. 1380 VI 13 erneut die Mühle am Herrenbrünnchen genannt (ebda. Nr. 737 u. 4417 S. 29–36; BATR Abt. 95 Nr. 311 fol. 102'); 1384 V 15 erscheint sie bei Streitigkeiten um Pensionen (LHAKO Abt. 1 D Nr. 755). Das Domkapitel erhält auch für die Oboedienz von alters her eine Abgabe aus der sogenannten nuwe mulle in Olewig am Neuberg; 1385 V 10 erläßt sie einen Teil hiervon (LHAKO Abt. 1 D Nr. 769 u. 4417 S. 273–278).

276 Siehe Anm. 261.

277 Vor dem Mai 1246 hat das Domkapitel auch an den Bürger Sibodo für einen Zins Keller und Laden am Ende der Jakobsgasse verpachtet (MRUB 3 Nr. 872; MRR 3 Nr. 486).

tigen[278]. Aus den Quellen der zweiten Hälfte des 13. Jahrhunderts sind noch keine entscheidenden Veränderungen zu erkennen[279]. Um 1300 setzt dann jedoch mit dem Ankauf von Zinsen eine rege Beteiligung der Domgeistlichkeit in Geldgeschäften ein[280]. Für solche Aktivitäten des Klerus finden sich auch in anderen deutschen Städten Beispiele. In Augsburg etwa[281] sind nach vorheriger Geldanlage in Grundbesitz seit dem 14. Jahrhundert besonders der Leibdingkauf[282] und später der Ewiggeldkauf als Investitionsmöglichkeiten von der Geistlichkeit genutzt worden. Dabei diente diese Verwendung freien Kapitals besonders der niederen Geistlichkeit zur Verbesserung ihrer zum Teil recht geringen Einkünfte.

In Trier ist – jedenfalls für die Domgeistlichkeit – die in Augsburg verbreitete Form der Leibdingverträge im 14. und in der ersten Hälfte des 15. Jahrhunderts kaum von Belang[283]. Hier spielen vor allem die Ewigzinskäufe eine Rolle. Auch in der Zeit und Dauer der Entwicklung ergeben sich Unterschiede zur oberdeutschen Reichsstadt. Ebenso wie dort setzt zwar die stärkere Beteiligung auf dem „Geldmarkt" erst um 1300 ein. Um die Mitte des 14. Jahrhunderts scheint aber bereits für die Domgeistlichkeit die Zeit intensiver Zinskäufe in der Stadt vorüber zu sein, jedenfalls ist ein deutlicher Rückgang von entsprechenden Belegen festzustellen. Hierfür bieten sich verschiedene Erklärungsmöglichkeiten an. Die urkundliche Überlieferung erscheint für die auf die Jahrhundertmitte und den Schwarzen Tod folgende Zeit kaum geringer als vorher; auch ist, wie noch zu erwähnen sein wird, eine Reihe anderer Vorgänge als Ewigzinsverkäufe in genügendem Maße tradiert, so daß das Fehlen von Zeugnissen dieser Art gewiß nicht in erster

---

278 Die Abrunculuskapelle erhält nach einem Vergleich zwischen dem Domkapitel und den Söhnen des Stifters Einkünfte u. a. von Wingerten bei Heiligkreuz und Kastel (MRUB 2 Nr. 101 v. 1173–1189). Der Bürger Liveveiz vermacht dem Domkapitel eine Ohm Wein jährlich und dem Küster von St. Marien 2 den. (MRUB 2 Nr. 254, MRR 2 Nr. 525 von etwa 1185). Der Domscholaster Thimar vererbt 1238 XI 6 verschiedenen Priestern von Domaltären je 30 den. (MRUB 3 Nr. 631; MRR 3 Nr. 88); der Domkellner Friedrich hat vor 1244 V Geldzinse aus zwei Häusern am Graben an den Willibrordaltar gestiftet (MRR 3 Nr. 380, MRUB 3 Nr. 794).

279 1252 IV: Priester Jakob v. Castell Zinse ans Kapitel unter anderem aus seinem Haus in Trier (MRUB 3 Nr. 1141). 1272 II 11:40 sol. Jahreszins durch Verpachtung Haus/ Flandergasse (MRR 3 Nr. 2686; LHAKO Abt. 1 D Nr. 133); 1274 IV 17: 14 den. aus Haus „apud horreum" durch Stiftung des Trierer Schöffen Heinrich v. Gewilre (MRR 4 Nr. 63; LHAKO Abt. 1 D Nr. 136; BATR Abt. 9,1 Nr. 3); 1287 II 13 Drittelwachstum aus Wingert am Neuberge erwähnt (MRR 4 Nr. 1401); 1289 VI 14 5 sol. Zins aus Haus in Fleischgasse durch Stiftung der Witwe des Nicolaus Lutzillenburg (MRR 4 Nr. 1669); 1294 IV 8: 12 den. Erbzins aus Haus „iuxta sellatores" (MRR 4 Nr. 2270).

280 Vgl. allg. *Ogris*, Leibrentenvertrag; ferner *Wilfried Trusen*, Zum Rentenkauf im Spätmittelalter, in: Festschrift für Hermann Heimpel zum 70. Geburtstag am 19. September 1971 (Veröffentlichungen des Max-Planck-Instituts für Geschichte, 36), Bd. 2, Göttingen 1972, S. 140–158.

281 Vgl. *Kießling*, Augsburg, S. 182–189.

282 Vgl. ebda., S. 184.

283 Arnold von Hohenecken bezog freilich von der Stadt eine Leibrente von insgesamt 60 Goldgulden (vgl. *Holbach*, Inventar, Anm. 62).

Linie auf eine mangelnde Quellengrundlage zurückgeführt werden kann. Wichtige Gesichtspunkte sind sicherlich die bereits behandelte Amortisationsgesetzgebung des Rates von 1344 und das spätere Bemühen der Stadt, den Besitzerwerb der Geistlichkeit in Trier einzuschränken. Bei einer derartigen Erschwerung von Geldanlagen in der Stadt bot sich die Möglichkeit zum Ausweichen auf Orte des Umlandes an. In der Tat finden sich vor allem im endenden 14. und 15. Jahrhundert Belege für entsprechende Aktivitäten außerhalb Triers[284]. Trotz einer gewissen Verlagerung gehen jedoch insgesamt die Belege für Zins- und Rentenkäufe durch die Domgeistlichkeit zurück. Zu überlegen ist, ob nicht ein Nachlassen oder ein Wandel der Stiftungen an den Domklerus eine Rolle gespielt haben könnte. Für Schenkungen von außerhalb an Domkapitel, Domaltäre und Liebfrauenkirche sind in der zweiten Hälfte des 14. Jahrhunderts und der Folgezeit tatsächlich weniger Zeugnisse vorhanden[285]. Freilich sind nach wie vor vor allem durch die Domherren selbst zum Teil beträchtliche Stiftungen erfolgt, gerade auch in Bargeld[286]. Schließlich sind noch der allgemeine Bevölkerungsver-

---

284 Hierbei tritt vor allem die Bruderschaft St. Johannes Evangelista hervor. Vgl. zu ihr: *Bastgen,* Domkapitel, S. 181 f., *Richard Laufner,* Die Bruderschaft St. Johannes Evangelista. Eine Trierer Priestergemeinschaft vom Jahre 1332–1804, in: Trierer Theol. Zs. 1950 (= Pastor Bonus 59), S. 285–297. Zins- u. Rentenkäufe außerhalb Triers durch Geistlichkeit an Dom u. Liebfrauen: 1344 XI 2 Hugo, Kaplan d. Matthiasaltars, 10 sol. in Zewen (LHAKO Abt. 1 A Nr. 3711 u. 1 D Nr. 4415 S. 317–319); 1348 XII 22 ders. 20 sol. in Zewen (ebda. Nr. 3710); 1370 XI 25 Kapitel 30 sol. in Zewen (LHAKO Abt. 1 D Nr. 638 u. 4416 S. 485–487); 1392 I 11 Kapitel in Wittlich 4 fl. mog. (BATR Abt. 95 Nr. 311 fol. 97'); 1392 XII 21 Kapitel 4 alte Mainzer Gulden in Wittlich (BATR Abt. 95 Nr. 311 fol. 98–99'); 1396 IV 6 Konrad v. Homburg, Custos, u. Dietrich v. Crummenau, Zellerar, 24 fl. mog. in Wittlich (LHAKO Abt. 1 D Nr. 800 u. 4417 S. 593–604; BATR Abt. 95 Nr. 311 fol. 153'); 1401 III 3 Bruderschaft St. Johannes Evangelista 3 rhein. Goldgulden in Ensch (BATR Abt. 12,3 Nr. 1 fol. 103'–105'); 1409 XI 12 Bruderschaft St. Johannes Evangelista 4 Gulden in Bernkastel (LHAKO Abt. 1 A Nr. 4147; BATR Abt. 12,3 Nr. 1, fol. 13'); 1411 IX 17 Kapitel für Präsenz 4 Mainzer Gulden in Treis (LHAKO Abt. 1 D Nr. 854 u. 4418 S. 169–180); 1412 I 9 Testamentsexekutoren des Johann von Hammerstein 12 fl. in Irsch (BATR Abt. 10,2 Nr. 1 S. 3 f.); 1427 V 28 Bruderschaft St. Johannes Evangelista 3 rhein. Gulden in Ensch (BATR Abt. 12,3 Nr. 6); 1431 I 23 Präbendaten v. Liebfr. 1 Sester Nußöl in Fusenich (LHAKO Abt. 206 Nr. 29); 1440 III 4 Domkapitel 40 rhein. Gulden in Mayen (LHAKO Abt. 1 A Nr. 2400); 1442 IV 20 Bruderschaft St. Johannes Evangelista 2 rhein. Gulden in Kernscheid (BATR Abt. 12,3 Nr. 1 fol. 52–53); 1443 II 5 Johannes Darlemer von Montabaur, Altarist, 1 rhein. Gulden in Trittenheim (BATR Abt. 12,3 Nr. 1 fol. 187'–189', Abt. 14,1 Nr. 3); 1445 V 17 Bruderschaft St. Johannes Evangelista 4 rhein. Gulden in Heidenburg (BATR Abt. 12,1 Nr. 6; 12,3 Nr. 1 fol. 145–147); 1446 II 10 Peter von Mörsdorf, Präbendat von Liebfrauen, 1 Sester Nußöl bei Hockweiler (LHAKO Abt. 206 Nr. 71); 1450 IV 25 Bruderschaft Johannes Evangelista 8 rhein. Gulden bei Enkirch (BATR Abt. 12,3 Nr. 1 fol. 158'–159); 1453 II 1 Michel, Pastor v. Wasserliesch, Altarist des Martinsaltars, 3 lib. in Zewen (LHAKO Abt. 1 D Nr. 1162 u. 4420 S. 553–556). Vgl. auch Anm. 301. Vgl. zu einer allgemeinen Tendenz zu Investitionen auf dem Land: *Ernst Pitz,* Die Wirtschaftskrise des Spätmittelalters, in: VSWG 52 (1965), S. 347–367, S. 362 f.
285 Vgl. die folgenden Ausführungen zu den religiösen Bindungen.
286 Vgl. weiter unten zum Domkapitel und anderen geistlichen Institutionen S. 299 ff.

lust durch die Pest[287] und die vieldiskutierte Wirtschaftskrise[288] als Erklärungsmöglichkeit für den Rückgang von Ewigzinskäufen durch die Domgeistlichkeit in Betracht zu ziehen. Einnahmeverluste werden tatsächlich 1354 im Schreiben an den Papst wegen des Nachlasses von Erzbischof Balduin angegeben und auf Pest, Judenmord und Zollvermehrung zurückgeführt[289]. Allerdings zeigen „Geschäftsverbindungen" mit Adeligen, dem Erzbischof und geistlichen Institutionen, daß die Domkanoniker diesen gegenüber als Kapitalgeber auftraten und Besitz hinzuerwarben. Möglicherweise erschienen ihnen solche Aktivitäten lohnender als ein weiterer Erwerb von Zinsen an ohnehin vielfach bereits allzu stark belasteten und teilweise auch baufälligen Häusern in der Stadt[290], in der bei Zinsrückständen die Zahlungsunfähigkeit mancher Einwohner sie freilich in den Besitz verschiedener weiterer Liegenschaften setzte[291].

Die Gründe für das Schwinden von Ewigzinskäufen in Trier durch Domgeistliche sind wohl vielschichtig. Zu einer besseren Klärung des Sachverhaltes insgesamt wäre eine vergleichende Untersuchung für alle geistlichen Institutionen vonnöten. Hier kann lediglich auf die speziellen Kontakte des Klerus an Dom und Liebfrauen eingegangen werden. Dabei muß für die Geldgeschäfte im Untersuchungszeitraum unterschieden werden, ob sie von Mitgliedern des Kapitels oder von den Inhabern minderer Pfründen abgeschlossen werden. Zu berücksichtigen ist auch, ob der Kauf für die abschließende Person selbst getätigt wurde oder ob die Einkünfte an die geistliche Funktion bzw. einen bestimmten Zweck gebunden blieben und damit weniger leicht ein Besitzwechsel stattfinden konnte.

---

287 Vgl. hierzu *Karl Lechner,* Das große Sterben in Deutschland in den Jahren 1348 bis 1351 und den folgenden Pestepidemien bis zum Schlusse des 14. Jahrhunderts, 1884, Ndr. Wiesbaden 1974; *John Saltmarsh,* Plague and Economic Decline in England in the Later Middle Ages, in: Cambridge Hist. Journal 7 (1941–1943), S. 23–41; *Heinrich Reincke,* Bevölkerungsverluste der Hansestädte durch den Schwarzen Tod 1349/50, in: Hansische Geschichtsblätter 70 (1951), S. 1–33; *Élisabeth Carpentier,* Autour de la peste noire: Famines et épidémies dans l'histoire du XIVe siècle, in: A. E. S. C. 17 (1962), S. 1062–1092; *Philip Ziegler,* The Black Death, New York 1969; *A. R. Bridbury,* The Black Death, in: Econ. Hist. Rev. 26 (1973), S. 577–592; *Jean-Noel Biraben,* Les hommes et la peste en France et dans les pays européens et méditerranéens, 2 Bde., Paris – La Haye 1975–1976; für die Geistlichkeit: *Bernd Ingolf Zaddach,* Die Folgen des Schwarzen Todes (1347–1351) für den Klerus Mitteleuropas (Forschungen zur Sozial- und Wirtschaftsgeschichte, 17), Stuttgart 1971; vgl. ferner die im Zusammenhang mit Territorialherren und Adel (dort Anm. 194) genannte Literatur.

288 Zur Auswirkung der Agrarkrise auf ein Domkapitel vgl. *C. A. Christensen,* Krisen på Slesvig Domkapitels jordegods 1352–1437, in: Historisk Tidsskrift 11, 6,2 (1960), S. 161–244, bes. S. 242–244. Christensen stellt Verluste von Einnahmen fest, die in starkem Maße auf Bevölkerungsverluste und Wüstungen zurückzuführen sind.

289 Vgl. *Haverkamp,* Studien, S. 467 f. Im Jahre 1392 äußerte man sich wegen der Zehnterhebung durch König Wenzel in ähnlicher Weise (vgl. auch S. 349 f.).

290 Vgl. auch *Pitz* (wie Anm. 284), S. 364; zur Baufälligkeit vgl. weiter unten zu den Verpachtungen, S. 134.

291 Vgl. Anm. 272.

Für eine entsprechende Aktivität des Domkapitels selbst finden sich verschiedene, wenn auch nicht allzu häufige Belege, vor allem in den dreißiger Jahren des 14. Jahrhunderts[292]. Einige Merkmale sind dabei augenfällig. So handelt es sich öfter um höhere Beträge, die über das Normalmaß der Abschlüsse bei der Domgeistlichkeit insgesamt hinausgehen[293]. Abgesehen von zwei Ausnahmen beträgt der jährlich zu zahlende Zins mindestens 20 sol. Als Verkäufer treten verschiedene Personen in Erscheinung, die von ihrer sozialen Stellung her relativ hoch eingestuft werden müssen, so Angehörige der Trierer Schöffenfamilien Sistapp, Oeren, Britta und Wolf; genannt sei auch der einer luxemburgischen Adelsfamilie zuzuordnende Ritter Herrmann von Brandenburg, da er schuldenhalber eine Reihe von Zinsen in der Stadt verkaufte, die er aus dem Erbe des Trierer Schöffen Johann Proudom erhalten hatte, ferner der Echternacher Schöffe Clais von Lellig[294]. Dies paßt durchaus mit der vorherigen Beobachtung über die Höhe der verkauften Zinse zusammen. Es kann wohl angenommen werden, daß bei der Trierer Oberschicht, ihren größeren Transaktionen und ihrem andersartigen Lebenszuschnitt ein höherer Geldbedarf als bei der niedriger gestellten Bevölkerung vorhanden war und sich somit bei Geldverlegenheiten auch die Notwendigkeit ergeben mußte, größere Summen gegen entsprechende Sicherheit aufzunehmen. Auf der anderen Seite kam für solche Beträge nur ein potenter Geldgeber in Frage.

Da im Zusammenhang mit den vom Kapitel oder seinen Bevollmächtigten erworbenen Zinsen als Verwendungszweck häufig Anniversar oder Memorie

---

292   Belege: 1294 IX 18 (MRR 4 Nr. 2328 = LHAKO Abt. 1 D Nr. 180); 1312 IX 22 (LHAKO Abt. 1 D Nr. 251 u. 4413 S. 293–297); 1325 XII 19 (ebda. Nr. 323 u. 4413 S. 813–816); 1330 VI 23 (ebda. Nr. 356 u. 4414 S. 53–55); 1331 V 6 (ebda. Nr. 363 u. 4414 S. 117–120); 1333 IX 4 (ebda. Nr. 389 u. 4414 S. 233–236); 1334 VI 29 (ebda. Nr. 396); 1339 XII 15 (ebda. Nr. 4414 S. 757–764); 1348 III 12 (ebda. Nr. 4415 S. 433–436); 1361 VIII 17 (ebda. Nr. 597 u. 4416 S. 81–84); 1414 XII 24 *(Wampach* UQB 10, Nr. 43).

293   Beträge, wie vor. Anm.: 1294 IX 18: 4 lib. zu bereits 3 geschuldeten; 1312 IX 22: 24 sol.; 1322 IX 22: 24 sol.; 1325 XII 19: 35 sol.; 1330 VI 23: 20 sol.; 1331 V 6: 20 sol.; 1333 IX 4: 40 sol.; 1334 VI 29: 20 sol.; 1339 XII 15: 13 lib. 17 sol.; 1348 III 12: 9 sol.; 1361 VIII 17: 10 sol.; 1414 XII 24: 12 rhein. Gulden.

294   Als Verkäufer erscheinen: 1294 IX 18: Friedrich Systapp; 1312 IX 22 die Testamentsexekutoren des Ordulph v. Oeren; 1325 XII 19 die Witwe Phyela v. Britten; 1330 VI 23 Philipp, Sohn des Systapp; 1331 V 6 Mathias v. Nittel u. Frau; 1333 IX 4 Mathias Winkeler, „textor", u. Frau; 1334 VI 29 Hennekin Hake, „textor", u. Frau; 1339 XII 15 Hermann von Brandenburg, „miles"; 1348 III 12 Ernst, Sohn des verst. Johann Wolf; 1361 VIII 17 „Johannes, gener quondam Johannis dicti Wagener in vico dicto Walravenugasse commorans" u. Frau; 1414 XII 24 Clais v. Lellig, Schöffe v. Echternach, Theesmann, Sohn des verst. Theesmann, u. Frau. Interessant auch die Übereinstimmung mit Domministerialenfamilien, vgl. weiter oben zu den personellen Kontakten.

eines oder mehrerer Verstorbenen angegeben wird[295], kann zum Teil auf die Herkunft der vom Käufer bezahlten Summen geschlossen werden. Es handelt sich hier um Legate, bei denen der Erwerb jährlicher Einkünfte für den Verwendungszweck zur Auflage gemacht wurde. Ein Geldlegat für Anniversar oder Memorie findet sich neben der direkten Schenkung von Ewigzinsen und anderen Einnahmen häufiger[296]. Eine weitere Form ist die Übergabe einer bestimmten Summe an die Testamentsexekutoren, die ihrerseits Einkünfte erwarben und sie der angegebenen Person oder Institution zukommen ließen[297]. Als Stifter treten selbstverständlich gerade die Domkanoniker selbst in Erscheinung. Nicht zuletzt im Hinblick darauf ist der Erwerb von Ewigzinsen durch diese Personengruppe interessant. Die Zahl der überlieferten Vorgänge ist allerdings nicht allzu groß; dennoch lassen sich Parallelen erkennen[298]. Der Betrag der erworbenen Zinse

---

295 1312 IX 22 für das Anniversar der Verstorbenen Andreas, Pleban von St. Laurentius, u. Thomas, Capellan dort und ständiger Vikar am Dom; 1325 XII 19 für das Anniversar des verstorbenen Domkanonikers Walter von Eich; 1330 VI 23 für denselben Zweck; 1331 V 6 für das Anniversar des verstorbenen Domdekans Ludwig von Homburg; 1333 IX 4 zu einer Memorie für Eberhard von Massu, verst. Propst von St. Simeon; 1334 VI 29 für eine Memorie für Ludwig von Homburg; 1343 I 24 für das Anniversar des Nikolaus von Pittingen, damals Domzellerar, und des verst. Magisters Nicolaus von Metz, Kanoniker von St. Simeon; 1348 III 12 für die Memorie des verst. Trierer Schöffen Johannes Damp; 1361 VIII 17 für das Anniversar des Trierer Burdekans Anselm.
296 Siehe hierzu auch u. S. 303.
297 So hat Dietrich v. Assesse, Domkanoniker, 50 lib. seinen Exekutoren hinterlassen. Hiervon kaufen sie 1298 XII 10 einen Zins zugunsten von zwei Klerikern bzw. der Trierer Kirche (MRR 4 Nr. 2815 = LHAKO Abt. 1 D Nr. 186 f.). 1305 III 11 kaufen sie einen weiteren Zins (LHAKO Abt. 1 A Nr. 3838 u. 1 D Nr. 4413 S. 69–72). 1312 IX 22 Kauf v. 20 sol. Zins durch die Exekutoren des Vikars „Thomas de Sancto Laurentio" (LHAKO Abt. 1 D Nr. 248 u. 4413 S. 309–312); 1317 IV 23 kaufen die Exekutoren des Custos Isenbard (von Warsberg) 10 sol. Zins für den Blasiusaltar (LHAKO Abt. 1 D Nr. 277 u. 4413 S. 541–543); 1329 VI 24 die des Domvikars Johannes v. Homburg 16 sol. für Cosmas/Damian- und Andreasaltar (LHAKO Abt. 1 D Nr. 340 u. 4413 S. 993 f.; BATR Abt. 91 Nr. 135 fol. 114; *Kreglinger,* Analyse Nr. 368, S. 50); 1343 I 14 die Exekutoren des Gobelo v. Weckeringen, Domvikars, für dessen Anniversar im Dom insgesamt 41 sol. (LHAKO Abt. 1 D Nr. 468 u. 4415 S. 145–147); 1348 VI 12 die des Präbendars von Liebfrauen Hermann für dessen Anniversar im Dom (LHAKO Abt. 206 Nr. 20).
298 Vgl. folgende Käufe: Dietrich v. Montabaur 1314 III 5 (LHAKO Abt. 1 D Nr. 252 u. 4413 S. 329–331); ders., 1318 III 20 (ebda. Nr. 274 u. 4413 S. 533–535); ders. 1317 III 29 (ebda. Nr. 275 u. 4413 S. 529–531); Herbrand v. Zolver, Scholaster, 1318 VII 12 (LHAKO Abt. 207 Nr. 91); ders. 1318 X 11 (LHAKO Abt. 215 Nr. 130); Dietrich v. Montabaur 1318 XII 4 (LHAKO Abt. 1 D Nr. 284 u. 4413 S. 605 f.); Herbrand von Zolver 1319 XI 21 (LHAKO Abt. 1 D Nr. 290 u. 4413 S. 633–636 u. Abt. 201 Cartular Nr. 150); ders. 1321 IX 11 (LHAKO Abt. 1 D Nr. 299 u. 4413 S. 709–711); Matthäus von Eich 1323 XI 3 (LHAKO Abt. 1 D Nr. 308 u. 4413 S. 745–748, später ans Kapitel: vgl. Nr. 310 u. BATR Abt. 95 Nr. 311 fol. 142'); Gottfried von Rodenmacher 1327 XI 22 (LHAKO Abt. 1 D Nr. 331 u. 4413 S. 893–896); der Dekan Johann von Daun 1328 III 4 (LHAKO Abt. 1 D Nr. 332 u 4413 S. 873 f.); Gottfried von Rodenmacher 1329 XII 3 (LHAKO Abt. 1 D Nr. 347 u. 4413 S. 1017–1020); Cantor Nikolaus 1329 III 26 von einem Schöffen, aber in

liegt im Schnitt ziemlich hoch[299]; als Verkäufer sind ebenfalls auffällig viele Vertreter der Oberschicht belegt[300]. Dies stützt die im Zusammenhang mit dem Domkapitel gemachten Aussagen.

Die Zahl der überlieferten Ewigzinsverkäufe durch die niedere Geistlichkeit ist wesentlich größer. Vor allem sind dabei die Vikare und Altaristen von Domaltären zu nennen[301], die entsprechende Geschäfte teils zugunsten ihres Altars und zur Verbesserung von dessen Ausstattung und Besitzgrundlage[302], teils wohl aus-

---

Wiltingen (LHAKO Abt. 1 D Nr. 344 u. 4413, S. 977–979; BATR Abt. 95 Nr. 311 fol. 151); ders. 1330 V 13 (LHAKO Abt. 1 D Nr. 401 f. u. 4414 S. 341–344); Johann von Daun 1332 II 24 (ebda. Nr. 372 u. 4414 S. 109–111); ders. 1334 XII 2 (ebda. Nr. 399 u. 4414 S. 305–310); Ludolph v. Hollenfels, Thesaurar, vor 1358 XII 22 (ebda. Nr. 576 f. u. 4415 S. 849–855); später auf Grund versessener Zinse ans Domkapitel, vgl. Anm. 272.

299 Höhe der jährlichen Zinse in der vor. Anm. angegebenen Reihenfolge; 20 lib.; 9 lib.; 3 lib.; 3 lib.; 32 sol.; 40 sol.; 10 lib.; 40 sol.; 4 lib.; 3 lib.; 10 sol.; 17 lib.; 10 lib.; 4 lib.; 5 lib.; 24 lib.

300 Verkäufer: Der Schöffe Reiner v. Britten u. Frau; Walter, Sohn d. Rudolf v. Britten junior; Walter Sembere u. Lylia; die Witwe des Bürgers Heinrich Baumeyster; der Schöffe Friedrich Button; Phiela, Tochter des Rudolf v. Britten junior; Ordulph, der Sohn des gleichnamigen Schöffenmeisters, u. Frau; die Testamentsexekutoren des verst. Schöffen Johannes Michael; erneut der Sohn des Schöffenmeisters; der Fleischer Hennekin, Sohn des Ludwig genannt Plounsherrin; „Johannes dictus de aquis", u. Frau; Mathias, Sohn des Walter von Aspelt, und seine Frau Elisabeth, Tochter des Schöffen Reiner von Britten; Jakob junior, Schöffe; der Bäcker „Ludowicus dictus Croppicius" u. Frau; der Schöffe Jakob Pittipas; Hennekin, Sohn des Schöffen Heinrich Walram; „Jakeminus de aureo cypho" u. Frau.

301 Auch die Präbendaten von Liebfrauen und die Bruderschaft St. Johannes Evangelista schließen entsprechende Verträge ab: Vgl. BATR Abt. 95 Nr. 311 fol. 221' von 1317: Verkauf von unter anderem 60 sol. Hauszinsen in der Martgasse an den neufundierten Michaelsaltar in Liebfrauen; STATR 2164/702 S. 269 von 1332: 3 sol. an die Kanoniker von Liebfrauen aus einem Haus beim Martinskloster; BATR Abt. 17,1 Nr. 2 von 1403: 4 Mainzer Gulden (allerdings erworben vom Dompropst Arnold von Berwart aus Einkünften in Udelfangen und Franzenheim, aber auch in der Johannsgasse); BATR Abt. 12,3 Nr. 1 fol. 78–79 von 1431: 2 rhein. Goldgulden aus Häusern und Feldern bei Heiligkreuz an die Bruderschaft St. Johannes Evangelista.

302 Erwerbungen aus Ewigzinsverkäufen durch Vikare/Altaristen, für Altäre bestimmt. 1299 III 28 (MRR 4 Nr. 2860, *Wampach*, UQB 6, Nr. 750, LHAKO Abt. 1 D Nr. 188; BATR Abt. 95 Nr. 311 fol. 234'); 1315 V 29 (LHAKO Abt. 1 D Nr. 255 u. 4413 S. 373–377); 1315 VI 6 (LHAKO Abt. 1 D Nr. 256 u. 4413 S. 381–383); 1316 V 10 (ebda. Nr. 267 u. 4413 S. 433–437 u. 577–583); 1316 VI 4 (ebda. Nr. 268 f. u. 4413 S. 441–443 u. 485–488; vor 1317 VIII 6 wegen dieses Zinses Auseinandersetzung; ebda. Nr. 4413 S. 557–559); 1318 II 28 (LHAKO Abt. 1 D Nr. 281); 1318 VI 30 (LHAKO Abt. 215 Nr. 129 u. 1 D Nr. 283, 4413 S. 593–595); 1318 VI 30 (ebda. Nr. 285); 1318 XII 28 (LHAKO Abt. 1 D Nr. 285 u. 4413 S. 613–615); 1324 IX 29 (ebda. Nr. 313 u. 4413 S. 777–779); 1328 X 24 (ebda. Nr. 342 u. 4413 S. 965–967); 1329 VI 24 (*Kreglinger*, Analyse S. 50 Nr. 368; LHAKO Abt. 1 D Nr. 340 u. 4413 S. 993 f.); 1329 X 13 (ebda. Nr. 346 u. 4413 S. 1013–1016); 1331 VI 10 (ebda. Nr. 364 u. 4414 S. 121–124); 1331 IX 26 (ebda. Nr. 445 u. 4414 S. 745–747, BATR Abt. 14,1 Nr. 1); 1335 X 28 (LHAKO Abt. 1 D Nr. 411 u. 4414 S. 449–452); 1336 V 4 (ebda. Nr. 414 u. 4414 S. 493–495); 1336 V 16 (ebda. Nr. 415 u. 4414 S. 497–500; Abt. 1 A Nr. 3936); vor 1336 X 2 (LHAKO Abt. 1 D Nr. 416 u. 4414 S. 513 f.); 1337 III 26 oder 1338 III 18 (LHAKO Abt. 1 D Nr. 419 u. 4414 S. 525 f.); 1338 I

schließlich zum eigenen Nutzen abschlossen. Neben der Absicht, sich zu den nicht immer ausreichenden Pfründeneinnahmen eine zusätzliche Versorgung zu sichern, werden wohl auch die erwähnten personellen Kontakte zwischen niederer Domgeistlichkeit und Stadtbürgern einen intensiveren Geschäftsverkehr, ferner auch Stiftungen von bürgerlicher Seite begünstigt haben. Die einzelnen Altäre treten in unterschiedlicher Weise und zu unterschiedlicher Zeit in Erscheinung[303]. Eine besondere Rolle spielt der Agathenaltar, für den von 1331 bis 1369 eine Reihe von Ewigzinskäufen belegt ist. Auch zugunsten des Dreifaltigkeitsaltars, Stephansaltars, Cosmas/Damian-Altars sowie des Agnetenaltars und Jakobsaltars werden mehrfach entsprechende Geschäfte getätigt. Der Agathenaltar beim Brunnen im Dom geht auf den Propst von St. Simeon, Eberhard von Massu[304], zurück, der kurz vor seinem Tod vergeblich auch die Dompropstei zu erlangen suchte. Den von ihm im Jahre 1330 gestifteten Altar im Dom, der mit halbem

---

27 (ebda. Nr. 426 u. 4414 S. 521–524); 1338 IV 4 (ebda. Nr. 429); 1338 V 8 (ebda. Nr. 431 u. 4414 S. 601–604); 1338 V 15 (ebda. Nr. 432 u. 4413 S. 129–133 u. 4414 S. 645–650); 1338 VI 30 (ebda. Nr. 434 u. 4414 S. 621–624); 1338 VIII 8 (ebda. Nr. 435 u. 4414 S. 629–631); 1338 VIII 8 (ebda. Nr. 4414 S. 625–628); 1338 IX 9 (ebda. Nr. 436 u. 4414 S. 637–639); 1338 IX 10 (ebda. Nr. 437 u. 4414 S. 641–643); 1339 XII 1 (ebda. Nr. 445 u. 4414 S. 750–756); 1340 VIII 30 (LHAKO Abt. 1 D Nr. 380 f. u. 4414 S. 200); 1341 V 5 (ebda. Nr. 463 u. 4415 S. 97–99); 1343 III 16 (ebda. Nr. 471 f. u. 4415 S. 141–144, 149–151); 1343 III 22 (ebda. Nr. 473 u. 4415 S. 133–135); 1343 VI 4 (ebda. Nr. 478 u. 4415 S. 197–200); 1350 IV 12 (ebda. Nr. 522 u. 4415 S. 585–587, 682 f.); 1350 X 30 (ebda. Nr. 531 u. 4415 S. 661–663, 683–686); 1350 XI 22 (ebda. Nr. 533 u. 4415 S. 677–679, 686–688; *Kreglinger*, Analyse, S. 80, Nr. 613); 1353 IV 23 (LHAKO Abt. 1 D Nr. 542 u. 4415 S. 732–740; auch in: 1 A Nr. 4037); 1353 VI 25 (LHAKO Abt. 1 D Nr. 543 u. 4415 S. 741–743; *Kreglinger*, Analyse, S. 82, Nr. 632); 1369 VI 20 (LHAKO Abt. 1 D Nr. 631 u. 4416 S. 433–435); 1388 IV 30 (ebda. Nr. 4417 S. 257–269); 1391 V 31 (ebda. Nr. 779 u. 4417 S. 345–348); 1421 IX 4 (BATR Abt. 91 Nr. 135 fol. 33). Der Cosmas/Damian-Altar besaß auch einen Zins in Kastel (LHAKO Abt. 1 D Nr. 287 u. 4413 S. 613–615).

303 Altäre, für die die Ewigzinse u. Renten gekauft werden (vgl. Anm. 302): 1299 III 28 Brictiusaltar; 1315 V 25 Agnes- und Cosmas-/Damianaltar; 1315 VI 6 Martinaltar; 1316 V 10 ders.; 1316 VI 4 Stephanaltar; 1318 II 28 Nikolaus-, Agnes-, Dreifaltigkeits-, Helena-, Maria-Magdalena-, Cosmas-/Damian-, Martin-, Stephanaltar; 1318 VI 30 Dreifaltigkeitsaltar; 1318 XII 28 Stephan-, Nikolaus-, Cosmas-/Damian-, Agnes-, Helenaaltar; 1324 IX 29 Willibrordaltar; 1328 X 24 Dreifaltigkeitsaltar; 1329 VI 24 Cosmas-/Damian- und Andreasaltar; 1329 X 13 Dreifaltigkeitsaltar, 1331 VI 10 ders. u. Johannes-Evang.-/Willibrordaltar; 1331 IX 26 Agathaaltar; 1335 X 28 ders.; 1336 V 4 Stephanaltar; 1336 V 16 Agathaaltar; vor 1336 X 2 Cosmas-/Damianaltar; 1337 III 26 Stephanaltar; 1338 I 27 Agnesaltar; 1338 IV 4 Nikolausaltar; 1338 V 8 Blasiusaltar; 1338 V 15 Cosmas-/Damianaltar; 1338 VI 30 Martinaltar; 1338 VIII 8 Stephanaltar; 1338 IX 9 Dreifaltigkeitsaltar; 1338 IX 10 ders.; 1339 XII 1 Agathaaltar; 1340 VIII 30 Cosmas-/Damian-, Agnes-, Maria Magdalena-, Margareta-, Zehntausend-Märtyrer-Altar; 1341 V 5 Blasiusaltar; 1343 III 16 Jakobaltar; 1343 III 22 ders.; 1343 VI 4 ders.; 1350 IV 12 Agathaaltar; 1350 X 23 ders.; 1350 XI 22 ders.; 1353 IV 23 ders.; 1353 IV 25 ders.; 1369 VI 20 ders.; 1388 IV 30 Cosmas-/Damianaltar; 1391 V 31 ders.; 1421 IX 4 Agnes-, Cosmas-/Damian-, Leonardaltar.

304 Vgl. Personenliste.

Haus „ad gallum" in Trier[305], Einkünften in Zewen sowie in Stadt und Suburbien dotiert wurde[306], erhielt zunächst Johann Frainoit, der auch als „clericus" und „cellarius" des Eberhard nachzuweisen ist[307]. Bis auf eine Ausnahme fallen alle Ewigzinskäufe in seine Zeit[308]. Möglicherweise ist bei dem neuen Altar die Besitzgrundlage noch schmal gewesen und in den ersten Jahrzehnten seines Bestehens wohl auch in stärkerem Maße eine Stiftungstätigkeit zu seinen Gunsten erfolgt, so daß ein weiterer Erwerb von Einkünften möglich war. Bei den frühen Verkäufen werden noch Geldlegate des Stifters verwendet worden sein. Der Jakobsaltar, der vom in Trier ansässigen „Magister Theodericus de Lubeke" eingerichtet wurde, ist ein solches Beispiel; im Jahre 1343 wurden drei Zinse für ihn von dem Geld gekauft[309], das der Arzt schenkte. Die übrigen genannten Altäre sind älter; das für die Käufe aufgewandte Geld stammt auch hierbei zum Teil nachweislich aus Stiftungen mit einer entsprechenden Auflage[310]. Die Höhe der angeschafften Zinse wechselt[311]; abgesehen von verschiedenen Fällen, bei denen ausdrücklich die Herkunft des Geldes aus einer Stiftung angegeben wird, handelt es sich jedoch um niedrigere Beträge bis zu 10 sol. Die soziale Stellung der Verkäufer dieser Ewigzinse ist in der Regel eine andere als bei den im Zusammenhang mit dem Domkapitel genannten Personen. Die verschiedenen Berufsbezeichnungen[312] deuten auf eine überwiegende Herkunft aus der Schicht der Gewerbetreibenden hin.

---

305 In der Brückengasse.
306 LHAKO Abt. 215 Nr. 273 v. 1330 I 29.
307 Vgl. LHAKO Abt. 215 Nr. 273 v. 1330 I 29 u. Nr. 415 u. 1 A Nr. 3936 v. 1336 V 16. Er war auch „familiaris" des Johann Jakelonis.
308 Also bis 1354 (Johann letztmalig belegt, LHAKO Abt. 1 D Nr. 561 u. 4415 S. 745–754).
309 1343 III 16, 22 u. VI 4 (Belege Anm. 302).
310 1318 II 26 Stiftung des Heinrich Kuvleysch; 1329 X 13 des Bantuspriesters Konrad Cancer; 1336 V 4 des Walter von Redelingen. Von 1337 III 26 bis 1338 VIII 8 relativ hohe Legate des verst. Dompropstes Nikolaus v. Hunolstein.
311 Höhe der Zinszahlungen nach den in Anm. 302 angeführten Beispielen: 1299 III 28 1 Sester Öl; 1315 V 29 40 sol. verteilt auf 2 Altäre; 1315 VI 6 4 sol.; 1316 V 10 6 sol.; 1316 VI 4 10 sol.; 1318 II 28 4 lib. verteilt auf 8 Altäre; 1318 VI 30 4 sol.; 1318 XII 28 20 sol. verteilt auf 5 Altäre; 1324 IX 29 5 sol.; 1328 X 24 4 sol.; 1329 VI 24 16 sol.; 1329 X 13 Sester Öl, 5 sol.; 1331 VI 10 6 sol. auf 2 Altäre; 1331 IX 26 20 sol. auf Agathenaltar u. St. Hubert in St. Simeon; 1335 X 28 6 sol.; 1336 V 4 5 sol.; 1336 V 16 14 sol.; vor 1336 X 2 18 sol.; 1337 III 26 10 sol.; 1338 I 27 23 sol.; 1338 IV 4 22 sol.; 1338 V 8 20 sol.; 1338 V 15 25 sol; 1338 VI 30 20 sol.; 1338 VIII 8 5 sol. (2x); 1338 IX 9 11 sol.; 1338 IX 10 15 sol.; 1339 XII 1 8 sol. (wie 1331 IX 26); 1340 VIII 30 4 lib. auf 5 Altäre; 1341 V 5 4 sol. 9 den.; 1343 III 16 10 sol.; 1343 III 22 3 lib.; 1343 VI 4 20 sol.; 1350 IV 12 5 sol.; 1350 X 30 3 sol.; 1350 XI 22 4 sol., 1353 IV 23 16 sol.; 1353 IV 25 6 sol.; 1369 VI 20 15 sol.; 1388 IV 30 40 sol.; 1391 V 31 20 sol; 1421 IX 4 5$^1/_2$ lib. verteilt auf 4 Altäre.
312 Berufsbezeichnungen bei den Verkäufern: 1315 VI 6 „calcifex" (Schuster); 1316 V 10 „carpentarius" (Zimmermann); 1316 VI 4 „carnifex" (Metzger); 1324 IX 29 „obstitrix" (Hebamme); 1328 X 24 „cerdo" (Gerber); 1331 IX 26 „sartor" (Schneider); 1335 X 28 „sutor" (Schuster); 1336 V 4 Sohn eines „carpentarius" (Zimmermann); 1336 V 16 „tector petrarum" (Dachdecker); 1336 X 2 „textor" (Weber); 1338 V 8 „pistor" (Bäcker);

Ein Blick auf den Kreis der aus der niederen Geistlichkeit an Dom und Liebfrauen stammenden Käufer von Ewigzinsen läßt bei einzelnen Personen intensive Erwerbsbestrebungen erkennen[313]. So sind etwa für Heinrich Kuvleysch und dessen Testamentsexekutoren bis 1316 fünf Ewigzinskäufe bekannt, für Gerbodo,

---

1338 VI 30 „cerdo" (Gerber); 1338 IX 10 „pellifex" (Kürschner); 1339 XII 1 „sartor" (Schneider); 1343 III 22 „magister textorum" (Weber); 1343 VI 4 „cultor vinearum" (Winzer); 1350 IV 12 „textor" (Weber); 1353 IV 23 „currifex" (Wagner, Stellmacher); 1388 IV 30 „goiltschmit"; 1391 V 31 „lauwer". Aus Oberschicht: 1315 V 29 Testamentsexekutoren der Begine Greta, Tochter des Schultheißen Jakob v. Trier; 1318 II 28 Ordulph Scholer, Schöffenmeister; 1337 III 26 Bartholomäus Wolf; 1338 IX 9 Henkin Drinkwasser.

313 1301 VI 25 Heinrich Kuvleysch, Vikar (LHAKO Abt. 1 D Nr. 203 u. 4413 S. 21 f.); 1335 IV 2 Ludwig v. Odelingen, Vikar des Dreifaltigkeitsaltars (BATR Abt. 91 Nr. 135 fol. 62); 1313 III 16 Heinrich Kuvleysch (LHAKO Abt. 1 D Nr. 250 u. 4413 S. 281 f.); 1315 II 25 Gerbodo, Vikar/Martinaltar (ebda. Nr. 253 u. 4413 S. 333–335); 1315 V 6 Heinrich Kuvleysch (LHAKO Abt. 213 Nr. 20); 1315 V 15 Gerbodo/Martinaltar (LHAKO Abt. 215 Nr. 117 u. 1 D 4413 S. 369–372); 1316 VIII 14 Heinrich Kuvleysch (ebda. S. 477 f. u. 1 D Nr. 270); 1316 XI 27 dessen Testamentsexekutoren (LHAKO Abt. 1 D Nr. 273 u. 4413 S. 493 f.); 1317 I 17 Gerbodo/Martinaltar (ebda. Nr. 261 u. 4413 S. 397–399); 1317 II 28 Jakob Constantini, Kanoniker v. Liebfrauen, auch als Kaplan des Willibrordaltars belegt (LHAKO Abt. 206 Nr. 12 u. 1 D Nr. 4413 S. 409 f.); 1316 III 29 oder 1317 III 21 Hildebrand, Vikar (ebda. Nr. 263); 1317 V 25 Gerbodo/Martinaltar (ebda. Nr. 278 u. 4413 S. 545 f.); 1317 IX 18 Jakob Constantini (LHAKO Abt. 206 Nr. 13 u. 1 D 4413 S. 513 f.); 1318 VI 22 Gerbodo (ebda. Nr. 282 u. 4413 S. 589 f.); 1318 XI 8 ders. (ebda. Nr. 4413 S. 601–603); 1319 X 27 ders. (ebda. Nr. 3629 u. 4413 S. 629 f.); 1323 VII 26 Jakob Constantini (LHAKO Abt. 206 Nr. 14); 1322 XI 2 Gerbodo u. Jakob Constantini (LHAKO Abt. 1 D Nr. 301 u. 4413 S. 713 f.); 1323 V 7 dieselben (ebda. Nr. 306 u. 4413 S. 733–735); 1327 IX 20 Jakob Constantini (LHAKO Abt. 206 Nr. 16 u. *Kreglinger, Analyse,* S. 49 Nr. 361); 1327 X 21 ders. (LHAKO Abt. 206 Nr. 17 u. 1 D Nr. 4413 S. 881–891); 1327 XI 2 ders. (LHAKO Abt. 206 Nr. 15 u. 1 D Nr. 4413 S. 897 f.; BATR Abt. 95 Nr. 311 fol. 143); 1328 II 24 ders. (ebda. fol. 150'; LHAKO Abt. 206 Nr. 18 u. 1 D Nr. 4413 S. 861 f.); 1328 VI 21 Johannes v. Homburg, Vikar (ebda. Nr. 339 u. 4413 S. 953–955); 1331 XII 20 Gobelo v. Vulbach, Vikar, u. Hermann, Kanoniker/Liebfrauen (LHAKO Abt. 215 Nr. 219); 1332 VI 30 Andreas von Nailbach, Vikar (LHAKO Abt. 1 D Nr. 377 u. 4414 S. 189–192); 1332 XI 26 ders. u. Gobelo Vulbach, Vikar (ebda. Nr. 380 u. 4414 S. 197–199); 1335 V 12 Andreas v. Nailbach (ebda. Nr. 404 u. 4414 S. 373–375, vgl. hierzu auch 1 D Nr. 468 u. 4415 S. 145–147 von 1343 I 14); vor 1338 IX 9 Johann Jakelonis, Kanoniker/Liebfrauen (LHAKO Abt. 215 Nr. 247); 1341 X 10 ders. (ebda. Nr. 346); 1342 V 14 Andreas v. Nailbach (LHAKO Abt. 1 D Nr. 467 u. 4415 S. 153–155, vgl. hierzu auch 1 D Nr. 468 u. 4415 S. 145–147 von 1343 I 14); 1344 IV 17 Petrus, Kaplan des Dreifaltigkeitsaltars (ebda. Nr. 484 u. 4415 S. 265–267); 1344 VIII 2 Johann Jakelonis (LHAKO Abt. 215 Nr. 356). 1350 XI 15 der Priester Hildebrand, Vikar (LHAKO Abt. 1 D Nr. 532 u. 4415 S. 673–675); 1359 X 10 Nicolaus von Steynsal, Kaplan/Willibrordaltar (ebda. Nr. 583 u. 4415 S. 897–900); 1359 XI 25 Andreas (v. Nailbach) (ebda. Nr. 584 u. 4415 S. 901–903); 1359 XII 28 Johann von der Pirtschen, Pleban v. Wiltingen u. Präb. Liebfrauen, in Euren, aber von Trierer Bürgern (ebda. Nr. 4415 S. 921–925); 1390 VII 18 Peter von Lenningen, Kaplan/Martinaltar (ebda. Nr. 772 u. 4417 S. 317–320, 321–324).

den Vikar des Martinsaltars, zwischen 1315 und 1327 neun, für den auch als Kaplan des Willibrordaltars belegten[314] Kanoniker von Liebfrauen Jakob Constantini von 1317 bis 1328 ebenfalls neun und für Andreas von Nailbach von 1332 bis 1359 vier Käufe. Nimmt man die Geschäfte hinzu, die von ihnen ausdrücklich in ihrer geistlichen Funktion für ihren Altar oder eine von ihnen vertretene geistliche Institution abgeschlossen wurden, erhöhen sich diese Zahlen noch[315]. Andreas von Nailbach, „summus vicarius"[316] und offensichtlich Vertrauensperson des Domkapitels[317], hat wohl eine besondere Rolle gespielt. Daß Heinrich Kuvleysch, der neben seiner Vikarie noch andere Pfründen besaß, über ein erkleckliches Vermögen verfügte, geht aus seinem Testament von 1316 und weiteren Urkunden[318] hervor. Gerbodo hinterließ immerhin dem Magdalenenaltar in Himmerod 30 lib. und einen Wingert[319]. Für den doppelt bepfründeten Jakob Constantini stehen die Verwandtschaftsbeziehungen zu Trierer Handwerkerkreisen fest[320]. Alle genannten scheinen nicht zu den allzu kümmerlich ausgestatteten Geistlichen gehört zu haben und aufgrund ihrer finanziellen Stellung durchaus in der Lage gewesen zu sein, eine größere Anzahl von Geldgeschäften zu tätigen. Dies trifft aber mit Sicherheit noch auf andere Kleriker zu, für die die Belege fehlen.

Die Höhe der gekauften Zinse divergiert; die Beträge reichen von 2 sol. bis 4 lib.[321]. In der Mehrzahl handelt es sich aber um Summen bis zu 20 sol. Unter

---

314 Von 1317 IV 6 bis 1333 II 6 (LHAKO Abt. 1 D Nr. 276 u. 4413 S. 537–539; Nr. 382 u. 4414 S. 161–163).
315 Gerbodo kauft 1315 VI 6 u. 1316 V 10 Zinse für den Martinaltar (vgl. Anm. 302), Jakob Constantini 1324 IX 29 u. 1331 VI 10 für den Willibrordaltar (vgl. ebda.), vor 1333 II 5 hat er einen seinem Altar gehörigen Zins an einen Juden verkauft u. überträgt einen anderen Zins hierfür (LHAKO Abt. 1 A Nr. 3911; 1 D Nr. 382, 4414 S. 161–163); Andreas v. Nailbach 1330 VI 23, 1331 V 6, 1333 IX 4 u. 1334 VI 29 Zinskäufe für das Domkapitel (Belege s. o.).
316 Vgl. *Franz Xaver Glasschröder,* Urkunden zur Pfälzischen Kirchengeschichte im Mittelalter, München-Freising 1903, S. 243 Nr. 588 v. 1333 VIII 7; LHAKO Abt. 1 D Nr. 381 u. 4414 S. 200 v. 1340 VIII 30. Vgl. zur Stellung der Vikare: *Bastgen,* Domkapitel, S. 159–161.
317 Vgl. Anm. 315.
318 Vgl. LHAKO Abt. 1 D Nr. 4413 S. 445–458 mit Legaten an viele geistliche Institutionen, darunter an den Dom 5 lib. Zins, die Kanoniker von Liebfrauen 20 sol., an die Kapläne der Domaltäre je 10 sol.; Stiftung des Michaelsaltars in Liebfrauen (Begräbnisort), der mit 10 lib. Zins dotiert wurde; vgl. auch die Urkunden von 1317 III 30 (LHAKO Abt. 1 D Nr. 4413 S. 521–526), 1317 XI 22 (BATR Abt. 95 Nr. 311 fol. 221') u. 1318 II 26 (LHAKO Abt. 1 D Nr. 281).
319 LHAKO Abt. 96 Nr. 691; STATR 1717/38 8°, Pars 1, fol. 68.
320 Siehe oben zu den personellen Beziehungen Anm. 75.
321 1301 VI 25 10 sol.; 1335 IV 2 5 sol.; 1313 III 16 6 sol.; 1315 II 25 31 sol.; 1315 V 6 4 lib.; 1315 V 15 15 sol.; 1316 VIII 14 20 sol.; 1316 XI 27 40 sol.; 1317 I 17 20 sol.; 1317 II 28 5 sol.; 1317 III 21 20 sol.; 1317 V 25 17 sol.; 1317 IX 18 10 sol.; 1318 VI 22 8 sol.; 1318 XI 8 6 sol.; 1319 X 27 20 sol.; 1322 XI 2 3 sol.; 1323 VII 26 10 sol.; 1323 V 7 2 sol.; 1327 IX 20 6 sol.; 1327 X 21 5 sol.; 1327 XI 2 13 sol.; 1328 II 24 3 sol.; 1328 VI 21 16 sol., 1331 XII 20

den Verkäufern ist erneut eine große Anzahl von Leuten, die aufgrund ihrer Berufsbezeichnungen den Handwerkern in Stadt oder Suburbien zuzurechnen sind. Vereinzelt finden sich auch Angehörige einer höheren Schicht[322]. Im wesentlichen deckt sich dies mit den Feststellungen, wie sie zuvor für Erwerbungen zugunsten von Domaltären getroffen wurden. Insgesamt zeigen die behandelten Vorgänge, die sicherlich nur einen geringen Prozentsatz aus einer größeren Zahl von Verträgen darstellen[323], durchaus rege wirtschaftliche Beziehungen zwischen Stadtbevölkerung und Domgeistlichkeit auf dem „Kapitalmarkt" und eine nicht zu unterschätzende Rolle des Klerus als Geldgeber. Dabei scheint die Mittelschicht mehr zum wohl demselben Milieu entstammenden niederen Klerus, die Oberschicht dagegen mehr zu Domherren und Kapitel selbst entsprechende Kontakte aufgenommen zu haben. Die Liegenschaften, aus denen Zinsen gezahlt werden mußten, verteilen sich innerhalb der Stadt, seit den zwanziger Jahren des 14. Jahrhunderts ist auch das zur „potestas" von St. Maximin gehörige Vorstadtgebiet häufiger belegt[324].

Gegenüber Geldgeschäften, bei denen Domkirche und geistliche Personen als Geldgeber auftreten, finden sich nur relativ wenige Zeugnisse dafür, daß Bürger

---

40 sol.; 1332 VI 30 30 sol.; 1332 XI 26 4 lib.; 1335 V 12 12 sol.; vor 1338 IX 9 2 sol.; 1341 X 10 19 sol.; 1342 V 14 8 sol.; 1344 IV 17 4 sol.; 1344 VIII 2 12 sol.; 1350 XI 15 10 sol.; 1359 X 10 47 sol.; 1359 XI 25 20 sol.; 1359 XII 28 40 sol.; 1390 VII 18 20 sol. (Belege Anm. 313).

322 Berufe: 1301 VI 25 Sohn eines „carnifex" (Fleischer); 1317 I 17 „pistor" (Bäcker); 1317 II 28 „calcifex" (Schuhmacher); 1317 III 21 Fleischerswitwe; 1317 V 25 Sohn eines „cerdo" (Gerber); 1317 IX 18 „cultor vinearum" (Winzer); 1318 XI 8 „lapicida" (Steinmetz); 1323 VII 26 Winzersohn; 1323 V 7 Schröder; 1327 IX 20 „carnifex", 1327 X 21 „ligator librorum" (Buchbinder); 1327 XI 2 „calcifex"; 1328 VI 21 „tector petrarum" (Dachdecker); 1331 XII 20 „carnifex"; 1344 IV 17 Sohn eines „luminum fusor" (Lichtgießer); 1344 VIII 2 Tochter eines „pannitonsor" (Tuchscherer); 1350 XI 15 Witwe eines „tector petrarum" (Dachdecker); 1390 VII 18 Lauer; 1315 V 6, 1317 III 21, 1350–1359, 1359 XI 25 Alleinverkäufer Frauen (2 Witwen); als Angehörige von Schöffenfamilien erscheinen: 1316 XI 27 Jakob u. Tristand, Söhne des Jakob iunior mit Frauen (40 sol.), 1332 XI 26 Tristand allein (4 lib.); 1335 V 12 Schöffenmeister Ordulph Scholer (12 sol.).

323 Für Zinse und Einkünfte liegen auch verschiedene Register vor, die weit größeren Besitz der Domgeistlichkeit in und um Trier erkennen lassen: Ende 13. Jh. 2 Verzeichnisse d. Einkünfte des „Officium dolabri", LHAKO Abt. 1 D Nr. 195. 2. Hälfte 14. Jh.: „census spectantes ad ecclesiam Trev.", LHAKO Abt. 1 D Nr. 194. 15. Jh.: Register der Zinsen des Jakobsaltars, BATR Abt. 91 Nr. 135 fol. 63. 15. Jh.: Zinsregister Cosmas-/Damianaltar BATR Abt. 91 Nr. 135 fol. 64.

324 1322 XI 2 „in der Mar"; 1323 V 7 „in der Mar"; 1327 IX 20 „districtus sancti Maximini"; 1328 II 24 „potestas sancti Maximini"; 1328 VI 21 ebda.; 1338 IX 9 „in der Mar"; 1341 X 10 „potestas districtus sancti Maximini", 1344 VIII 2 „districtus potestatis sancti Maximini"; 1359 XI 25 „potestas sancti Maximini" (vgl. Anm. 313); 1331 IX 26, „Martgasse"; 1335 X 28 „Langegasse"; 1339 XII 1 „Martgasse"; 1343 III 16 „in der Mar"; 1350 IV 12 „Martgasse"; 1350 X 30 „Martgasse"; 1350 XI 22 „Martgasse"; 1353 IV 25 „Martgasse" (vgl. Anm. 302). Vgl. zu diesem Gebiet insbesondere: *Hermann Spoo*, Die spätmittelalterliche Siedelung bei St. Maximin und St. Paulin. Ein Beitrag zur Geschichte der Stadt Trier, in: Trierische Heimat 3 (1927), S. 49–53, 65–69.

größere Beträge überließen und die Geistlichkeit Schuldner wurde. Für den Ankauf des Allods in Hamm und Wawern des Ritters Wilhelm Buzzel vom Stein durch das Domkapitel schoß der Trierer Schöffe Heinrich von Gewilre den Betrag von 60 lib. vor, wofür ihm jährliche Einkünfte aus den Höfen der genannten Ortschaften in Höhe von 3 lib. 10 sol. zugestanden wurden. Die Summe stiftete er 1274 für sein Anniversar im Dom[325]. Im Jahre 1287 verpfändete der Trierer Domherr Ulrich vom Stein („de Lapide") seinen Mitkanonikern, dem Scholaster Luther (von Eltz) und dem Thesaurar Isenbard (von Warsberg) seine Einkünfte in Bredimus und sein Wohnhaus dafür, daß sie für ihn beim Trierer Bürger Filmann Emiche für eine Schuld von 24 lib. gebürgt hatten[326]. 1327 versprach Heinrich von Sponheim, Propst von Aachen und Domherr von Trier, dem Trierer Schöffenmeister Johann Proudom 150 Pf. Heller bis zum nächsten Fest Mariä Geburt zu zahlen, die teils geliehen waren, teils den Kaufpreis für ein Pferd darstellten[327]. Im Jahre 1363 quittierte Heinrich Kerpchin, Trierer Bürger, dem Domcustos Dietrich von Daun den Erhalt von 6 lib. 12 sol. 6 den. trierischer Währung, die dieser ihm schuldete[328]. Im selben Jahr erklärte Bartholomeus Bristge, von ihm 20 „an alden groyssen" Gulden als Bezahlung einer Schuld erhalten zu haben[329]. 1374 bekannte Dietrich, dem Bartholomeus noch über die Summe von geborgten 16 lib. Trev. verpflichtet zu sein[330].

Die aufgezählten Beispiele machen deutlich, daß von den Domherren zwar auch auf stadtbürgerliche Kredite zurückgegriffen wurde. Die geschuldeten Summen sind zum Teil recht beachtlich. Als Geldgeber treten so kapitalkräftige und angesehenere Bürger der Stadt in Erscheinung. Heinrich von Gewilre und Johann Proudom sind als Schöffe bzw. Schöffenmeister belegt; Heinrich Kerpchin erscheint 1364 unter den Mitgliedern der Bürgerbruderschaft und zahlte 75 lib. Steuer[331]; für Bartholomeus Bristge wird in der Volleiste 1363/64 zusammen mit seinem Bruder Rulkin die sehr hohe Summe von 281 lib. angegeben[332]. Der Kontakt von Domkapitel und Domherren mit der Oberschicht, wie er bereits im Zusammenhang mit der Geistlichkeit als Träger von Investitionen nachgewiesen wurde, besteht also auch hier. Mit Ausnahme des zuerst erwähnten Falles, wobei die jährlichen Einkünfte später für das Anniversar des Betreffenden dem Domkapitel überlassen werden, erscheinen jedoch nie Ewigzinse als Gegenleistung für

---

325 MRR 4 Nr. 63; LHAKO Abt. 1 D Nr. 136; BATR Abt. 9,1 Nr. 3 v. 1274 IV 17.
326 MRR 4 Nr. 1492, LHAKO Abt. 1 D Nr. 164 v. 1287 XII 6.
327 *Mummenhoff*, Regesten Aachen 2, S. 191 Nr. 402 v. 1327 IV 14.
328 LHAKO Abt. 1 D Nr. 602 v. 1363 VI 23.
329 Vgl. LHAKO Abt. 29 D Nr. 82.
330 LHAKO Abt. 1 D Nr. 676. Vgl. zu den Vorgängen und Dietrich auch *Holbach*, Domherr.
331 *Kentenich*, Trierer Stadtrechnungen, S. 10 u. 96.
332 Ebda., S. 12. Bereits 1364 nahm er auch eine wichtige Funktion im Auftrag der Stadt wahr, als er zusammen mit Peter Donve von der langen Nasen 500 lib. für den Mauerbau bei St. Martin ausgab (ebda., S. 53).

den überlassenen Betrag³³³. Die Anleihen scheinen nur sehr kurzfristig gewesen zu sein; offenbar waren die Domherren aufgrund ihrer ständigen, zum Teil beträchtlichen Präbendeneinkünfte in der Lage, recht bald wieder die geborgte Summe einzulösen. Die bekannten Auseinandersetzungen des Domkapitels mit Michel von Vierscheid um die zuvor als Schuldpfand gesetzte Kurie Weiskirchen zeigen allerdings, daß es bei der Begleichung von Schulden auch Schwierigkeiten geben konnte.

Eine Möglichkeit, sich längerfristig und auf Dauer finanzielle Einkünfte zu verschaffen, bot sich der Geistlichkeit durch Verpachtung ihrer Liegenschaften³³⁴. Die Weitervergabe von Besitzungen spielte schon vor der Beteiligung an Ewigzinsgeschäften eine Rolle und blieb von Belang³³⁵. Daß die Domgeistlichkeit selbst pachtete, ist dagegen selten; die Belege beziehen sich hierbei fast ausschließlich auf Liegenschaften anderer geistlicher Institutionen³³⁶. Unter den Personen, an die von ihr Besitz vergeben wurde, finden sich verschiedene Angehörige von Schöffenfamilien, unter anderem im vorübergehenden Besitz einer Domkurie³³⁷, vor allem bei den Häuserverpachtungen ist aber eine Reihe von Handwerkern belegt. Bei den Verpachtungen von Weinbergen erscheinen natürlich auch etliche Wingertsleute³³⁸.

---

333 Allerdings hat der Kanoniker von Liebfrauen und Kaplan des Willibrordaltars Jakob Constantini Verkäufe getätigt. 1333 hat er an den Juden Jacob Danielis einen Ewigzins von 2 sol. verkauft (LHAKO Abt. 1 A Nr. 3911, 1 D Nr. 382, vgl. aber Anm. 315); 1337 II 25 20 sol. Zins an Johann Rinzenberger (Abt. 1 A Nr. 3941); 1444 verkauften die Präbendaten v. Liebfrauen einen Weinberg an die Stadt (*Lager,* Reg. Jakobshospital, S. 54 Nr. 172), 1448 einen Zins v. 2 rhein. Gulden (BATR Abt. 17,1 Nr. 3).
334 Vgl. Anm. 267 f. u. 271.
  Auch Domkurien wurden zeitweise an Bürger vergeben, so die in der Dietrichsgasse gelegene an Ordulph von Oeren (LHAKO Abt. 1 D Nr. 407). Vgl. weiter *Holbach,* Domfreiheit.
335 Vgl. hierzu allgemein auch *Lamprecht,* Wirtschaftsleben 1, 2, S. 862–984.
336 Vgl. hierzu weiter unten.
  1330 IX 5 allerdings mietete der Domcantor Nikolaus von Hunolstein auf Lebenszeit vom Ritter Colin, Sohn des verst. Trierer Schultheißen Bonifaz, und seiner Gattin Lisa von Schönecken einen Teil des Hauses Fetzenreich in der Flandergasse; vgl. *Anton Josef Grünewald,* Festschrift zum Goldenen Jubiläum des kath. Gesellenvereins Trier (1903), S. 66, *W. Schäfer,* Der Stadtteil „in Vlandern" zu Trier, in Trier. Chron. 4 (1908), S. 150–156, 166–174, S. 168; *Eberhard Zahn,* Stadthof Fetzenreich in Trier, Trier (1975), S. 4; *Toepfer,* UB Hunolstein 1, Nr. 202; LHAKO Abt. 54 S Nr. 274.
337 Vgl. Anm. 270 u. 334.
338 Hausverpachtungen (vgl. Anm. 271): 1232 IX Sistapp; 1272 IX 11 Bonifaz; 1332 VII 14 Seiler; 1342 III 13 „vasator"; 1354 I 2 „pannitonsor"; 1354 I 2 „sartor"; 1357 III 26 „sutor"; 1360 V 10 „sutor" (2 x); 1367 XII 7 „sutor"; 1368 IV 5 „sartor"; 1370 VI 21 „pannitonsor"; 1379 X 2 Kannengießer; 1415 I 25 Pelzer; 1415 VII 9 Schuhmacher; 1416 VIII 4 Tuchscherer; 1442 IV 2 Bartscherer; 1443 VII 25 Schneider; 1445 IX 9 „artium et medicine doctor"; 1446 IV 10 Bartscherer; 1451 XII 22 Schuhmacher; Grundstücksverpachtungen vgl. Anm. 342: 1312 VI 25 Meuze; 1336 IV 2 „vineator"; 1370 II 20 „cocus"; 1391 VI 13 Leiendecker; 1403 I 8 Wingertsmann; 1407 IX 8 Weber; 1407 IX 8 Faßbänder; 1408 VI 5 Wingertsleute; 1408 VI 8 Wingertsmann; 1414 IV 29 Weber; 1444 III 12 Faßbänder.

Die Vergabe der Häuser, die meist in der Nähe oder an der Domimmunität gelegen waren, erfolgte bis zur Mitte des 14. Jahrhunderts auf Dauer[339]. Von den Bewohnern waren in der Regel jährliche Geldzinse zu erbringen[340]. Nach 1350 mehren sich die Belege, allerdings wurden die Häuser ebenfalls gegen Geldabgaben nunmehr auf einen begrenzten Zeitraum verliehen, auf Lebenszeit der verpachtenden Geistlichen oder aber der pachtenden Einwohner und bisweilen auch ihrer Nachkommen[341]. Betrachtet man die Entwicklung bei der Vergabe des meist als Weingärten genutzten und am östlichen Stadtrand gelegenen Landes[342],

---

339 Beispiele für Erbpacht:
 1229 II; 1232 IX; 1256 III 25; 1272 II 11; 1311 XII 4; 1332 VII 14; 1342 III 13 (vgl. Anm. 267, 271); 1331 VI 26; 1337 II 6; 1339 II 10; 1344 VI 7; 1346 III 13 (vgl. Anm. 271).

340 Ausnahme 1256 III 25, als die Gesamtabgabe aus dem neben dem Haus vererblehnten Wingert und Kelterhaus die Hälfte des Weinwachstums betrug.

341 Vergabe auf Lebenszeit (Belege vgl. Anm. 271): 1321 III 24 „vinee" Rodenberg u. Ruzelinsgrube mit Haus Keseburne; zu einer domkapitularischen Pension gehörig u. daher wohl auf Lebenszeit; 1354 I 2; 1356 II 12; 1357 III 26; 1360 V 10; 1361 II 12; 1367 XII 7; 1368 IV 5; 1368 IV 24; 1370 VI 21; 1371 XI 3; 1374 IV 20; 1378 IX 17; 1379 X 2; 1385 VI 8; 1389 III 11; vor 1392 XI 16; 1415 I 25; 1415 VII 9; 1416 VIII 4; 1424 III 3; 1442 IV 2; 1443 VII 25; 1446 IV 10; 1451 XII 22; 1393 V 10; 1396 IX 9; 1425 VIII 29.

342 Verpachtungsurkunden v. Grundstücken in Trier und unmittelbarer Umgebung durch Kapitel, Präbendaten von Liebfrauen oder Einzelpersonen: 1204 Ruzelinsgrube (MRUB 2 Nr. 221, MRR 2 Nr. 986); 1256 III 25 Wingert Judenmauer (MRUB 3 Nr. 1339); 1293 VII 4 Liebfrauen Hofstatt „ultra pontem" mit Bedingung, Haus zu bauen, für 3 sol. (MRR 4 Nr. 2197; STATR 1717/38 8° Pars 1 fol. 66'); 1312 VI 25 zwischen Brücke und Pallien; (LHAKO Abt. 1 D Nr. 246 u. 4413 S. 289 f.); 1314 II 3 bei „Memoria" (ebda. S. 321 f. u. Abt. 1 A Nr. 3859); 1334 III 14 Deimelberg (LHAKO Abt. 1 D Nr. 391, 425 u. 4414 S. 209–215); 1336 IV 2 „trans pontem prope locum vroispůl" verp. v. Kaplan Agathaaltar (ebda. Nr. 413 u. 4413 S. 485–487; Abt. 1 A Nr. 3934); 1337 II 3 „Bijs", verp. v. Kaplan des Agathenaltars (LHAKO Abt. 1 D Nr. 417 u. 4414 S. 469–475); 1341 IV 21 Ruzelinsgrube (ebda. Nr. 504 u. 4413 S. 285–287); 1347 X 3 „extra vetus castrum"; an Kapitelsnotar u. Domvikar (ebda. Nr. 503 u. 4415 S. 441 f.; BATR Abt. 95 Nr. 311 fol. 163'; Nr. 135 fol. 101 f.); 1370 II 20 Deimelberg (LHAKO Abt. 1 D Nr. 633 u. 4416 S. 401 f.); 1373 II 3 Olewig (ebda. Nr. 651 u. 4416 S. 529–535); 1374 I 30 u. 1375 VIII 31 Judenmurgasse; verp. v. Refektoriumspächtern (LHAKO Abt. 1 D Nr. 681 u. 4416 S. 721–728); 1376 VII 14 Garten im St. Brictiushof auf 10 Jahre; verp. v. Chorbischof Arnold (v. Saarbrücken) (ebda. Nr. 685 u. 4416 S. 737–739); 1379 I 13 unterhalb d. Martinsbergs; verp. v. Johann v. Daun (BATR Abt. 9,1 Nr. 9); 1383 III 1, V 13, VIII 29 „ultra pontem" (trier. Pacht); statt Halbscheid nunmehr $1/3$ zu zahlen (ebda. Nr. 752 f. u. 4417 S. 113–116 u. 153–160); 1385 XI 26 Ruzelinsgrube; verp. v. Conrad v. Homburg, Arnold v. Brucken u. Winand Buck (ebda. Nr. 761 u. 4417 S. 205–209); 1389 I 20, Euren, aber an Trierer Bürger verp. v. Hospitalspächtern (ebda. Nr. 767 u. 4417 S. 241–246); 1390 I 19 „uff oberste Wympel"; verp. v. Herbrand v. Differdingen (Nr. 771 u. 4417 S. 269–271); 1391 VI 13 Rodenberg, verp. v. Conrad v. Homburg u. Winand Buck (ebda. Nr. 780 u. 4417 S. 349–353); 1393 VIII 25 Johannesgasse (ebda. Nr. 789 u. 4417 S. 433–436); 1395 VIII 25 Euren, aber an den Trierer Schöffen Heinrich von dem Mulboume, verp. v. Hospitalspächtern (ebda. Nr. 798 u. 4417 S. 589–592); 1403 I 8 Johannesgasse (ebda. Nr. 832); 1407 IX 8 „Nuwerport" (ebda. Nr. 840 u. 4418 S. 85–92); 1407 IX 8 Deimelberg; beides

verp. v. Refektoriumspächtern (ebda. Nr. 841 u. 4418 S. 81–84); 1408 VI 7 zwischen „Nuwerport" u. „Nytport"; 1408 VI 8 vor der „Nuwerporten"; verp. v. denselben (ebda. Nr. 842 f. u. 4418 S. 109–116); 1408 XI 11 Johannesgasse; v. Johann v. Rabengiersburg, Domvikar, u. Johann Kormesser, Präbendar v. Liebfrauen (ebda. Nr. 847 u. 4418 S. 129 f.); 1414 IV 30 außerhalb der „Nuwerporten", v. Refektoriumspächtern (ebda. Nr. 856 u. 4418 S. 193–195); 1430 XII 3 Winkelmühle, Deimelberg, „Nunbrucken", Heiligkreuz; Halbscheid zu Drittel gemindert (LHAKO Abt. 1 D Nr. 922–926 u. 4418 S. 693–719); 1444 III 12 „bij der schellen" an der Mauer, verp. v. zwei Domvikaren (LHAKO Abt. 212 Nr. 28). Belege seien auch für die Entwicklung der Verpachtungen außerhalb v. Trier durch Geistlichkeit an Dom und Liebfrauen gegeben (nicht aufgenommen sind die Verpachtungen, die im Zusammenhang mit den Ausführungen zu Adel und geistlichen Institutionen an anderer Stelle aufgeführt sind.): 1126: Scholaster an Richwin Wiese in Röser (MRUB 1 Nr. 455; MRR 1 Nr. 1179); 1128 an Adelbert Gütchen in Euren (MRUB 1 Nr. 461; MRR 1 Nr. 1799); c. 1132 an Wolvechin und Sohn Lambert Gut in Lehmen, z. T. Halbpacht (MRUB 1 Nr. 474 u. 557, MRR 1 Nr. 2104); 1134 Dompropst Gottfried und Domdekan Gerhard an Rachulf Gut in Lehmen (MRUB 1 Nr. 477, MRR 1 Nr. 1863); 1135 über Eberhard, Cantor der Marienkirche, an Eberhard, Gattin, Tochter Gut in Euren (MRUB 1 Nr. 481, MRR 1 Nr. 1887); 1136 V 22 Domkapitel an den „homo Rezelinus" „vineam unam salice terre" in Kühr (MRUB 1 Nr. 484); 1152 Dompropst an den Meier Hermann Wingert in Kühr (MRUB 1 Nr. 568, MRR 2 Nr. 28); 1206 Domkapitel an Andreas v. Perl u. Sohn Bastian Gut in Perl (MRUB 2 Nr. 225, MRR 2 Nr. 1018); vor 1238 XI 21 Domkapitel Wingert des Refektoriums in Euren in Halbpacht an den Meier „Theodericus senex", nunmehr an dessen Schwiegersohn und Tochter (MRUB 3 Nr. 633; MRR 3 Nr. 85; *Bastgen,* Domkapitel, S. 225); 1239 Domkapitel an Wilhelm v. Kues Wingerte in Kues (MRUB 3 Nr. 667; MRR 3 Nr. 142); 1269 VII 24 Domkapitel wüster Wingert in Euren an Eheleute dort (MRR 3 Nr. 2450; LHAKO Abt. 1 D Nr. 129); 1333 XI 19 Domkapitel Kelter, Scheuer, Garten in Saarburg auf Lebenszeit an Eheleute dort gegen 30 sol. Trev. Jahreszins u. weitere Auflagen (LHAKO Abt. 1 D Nr. 390 u. 4414 S. 237–239; BATR Abt. 95 Nr. 311 fol. 222'); 1340 IV 27 Domkapitel Grund in Saarburg, zur Pension Bulzingen gehörig, an Centurio in Saarburg in Emphyteuse gegen 5 sol. Turon. parv. Zins (LHAKO Abt. 1 D Nr. 4415 S. 33–35; BATR Abt. 95 Nr. 311 fol. 137); 1340 VI 7 Nikolaus v. Pittingen als Domherr und Pensionär mit Kapitelskonsens „area" in Zell im Hamm an Frau dort in Emphyteuse für 2 Sester Wein u. 2 Hühner (LHAKO Abt. 1 D Nr. 453, vgl. auch Nr. 448); 1341 IV 16 Custos Ludolph v. Hollenfels Feld in Euren gegen 12 sol. Trev. Ewigzins (LHAKO Abt. 1 D Nr. 461 u. BATR Abt. 95 Nr. 311 fol. 97' u. 138'); 1344 V 2 Heinrich v. Daun, Vikar des Hubertaltars, Güter in Könen u. Umgebung an Einwohner dort „in perpetuam emphyteosin" gegen 10 Malter Getreide u. 1 Sester Öl (LHAKO Abt. 1 D Nr. 485 u. 4414 S. 357–363; BATR Abt. 95 Nr. 311 fol. 227); 1348 VI 18 Robert v. Saarbrücken u. Heinrich Beyer als Pensionsinhaber den Hof Andernach an den Schöffen dort Gobelin Vryheit, Frau u. Sohn auf Lebenszeit gegen 12 Mark Andernacher Währung (LHAKO Abt. 1 D Nr. 4415 S. 461–466); vor 1356 VII 27 Hugo, Kaplan des Matthiasaltars, Wiese in Euren an Einwohner dort gegen 5 sol. Ewigzins (LHAKO Abt. 1 D Nr. 4415 S. 809 f.); 1356 VI 19 Hof Gilzem auf Lebenszeit an Johann von Bech, Meier und Schöffen in Welschbillig, durch Domherrn Dietrich von Daun gegen jährl. 26 Malter Getreide sowie auch 1 Schwein zu 3 Pfund trier. Pfennige u. Eier (LHAKO Abt. 29 D Nr. 64 u. 1 D Nr. 4415 S. 801–804; 1391 III 3 erneute Vergabe an ihn zu verbesserten Bedingungen: vgl. LHAKO Abt. 1 D Nr. 4417 S. 329–332; BATR Abt. 95 Nr. 311 fol. 64); 1361 II 23 Haus u. Hof Andernach an einen Schöffen dort auf Lebenszeit durch Chorbischof Ruprecht v. Saarbrücken als Pensionär dort gegen 12 Mark Andernacher Währung jährlich (LHAKO Abt. 1 D Nr. 598 u. 4416 S. 21–27); 1367 IX 9 Hof mit Zubehör Zell im Hamm auf Lebzeiten an Ehepaar mit Kind dort durch Domkapitel gegen verschiedene Auflagen (LHAKO Abt. 1 D Nr. 614 u. 4416 S. 305–309; BATR Abt. 95 Nr. 311 fol. 147); 1371 IX 25 Haus und weitere Liegenschaften in Saarburg an einen

zeigt sich ein ähnlicher Einschnitt um die Mitte des 14. Jahrhunderts. Die Verträge der vorhergehenden Zeit sind nicht auf einen bestimmten Zeitraum befristet, die entsprechenden Stücke werden gegen einen Geldzins oder Naturalabgaben[343] erblich vergeben. In den fünfziger und sechziger Jahren fehlen Hinweise. In den siebziger Jahren und später kommt es zu einer Reihe von Verpachtungen, wobei neben der vorher üblichen Form der Erbpacht nunmehr ebenfalls die Verpachtung auf Lebenszeit eine wichtigere Rolle spielt[344]. Dabei findet sich bei den Pachtbedingungen sowohl die Verpflichtung zur Zahlung von Geldsummen wie auch zur Abgabe eines bestimmten Anteils der Erträge (Halbpacht, Drittelpacht). Meist erfolgen auch bestimmte Auflagen für die Kultivierung und Erhaltung des Stückes, wie sie allgemein bei derlei Verträgen üblich sind[345].

Schmied dort u. seine zwei Söhne durch Kapitel gegen 40 sol. Trev. u. 3 Kapaune (LHAKO Abt. 1 D Nr. 640 u. 4416 S. 493–496); 1391 II 25 Herbrand von Differdingen, Thesaurar, als Patron u. Collator des Leonardaltars einen dem Altar gehörigen Hof im Ort Gevenich an Einwohner dort in Halbpacht auf Lebenszeit der Pächter u. ihrer Kinder (LHAKO Abt. 1 D Nr. 776 u. 4417 S. 313–316; BATR Abt. 91 Nr. 135 fol. 95 f.); 1396 II 17 Gerlach v. Limburg, Domdekan, als Pensionär, Feld in Koenen an Einwohner dort (LHAKO Abt. 1 D Nr. 799 u. 4417 S. 481–484; BATR Abt. 95 Nr. 311 fol. 152'); 1396 VII 11 Gobel von Wys, Kaplan des Johannes-Evangelista-Altars in Liebfrauen, Wingert mit Kelterhaus des Altars in Eitelsbach auf Lebzeiten der Pächter gegen Drittelwachstum (BATR Abt. 95 Nr. 311 fol. 164); 1403 IX 15 Gut in Kobern an Henne „der Beginen enkelin", Schöffe zu Kobern, auf 8 Jahre durch Kapitel gegen 100 Mainzer Gulden (LHAKO Abt. 1 D Nr. 833 u. 4418 S. 37–46); 1408 VII 4 Mühle in Leiwen an Conzo Knoufs Sohn u. Ehefrau auf Lebzeiten auch ihrer Kinder durch Kaplan des St. Jost-Altars gegen 2 Malter Roggen (LHAKO Abt. 1 D Nr. 844 u. 4418 S. 121–124); 1418 XI 7 Haus u. Hof in Andernach an die Witwe des Johann Frijheit gegen 12 Mark Andernacher Währung (LHAKO Abt. 1 D Nr. 4418 S. 285–289); 1429 III 26 alle Güter, Rechte und Einkünfte in Thür, Mendig und Bell auf 14 Jahre an 2 Schöffen in Niedermendig durch Heinrich von Daun, Domkellner, als Pensionär des Kapitels, gegen 120 Mainzer Gulden jährlich (LHAKO Abt. 1 D Nr. 903); 1439 I 13 Wald im Koberner Gericht an Einwohner in Winningen auf 50 Jahre durch Kapitel für 6 rhein. Gulden jährlich (LHAKO Abt. 1 D Nr. 990; BATR Abt. 95 Nr. 314 S. 580–582); 1442 XI 26 Güter, Rechte u. Einkünfte in Thür, Mendig und Bell an verschiedene Schöffen u. Bürger in Mayen auf 16 Jahre durch Domcustos Konrad von Braunsberg als Pensionär gegen 120 Mainzer Gulden jährl. (LHAKO Abt. 1 D Nr. 1021); 1446 VI 10 Hof Reil an Marsilius v. Reil, Frau u. Sohn durch Kapitel (ebda. Nr. 1086).

343 Geldzinse 1204, 1314 II 3, 1334 III 14; 1336 IV 2; 1337 II 3, 1347 X 3; Naturalabgaben 1312 V 25, 1341 IV 21; zum Verhältnis Naturalabgaben – Weinzins für St. Maximin vgl. *Karl Christoffel*, Geschichte des Weinbaus der Abtei Sankt Maximin in Trier vom 7. bis 18. Jahrhundert, in: Trierer Heimatbuch, Festschrift zur Rheinischen Jahrtausendfeier 1925, Trier 1925, S. 61–128, S. 101–103.

344 Nach 1350 Verpachtungen auf Lebenszeit: 1370 II 20 20 sol. Jahreszins; 1374 I 30 bzw. 1375 VIII 31 Halbscheid; 1376 VII 14 auf 10 Jahre, 5 Pfund Zins; 1383 III 1, V 13, VIII 29 Halbscheid zu Drittelwachstum gemindert; 1385 XI 26 Drittel; 1389 I 20 Halbscheid bzw. Drittel; 1391 VI 13 Viertel; 1393 VIII 25 2 Mainzer Goldgulden; 1395 VIII 25 5 Sester Wein; 1403 I 8 2 Mainzer Goldgulden; 1407 IX 8 Drittel; 1408 VI 5/8 Halbscheid, Drittel; 1408 XI 11 1 Mainzer Gulden; 1414 IV 30 Drittel; 1430 XII 3 Halbpacht auf Drittel gemindert; 1444 III 12 2 rhein. Gulden; Erbpacht: 1373 II 3 Viertelwachstum; 1379 I 13 Drittel; 1390 I 19 21 Schilling.

345 Vgl. hierzu auch *Otto Gönnenwein*, Zur Geschichte des Weinbaurechts, in: ZRG GA 80 (1963); S. 157–196, bes. S. 170–185; für das Domkapitel *Bastgen*, Domkapitel, S. 224–226.

Für eine genaue Analyse der Veränderungen wäre ebenso wie bei den Ewigzinsen ein Vergleich mit allen entsprechenden Vorgängen in der Stadt nötig; auffällig ist die Gleichzeitigkeit des Wechsels mit dem anscheinenden Rückgang von Ewigzinskäufen durch die Domgeistlichkeit. Im Zusammenhang mit der Zunahme der Verpachtungen von Liegenschaften nach der Jahrhundertmitte erhebt sich erneut die Frage, inwieweit ein Bruch in der demographischen Entwicklung im 14. Jahrhundert und die umstrittene Agrarkrise auf die Trierer Verhältnisse eingewirkt haben[346]. Die erhöhte Anzahl von Belegen für Ländereiverpachtungen paßt in diesen Zusammenhang und könnte auf ein Bemühen der Geistlichkeit hindeuten, für ihre auf Grund des Bevölkerungsschwundes frei gewordenen Güter neue Interessenten zu finden. Zugleich ist sie ein Beleg für die Tendenz zur Rentengrundherrschaft[347]. Der Übergang zur befristeten Pacht in vielen Fällen stellt eine durchaus übliche Praxis dar[348], durch die zum einen eine spätere Anpassung der Pachtbedingungen an veränderte Gegebenheiten möglich war, zum andern einer Entfremdung der vergebenen Liegenschaften entgegengewirkt wurde[349]. Ein Blick auf die verpachteten Objekte zeigt aber weiter, daß es sich häufig um solche Güter handelte, die nachweislich zu einer bestimmten Domkapitelspension wie dem Refektorium gehörten und bei dieser verbleiben mußten[350]. Eine Vergabe auf Dauer wäre so nur mit ausdrücklicher Billigung des Kapitels möglich gewesen. Eine Bindung an die Lebenszeit des oder der vergebenden Domherren ist in einem solchen Falle nur konsequent, da diesen mit der Pension selbst die Grundstücke nur zur Nutznießung auf Lebenszeit überlassen wurden und danach wieder ans Kapitel zurückfielen. Im Hinblick auf das System der Güterwirtschaft des Kapitels sind die Verpachtungen – wie auch von *Bastgen* dargelegt – als Unterform des Pensionssystems aufzufassen, das seinerseits auf einer Pacht von Anteilen des Gemeinschaftsbesitzes durch einzelne Domherren

---

346 Vgl. hierzu die Anm. 287 u. im Abschnitt über Territorialherren und Adel Anm. 194.
347 Vgl. hierzu auch *Gero Kirchner*, Probleme der spätmittelalterlichen Klostergrundherrschaft in Bayern: Landflucht und bäuerliches Erbrecht. Ein Beitrag zur Genesis des Territorialstaates, in: Zs. f. bayer. Landesgesch. 19 (1956), S. 1–94, S. 4.
348 Eine Bevorzugung von Zeitpacht durch die Grundherren im mittelrheinischen Gebiet wird von Epperlein schon für frühere Zeiten herausgestellt (vgl. *Siegfried Epperlein*, Bauernbedrückung und Bauernwiderstand im hohen Mittelalter. Zur Erforschung der Ursachen bäuerlicher Abwanderung nach Osten im 12. und 13. Jahrhundert, vorwiegend nach Urkunden geistlicher Grundherrschaften, Berlin 1960, S. 41–45). Für das Verhältnis v. Zeitpacht u. Erbpacht bei St. Maximin vgl. *Christoffel* (wie Anm. 343), S. 100.
349 Vgl. *Kirchner* (wie Anm. 347), S. 17–19; *Ingomar Bog*, Geistliche Herrschaft und Bauer in Bayern und die spätmittelalterliche Agrarkrise, in: VSWG 45 (1958), S. 62–75, S. 70.
350 Befristete Verträge, vgl. Anm. 342. Zum Refektorium gehörig: 1375 VIII 31; 1407 IX 8; 1408 VI 5/8; 1414 IV 30; zum Brictiushof gehörig: 1376 VII 14; zum Hospital: 1389 I 20; 1395 VIII 25; ohne Angaben: 1370 II 20; 1385 XI 26 Verpächter aber mehrere Domherren, zu deren Pension Wingertstücke u. Baumgarten sicher gehören, da nach ihrem Tod Rückfall ans Kapitel eintritt; 1391 VI 13 genauso; 1403 I 8, 1408 XI 11 auf Grund von Testament nur auf Lebenszeit an Verpachtende überlassen. Vgl. ferner die Angaben bei den Verpachtungen außerhalb von Trier.

gegen bestimmte jährliche Abgaben ans Kapitel beruhte[351]. Den einzelnen Pensionären bot die Weitervergabe auf Zeit die Möglichkeit zu geregelten Einnahmen ohne großen eigenen Aufwand.

Der Hausbesitz in der Stadt war im Verhältnis zur vorhandenen Anzahl von Geistlichen an Dom und Liebfrauen zu umfänglich, als daß er von ihnen hätte zum eigenen Wohnen voll genutzt werden können. Inwieweit die Trierer Geistlichkeit selbst von Schwarzem Tod und Sterblichkeit betroffen war, ist allerdings schwer zu sagen[352]. Die nach der Mitte des 14. Jahrhunderts zunehmenden Belege für Verpachtungen von Hausbesitz in der Stadt deuten jedenfalls darauf hin, daß man interessiert war, wenigstens Erträge aus nicht selbst bewirtschafteten Baulichkeiten zu gewinnen und vor allem den Zustand der Häuser zu erhalten oder zu verbessern. Dies zeigt sich auch an einigen besonderen Auflagen für die Pachtenden wie der Verpflichtung zu Reparaturarbeiten[353]. Die Vergabe auf Zeit bot die Möglichkeit, die Besitzung später bei Bedarf wieder der eigenen Nutzung zuzuführen oder aber die daraus zu leistenden Verpflichtungen und damit die eigenen Einkünfte bei einem Wechsel in andere Hand den veränderten wirtschaftlichen Gegebenheiten und einem möglicherweise gestiegenen Wert der Liegenschaft anzupassen.

Bei den insgesamt zahlreichen wirtschaftlichen Verflechtungen zwischen Stadt und Domgeistlichkeit ist eine Dominanz des Domklerus zu erkennen, der Besitz zur Verfügung stellte und hierfür dauernde Einkünfte erhielt; die Bürger dagegen waren zu bestimmten Leistungen verpflichtet. Natürlich war die Stadt wenig interessiert, daß sich das ohnehin für sie ungünstige Verhältnis weiter zu ihrem Nachteil verschob. Die im Zusammenhang mit den rechtlichen Gegebenheiten geschilderten Maßnahmen der Bürgerschaft sind Ausdruck ihrer Befürchtungen, allzusehr in die Abhängigkeit von der Geistlichkeit zu geraten. Zumindest für den Domklerus könnte sie mit ihrem Vorgehen einigen Erfolg gehabt haben, wie der Rückgang von Quellenbelegen für Ewigzinsverkäufe an Mitglieder des Domkapitels und der Domgeistlichkeit in der zweiten Hälfte des 14. Jahrhunderts andeutet. Zu Vergrößerungen des kirchlichen Besitzes kam es allerdings insgesamt auch dadurch, daß trotz der Spannungen zwischen Bürgern und Geistlichkeit die Rolle der Kirche als Heilsträger zu Stiftungen Anlaß gab.

---

351 Vgl. hierzu *Bastgen*, Domkapitel, S. 211–244, bes. S. 232–234.

352 Zur Sterblichkeit im Klerus durch die Pest vgl. allgemein *Zaddach* (wie Anm. 287). Für das Trierer Domkapitel läßt sich zumindest anhand der vorhandenen personellen Daten keine besondere Auswirkung feststellen (vgl. Teil 2, Personenliste). Das erstmalige Erscheinen verschiedener neuer Domherren im Jahre 1353 ist quellenbedingt (Überlieferung einer „divisio prebendarum").

353 Die Verpflichtung zur Erhaltung und Verbesserung des Hauses findet sich allgemein bei entsprechenden Verträgen. Besondere Auflagen: 1368 IV 5: 50 lib. innerhalb v. 2 Jahren aufzuwenden; 1368 IV 24: 200 lib. bzw. 50 lib. innerhalb v. 5 Jahren; 1370 VI 21: 20 lib. in einem Jahr; 1358 II 18 Hinweis auf Baufälligkeit des Hauses am Fischbach, zu dessen Wiederherstellung die Domherren 80 fl. verwendet haben, die von EB Boemund gestiftet wurden (LHAKO Abt. 1 A Nr. 5960).

4. Religiöse Bindungen

Das Verhältnis von Stadteinwohnern und Domgeistlichkeit im religiösen Bereich ist vor allem durch die Rolle des Doms als religiöses Zentrum bestimmt. Als bedeutendste und älteste Kirche des Erzstifts besaß er zahlreiche Reliquien und hatte schon von daher eine besondere Ausstrahlung. Für viele Prozessionen und auch Wallfahrten von außerhalb diente er als Ausgangs-, Anlauf- oder Zielpunkt. Die über das ganze Kirchenjahr verteilten gottesdienstlichen Verrichtungen stellten einen dauernden Kontakt zwischen dem Domklerus und der Bevölkerung her. Die besonderen Beziehungen der Bürgerschaft zum Dom und seiner Annexkirche äußerten sich ferner in den testamentarischen und anderweitigen Stiftungen.

Die Schätze und Heiltümer des Doms können hier nicht alle aufgeführt werden. Hierzu zählten neben dem freilich erst 1512 wiederaufgefundenen Hl. Rock unter anderem der Hl. Nagel, ein Petrusstab, die Häupter des hl. Cornelius und der hl. Helena, die Schuhe des hl. Andreas, ein Stück des Hl. Kreuzes und des Hl. Grabes[354]. Daß der Bürgerschaft an den Reliquien sehr gelegen war, zeigte sich vor allem in der Auseinandersetzung der zwanziger Jahre des 15. Jahrhunderts[355]. Im Zusammenhang mit den Zwistigkeiten, die die Kapitulare mit Erzbischof Otto hatten, faßte das Domkapitel 1428 den Beschluß, seinen „schatz und wirdiges heyltum, briebe, buycher, siegel und cleynoder" an eine sichere Stelle zu schaffen, und erteilte im geheimen verschiedenen Domherren eine entsprechende Vollmacht[356]. Um dem Domkapitel ein Entweichen unmöglich zu machen, wurden jedoch die Stadttore geschlossen. In einer Urkunde vom 28. Dezember übernahm der Stadtrat hierfür die Verantwortung und erklärte ausdrücklich, daß der Erzbischof mit der Maßnahme nichts zu tun habe[357]. Dennoch gelang es dem Kapitel,

---

354 Einen Überblick über die Geschichte des Domschatzes und ältere Lit. bietet *Nikolaus Irsch* (Dom, S. 317–371). Zeitgenössische Verzeichnisse wie ein 1238 angefertigtes Inventar und eine Aufstellung von 1429 vermitteln einen Eindruck: Mitteilungen aus dem Gebiet der kirchlichen Archäologie in der Diözese Trier 2 (1860), S. 123–129; *Gottfried Kentenich,* Ein Verzeichnis des Trierer Domschatzes aus dem Jahre 1429, in: Trier. Arch. 24/25 (1916), S. 228–232. Im Zusammenhang mit der Auffindung des Heiligen Rocks, seiner Ausstellung und dem Besuch Kaiser Maximilians in Trier 1512 erschienen verschiedene Reliquienbücher, so Enens „Medulla", vgl. *G. Hennen,* Eine bibliographische Zusammenstellung der Trierer Heiligtumsbücher, deren Drucklegung durch die Ausstellung des heiligen Rockes im Jahre 1512 veranlaßt wurde, in: Centralblatt f. Bibliothekswesen 4 (1887), S. 481–550; *Hermann Ries,* Trierer Ereignisse aus den Jahren 1512–1517. Biblio- und biographische Studien zu einem Kapitel trierischer Kirchengeschichte, in: Ekklesia. Festschrift für Bischof Dr. Matthias Wehr (Trierer Theologische Studien, Bd. 15), Trier 1962, S. 181–211. Eine spätere Aufstellung von Reliquien findet sich bei *Brower-Masen,* Metropolis, S. 177–185.
355 Zu ähnlichen Vorgängen in Köln im Jahre 1397 vg. Chroniken Köln (wie Anm. 243), S. CLXXI.
356 LHAKO Abt. 1 D Nr. 899 u. BATR Abt. 95 Nr. 314 S. 275–279.
357 Vgl. *Lager,* Otto von Ziegenhain, S. 29. LHAKO Abt. 1 C Nr. 10 S. 173 Nr. 218; Nr. 16202 fol. 29'–32.

einen Teil des Schatzes nach Sierck zum Vater des Domscholasters Jakob zu schaffen[358]. Ergebnislos verlief am 26. November die Vernehmung von Domherren durch den Erzbischof, an den sich Abgesandte der Trierer Bürgerschaft mit der Bitte um Nachforschungen gewandt hatten, nachdem das Kapitel ihnen keine positive Antwort erteilt hatte. Die befragten Domherren erklärten insbesondere auch, daß die Stadt Trier keinerlei Befugnisse im Hinblick auf die Reliquien habe[359]. Nach der Beilegung der Streitigkeiten ließ das Kapitel auf Bitte der Stadt den Domschatz wieder zurückschaffen, sich jedoch von ihr eine Urkunde ausstellen, in der Schöffenmeister, Schöffen, Rat und Bürger ihren ausdrücklichen Verzicht auf jegliches Recht an den Heiltümern bekundeten[360].

Im Jahre 1450 wurde erneut eine Entscheidung hierüber getroffen. Nachdem für die Romreise des Erzbischofs das Domkapitel Bürgermeister, Schöffen und Rat gebeten hatte, die Reliquien mit zu hüten und zu bewahren, wurde nach der Wiederkunft Jakobs von einem Schiedsgericht aus vier Grafen, sechs Rittern und sechs Bürgern des Erzstifts die künftige Verwahrung geregelt. Die Gründe für die vorherige Aufforderung des Kapitels an die Stadt sind in den Streitigkeiten zwischen einzelnen Domherren und Erzbischof Jakob und seinen Anhängern im Kapitel zu suchen[361]. Die Kapitelsopposition versuchte Unterstützung bei der Stadt zu erhalten, was ihr nach den Vorwürfen der anderen Partei wohl teilweise gelang[362]. Unter den Beschuldigungen, die gegen sie erhoben wurden, ist auch die, daß sie Paramente, Reliquien und Kleinodien des Domschatzes verkauft und an Laien verpfändet hätte[363]. Die Majorität des Kapitels suchte offenbar den Schutz der ihr wohlgesonnenen Teile der Bürgerschaft für die Heiligtümer. Allerdings war man nicht gewillt, ihr ein dauerndes Mitspracherecht einzuräumen. In dem Entscheid der Schiedsrichter von 1450 wird deutlich gemacht, daß das Kapitel und der Erzbischof „zu ewigen zeiten" die Verantwortung für die Reliquien trügen, wie auch zuvor die Verwahrung stets bei Kapitel und Geistlichkeit gelegen habe[364]. Zu den fünf ungleichen Schlössern sollte einen Schlüssel der Erzbischof, je einen weiteren sollten der Custos, Scholaster, Cantor und Kellner des Kapitels erhalten, wie dies bereits zuvor vom Domkapitel festgelegt worden war[365].

---

358 Elisabeth von Görlitz, Karl von Lothringen und René von Bar hatten dem Domkapitel entsprechenden Schutz zugesagt (vgl. oben zu Territorialherren u. Adel, Anm. 186).

359 LHAKO Abt. 1 C Nr. 10 S. 174–176, Nr. 219; Nr. 16202 fol. 29–32.

360 LHAKO Abt. 1 D Nr. 901 u. 4418 S. 561–563 u. 577–583 v. 1429 III 1; vgl. auch BATR Abt. 91 Nr. 414; *Rudolph*, Quellen, Nr. 117. Am selben Tag wird Arnold v. Sierck gebeten, den Schatz unauffällig wieder nach Trier zu schicken (LHAKO Abt. 1 D Nr. 902).

361 Vgl. hierzu die Ausführungen weiter unten zum Erzbischof u. Wahlkapitulationen; *Lager*, Jakob v. Sirk 5 (1900), S. 3–12.

362 Vgl. ebda., S. 6 Anm. 3.

363 Vgl. ebda., S. 8; neben den Belegen unten zum Erzbischof auch ASV Reg. Vat. 410 fol. 235–238.

364 Vgl. zu den Vorgängen *Rudolph*, Quellen, Nr. 140; LHAKO Abt. 1 A Nr. 4210 u. 7040-42 u. 1 D Nr. 4420 S. 321–337; STATR Urk. E 6 u. 1760/976 2° fol. 161 f.; BATR Abt. 95 Nr. 315 S. 195–203.

365 1449 IX 9. Vgl. *Blattau*, Stat. syn., Nr. 57, S. 276 f.

Die Stadt blieb damit gänzlich ausgeschlossen. Die erneuten Bestimmungen und die Notwendigkeit eines Schiedsgerichts deuten jedoch an, daß die Bürgerschaft starkes Interesse an den Reliquien besaß. Hierfür können religiöse, aber auch wirtschaftliche Motive angenommen werden. Mit dem Besitz der Reliquien wurde sicherlich der Gedanke eines besonderen Schutzes der Stadt durch die entsprechenden Heiligen verbunden[366]. Der Reliquienkult ist im Spätmittelalter sehr verbreitet[367], für Trier sei etwa auf die Heiligtumsfahrt von 1512 zum Hl. Rock hingewiesen[368]. Die Anziehung, die die Heiligtümer ausübten, verschaffte den städtischen Einwohnern nicht unbeträchtliche Einnahmen, da auswärtige Besucher nach Trier kamen und während ihres Aufenthaltes zu Auslagen gezwungen waren. Über das Ausmaß und den Einzugsbereich von Wallfahrten[369] nach Trier lassen sich freilich nur zum Teil Aussagen treffen.

Jährlich fanden die Pflichtprozessionen und Bannwallfahrten aus der engeren Umgebung Triers statt, wobei es sich hier in der Hauptsache um Orte in „der alten Hoheitsebene des Bischofs in und um die Stadt und auf den angrenzenden Höhen von Eifel und Hochwald" handelte[370]. Das älteste Pilgerbruderschaftsbuch von St. Matthias in Trier zwischen 1150 und 1230 verzeichnet hauptsächlich Personen aus dem Rhein-Maas-Mosel-Raum, das Herkunftsgebiet der Pilger reicht aber bis Ypern und Ballenberg im Nordwesten, bis Nördlingen und Augsburg im Süd-

---

366 Vgl. hierzu auch *Heinrich Schmidt,* Die deutschen Städtechroniken als Spiegel bürgerlichen Selbstverständnisses im Mittelalter (Schriftenreihe der historischen Kommission bei der bayerischen Akademie der Wissenschaften 3), Göttingen 1958, S. 89–97.
367 Vgl. etwa *Willy Andreas,* Deutschland vor der Reformation. Eine Zeitenwende, Berlin ⁷1972, S. 164–169. Speziell: *Stephan Beissel,* Die Verehrung der Heiligen und ihrer Reliquien in Deutschland während der zweiten Hälfte des Mittelalters (Ergänzungshefte zu den „Stimmen aus Maria-Laach", 54), Freiburg 1892; zum Forschungsstand und zur Literatur aus neuerer Zeit vgl. *Hansgeorg Molitor,* Frömmigkeit in Spätmittelalter und früher Neuzeit als historisch-methodisches Problem, in: Festgabe für Ernst Walter Zeeden zum 60. Geburtstag am 14. Mai 1976, hg. v. *Horst Rabe, Hansgeorg Molitor* u. *Hans-Christoph Rublack,* Münster 1976, S. 1–20.
368 Vgl. auch Anm. 354.
369 Zu Stadt und Wallfahrt vgl. allg. vor allem: *Edith Ennen,* Stadt und Wallfahrt in Frankreich, Belgien, den Niederlanden und Deutschland, in: Festschrift Matthias Zender, Studien zu Volkskultur, Sprache und Landesgeschichte, hg. v. *E. Ennen* u. *G. Wiegelmann,* Bd. 2, Bonn 1972, S. 1057–1075. Jetzt auch in *dies.,* Gesammelte Abhandlungen zum europäischen Städtewesen und zur rheinischen Geschichte, hg v. *Georg Droege* u. a., Bonn 1977, S. 239–258; zum Wallfahrtswesen auch *Andreas* (wie Anm. 367), S. 169–176; *Beissel* (wie Anm. 367), S. 116–133.
370 Vgl. *Kyll,* Pflichtprozessionen, S. 107. Klagen vor allem aus späterer Zeit über Mißstände wie Wirtshausbesuch und die Verbindung von Wallfahrt und Volksfest zeigen, daß die weltliche und geistliche Ebene bei der Wallfahrt nicht voneinander getrennt werden dürfen (vgl. ebda. S. 143–145).

osten[371]. Für die Besucher im frühen 16. Jahrhundert gibt es aus St. Paulin Material[372], wobei in dieser Zeit die Auffindung des Hl. Rockes eine besonders große Zahl von Pilgern nach Trier lockte[373]. Damals sind sogar Wallfahrer aus Ungarn nach Trier gekommen[374]. Insgesamt dürfte die Besucherfrequenz für einen Teil der städtischen Wirtschaft nicht unerheblich gewesen sein, so daß man auch von diesem Aspekt her ein Interesse an den Reliquien haben mußte.

Zum Teil wurden diese an bestimmten Zeiten im Jahr ausgestellt[375]. Darüber hinaus wurden die wichtigsten zu verschiedenen Gelegenheiten bei Stationen und Prozessionen mitgeführt[376]. Solche religiösen Veranstaltungen dienten dazu, sich ständig und vor allem in schwierigen Zeiten der Fürbitte der Heiligen zu versichern[377]. Die Anteilnahme der Bevölkerung war dabei sicherlich unterschiedlich, an den beliebten Festen und bei besonderen Gelegenheiten erheblich höher

---

371 Vgl. *Richard Laufner,* Die Fragmente des ältesten Pilgerbruderschaftsbuches von St. Matthias, Trier, zwischen 1150 und 1230. Ein Beitrag zur Geschichte der Matthiasverehrung, in: Arch. f. mrh. KiG 7 (1955), S. 237–263, zum Einzugsbereich vgl. bes. die Karte S. 262. Hinsichtlich der sozialen Zusammensetzung der Pilger stellt Laufner fest, daß es sich überwiegend um Laien aus Bauern- und Handwerkerkreisen handelte (ebda. S. 239).
372 Vgl. *Heyen,* St. Paulin, S. 349–355.
373 Vor übertriebenen Angaben wie 80 000 Personen am Tag warnt *Andreas* (wie Anm. 367), S. 171.
374 Vgl. *Heyen,* St. Paulin, S. 353. Hierzu insbesondere *Elisabeth Thoemmes,* Die Wallfahrten der Ungarn an den Rhein (Veröffentlichungen d. Bischöflichen Diözesanarchivs Aachen 4), Aachen 1937, S. 61 f.
Zum Zusammenhang großer Wallfahrtsorte, deren Besuch häufig miteinander verbunden wurde, vgl. auch *Erich Stephany,* Der Zusammenhang der großen Wallfahrtsorte an Rhein, Maas und Mosel, in: Achthundert Jahre Verehrung der Heiligen Drei Könige in Köln. 1164–1964 (Kölner Domblatt 23/24), Köln 1964, S. 163–179.
375 Vgl. *Enen,* Medulla, S. 87–102: Nach Enen wurden vor 1512 in der Karwoche und am Pfingstmorgen gezeigt: Mannabrote, eine Röhre vom Arm der hl. Anna; Stab des Apostels Petrus; Haupt der hl. Helena; Haupt des Apostels Matthias; eine Monstranz mit einer blutbegossenen Albe; Nagel Christi.
376 Zum Mitführen v. Heiligtümern bei Stationen im Dom vgl. *Kurzeja,* Liber ordinarius: an Weihnachten Petrusstab (S. 252); Palmsonntag Petrusstab u. hl. Nagel (S. 274); Kirchweih hl. Nagel und Haupt des Papstes Cornelius, unter dem bei der Rückkehr durch das Hauptportal alle Gläubigen hindurchgingen (S. 283 u. 515); Mariä Geburt Petrusstab u. hl. Nagel (S. 285); Fronleichnam Petrusstab u. hl. Nagel, Corneliusreliquiar (S. 287 f.); Helenafest Petrusstab u. hl. Nagel (S. 289). Petrusstab, hl. Nagel u. a. wurden auch bei Bittprozessionen mitgeführt (S. 307). Am Mittwoch in der Bittwoche stellte sich ein Domvikar mit dem hl. Nagel über dem Eingang vom Kreuzgang zum Dom auf; die gesamte Prozession und das Volk zogen darunter hindurch (S. 311 f.). Bei der Bannprozession am Freitag der 3. Woche nach Ostern wurde der Petrusstab mitgeführt (S. 322).
377 Der Liber ordinarius der Trierer Domkirche überläßt den fünf höchsten Prälaten für Notzeiten die Entscheidung über die Abhaltung einer Prozession und das Mitführen von Reliquien: *Kurzeja,* Liber ordinarius, S. 334 u. 511. Vgl. auch *Schmidt* (wie Anm. 366).

als sonst[378]. Leider fehlen weitgehend die Belege. Zum Teil dürfte den Bürgern mehr an ihnen näher stehenden kirchlichen Institutionen und deren Gottesdiensten als am Domkapitel gelegen haben. Dennoch schloß die gemeinsame religiöse Praxis auch im Dom Bürger und Geistlichkeit zusammen.

Um den Besuch von Gläubigen zu steigern, wurden zu verschiedenen Anlässen Ablässe gewährt. Papst Clemens IV. erteilte im Jahre 1266 dem trierischen Dom ein Ablaßprivilegium für die große Prozession auf Palmsonntag und fünf andere ungenannte Festtage, am selben Tag auch für das Kirchweihfest, die Muttergottesfeste, St. Peter und Paul, Petri Stuhlfeier, St. Peter in Ketten und St. Maternus[379]. Im April 1320 wurde von Weihbischof Daniel von Motza für den Besuch des von ihm geweihten Domaltars St. Matthias, Castor und Juliane am Tag der Weihe sowie den Haupt- und Marienfesten ein Ablaß von 40 Tagen ausgesprochen[380]. Im Jahre 1333 verlieh derselbe nach der Neuweihe des durch Blutvergießen verunreinigten Domes einen Ablaß von 40 Tagen, unter anderem für diejenigen, die zusammen mit den Domherren die Stationen und Prozessionen halten oder die bei Zusammenkünften der Brüder und Schwestern der Bruderschaft St. Johannes Evangelista an Messen teilnehmen, beten oder für Messen sorgen würden[381]. Zwei Jahre später wurde zugunsten dieser Priesterbruderschaft in der St.-Andreas-Kapelle erneut ein Ablaß verfügt[382]; im September 1367 versprach Erzbischof Kuno allen, die den Dom besuchten, wenn das Haupt der hl. Helena mit anderen Reliquien ausgestellt sei, einen Ablaß von 40 Tagen[383].

Auf der anderen Seite diente die Einstellung des Gottesdienstes dem Kapitel und weiteren Geistlichen als Kampfmaßnahme gegen ihre Widersacher. Dies wird etwa beim Bund der sieben Kirchen im Jahre 1242 erwähnt. Man entschloß sich allerdings damals zu einem anderen Vorgehen, da sich die „cessatio" bei den Gottesdiensten negativ ausgewirkt habe. Gegen die Übeltäter war statt dessen die Exkommunikation zu verkünden; sofern es sich um Trierer Bürger handelte, sollten Schultheiß und Schöffen sie zur Buße anhalten, oder sie verfielen selbst der Exkommunikation[384]. Entsprechende Verfügungen finden sich auch in späte-

---

378 Vgl. etwa *Kurzeja* zu den Reliquien u. Ablaßprozessionen (Liber ordinarius S. 335–337). Für die Heilig-Rock-Ausstellung 1512 spricht Enen von mehr als hunderttausend Menschen an verschiedenen Tagen (*Enen*, Medulla S. 121); zu Zweifeln an überhöhten Zahlen vgl. aber Anm. 373. Zu den Bittprozessionen war zunächst arbeitsfrei, später war die Arbeit nach der Messe gestattet (vgl. *Kurzeja*, Liber ordinarius, S. 312).
379 MRR 3 Nr. 2201 = LHAKO Abt. 1 D Nr. 121 f.; BATR Abt. 95 Nr. 311 fol. 12' v. 1266 X 29.
380 VR 1 Nr. 544; *Holzer*, De proepiscopis, S. 29 f.; *Kreglinger*, Analyse, S. 43 Nr. 314; LHAKO Abt. 1 D Nr. 291; BATR Abt. 95 Nr. 311 fol. 13. 1323 VI wird ein erneuter Ablaß erteilt (LHAKO Abt. 1 D Nr. 307 u. 4413 S. 737–739).
381 *Rudolph*, Quellen, Nr. 41; VR 2 Nr. 2177; vollst. bei: *Holzer*, De proepiscopis, S. 31 f. v. 1333 VII 1.
382 VR 7 Nr. 1092; LHAKO Abt. 1 D Nr. 406 u. 4413 S. 377–380.
383 *Goerz*, Regesten S. 101. LHAKO Abt. 1 D Nr. 617 u. 4416 S. 333–335.
384 MRUB 3 Nr. 744 v. 1242 IV 17. Vgl. *Kentenich*, Geschichte Trier, S. 159 f.

ren Vereinigungen der Trierer Stifte und Klöster[385]. Die Funktion als Vermittler des göttlichen Heils wurde bei Konflikten von den kirchlichen Institutionen also als Druckmittel benutzt, unter anderem auch gegen die Bürger[386].

In besonderer Weise offenbart sich das Verhältnis der städtischen Bevölkerung zu Dom- und Annexkirche in der Stiftungstätigkeit, wenn auch für die Besitzübertragungen selbst nicht immer die Belege vorhanden sind. Bei dem „laicus" Wezelo, dem im 12. Jahrhundert lebenden Stifter der Abrunculuskapelle, handelt es sich um den gleichnamigen Trierer Schöffen[387]. Um das Jahr 1185 wurden im Testament des kinderlos gestorbenen Liveveiz bei St. Jakob unter anderem zu seinem Anniversartag ein Ohm Wein für die „fratres s. Petri" und 2 den. fürs Glockenläuten gegeben[388]. Zu unbekannter Zeit hat der Bürger Ernst sein Haus am Graben und Geld an den Dom geschenkt[389]. Ein weiterer Vorgang datiert aus dem Jahre 1238, als die Witwe Gertrud als Legat ihres verstorbenen Mannes Elenger für beider Anniversar im Dom ein halbes Haus am Graben in Trier und einen Wingert an das Domkapitel übertrug[390].

Im Zusammenhang mit der Sühne im Jahre 1271 wegen der gewaltsamen Entführung zweier Leute aus dem Chor des Domes und anschließender Hinrichtung auf dem Markt[391] dotierte die Stadt einen von ihr erbauten Altar mitten in der Domkirche und den Stephansaltar[392]. Diese Stiftung hatte zwar ihren besonderen Grund, da sie sich an den vorherigen Übergriff anschloß, dennoch kann auch sie als Zeichen für die religiösen Beziehungen der Bürger zum Dom gewertet werden. Schließlich zeugt noch aus dem 13. Jahrhundert für Bindungen von Mitgliedern der Oberschicht an Dom und Domherren der Trierer Schöffe Heinrich Gewilre, der im Jahre 1274 auf die von ihm dem Domkapitel vorgeschossene

---

385 Vgl. hierzu weiter unten zu den geistlichen Institutionen, S. 346 ff., *Heyen*, St. Paulin, S. 256 mit Fundorten.

386 Bei der Auseinandersetzung mit EB Kuno beklagte sich die Stadt unter anderem auch darüber, daß der Offizial den Pfarrern verboten habe „daz sy unse burgeren nit in verrichten und daz heylige sacrament nit in gebe" (*Rudolph*, Quellen, Nr. 69, Art. 17). Für Köln vgl. *Johag*, Köln, S. 131–141.

387 MRUB 2 Nr. 101: Die Frau des Stifters war Drutwine, Kinder waren Wetzelo, Zellerar v. St. Simeon, Ludwig, „advocatus", u. Drutwine, die Eltern „Hunoldus" u. „Frouuete". Zu Wetzelo vgl. *Schulz*, Ministerialität Trier, S. 37. Zur Abrunculuskapelle *Irsch*, Dom, S. 183; *Bastgen*, Domkapitel, S. 175.

388 MRUB 2 Nr. 254; MRR 2 Nr. 525. Neben den genannten Legaten erhalten aus demselben und einem benachbarten Wingert je eine halbe Ohm Wein u. 2 den. für den Küster: St. Simeon; St. Paulin; St. Maximin; St. Maria ad Martyres; von andern Wingerten St. Martin; St. Maria bei Oeren; St. Matthias.

389 BATR Abt. 95 Nr. 311 fol. 145. Dieser Ernst könnte mit dem in der ersten Hälfte des 13. Jahrhunderts bezeugten Schöffen identisch sein (vgl. *Schulz*, Ministerialität Trier, S. 37).

390 MRR 3 Nr. 622 v. 1238 V 24.

391 MRUB 3 Nr. 2605; *Rudolph* Quellen, Nr. 23 v. 1271 IV 28; STATR 1760/976 2° u. Caps. D Nr. 32.

392 Zu diesem Vorgang und der Diskussion um den Kreuz- bzw. Volksaltar *Irsch*, Dom, S. 215; *Kurzeja*, Liber Ordinarius, S. 229 f.

Summe von 60 lib. Trev. und die hierfür ihm überlassenen 3 lib. 10 sol. jährlich verzichtete und diese Einkünfte und weitere 14 den. Zins[393] für das Anniversar seiner selbst und seiner Frau Gertrud den Kanonikern überließ[394].

Aus dem 14. Jahrhundert sind weitere Stiftungen von unterschiedlicher Art und Höhe überliefert[395]. Dabei ragt die Stiftungstätigkeit von zwei Personen hervor, die auch von ihrer Stellung her von besonderem Interesse sind. Der Trierer Bürger Johannes Rinzenberger übertrug im Jahre 1342[396] für sein Anniversar an den Georgsaltar im Dom, der wenig früher durch Erzbischof Balduin gegründet und konsekriert worden war[397], je ein Haus in der Hoilgasse und Martgasse[398] und insgesamt mehr als 4 lib. Zinsen aus Häusern im nördlichen Vorstadtgebiet[399]. Bereits zuvor hatte er dem Altar ein Haus geschenkt[400]. Rinzenberger ließ darüber hinaus selbst den Oswaldaltar[401] im Dom errichten, der von ihm mit 14 lib. Jahreseinkünften dotiert wurde. 1344 gestattete ihm das Domkapitel, diesen Altar und die Einnahmen seinem Sohn Henkin zu übertragen, sofern dieser den Dienst bis zu seiner eigenen Weihe durch einen anderen Priester versehen ließe[402]. Zur

---

393 Aus einem Haus bei Oeren.
394 MRR 4 Nr. 63; LHAKO Abt. 1 D Nr. 136; BATR Abt. 9,1 Nr. 3. Die Summe wird wie folgt verteilt: Auf die bei Vigilien u. Messe anwesenden Domherren 20 sol.; die Priester, die Domaltäre innehaben, 5 sol.; die 12 Kleriker des Banthushospitals 3 sol.; die Armen u. Kranken im Refektorium für Brot 20 sol.; die Küster „chori nostri", die die genannten Almosen im Refektorium verteilen sollen, 2 sol.; die Küster „ecclesie nostre" 12 den.; ihr Gehilfe 2 den. fürs Läuten. Der von ihm überlassene Betrag ist durchaus nicht niedrig, wie ein Vergleich mit anderen Anniversarstiftungen an den Dom beweist. Die Legate an die Domherren und die niedere Domgeistlichkeit bewegen sich allerdings im üblichen Rahmen; einen Akzent setzt die relativ hohe Stiftung an die Armen u. Kranken im Refektorium, die ein besonderes Licht auf die caritative Einstellung des Spenders wirft. Bei diesem dürfte es sich wohl um einen recht begüterten Mann gehandelt haben, wie auch aus der Höhe der von ihm dem Domkapitel vorgestreckten Summe hervorgeht.
395 1313 schenkte ein nicht weiter bezeichneter Sandermann aus der Simeongasse 10 sol. Ewigzins an den Agnetenaltar und dessen Kaplan (LHAKO Abt. 1 D Nr. 149 u. 4413 S. 269–271 v. I 3). Vor dem 3. 2. 1333 hat der Trierer Weber Jakobus Seliche dem Willibrordaltar einen Zins in Höhe von 2 sol. überlassen (LHAKO Abt. 1 A Nr. 3911; 1 D Nr. 382 u. 4414 S. 161–163).
396 LHAKO Abt. 1 D Nr. 505 v. 1342 VII 31.
397 Goerz, Regesten S. 73 u. 82 v. 1329 XI 26 u. 1340 VI 14; für letztere Urkunde auch Holzer, De proepiscopis, S. 31; LHAKO Abt. 1 D Nr. 454; BATR Abt. 14,2 Nr. 19; vgl. auch Irsch, Dom, S. 257.
398 Potestas v. St. Maximin.
399 30 sol. aus einem Haus „in longo vico"; 3 u. 2 sol. Häuser Martgasse; 18 den. Haus Hoilgasse; 10 u. 10 sol. Häuser „longo vico"; 14 sol. Haus bei der „porta sancti Symeonis in districtu sancti Paulini"; 6 sol. Kelterhaus Kürenz; 2 sol., 3 sol., 12 den. Häuser Kürenz.
400 Es handelt sich um ein größeres Haus als das später übertragene; beide waren benachbart.
401 Ortsangabe: am Eingang, durch den man zur Abrunculuskapelle geht; an der Stelle, wo der Domglöckner zu schlafen pflegt.
402 BATR Abt. 14,1 Nr. 2; LHAKO Abt. 1 D Nr. 4415 S. 289–291 v. 1344 VI 24.

feierlichen Begehung des Oswaldfestes hat Rinzenberger dem Kapitel weiterhin 40 sol. Jahreszins geschenkt. Der Grund für seine besondere Verehrung des Heiligen, dessen Kult vor allem in Süddeutschland sehr verbreitet war[403], ist nicht ersichtlich.

Daß der Stifter eine sehr religiöse Person war, geht unter anderem daraus hervor, daß eine öffentliche Fronleichnamsprozessison in Trier mit erstmals einem weiteren Weg auf ihn zurückgeht[404]. Die Einrichtung erfolgte jedoch nicht am Dom, sondern an St. Laurentius als für ihn auf Grund seines Wohnsitzes in der Neugasse zuständiger Pfarrei. Dabei hat Rinzenberger sowohl kostbares Kirchengerät wie auch jährliche Einkünfte von insgesamt 70 sol. für eine entsprechende Gestaltung der Prozession übertragen. Eine weitere bedeutende Stiftung galt im Jahre 1357 dem Jakobshospital; Rinzenberger überschrieb ihm sein Wohnhaus in der Neugasse und etwa 20 lib. Jahreszins aus Trierer Häusern[405]. Zur Biographie des Stifters ist hinzuzufügen, daß er in Urkunden der zwanziger und beginnenden dreißiger Jahre des 14. Jahrhunderts als Färber („tinctor") und als Maximiner Schöffe bezeichnet wird[406]; als Wohnsitz ist in dieser Zeit noch die Hoilgasse im Maximiner Distrikt genannt[407]. Im Jahre 1334 und später erscheint er dann als Trierer Bürger[408]; 1364 ist er unter den Mitgliedern der Trierer Bürgerbruderschaft bei der Vereinigung mit der Jakobsbruderschaft bezeugt. „Der Rintzenberger" wird in der Steuerliste 1363/64 in der Neustraße mit 10 lib. veranlagt, die Peter Donve für ihn bezahlte[409]; *Knut Schulz,* der die Mitglieder der Bürgerbruderschaft in drei Gruppen unterteilt hat, ordnet ihn jenen zu, die „ihre angesehene Stellung in der Stadt ihrer erfolgreichen wirtschaftlichen Betätigung verdanken"[410]. Die umfangreiche Stiftungstätigkeit und die Tatsache, daß er schon relativ früh viele Ewigzinse vor allem im nördlichen Vorstadtgebiet erwarb[411], lassen auf wirtschaftliche Potenz schließen, wenn auch das Steueraufkommen nicht übermäßig hoch ist. Die Übersiedlung in die Stadt und das anscheinend weiterhin erfolgreiche Wirken bis zur Mitgliedschaft in der genannten Vereinigung deuten auf den Typus eines Aufsteigers hin. Interessant für Rinzenberger

---

403 Vgl. LThK 7 (1962), Sp. 1296; *Hans Bächtold-Stäubli,* Handwörterbuch des deutschen Aberglaubens (Handwörterbücher zur deutschen Volkskunde, Abt. 1), 10 Bde., Berlin-Leipzig 1927–1942. Bd. 8, Sp. 854 f.
404 Vgl. *Blattau,* Stat. syn. 1, Nr. 36 S. 184–188 v. 1340 X 10; *Lager,* Reg. Pfarrarchive, S. 3 Nr. 8; *Kurzeja,* Liber ordinarius, S. 287.
405 Lager, Reg. Jakobshospital, Nr. 22 f. (1357 IX 2 u. 9).
406 Vgl. *Schulz,* Ministerialität Trier, S. 148 u. die dort zit. Belege; darüber hinaus BATR Abt. 95 Nr. 311 fol. 140 v. 1325 V 24; LHAKO Abt. 1 D Nr. 4413 S. 889–892 v. 1329 VI 13; Nr. 4414 S. 97–99 v. 1330 VIII 31.
407 Ebda.
408 LHAKO Abt. 1 D Nr. 4414 S. 261–264.
409 *Kentenich,* Trierer Stadtrechnungen, S. 96 u. S. 8.
410 *Schulz,* Ministerialität Trier, S. 148.
411 Zu den Käufen von Rinzenberger vgl. Anm. 406; ferner LHAKO Abt. 1 A Nr. 3897, 3914, 3921 f., 3928 f., 3945, 3947, 3972, 3977; *Lager,* Reg. Jakobshospital, Nr. 11–13, 16 f.

ist auch, daß er sich mit einem Wachszins in die Abhängigkeit des Erzbischofs begab und dadurch von der Gerichtsbarkeit des Schultheißen eximiert wurde[412]. Dieses Streben nach rechtlicher Sonderstellung trifft noch auf andere Personen aus der Bürgerbruderschaft zu, die derselben Gruppe wie er zuzuordnen sind[413]. Bei Rinzenberger hat die besondere Beziehung zum Erzbischof sich möglicherweise auch auf seine Stiftungen ausgewirkt, da der Georgsaltar, wie bereits erwähnt, eine Gründung Balduins ist.

Der Trierer Arzt Magister Theoderich von Lubecke überließ in einer Verfügung vom Jahre 1339 der Domkirche insgesamt 60 sol. Ewigzins für die Memorie seiner Eltern, Wohltäter und anderer ihm nahestehender Personen, 20 sol. für denselben Zweck an die Präbendaten von Liebfrauen[414]. Außerdem dotierte er mit insgesamt 10 lib. den Altar, den er mit Zustimmung von Dekan und Domkapitel unter den Glocken beim Eingang zur Blasiuskrypta zu gründen beabsichtigte und der zu Ehren des hl. Jakobus d. Ä., des hl. Christopherus, der hl. Martha und der hl. Dorothea geweiht werden sollte. Er behielt sich die Nomination des Kaplans für den Altar vor; späterhin sollte jeweils der Domcustos den Altar einem Priester übertragen, der in eigener Person wöchentlich mindestens drei Messen lesen sollte. Die Stiftung von 4 lib. an den Altar und den 20 sol. an Liebfrauen wurde wenig später von Schöffenmeister und Schöffen bestätigt[415]. Der Altar ist offensichtlich recht bald errichtet worden, auch hat Theoderich ihn weiter dotiert, da der Kaplan Konrad von Hembach 1343 verschiedene Ewigzinskäufe von dem von ihm geschenkten Geld tätigte[416] und der Arzt selbst 1349/50 noch Ewigzinse für die vor dem Altar hängende Beleuchtung erwarb[417].

Im Gegensatz zu Rinzenberger handelt es sich bei ihm um einen Mann, der –

---

412 *Lamprecht,* Wirtschaftsleben 1,2 S. 1244; vgl. auch *Schulz,* Ministerialität Trier, S. 149.
413 Für die beiden anderen von Schulz unterschiedenen Gruppen gilt bereits auf Grund von Dienstbindungen häufig eine besondere rechtliche Qualität, was auch für einen Teil der als „bürgerliche Intelligenz" bezeichneten Personen festzustellen ist (vgl. ebda. S. 145–150).
414 LHAKO Abt. 1 D Nr. 441 u. 4414, S. 725–729 u. 733–739 v. 1339 IX 1. Von der Summe gingen 40 sol. an die anwesenden Kanoniker und Vikare am Hochaltar, 17 sol. an die „presbiteri de inferioribus sedibus", Benefiziaten u. andere, 2 sol. an die „scolares chorales", 12 den. an die Glöckner. Die Summe für Liebfrauen ist nicht spezifiziert. Das Geld stammt von einem Ewigzinskauf des Arztes vom Trierer Schöffen Johannes Proudum aus einem Anwesen in der Fleischgasse. Theoderich wird auch im Jahrzeitbuch von Liebfrauen mehrfach genannt zum 9. 1., 2. 2., 25. 2., 2. 3., 1. 4., 1. 5., 2. 6., 2. 7., 2. 7., 2. 8., 15. 8., 2. 9., 1. 10., 3. 11., 5. 12. (LHAKO Abt. 206 Nr. 102).
415 LHAKO Abt. 1 D Nr. 443 u. 4414 S. 741–743 von 1339 XI 5 (Vidimuskopie von XI 23).
416 LHAKO Abt. 1 D Nr. 471 f. u. 4415 S. 141–144 u. 149–151 (10 sol. aus dem Haus u. Garten „in dem Mar", 1343 III 16); Nr. 473 u. 4415 S. 133–135 (3 lib. aus Haus in der Neugasse; 1343 III 22); Nr. 478 u. 4415 S. 197–200 (20 sol. aus Haus gegenüber dem eb. Palast, „vicus sac"; 1343 VI 4).
417 LHAKO Abt. 1 D Nr. 4415 S. 513–516 u. 657–660 von 1349 X 4 u. 1350 IX 17, jeweils 10 sol. aus Wohnhäusern u. einem Garten in der Martgasse/Potestas von St. Maximin.

wie aus seinem Namen zu schließen ist – aus einer weit entfernten Stadt stammte[418], sich dann in Trier niederließ und praktizierte, gewiß auch einigen Wohlstand erwarb, aber nicht als Bürger belegt ist[419]. Daß er wohl in enger Beziehung zum Domkapitel stand, geht daraus hervor, daß ihm bei der Pensionsverteilung von 1335 die Domkurie Davels mit Ausnahme des Kellers gegen die Zahlung von 40 sol. Jahreszins überlassen wurde[420]; wahrscheinlich hatte er sie bis zu seinem Tod inne[421]. Er behandelte gerade Geistliche ärztlich, dies beweist das Testament des Johann Jakelonis, der ihm als Lohn für seine Bemühungen einen Trinkkelch mit silbernem Fuß vererbte[422], und des Ludolph von Hollenfels, der ihm ein Legat von 5 lib. vermachte[422a].

Die Stiftungstätigkeit weiterer Einwohner der Stadt zugunsten des Doms und seiner Annexkirche ist demgegenüber weitaus geringer[423]. Ein wegen der beteiligten Personen interessanter Vorgang datiert dabei aus dem Jahre 1344. Der

---

418 Während aus seinem Namen für Theoderich die Stadt Lübeck als Herkunftsort hervorgeht, liegt Rinzenberg in der Nähe von Birkenfeld und damit noch im Einzugsbereich von Trier. Bei Rinzenberger könnten auch schon Vorfahren nach Trier gekommen sein.

419 Allerdings erscheint in der Volleiste von 1363/64 ein „Meister Diederich der artz" ohne Steuersumme in der Wollgasse (*Kentenich,* Trierer Stadtrechnungen, S. 32). Für eine enge Beziehung u. Zugehörigkeit zu den Bürgern ist ein Beispiel der Arzt Ruprecht, der 1364 Mitglied in der Bürgerbruderschaft war (vgl. ebda., S. 96). Er wohnte in der Johannisgasse u. wurde 1363/64 zu „XXIIII lb. V s. min. s." Steuer veranlagt: ebda. S. 43. Vgl. Volleiste 1375/76 fol. 23 (wie Anm. 43). Darüber hinaus gab es auch einen jüdischen Arzt in Trier; vgl. zu diesem *Haverkamp,* Juden, S. 105 mit Belegen. Zu Theoderich vgl. auch LHAKO Abt. 1 A Nr. 3930, 3942, 3944, 4007, 4012.

420 LHAKO Abt. 1 D Nr. 407 u. 4414 S. 397–426; BATR Abt. 95 Nr. 311 fol. 118. Den Keller erhält der Domherr Peregrin von Wangen. Wenn einer der beiden an der Kurie Beteiligten stirbt, soll sein Teil an den anderen fallen.

421 LHAKO Abt. 1 D Nr. 737 u. 4417 S. 29–36 u. BATR Abt. 95 Nr. 311 fol. 102' (1380 VI 13); Theoderich als verstorben u. vorheriger Bewohner der Kurie erwähnt.

422 LHAKO Abt. 215 Nr. 416 v. 1343 I 28. Der Dechant v. St. Simeon und Präbendar v. Liebfrauen überließ ihn „ita quod contentatur pro sallario suo ratione laboris sui habiti me visitando egritudine". Zu Johann Jakelonis siehe weiter oben zu den personellen Verknüpfungen v. Bürgern u. Domgeistlichkeit, S. 83 f.

422a LHAKO Abt. 1 D Nr. 587.

423 Johannes „apotecarius" und seine Frau Gela übertrugen an Dekan und Domkapitel im Jahre 1344 33 sol. Ewigzins aus zwei zusammengehörigen Häusern an der Stadtmauer bei den Kaiserthermen. Sie wollten damit jedoch ein Legat des verstorbenen Domvikars Johann von Daun erfüllen, der die Einkünfte zu seinen Lebzeiten an den Dom schenkte, und bestimmten als Zweck das Anniversar des Johann. Wie der Zins an sie gelangt war, wird leider nicht ausgesagt (BATR Abt. 91 Nr. 126 fol. 55–57; zu den Stiftern auch LHAKO Abt. 1 A Nr. 4093 u. 4095 f.). Bei dem Advokaten Johann Gabrielis, vorher Offizial der Trierer Kurie, geht eine enge Beziehung zur Domkirche schon aus seiner ehemaligen Funktion hervor. Er hat vor 1340 an den Agathaaltar einen Pachtzins von 30 sol. geschenkt (LHAKO Abt. 1 D Nr. 4415 S. 73–81, vgl. auch LHAKO Abt. 1 A Nr. 3925 f.). Daß gerade dieser Altar von ihm bedacht wurde, ist wohl nicht zufällig, da er wohl enge Beziehungen zu dessen Stifter Eberhard von Massu hatte. Er war Testamentsvollstrecker des Eberhard und dessen Nachfolger als Offizial (vgl. *Michel,* Gerichtsbarkeit, S. 31; zu Johann auch ebda. S. 134).

Domthesaurar Ludolph von Hollenfels, der Cellerar Nikolaus von Pittingen und die Trierer Bürger Wilhelm Schafart und seine Frau Grete übereigneten den Kanonikern und Vikaren des Hochaltars sowie den „presbiteris de sedibus inferioribus beneficiatis ecclesie Treverensis" 3 lib. 6 sol., dem Martinsaltar im Dom 50 sol. Ewigzins[424]. Als Grund für die Zahlung wird die Tatsache angegeben, daß der verstorbene Priester „Johannes quondam Ludewici dicti de Palatio" ihnen seine mobilen Güter und Immobilien geschenkt und damit große Wohltaten erwiesen habe[425]. Bestimmt ist das Geld für Anniversar und Memorie des Toten, seiner Eltern und des ebenfalls verstorbenen „Henricus dictus Schenke", aus dessen Haus auch ein Teil der Einkünfte gezahlt wird[426]. Im Jahre 1348 werden Wilhelm und seine Frau erneut zusammen mit den beiden Kanonikern als Stifter von 8 sol. Zins zu einer Memorie für dieselben Personen genannt[427]. Für Heinrich Schenke, der wohl einige Zeit früher starb, kann angenommen werden, daß er bei der Übertragung seines Hauses an den Priester eine entsprechende Auflage gemacht hatte, die zur späteren Stiftung seines Anniversars führte. Bei ihm handelt es sich um eines der Mitglieder der 1328 gegründeten Marienbruderschaft, die nach *Schulz* als Vorläufer der wohl in den vierziger Jahren entstandenen Bürgerbruderschaft gelten kann und sich zum Teil auch personell mit dieser deckt[428]. Wilhelm Schafart selbst gehörte mit seinem Vater ihr ebenfalls an[429], schaffte allerdings schon vor 1364 den Sprung in die Jakobsbruderschaft[430]. Er wurde auch bereits 1351 in die Schar der Trierer Hausgenossen aufgenommen, obwohl er „doch nyet von rechter lynigen dar zu geboren was"[431]. *Schulz* führt seinen Erfolg auf die persönliche Tüchtigkeit zurück, die er als Verwalter des

---

424 LHAKO Abt. 1 D Nr. 487 f. u. 4415 S. 277–283 v. 1344 VI 14.
425 „Johannes quondam Ludewici" scheint nicht viel früher gestorben zu sein, da für 1343 VII 13 noch der Verkauf eines auch bei der Stiftung genannten Zinses v. 10 sol. aus einem Haus „prope Wever Platzen" an ihn belegt ist (LHAKO Abt. 1 D Nr. 4415 S. 213–219). Zu Johannes, Kaplan des St. Michaelis-Altars bei St. Maternus, vgl. auch LHAKO Abt. 1 A Nr. 3974–3976, 3978.
426 Dieses Anwesen an der Weberbach ist durch Erbschaft an den genannten Priester übergegangen und wird nach einer weiteren Urkunde vom selben Tag nun von Wilhelm Schafart und seiner Frau gegen 56 sol. Zins von den beiden Domherren gepachtet, die hier als alleinige Erben des „Johannes quondam Ludewici" erscheinen (LHAKO Abt. 1 D Nr. 489 u. 4415 S. 285–287 v. 1344 VI 14). Es ist also fraglich, ob die pachtenden Eheleute tatsächlich zu den Stiftern für dessen Anniversar gerechnet werden können, wie die beiden vorher genannten Urkunden nahelegen.
427 Ebda. Nr. 537 u. 4415 S. 449–451 v. 1348 VI 11. Dieser von dem Priester Johannes geschenkte Zins wird aus einem Garten am Stadtgraben bei Kastil erhoben. Die 8 sol. gehen erneut an den Kaplan des Martinsaltars. Vgl. auch Nr. 538.
428 Vgl. hierzu *Schulz*, Ministerialität Trier, S. 150 f. Die Gründungsurkunde (STATR X 3 u. 1760/976 2° fol. 98–100) gedruckt bei *Zimmer*, Bürger-Sodalität, S. 109–112. Zu Heinrich Schenke auch LHAKO Abt. 1 A Nr. 3939 f.
429 Vgl. die vor. Anm. genannte Urkunde.
430 Er erscheint 1364 beim Zusammenschluß von Jakobs- u. Bürgerbruderschaft als Mitglied ersterer Korporation (*Kentenich*, Trierer Stadtrechnungen, S. 96).
431 Ebda., S. 99.

städtischen Rentmeisteramtes 1339 und Verhandlungsführer bei den Auseinandersetzungen zwischen der Stadt und Erzbischof Baldewin um 1350 unter Beweis stellen konnte[432].

Mit Johannes Damp, für dessen Memorie im Dom 1348 die Domherren 9 sol. Ewigzins kauften[433], tritt ein weiteres Mitglied der Marienbruderschaft von 1328 ins Blickfeld[434], dessen Familie ähnlich wie Schafart eine Annäherung an die führenden Geschlechter glückte. Sein Vater Bartholomäus und Onkel Thomas, Söhne eines Kürschners, sind als Inhaber von Palastlehen und als Palastschöffen bezeugt; Bartholomäus Damp wurde später Mitglied der Heilig-Geist-Bruderschaft, Johann selbst Schöffe und Provisor des Jakobshospitals[435]. Für den Krämer „Johannes dictus Oyterpis" und seine Frau Katharina, die an das Domkapitel 1370 einen Ewigzins von 3 lib. 3 sol. für das Anniversar des verstorbenen Domvikars Heinrich von Daun schenkten[436], läßt sich zwar keine Mitgliedschaft in einer der genannten Vereinigungen und auch kein Amt nachweisen, nach seinem doch respektablen Steueraufkommen von 17 lib. 1363/64 und 4 fl. 1375/76[437] gehörte er aber ebenfalls zu den besser gestellten Kreisen in der Stadt, die zum Teil an die führenden Geschlechter heranrückten.

Im Präsenzgelderverzeichnis des Doms von 1399 sind zwar die Anniversare und Memorien verschiedener Bürger aufgeführt, der Zeitpunkt der Stiftungen kann allerdings zumeist nicht bestimmt werden. Neben den bereits vorher erwähnten Stadtbewohnern[438] finden sich leider auch nur wenige weitere, bei denen die soziale Stellung und Zugehörigkeit zu bestimmten städtischen Kreisen in etwa auszumachen ist. Zur alten Führungsschicht zu rechnen ist mit Sicherheit Elisabeth, Frau des verstorbenen Ordulph, deren Memorie im Januar mit 20 sol. aus

---

432 Vgl. *Schulz*, Ministerialität Trier, S. 143 mit weiteren Belegen für die Geschichte der Familie. Vgl. besonders *Rudolph*, Quellen, S. 717 (Rentmeistereirezeß von 1339) u. ebda. Nr. 51 = LHAKO Abt. 1 A Nr. 3990 (1350 IX 8).

433 LHAKO Abt. 1 D Nr. 4415 S. 433–436 v. 1348 III 12. Der Zins wird aus vier benachbarten Häusern in der Böhmergasse erworben; Verkäufer ist Ernst Wolf.

434 Vgl. Anm. 428.

435 Vgl. hierzu *Schulz*, Ministerialität Trier, S. 154 mit den angeführten Belegen. Die Heilig-Geist-Bruderschaft wertet Schulz als Vorstufe der Jakobsbruderschaft (ebda. S. 142).

436 LHAKO Abt. 1 D Nr. 637 u. 4416 S. 481–484 v. 1370 VII 16. Der Zins stammt aus Häusern in der Walramsneugasse und Judenmurgasse sowie aus einem Garten außerhalb Triers bei der Musilpforte; zum Haus in der Judenmurgasse auch LHAKO Abt. 1 A Nr. 4086.

437 *Kentenich*, Trierer Stadtrechnungen, S. 30; Volleiste 1375/76 fol. 14 (wie Anm. 43).

438 Dies sind: Theoderich v. Lubecke, Anniv. im Januar: 3 lib., 17 sol. an die „presbiteri", 2 sol. an die „chorales", zum Läuten 1 sol.; von 10 fl. gekauft in Zell, die vorher aus dem Haus Herrn Proudums in der Fleischgasse bezahlt wurden; 1 fl. „de Lacu" den Priestern (NLBH Ms. XVIII, 1006 fol. 3'). Heinrich Schenke, Anniv. für ihn u. Frau im April: 55 sol., 4 sol. an die Priester, 10 sol. „ad propinandum", zum Läuten 1 sol.; aus dem Haus am Graben „ad nigram leonem" (ebda. fol. 20). Heinrich v. Gewilre u. Frau, Anniv. im April: 40 sol.; erhoben v. Oblationen (ebda. fol. 21). Johann Damp, Anniv. im November: 46 sol.; aus Häusern bei St. Symphorian und in der Böhmergasse (ebda. fol. 56').

einem Haus gegenüber der Kurie Sötern begangen wurde[439]. Der Schöffe „Baurus", der mit dem Anniversar mit 20 sol. zur Verteilung und 30 sol. für eine Brotspende erwähnt ist[440], gehört nach *Schulz* zu jener Gruppe, die in der städtischen Rangfolge den führenden Schöffengeschlechtern am nächsten stand. Die als Seitenzweig des Reichsministerialengeschlechts der Beyer von Boppard geltende Familie nahm bereits im 13. Jahrhundert in Trier Schöffenstellen ein[441].

Der Bürger Michel von Vierscheid, wohl Neffe des gleichnamigen Trierer Webers, mit Memorie im März und Anniversar im Juni[442], gehört zweifellos zu den interessantesten Stifterpersönlichkeiten des 14. Jahrhunderts. Als Schöffe oder Bruderschaftsmitglied ist Michel d. ä. noch nicht belegt, sein Steueraufkommen ist jedoch enorm. 1363/64 zahlte er 120 lib.; 1375/76 wurde er auf 60 lib. veranlagt und überdies zur Stellung einer Gleve („gleie") für den Schutz der Stadt verpflichtet[443], wozu ursprünglich nur die vornehmsten Trierer Familien, die alten Schöffengeschlechter, herangezogen wurden[444]. Er gehört damit zu den Leuten, bei denen sich die „Verschiebung in den Machtverhältnissen und in der sozialen Rangordnung" am deutlichsten zeigt, die sich im Laufe des 14. Jahrhunderts zugunsten des vor allem in den Bruderschaften faßbaren „weiteren Patriziats" und der in den Zünften vereinigten Handwerker vollzog[445]. Michel d. j. und andere Vierscheid erscheinen in der Rentmeistereirechnung von 1373/74 unter den Gläubigern der Stadt[446], Heinrich ist belegt als Schöffe und Einnehmer[447]. Bemerkenswert für Michel d. ä. von Vierscheid ist, daß er — wie schon erwähnt — schwerwiegende Auseinandersetzungen mit Erzbischof und Kapitel hatte und

---

439 Ebda fol. 3.
440 Ebda. fol. 8 u. 19. Die Beträge werden aus Häusern „inter ferratores" (am Markt bei der heutigen Steipe) erhoben.
441 Vgl. *Schulz,* Ministerialität Trier, S. 153 f.
442 NLBH Ms. XVIII, 1006 fol. 15 u. 29'. Daß es sich hier nicht um den älteren Michel v. Vierscheid handelt, möchte ich daraus schließen, daß er im Präsenzgeldverzeichnis als „dictus de Mauro" mit einer Ehefrau namens Agnes erscheint, während Michel d. ä. urkundlich mit einer Ehefrau Demodis belegt ist (*Lager,* Reg. Pfarrarchive, Nr. 222; STATR Urk. Elisabethhosp. 34). Eine endgültige Identifizierung könnte die Auswertung des gesamten städtischen Urkundenmaterials im Zusammenhang mit dem von Prof. Dr. Alfred Haverkamp geleiteten Projekt zur Sozialgeschichte Triers erbringen. Zu Michel als Neffen vgl. *Kentenich,* Trierer Stadtrechnungen, S. 69 u. Volleiste 1375/76 (wie Anm. 43), fol. 17'. Im Jahrzeitbuch von Liebfrauen wird Michael de Mauro zusammen mit Heinrich v. Vierscheid genannt (vgl. Anm. 451).
443 *Kentenich,* Trierer Stadtrechnungen S. 38; Volleiste 1375/76 (wie Anm. 43), fol. 18.
444 Vgl. *Schulz,* Ministerialität Trier, S. 159 f.; ein entsprechender Vermerk findet sich in der Steuerliste von 1375 nur bei 30 Bürgern, wobei in 6 Fällen Zunfthandwerker aufgeführt werden, bei den Mitgliedern des „weiteren Patriziats" sind es 11 und beim engeren Patriziat 13; zur Gleve allgemein *Werner Schulze,* Die Gleve. Der Ritter und sein Gefolge im späteren Mittelalter (Münchener Hist. Abhandlungen, 2. Reihe, Kriegs- und Heeresgeschichte, H. 13), München 1940.
445 Vgl. *Schulz,* Ministerialität Trier, S. 160 f.
446 *Kentenich,* Trierer Stadtrechnungen, S. 57 u. 69.
447 *Rudolph,* Quellen, S. 727 u. 729.

dabei vor einer Verletzung der Domimmunität und Gewalttaten nicht zurückschreckte[448]. Die Tatsache, daß er sich bei seinem Übergriff offenbar auf eine größere Anhängerschaft stützen konnte, läßt auf einiges Ansehen schließen. Das lange Zeit gespannte Verhältnis Michels d. ä. von Vierscheid zum Domkapitel hat Michel d. j. jedoch nicht gehindert, sein Anniversar im Dom zu stiften, Zeichen der trotz aller Differenzen bestehenden religiösen Bindungen städtischer Oberschicht an den Dom. Von ihrer Entwicklung her paßt die Familie von Vierscheid in den Kreis jener Bürger wie Johann Rinzenberger und Wilhelm Schafart, die auf Grund ihrer Geburt nicht zu den von alters her bevorzugten Schichten der Stadt zählten, aber durch ihre wirtschaftlichen Erfolge und ihre Tüchtigkeit zu Ansehen gelangten.

Trotz der wenigen vorhandenen Quellen deutet sich also für das 14. Jahrhundert bei den Legaten für den Dom eine besondere Aktivität gerade der nachdrängenden Schichten an, nachdem im 13. Jahrhundert die Schenkungen wohl in erster Linie durch die Schöffengeschlechter erfolgt waren. Sicherlich spielt die gute finanzielle Grundlage der aufsteigenden Familien eine Rolle, die ihnen die Möglichkeit zu solcher Tätigkeit gab. Inwieweit neben religiösen Motiven andere Gesichtspunkte wie ein gewisses Prestigedenken von Bedeutung waren, ist im einzelnen kaum zu überprüfen. Gewiß waren auch besonders persönliche Beziehungen zum Dom von Gewicht. Dies gilt etwa für die Familie Damp, die – wie erwähnt – unter der Domministerialität belegt ist.

Aus dem späteren 14. Jahrhundert und der ersten Hälfte des 15. Jahrhunderts fehlen weitgehend die Hinweise für Schenkungen[449]. Ob ein Rückgang von Stiftungen an den Dom durch die Bürgerschaft zu verzeichnen ist, möglicherweise auch auf Grund der schweren Auseinandersetzungen, oder ob nur die Überlieferungslage der Grund für das Fehlen von Belegen ist, kann hier nicht entschieden werden. Aufschlüsse könnte allerdings ein Vergleich der gesamten Schenkungsvorgänge in der Stadt geben. Eine stärkere Hinwendung der Bürger in ihren Stiftungen etwa zu Kartäusern, Mendikanten, Pfarrkirchen und insgesamt jenen Institutionen, bei denen durch strengere religiöse Vorschriften ein größerer Effekt für das Seelenheil des Stifters erwartet wurde oder die durch ihr Engagement in Bildung, Seelsorge bzw. Caritas stärker den Bedürfnissen der Stadtbewohner entgegenkamen, liegt jedoch nahe[449a].

Für die Annexkirche des Doms, die Liebfrauenkirche, stellt sich die Situation

---

448 S. o. S. 97.
449 Die hinter den Predigern wohnende Demoid von Kues, die 1409 II 7 ihr Haus dem Dreifaltigkeitsaltar vermacht, ist die Mutter eines Trierer Vikars; LHAKO Abt. 1 D Nr. 849 u. 4418 S. 93–96. Siehe auch oben Anm. 87. Für die Bruderschaft St. Johannes Evangelista, 1438 IV 9: Der Trierer Bürger u. Bartscherer Peter v. Andernach überläßt ihr einen Zins von 4 rhein. Goldgulden (BATR Abt. 12,3 Nr. 1 fol. 74; Abt. 12,1 Nr. 1). Zum Rückgang v. Stiftungen vgl. auch *Bastgen*, Domkapitel S. 174.
449a Vgl. hierzu auch *Johag*, Köln, bes. S. 189–196.

insgesamt etwas anders dar. Die Urkunden geben nur spärliche Auskünfte[450]. Das Jahrzeitbuch von Liebfrauen führt eine Reihe von Personen auf, erschwerend für eine Analyse wirkt sich jedoch aus, daß ebenso wie im Präsenzgelderverzeichnis des Kapitels der Zeitpunkt der Stiftung nur selten zu erkennen ist und oft nur bei urkundlich sonst faßbaren Personen erschlossen werden kann. Neben Domherren, Domvikaren und anderen am Dom bepfründeten Geistlichen, Kanonikern von Liebfrauen und Klerikern aus Trier und Umgebung, am geistlichen Gericht tätigen Personen und Abhängigen von Geistlichen erscheinen im Jahrzeitbuch viele Laien, bei denen eine Zugehörigkeit zur Trierer Bürgerschaft feststeht oder vermutet werden kann. Bei den bekannteren Familien oder den mit Zusatzinformationen versehenen Namen lassen sich Schlüsse auf die soziale Stellung der Stifter ableiten. Die Vielzahl der Namen zeigt, daß die erhaltenen Urkunden nur einen sehr begrenzten Ausschnitt der Vorgänge wiedergeben und daß von einer intensiven Stiftungstätigkeit der Bürger ausgegangen werden kann, was die Befürchtungen der Stadt vor allzu großem Substanzverlust bei den Besitzungen erneut verständlich werden läßt. Unter den Stiftern, die der Oberschicht[451] zuge-

---

450 Um 1185: Testament Liveveiz bei St. Jakob (vgl. Anm. 278; um diese Zeit aber noch keine Trennung Dom – Liebfrauen); 1335 IX 1 Theodericus de Lubecke („phisicus Trev.".): 20 sol. Ewigzins für Memorie aus Haus in Fleischgasse (LHAKO Abt. 1 D Nr. 441 u. 1 D 4414 S. 725–729); 1363 IX 5 Katharina, die Witwe des Ysenbard v. Tremereyo, Notars der Trierer Kurie u. Trierer Bürgers, 40 sol. Ewigzins für Seelenheil ihrer Familie aus Haus in Kuhnengasse u. Rantzengasse (LHAKO Abt. 206 Nr. 24 u. 1 D Nr. 4416 S. 153–155).

451 LHAKO Abt. 206 Nr. 102:
Schöffenfamilien und „weiteres Patriziat"

I	5	Katherina filia Jacobi sculteti	4 sol.
I	6	Johannes Damp scabinus	20 sol.
I	8	Henricus Walrami scabinus	5 sol.
I	10	Nicolaus de Inferno scab.	50 sol.
I	14	Ordulph iunior scab.	4 sol.
II	9	Karolus scab.	3 sol.
II	17	Elisabeth uxor Johannis Proudom	10 sol.
II	28	Nicolaus de Bryszke civis	18 alb.
III	17	Henricus iunior scab.	5 sol.
III	20	Henricus de Vierscheit scab., Michael de Mauro auch VI 26, VIII 22	1/2 flor. mog.
III	27	Walterus Drincwasser scab.	5 sol.
IV	9	Nicolaus Pittipas	3 sol.
IV	20	Bartholomeus Damp civis	6 sol.
V	10	Bonifatius scab.	2 sol.
VI	17	Nicolaus Damp	40 sol.
VI	26	Ordulphus scab.	3 sol.
VI	28	Arnoldus Howas	2 sol.
VI	30	Johannes Micahel scab.	5 sol.
VII	4	Rodulphus iunior de Britta	5 sol.
VII	20	Walramus Bottom scab.	15 sol.

ordnet werden müssen, findet sich eine Reihe alter Schöffenfamilien wie Bonifaz/ Proudum, Oeren/Scholer/Tristand, Howas, Bottom, Pittipas. Weiterhin erscheinen Mitglieder der Geschlechter Drinkwasser und Britten, daneben Angehörige etwas jüngerer Schöffengeschlechter und nachdrängender Familien wie Meutze, Ercle, Damp, von der Hellen, Bristge, Donve, Mannenbach, Jeckelo Drutwini. Besonders häufig ist der bereits im Zusammenhang mit dem Dom genannte Heinrich Schenke aufgeführt[452]. Die bei weiteren Personen angegebenen Berufe zeigen jedoch, daß auch eine andere Schicht der Liebfrauenkirche nahestand[453].

	VIII	16	Petrus Donve de longo naso	20 sol.
	IX	3	Domicella Gela mater domini Nicolai vam Daile scabini Trev.	20 sol.
	IX	10	Th. Fleys scab.	6 sol.
	IX	18	Bartholomeus Pristge, civis Trev. et ministerialis in ecclesia Trev.	20 sol.
	IX	22	Henricus Meůtze	6 sol.
	IX	30	Thomas Drincwasser	20 sol.
	IX	30	Catherina uxor domini Michaelis scab. Trev. de Bristge	3 lib.
	X	3	Radolphus Drincwasser	4 sol.
	X	6	Bonifacius filius Ordulphi scab.	5 sol.
	X	16	Henricus Meůtze scab.	5 sol.
	X	20	Th. Reymanni scab.	3 sol.
	X	31	Mag. Robertus medicus	10 sol.
	XI	4	Jekelo Drutwini	5 sol.
	XI	6	Henricus Greve	2 sol.
	XI	6	Henricus de Flore magister scabinorum	1 fl.
	XI	17	Walramus in vico sancti Symeonis	5 sol.
	XI	17	Th. Ercle, Fridericus, Egidius et Hermannus	18 den., 12 den., 4 den. u. 3 den.
	XI	24	Philippus de Mannenbach	2 sol.
	XI	27	Walramus Bottom scab.	15 sol.
	XII	1	Johannes Proydum magister scabinorum	8 sol.
	XII	13	Ernestus scab.	7 sol.
	XII	16	Johannes Mycahel scab.	5 sol.
452	Vgl. die ersten Tage der einzelnen Monate.			
453	Berufsbezeichnungen in Namen			
	I	10	Ludewicus filius Mecke magistri carnificum	5 sol.
	II	6	Jennetus, institor	20 sol.
	II	17	Engelbert, sutor	13 sol.
	II	17	Nicolaus, sartor	24 den.
	II	22	Johannes dictus Starkeman (cerdo)	10 sol.
	III	7	Cono, pistor	26 den.
	IV	6	Petrus, molendinarius in parochia nostra	1/2 flor. mog.
	V	2	Drutwinus, faber	16 + 6 den.
	V	9	Henricus, civis Trev., olim magister cerdonum	20 sol.
	V	10	Gela dicta die Cleingele, penestica	20 sol.
	V	15	Hennekinus filius Jacobi carnificis	5 sol.
	V	20	Wiricus dictus Koufman	8 sol.

Hier finden sich Fleischer, Bäcker, Krämer, Leute aus dem Textilgewerbe und auch aus anderen Bereichen[454]. Die Spannbreite im Hinblick auf die soziale Stellung der Stifter erscheint bei der Liebfrauenkirche also nach den Quellen größer als beim Dom, wobei bei diesem jedoch die im Präsenzgelderverzeichnis nicht erfaßten Schenkungen an die Domaltäre sicher häufiger waren, als aus den Urkunden hervorgeht.

Das Bild, das sich insgesamt aus den Quellen über die religiösen Beziehungen von Stadt und Geistlichkeit im Dombereich ergibt, zeigt zur Genüge, daß trotz gewiß bestehender Spannungen, die teils über die städtischen Organe, teils wie im Falle des Michel von Vierscheid auch privat ausgefochten wurden, durch die tragende Rolle, die die Religion im Leben der Menschen spielte, immer wieder eine Annäherung erfolgte. Das Streben nach dem eigenen weltlichen Vorteil, das vor allem im rechtlichen und wirtschaftlichen Bereich das Handeln vielfach bestimmte, wurde hierdurch immer wieder überlagert.

5. Verhalten in Krisensituationen

Bei der Erzbischofswahl von 1242 ist das Verhalten der Bürger in der bisherigen Forschung weitgehend als kaisertreu und antiisenburgisch dargestellt worden[455].

VI	15	Johannes dictus Portener apud pontem	4 sol.
VI	16	Katherina uxor Wirici dicti Kaufman	3 sol.
VI	23	Mag. Johannes, pictor, Mag. Berthramus, Spengeler	10 alb.
VIII	10	Jacobus dictus Judas, sartor	9 sol.
VIII	16	Cuntzginus dictus Scherrenesser, linitextor	20 sol.
VIII	23	Mathias de Ham, pannicida	20 sol.
VIII	27	Hermannus dictus Rach, institor	3 lib. (!)
VIII	28	Matheus dictus Hůniche, pistor	3 sol.
VIII	30	Petrus Drutmani, pistor Trev., et Hentzo, carpentarius de Mailberg	10 sol.
IX	9	Johannes dictus Standart, carnifex	3 sol.
IX	9	Henricus dictus Babe, sutor	5 sol.
IX	16	Wilhelmus, faber	30 den.
IX	28	Jacobus dictus Felix, textor	6 sol.
X	2	Michael filius quondam Simonis ortulani commorantis iuxta Staffel	3 alb.
X	12	Johannes, cultellifex	4 sol.
XI	14	Gerkinus, textor	2 sol.
XI	14	Matheus, faber	4 sol.
XI	20	Ida, institrix	4 sol.
XII	24	Mag. Johannes, pictor Mag. Berthramus, spengeler	10 alb.

454 Um eine genauere Wertung der Stiftungstätigkeit des genannten Personenkreises geben zu können, müßte mit den anderen geistlichen Institutionen verglichen werden. Sicher wäre auch danach zu fragen, inwieweit die räumliche Nähe zur Liebfrauenkirche oder persönliche Bindungen die Zuwendungen gefördert haben.
455 Vgl. *Aldinger*, Erhebung, S. 24 f.; *Kentenich*, Geschichte Trier, S. 158 f.; *Heyen*, Doppelwahlen, S. 29.

Insbesondere wurde dabei auf die Tatsache hingewiesen, daß der Gegenkandidat Arnolds selbst aus dem stadttrierischen Geschlecht von der Brücke stammte und von daher auf die Unterstützung von Trierer Familien bauen konnte. Darüber hinaus lassen sich engere Beziehungen zwischen der trierischen Oberschicht und dem ebenfalls auf seiten Rudolfs stehenden Grafen von Luxemburg feststellen[456]. Eine Parteinahme von Trierer Einwohnern für den Gegenkandidaten ist aus den Quellen tatsächlich faßbar. So berichten die Gesta Treverorum, daß die Verwandten und Anhänger Rudolfs in die Häuser der feindlichen Kanoniker in der Immunität eingebrochen seien, sich selbst verschiedene Dinge angeeignet hätten und auch zugelassen hätten, daß vom gewöhnlichen Volk („a communi populo") manches geraubt worden sei[457]. Auch werden Angriffe gegen die Sippe derer von der Brücke durch Arnolds Partei und die Gefangennahme des Rudolf von der Brücke erwähnt, des Neffen des kandidierenden Propstes von Sankt Paulin[458]. Schließlich deutet auf eine Unterstützung Rudolfs in der Stadt noch die Urkunde König Konrads vom 14. Juli 1242 hin, in der er die Bürger für ihre „devota servicia" in seinen und des Reiches besonderen Schutz nahm[459].

Es ist jedoch davon auszugehen, daß auch der spätere Erzbischof von einem Teil der Bürgerschaft unterstützt wurde. Im Beschwerdebrief an die Gräfin Ermesinde von Luxemburg spricht die Isenburger Partei 1242 davon, daß die Stadt selbst der einzige sichere Aufenthaltsort für sie sei, während im Umland nur Feindseligkeiten zu erwarten seien[460]. Dies deutet darauf hin, daß zumindest zum Zeitpunkt dieses Schreibens sich Trier fest in der Hand der einen Partei befand, wie ja auch berichtet wird, daß die Gegner aus der Stadt flohen. Sicher war auch die vorherige Position der Isenburgischen nicht ohne Unterstützung eines Teils der Bürger möglich. *Kentenich* weist auf die Zerstörung des Kaiserpalastes an der Ostallee durch wohl auf seiten Arnolds stehende Bürger hin, die den Feind daran hindern sollte, den Bau zu besetzen[461]. Es kann also gewiß nicht von einer geschlossenen Haltung der Trierer gesprochen werden; das Rittergeschlecht von der Brücke dürfte auch wohl kaum die ungeteilte Sympathie aller Stadtbewohner besessen haben[462]. Innerstädtische Rivalitäten könnten für die unterschiedliche Position von Stadtministerialität und weiteren Einwohnern in der Auseinandersetzung um die Besetzung des Erzbischofsstuhls von Bedeutung gewesen sein. Darüber hinaus war die Haltung der Bürgerschaft in den Auseinandersetzungen von 1242 wohl phasenweise unterschiedlich und nicht zuletzt von

---

456 Vgl. neben der vor. Anm. genannte Lit. auch *Schulz*, Ministerialität Trier, S. 64, 91.
457 MGHSS XXIV (Gesta Treverorum), S. 406.
458 Vgl. auch *Aldinger*, Erhebung, S. 29.
459 MRUB 3 Nr. 751; zu weiteren Belegen vgl. die Ausführungen zum Königtum Anm. 33.
460 *Aldinger*, Erhebung, S. 36; *Bastgen*, Beschwerdeschrift, S. 83. Der Brief ist aber wohl auf die Zeit nach dem Friedensschluß vom 1. Oktober zu datieren (ebda.). Von daher liegt es auf der Hand, daß die Stadt im Besitz der siegreichen isenburgischen Partei war.
461 Vgl. Thomae Cantipratani Miraculorum, et exemplorum memorabilium sui temporis libri duo, Douai 1605, S. 487; *Kentenich*, Geschichte Trier, S. 159.
462 Ebda., S. 162.

153

der jeweiligen militärischen Lage abhängig. Der Sieg der isenburgischen Partei scheint Einfluß auf die Machtverhältnisse in der Stadt gehabt zu haben. Das Geschlecht derer von der Brücke, das nach den Gesta Treverorum im Jahre 1248 beim Mauerbau bewußt aus dem Stadtgebiet ausgeklammert wurde[463], spielte jedenfalls fortan in Trier eine geringere Rolle und verschwand auch aus dem Domkapitel[464].

Bei den Auseinandersetzungen zur Zeit Heinrichs von Finstingen hat es in der Stadt offenbar wie auch im Kapitel[465] zwei Parteien gegeben. Zu den Anhängern des Erzbischofs zählte nach dem Bericht des Verfassers der Gesta Henrici der vom Ministerialengeschlecht von der Brücke abstammende Johann Wolf, der auch zu Geschlechtern der Eifel und Luxemburgs Beziehungen unterhielt[466]. Heinrich von Finstingen konnte in seinen Streitigkeiten gerade auf die Unterstützung von Adeligen aus diesem Raum zählen[466a]. Aus der Überlieferung der Auseinandersetzungen geht aber weiter hervor, daß ein größerer Teil der Bürgerschaft die von St. Matthias durch die Anhänger des Erzbischofs vertriebenen Mönche unterstützt hat[467]. Angeblich baten diese den Dompropst, den Bruder des vertriebenen Abtes, und die übrigen Prälaten um Hilfe, die alle weiteren Prälaten der stadttrierischen Kirchen und alle Schöffen und Bürger zusammengerufen und über die Vorfälle berichtet hätten. Daraufhin habe ein großer Teil der Bürger voll Mitleid und Zorn zu den Waffen gegriffen, um die Eindringlinge aus dem Kloster zu vertreiben. Einige Bürger, die die Partei des Erwählten begünstigten, hätten jedoch den Zorn des Volkes eine Zeitlang beschwichtigt, so

---

463 Vgl. *Schulz,* Ministerialität Trier, S. 57.
464 Vgl. ebda. und Personenliste.
465 Anhänger des Finstingers im Kapitel waren neben Domdekan Wirich von Rodenmacher und Archidiakon Arnold von Schleiden (MGHSS XXIV, S. 415) noch Werner von Montabaur (vgl. auch MRR 3 Nr. 1811 u. 2228) und der Offizial und Dekan von St. Kastor/ Koblenz, Johann Gileti (MGHSS XXIV, S. 426, 435, 437 u. 440; vgl. ferner MRR 3 Nr. 1971 u. 2005) sowie anscheinend Archidiakon Dietrich von Blankenheim (MGHSS XXIV, S. 454). Gegner Heinrichs waren Propst Simon von Warsberg (MGHSS XXIV, S. 420 f., 433 f.), Boemund von Warsberg (*Hontheim,* Historia 1, S. 774: „capitalis inimicus"), wohl Heinrich von Bolanden (MRR 3 Nr. 1722, 1725, 1761; MGHSS XXIV, S. 453 f.), nicht auf seiner Seite wohl auch Domcantor Johann von Weiler (MGHSS XXIV, S. 424; MRR 3 Nr. 1886, 1890, 1923, 2809), Theobald vom Turm (MGHSS XXIV, S. 435 f.; MRR 3 Nr. 1971), Wilhelm v. Davels der ältere (MGHSS XXIV, S. 421 u. 423; MRR 3 Nr. 2265 für Beziehung zu den Warsbergern), möglicherweise auch der jüngere und Reiner von Davels (MGHSS XXIV S. 423). Hierzu auch *Hontheim,* Historia 1, S. 751 ff.
466 MGHSS XXIV (Gesta Treverorum), S. 452. Er soll nach dem Verfasser zur Strafe später erblindet sein. Zu den Beziehungen der Familie Wolf zu Eifel und Luxemburg vgl. *Schulz,* Ministerialität Trier, S. 111 f.
466a Vgl. S. 46.
467 Vgl. MGHSS (Gesta Treverorum), S. 421 f., 433 f. Berichtet wird auch die mutige Antwort eines Schöffen gegenüber dem EB (vgl. *Kentenich,* Geschichte Trier, S. 197).

daß die Übeltäter hätten fliehen können. Der Bericht des sicher nicht auf der Seite des Erzbischofs stehenden Schreibers, selbst Mönch von St. Matthias[468], zeigt die gespaltene Haltung der städtischen Kreise zur Genüge auf. Erneut wird hieran deutlich, daß von einem Gegensatz zwischen „Bürgerschaft" und „Domkapitel" nicht gesprochen werden kann, sondern durchaus unterschiedliche Interessenlagen auch innerhalb beider Personengruppen vorhanden waren und teilweise eine Zusammenarbeit gegen Dritte gegeben war.

Bei den Streitigkeiten zwischen dem Erzbischof, der Geistlichkeit und dem Grafen von Luxemburg im Jahre 1285 waren wohl die Bürger mitbetroffen, als der Luxemburger die Mosel gesperrt und den Transport behindert hatte, vielleicht auch mit der Absicht, den Trierer Handel zu kontrollieren[469]. Inwieweit sich die städtischen Kreise aber mit dem Klerus solidarisierten, läßt sich nicht feststellen. Zu Beginn des 14. Jahrhunderts nach der Providierung Diethers von Nassau kam es zu einer auch quellenmäßig faßbaren Opposition im Kapitel gegen den oktroyierten Erzbischof, städtische Auseinandersetzungen, an denen auch Adelige des Umlandes beteiligt waren, führten zur Einrichtung einer Ratsverfassung[470]. Hinweise auf Zusammenarbeit zwischen den Opponentengruppen in Stadt und Domkapitel fehlen allerdings.

Im Zusammenhang mit Bistumsbesetzung und erzbischöflicher Politik treten in der Folgezeit zunächst keine ähnlichen Krisen auf. Die Stiftsfehde in den dreißiger Jahren des 15. Jahrhunderts zeigt dann aber erneut deutlich, wie differenziert und wechselnd das politische Verhalten von Stadt und Kapitel in besonderen Situationen sein konnte. Nach anfänglicher Unterstützung des Manderscheiders durch die städtische Führung kam es 1432, wie auch das Bündnis des Gegenkandidaten mit dem Grafen von Sponheim erkennen läßt, zu einer Entscheidung in der Bürgerschaft zugunsten Rabans[471]. Im selben Jahr war in der Stadt eine Veränderung vor sich gegangen und eine Entmachtung der Schöffen zugunsten des Rates erfolgt. Dies deutet auf eine Parteiung hin, bei der die neue, aus den

---

468 Vgl. *Casper*, Heinrich II. von Trier, S. 83–86.
469 Vgl. hierzu auch *Goedert*, Formation territoriale, S. 86.
470 Zu berücksichtigen ist vor allem der reichsgeschichtliche Hintergrund, der Versuch König Albrechts, die Opposition der geistlichen Kurfürsten niederzuwerfen, wozu auch der neuernannte Trierer Erzbischof aus dem Hause Nassau zählte. Über die Parteibildung im Kapitel läßt sich leider kaum etwas aussagen, jedoch dürfte Diether auch Anhänger besessen haben, dies waren vielleicht Arnold von Ulmen und Archidiakon Heinrich von Pfaffendorf, die jedenfalls später als seine Testamentsexekutoren erscheinen (*Goerz*, Regesten, S. 64; *Günther*, Cod. dipl. 3,1 Nr. 29). Zur Opposition gegen Diether vgl. vor allem *Sauerland*, Dieter von Nassau. In der Stadt standen den alten Schöffengeschlechtern wie Bonifaz/Praudom und Oeren/Scholer/Tristand nachrückende Familien entgegen, die eine Beteiligung an der Stadtherrschaft erreichen wollten. Hierzu *Volker Turnau*, Stadt-Land-Beziehungen. Exogene Faktoren des Zusammenhangs von „Bürgerunruhen" im Mittelalter zu Beginn des 14. Jahrhunderts, Wiss. Hausarbeit Trier 1977.
471 Vgl. *Laufner*, Manderscheidsche Fehde, S. 49–51.

Zünften stammende Führungsschicht mehr dem Speyerer zuneigte[472]. Der Umschwung im Domkapitel und anderen geistlichen Institutionen war wohl nicht zuletzt von der städtischen Haltung beeinflußt[473]. Die Kapitelsmehrheit verließ wenig später als die Stadt die Partei des Manderscheiders[474]. Eine keineswegs einmütige Haltung der Bürger gab es auch bei den bereits geschilderten Gegensätzen zwischen dem Erzbischof Jakob von Sierck, der Majorität des Kapitels und einigen opponierenden Domherren. Die von ihren Pfründen suspendierten Kanoniker haben anscheinend unter den Stadtbewohnern Unterstützung gefunden, aber auch die Gegenseite mit der Kapitelsmehrheit wandte sich mit Erfolg an die Bürger[475].

Insgesamt scheinen politische Ereignisse und Krisen, an denen auch andere Mächte beteiligt waren, mehrfach zu einem Aufbrechen von vorhandenen Gegensätzen innerhalb von Stadt und Domkapitel geführt zu haben, wodurch keine geschlossene Parteinahme für die eine oder andere Seite, sondern eine Polarisierung im eigenen Bereich erfolgte. Von daher ergibt sich für das Verhältnis von Stadt und Kapitel in solchen Situationen sowohl Zusammenarbeit wie auch Gegnerschaft, je nach Zugehörigkeit der Einzelpersonen zu bestimmten Parteien. Setzte sich eine bisher unterrepräsentierte Partei bei den internen Machtkämpfen durch, konnte daraus eine Neuorientierung oder Neuabklärung der Beziehungen zu anderen Herrschaftsträgern erfolgen, die nunmehr möglicherweise zu Konflikten mit diesen führte.

6. Zusammenfassung

Die Beziehungen von Stadt und Domkapitel waren in verschiedenen Bereichen nicht zuletzt auf Grund der räumlichen Nähe besonders intensiv.

Personell wurde zwar durch die Abschließung des Kapitels gegen die Bürger eine gewisse Distanz erreicht, durch Verwandtschaftsbeziehungen der städtischen Oberschicht zu auch im Kapitel vertretenen Adelsfamilien, Zugehörigkeit zur Domministerialität, zum niederen Klerus an Dom und Liebfrauen wie auch die Präsenz in anderen geistlichen Institutionen der Stadt waren aber weiter Bindungen gegeben.

Zu Zusammenstößen kam es durch die besondere Rechtsstellung der Domgeistlichkeit, die mit den Interessen der Bürger kollidierte. Dabei konnten diese teilweise ihre Position verbessern und insbesondere auf wirtschaftlichem Gebiet die Bevorteilung des Klerus einschränken.

---

472 Vgl. *Kentenich*, Geschichte Trier, S. 248–250.
473 Vgl. auch *Heit*, St. Maximin, S. 148; ferner unten zu den geistlichen Institutionen, S. 353.
474 Vgl. *Meuthen*, Trierer Schisma, S. 150.
475 Vgl. BATR Abt. 40,2 Nr. 4 S. 14; bes. LHAKO Abt. 1 D Nr. 1123 u. 3610 sowie 1091–1093; *Lager*, Jakob von Sirk, TA 5 (1900), S. 6–9 u. die Ausführungen zu den religiösen Beziehungen von Stadt u. Kapitel sowie zum EB, S. 136 u. 253 f.

Dieser verfügte über eine bedeutende ökonomische Grundlage, sein Besitz in Stadt und Suburbien war recht beträchtlich. Die Domgeistlichkeit besaß eine Reihe von Häusern sowie zumeist zum Weinbau genutzte Grundstücke und konnte hier zum Teil ihre Basis erweitern. Ferner erhielt sie eine Reihe von Geld- und Naturalabgaben, die sie durch Ewigzinskäufe und durch Verpachtungen von Besitz vergrößern konnte, wobei um die Mitte des 14. Jahrhunderts Veränderungen eingetreten zu sein scheinen.

Im religiösen Bereich bewirkte die Rolle des Doms als zentrale Kirche der Stadt und des Erzstifts ein Interesse der Bürger, das sich bei besonderen Gelegenheiten, aber kaum zahlenmäßig etwa im Hinblick auf die Beteiligung bei gottesdienstlichen Veranstaltungen fassen läßt. Bürgerliche Stiftungen sind verschiedentlich erfolgt, in der ersten Hälfte des 14. Jahrhunderts vor allem durch Personen, die nicht zur alten Führungsschicht, sondern zu den nachrückenden Familien zählten. Das Verhältnis von Stadt und Domgeistlichkeit war nicht zuletzt durch exogene Faktoren beeinflußt. In bestimmten politischen Situationen lassen sich unterschiedliche Gruppierungen in der Stadt wie auch im Kapitel erkennen, die zu Mächtekonstellationen in Beziehung gesetzt werden können.

B. Domklerus und geistliche Herrschaftsträger und Institutionen

I. Papst und Kurie

1. Bistumsbesetzung

Die Diskussion über dieses Thema ist in jüngerer Zeit durch die Arbeit von *Klaus Ganzer* in Gang gekommen. *Ganzer* betrachtet die Entwicklung des päpstlichen Einflusses auf die Bistumsbesetzung bis zur Zeit von Bonifaz VIII. und stellt dabei im 13. Jahrhundert eine deutliche Zunahme päpstlicher Eingriffe fest, die sich zu einem größeren Teil nicht durch kanonisches Recht[1], sondern durch eine von den Päpsten propagierte „plenitudo potestatis" begründen lassen. Von daher sieht er eine zunehmende Konzentrierung der Kirchengewalt in den Händen des Papsttums gegeben, das zu diesem Zweck das Wahlrecht der Kapitel bewußt außer Kraft gesetzt habe[2]. Als Beweggründe gibt er ferner allgemein finanzielle und politische Motive an[3]. Gegen die Auffassung *Ganzers* hat vor allem *Ernst Pitz* Bedenken vorgebracht[4]. Er will das Recht der Bistumsbesetzung nicht aus „theologisch-ideologischen Debatten" der Zeit, „sondern nur aus dem Machtgegensatz zwischen Papst und Partikularmächten"[5] abgeleitet wissen. Im politischen Alltag sei wenig von der „plenitudo potestatis" übriggeblieben, von einer bewußten päpstlichen Personalpolitik könne nicht die Rede sein. Vielmehr kam dem Papst seiner Meinung nach die von Petenten initiierte Prüfung von Angelegenheiten unter rechtlichen Gesichtspunkten zu[6]; der Papst war von solcher politischer Machtlosigkeit, daß seine „Urteile von den Mächtigen nicht nur nach Belieben erwirkt, sondern auch verwertet wurden, ohne daß der Aussteller nennenswerten Einfluß auf die Realisierung seines Willens nehmen konnte"[7]. Schließlich hat sich *Dieter Brosius* mit der Frage des päpstlichen Einflusses auf Bistumsbesetzungen für das 15. Jahrhundert beschäftigt und mit den von *Ganzer* und *Pitz* aufgeworfenen Problemen auseinandergesetzt. Der in starkem Maße von dessen Reskripttheorie[8] bestimmten

---

1 Vgl. hierzu vor allem auch *J. U. Godehard Ebers*, Das Devolutionsrecht vornehmlich nach katholischem Kirchenrecht (Kirchenrechtliche Abhandlungen, H. 37 u. 38), Stuttgart 1906; zu päpstlichen Eingriffen auch Anm. 121.
2 Vgl. *Ganzer,* Papsttum, S. 69 u. 90.
3 Vgl. ebda., S. 77–82.
4 Vgl. *Pitz,* Plenitudo potestatis.
5 Ebda., S. 453.
6 Vgl. ebda., S. 457.
7 Vgl. ebda., S. 459. Einer bewußten Personalpolitik aus Rom stand auch fehlende Sachkenntnis in regionalen Verhältnissen entgegen; deshalb wurden Rechtsfragen geklärt, Sachfragen aber an delegierte Richter oder ordentliche Instanzen auf lokaler Ebene überwiesen (S. 460).
8 *Ernst Pitz,* Papstreskript und Kaiserreskript im Mittelalter (Bibliothek des Deutschen Historischen Instituts in Rom, Bd. XXXVI), Tübingen 1971, bes. S. 75–81. Eingang gefun-

Ansicht von *Pitz* gibt er insoweit recht, als in der Tat selten eine ohne äußeren Einfluß ausgelöste Eigeninitiative der Kurie festzustellen ist oder eine hinter dem Eingreifen stehende kuriale Politik faßbar wird[9]. Bei seiner Untersuchung einiger ausgewählter Fälle kommt *Brosius* zu dem Ergebnis, daß allerdings sehr wohl bisweilen politische Überlegungen mitspielten, daß der politische Kampf auch mit juristischen Waffen ausgetragen wurde und daß die „Prüfung der Wahl wegen ihrer Manipulierbarkeit für die Kurie das geeignetste Mittel war, politisch unliebsame Elekten nicht zum Zuge kommen zu lassen"[10]. Vor diesem Hintergrund soll im folgenden die Entwicklung bei den Trierer Bistumsbesetzungen im Untersuchungszeitraum skizziert werden, wobei freilich das – zumeist bekannte – Material nur Spekulationen über mögliche politische Motive des Papstes erlaubt. Dem Verhältnis zum Trierer Domkapitel und zu dessen Beteiligung bei der Wahl muß im Rahmen des Themas besonderes Gewicht zukommen[11].

Zur Zeit der Trierer Doppelwahl von 1242 war der päpstliche Stuhl gerade vakant. Nach dem nur zweiwöchigen Pontifikat des greisen Coelestin IV. kam erst am 25. Juni 1243 nach langem Drängen des Kaisers wieder eine neue Wahl zustande, aus der der Genueser Sinibald Fieschi, Innozenz IV., hervorging[12]. Eine Reaktion auf die Streitigkeiten in Trier, wo sich Arnold von Isenburg und der von den Staufern geförderte Rudolf von der Brücke gegenüberstanden, konnte auf Grund dieser Entwicklung aus Rom zunächst nicht erfolgen. Obwohl Rudolf Anfang Oktober 1242 den Rücktritt erklärte und sich mit der Dompropstei und 1000 Pfund abfinden ließ[13], wurde aber von seiner Partei wie auch den Anhängern

---

den hat die Auffassung auch in das Buch von *Ernst Pitz,* Supplikensignatur und Briefexpedition an der römischen Kurie im Pontifikat Papst Calixts III. (Bibliothek des Deutschen Historischen Instituts in Rom, Bd. XLII), Tübingen 1972 (vgl. etwa dort S. 3). Eine komprimierte Darstellung seiner Überlegungen und eine Auseinandersetzung mit der an ihnen geübten Kritik bringt Pitz in seinem Beitrag: Die römische Kurie als Thema der vergleichenden Sozialgeschichte, in: QFIAB 58 (1978), S. 216–359. Die Wertung der Rolle des Papstes als Aussteller von Urkunden scheint ihm ein quantitatives Problem zu sein, die Fälle, in denen der Papst kein besonderes Interesse hatte, überwiegen seiner Meinung nach. Von einer völligen Passivität des Papstes könne jedoch selbstverständlich nicht die Rede sein.

9   Vgl. *Brosius,* Päpstlicher Einfluß, S. 202.
10 Ebda., S. 222. Wenn die Päpste lediglich an sie gerichtete Bitten gewährten, ist auch häufig nur ein einziger Bewerber vorhanden oder ein Interesse der Kurie nicht gegeben (S. 227). In den sie stärker betreffenden politischen Fällen war ihr Vorgehen allerdings meist so, daß sie abwartete, bis eine Bitte zum Eingreifen an sie herangetragen wurde, und dann in ihrem Sinne entschied (S. 228). Zur Auseinandersetzung von Brosius mit Pitz vgl. auch *Dieter Brosius,* Die Rolle der römischen Kurie im Lüneburger Prälatenkrieg (1449–1462), in: Niedersächs. Jb. 48 (1976), S. 107–134.
11 Die Ausschaltung der Laien und des Sekundarklerus bis zum beginnenden 13. Jahrhundert war von Rom begünstigt worden; vgl. *Ganzer,* Papsttum, S. 91., *ders.,* Bischofswahl. Zur dann einsetzenden zunehmenden Ausbildung eines päpstlichen Reservations- und Provisionswesens *ders.,* Papsttum, bes. S. 52–76.
12 Vgl. *Haller,* Papsttum 4, S. 122–125.
13 MRUB 3 Nr. 755; *Aldinger,* Erhebung, S. 29.

Arnolds durch an die Kurie gesandte Prokuratoren eine Untersuchung gefordert. Daß sich Innozenz IV. damit nicht allzusehr beeilte, mag auch an der abwartenden Haltung gelegen haben, die er zunächst einnahm[14]. Am 3. Dezember 1243 betraute er dann den Abt von Froidmont und zwei Geistliche von Beauvais mit der Prüfung der Angelegenheit[15]. Während des schwebenden Verfahrens verschlechterte sich sein Verhältnis zu Friedrich II. Der Papst war gezwungen, nach Genua und dann Lyon zu fliehen. Hier fiel die Entscheidung zugunsten Arnolds, nachdem jedoch zuvor die Wähler des inzwischen verstorbenen Rudolf selbst um seine Bestätigung gebeten hatten und der Papst eine erneute Untersuchung des Wahlvorgangs durch die Erzbischöfe von Mainz und Köln und den Abt von Himmerod angeordnet hatte[16].

Daß Innozenz nicht nur an einer endgültigen Erledigung der Streitigkeiten, sondern, wohl im Hinblick auf die Staufer, an einem guten Verhältnis zu dem Erwählten gelegen war, kann aus seinen Gnadenerweisen vermutet werden. Arnold erhielt angeblich das Pallium umsonst. Wegen seiner mißlichen finanziellen Umstände durfte er auch die Benefizien behalten, die er bei seiner Wahl innegehabt hatte[17], wogegen sich später bei Auseinandersetzungen die Stifte wandten[18]. Eine Befreiung von Sentenzen und Dispens von etwaiger Irregularität wurden verliehen[19]. Auch seine Anhänger, die Archidiakone Simon von Warsberg und Heinrich von Bolanden sowie sein Unterhändler Abt Heinrich von St. Maximin, erhielten päpstliche Gnaden[20]. *Aldinger* wertet den Ausgang der Wahlangelegenheit als einen Erfolg des kirchlichen Oberhauptes, da „die kanonischen Bestimmungen und die Rechte des Papsttums vollkommen gewahrt worden" seien, ein „glänzender Parteisieg errungen" und das „staufische Königtum an Recht und Macht beeinträchtigt worden" sei[21].

Zweifellos war Arnold von Isenburg ein dem Papst genehmer Kandidat. Auf der anderen Seite war jedoch bis zum Eingreifen von Innozenz IV. die Angelegenheit schon so weit entwickelt, daß eine Entscheidung gegen den Isenburger kaum in Frage gekommen wäre. Politische Interessen, rechtliche Möglichkeiten sowie eine bereits durch die Vorgänge in Trier gegebene Vorentscheidung trafen hier für den Papst günstig zusammen[22]. Während der Regierungszeit Arnolds kam es aller-

---

14 Vgl. auch ebda., S. 31.
15 MGH Epp. saec. XIII, 2 Nr. 41; RI V, 2 Nr. 7427.
16 Vgl. *Aldinger*, Erhebung, S. 32 f. u. MGH Epp. saec. XIII, 2 Nr. 85.
17 Ebda., Nr. 117; *Berger*, Reg. Innocent IV, Nr. 1250 f.; MGHSS XXIV (Gesta Treverorum), S. 407 f., vgl. *Aldinger*, Erhebung, S. 33.
18 Siehe ferner unten zum EB, S. 284 f.
19 *Berger*, Reg. Innocent IV, Nr. 1228 ff.
20 Ebda., Nr. 1241 (allerdings auf Supplik des Mainzer Erzbischofs) u. 1266 u. MRUB 3 Nr. 824.
21 *Aldinger*, Erhebung, S. 34.
22 Zum Verhalten des Papstes allgemein bei Bischofswahlen in dieser Zeit vgl. *Ganzer*, Papsttum, S. 137–224 (für Innozenz), bes. S. 160 (für Arnold von Isenburg). Der Hintergrund der Auseinandersetzungen mit den Staufern zeigt sich auch an Maßnahmen wie Verboten von Bischofswahlen in staufischen Gebieten.

dings vorübergehend zu einer solchen Verschlechterung in den Beziehungen zu Innozenz, daß dieser seinen Legaten beauftragte, dem Domkapitel eine Neuwahl oder die Annahme eines vom Papst providierten neuen Erzbischofs anheimzustellen. Die Differenzen wurden aber schließlich beigelegt[23].

Bei der Wahl nach Arnolds Tod im Jahre 1259 wandten sich die beiden Kandidaten, Heinrich von Bolanden und Arnold von Schleiden, an den Heiligen Stuhl, um dort die Entscheidung herbeizuführen. Hingewiesen sei in diesem Zusammenhang darauf, daß Alexander IV. 1257 ausdrücklich die Fragen, die die Besetzung von Bistümern betrafen, zu den ,,causae maiores" gezählt und damit seiner Entscheidung vorbehalten hatte[24]. In diesem Falle kam bekanntlich keiner der vom Domkapitel vorgesehenen Bewerber zum Zuge, sondern eine dritte Person, Heinrich von Finstingen. Er hatte es nach dem Bericht der Gesta Treverorum geschickt verstanden, Heinrich von Bolanden und die Prokuratoren des Arnold von Schleiden auszuhorchen und den Tatbestand vor ihm gewogenen Kardinälen zu seinen Gunsten so darzustellen, daß die Erhebung der beiden Gewählten hintertrieben wurde und er selbst schließlich durch den Einfluß seiner Gönner als Erwählter hervorging[25]. Der Heinrich nicht gerade wohlgesinnte Verfasser der Gesta stellt die Erhebung Heinrichs also vor allem als Ergebnis eines durch ihn geführten Ränkespiels dar, nennt jedoch auch finanzielle Erwägungen als Motiv des Papstes, zum erstenmal für Trier eine Provision vorzunehmen[26]. Gerade um die Mitte des 13.

---

23 Anlaß für das Schreiben des Papstes (von 1252 XII 12) war ein Zwischenfall, der sich bei der Durchfahrt des von Innozenz unterstützten Königs Wilhelm von Holland in Koblenz ereignet hatte. Hier hatten ,,scultetus, milites et homines castri de Confluentia" die Schiffe der Vorbeifahrenden mit Zollforderungen angehalten und an der Weiterfahrt gehindert, nach den Gesta Treverorum aber in Unkenntnis der Anwesenheit des Königs. Es kam zu Tätlichkeiten, bei denen verschiedene, z. T. auch als Kreuzfahrer bezeichnete Leute aus dem Gefolge Wilhelms getötet oder aber sehr schwer verwundet wurden, z. T. auch im Rhein ertranken. Der Papst war der Meinung, daß dies auf Veranlassung Arnolds geschehen sei und wollte diesen hierfür zur Verantwortung ziehen, während die Gesta ausdrücklich auf die Abwesenheit des Erzbischofs und die Tatsache hinweisen, daß dieser den Vorfall sehr bedauert habe. In Köln traten angeblich der Legat, Erzbischof Konrad und verschiedene Prioren und Bürger für ihn ein, so daß sich der König gezwungenermaßen mit ihm aussöhnte. Seit dem Vorfall ist Arnold aber nicht mehr wie früher in der Umgebung Wilhelms zu finden. Daß Innozenz ihm im Folgejahr wieder recht wohlgesinnt war, geht daraus hervor, daß er ihm die Einkünfte der in den nächsten drei Jahren vakant werdenden Pfründen für ein Jahr überließ und ferner die von ihm vor seiner Erhebung besessenen kirchlichen Benefizien bis auf weiteres zu behalten gestattete (1253 VII 12). Vgl. zu den vorherigen Ausführungen MGHSS XXIV, S. 412; MGH Epp. saec. XIII, 3, Nr. 175 u. 220; RI V,1 Nr. 5127 a u. b u. V,2 Nr. 8552 f. Vgl. ferner *Otto Hintze*, Das Königtum Wilhelms von Holland (Historische Studien, H. 15), Leipzig 1885, S. 62 u. 76.
24 Vgl. *Ganzer,* Papsttum, S. 28 f.
25 Vgl. *Casper,* Heinrich II., S. 12–15, MGHSS XXIV (Gesta Treverorum), S. 414 f.
26 Vgl. ebda., S. 415.

Jahrhunderts erfolgte auch eine feste Regelung der Servitienzahlungen[27]. Zu den Verbindlichkeiten für die Erlangung des Palliums kam bei Heinrich von Finstingen noch die von ihm übernommene Verpflichtung, die in Rom entstandenen Unkosten nicht nur für sich, sondern auch für seine Rivalen zu decken. Er mußte eine Anleihe von 1000 Mark Silber bei Bankiers der Kurie aufnehmen, die jedoch für das Pallium nicht ausreichten[28].

Daß der Papst auf die ihm zustehenden Zahlungen Wert legte, geht unter anderem daraus hervor, daß er Heinrich der Trierer Kirche nur als Elekt übersandte und ihm die volle Anerkennung bis zur Zahlung seiner Schulden vorenthielt[29]. Zu fragen bleibt, inwieweit nicht die beiden vom Domkapitel gewählten Kandidaten ebenfalls zu finanziellem Entgegenkommen bereit gewesen wären. Ob reichspolitische Überlegungen für die Entscheidung des Papstes in Erwägung gezogen werden können, erscheint äußerst zweifelhaft. Alexanders Haltung im deutschen Thronstreit war keineswegs eindeutig; er begünstigte allerdings wohl in der entsprechenden Zeit den englischen Bewerber[30]. Heinrich von Finstingen schloß sich zwar ebenfalls Richard an, dies gilt aber auch wohl für Arnold von Schleiden[31]. Als Zeichen für ein weniger starkes politisches Interesse des Papstes an Bischofswahlen in Deutschland könnte es gedeutet werden, daß Alexander IV. nach *Ganzer* im Gegensatz zu seinem Vorgänger keine Wahleinschränkungen aus politischen Gründen vornahm[32]. Inwieweit die Wahl Heinrichs durch hinter ihm stehende politische Mächte beim Papst und den Kardinälen betrieben wurde, ist kaum zu sagen. So fällt eine Wertung der päpstlichen Haltung schwer. Die persönlichen Beziehungen von Heinrich von Finstingen nach Rom, die sich auch in seinem schon früh bezeugten Titel als päpstlicher Kaplan[33] ausdrücken, dürften von großem Gewicht gewesen sein.

---

27 Vgl. speziell *Sauerland*, Trierische Taxen, S. 79–81; allg.: *M. Tangl*, Das Taxwesen der päpstlichen Kanzlei vom 13. bis zur Mitte des 15. Jahrhunderts, in: MIÖG 13 (1892), S. 1–106, bes. S. 3–18; *Johann Peter Kirsch*, Die Finanzverwaltung des Kardinalkollegiums im XIII. und XIV. Jahrhundert (Kirchengeschichtliche Studien, 2. Bd., 4. H.), Münster 1895, bes. S. 5–51; *Adolf Gottlob*, Die Servitientaxe im 13. Jahrhundert. Eine Studie zur Geschichte des päpstlichen Gebührenwesens (Kirchenrechtliche Abhandlungen, H. 2), Stuttgart 1903. Für eine durch die Forderungen Roms gereizte Stimmung bringt *Casper* Beispiele (Heinrich II., S. 24).
28 Vgl. ebda., S. 25–27 mit Belegen. Das Domkapitel befreite der Papst freilich von aller Haftpflicht deswegen (MRR 3 Nr. 1636 u. 1648).
29 Vgl. ebda., S. 27 f.; MGHSS XXIV (Gesta Treverorum), S. 459; MRR 3 Nr. 1758. Heinrich nahm auch eine neue Anleihe auf. Zu seinen Schulden *Hontheim*, Historia 1, S, 759 ff. Der Papst gestattete ihm zu deren Deckung für fünf Jahre die Einkünfte des ersten Jahres aus vakanten Pfründen (MRR 3 Nr. 1635 v. 1260 VIII 20).
30 Zur Haltung des Papstes im Thronstreit vgl. oben zum Königtum, S. 23.
31 Vgl. zu Territorialherren u. Adel, Anm. 42.
32 Vgl. *Ganzer*, Papsttum, S. 227.
33 *Berger*, Reg. Innocent IV, Nr. 4774; VR Metzer Kirche Nr. 74.

Die Situation nach Heinrichs Tod im Jahre 1286 und die anschließende zwiespältige Bischofswahl gaben dem Papst erneut Gelegenheit, auf die Besetzung des Trierer Erzbischofsstuhls Einfluß zu nehmen. Die beiden gewählten Kandidaten Boemund und Ebert eilten zwecks Bestätigung nach Rom, wo Honorius IV. jedoch am 3. April 1287 starb, bevor eine Entscheidung herbeigeführt war. Die längere Vakanz war erst mit der Thronbesteigung von Nikolaus IV. 1288 beendet, der die Trierer Angelegenheit zugunsten Boemunds entschied[34]. Gerhard von Eppstein, der auf den Tod Eberts in einer weiteren, vom Kardinalkollegium gestatteten Wahl[35] von einer Minderheit des Kapitels vorgesehen worden war, erhielt das Erzbistum Mainz. Der neue Papst hatte damit anders als bei der Erhebung Heinrichs sein Vorgänger sich für einen der vom Kapitel gewählten Kandidaten erklärt und dem anderen eine gleichwertige Position verliehen. Die Gesta Treverorum berichten, daß das kirchliche Oberhaupt Boemunds hervorragende Fähigkeiten, Herkunft, Weisheit und Rednergabe, seinen edlen Charakter und seine Umsicht in geistlichen und weltlichen Dingen erkannt habe und auch empfehlende Schreiben aller Prälaten aus den Diözesen Trier, Metz, Toul und Verdun sowie von seiten der Stadt Trier für ihn eingelaufen seien[36]. Sicherlich ist diese topoibehaftete mittelalterliche Überlieferung als Erklärung für das päpstliche Verhalten nicht ausreichend. Immerhin deuten jedoch die erwähnten Schreiben darauf hin, daß Boemund von verschiedenen Kräften unterstützt wurde. Auf reichspolitische Zusammenhänge wurde bereits eingegangen. Der Papst hat in jedem Falle Boemunds Erhebung auch finanziell zu nutzen gesucht[37].

Eine besondere Situation war bei der Provision Diethers von Nassau im Jahre 1300 gegeben. Bereits vor der Wahl des Kapitels nach dem Tod Boemunds hatte Bonifaz VIII. für die Erzbistümer Mainz, Trier und Köln das Besetzungsrecht beansprucht und zwei Wochen später den Dominikanermönch für Trier ernannt, angeblich um eine längere Sedisvakanz zu vermeiden[38]. Ein auch nach zeitgenössischer Auffassung entscheidender Beweggrund ist jedoch der Gegensatz zwischen dem Papst und Albrecht von Habsburg gewesen[39]. Die Ernennung des Bruders von Adolf von Nassau, der durch den Habsburger verdrängt worden war und im Kampf mit diesem sein Leben verloren hatte, war eindeutig ein politischer Akt. Es war ein Affront gegen Albrecht; das Verhalten Diethers, der sich der

---

34 Vgl. *Langlois,* Reg. Nicolas IV, Nr. 745–750. Hier ist auch davon die Rede, daß Gerhard die Wahlangelegenheit nicht ordnungsgemäß betrieben habe. Boemund hatte auf sein Recht in die Hände des Kardinals Matthaeus von S. Maria in Porticu verzichtet.
35 Vgl. MGHSS XXIV (Gesta Treverorum), S. 465.
36 Ebda., 466; *Zenz,* Taten der Trierer 4, S. 87 f.
37 Vgl. *Löhnert,* Personal- und Amtsdaten, S. 42; *Sauerland,* Trierische Taxen, S. 82.
38 VR 1 Nr. 79 f. v. 1300 I 4/15 u. 81 v. I 18; Reg. EB Köln 3 Nr. 3716; *Sauerland,* Dieter von Nassau, S. 2 f. u. 39 f., Beil. Nr. 4; *Werkenthin,* Rheinische Bischofswahlen, S. 72. Daß dies bei derartigen Provisionen eine häufig wiederkehrende Formel, aber für Trier keine leere Redensart sei, hat *Sauerland* betont (Dieter von Nassau, S. 3 f.).
39 Vgl. ebda., S. 4. Zu Albrecht I. u. Bonifaz vgl. auch oben zum Königtum. S. 24.

Opposition der rheinischen Kurfürsten anschloß, ist ein Beweis für seine antihabsburgische Haltung[40]. Das Vorgehen des Papstes kann weiterhin vor dem Hintergrund des englisch-französischen Gegensatzes gesehen werden. Mit Diether von Nassau wurde ein Mann zum Trierer Erzbischof ernannt, der wie sein Bruder Adolf und wie auch der vorherige Erzbischof Boemund eher England nahestand[41]. Das Verhältnis des Papstes war zu Frankreich keineswegs freundlich, wenn auch die entscheidenden Auseinandersetzungen erst nach der Neubesetzung des Trierer Erzbischofsstuhls stattfanden[42]. Bezeichnenderweise erfolgte die Reservierung der drei rheinischen Erzbistümer kurz nach dem deutsch-französischen Abkommen von Quatrevaux[43].

Sauerland vermutet einen Grund für das päpstliche Einschreiten noch „in den sittlichen und kirchlichen Zuständen der Trierer Diöcese und Kirchenprovinz"[44] und führt eine Reihe von Belegen für Mißstände auf[45]. Daß Bonifaz VIII. „ernstlich gewillt war, jenen Mißbräuchen in der Trierer Diöcese entgegenzutreten und ein Ende zu bereiten", und deshalb auf einen Mann zurückgegriffen habe, der aus hohem heimischen Adel stammte, aber als Mönch nicht reich bepfründet war und einem dem Papst ergebenen Orden angehörte[46], wird von ihm jedoch etwas zu sehr betont. In welch starkem Maße die politischen Motive bei der Besetzung der deutschen Bistümer in jener Zeit im Vordergrund standen, hat *Ilse Werkenthin* dargelegt[47]. Es ist auch nicht festzustellen, daß in anderen Bistümern als Trier, in denen ähnliche Verhältnisse herrschten, Persönlichkeiten bevorzugt worden wären, von denen in besonderem Maße eine Änderung von Mißständen zu erwarten war. Vielmehr ging es Bonifaz VIII. wohl in erster Linie darum, ihm feindliche weltliche Mächte mit den ihm zur Verfügung stehenden Mitteln – unter anderem auch der Reservation und der Translation – zurückzudrängen[48].

Bei der Erhebung Balduins von Luxemburg wird es – wie bereits erwähnt – auf die Fürsprache vor allem des Luxemburger Grafen und des französischen Königs

---

40 Zum Bund u. der Unterwerfung der Kurfürsten durch Albrecht ebda. Anm. 43; *Dominicus*, Erzstift Trier, S. 31 f.
41 Vgl. ebda., S. 17 u. 28 f.; zum Kräftespiel zur Zeit Adolfs u. Albrechts auch oben zum Königtum, S. 35.
42 Vgl. *Seppelt*, Geschichte der Päpste 4, S. 16–19, 25–27, 465–467; *Haller*, Papsttum 5, S. 113–118.
43 Vgl. hierzu oben zum Königtum Anm. 43.
44 *Sauerland*, Dieter von Nassau, S. 5.
45 Vgl. ebda., S. 5–18. So die Nichtbeachtung der Bestimmungen über Alter und Weihegrad u. die Benefizienpluralität.
46 Ebda., S. 18.
47 *Werkenthin*, Rheinische Bischofswahlen. Zu den drei unterschiedlichen Phasen in der Politik Bonifaz' VIII. vgl. die Zusammenfassung dort S. 126–128.
48 Vgl. ebda., S. 126.

zurückgeführt[49], daß der Papst nach der Postulation durch das Kapitel, die auf Grund des fehlenden Alters des Kandidaten notwendig war, diesen providierte[50]. Zu berücksichtigen ist, daß mit Clemens V. ein französischer Papst den Heiligen Stuhl innehatte, der in besonderem Maße von Philipp dem Schönen abhängig war und mit dem die avignonesische Zeit des Papsttums begann[51]. Von daher ist die Rolle des Papstes im Falle Balduins wohl im Sinne von *Pitz* als passiv einzustufen.

Nach der langen Regierungszeit des Luxemburgers war erst im Jahre 1354 wieder der Trierer Erzbischofsstuhl vakant. Clemens VI. hatte sich die Besetzung nach dem Tod Balduins vorbehalten[52]. Der vom Kapitel wohl wegen eines befürchteten päpstlichen Eingriffs rasch gewählte Boemund[53] war ein Kandidat, der seit langem sowohl in der Gunst der Luxemburger wie auch der Päpste stand und von daher auf Zustimmung hoffen konnte[54]. Innozenz VI. hatte auch trotz der Schwierigkeiten mit dem Kapitel wegen des Nachlasses von Balduin gegen die kanonisch ungültige Wahl nichts einzuwenden und bestätigte Boemund[55]. Dieser mußte ihm freilich finanziell entgegenkommen und 40 000 Goldgulden versprechen[56]. Daß der Papst dem neuen Erzbischof geneigt war, geht auch daraus hervor, daß er ihm zahlreiche Gunstbezeigungen zuteil werden ließ und unter anderem seine engsten Verwandten mit wichtigen Pfründen versah[57]. Sicher haben nicht zuletzt die recht guten Beziehungen zwischen Karl IV. und Innozenz dazu beigetragen, daß der Papst der Wahl Boemunds ohne weiteres zustimmte[58], für den sich der König verwandte[59].

Kuno von Falkenstein, den der greise Boemund zu seinem Koadjutor bestellte, besaß ebenfalls gute Kontakte zum Heiligen Stuhl[60]. Kuno hatte sich nach Ver-

---

49 Vgl. VR 1, S. IX; *Werkenthin*, Rheinische Bischofswahlen, S. 75 f.; *Hoernicke*, Besetzung Bistümer, S. 12; vgl. auch *Wampach*, UQB 7, Nr. 1139; *Mötsch*, Balduineen, S. 76.
50 VR 1 Nr. 223. Vorgeschrieben waren 30 Jahre (vgl. *Ganzer*, Papsttum, S. 18). Der Papst weihte Balduin persönlich in der Kathedrale von Poitiers.
51 Vgl. zu Clemens und Philipp auch *Georges Lizerand*, Clément V et Philip IV le Bel, Paris 1911; *Mollat*, Les papes d'Avignon, S. 27–37 mit Lit.
52 VR 3 Nr. 243 v. 1343 VII 26 u. Nr. 246. Von Innozenz VI. wurde der Vorbehalt am 6. 2. 1354 erneut ausgesprochen (VR 4 Nr. 90), am 3. hatte das Domkapitel bereits gewählt.
53 Zur Wahl vgl. *Salomon*, Akten; VR 4 S. LXXIII–LXXV; *Gruhler*, Boemund II., S. 8–11.
54 Vgl. *Gruhler*, Boemund II., S. 4–8; VR 4 S. XX–XXII u. LXXV. Boemund war auch bei seiner Wahl für Karl IV. unterwegs (*Salomon*, Akten, Nr. 7, S. 21). Vgl. auch oben zum Königtum.
55 Zur Entschuldigung des Kapitels führte er dabei an, daß dieses nichts von dem Vorbehalt gewußt habe, was zumindest für die frühere Reservation durch Clemens VI. wohl kaum der Wahrheit entsprach, aber eine bequeme Lösung darstellte. Vgl. *Gruhler*, Boemund II., S. 10, Anm. 2; VR 4 Nr. 122.
56 Vgl. *Sauerland*, Trierische Taxen, S. 90 f.; *Hoberg*, Einnahmen Innozenz VI., T. 2, S. 27. Vgl. ferner *Haverkamp*, Studien, S. 469–471.
57 Vgl. unten zum EB; VR 4 S. LXXV u. Nr. 131–138, 142, 146.
58 Vgl. *Scheffler*, Karl IV. u. Innozenz VI.; vgl. auch oben zum Königtum.
59 Vgl. VR 4 Nr. 147 v. 1354 V 19.
60 Vgl. VR 4 S. LXXVI–LXXIX.

waltung des Mainzer Erzstifts in den Jahren 1346 bis 1354 für den von Clemens VI. suspendierten Erzbischof Heinrich nach dessen Tod mit dem Kontrahenten, Erzbischof Gerlach, sowie mit Karl IV.[61] und dem Papst verständigt und war von Kirchenstrafen und Irregularität befreit worden[62]. Er erklärte sich 1356 zur Einsammlung des päpstlichen Zehnten in der Mainzer Diözese bereit und erhielt einen entsprechenden Auftrag[63]. Zur Zeit, als Boemund Innozenz VI. die Ernennung zum Koadjutor zur Bestätigung vorlegte, war er bereits päpstlicher Kaplan, was die wohlwollende Haltung des Papstes ihm gegenüber unterstreicht[64]. Innozenz hatte auch nichts gegen die mit dauernden Kriegen gegen den Adel und dem Alter Boemunds begründete Maßnahme einzuwenden; er gewährte dem Falkensteiner wenig später sogar die Dompropstei anstelle des Johann von Zolver, der wegen rechtswidrigen Besitzes von zwei Kuratpfründen offensichtlich von dem Koadjutor denunziert worden war[65]. 1362 ging bei der Resignation Boemunds der Übergang des Erzstifts an Kuno mit päpstlichem Einverständnis ohne größere Verzögerung vonstatten. Auf das Schreiben Boemunds beauftragte der Papst die bereits genannten, Karl IV. nahestehenden Bischöfe mit der Prüfung der Angelegenheit[66] und verfügte im Mai die Ernennung Kunos[67]. Er gestattete ihm, die Konsekration von einem beliebigen Bischof, also außerhalb der Kurie, zu empfangen[68], ebenfalls eine freundliche Geste gegenüber dem Falkensteiner, der ihm bis zum kommenden 25. März die Hälfte der Servitienleistungen und die von ihm anerkannten Schulden seines Vorgängers Boemund zu zahlen versprach und auch tatsächlich am 5. Juli durch Konrad von Spiegelberg einen Teil des Geldes überbringen ließ[69]. Innozenz starb jedoch bald darauf, sein Nachfolger Urban VI. übersandte Kuno im Dezember 1362 das Pallium[70].

Auch der Übergang des Erzstifts von Kuno auf Werner von Falkenstein im Jahre 1388, also bereits in der Zeit des großen Schismas, erfolgte durch Resignation. Bereits 1387 hatte sich Kuno an den von ihm wie auch von den wichtigeren Kräften im Reich unterstützten[71] römischen Papst mit einer entsprechenden Bitte gewandt, der dieser im Januar des darauffolgenden Jahres grundsätzlich stattgab und den Erzbischof von Köln und die Äbte von St. Maximin und St. Marien ad

---

61 *Ferdinand*, Cuno von Falkenstein, S. 19–22; zu den Auseinandersetzungen auch *Vigener*, Kuno von Falkenstein, S. 2–7.
62 VR 4 Nr. 215–217 v. 1355 II 23.
63 VR 4 Nr. 316 v. 1356 V 16.
64 VR 4 Nr. 662 v. 1360 VII 12.
65 VR 4 Nr. 695 v. 1360 VIII 23.
66 VR 4 Nr. 807 v. 1362 I 27. Vgl. auch oben zum Königtum.
67 VR 4 Nr. 822 v. 1362 V 27. Die Erledigung trat an der Kurie ein: Vgl. VR 3 S. LV zur Verfügung Clemens IV. von 1265; weiterhin *Ganzer*, Papsttum, S. 34 mit zit. Lit.
68 VR 4 Nr. 823.
69 VR 4 Nr. 830 f.
70 VR 5 Nr. 59 v. 1362 XII 13.
71 Vgl. oben zum Königtum Anm. 59.

martyres mit Untersuchungen beauftragte[72]. Diese fielen wie bei der Ernennung Kunos ein Vierteljahrhundert früher zur päpstlichen Zufriedenheit aus; am 3. April 1388 wurde Werner für das Erzstift providiert[73].

Die Tatsache, daß die Nachfolge auf dem Erzbischofsstuhl wiederum zwischen dem Amtsvorgänger und dem Heiligen Stuhl geregelt wurde, deutet einerseits auf eine gefestigte Position des Erzbischofs hin, läßt sich aber auch in eine allgemeine päpstliche Praxis in dieser Zeit einordnen[74]. Nach *Kummer* erfolgte zwar nach wie vor häufig die Wahl durch die Kapitel, die Bestätigung jedoch regelmäßig in Form der Providierung. Die eigene Befugnis zur Besetzung kirchlicher Ämter sei durch den Papst propagiert worden, Spezialreservationen hätten statt festgelegter Rechtsbestimmungen häufig als Entscheidungsgrundlage gedient, eine bewußte Verwischung der Rechtsbegriffe sei ein Mittel zur Verunsicherung der Kapitel gewesen[75]. Dies impliziert jedoch nicht zwingend den päpstlichen Willen zu einer gezielten Personalpolitik, sondern kann auch auf andere, insbesondere finanzielle Motive zurückgeführt werden. Der berichtete Widerstand in Trier gegen die Ernennung des Werner verdeutlicht allerdings, daß das Kapitel, das auch nach dem Tod Balduins durch die rasche Wahl des Boemund seine Berechtigung manifestiert hatte, den eigenen Einfluß nicht ohne weiteres aufgeben wollte. Nach den Gesta Trevirorum führte es nachträglich noch eine Wahl durch und wahrte so zumindest den Schein[76]. Die Rolle des Papstes bei den Trierer Bistumsbesetzungen in der zweiten Hälfte des 14. Jahrhunderts darf auch insofern nicht überbewertet werden, als er in allen Fällen den Kandidaten bestätigte, der ihm von Trier aus vorgeschlagen wurde. Freilich waren für eine Ablehnung auch keinerlei Motive gegeben.

Auch Bonifaz IX. gab 1399 der Bitte des Kapitels nach Ernennung des Friedrich von Blankenheim zum Koadjutor statt, solange die Krankheit Werners währe[77]. Daß das Kapitel von dem möglichen Nachfolger Werners ein Wahlversprechen gefordert hat, zeigt sein Bestreben, sich wieder stärker zur Geltung zu bringen[78]. 1418 nach dem Tod Werners sind in der umfangreichen Wahlkapitulation für Otto von Ziegenhain ähnliche Tendenzen zu erkennen. Die Bestimmungen,

---

72 *Goerz,* Regesten, S. 119 f.; Gesta Treverorum 2, S. 290; *Ruthe,* Werner III. von Falkenstein, S. 5 f.; *Parisius,* Kuno II. von Trier, S. 66–68; *Kummer,* Bischofswahlen, S. 46 f.
73 *Goerz,* Regesten, S. 120, Gesta Trevirorum 2, S. 289, 295. Vgl. zu den Vorgängen an diesem Tag VR 6 Nr. 85–90.
74 Vgl. hierzu und zum folgenden für die Vorgeschichte und Entwicklung bis Bonifaz VIII. *Ganzer,* Papsttum; weiterhin *Seppelt,* Geschichte der Päpste 4, S. 171–187; *Kummer,* Bischofswahlen, S. 4–13, 147 f., 157.
75 Vgl. ebda.
76 Vgl. hierzu Gesta Trevirorum 2, S. 290 f.; *Parisius,* Kuno II. von Trier, S. 68–70; *Ruthe,* Werner III. von Falkenstein, S. 7 f. und die dort zit. Belege.
77 VR 6 Nr. 1197 v. 1399 III 10 u. Nr. 1306. Vgl. auch *Heinrich Volbert Sauerland,* Die Ernennung Friedrichs von Blankenheim zum Koadjutor des Trierer Erzbischofs Werner (1399 März 10), in: Pastor bonus 12 (1899), S. 518–520.
78 Vgl. hierzu unten zum EB und den Wahlkapitulationen, S. 248 f.

keinen Koadjutor ohne Zustimmung des Kapitels zu ernennen und eine Resignation nur in die Hände des Kapitels zu leisten, sind eindeutig als Maßnahme gegen eine Übergehung des domkapitularischen Wahlrechts durch direkte Übereinkunft zwischen Erzbischof und Papst gedacht[79]. Die Wahl Ottos selbst, die offenbar einmütig erfolgte, wurde durch Martin V. ohne weiteres bestätigt[80].

Nach seinem Tod (1430) gab die Spaltung der Stimmen im Kapitel und Appellation der beiden Parteien nach Rom dem Papst wieder Anlaß, die Entscheidung zu treffen. Er providierte bekanntlich keinen der Kontrahenten, sondern unter Hinweis auf eine Spezialreservation[81] Raban von Helmstadt. Dieser Eingriff wurde jedoch nicht so hingenommen, wie es im 13. Jahrhundert und zu Beginn des 14. Jahrhunderts bei Heinrich von Finstingen und Diether von Nassau der Fall gewesen war. Vielmehr kam es zu einer langjährigen Stiftsfehde, wobei auch die bereits angesprochenen Interessen weltlicher Mächte eine Rolle spielten[82]. Inwieweit Rabans Providierung ein Werk des ihn unterstützenden Pfalzgrafen gewesen ist und der Papst – in die politischen Gegensätze im Reich hineingezogen – nur eine passive Rolle spielte, ist schwer zu sagen. Gegen Raban wurde von seinen Gegnern der Vorwurf der Simonie erhoben, fest steht, daß er statt der zuvor üblichen 7000 Gulden Servitien 10 000 Gulden zahlte. Die Erhöhung war jedoch schon zehn Jahre vorher festgesetzt worden[83]. Die Partei Rabans argumentierte, daß der Papst „motu proprio" gehandelt habe[84] und auch Raban keinen Prokurator an der Kurie gehabt habe; dies wird jedoch von *Meuthen* wohl zu Recht bezweifelt[85]. Darauf hinzuweisen ist, daß Raban bereits einige Jahre früher von Martin V. – freilich vergeblich – seine Versetzung nach Utrecht erwirkt hatte; er stand also bereits länger in der Gunst dieses Papstes[86] und konnte weiterhin auf einflußreiche Freunde an der Kurie zählen[87].

Der Tod des Papstes 1431 änderte an der Konstellation wenig, da mit Eugen IV. ein Mann den Thron bestieg, der als Freund Rabans gelten konnte[88]. Die von ihm erlassenen zahlreichen Bullen verfehlten jedoch zunächst ebenso wie die Martins V. ihre Wirkung[89]. Eine neue, neben den Papst tretende Instanz entstand im Baseler Konzil, auf das Ulrich von Manderscheid seine Hoffnungen setzte; er ließ

---

79 Vgl. zur Wahlkapitulation weiter unten zum EB, S. 249 ff.
80 Vgl. *Lager*, Otto von Ziegenhain, S. 10, ASV Reg. Lat. 204 fol. 147–148; Arch. Consist., Acta Miscell. 1, fol. 90 v. 1418 XII 22; RepGerm 4 Sp. 3074.
81 *Meuthen*, Trierer Schisma, S. 62 mit Beleg.
82 Ebda., S. 73 u. oben zu Territorialherren und Adel, S. 49 ff.
83 Vgl. *Meuthen*, Trierer Schisma, S. 62 f.
84 Vgl. GLAKA Abt. 67 Nr. 289 fol. 323–323'.
85 *Meuthen*, Trierer Schisma, S. 63 f.
86 Vgl. ebda., S. 64.
87 Vgl. ebda., S. 63.
88 Vgl. ebda., S. 99.
89 Vgl. ebda., S. 99–101. Zu Bullen vgl. etwa ASV Reg. Vat. Nr. 371, fol. 19–21', 35'–39, Nr. 372 fol. 75'–76'.

sich durch Nikolaus Cusanus vertreten[90]. Die anfänglichen Erfolge der Partei Ulrichs auf dem Konzil brachten jedoch im Erzstift keinen Durchbruch, wo ein großer Teil des Oberstifts einschließlich der Stadt Trier von ihm abfiel[91]. Auch die Kapitelsmehrheit, die freilich nicht völlig auf Rabans Seite überging, setzte sich allmählich von Ulrich ab[92] und versuchte nunmehr mit dem Papst ins reine zu kommen[93]. Die günstigen Entscheidungen des Konzils für Raban taten ein übriges, um eine Einigung zwischen ihm und den Domherren herbeizuführen. Mitte des Jahres 1433 erkannte man ihn an, während er sich zu Zugeständnissen im Sinne einer Wahlkapitulation herbeiließ und die Kirchenstrafen aufhob[94]. Die Kanoniker beugten sich damit endgültig dem Papst und akzeptierten die Translation des Bischofs von Speyer.

Das Vorgehen des Papstes in der Manderscheidschen Fehde kann als die Fortsetzung einer nach *Ganzer* seit dem 13. Jahrhundert feststellbaren Betonung päpstlichen Stellenbesetzungsrechtes gewertet werden. Der hartnäckige Widerstand eines Großteils des Kapitels macht deutlich, daß man eine Übergehung des eigenen Wahlrechts, wie sie in der Vergangenheit mehrfach vorgekommen war, nicht hinzunehmen gewillt war, teilweise sicherlich auch durch weltliche Mächte zu einem bestimmten Kurs gedrängt wurde. Als entscheidende Ursache für das Scheitern der Bemühungen, Rabans Erhebung zu verhindern, kann aber gewiß nicht eine starke Machtstellung des Papstes angegeben werden. Hier spielten andere Faktoren wie die Entwicklung im betroffenen Erzstift eine gewichtigere Rolle. Dennoch hatte das erneut von der konziliaren Idee angegriffene Papsttum offenbar Autorität genug, um im Kampf eines von ihm eingesetzten Kandidaten durchaus wirksam zu sein.

Der Übergang des Erzbischofsstuhls durch Resignation von Raban auf Jakob von Sierck 1439 ging ohne solche Spannungen vonstatten[95]. Jakob, der 1430 von der Kapitelsmehrheit unterstützt worden war, aber sich der päpstlichen Entscheidung gebeugt hatte, gelang es, sich die für die Bistumsbesetzung wichtigen Kräfte geneigt zu machen. Dies gilt für das Kapitel[96], für Erzbischof Raban[97] wie auch

---

90 Vgl. zu Cusanus und dem Konzil *Meuthen,* Trierer Schisma, passim; *Morimidi Watanabe,* The episcopal election of 1430 in Trier and Nicholas of Cusa, in: Church-History 39 (1970), S. 299–316.
91 Vgl. *Meuthen,* Trierer Schisma, S. 116–119.
92 Vgl. ebda., S. 145–150.
93 Vgl. ebda., S. 175.
94 Vgl. LHAKO Abt. 1 D Nr. 957–961; *Meuthen,* Trierer Schisma, S. 175.
95 Zuvor war allerdings Bischof Johann von Lüttich als Koadjutor für die weltlichen Angelegenheiten des Stifts mit Zustimmung des Kapitels vorgesehen und auch vom Papst bestätigt worden: vgl. ASV Oblig. et sol. Nr. 66 fol. 66 v. 1438 VI 27; Ann. 7 fol. 266 v. 1438 VII 18 sowie *Goerz,* Regesten, S. 169.
96 Es setzte sich für Jakob als Nachfolger ein. Vgl. *Lager,* Jakob von Sirk, TA 2 (1899), S. 1; *ders.,* Raban von Helmstadt, S. 767 f.
97 Raban war ihm finanziell verpflichtet, vgl. unten zum EB Anm. 253.

für weltliche Mächte[98]. Für den Heiligen Stuhl war Jakob verschiedentlich tätig geworden, Martin wie Eugen hatten ihn begünstigt, ihm kirchliche Stellen und Einkünfte verliehen und unter anderem zum „cubicularius" und „prothonotarius" ernannt[99]. So kam es in diesem Falle zu keinen Differenzen und zu einer Zustimmung des Papstes, der möglicherweise auch auf einen ergebenen Anhänger hoffte[100].

Der Tod Jakobs 1456 brachte eine erneute Spaltung im Kapitel. Der Bruder des Mehrheitskandidaten Johann von Baden wurde als Bevollmächtigter nach Rom gesandt, um die Bestätigung zu erwirken[101]. Er stieß aber hier auf Schwierigkeiten[102], da Diether von Isenburg sich ebenfalls um Anerkennung bemühte und auch von dritter Seite Bestrebungen gegen Johann gerichtet waren[103]. Nach längeren Verhandlungen, bei denen sich Aeneas Silvio Piccolomini, der spätere Pius II., für den Badener einsetzte[104], übersandte jedoch Calixt III. Johann, der auch als päpstlicher Notar erscheint, eine Bulle, die ihm trotz des fehlenden Alters die Verwaltung und Regierung des Erzstifts gestattete. Sie entband ihn zunächst von der Verpflichtung zu höheren Weihen als dem Subdiakonat und erlaubte ihm die Konsekration zum Bischof nach Vollendung des 27. Lebensjahres. Am selben Tag befahl der Papst Suffraganbischöfen, Kapitel, Klerus, Vasallen und Untertanen, Johann anzuerkennen und ihm Gehorsam zu leisten; weiterhin empfahl er ihn Kaiser Friedrich III. Wenig später gestattete er dem Sohn des Markgrafen noch, die Weihe durch einen beliebigen Erzbischof vollziehen zu lassen, und übersandte ihm zwei Tage darauf das Pallium. Die bischöfliche Konsekration wurde mit Erlaubnis des nachfolgenden Papstes Pius II. weiter hinausgeschoben und fand erst 1464 statt[105].

Daß die Bestätigung für Johann mit großen Kosten verbunden war, steht fest. Nach den Quellen waren es mehr als 41 000 Goldgulden, die er aufbringen

---

98 Vgl. oben zum Königtum u. Territorialherren u. Adel.
99 Vgl. Personenliste; ferner für das Verhältnis von Papst und Jakob etwa ASV Arm. XXXIX,6 fol. 167 f., 189'–190'.
100 Vgl. *Lager,* Jakob von Sirk, TA 2 (1899), S. 2; ASV Obl. et sol. Nr. 66 fol. 70.
101 Vgl. *Lager,* Johann II. von Baden, S. 5 u. 7.
102 Vgl. ebda., S. 7 f.
103 Lager spricht von Ruprecht, Bruder des Pfalzgrafen bei Rhein. Vgl. dagegen *Böhn,* Pfalz-Veldenz. Vgl. auch Gesta Trevirorum 2, S. 337.
104 Vgl. hierzu *Dieter Brosius,* Pius II. und Markgraf Karl I. Ein Nachtrag aus den päpstlichen Registern, in: Freiburger Diözesan-Archiv 92 (1972), S. 161–176, S. 171–173; ferner ASV Arm. XXXIX, 9 fol. 200 f., 234 f., 254 f.; GLAKA Abt. 65 Nr. 1144 (vgl. zur Wahl auch Abt. 46 Nr. 696 ff.). Zur Beziehung von Johann und dem Hause Baden zu *Eneas Silvio Piccolomini* vgl. auch dessen Opera, Basel 1551, Ndr. Frankfurt/M. 1967, S. 992; *ders.,* Germania und Jakob Wimpfeling: „Responsa et replicae ad Eneam Silvium", hg. v. *Adolf Schmidt,* Köln-Graz 1962, S. 71.
105 Vgl. *Lager,* Johann II. von Baden, S. 8 f. LHAKO Abt. 1 A Nr. 5320–5332. Calixt setzte sich auch zugunsten von Johann und gegen die Unio ein (vgl. ebda., Nr. 8351–8357).

mußte[106]. An den Finanzen war Papst Calixt III. wie allen Renaissancepäpsten in besonderem Maße gelegen. Er verwandte auch viel Mühe zur Abwehr der Türken, rief die christlichen Fürsten unablässig zur Beteiligung auf und versuchte den Türkenzehnten einzutreiben[107]. Gerade 1456 wandte man sich auf dem Frankfurter Fürstentag gegen das kuriale Finanzsystem, weiterhin päpstliche Eingriffe in die Stellenbesetzung und bischöfliche Gerichtsbarkeit und formulierte „gravamina nationis Germanicae"[108]. Insbesondere ging es bei dieser Gelegenheit auch um die von Papst und Kaiser ausgeschriebene Türkensteuer.

Die Vakanz in Trier fiel damit in eine für den Papst und seine Beziehungen zu Deutschland bedeutsame Zeit; von daher muß gerade in diesem Falle besonders nach einem möglichen politischen Hintergrund der Bestätigung Johanns von Baden gefragt werden. Leider lassen sich aus der erhaltenen päpstlichen Korrespondenz hierzu kaum Erkenntnisse gewinnen. *Dieter Brosius* hat so auch die Trierer Ereignisse nicht behandelt, bringt aber mit den nur wenige Jahre später liegenden Mainzer Vorgängen und mit der Besetzung in Speyer Beispiele mit ähnlichen Konstellationen, die Rückschlüsse auf die Trierer Verhältnisse zulassen. In Mainz war sogar mit dem abgesetzten Diether von Isenburg der in Trier unterlegene Bewerber beteiligt. Er konnte damals als Kandidat des Pfalzgrafen Friedrich bei Rhein und damit der antikaiserlichen Partei gelten, während sein Gegner Adolf von Nassau vom Markgrafen Karl von Baden unterstützt wurde[109]. Der Papst entschied hier, wie *Brosius* überzeugend dargelegt hat, durchaus politisch und gegen den Isenburger. Auch in Speyer konnten die als weitgehend papst- und kaisertreu einzustufenden Badener, auf deren Stellung in der Reichspolitik bereits hingewiesen wurde, mit päpstlicher Hilfe ihren Kandidaten durchsetzen[110]. So muß für Trier ebenfalls angenommen werden, daß Calixt – nicht zuletzt aus politischen Überlegungen – den vom Kaiser geförderten[111], freilich auch von der Kapitelsmehrheit gewählten Johann von Baden bestätigt hat. Bei Diether von Isenburg mußte er wohl stärker die Befürchtung haben, daß er auf die Linie der

---

106 Vgl. *Sauerland*, Trierische Taxen, S. 93 f.; *Lager*, Johann II. von Baden, S. 9 f. Die Zahlungen liefen wohl über die Bank von Petrus und Jacobus de Paziis (vgl. *Pitz*, Supplikensignatur und Briefexpedition, wie Anm. 8, S. 287 Anm. 253). Zu Quittungen vgl. auch LHAKO Abt. 1 A Nr. 8333, 8335 f., 8338. Vgl. ferner RepGerm 7.
107 Vgl. *Seppelt*, Geschichte der Päpste 4, S. 327 f.; *Pastor*, Geschichte der Päpste, S. 653–794.
108 Vgl. *Bruno Gebhardt*, Die gravamina der Deutschen Nation gegen den römischen Hof. Ein Beitrag zur Vorgeschichte der Reformation, Breslau ²1895, bes. S. 18 f.; auch *Helmut Cellarius*, Die Reichsstadt Frankfurt und die Gravamina der deutschen Nation (Schriften des Vereins für Reformationsgeschichte, Jg. 55, H. 1), Leipzig 1938, bes. S. 18 f.; *Pastor*, Geschichte der Päpste, S. 731 f.
109 Vgl. *Brosius*, Päpstlicher Einfluß, S. 210; ders., Zum Mainzer Bistumsstreit 1459–1463, in: Arch. f. hess. Geschichte und Altertumskunde 33 (1975), S. 111–136.
110 Vgl. *Brosius*, Päpstlicher Einfluß, S. 219 f.
111 Vgl. die Ausführungen zum Königtum.

Opposition von Frankfurt einschwenkte. Allerdings schlug auch Johann bald nach seiner Anerkennung eine ähnliche Richtung ein[112].

Die zwiespältige Wahl im Kapitel hatte zwar wiederum dem Papst die Möglichkeit gelassen, als Entscheidungsinstanz aufzutreten. Der Widerstreit zwischen Wahlrecht des Kapitels und päpstlicher Besetzung kam damit erneut zum Tragen, jedoch entschloß sich der Papst in diesem wie im nachfolgenden Falle bei Jakob von Baden[113] für den Kandidaten der Kapitelmehrheit. Ein Blick auf das 16. Jahrhundert und die Folgezeit bis zum Untergang des Kurstaates zeigt, daß später stets die auf regionaler Ebene für Trier getroffenen Beschlüsse vom Papst bestätigt wurden[114]. Spannungen zwischen Kapitel und Kurie wegen des Wahlrechts sind eine Erscheinung des späteren Mittelalters, also des hier behandelten Untersuchungszeitraumes. Durch zahlreiche Einzelreservationen und Provisionen, zum Teil aber auch durch Generalreservationen wie in den Dekretalen von 1305, 1316, 1317 und 1335 wurden die Rechte der Kapitel eingeschränkt[115]. Die Konzilien des 15. Jahrhunderts engten dann den päpstlichen Spielraum zwar zum Teil ein, ließen Rom aber immer noch relativ weitgehende Befugnisse[116]. Dennoch ging der päpstliche Einfluß auf die Bischofswahlen in der Praxis zurück. Die letzte päpstliche Provision in Trier, die sich über die Wünsche des Kapitels völlig hinwegsetzte, geschah im Falle von Raban von Helmstadt. Hier waren lange Kämpfe nötig, um diesem Kandidaten zum Durchbruch zu verhelfen. In Brixen 1450 und 1467, in Mainz 1461, zeigte der Papst noch einmal ein Vorgehen, das an das vorherige anknüpfte, indem er ein eigenes Besetzungsrecht in Anspruch nahm[117]. Zu einer veränderten päpstlichen Haltung trugen wohl auch die immer stärkere Verquickung in die Vorgänge in Italien, wo die Großmächte aufeinandertrafen, sowie die Reformation bei[118]. Gravierender päpstlicher Einfluß auf die Bistumsbesetzung ist nur noch sehr selten faßbar[119].

Im Hinblick auf die Kontroverse in der Forschung über die politische Seite päpstlicher Entscheidungen bei Bistumsbesetzungen läßt sich für Trier eine recht unterschiedliche Rolle des Papstes feststellen. Neben Vorgängen, bei denen eine starke Aktivität und deutliche Stoßrichtung in seinen Maßnahmen erkennbar ist, finden sich solche, bei denen wohl eher interessierte Mächte die Angelegenheit betrieben haben und der Papst nur eine unterstützende Funktion hatte. Sicherlich

---

112 Vgl. *Lager*, Johann II. von Baden, S. 26; *Krimm*, Habsburg und Baden, S. 99–115. Vgl. auch *Brosius* (wie Anm. 104), S. 171–173.
113 Vgl. *Pauly*, Geschichte des Bistums Trier 2, S. 134.
114 Vgl. *Pauly*, Geschichte des Bistums Trier 3, S. 11, 15, 18, 20, 23, 26, 30, 34, 38, 42, 46, 52, 55, 59, 63.
115 Vgl. *Feine*, Besetzung der Reichsbistümer, S. 280.
116 Vgl. ebda., S. 281–283.
117 Vgl. ebda., S. 284.
118 Vgl. ebda., S. 285.
119 Vgl. ebda., S. 285–294.

hat nicht zuletzt die jeweilige politische Situation den unterschiedlichen Grad der päpstlichen Handlungsfreiheit bedingt; zudem war ein stärkeres Interesse des Papstes, wie *Brosius* zu Recht bemerkt, keineswegs immer gegeben[120]. Zu betonen ist insgesamt die große Bedeutung persönlicher Beziehungen der Bewerber zum Papst selbst oder einflußreichen Kardinälen. Die Besetzung des Trierer Erzbischofsstuhls hing gerade bei zwiespältigen Wahlen nicht zuletzt von der Beliebtheit und der geschickten Vertretung der Interessen in Rom bzw. Avignon ab, wobei auch die Zahlungswilligkeit eine erhebliche Rolle spielte[120a].

2. Pfründenvergabe[121]

a. Dignitäten und Kanonikate[122]

Bereits für das 13. Jahrhundert finden sich in hiesigen Quellen wie auch in den vatikanischen Registern Nachrichten über die Einflußnahme von Papst oder päpstlichen Legaten auf die Besetzung von Kanonikaten an der Trierer Domkirche. Im Jahre 1240 gab es Differenzen zwischen dem Magister Theoderich und dem Kapitel, das ihn nach der Verleihung der Scholasterei durch den Legaten Jakob von Palestrina zunächst nicht als Scholaster akzeptierte, aber schließlich nachgeben mußte[123]. Papst Innozenz IV. befahl Erzbischof Arnold im Jahre 1246,

---

120 Vgl. *Brosius*, Päpstlicher Einfluß, S. 227.
120a Vgl. in diesem Zusammenhang auch: *Klaus Militzer*, Die Finanzierung der Erhebung Sylvester Stodeweschers zum Erzbischof von Riga, in: ZfO 28 (1979), S. 239–255.
121 Vgl. hierzu und zum folgenden allg. *Feine*, Kirchliche Rechtsgeschichte, S. 342–346; RepGerm 1 S. 43*–98*; RepGerm 2 S. 23*–31*; *Haller*, Papsttum und Kirchenreform, S. 95–103, 125–128; speziell auch: *Konrad Eubel*, Zum päpstlichen Reservations- und Provisionswesen, in: Röm. Quartalschr. 8 (1894), S. 169–185; Constitutionum Apostolicarum de generali beneficiorum reservatione ab a. 1265 usque ad a. 1378 emissarum, tam intra quam extra corpus iuris extantium, collectio et interpretatio. Una cum documentis ex tabulariis Vaticanis et Bibliotheca Barberiana desumptis, ed. *Carolus Lux*, Breslau 1904 (mit Abdruck wichtiger Quellen); *Emil Göller*, Die päpstlichen Reservationen und ihre Bedeutung für die kirchliche Rechtsgeschichte des ausgehenden Mittelalters, in: Internat. Wochenschr. f. Wissensch., Kunst u. Technik 4 (1910), Sp. 338–350, 363–378 (auch zur Besteuerungspraxis); *Guillaume Mollat*, Lettres communes de Jean XXII. 1316–1334. Introduction. La collation des bénéfices ecclesiastiques à l'époque des papes d'Avignon (1305–1378) (B.E.F.A.R., 3ᵉ sér.), Paris 1921; *Geoffrey Barraclough*, Papal Provisions. Aspects of church history constitutional, legal and administrative in the later middle ages, 1935, Ndr. Westport 1971; *Peter Linden*, Der Tod des Benefiziaten in Rom. Eine Studie zu Geschichte und Recht der päpstlichen Reservationen (Kanonistische Studien und Texte, Bd. 14), Bonn 1938; *Guillaume Mollat*, Les graces expectatives du XIIᵉ au XIVᵉ siècle, in: RHE 42 (1947), S. 81–102. Vgl. auch die in den vorherigen Ausführungen zur Bistumsbesetzung und die im folgenden genannte Lit.
122 Ausgeklammert werden die vom Papst verschiedenen Personen, insbesondere den Erzbischöfen überlassenen Verleihungsrechte, auf die an anderer Stelle einzugehen ist.
123 MRR 3 Nr. 160, 165 f., 168, 176; RI V,2 Nr. 10163 v. 1240 V 5 – X 31. Offenbar hatte Mag. Theoderich auch in der Folgezeit Schwierigkeiten, zu seinen Einkünften zu gelangen, wobei wohl die Parteiung im Reich eine Rolle spielte. Papst Innozenz IV. forderte jeden-

an einen Kanoniker in Trier namens Wirich (von Neumagen?) ein Archidiakonat oder eine andere Dignität für dessen Ergebenheit zu verleihen[124]. Wegen der Provision des Johann von Körich 1262 auf Empfehlung der Grafen von Bar und Luxemburg durch Urban IV.[125] gab es Auseinandersetzungen im Kapitel, bis sich der aus einer Luxemburger Familie stammende Johann schließlich durchsetzen konnte[126]. Ähnliches gilt für Robert von Warsberg[127], wobei jedoch in beiden Fällen die gleichzeitigen Kämpfe in der Trierer Geistlichkeit berücksichtigt werden müssen[128]. Im März 1266 wurde Robert von Warsberg vom päpstlichen Subdelegierten zum Dekan ernannt; erneut gab es Widerstände[129].

Gravierend waren im endenden 13. Jahrhundert die Providierungen von Peter von Aspelt und Johann Gileti für Dompropstei bzw. -cantorei, da die Nichtbeachtung dem Trierer Kapitel schwere Kirchenstrafen einbrachte, die erst unter Erzbischof Diether gelöst wurden[130]. Daß unter Papst Nikolaus IV. das Provi-

---

falls am 15. November 1245 den Trierer Erzbischof Arnold von Isenburg auf, den Scholaster Theoderich mit anderen Benefizien zu versorgen, da er sich der bisherigen „propter homines imperii" nicht erfreuen könne (RI V, 2 Nr. 7591; MGH Epp. saec. XIII, 2 Nr. 146).

124 Vgl. MGH Epp. saec. XIII, 2 Nr. 195; *Wauters,* Table 7, S. 1388 v. 1246 VI 19, Innozenz befahl auch, dem Trierer Kanoniker Heinrich, Sohn des Grafen von Homburg, ein Personat oder eine Dignität in Worms zu verschaffen (MGH Epp. saec. XIII, 2 Nr. 147 v. 1245 XII 19; RI V,2 Nr. 7593). Magister Laurentius, Trierer Scholaster u. Offizial, erhielt auf Befehl des Papstes ein Kanonikat in Metz. Nach Kassation wurde ihm dies 1258 I 18 erneut verliehen (*Bourel de la Roncière* u. a., Reg. Alexandre IV, Nr. 2446 f.).

125 Papst Urban IV. verlieh auch 1264 IV 24 dem Domherrn Johann von Franchirmont „ob gratam memoriam quondam Simeonis de Franchiremont, canonici Treverensis, ipsius patrui" ein Kanonikat in St. Simeon (*Dorez* u. a., Reg. Urbain IV, Nr. 2534).

126 MRR 3 Nr. 1756, 1779, 1793, 1800, 1802, 1818 f., 1821, 1823; *Wampach,* UQB 3, Nr. 369, 375, 379, 392, 403 f.; *Jungk,* Regesten, Nr. 435–439.

127 Vgl. ebda. MRR 3 Nr. 1760, 1799, 1813.

128 Vgl. die Ausführungen in den anderen Abschnitten dieser Arbeit. 1265 V 18 erteilte Clemens IV. auch das Privilegium, daß das Kapitel nicht zur Aufnahme oder Providierung unehelich Geborener, auch nicht später legitimierter Personen, gezwungen werden könne (MRR 3 Nr. 2072 u. 2089; LHAKO Abt. 1 D Nr. 109 f.).

129 MRR 3 Nr. 2144–2148, 2150, 2161.

130 Ein Teil des Kapitels wählte Heinrich von Zweibrücken zum Propst und Heinrich von Befort zum Cantor. Vgl. zu den Vorgängen MGHSS XXIV (Gesta Treverorum), S. 472; MRR 4 Nr. 1364 u. 3095; LHAKO Abt. 1 D Nr. 201 f., 204 u. 208; *Blattau,* Stat. syn., Nr. 24, S. 62 f.; VR 1 Nr. 122. Peter hat sich auch päpstliche Urkunden betreffs Wiederbeschaffung entfremdeter Güter der Dompropstei verschafft; auf Einspruch des Magisters Ludwig von Pfalzel als Prokurator des Kapitels wurde aber vom Auditor Guido von Neufville erklärt, daß die Mandate keine Anwendung aufs Kapitel und seine „Beamten" finden sollten (vgl. hierzu und zu Peter MRR 4 Nr. 1637 u. 1664 f.; *Wampach,* UQB 5, Nr. 274–276; LHAKO Abt. 1 D Nr. 171). Auch Johann Gileti ließ sich zu seinen Gunsten „littere apostolice" ausstellen, wobei das Kapitel eine ähnliche Einschränkung erzielte (LHAKO Abt. 1 D Nr. 172 v. 1289 VI 13 u. 22). Papst Bonifaz VIII. übertrug Johann dann auch ein Kanonikat in Metz (VR 1 Nr. 41; VR Loth 1 Nr. 26; *Digard* u. a., Reg. Boniface VIII, Nr. 1795 v. 1297 III 16), Johann wird hier als „clericus" u. „familiaris" von König Adolf bezeichnet. Peter von Aspelt wurde im selben Jahr für das Bistum Basel providiert (VR 1 Nr. 45).

sionswesen bereits blühte, geht auch aus den von *Sauerland* in Fortsetzung *Wiegands* veröffentlichten Vatikanischen Regesten zur Geschichte Deutsch-Lothringens hervor. Unter anderem vergab Nikolaus an Hermann von Weilnau das Archidiakonat von St. Kastor/Karden, das durch Provision des Johann von Sierck für das Bistum Utrecht vakant geworden war[131]. Bonifaz VIII. reservierte dann im Jahre 1296 Heinrich von Virneburg Dignität und Kanonikat in Trier[132]. Vermutet werden kann, daß er Adolf von Waldeck, der von ihm im Jahre 1301 als Bischof von Lüttich eingesetzt wurde und hierbei als Trierer Dompropst bezeichnet ist, zuvor diese Stellung gegen Heinrich von Zweibrücken verliehen hat[133].

Bei den aufgezählten Pfründenvergaben des 13. Jahrhunderts ist zum Teil die Supplik Dritter belegt, zum Teil wurden eindeutig dem Papst genehme Personen begünstigt, so Robert von Warsberg, der zu den Gegnern des damals in Rom nicht wohlangesehenen Heinrich von Finstingen gerechnet werden muß. Einen Höhepunkt erreichte das päpstliche Provisionswesen dann in der avignonesischen Zeit. Eine tabellarische Zusammenstellung der durch päpstliche Verfügung für das Kapitel vorgesehenen Personen ermöglicht für das quellenmäßig relativ gut abgedeckte und aufgearbeitete 14. und beginnende 15. Jahrhundert einen Überblick über die jeweiligen Vorgänge und vermag die unvollständige Liste von *Kisky*[134] zu ergänzen. Versuche, die anscheinend nicht erfolgreich gewesen sind, da außer päpstlichen Urkunden weitere Belege für eine Kapitelszugehörigkeit fehlen, werden durch Markierung (–) von solchen unterschieden, bei denen die Provision zur Annahme als Kanoniker führte (+). Zu fragen ist vor allem auch danach, welchem Umkreis die providierten Personen zuzuordnen sind und wer sich für sie einsetzte.

Päpstliche Vergabe von Kanonikaten oder Würdenstellen der Trierer Domkirche von der Zeit des Avignonesischen Papsttums bis zur Beendigung des Großen Schismas (K = Kanonikat, D = Dignität, Personat oder Officium, Pr = Propstei, De = Dechanei, Sc = Scholasterei, Ca = Cantorei).

Datum	Name	Für	Anlaß/Supplik/Bemerkungen	Beleg
Clemens V. (1305–1314)				
1306 XII 24	Johann Button	K (–)	Kg. Albrecht für seinen „clericus" u. „familiaris"	VR 1 Nr. 190
1308 II 5	Ernst v. Rennenberg	D (–)	EB Heinrich v. Köln (nicht auf Dom beschränkt)	Reg EB Köln 4 Nr. 4596 VR 1 Nr. 219

---

131 VR Deutsch-Lothringen Nr. 309 v. 1291 IV 22.
132 VR 1 Nr. 28; *Digard* (u. a.), Reg. Boniface VIII, Nr. 1204 v. 1296 V 18.
133 Reg. EB Köln 3 Nr. 3841; *Digard* (u. a.), Reg. Boniface VIII, Nr. 4174; *Kaltenbrunner*, Actenstücke, Nr. 501. Vgl. allerdings Peter v. Aspelt.
134 Vgl. *Kisky*, Domkapitel, S. 194.

Datum	Name	Für	Anlaß/Supplik/Bemerkungen	Beleg
1310 IX 22	Johann v. Kleve	K (–)	Resignation des Ludwig von Hessen	VR 1 Nr. 321

Johannes XXII. (1316–1334)

Datum	Name	Für	Anlaß/Supplik/Bemerkungen	Beleg
1317 I 9/23	Godemann v. Dorsweiler	K (+)	Kardinal Franziscus v. S. Maria in Cosmedin für seinen „clericus" u. „familiaris"	VR 1 Nr. 447 VR Loth 1 Nr. 246
vor 1322	Alexander v. Braunshorn	K (+)	–	*Goerz*, S. 69 f.
1323 VI 12	Friedrich Gyot v. Montclair	K (+)	–	VR 1 Nr. 637
1323 VII 26	Johann v. Nancy	K (–)	Kg. Robert d. Weise (Anjou) v. Sizilien	VR Loth 1 Nr. 390 VR 1 Nr. 638
1325 III 2	Gottfried v. Vianden	K (+)	Kg. Karl IV. v. Frankreich	VR 1 Nr. 725
1325 VII 20	Arnold v. Blankenheim	K (+/–)	Kg. Johann v. Böhmen für seinen „consanguineus"	VR 1 Nr. 825
1326 V 30	Rorich v. Sterrenberg	K (–)	–	VR 1 Nr. 974
vor 1326 VII 29	Johann v. Nassau	K (–)	–	VR 1 Nr. 1003
1326 X 1	Robert v. Virneburg	K (–)	–	VR 1 Nr. 1052 *Riezler*, Nr. 743
1327 II 26	Reinhard v. Westerburg	D (–)	–	VR 2 Nr. 1152
1327 VI 17	Engelbert v. d. Mark	K (+)	–	VR 2 Nr. 1199 *Riezler*, Nr. 867
1327 X 6	Heinrich Beyer v. Boppard	K (+)	–	VR 2 Nr. 1301

Datum	Name	Für	Anlaß/Supplik/Bemerkungen	Beleg
1328 III 21	Konrad v. Helfenstein	K (+)	–	VR 2 Nr. 1452 *Riezler*, Nr. 991a
vor 1328 V 5	Eberhard v. Massu	D (–)	–	VR 2 Nr. 1473 u. 1899
1329 I 9	Dieter v. Katzen- elnbogen	K (–)	–	VR 2 Nr. 1592 *Demandt* 1, Nr. 711
1329 I 24	Gottfried v. Sponheim	K (+)	–	VR 2 Nr. 1637
1329 I 30	Thilmann v. Stein	K (+)	Resignation des Georg v. Heinzenberg	VR 2 Nr. 1662
1329 III 3	Adolf v. Virneburg	K (–)	Erhebung Heinrichs v. Virneburg zum EB v. Mainz	VR 2 Nr. 1674
1329 III 3	Johann v. Virneburg	K (+)	Tod des Johann v. Nassau	VR 2 Nr. 1676
1330 I 7	Johann v. Hammerstein	K (+)	–	VR 2 Nr. 1827
1330 VII 24	Gottfried v. Leiningen	K (+)	–	VR Loth 1 Nr. 626 VR 2 Nr. 1925
1330 VII 31	Gottfried v. Brandenburg	K (+)	Kg. Johann v. Böhmen	VR 2 Nr. 1932
1330 IX 16	Johann v. Sponheim	K (+)	–	VR 2 Nr. 1946
1330 XI 2	Rainald v. Sponheim	K (–)	–	VR 2 Nr. 1990
1331 IV 11	Wilhelm v. Boutershem	K (–)	–	VR 2 Nr. 2031

Datum	Name	Für	Anlaß/Supplik/Bemerkungen	Beleg
1331 IV 26	Johann v. Leiningen	K (–)	–	VR 2 Nr. 2040 VR Loth 1 Nr. 660
1332 I 26	Johann v. Saarwerden	K (+)	päpstlicher Kaplan	VR Loth 1 Nr. 673 VR 2 Nr. 2085
1332 XI 30	Robert v. Leschiele	K (–)	Kg. Johann v. Böhmen	VR 2 Nr. 2150
1333 I 20	Johann v. Montclair	K (+)	–	VR 2 Nr. 2154
1334 VI 23	Nikolaus v. Simmern	K (–)	Kg. Johann v. Böhmen	VR 2 Nr. 2207

Benedikt XII. (1334–1342)

1335 IV 5	Johann Brömser v. Rüdesheim	K (+)	–	VR 2 Nr. 2233 *Riezler*, Nr. 1717 VR 5 Nr. 799

Clemens VI. (1342–1352)

1342 VII 1	Gilkin v. Weiler	K (–)	Kg. Johann v. Böhmen	VR 3 Nr. 25
1343 II 2	Jakob v. Montclair	K (–)	Kg. Johann v. Böhmen für seinen „clericus"	VR 3 Nr. 145
1343 II 25	Gerlach v. Nassau	K (–)	–	VR 3 Nr. 150
1343 V 13	Walter v. Amance	K (+)	–	VR 3 Nr. 174
1343 V 14	Jakob v. Sierck	D (–)	eigene Supplik	VR Loth 2 Nr. 872 f.
1343 VII 16	Nikolaus v. Rodenmacher	K (–)	EB Balduin	VR 3 Nr. 225 *Stengel*, Nova, Nr. 850

Datum	Name	Für	Anlaß/Supplik/Bemerkungen	Beleg
1343 IX 27	Johann v. Dusenburch	K (–)	Provisor u. Magistri der Sorbonne	VR 3 Nr. 268
1344 I 26	Johann v. Meisenburg	K (–)	Kg. Johann v. Böhmen	VR 3 Nr. 316
1344 IV 19	Richard v. Daun junior	K (+)	Resignation v. Richard v. Daun senior	VR 3 Nr. 338 LHAKO Abt. 1 D Nr. 494 u. 4415 S. 341–354
1344 XII 2	Johann v. Saarwerden	Sc (–)	EB Balduin, Friedrich v. Saarwerden, Johann v. Saarbrücken u. Commercy, Richter für loth. Landfrieden	VR 3 Nr. 416 456 *Kirsch*, Kollektorien, S. 165
1345 I 9	Johann v. Simmern	K (+)	–	VR 3 Nr. 426
1346 II 4	Johann v. Berberg	K (+)	Kg. Johann v. Böhmen	VR 3 Nr. 521
1346 VII 22/27	Rudolf Losse	K (+)	Kg. Karl IV.	*Stengel*, Nova, Nr. 803 u. 805 VR 3 Nr. 590 u. 592
1347 VIII 21	Wilhelm Durmstoßer v. Arras	K (+/–)	Weihbischof Daniel	VR 3 Nr. 664 u. 666
1349 IV 18	Heinrich v. Apremont	K (+)	eigene Supplik; Resignation des Gottfried v. Grangia	VR Loth 2 Nr. 1026 *Kirsch*, Kollektorien, S. 192
1349 XI 8	Nikolaus v. Gymnich	K (+)	„consiliarius" v. Karl IV.	*Kirsch*, Kollektorien, S. 192 VR 3 Nr. 799
1350 V 31	Johann v. Lichtenberg	K (–)	EB Balduin für seinen „consanguineus" u. „vicarius generalis"	VR 3 Nr. 849

Datum	Name	Für	Anlaß/Supplik/Bemerkungen	Beleg

Innonzenz VI. (1352–1362)

Datum	Name	Für	Anlaß/Supplik/Bemerkungen	Beleg
1353 I 18	Dietrich v. Hammerstein	K (+)	Resignation des Gerhard v. Ehrenbreitstein	VR 4 Nr. 6 *Kirsch*, Kollektorien, S. 193
1354 V 17	Johann v. Hammerstein	K (+)	EB Boemund	VR 4 Nr. 132
1354 XI 8	Gerhard v. Pittingen	K (+)	EB Boemund	VR 4 Nr. 187
1355 IX 30	Johann v. Luxemburg-Ligny	K (+)	Kg. Karl IV. für seinen „consanguineus"	VR 4 Nr. 264
1357 VII 16	Konrad v. Nellenburg	K (−)	B. Heinrich v. Konstanz für seinen „consanguineus"; Supplik aber für Straßburg	VR 4 Nr. 421
1357 XI 9	Heinrich Beyer v. Sterrenberg	K (+)	Kg. Karl IV.	VR 4 Nr. 450 *Kirsch*, Annaten, S. 170
1357 XII 3	Johann v. Vic	K (−)	B. Ademar v. Metz für seinen Kaplan	VR Loth 2 Nr. 1284
1358 II 15	Johann Zoller v. Leiningen	Ca (+)	Resignation des Robert v. Saarbrücken	*Kirsch*, Annaten, S. 172 VR 4 Nr. 483
1358 IV 6	Otto v. Schönburg	K (+)	Dietrich Beyer v. Boppard für seinen „consanguineus"; Tod des Gottfried v. Brandenburg	*Kirsch*, Annaten, S. 173 VR 4 Nr. 499
1358 IX 12	Reimbold Beyer v. Boppard	D (−)	–	VR 4 Nr. 526
1359 VII 19	Jakob v. Rollingen	K (−)	EB Boemund für seinen „consanguineus"	VR 4 Nr. 580 *Kirsch*, Annaten, S. 174

Datum	Name	Für	Anlaß/Supplik/Bemerkungen	Beleg
1360 I 2	Hesseto v. Esch	K (−)	Resignation des Bertram v. Wolmeringen	VR 4 Nr. 605 *Kirsch*, Annaten, S. 175
1360 VIII 23	Kuno v. Falkenstein	Pr (−)	eigene Supplik; Entzug für Johann v. Zolver	VR 4 Nr. 695
1360 X 12	Konrad v. Spiegelberg	K (+)	Tod des Johann v. Virneburg	*Kirsch*, Annaten, S. 321 VR 4 Nr. 715

Urban V. (1362–1370)

Datum	Name	Für	Anlaß/Supplik/Bemerkungen	Beleg
1362 XI 8	Konrad v. Spiegelberg	Pr (+)	päpstl. Nuntius u. Collector, Entzug für Johann v. Zolver	VR 5 Nr. 5
1363 III 19	Ludwig v. Pittingen	K (+)	Arnold v. Pittingen	VR 5 Nr. 108, 110 u. 127
1363 IV 28	Gerhard v. Felsberg	K (+)	„familiaris" des Kg. Peter v. Zypern	VR 5 Nr. 136
1364 IX 2	Fulkin v. Pleis	K (+)	−	VR 5 Nr. 311
1365 III 6	Otto v. Wettin	K (−)	Kg. Karl IV. für seinen „capellanus commensalis continuus" u. „secretarius"	VR 5 Nr. 360
1365 V 20	Nikolaus v. Stein	K (+)	B. Dietrich (Beyer v. Boppard) v. Worms; Tod des Reimbold Beyer	VR 5 Nr. 382
1365 VI 8	Hugo v. Elter	K (−)	Kg. Karl IV. für Sohn seines Marschalls	VR 5 Nr. 402
1367 IV 13	Friedrich v. Blankenheim	K (+)	−	VR 5 Nr. 571
1369 IX 17	Friedrich v. Blankenheim	D (+)	−	VR 5 Nr. 660

Gregor XI. (1370–1378)

Datum	Name	Für	Anlaß/Supplik/Bemerkungen	Beleg
1371 I 28	Reinhold v. Sachsenheim	K (+)	−	VR 5 Nr. 745

Datum	Name	Für	Anlaß/Supplik/Bemerkungen	Beleg
1371 II 8	Friedrich v. Blankenheim	D (+)	Kg. Karl V. v. Frankreich	VR 5 Nr. 759 u. 927
1371 II 26	Dietrich v. Güls	K (+)	EB Kuno für seinen „secretarius", „capellanus" u. „commensalis continuus"	VR 5 Nr. 772
1371 VI 6	Johann v. Klotten	K (+)	–	VR 5 Nr. 824
1371 VI 9	Robert v. Saarbrücken	Pr (+)	EB Kuno für seinen „consanguineus" u. Kapitel	VR 5 Nr. 826
1372 VII 31	Winand Bock v. Pommern	K (+)	–	VR 5 Nr. 908
1373 IX 28	Friedrich v. Blankenheim	De (+)	Tod des Nikolaus v. Pittingen	VR 5 Nr. 978 f., 985
1375 VII 27	Gerlach Köth v. Limburg	D (+)	–	VR 5 Nr. 1141
vor 1377 IX 9	Gerlach Köth v. Limburg	De (+)	–	VR 5 Nr. 1253

Clemens VII. (Avignon) (1378–1394)

1380 III 27	Johann Vrivuser (= Brömser?)	K (–)	–	VR 6 Nr. 1367 RepGerm 1 Sp. 102
–	Ludwig v. Floyon	K (–)	–	RepGerm 1 Sp. 106

Bonifaz IX. (Rom) (1389–1404)

1393 VI 15	Daniel v. Berg	K (+)	Resignation des Fulkin v. Pleis	VR 6 Nr. 572
vor 1396 IV 24	Stephanus Palosius	Pr (–)	Kardinal	RepGerm 2 Sp. 968
1396 IV 24	Petrus Anibaldi de Stephanescis	Pr (–)	päpstl. Akolyth	RepGerm 2 Sp. 968

1397 I 24	Pileus de Prata	K (–)	Kardinal; Erhebung des Johann v. Nassau zum EB v. Mainz	RepGerm 2 Sp. 1000
1401 III 25	Martin v. Lichtenstein	K (–)	Provision des Johann v. Egloffstein zum B. v. Würzburg	VR 7 Nr. 152 RepGerm 2 Sp. 850
1403 I 12	Balduin Nyt v. Birgel	K (–)	–	VR 7 Nr. 352 RepGerm 2 Sp. 104

Für die Zeit Clemens' V., des ersten Avignoneser Papstes, sind die Belege freilich recht spärlich. Johann Button, aus einer Trierer Schöffenfamilie stammend, verdankt seinen Aufstieg bis zum Archidiakon wohl vor allem seiner engen Verwandtschaft mit Peter von Aspelt, der kurz vor der Provision des Johann für ein Kanonikat in Trier 1306 das Mainzer Erzbistum erhalten hatte[135]. Bei Ernst von Rennenberg, dem 1308 ein Trierer Personat usw. reserviert wurde, handelt es sich ebenfalls um den Günstling eines für ihn eintretenden Erzbischofs, nämlich Heinrichs von Virneburg in Köln, der sich spätestens 1305 zu seiner Ernennung Frankreich angeschlossen hatte und so von Clemens V. eingesetzt worden war[136]. Bei den weitreichenden Verbindungen und der Bedeutung der Grafen von Kleve waren sie selbst in der Lage, die Förderung der 1310 erfolgten Provision des auch sonst reich mit Pfründen versehenen Johann zu übernehmen. Das Kanonikat in Mainz erhielt er auf Supplik des zum Elekten von Münster avancierten Ludwig von Hessen, Sohn der Mechtild von Kleve[136a]; auch in Trier trat er dessen Nachfolge an.

Die geringe Anzahl bekannter päpstlicher Eingriffe in das Selbstergänzungsrecht des Trierer Kapitels, ferner die Tatsache, daß weder Johann Button noch Ernst von Rennenberg, der nach dem Tod des Isenbard von Warsberg vergeblich Trierer Cantor zu werden versuchte[137], sich im Kapitel durchsetzen konnten und auch Johann von Kleve – wenn auch vielleicht durch Abwesenheit wegen anderer wichtiger Stellungen bedingt – nie in Kapitelsurkunden erscheint, darf sicher nicht so verstanden werden, daß das Provisionswesen unter Clemens V. noch nicht genügend entwickelt war und noch auf grundsätzlichen Widerstand stieß. Die Ablehnung der Kandidaten durch das Kapitel ist wohl nicht zuletzt dadurch

---

135 Vgl. Personenliste (Teil 2) u. *Werkenthin*, Rheinische Bischofswahlen, S. 103. Die Supplik für Johann erfolgte allerdings – wie bereits erwähnt – durch König Albrecht. Dem ebenfalls an Peter von Aspelt interessierten Papst war der Vorschlag sicher angenehm, dem auf seine Exklusivität bedachten Domkapitel weniger, es protestierte.
136 Vgl. *Werkenthin*, Rheinische Bischofswahlen, S. 28 f.
136a Vgl. Personenliste.
137 Vgl. ebda.

183

bedingt, daß sie aus bereits seit längerem vom Kapitel ausgeschlossener städtischer Oberschicht oder aus weit entfernten, dem niederrheinisch-kölnischen Gebiet zuzuordnenden Adelsgeschlechtern und damit nicht aus den Kreisen stammten, aus denen sich das Trierer Kapitel im allgemeinen rekrutierte.

Eine deutliche Steigerung von Provisionen unter dem Nachfolger von Clemens V., Johannes XXII., ist allerdings augenfällig, wenn auch die wesentlich längere Regierungszeit dieses Papstes berücksichtigt werden muß. Eine Massierung von päpstlichen Kanonikatsverleihungen ist vor allen Dingen in der zweiten Hälfte der zwanziger und in den dreißiger Jahren festzustellen. Bei den früheren Belegen finden sich einige Belege für Suppliken außerdeutscher Herrschaftsträger. Das Verhältnis zum Reich erfuhr durch den Prozeß des Papstes gegen Ludwig den Bayern seit 1323 eine besondere Zuspitzung. Hierdurch ergaben sich auch Mißstimmigkeiten zwischen dem Trierer Erzbischof und dem Papst, da Balduin die Publikation des Prozesses hinauszögerte[138]. Als Folge eines Einlenkens im Jahre 1326 und eines zweieinhalb Jahre währenden guten Einvernehmens zwischen Balduin und dem Papst wertet *Sauerland* eine große Anzahl von Gnadenerweisen für Balduin und seinen Neffen Johann, wenn dies auch für andere wichtige geistliche und weltliche Herrschaftsträger bezeugt ist, „um im Kampfe mit dem Kaiser jene als Bundesgenossen zu erhalten oder zu gewinnen"[139].

Die Provision des Rorich von Sterrenberg erfolgte am selben Tag, als der Papst Balduin für seinen – wenn auch späten – Gehorsam Gegenleistungen versprach[140]. Konrad von Helfenstein erhielt ein Kanonikat, als der Papst dem Trierer Erzbischof wegen der Invasion der Deutschherren von Pommern und Preußen, Anhängern Ludwigs, in die Markgrafschaft Brandenburg und das Bistum Leslau schrieb[141]. Möglicherweise ist auch die Gunstbezeigung gegenüber Eberhard von Massu auf Balduin zurückzuführen, da Eberhard zu dieser Zeit als dessen Offizial fungierte[142]. Die Vergabe eines Kanonikats an Arnold von Blankenheim auf Supplik Johanns von Böhmen fällt mit einem päpstlichen Interesse gerade an diesem wichtigen Kurfürsten im Kampf gegen König Ludwig zusammen[143]. In die Auseinandersetzungen im Reich mit der Position des Papstes hierbei läßt sich auch die Provision Ruprechts von Virneburg im Jahre 1326 einordnen. Sie steht im Zusammenhang mit anderen gleichzeitigen Gunstbezeigungen des Papstes

---

138 Vgl. VR 1 S. X–XII.
139 VR 1 S. XII. Auch *Priesack* spricht von Publikation der Prozesse (Reichspolitik Balduin, S. 143–145). Vgl. aber dagegen *Stengel*, Baldewin, S. 207.
140 Vgl. VR 1 Nr. 973.
141 Vgl. VR 2 Nr. 1450.
142 Vgl. Personenliste (Teil 2) und *Michel*, Gerichtsbarkeit, S. 31. Zu Reinhard v. Westerburg u. seiner Familie vgl. *Hellmuth Gensicke*, Reinhard, Herr von Westerburg, in: Hess. Jb. f. Landesgesch. 1 (1951), S. 128–170; vgl. auch VR 3 S. XIII f.
143 Vgl. hierzu die Ausführungen zu Territorialherren und Adel, S. 56.

für die Virneburger[144], aus deren Familie zwei Vertreter im Auftrag Herzog Albrechts von Österreich und seines Bruders Friedrich, des langjährigen Gegenkandidaten Ludwigs des Bayern, nach Rom gekommen waren. Die wenige Jahre später erfolgten Provisionen von Virneburgern sind dagegen wohl unter einem anderen Vorzeichen zu sehen. Hier liegt ein Zusammenhang mit den Auseinandersetzungen zwischen Balduin und dem vom Papst für Mainz eingesetzten Heinrich von Virneburg nahe[145], die Provisionen Adolfs und Johanns von Virneburg im Jahre 1329 und Ruprechts für das Archidiakonat 1330[145a] sind wohl im Kontext des Mainzer Bistumsstreits zu sehen[146].

Der Papst nahm jedoch keine antiluxemburgische Haltung ein, wie er auch weiterhin Balduins Neffen Johann von Böhmen – der freilich eine andere Position als der Erzbischof vertrat – durchaus gefällig war. Dies zeigen die bereits angesprochenen Kanonikatsvergaben an Gottfried von Brandenburg und Gottfried von Leiningen[147]. Johann von Böhmen nahm zeitweise eine Schlüsselstellung in den Friedensverhandlungen zwischen Ludwig dem Bayern und der Kurie ein[148], auch reagierte der Papst im November 1332 bei der Provision von Robert von Leschiele möglicherweise auf Zugeständnisse, die der Böhmenkönig ihm im Hinblick auf seinen Italienzug machte[149]. Ein relativ gutes Verhältnis zwischen dem Papst und Johann von Böhmen bestand noch im Juni 1334, wie unter anderem die päpstlichen Verlautbarungen und Gnadenerweise aus dieser Zeit zeigen[150]. In diesen Zusammenhang läßt sich auch die auf Bitte Johanns erfolgte Provision des Nikolaus von Simmern (Septfontaines) einordnen.

Insgesamt scheint eine Beziehung zwischen den Pfründenvergaben für das Trierer Domkapitel durch Johannes XXII. und dessen politischen Verbindungen

---

144 VR 1 Nr. 1049–1054.
145 VR 1 S. XII–XIV. Vgl. in diesem Zusammenhang bes. auch *Theodor Kräling*, Der Mainzer Bistumsstreit von 1328 bis 1335, Diss. Marburg 1948.
145a *Kirsch*, Annaten, S. 9 v. 1330 I 14.
146 Die beiden 1330 providierten Mitglieder der Familie Sponheim gehören nicht derselben Linie wie Loretta an, die heftige Auseinandersetzungen mit Balduin gehabt hatte, vom Papst aber danach durchaus wohlwollend behandelt wurde (vgl. VR 2 Nr. 1864, 1872, 1875–1878, 1895), und deren Sohn ebenfalls 1329 als Domkanoniker providiert wurde (vgl. Teil 2, Personenliste). Zu Beziehungen des Vaters der beiden später Providierten, Simon, zum Papst, vgl. VR 2 Nr. 1838 u. 1906.
147 Vgl. weiter oben zu Territorialherren und Adel. Bei einer weiteren Person, Gottfried von Leiningen, ist eine Supplik des Böhmenkönigs zwar nicht belegt. Zur Zeit der Ernennung Gottfrieds befand sich aber sein gleichnamiger Vater mit anderen als Gesandter Johanns in Avignon (vgl. VR 2 Nr. 1928 v. 1330 VII 28).
148 Vgl. hierzu o. S. 56 Anm. 120; und zusammenfassend auch *Gebhardt*, Handbuch, S. 532–534.
149 Vgl. ebda., S. 533 u. die oben genannte Lit. Ob bei der Provision Johanns von Montclair im Jahre 1333 eine Beteiligung des Luxemburgers erfolgt ist, dem der Papst um diese Zeit sehr entgegenkam (vgl. VR 2 Nr. 2152 f.) und der sich – allerdings zehn Jahre später – nachweislich für die Provision eines Angehörigen der Familie Montclair eingesetzt hat (VR 3 Nr. 145 v. 1343 II 2), ist schwer zu sagen. Hier könnte auch lothringischer Einfluß vorgelegen haben.
150 Vgl. VR 2 Nr. 2201 f., 2206–2209, 2213.

und Interessen zu bestehen, wie er ja überhaupt als „Prototyp des gewalttätigen politisierenden Papstes"[151] bezeichnet wird. Das gerade von Johannes XXII. ausgebaute Instrument des Provisionswesens[152] stellte für ihn unter anderem auch eine – freilich begrenzte – Möglichkeit dar, in die Sphäre seiner Gegenspieler und seiner Verbündeten im Hinblick auf die diesen nahestehenden kirchlichen Institutionen einzugreifen und durch Förderung bestimmter Personen ihre Position zu schwächen oder zu stärken. Freilich ist erneut vor einer Überbewertung politischer Intentionen zu warnen, über die auch mangels ausreichender Quellengrundlage weithin nur spekuliert werden kann. Die Vergabe von kirchlichen Pfründen durch den Papst und seine Behörden war wesentlich von lokaler Initiative und anderen Gesichtspunkten, wie der Einhaltung formaler Vorschriften und der Zahlung bestimmter Summen, abhängig. Die Reservationen und Provisionen brachten durch die besonders eingeführten finanziellen Auflagen dem Papsttum nicht unbeträchtliche Einnahmen. Daß gerade dieser Gesichtspunkt für Johannes XXII. von Bedeutung war, machen die entsprechenden Verfügungen deutlich[153].

Der Erfolg der päpstlichen Dignitäts- und Kanonikatsverleihungen in Trier war unterschiedlich. Die Chancen für solche Kandidaten, die durch ihre ständische oder regionale Herkunft nicht in Beziehung zu dem im Kapitel vertretenen Adel standen, waren von vornherein gering. Johann von Nancy, Wilhelm von Boutershem, Eberhard von Massu[154] und Robert von Leschiele sind wohl dieser Gruppe zuzurechnen. Aber auch Angehörige von durchaus standesgemäßen und aus dem Einzugsbereich stammenden Geschlechtern konnten sich nicht durchsetzen. Mitglieder wichtiger Grafenfamilien – wie Diether von Katzenelnbogen, Reinald von Sponheim, Johann von Leiningen – begegnen trotz Provision nicht im Kapitel, auch die Virneburger scheinen nur zum Teil erfolgreich gewesen zu sein. Hier mag die Position des mächtigen Kurfürsten Balduin eine Rolle gespielt haben. Von einer grundsätzlichen Opposition des Kapitels gegen die in sein Selbstergänzungsrecht eingreifenden Provisionen kann nicht ausgegangen werden. Hinweise auf Widerstände sind in Einzelfällen, so bei Alexander von Braunshorn und Eberhard von Massu, allerdings vorhanden. Mindestens die Hälfte der für Kanonikate vorgesehenen Personen ist später in deren Besitz nachzuweisen, zum

---

151 *Jedin*, Kirchengeschichte 3,2 S. 393.
152 Vgl. Anm. 121 und die dort zit. Lit.
153 Durch „Si gratanter" von 1316 behielt Johannes XXII. der päpstlichen Kammer, oberster Finanzbehörde der Kurie, die Annaten aller augenblicklich erledigten und innerhalb von drei Jahren vakant werdenden Benefizien vor. Durch die Extravagante „Suscepti regiminis" wurde die Höhe der Annatenleistungen nach der Zehnttaxe geregelt, die wohl ungefähr der Hälfte der Einnahmen entsprach. Vgl. hierzu die weiter unten Anm. 246 genannten Lit. zu den Annaten und die entsprechenden Ausführungen.
154 Vgl. zu Eberhard v. Massu und dem Widerstand des Kapitels auch LHAKO Abt. 1 D Nr. 375 f. u. 4414 S. 173–185.

Teil schon recht bald[155]. Es ist jedoch im einzelnen kaum zu prüfen, inwieweit hier die päpstliche Pfründenvergabe oder anderweitige Unterstützung den Ausschlag gab.

Bemerkenswert ist, daß unter Johannes' Nachfolger Benedikt XII. die Belege für Kanonikatsverleihungen am Trierer Domkapitel fast völlig fehlen[156]. Man bewertet Benedikt jedoch auch als einen „Reformpapst", der unter anderem zurückhaltender bei Stellenbesetzungen war[157]. Zu seiner Zeit erreichte darüber hinaus die antikuriale Stimmung in Deutschland einen Höhepunkt[158]. Als politisches Instrument hat Benedikt die Vergabe von Kanonikaten jedenfalls für das Trierer Kapitel auf keinen Fall angewandt. Für die Zeit Clemens' VI. ist wieder eine größere Anzahl päpstlicher Provisionen für Trierer Domkanonikate überliefert. Auffällig oft finden sich dabei Suppliken der Luxemburger, König Johanns[159], Erzbischof Balduins[160] wie auch Karls IV.[161]. Ein Blick auf die Herkunft der überhaupt zur Zeit Clemens VI. für das Kapitel vorgesehenen Personen zeigt, daß es sich mit Ausnahme von einigen wenigen um Angehörige westlich und südlich von Trier ansässiger Familien, hauptsächlich Luxemburgs, handelt; von den übrigen stehen der an der Sorbonne studierende Johann von Dusenburg, Richard von Daun aus der mit dem Luxemburger Marschallamt versehenen Linie Densborn, Rudolf Losse und Johann von Lichtenberg noch in besonderer Beziehung zu Frankreich bzw. Luxemburg.

---

155 Vgl. Personenliste.
156 Gerade Benedikt hat mit seiner Konstitution „Ad regimen" von 1335 das päpstliche Reservationsrecht zusammengefaßt (Druck in der Anm. 121 genannten Sammlung von *Lux*, S. 54–56; vgl. auch *Jacob*, Benedikt XII., S. 49–52).
157 Vgl. *Seppelt*, Geschichte der Päpste 4, S. 120–124; *Jedin*, Kirchengeschichte 3,2 S. 397 f. Zu Benedikts Pfründenpolitik vgl. speziell auch *Bernard Guillemain*, La politique bénéficiale du pape Benoit XII. 1334–1342, Paris 1952. G. gibt auch Zusammenstellungen für päpstliche Eingriffe nach einzelnen Ländern (für Deutschland S. 103–113). Auf Grund der politischen Situation und der Gegnerschaft im Reich waren die Erfolgschancen päpstlicher Pfründenvergabe vielfach gering. Besonders intensiv betätigte sich Benedikt in den westlichen, stärker auf Frankreich orientierten Gebieten, also den Diözesen Lüttich, Metz, Toul und Verdun. In der Kölner und Mainzer Kirchenprovinz war seine Aktivität offenbar größer als in Trier. Zum Verhältnis in der Zahl der Provisionen insgesamt zu seinem Vorgänger vgl. ebda., S. 141–143.
158 Vgl. *Gebhardt*, Handbuch, S. 535–542 mit weiterer Lit.; bes. *Jacob*, Benedikt XII., S. 94–153 (zum Kurverein v. Rhens u. d. Reaktion d. Papstes hierauf S. 124–129); *Stengel*, Avignon u. Rhens.
159 Für Gilkin de Villaribus (Weiler-la-Tour), Jakob von Montclair, Johann von Meisenburg und Johann von Berberg, also überwiegend Vertreter des luxemburgischen Adels.
160 Für Nikolaus von Rodenmacher, Sohn seines Küchenmeisters Thilmann, ebenfalls aus Luxemburg, und für seinen als „consanguineus" bezeichneten Generalvikar Johann von Lichtenberg.
161 Für seinen Hauskaplan Rudolf Losse, der ihm auch im Zusammenhang mit der Erlangung des Königtums Dienste geleistet hatte. Mit Johann von Simmern (Septfontaines) und Nikolaus von Gymnich (-Möstroff) wurden überdies an zwei weitere luxemburgische Adelige Domherrnstellen vergeben, wobei letzterer auch als „consiliarius" und „nuntius" Karls IV. an den Papst bezeugt ist (vgl. Personenliste).

Papst Clemens VI. gilt in besonderem Maße als französischer und den Luxemburgern freundlicher Papst[162]. Gerade er unterstützte den Böhmen Karl bei seinem durch den Tod des Kontrahenten Ludwig des Bayern bald erfolgreichen Versuch, die Reichsherrschaft zu erlangen[163]. Eine Verbindung zwischen den Luxemburgern und Clemens VI. ergab sich – wie bereits erwähnt – um so eher, als die Tiroler Angelegenheiten die Luxemburger wieder eine antiwittelsbachische Position einnehmen ließen[164]. Die Pfründenvergaben für das Trierer Kapitel durch Clemens VI. sind also möglicherweise von der politischen Konstellation beeinflußt, auch Gerlach von Nassau, 1343 für ein Domkanonikat providiert, zählte nicht zur Partei Ludwigs des Bayern[165]. Ein durchgängiger Erfolg der Provisionen des Papstes ist aber trotz der Beteiligung mächtiger Herrschaftsträger ebenso wie schon bei Johannes XXII. nicht festzustellen. Vor allem in den ersten Jahren seiner Regierung bis 1344 scheinen die von Clemens eingesetzten Personen im Kapitel kaum durchgedrungen zu sein; nur wenige sind später in Trierer Urkunden als Domherren belegt. In der zweiten Hälfte der vierziger Jahre gelang es den Providierten häufiger, sich zu behaupten, erst nach längeren Widerständen konnte sich allerdings der aus einer Eisenacher Familie stammende Rudolf Losse die Aufnahme erkämpfen[166]. Woran der unterschiedliche Befund in der Regierungszeit Clemens VI. liegen kann, ist nicht ohne weiteres zu sagen. Die vier Fällen vorhandene Supplik von Luxemburgern, Johanns von Böhmen bzw. Balduins zeigt, daß die providierten Personen diesen für das Trierer Erzstift entscheidenden Herrschaftsträgern sicher durchaus genehm waren. Inwieweit insgesamt die Entwicklung im Reich eine Rolle spielte, könnte nur durch eine vergleichende Analyse von Provisionen und ihrem Erfolg in anderen geistlichen Institutionen festgestellt werden. Auffällig ist jedenfalls, daß auch für das Domkapitel Köln gerade in den Jahren 1342 und 1343 etliche Personen providiert wurden, die dann später nicht als Kanoniker erscheinen[167].

Unter Innozenz VI. (1352 bis 1362) ist die Anzahl der Provisionen für Trierer Domherrenstellen etwas geringer als unter seinem Vorgänger. Der überwiegende

---

162 Vgl. *Jedin,* Kirchengeschichte 3,2 S. 399–402; *Seppelt,* Geschichte der Päpste 4, S. 133–146.
163 Karl war als Knabe in Paris sein Zögling gewesen. Er erreichte 1344 auch die Erhebung Prags zum Erzbistum; vgl. etwa *Werunsky,* Karl IV., 1, S. 19–22, 350 f.
164 Vgl. hierzu weiter oben zu Territorialherren und Adel, S. 57. Mit Balduin verständigte sich der Papst bereits Ende des Jahres 1342 und sprach ihn von den Kirchenstrafen los (*Riezler,* Vat. Akt., Nr. 2134 u. 2140 f. v. 1342 XI 24 u. XII 11; vgl. auch *Stengel,* Nova Alamanniae Nr. 721, 723). Balduin blieb allerdings, auch in der Folgezeit, gegenüber dem Papst durchaus reserviert.
165 Dies wird durch die Tatsache deutlich, daß er 1346 für den wegen seines Übergangs zu den Wittelsbachern suspendierten Heinrich von Virneburg zum Erzbischof von Mainz eingesetzt wurde. Vgl. zu Gerlach die Angaben in der Personenliste, insbesondere auch VR 3 S. XXIX–XXXIII.
166 Vgl. Personenliste.
167 Vgl. *Kisky,* Domkapitel, S. 90 Nr. 2, 4, 6, 8, 10, 12.

Teil der von ihm eingesetzten Personen ist aber später tatsächlich als Kanoniker oder in der ihnen zuerkannten Stellung im Kapitel nachzuweisen. Von den offenbar gescheiterten Klerikern stammen Konrad von Nellenburg und Johann von Vic nicht aus dem im Kapitel ansonsten vertretenen Adel, für sie setzten sich auch mit dem Bischof von Konstanz bzw. von Metz keine im Erzstift gewichtigen Kräfte ein. Sofern ansonsten eine Supplik beim Papst belegt ist, geht sie fast ausschließlich von Karl IV. und Erzbischof Boemund aus[168]. Eine Veränderung vom Personenkreis der Providierten her gegenüber der Zeit Clemens VI. ist dementsprechend nur begrenzt festzustellen; nach wie vor wurden bei den noch zumeist engen Beziehungen zwischen dem Kaiser und Innozenz VI.[169] Günstlinge und Verwandte Karls und des ihm verbundenen Trierer Erzbischofs gefördert. Zu einem größeren Anteil als unter Clemens VI. stammen die vom Papst eingesetzten Kanoniker jedoch auch aus den östlicheren Teilen des Herkunftsgebietes der Trierer Domherren, was mit den Verlagerungen im Einzugsbereich des Kapitels wie auch im Erzstift insgesamt zusammenhängen könnte[170].

Die Provisionstätigkeit von Innozenz VI. scheint sich für das Trierer Kapitel nicht sehr von der seines Vorgängers zu unterscheiden. *Sauerland* stellt freilich insgesamt in der päpstlichen Praxis beträchtliche Unterschiede heraus[171], seine Zusammenstellung zeigt einen deutlichen Rückgang von Pfründenverleihungen in der Kölner wie in der Trierer Diözese[172].

Für Urban V. (1362 bis 1370) und Gregor XI. (1370 bis 1378) legt er die große Ungleichheit in der Häufigkeit von Provisionen für die beiden freilich unterschiedlich ausgestatteten Diözesen dar; die Zahl der für die Trierer Diözese vergebenen Pfründen bleibt erheblich hinter der von Köln zurück[173]. Zu erkennen ist dies aber kaum bei der Vergabe von Domkanonikaten. In Trier ist immer noch ein Einfluß Karls IV. gegeben[174]. Ebenso wie sich die Zusammensetzung des Kapitels insgesamt wandelt[175], geht aber – wie schon bei Innozenz erkennbar – bei den

---

168 Die Familie Beyer von Boppard, aus der Dietrich für seinen Verwandten Otto von Schönburg bat und auch Reimbold begünstigt wurde, ist ebenfalls zu den Schützlingen und Vertrauten des luxemburgischen Hauses zu rechnen und in dessen Umkreis zu finden (vgl. VR 4 S. XXII–XXV; o. S. 34 Anm. 117). Zum EB auch unten.
169 Vgl. oben zum Königtum, Anm. 53.
170 Vgl. hierzu Teil 2.
171 Für ihn ist er nach dem „prunksüchtigen, verschwenderischen und dem Nepotismus fröhnenden Papst" ein „einfacher, sparsamer, gerechter und sittenstrenger Herr", der insbesondere auch die Verleihung von Gnadenbezeugungen eingeschränkt, weniger Dispense vergeben, weniger Expektanzen bewilligt und weniger Pfründen verliehen habe (VR 4 S. I f.).
172 Vgl. VR 4 S. III–VII.
173 Vgl. VR 5 S. XXVI–XXXI.
174 Unter Urban V. ist für Otto von Wettin und Hugo von Elter die Supplik Karls IV. bezeugt. Für Ludwig von Pittingen setzte sich sein Vater Arnold ein, Ratgeber des Kaisers und seines Bruders, des Herzogs von Luxemburg und Brabant (vgl. VR 5 Nr. 108).
175 Vgl. Personenliste.

Providierungen der Anteil luxemburgischer und sonstiger westlicher Geschlechter im Vergleich zur Zeit von Clemens VI. ein wenig zurück. Zu berücksichtigen ist, daß mit Kuno von Falkenstein im Jahre 1362 kurz vor dem Regierungsantritt Urbans ein Mann in den Besitz des Erzstifts gelangte, der aus dem Mainzer Erzstift stammte. Es kann angenommen werden, daß Konrad von Spiegelberg, der von Urban mit der Propstei bedacht wurde, ihm und seinem Vorgänger Boemund nahestand. Zur Zeit dieses Papstes sind jedoch keine Suppliken von seiten des Falkensteiners nachzuweisen. Erst bei den Provisionen von 1370 bis 1378 unter Gregor XI. ist bei Dietrich von Güls und Robert von Saarbrücken eine Einflußnahme Kunos gegeben, der ersterem dann auch 1371 das Archidiakonat von Dietkirchen verschaffte[176]. Insgesamt sind anscheinend die durch Urban V. und Gregor XI., die beiden letzten avignonesischen Päpste, für das Kapitel providierten Personen in ihren Bemühungen relativ erfolgreich gewesen. Lediglich die beiden von Karl IV. empfohlenen Personen, nämlich der mit wichtigeren kirchlichen Funktionen versehene und auch bald verstorbene Otto von Wettin und der möglicherweise früh in den Laienstand zurückgetretene Hugo von Elter sind nicht in der verliehenen Position nachzuweisen[177]. Eine politische Intention bei der Pfründenvergabe läßt sich nicht fassen. Den Wünschen des Kaisers und auch des Trierer Erzbischofs wurde allerdings entsprochen. Das Verhältnis zwischen Karl IV. und Urban V. war – wie bereits ausgeführt – relativ gut, Karl unterstützte den Papst vor allem bei seinem freilich nur vorübergehenden Versuch, den Sitz der Kurie wieder nach Rom zu verlegen[178]; zwischen Karl IV. und Gregor XI. bestanden ebenfalls freundschaftliche Beziehungen[179].

Mit Gregor XI. endete die Zeit der „avignonesischen Gefangenschaft" der Päpste, 1378 stürzte das große Schisma aber das eben nach Rom zurückgekehrte Papsttum in eine langdauernde Krise. Der in Rom residierende Urban VI. wurde von Karl IV. und dessen Nachfolger Wenzel, besonders auch von Kuno von Falkenstein unterstützt[180]. Für Eingriffe von päpstlicher Seite in die Besetzung des Kapitels in Trier etwa zugunsten des Erzbischofs oder des Königs fehlen allerdings

---

176 Vgl. hierzu unten zu EB u. Pfründenvergabe, S. 267.
177 Vgl. Personenliste.
178 Vgl. *Seppelt*, Geschichte der Päpste 4, S. 159–161 und oben zum Königtum Anm. 126.
179 Die zwar durch die Wahl Wenzels zum Nachfolger im Reich auf eine Probe gestellt wurden, aber durch das diplomatische Geschick des Kaisers nicht ins Gegenteil umschlugen. Vgl. *Seppelt*, Geschichte der Päpste 4, S. 165 f.
180 Vgl. hierzu und zum großen Schisma RepGerm 1 S. 99*–170*, bes. S. 140* f.; *Theodor Lindner*, Papst Urban VI., in: Zs. f. Kirchengesch. 3 (1879), S. 409–428, 525–546, bes. S. 419 f.; *Noël Valois*, Le grand schisme en Allemagne de 1378 à 1380, in: Röm. Quartalschr. 7 (1893), S. 107–164; ders., La France et le Grand Schisme d'occident, Bd. 1, 1896, Ndr. Hildesheim 1967, S. 262–303; *S. Steinherz*, Das Schisma von 1378 und die Haltung Karls IV., in: MIÖG 21 (1900), S. 599–639. Vgl. auch *Jedin*, Kirchengeschichte 3,2 S. 490–516 mit weiterer Lit. Für Trier *Parisius*, Kuno II. von Trier, S. 16–19. Vgl. auch die Ausführungen zu Königtum und Erzbischof.

fast gänzlich die Belege. Die erhaltene entsprechende Überlieferung aus seiner Zeit ist jedoch überhaupt recht schmal. Möglicherweise ist der von Kuno geförderte Jakob Huntschwin von Lahnstein auch vom Papst unterstützt worden, er hat sich offenbar nicht im Kapitel durchsetzen können[181]. Die vom Gegenspieler Urbans in Avignon, Papst Clemens VII., für Domherrenstellen[182] vorgesehenen Johann Vrivuser (= Brömser?) und Ludwig von Floyon, ein Kleriker aus der Diözese Cambrai, scheiterten wohl ebenfalls mit ihren Ansprüchen[183].

Unter Bonifaz IX., dem nächsten römischen Papst, sind wieder einige Provisionen für das Trierer Kapitel belegt, außer im Falle des nach der Resignation des Fulkin von Pleis eingesetzten Daniel von Berg ist jedoch keiner der Providierten später im Kapitel zu finden. Bei den Nutznießern der päpstlichen Pfründenvergaben handelt es sich auch mit dem Kardinal Stephanus, mit Petrus Anibaldi, päpstlichem Akolyt, und mit Kardinal Pileus um dem Erzstift fernstehende Günstlinge des Papstes[184]; Martin von Lichtenstein dürfte seine Provision den Beziehungen zu einem Kardinal verdanken; Balduin Nyt von Bregel stammt aus dem kölnischen Gebiet und damit ebenfalls nicht aus dem Einzugsbereich des Trierer Kapitels.

Von daher ist eine Ablehnung der vorgesehenen Kandidaten durch die Trierer Domherren nicht verwunderlich. Die Versorgung von für den Papst wichtigen Personen wie den Kardinälen und Höflingen, zwar schon früher üblich[185], aber für Trier gerade bei Bonifaz IX.[186] deutlich, kann auch in der Zeit des großen Schismas im Zusammenhang mit dem Bemühen gesehen werden, die eigene Anhängerschaft zu erhalten und auszubauen. Ein Beispiel für das Bestreben des Papstes, wichtige Personen durch Pfründenvergaben für sich zu gewinnen, auf der anderen Seite für eine geschickte und auf Gegenleistungen berechnete Politik dieser Personen stellt Pileus, der mehrfach die Parteiung wechselnde „Dreihütekardinal" dar[187]. Die Zeit des großen Schismas begünstigte solche Vergabe von Pfründen durch die Päpste, die teilweise gerade in der Oboedienz ihres Gegners

---

181 S. u. S. 268.
182 Der Kardinal Johannes de Novocastro tit. IV. Coron. wurde für ein Archidiakonat vorgesehen (RepGerm 1 S. 90). Zu ihm auch VR 6 Nr. 1461 und RepGerm 1 S. 167* f.
183 Vgl. Teil 2 (Personenliste). Für Versuche des Avignoneser Papstes im Mainzer Erzbistum vgl. *Alois Gerlich*, Die Anfänge des abendländischen Schismas und der Mainzer Bistumsstreit, in: Hess. Jb. f. LG 6 (1956), S. 25–76, S. 76.
184 Vgl. Personenliste.
185 Vgl. VR 5 S. XXIX–LX.
186 Vgl. zu Bonifaz IX. speziell *Jansen*, Bonifatius IX.; *Arnold Esch*, Bonifaz IX. und der Kirchenstaat (Bibliothek des Deutschen Historischen Instituts in Rom, Bd. XXIX), Tübingen 1969; *ders.*, Simoniegeschäft in Rom 1400: „Kein Papst wird das tun, was dieser tut", in: VSWG 61 (1974), S. 433–457.
187 Vgl. zu ihm die Angaben in der Personenliste.

eigenen Anhängern Stellen verliehen[188]. Für Trier und besonders das Domkapitel läßt sich eine solche intensive Pfründenpolitik aber kaum fassen. Auch fehlen Belege für die Aufnahme von päpstlich Providierten ins Trierer Kapitel in dieser Zeit mit Ausnahme von Daniel von Berg. Überhaupt sind nach den allerersten Jahren des 15. Jahrhunderts – freilich wohl nicht zuletzt durch die schmale Quellengrundlage bedingt – zunächst keine Provisionen und Reservationen für das Trierer Kapitel mehr verzeichnet[189].

Auch nach Beendigung des großen Schismas finden sich nur wenige Hinweise auf päpstliche Beteiligung bei der Vergabe von Pfründen am Trierer Dom; sie lassen freilich ein Weiterbestehen der päpstlichen Praxis erkennen[190]. Nach dem Tod des Egid von Sierck, kurzfristig Dompropst[191], verlieh der Papst diese Stellung dem Propst von St. Guido in Speyer, Raban von Helmstadt, der sich aber deswegen mit Friedrich von Kröv auseinanderzusetzen hatte[192]. Im Jahre 1429 bestätigte er dann nach dem Verzicht Rabans die Propstei dem Friedrich[193], dessen Auseinandersetzungen mit der Kapitelsmehrheit einen langen Prozeß an der Kurie und seine vorübergehende Suspension bewirkten. Die auf Betreiben Jakobs von Sierck erfolgte Provision des Sigmund Wecker von Bitsch durch den Legaten Johannes Carjaval führte im Jahre 1449 zur Verstärkung einer ohnehin vorhandenen Opposition im Kapitel gegen den Erzbischof[194]. Im Jahre 1455 wurde Wikbert von Wolfskeel „motu proprio" mit dem Kanonikat des Johann von Grumbach versehen, wenig später aber die Provision zugunsten des Reiner von Driesch kassiert[195]. Philipp von Savigny erhielt 1457 Archidiakonat und Domkanonikat des Wilhelm von Haraucourt[196]. Den weiterhin vorhandenen päpstlichen Einfluß bei der Besetzung kirchlicher Stellen zeigen auch die Eingriffe des

---

188 Vgl. in diesem Zusammenhang auch bes. *Konrad Eubel,* Die Provisiones Praelatorum durch Gregor XII. während des großen Schismas, in: Röm. Quartalschrift 7 (1893), S. 405–446; *Valois,* Grand Schisme 1378–1380 (wie Anm. 180).
189 Vgl. VR 7 und RepGerm 2.
190 Zu Provisionen allgemein für Prälaten in der Zeit Gregors XII. vgl. Anm. 188 u. *Konrad Eubel,* Die Provisiones Praelatorum durch Gregor XII. nach Mitte Mai 1408, in: Röm. Quartalschrift 10 (1896), S. 99–131.
191 Er hatte die Propstei durch die Erhebung Ottos von Ziegenhain zum EB nach dem Tod Werners von Falkenstein (1418) erhalten (vgl. Teil 2, Personenliste). Dem Florentiner Albertus de Albertis, der sich für die vakante Stellung offenbar interessiert hatte, wurde vom Papst nur die Propstei von St. Florin/Koblenz zugestanden (RepGerm 4 Sp. 17). Egid von Sierck erhielt im selben Jahr eine päpstliche Dispens (RepGerm 4 Sp. 630).
192 LHAKO Abt. 1 D Nr. 4010 v. 1422 II 27.
193 RepGerm 4 Sp. 716. 1430 gab es auch eine Verfügung wegen eines Domkanonikats und des Archidiakonats von Longuyon für Eberhard v. Eppstein (RepGerm 4 Sp. 596 f.).
194 Vgl. unten zum EB; Schmidt, Quellen 2, Nr. 1968 f., 1971 f., 1974; LHAKO Abt. 1 D Nr. 1104 f., 1107, 1109, 1111; BATR Abt. 40,2 Nr. 4 S. 19. Die Opponenten wurden ihrer Pfründen enthoben, Neuvergaben erfolgten an Friedrich Meynevelder, Gerhard Rheingraf und Johann von Finstingen, was 1450 V 20 von Nikolaus IV. bestätigt wurde (RepGerm 6).
195 RepGerm 7.
196 RepGerm 7.

Papstes in die Bistumsbesetzungen wie bei Raban von Helmstadt[197] und die
Verleihung auswärtiger Pfründen für Trierer Kanoniker[198].

b. Vikarien, Altäre u. ä.

Vergabe von Benefizien an Dom und Liebfrauen und von weiteren dem Kapitel
oder Kapitelspersonen unterstehenden Pfründen bis zur Beendigung des großen
Schismas.

(abb. = abbas; alt. = altare; archid. = archidiaconus; archiep. = archiepiscopus;
can. = canonicus, canonicatus; cap. = capitulum; coll. = collatio; conv. = conventus; cust. = custos; dec. = decanus; disp. = dispositio; eccl. = ecclesia;
par. eccl. = parochialis ecclesia; preb. = prebenda; prep. = prepositus; rect. =
rector; scol. = scolasticus; sing. = singuli; thes. = thesaurarius)

Datum	Person	Benefiz	Supplik	Beleg
Johannes XXII.				
1325 VII 19	Johannes de Septemfontibus	can. eccl. S. Marie Trev.	–	VR 1 Nr. 817
1328 IX 14	Nicolaus de Luccembourch	disp. prep., dec., cust., cap. eccl. Trev.	–	VR 2 Nr. 1549 u. 1929, vgl. auch Nr. 1597 (kassiert)
1331 I 2	Petrus Petri dictus de Colonia	disp. dec. eccl. Trev.	–	VR 2 Nr. 2002
Clemens VI.				
1342 XI 23	Symon de Epternaco	coll. dec. eccl. Trev.	–	VR 3 Nr. 86
1343 VII 16	Theodericus dictus de Lupo de Colonia	disp. dec. eccl. Trev.	EB Balduin (dessen Kaplan)	VR 3 Nr. 226
1343 VII 16	Conradus de Heve	disp. thes. eccl. Trev.	EB Balduin (dessen Kleriker)	VR 3 Nr. 218

---

197 Vgl. die Ausführungen zu den Bistumsbesetzungen. Das Baseler Konzil allerdings hob 1433
die päpstlichen Reservationen bei Kathedral- und Kollegiatkirchen, Klöstern und Dignitäten zugunsten kanonischer Wahlen auf (LHAKO Abt. 1 D Nr. 960).

198 So etwa für Dietrich von Stein, Johann Beyer von Boppard, Adolf v. Eppstein, Jakob u.
Philipp v. Sierck (vgl. Personenliste).

Datum	Person	Benefiz	Supplik	Beleg
1350 III 25	Jofridus Johaneti de Marvilla	disp. archiep. dec., cap., sing. can. eccl. Trev.	–	VR 3 Nr. 820
1352 VII 14	Johannes Brubach de Superiori-Laynsteyn	disp. prep., dec., etc. eccl. Trev.	–	VR 3 Nr. 1029, VR 4 Nr. 61

Innozenz VI.

1354 V 17	Nicolas iunioris Arnoldi de Steynsel	disp. prep., dec., cust. eccl. Trev.	EB Boemund	VR 4 Nr. 132
1358 III 10	Gobelinus de Addemande	alt. S. Johannis in eccl. S. Marie Trev.	–	VR 4 Nr. 492
1358 VI 29	Johannes Johannis dicti Mavais de Breus	disp. cap. eccl. Trev.	eigene Supplik	VR 4 Nr. 514, vgl. auch Nr. 659

Urban V.

1363 III 19	Hermannus Werneri de Septemfontibus	coll. prep., dec., thes., cap., sing. can. eccl. Trev.	Arnold v. Pittingen (dessen Kaplan)	VR 5 Nr. 108
1365 IV 18	Johannes Thilemanni de Luccembourg	coll. cap. eccl. Trev.	eigene Supplik	VR 5 Nr. 367

Gregor XI.

1372 IV 24	Jacobus Buc	coll. dec. eccl. Trev. in eccl. Trev.	–	VR 5 Nr. 893
1373 VI 7	Hermannus Emeslins	disp. dec., thes. eccl. Trev.	–	VR 5 Nr. 955
1374 VII 31	Johannes natus quondam Hermanni de Heymbach	disp. dec., sing. can. eccl. Trev.	–	VR 5 Nr. 1034

Urban VI.

vor 1380 I 6	Matheus de Meyen	coll. dec. eccl. Trev.	–	LHAKO Abt. 1 D Nr. 720 u. 4416, S. 393 f.

Datum	Person	Benefiz	Supplik	Beleg
Clemens VII. (Avignon)				
1378 XI 16	Hermannus de Sinzich	disp. archiep., prep., dec., cap., sing. can. eccl. Trev.	–	VR 6 Nr. 1331, RepGerm 1 S. 59
1378 XI 24–28	Jacobus Olizei de Longuion	disp. archiep., dec., cap. etc. eccl. Trev.	–	RepGerm 1 S. 65, VR 6 Nr. 1339
1390 I 8	Henricus Voghiani	coll. archiep., prep., dec. etc. eccl. Trev.	Margarete v. Kleve u. Bürger v. Kalkar u. Sonsbeck	VR 6 Nr. 1463, RepGerm 1 S. 56
weiterhin unter Clemens:				
–	Johannes de Blenodio	coll. archiep. etc. Trev.	–	RepGerm 1 S. 71
–	Johannes filius Johannis de Sprencourt	coll. ep. etc. eccl. Met. vel Trev.	–	RepGerm 1 S. 83
–	Wautrinus Francisci dictus Hardilon	coll. archiep. etc. Trev.	–	RepGerm 1 S. 145
Bonifaz IX. (Rom)				
1390 I 29	Johannes Heinrici dicti hinder der Muren	disp. archiep., prep., dec. etc. eccl. Trev.	–	RepGerm 2 Sp. 656, VR 6 Nr. 231
1390 XI 3	Reymboldus Reymboldi de Superiori-Lanstein	disp. prep., dec. eccl. Trev.	–	RepGerm 2 Sp. 1014, VR 6 Nr. 276
vor 1391 I 22	Nicolaus Petri de Bettenberch	disp. prep., dec. etc. eccl. Trev.	–	VR 6 Nr. 321
1391 III 13	Mathias Boze de Beckinga	disp. archiep., prep., dec. etc. eccl. Trev.	–	VR 6 Nr. 336
1391 IV 13	Fridericus Johannis de Osanna	disp. archiep., prep., dec. etc. eccl. Trev.	–	RepGerm 2 Sp. 294, VR 6 Nr. 357

Datum	Person	Benefiz	Supplik	Beleg
vor 1391 IV 30	Wilhelmus de Brunshorn	disp. archiep., prep., dec. etc. eccl. Trev.	–	VR 6 Nr. 372, RepGerm 2 Sp. 365
1391 VII 22	Jodocus natus quondam Jodoci Carnificis	disp. archiep., prep., dec. etc. eccl. Trev.	–	VR 6 Nr. 402, RepGerm 2 Sp. 555
1391 X 12	Wernherus Drosele	disp. archiep., prep., dec. etc. eccl. Trev.	–	RepGerm 2 Sp. 1153, VR 6 Nr. 437
1393 VII 25	Johannes Fritzonis	disp. archiep., prep., dec. etc. eccl. Trev.	–	VR 6 Nr. 581 RepGerm 2 Sp. 627
1393 VII 25	Emmericus dictus Poymberg	disp. prep., dec. etc. eccl. Trev., prep., dec. etc. eccl. S. Marie Wetzlar.	–	RepGerm 2 Sp. 254, VR 6 Nr. 580
1394 I 9	Henzelinus de Heyllendorf laicus	officium bastonarie (stafprovende) bzw. officium campanarium	–	VR 6 Nr. 623, RepGerm 2 Sp. 493
1394 II 14	Paulus de Alve	disp. archiep., prep., dec. etc. eccl. Trev.	–	VR 6 Nr. 629, RepGerm 2 Sp. 958
1395 II 1	Conradus dictus Roisport	disp. archiep., prep., dec. etc. eccl. Trev.	–	VR 6 Nr. 722, RepGerm 2 Sp. 198
vor 1396 VI 27	Michael Johannis de Heylenbuch	disp. prep., dec. etc. eccl. Trev.	–	VR 6 Nr. 854, RepGerm 2 Sp. 868
1396 VII 26	Johannes de Rebingersburg	alt. S. Kiliani in eccl. Trev. (neu übertragen, zuvor schon durch Urban VI.)	–	VR 6 Nr. 861 f., RepGerm 2 Sp. 734
1396 VIII 24	Johannes Dytmari de Wetslaria	disp. archiep., prep., dec., archid., etc., eccl. Trev., abb., conv. S. Maximini Trev.	–	RepGerm 2 Sp. 606, VR 6 Nr. 875

Datum	Person	Benefiz	Supplik	Beleg
1397 VI 8	Hermannus Spec	disp. archiep., prep., dec. etc. eccl. Trev., rect. par. eccl. b. Marie Andernac.	–	VR 6 Nr. 967, RepGerm 2 Sp. 521
vor 1398 V 21	Johannes Hesse	disp. archiep., prep., dec. etc. eccl. Trev.	–	VR 6 Nr. 1085, RepGerm 2 Sp. 662
vor 1400 V 11	Fridericus Hermanni	disp. archiep., prep., dec. etc. maioris et S. Simeonis Trev. eccl.	–	VR 7 Nr. 46, RepGerm 2 Sp. 293
1401 I 14	Johannes Remag	eccl. par. S. Gangulfi Trev. (disp. archiep., prep., dec. etc. eccl. Trev. vorher verliehen)	–	VR 7 Nr. 125, RepGerm 2 Sp. 737
1402 XII 17	Bertholdus de Bercheim	alt. S. Marie Egiptiace in maiori eccl. Trev. (neu übertragen, zuvor schon durch Custos Konrad v. Homburg)	–	VR 7 Nr. 310, RepGerm 2 Sp. 128
1403 I 2	Gerlacus Silvestri de Monthabur	disp. prep., dec., etc. Trev., S. Florini in Confluentia, archid. Trev. eccl.	Kard. Cosmas tit. S. Crucis in Jerusalem für seinen „commensalis"	VR 7 Nr. 339, RepGerm 2 Sp. 335 f.
1403 II 10	Nicolaus Hermanni de Confluentia	preb. in eccl. B. Marie maioris Trev. (neu übertragen, zuvor durch Dekan Gerlach v. Limburg)	–	VR 7 Nr. 357, vgl. Nr. 414, RepGerm 2 Sp. 904

Gregor XII. (Rom)

Datum	Person	Benefiz	Supplik	Beleg
1407 XII 23	Hermannus Welder de Monthabur	disp. prep., archid., dec. etc. eccl. Trev.	–	VR 7 Nr. 642, RepGerm 2 Sp. 1371
1407 XII 23	Johannes Kormesser	disp. archiep., prep., dec. etc. eccl. Trev.	–	VR 7 Nr. 641, RepGerm 2 Sp. 1378

Datum	Person	Benefiz	Supplik	Beleg
1410 XII 19	Arnoldus Arnoldi de Czirenberg	prep., dec. etc. S. Florini et Trev. necnon Monasterii Meinevelt	–	VR 7 Nr. 718, RepGerm 2 Sp. 1337
1411 I 23	Bartholomeus Scoler de Erstorp	disp. archiep. Trev., ep. Wormat. eccl., dec. et cap. Trev. et Wormat. eccl.	–	VR 7 Nr. 725, RepGerm 2 Sp. 1339
1411 VIII 12	Johannes Johannis Carpentarii de Magnovernolio	disp. archiep. Trev., prep., dec. etc. maioris et S. Paulini eccl. Trev.	–	VR 7 Nr. 749, RepGerm 2 Sp. 1386 f.
1411 XI 13	Conradus Kelner de Butzbach	disp. archiep. Trev., dec., cap. Trev. et S. Georgii in Lympurg, prep., archid., scol. etc. Trev. eccl.	–	VR 7 Nr. 754, RepGerm 2 Sp. 1344
1412 II 8	Arnoldus de Borgerheim	alt. S. Erasmi in eccl. Trev. (neu übertragen, zuvor durch EB Werner)	–	VR 7 Nr. 761, RepGerm 2 Sp. 1338
1412 VII 27	Hermannus Speck	disp. archiep. Trev., archid., dec. etc. Trev. et S. Castoris in Cardono, prep. Trev. eccl.	–	VR 7 Nr. 780, RepGerm 2 Sp. 1370 f.

Erste Belege für entsprechende päpstliche Verfügungen finden sich erst für die Zeit Johannes' XXII. Johann von Simmern (Septfontaines), der 1325 wohl noch in jüngeren Jahren mit einem Kanonikat an der Liebfrauenkirche versehen wurde, könnte dieses tatsächlich erlangt haben; er ist möglicherweise mit der Person identisch, für die dann Arnold von Pittingen am 27. Januar 1344 um Verleihung eines Kanonikats von St. Paulin bat[199]. Nikolaus von Luxemburg, „licentiatus in decretis", erscheint, meist auf Grund päpstlicher Pfründenverleihungen, im Besitz verschiedener Benefizien[200]. Die päpstliche Reservation für ein dem Dom-

---

199 Vgl. VR 3 Nr. 318 f. von 1344 I 27 u. 519 v. 1346 I 27. Dabei ist im Zusammenhang mit dem Vorgang auch von Kanonikat und Präbende in Liebfrauen und der Pfarrkirche von „Velde" die Rede. Ob Johann v. Simmern dagegen mit dem für ein Domkanonikat vorgesehenen Johann gleichzusetzen ist, kann bezweifelt werden (vgl. Personenliste).
200 So als Kanoniker in Toul, St. Servatius/Maastricht, St. Paulin/Trier, St. Marien/Pfalzel, St. Kastor/Karden, ferner als Pfarrer v. Reil und Emmel (vgl. VR 2 Nr. 1477, 1549, 1597, 1929).

propst, Dekan, Custos und Kapitel unterstehendes Benefiz wurde zwar 1329 im Zusammenhang mit der Kanonikatsverleihung für St. Paulin wieder kassiert, erscheint aber bei einer weiteren Pfründenvergabe wieder[201]. Auch hat sich Nikolaus unter Berufung auf die ihm von Papst Johannes XXII. verliehene „gratia" für den Erasmusaltar providieren lassen[202]. Er mußte sich dabei mit Anselm, dem Rektor von St. Gangolf, auseinandersetzen, der von dem Domcustos Ludolf von Hollenfels bestimmt worden war. Bei der von Erzbischof Balduin dem Offizial übertragenen Untersuchung der Angelegenheit wurden zwar die Ansprüche des Anselm als unbegründet zurückgewiesen, unter Rücksicht auf die Gründung des fraglichen Domaltars durch Balduins Vorgänger Heinrich von Finstingen und mit dem Hinweis auf den hierbei erfolgten Vorbehalt des Patronatsrechts für den Erzbischof wurde jedoch eine dritte Person, nämlich Werner von Adelevessen, in den Besitz des Altars eingesetzt[203]. Die geschilderten Vorgänge zeigen deutlich, daß ebenso wie bei den Provisionen für Domkanonikate päpstliche Verfügungen bisweilen nicht stillschweigend hingenommen wurden, sondern auf Widerstand stießen. In diesem Falle tritt sogar nicht nur der im allgemeinen für die Besetzung der Domaltäre zuständige Custos, sondern auch der Erzbischof mit Ansprüchen in Erscheinung.

Für Papst Benedikt fehlen Nachweise über entsprechende päpstliche Verleihungen. Dies deckt sich mit den bereits für die Domkanonikate getroffenen Feststellungen. Zur Zeit des Papstes Clemens VI. sind Expektanzen auf niedere Pfründen im Umkreis des Doms häufiger überliefert. Dabei verwandte sich in zwei Fällen Erzbischof Balduin selbst für einen Kleriker, wobei jedoch später zumindest für den Bereich von Dom und Liebfrauen kein Erfolg seines Bemühens nachzuweisen ist[204]. Der vom Papst 1352 für ein Benefiz vorgesehene Johannes Brubach hat dagegen eine Pfründe offenbar erhalten, da er im Juli 1353 für einen ihm durch Propst, Dekan, Thesaurar, Archidiakon und Kapitel de facto verliehenen Altar in Liebfrauen um päpstliche Neuübertragung nachsuchte[205].

Für die Zeit von Innozenz VI. sind nur drei Suppliken für Benefizienverleihungen zu nennen, wobei im letzten Fall wohl der päpstliche Kollektor Johann von Luxemburg aktiv geworden ist, der sich auch sonst für seinen Kleriker und Notar

---

201 Vgl. VR 2 Nr. 1597 u. 1929.
202 Vgl. LHAKO Abt. 1 D Nr. 393 mit entsprechendem Hinweis. Von Heyen wird der Vorgang nicht diesem für St. Paulin 1329 providierten Nikolaus von Luxemburg (II.), sondern dem 1338 bis 1360/67 als Scholaster von Paulin, ferner auch als Kanoniker von St. Simeon belegten Nikolaus von Luxemburg (III.) zugewiesen, der aber seiner Meinung nach mit dem hier behandelten Nikolaus identisch sein könnte (vgl. *Heyen*, St. Paulin, S. 646 f., 682 f.).
203 Vgl. LHAKO Abt. 1 D Nr. 393 f., BATR Abt. 14,2 Nr. 17.
204 „Theodericus dictus de Lupo de Colonia" erscheint allerdings in der Supplik des EB als Pfarrer in Reinsfeld und Inhaber des Cosmas-/Damian-Altars im Dom. „Conradus de Heve" wird Pfarrer in „Drove" (Dhron?) genannt.
205 VR 4 Nr. 61 v. 1353 VII 5. Nach dem Tod von Johann Jakelonis an der Kurie vakant.

Johann von Breus bemühte[206]. An Dom oder Liebfrauen begegnet dieser jedoch später nicht. Dies gilt auch für die beiden Kleriker, denen Urban V. entsprechende Verfügungen ausstellte, wobei jedoch in allen Fällen dieser Befund nicht bedeuten muß, daß die päpstliche Verleihung nicht realisiert wurde[207]. Fest steht, daß Jakob Buck, der von Gregor XI. für eine Pfründe vorgesehen wurde, später tatsächlich Vikar am Trierer Dom wurde[208].

In der Zeit der Schismapäpste sind die quellenmäßigen Voraussetzungen, wie bereits erwähnt, recht unterschiedlich, ein Vergleich ist daher schwer zu ziehen. Für die römische Oboedienz liegen nur zu Bonifaz IX. (1389 bis 1404) umfangreichere Materialien vor, während die entsprechenden Bestände für seinen Vorgänger Urban VI. (1378 bis 1389) überaus schmal sind. Es ist aber anzunehmen, daß auch er verschiedene Pfründenverleihungen getätigt hat. Matthäus von Mayen, „pauper clericus" des damaligen trierischen Erzbischofs Kuno, dürfte wohl durch ihn für ein kirchliches Benefiz vorgesehen worden sein[209], da der mit der Ausführung beauftragte Falkensteiner zu den Anhängern des römischen Papstes zu rechnen ist[210].

Clemens VII., der Gegenpapst in Avignon, hat gleichwohl versucht, auch in der Trierer Diözese seine Ansprüche geltend zu machen. Die aufgezählten Verleihungen von Benefizien im Zuständigkeitsbereich des Trierer Erzbischofs, des Domkapitels und seiner Würdenträger geben hiervon Zeugnis. Auffällig ist dabei das Überwiegen von Klerikern, die nicht der Trierer Geistlichkeit entstammen, was darauf hindeutet, daß seine Anhängerschaft in der heimischen Geistlichkeit zwar wohl durchaus vorhanden, aber nicht allzu groß war. Jakob Olizey von Longuyon ist zwar „clericus Treverensis", auch die ihm von Clemens verliehenen zwei weiteren Pfründen[211] gehören zur Trierer Diözese. Seine Wirkungsstätte liegt aber im Grenzbereich trierischen Einflusses im Westen, wo der Avignoneser Papst in dieser Zeit auch sonst Unterstützung besaß[212]. Heinrich Voghiani entstammt der Metzer Diözese und wird überdies von einem Mitglied des Clemens unterstützenden Hauses Kleve[213] und der Bürgerschaft von Kalkar und Sonsbeck vorgeschlagen; Johannes von Sprencourt ist ebenfalls Metzer, Wautrinus Hardilon Verduner, Johannes de Blenodio Touler, Hermann von Sinzig Kölner Kleriker. Die Chance für die durch Clemens VII. bepfründeten Geistlichen, sich in Trier

---

206 Vgl. VR 4 Nr. 659 f. wegen eines Kanonikats in St. Simeon.
207 Die Belege für die niedere Domgeistlichkeit sind ohnehin nicht allzu häufig, außerdem konnte nicht überprüft werden, ob die fraglichen Personen nicht außerhalb des Bereichs von Dom und Liebfrauen dem Kapitel und seinen Würdenträgern unterstehende Benefizien erlangten.
208 Vgl. LHAKO Abt. 1 D Nr. 721 v. 1380 II 14.
209 Matheus hat 1398 den Martinsaltar in Liebfrauen inne (RepGerm 2 Sp. 854).
210 Vgl. RepGerm 1 S. 101*. *Valois*, La France (wie Anm. 180), S. 270 f. u. 296 f.
211 Vgl. RepGerm 1 Sp. 65 u. VR 6 Nr. 1350 (in Orval u. Longuyon).
212 Vgl. hierzu insbesondere Anm. 214.
213 Vgl. RepGerm 1 S. 111* f.

durchzusetzen, war so schon auf Grund ihrer regionalen Herkunft gemindert; keiner der Genannten läßt sich auch später im Kreis der Domgeistlichkeit nachweisen. Der Trierer Klerus blieb sicherlich weitgehend dem römischen Papst verpflichtet[214].

Daß auch die römischen Päpste in der Schismazeit häufig durch Pfründenvergaben in das Besetzungsrecht anderer geistlicher Personen und Institutionen eingriffen, zeigt sich, wenn nicht bei Urban VI., so doch bei Bonifaz IX., für den eine im Verhältnis außerordentlich große Zahl solcher Benefizienverleihungen überliefert ist, die das Verfügungsrecht des Domkapitels und einzelner seiner Mitglieder betrafen. Verschiedene der providierten Personen sind auch später in der Geistlichkeit an Dom und Liebfrauen zu finden. Dies trifft für Jodocus, „natus quondam Jodoci carnificis" zu, der als Pfründner von Liebfrauen belegt ist und zusammen mit nahen Anverwandten mehrfach im Jahrzeitbuch dieser Kirche erscheint[215], ferner für den weiteren Trierer Michael Johannis de Heylenbuch, der darüber hinaus noch viele andere Benefizien erwerben und eine recht bedeutende Stellung erlangen konnte[216]. Johannes Fritzonis wird bei der Verleihung der Pfründe durch den Papst bereits als Inhaber des „banprovent" genannten Benefizes am Dom erwähnt.

Der Prämonstratenser Johann von Ravengiersburg ließ sich durch Bonifaz nur den ihm bereits zu früherer Zeit verliehenen Kiliansaltar im Dom neu übertragen. Diese Fälle von Konfirmation und Neuprovisionen häuften sich gerade gegen Ende des 14. Jahrhunderts und bezweckten bei dem stark ausgebildeten Reservations- und Expektanzenwesen eine Sicherung des eigenen Anspruchs[217]. Johann, der auch die Pfarrkirche Reil innehatte, ist im Besitz des Kilianaltars geblieben[218]; später erscheint er als Kanoniker von St. Paulin und Testamentsexekutor des Dompropstes Arnold von Berwart[219]. Sicherlich haben für ihn die engen Beziehungen zu diesem eine wichtige Rolle gespielt; er war bereits in der ersten Hälfte der neunziger Jahre Domvikar und Kaplan des Propstes[220]. Ähnliche Neuübertragungen erfolgten für den Altar Maria Egyptiace an Bertold von Berg-

---

214 Allerdings stand Wenzel von Luxemburg bis 1380 auf der Seite von Clemens VII., Johann I. und Karl I. von Lothringen unterstützten diesen ebenfalls (vgl. *Valois,* Grand schisme en France, wie Anm. 180, S. 280–281; RepGerm 1 S. 112*). Für Metz vgl. *Leo Ehlen,* Das Schisma im Metzer Sprengel bis zum Tode des Bischofs Theoderich Beyer von Boppard, in: Jb. d. Gesellsch. f. lothr. Gesch. u. Altertumskde. 21, 2 (1909), S. 1–69.
215 Vgl. die Ausführungen zu den personellen Beziehungen von Bürgern und Domgeistlichkeit, Anm. 86.
216 Vgl. ebda.
217 Vgl. hierzu auch RepGerm 2 S. 28*.
218 Vgl. VR 7 Nr. 199 v. 1401 VII 2 u. RepGerm 2 Sp. 616 (zweifellos dieselbe Person). „Kile" im früheren Beleg ist wohl verschrieben für Reil (vgl. auch LHAKO Abt. 1 D Nr. 4417 S. 543 u. 546: „Ryl").
219 Vgl. die Urkunden von 1408 X 4 u. 1409 VI 15. LHAKO Abt. 1 D Nr. 846 u. 4418 S. 117–120, 852 f. u. 4418 S. 137–145; BATR Abt. 14,2 Nr. 44.
220 Vgl. etwa LHAKO Abt. 1 D Nr. 4417 S. 516, 547.

heim, auch Pfründner von Liebfrauen, und eine Präbende von Liebfrauen an Nikolaus Hermanni von Koblenz, bereits im Besitz des Willibrordaltars. Wegen des ihm zuvor vom Domdekan Gerlach von Limburg verliehenen Benefizes in Liebfrauen gab es jedoch Schwierigkeiten, da Nikolaus im Dezember desselben Jahres 1403 einen Rechtsstreit deswegen „in palatio apostolico" führte[221]. Sicherlich sind gerade solche Auseinandersetzungen Gründe dafür gewesen, sich die betreffende Pfründe noch eimal durch den Papst bestätigen zu lassen. Im ganzen zeigt die Aufzählung der genannten Kleriker zur Zeit Bonifaz' IX., daß von einem Rückgang päpstlicher Pfründenverleihungen gegenüber der avignonesischen Zeit sicher nicht die Rede sein kann, wenn auch für Domkanonikate selbst entsprechende Vorgänge nicht belegt sind.

Für den Pontifikat von Gregor XII. gilt im wesentlichen dasselbe wie für die vorhergehende Zeit, wenn auch der Gesamtumfang der entsprechenden Quellen weit geringer als unter Bonifaz IX. ist[222]. Ein größerer Teil der angeführten Verleihungen von Expektanzen bezieht sich auf solche Benefizien, die nicht nur das Kapitel, sondern gleichzeitig auch andere Stifte und Klöster betrafen, so daß die davon Begünstigten wohl früher eine Möglichkeit bzw. eine größere Auswahl hatten, Ansprüche auf eine Pfründe zu erheben. Daß von ihnen nur zwei im Kreis der Geistlichkeit an Dom und Liebfrauenkirche erscheinen, kann so auch nicht als Mißerfolg ihrer Bemühungen und der päpstlichen Vergabe gewertet werden, da sie durchaus anderswo eine Pfründe erlangt haben können. Johann Kormesser hatte zur Zeit der Pfründenverleihung bereits den Blasiusaltar im Dom sowie die Pfarrkirche von Lenningen inne. Er erscheint unter anderem auch unter den Testamentsexekutoren des Dompropstes Arnold von Berwart[223]. Bei Arnold von Borgerheim und der Verleihung des zuvor vom Erzbischof an ihn vergebenen Erasmusaltars handelt es sich um eine Neuübertragung, wie sie auch unter Bonifaz IX. mehrfach zu finden war.

Insgesamt macht die Übersicht deutlich, daß eine Provisions- und Reservationstätigkeit seit Johannes XXII. bis ins 15. Jahrhundert hinein ständig in die Belange des Kapitels eingriff und schließlich, unter anderem wohl auch als Mittel im Schisma, so sehr angewandt wurde, daß betroffene Personen sich gegen etwaige anderweitige Ansprüche und mögliche päpstliche Reservationen dadurch absicherten, daß sie nach Übertragung durch den eigentlich Zuständigen sich noch an den apostolischen Stuhl wandten. Die Erklärung von Bonifaz IX. 1389, daß er sich überhaupt alle Pfründen reserviere, die zu vergeben er für gut befinde, markiert einen Höhepunkt im päpstlichen Reservationswesen[224].

---

221 Vgl. VR 7 Nr. 414.
222 Vgl. den unterschiedlichen Umfang im RepGerm.
223 Vgl. oben Anm. 219.
224 Vgl. *Haller,* Papsttum und Kirchenreform, S. 127 f. Haller weist auch auf das „Reservamus omnia" als Spruchband am Kopf des Papstes in einer Trierer Handschrift der Kanzleiregeln hin (S. 128). Zum Provisionswesen unter Bonifaz IX. vgl. insbesondere *Jansen,* Bonifatius IX., S. 59–89.

Päpstliche Vergaben und Bestätigungen setzten sich – wie bereits erwähnt – jedoch auch nach Beendigung des Schismas im weiteren Verlauf des 15. Jahrhunderts fort. Im Jahre 1418 wurde dem Kleriker Thilmann von Dusenau seine Domvikarie bestätigt[225]. 1420 erfolgte eine päpstliche Verfügung wegen des Margarethenaltars in der Kurie Jerusalem für Simon Colven von Kues[226]. Bei Heinrich Scheppendantz, zu dessen Gunsten 1430/31 Verfügungen getätigt wurden, liegt eine langjährige Auseinandersetzung um die Pfründe[227] vor. Nach seinem Tod bewilligte der Papst eine Supplik des Johann Heck von Buderich[228], die Auseinandersetzung war jedoch im Jahre 1436 noch nicht beendet[229]. Im Jahre 1432 wurde dem Konrad Mathie von Bonn durch Eugen IV. eine Pfründe in Liebfrauen verliehen[230], 1447 Michael Deyler von Stadtbredimus eine Expektanz für zwei Benefizien, die Erzbischof, Kapitel bzw. Abt und Konvent von St. Maximin unterstanden[231]. Nikolaus Steyrin von Bitburg erhielt 1454 eine Domvikarie, Johannes Helm von Merl 1456 den Altar Marie Egyptiace im Dom. Im selben Jahr wurde Alexander von Mondenheim für eine Vikarie im Trierer Dom providiert, 1455 Johannes Pistoris für ein der Collation von Erzbischof und Kapitel unterstehendes Benefiz, 1457 Heinrich Dionisii von Gutsenhoven für eine Präbende in Liebfrauen vorgesehen. Nicolaus Storm, bereits in der Abrunculuskapelle bepfründet, erhielt, nachdem ihn Scholaster Friedrich Meynfelder als Patron und Besitzer der Kurie Altendaun für den Lukasaltar dort und eine Präbende in Liebfrauen präsentiert hatte, durch päpstliche Provision die Bestätigung[232].

3. Besondere persönliche Kontakte

a. Domherren als Inhaber von Ehrenstellungen

Ein Indiz für enge Beziehungen von Trierer Domherren zum apostolischen Stuhl ist die Nennung als päpstlicher Kaplan, Acoluth, Cubicular oder Notar. Von den Trierer Domherren, die in solchen Positionen genannt werden, gehörte der

---

225 RepGerm 4 Sp. 3597 v. 1418 XI 9.
226 RepGerm 4 Sp. 3374 v. 1420 V 1.
227 RepGerm Reg. Nr. 958 v. 1431 IV 30; RepGerm 4 Sp. 1278 (hier Domvikarie). Bei ersterem Streitobjekt handelte es sich um den Stephansaltar „in curia episcopali Treverensis".
228 1123 v. 1431 V 23; vgl. auch Nr. 1479.
229 Vgl. LHAKO Abt. 1 D Nr. 969; Schilderung der Angelegenheit: Matheus Johannis von Mayen, durch EB Otto providiert nach dem Tod des Heinrich up dem Camphove, hatte Streitigkeiten mit Gerhard Walteri von Wetzlar, dem in der römischen Kurie die Vikarie zugesprochen wurde. Nach dem Tod des Gerhard während des schwebenden Verfahrens trat Heinrich Scheppendantz als Rechtsnachfolger auf, nach dessen Tod nahm Johannes Hecke von Buderich sie für sich in Anspruch, während sie Matheus de facto innehatte. Beide verzichteten in die Hände des Kardinals, der dem Großarchidiakon und dem Abt von St. Matthias auftrug, den Matheus einzuführen, falls er sich nach „examinatio" als geeignet erweise (1436 III 6). Vgl. auch BATR Abt. 95 Nr. 311 S. 529–539; ferner RepGerm 4 Sp. 2741 v. 1429 XI 28 u. 1429 XII 8.
230 RepGerm Reg. Nr. 2338 v. 1432 I 3.
231 Vgl. RepGerm 6.
232 Vgl. RepGerm 6 u. 7 unter den entsprechenden Namen.

größere Teil relativ bedeutenden Familien an; Johann von Baden etwa – von dem es allerdings fraglich ist, ob er wirklich Kanoniker in Trier war – war Sohn eines Markgrafen, aus Grafengeschlechtern stammten Johann von Kleve, Heinrich von Sponheim, Johann von Saarwerden, Gerlach von Nassau, Johann von Virneburg. Es ist bezeichnend, daß von den päpstlichen Kaplänen im Trierer Kapitel auch nicht wenige bedeutsame kirchliche Stellungen haben erlangen können.

Trierer Erzbischöfe wurden Boemund von Saarbrücken, Kuno von Falkenstein, Jakob von Sierck, Johann von Baden; Bischöfe andernorts Laurentius, Johann von Sierck, Gerlach von Nassau, Dietrich Beyer von Boppard, Wilhelm von Haraucourt, Johann von Nassau, zum Bischof von Bamberg bestimmt, starb aber bald darauf. Domdekane in Erzbistümern waren Johann von Kleve in Köln, Rudolf Losse und Heinrich Beyer in Mainz; Johann von Saarwerden wurde Dompropst in Utrecht. Fast alle aufgeführten Personen waren auch in anderen wichtigen geistlichen Institutionen bepfründet. Sicherlich hängt ihre Karriere nicht zuletzt mit der päpstlichen Unterstützung zusammen. Es wäre jedoch verfehlt, hierin die ausschlaggebende Ursache sehen zu wollen. Die Herkunft, persönliche Fähigkeit und entsprechende Verbindungen hatten in einigen Fällen längst vor einer erkennbaren Förderung durch den Papst dazu geführt, daß sie in einflußreiche Positionen gelangt waren. Daß der Papst ein Interesse daran hatte, solche Leute an sich zu binden, liegt auf der Hand. Sie konnten ihm bei der Durchsetzung seiner Interessen in ihrem jeweiligen Gebiet behilflich sein. Auf der anderen Seite waren für sie die Machtmittel des kirchlichen Oberhauptes bei weiteren Ambitionen durchaus von Nutzen; von daher mußte ihnen an der Erhaltung des päpstlichen Wohlwollens gelegen sein.

Trierer Domherren als Inhaber vom Papst verliehener Ehrenstellungen (vgl. Personenliste):

	als Domherr
Laurentius, Magister	1249 bis 1267
Johann von Sierck	1286 bis 1291
Boemund von Saarbrücken	1308 bis 1354
Johann von Kleve	1310
Reinhard von Westerburg	1320 bis 1331
Heinrich von Sponheim	1324 bis 1331
Johann von Nassau	1326
Johann von Virneburg	1329 bis 1353
Johann von Saarwerden	1332 bis 1368
Gerlach von Nassau	1343
Rudolf Losse	1346 bis 1364
Dietrich Beyer von Boppard	1353 bis 1379
Kuno von Falkenstein	1360 bis 1362
Heinrich Beyer von Boppard	1368 bis 1377
Jakob von Sierck	1413 bis 1439
Johann Beyer von Boppard	1438 bis 1476
Johann von Baden	1448 (?)
Wilhelm von Haraucourt	1451 bis 1495

b. Domherren als päpstliche Beauftragte

Aufträge von Papst und Legaten für Trierer Domherren von Innozenz IV. bis zur Beendigung des großen Schismas.

Datum	Beauftragte	Betreff	Beleg
Innozenz IV. (1242–1254)			
1246 IV 3	Cantor (Johann v. Weiler)	Beschwerde eines Teils des Konvents in Prüm gegen den Propst des Marienstifts dort	MRUB 3 Nr. 857 MRR 3 Nr. 471
vor 1247 IV 21	Heinrich v. St. Avold	Erhebung von Procurationen von Zisterzienserklöstern des Bistums Metz	RI V, 2 Nr. 10183 *Berger*, Nr. 2560
1248–1249	Theobald (v. Turre)	ohne Inhaltsangabe, vielleicht identisch mit folgendem Beleg	*Potthast*, Nr. 13663 MRR 3 Nr. 712
1249 VI 12	Theobald (v. Turre)	Vergabe eines Kanonikats in der Trierer Provinz	*Berger*, Nr. 4564 MGH Epp. saec. XIII, 3 Nr. 7; VR Metzer Kirche Nr. 72
Alexander IV. (1254–1261)			
1257 VI 9	Wilhelm v. Davels	Vergabe eines Kanonikats in St. Salvator/Metz	VR Metzer Kirche Nr. 108 *Bourel de la Roncière*, Nr. 1986
Urban IV. (1261–1264)			
1261 XI 5	Archid. Heinrich v. Bolanden	Vorgehen gegen den Elekten Heinrich von Finstingen	RI V, 2 Nr. 9263 f. MRR 3 Nr. 1722, auch Nr. 1761 *Potthast*, Nr. 18145
1261 XI 9	Archid. Heinrich v. Bolanden	Vorgehen gegen den Elekten	MRR 3 Nr. 1725
1262 I 25	Archid. Heinrich v. Bolanden	Vorgehen gegen den Elekten	RI V, 2 Nr. 14908, *Potthast*, Nr. 18250 MGH Epp. saec. XIII, 3 Nr. 476, *Dorez*, Nr. 629

Datum	Beauftragte	Betreff	Beleg
1262 III 18	Boemund v. Warsberg	Ermahnung des Elekten zur Zahlung von Schulden	MRR 3 Nr. 1758 RI V, 2 Nr. 9272
1263 V 23	Cantor (Johann v. Weiler)	Untersuchung gegen den Elekten	MRR 3 Nr. 1886 RI V, 3 Nr. 9321 *Potthast*, Nr. 18536
1263 XI 2	Kuno v. Arlon	Ordinatio über Kanonikate in St. Florin/Koblenz	*Dorez*, Nr. 1154
1264 I 27	Archid. Dietrich v. Blankenheim	Streit um Kölner Dompropstei	RI V, 2 Nr. 9387 MGH Epp. saec. XIII, 3 Nr. 573; Reg EB Köln 3,2 Nr. 2281, 2287 f., 2297
1264 III 6	Scholaster Magister Laurentius	Streit um Präbende in Münstermaifeld	*Dorez*, Nr. 1038
1264 III 21	Cantor (Johann v. Weiler)	Vergabe eines Kanonikats in Pfalzel	*Dorez*, Nr. 1453
1264 IV 11	Archid. Dietrich v. Blankenheim	Pfründenentzug für einen Kleriker	*Dorez*, Nr. 1611
1264 VII 11	Scholaster Magister Laurentius	Pfründenstreit in St. Paulin	*Dorez*, Nr. 1685

Gregor X. (1271–1276)

Datum	Beauftragte	Betreff	Beleg
1272 IX 5	Scholaster	Wiederbeschaffung entfremdeter Güter von Kl. St. Thomas/Kyll	MRR 3 Nr. 2747 STATR Q 19
1273 II 11	Scholaster	Wiederbeschaffung entfremdeter Güter von Kl. Prüm u. St. Thomas/Kyll	MRR 3 Nr. 2793 STATR P 4

Martin IV. (1281–1285)

Datum	Beauftragte	Betreff	Beleg
1281 VI 15	Scholaster Kuno v. Arlon	Wiederbeschaffung entfremdeter Güter der Antoniter von Rosdorf	MRR 4 Nr. 818 *Potthast*, Nr. 26604

Datum	Beauftragte	Betreff	Beleg
Honorius IV. (1285–1287)			
1286 V 25	Johann v. Sierck	Vergabe eines Kanonikats in Mainz	MRR 4 Nr. 1348 *Prou*, Nr. 930
Nikolaus IV. (1288–1292)			
1288 XII 23	Johann v. Sierck	verschiedene Angelegenheiten	*Langlois*, Nr. 7204–7206
1290 IX 28	Johann v. Sierck	Ausführung eines Indults für Bischof Wilhelm v. Cambrai	*Langlois*, Nr. 3313 f.
1291 V 5	Dekan	Vergabe eines Kanonikats in Köln	*Langlois*, Nr. 5580 f.
Bonifaz VIII. (1294–1303)			
1297 II 2	Archid. Robert v. Warsberg	Wiederbeschaffung entfremdeter Güter von Kl. Springiersbach	VR 5 Nr. 1271 VR 1 Nr. 37 MRR 4 Nr. 2606
1297 II 5	Archid. (Friedrich v. Warsberg)	Schutz von Kl. Prüm gegen Belästiger	VR 1 Nr. 38 MRR 4 Nr. 2609
1302 XI 5	Dekan (Wilhelm v. Schleiden)	Wiederbeschaffung entfremdeter Güter von Kl. Prüm	LHAKO Abt 1 D Nr. 3608
Benedikt XI. (1303–1304)			
1304 II 20	Dekan (Wilhelm v. Schleiden)	Wiederbeschaffung entfremdeter Güter von Kl. St. Agneten/Trier	STATR R 37
1304 III 11	Dekan (Wilhelm v. Schleiden)	Wiederbeschaffung entfremdeter Güter von Kl. Marienthal	*Wampach* 7, Nr. 978 VR 1 Nr. 143 *Werveke*, Nr. 268
Clemens V. (1305–1314)			
1305 XII 18	Dekan Wilhelm v. Schleiden	Prozeß Stift Wetzlar gegen zwei Kleriker	*Wiese-Sponheimer* 2, Nr. 204–206
1306 XII 25	Archid. Robert (v. Warsberg)	Indulte für Kölner EB	Reg EB Köln 4, Nr. 214 VR 1 Nr. 194

Datum	Beauftragte	Betreff	Beleg
1308 VIII 11	Thesaurar (Isenbard v. Warsberg)	Erhaltung v. Einkünften für ins Hl. Land ziehende Säkularkleriker	VR 1 Nr. 249
vor 1311 I 16	Scholaster Herbrand v. Zolver, Johann v. Bleid	Prozeß Stift Wetzlar gegen Kleriker (s. o.)	*Struck* 2, Nr. 1094, 1096, 1098 *Wiese-Sponheimer*, Nr. 232, 236–238, 242
1312 V 2	Ludwig v. Homburg	Streit Kapitel Metz gegen Kl. Wadgassen	*Jungk*, Nr. 944 VR 1 Nr. 352 VR Loth 1 Nr. 189
1312 V 2	Dekan (Johann v. Bruaco)	Einführung der Johanniter in Besitz der Templer	VR 1 Nr. 353 VR Loth 1 Nr. 188

Johannes XXII. (1316–1334)

1316 X 4	Johann v. Friavilla	Vergabe eines Kanonikats in Toul	VR Loth 1 Nr. 229 VR 1 Nr. 413
1318 III 28	Scholaster (Herbrand v. Zolver)	Wiederbeschaffung entfremdeter Güter von Kl. Differdingen	*Würth-Paquet* 18 (1862), Nr. 272
1319 VIII 5	Scholaster (Herbrand v. Zolver)	Vergabe eines Kanonikats in St. Arnual/Saarbrücken	VR Loth 1 Nr. 304 VR 1 Nr. 534
1319 VIII 5	Propst (Gottfried v. Rodenmacher)	Vergabe eines Kanonikats in St. Salvator/Metz	VR Loth 1 Nr. 303
1320 I 21	Scholaster (Herbrand v. Zolver)	Vergabe eines Kanonikats in St. Simeon/Trier	*Wampach* 8, Nr. 223 VR 1 Nr. 541
vor 1324 VII 2	Propst (Gottfried v. Rodenmacher)	Appellationssache des Daniel v. Poppelsdorf	Reg EB Köln 4 Nr. 1467
1324 X 27	Propst (Gottfried v. Rodenmacher)	Publikation des päpstl. Prozesses gegen Ludwig d. Bayern durch EB Balduin	VR 1 Nr. 694 vgl. Nr. 841
1324 XI 24	ders., Parzival v. Eltz, Johannes Bertaudi	Publikation des päpstl. Prozesses gegen Ludwig d. Bayern durch EB Balduin	VR 1 Nr. 700 f. vgl. Nr. 841 *Riezler*, Nr. 414

Datum	Beauftragte	Betreff	Beleg
1324 XI 24	Scholaster (Herbrand v. Zolver)	Vergabe eines Kanonikats in St. Kastor/Koblenz	VR 1 Nr. 702
1324 XI 30	Scholaster (Herbrand v. Zolver)	Vergabe des Officium Camerarie in Echternach	VR 1 Nr. 705 *Wampach* 8, Nr. 232a
1325 II 16	Johann v. Kerpen	Vergabe eines Kanonikats in Münstermaifeld	VR 1 Nr. 722
1325 III 29	Propst (Gottfried v. Rodenmacher)	Einsetzung v. Kg. Johann erwählter Personen in verschiedenen Kirchen	VR 1 Nr. 758 *Riezler*, Nr. 461
1325 III 30	Parzival v. Eltz	Vergabe eines Kanonikats in St. Paulin/Trier	VR 1 Nr. 762
1325 III 30	Propst (Gottfried v. Rodenmacher)	Vergabe eines Kanonikats in Metz	VR 1 Nr. 768 VR Loth 1 Nr. 431
1325 VII 19	Archid. (Boemund v. Saarbrücken)	Vergabe von Mönchsstellen in St. Matthias u. Echternach u. Kanonikaten in Liebfrauen, St. Paulin/Trier, St. Cassius/Bonn	VR 1 Nr. 815–819
1325 VII 20	Propst (Gottfried v. Rodenmacher)	Vergabe von Kanonikaten in St. Simeon/Trier, St. Florin/Koblenz und in Münstermaifeld	VR 1 Nr. 823 f., 826
1325 X 29	Archid. (Boemund v. Saarbrücken)	Vergabe eines Kanonikats in St. Paulin/Trier	VR 1 Nr. 849
1325 XI 12	Kanoniker (!) Boemund v. Saarbrücken	Vergabe der Propstei in Bingen	VR 1 Nr. 851 *Jungk*, Nr. 1135
1325 XI 26	Propst (Gottfried v. Rodenmacher), Archid. (Boemund v. Saarbrücken)	Vergabe eines Kanonikats in St. Paulin/Trier	VR 1 Nr. 864
1325 XI 27	Propst (Gottfried v. Rodenmacher), Archid. (Boemund v. Saarbrücken)	Vergabe der Propstei in St. Florin/Koblenz u. eines Kanonikats in Köln	*Riezler*, Nr. 595 VR 1 Nr. 865
1326 II 19	Archid. (Boemund v. Saarbrücken)	Vergabe eines Kanonikats in St. Simeon/Trier	VR 1 Nr. 893 VR Loth 1 Nr. 488

Datum	Beauftragte	Betreff	Beleg
1326 V 19	Archid. (Boemund v. Saarbrücken)	Vergabe einer Pfründe (Echternach)	VR 1 Nr. 968
1326 VII 29	Archid. (Boemund v. Saarbrücken)	Vergabe eines Kanonikats in St. Paul/Lüttich	VR 1 Nr. 1004
1327 I 10	Dekan, Nikolaus v. Pittingen	Vergabe einer Pfründe (Prüm)	VR 2 Nr. 1113
1327 II 12	Propst (Gottfried v. Rodenmacher)	Vergabe eines Kanonikats in Münstereifel	VR 2 Nr. 1143
1327 VIII 31	Archid. (Boemund v. Saarbrücken)	Vergabe eines Kanonikats in St. Paulin/Trier	VR 2 Nr. 1253
1327 IX 13	Archid. (Boemund v. Saarbrücken)	Vergabe eines Kanonikats in Wesel u. einer Dignität usw. in St. Florin/Koblenz	VR 2 Nr. 1268 f.
1327 X 6	Archid. (Boemund v. Saarbrücken)	Vergabe eines Kanonikats in Essen	VR 2 Nr. 1296
1327 X 11	Archid. (Boemund v. Saarbrücken)	Streit um Haupt d. hl. Margarete	VR 2 Nr. 1304 *Riezler*, Nr. 926
1327 XI 9	Archid. (Boemund v. Saarbrücken)	Vergabe von Kanonikaten in Straßburg u. St. Paulin/Trier	VR 2 Nr. 1329 f. VR Loth 1 Nr. 545
1328 II 19	Scholaster (Johann v. Kerpen)	Klage des Kl. Brauweiler wegen Wuchers	VR 2 Nr. 1438
1328 III 21	Archid. (Boemund v. Saarbrücken)	Vergabe eines Kanonikats in St. Paulin/Trier	VR 2 Nr. 1451
1328 IV 12	Archid. (Boemund v. Saarbrücken)	Vergabe der Propstei in Münstermaifeld	VR 2 Nr. 1461
1328 V 6	Archid. (Boemund v. Saarbrücken)	Vergabe eines Kanonikats in St. Servatius/Maastricht	VR 2 Nr. 1477
1329 I 5	Archid. (Boemund v. Saarbrücken)	Klage St. Severin/Köln gegen Bürger	VR 2 Nr. 1588
1329 I 11	Archid. (Boemund v. Saarbrücken)	Vergabe von Pfründe (Domkapitel Metz), Kanonikate St. Paulin/Trier, St. Simeon/Trier	VR Loth 1 Nr. 566 VR 2 Nr. 1596–1598

Datum	Beauftragte	Betreff	Beleg
1330 IV 24	Dekan (Johann v. Daun), Ludolf v. Hollenfels	Vergabe von Kanonikaten in St. Florin/Koblenz, St. Arnual/Saarbrücken, Stellen an den Klöstern Machern, Engelport, Neumünster	VR Loth 1 Nr. 613 f. VR 2 Nr. 1883, 1887–1889
1330 VII 24	Archid. (Boemund v. Saarbrücken)	Vergabe einer Dignität usw. in Prag	VR 2 Nr. 1926
1330 VII 30	Propst (Johann v. Kerpen), Archid. (Boemund v. Saarbrücken)	Vergabe eines Kanonikats in Pfalzel	VR 2 Nr. 1929
1330 VIII 12	Archid. (Boemund v. Saarbrücken)	Vergabe eines Kanonikats in St. Paulin/Trier	VR 2 Nr. 1943
1332 XI 19	Cantor	Vergabe einer Pfründe (Stablo)	VR 2 Nr. 2146
1333 VIII 31	Archid. (Boemund v. Saarbrücken)	Vergabe einer Pfründe (B. u. Kap. v. Metz)	VR 2 Nr. 2180 VR Loth 1 Nr. 689

Benedikt XII. (1334–1342)

1337 I 22	Dekan (Matthäus v. Eich), Thesaurar (Ludolf v. Hollenfels)	Schutz Himmerods im Besitz der Pfarrkirche Pommern	VR 3 Nr. 1104
1338 IV 17	Archid. (Boemund v. Saarbrücken)	Dispense für verschiedene Personen	VR 2 Nr. 2324–2327 *Vidal*, Nr. 6038–6041
1338 V 19	Cantor (Johann v. Daun)	Einhaltung apost. Concessionen f. Ermengard Strolins	*Vidal*, Nr. 7921
1338 VI 27	Archid. (Boemund v. Saarbrücken)	Klage EB Walram v. Köln wegen entfremdeter Güter	Reg EB Köln 5 Nr. 560 *Vidal*, Nr. 6306 *Riezler*, Nr. 1955 VR 2 Nr. 2334

Clemens VI. (1342–1352)

1342 VII 1	Archid. (Boemund v. Saarbrücken)	Vergabe von Kanonikaten in Worms, Münstermaifeld, Karden u. am Domkapitel	VR 3 Nr. 19, 22, 24 f.

Datum	Beauftragte	Betreff	Beleg
1342 VII 22	Archid. (Boemund v. Saarbrücken)	Dispens für einen Kleriker	VR 3 Nr. 48
1342 VIII 2	Archid. (Boemund v. Saarbrücken)	Vergabe von Kanonikaten in Hougaerde, Mainz, Bonn, Propstei Frankfurt, Pfarrei Dieburg	VR 3 Nr. 52–54, 56 f.
1342 XI 6	Archid. (Boemund v. Saarbrücken)	Vergabe von Kanonikaten in St. Simeon u. St. Paulin/Trier	VR 3 Nr. 80 f.
1342 XI 21	Archid. (Boemund v. Saarbrücken)	Indult für Kg. Johann	VR 3 Nr. 83
1343 VII 11	Archid. (Boemund v. Saarbrücken)	Kollektor des Zehnten für Kg. Johann	VR 3 Nr. 197
1343 VII 26	Archid. Boemund v. Saarbrücken, Propst Johann v. Zolver	Bewahrung des Nachlasses v. EB Balduin	VR 3 Nr. 245 f. *Riezler*, Nr. 2157 f.
1343 XI 18	Dekan (Matthäus v. Eich)	Vergabe eines Kanonikats in St. Simeon/Trier	VR 3 Nr. 284
1344 VI 20	Archid. (Boemund v. Saarbrücken)	Vergabe der Pfarrei Mendig	VR 3 Nr. 384
1345 V 27	Archid. (Boemund v. Saarbrücken)	Streit Prämonstratenser Kaiserslautern gegen Bettelorden	VR 3 Nr. 458
1345 VI 16	Propst (Johann v. Zolver), Dekan (Matthäus v. Eich), Archid. (Boemund v. Saarbrücken), Thesaurar (Ludolf v. Hollenfels)	Bewahrung d. Nachlasses v. EB Balduin	VR 3 Nr. 463 *Riezler*, Nr. 2225
1345 VI 23	Archid. (Boemund v. Saarbrücken)	Vergabe eines Kanonikats in Oberwesel u. d. Pfarrei Noviant	VR 3 Nr. 470 f.
1346 V 6	Archid. (Boemund v. Saarbrücken)	Unterstützung Gerlachs v. Nassau gegen Heinrich v. Virneburg in Mainz	VR 3 Nr. 570, vgl. Nr. 629 f. *Riezler*, Nr. 2267 u. 2314 f.; MG Const. 8 Nr. 31 u. 157

Datum	Beauftragte	Betreff	Beleg
1346 X 10	Nikolaus v. Pittingen	Vergabe der Pfarrei Wasserbillig	VR 3 Nr. 621
1346 XII 2	Archid. (Boemund v. Saarbrücken)	Vergabe eines Kanonikats in St. Kastor/Koblenz	VR 3 Nr. 628
1347 XII 8	Propst (Johann v. Zolver)	Vergabe eines Kanonikats in St. Simeon/Trier, Indult für Nicolaus v. Gymnich	VR 3 Nr. 689 f.
1348 II 6	Propst (Johann v. Zolver), Archid. (Boemund v. Saarbrücken)	Vergabe einer Pfründe (Prüm)	VR 3 Nr. 700
1348 V 1	Propst (Johann v. Zolver)	Streit Bischof Engelbert v. Lüttich mit aufsässigen Bürgern u. Geistlichen	Reg EB Köln 5 Nr. 1478
1349 V 22	Archid. (Boemund v. Saarbrücken)	Vergabe einer Pfründe (St. Maximin)	VR 3 Nr. 770
1349 VI 18	Propst (Johann v. Zolver)	Vergabe der Pfarrei Ospern	VR 3 Nr. 772
1349 IX 7	Archid. (Boemund v. Saarbrücken), Scholaster (Otto v. Schönburg)	Vergabe von Kanonikat u. Dignität in Münstermaifeld	VR 3 Nr. 792
1350 V 31	Archid. (Boemund v. Saarbrücken)	Vergabe eines Kanonikats in St. Florin/Koblenz	VR 4 Nr. 855
1350 V 31	Archid. (Boemund v. Saarbrücken), Propst (Johann v. Zolver)	Vergabe einer Pfründe (Speyer)	VR 3 Nr. 854
1351 VII 14	Dekan (Nikolaus v. Pittingen), Archid. (Boemund v. Saarbrücken)	Vergabe einer Pfründe (St. Simeon/Trier)	VR 3 Nr. 950

Innozenz VI. (1352–1362)

1354 II 8	Archid. Boemund v. Saarbrücken	Nachlaß EB Balduins, eingesammeltes Subsidium	VR 4 Nr. 94 vgl. Nr. 96, 99

Datum	Beauftragte	Betreff	Beleg
1354 VI 15	Dekan (Nikolaus v. Pittingen)	Vergabe des Officium Camerarie in Echternach	VR 4 Nr. 161
1360 III 10	Dekan (Nikolaus v. Pittingen)	Vergabe der Pfarrkirche Mutfort	VR 4 Nr. 619
1361 I 30	Dekan (Nikolaus v. Pittingen), Thesaurar (Dietrich v. Daun), Walter v. Amance	Vergabe der Pfarrkirche Loisbrücken	VR 4 Nr. 731
1362 I 2	Dekan (Nikolaus v. Pittingen)	Vergabe eines Kanonikats in St. Simeon/Trier	VR 4 Nr. 800
1362 I 7	Dekan (Nikolaus v. Pittingen)	Conservator f. Gorze	VR Loth 2 Nr. 1406
1362 I 20	Dekan (Nikolaus v. Pittingen), Cantor (Johann v. Hammerstein)	Vergabe eines Kanonikats in St. Florin/Koblenz	VR 4 Nr. 801
1362 V 5	Cantor (Johann v. Hammerstein), Scholaster (Egid v. Milberg)	Vergabe einer Pfründe (Oeren/Trier)	VR 4 Nr. 815

Urban V. (1362–1370)

1363 IV 28	Walter v. Amance	Vergabe der Pfarrei Redingen	VR 5 Nr. 133
1363 V 14	Walter v. Amance	Vergabe der Pfarrei Zolver	VR 5 Nr. 150
1363 VIII 31	Walter v. Amance	Vergabe der Pfarrei Frisingen	VR 5 Nr. 201
1370 II 10	Propst (Konrad v. Spiegelberg)	Vergabe von Kanonikat u. Propstei Pfalzel	VR 5 Nr. 667 *Schmidt* 1, Nr. 1229

Gregor XI. (1370–1378)

1371 III 19	Archid. (Arnold v. Saarbrücken)	Conservator für St. Kastor/Koblenz	VR 5 Nr. 788
1371 XI 26	Propst (Robert v. Saarbrücken), Cantor (Johann v. Hammerstein)	Vergabe eines Personats bzw. Officium in Münstermaifeld	VR 5 Nr. 870

Datum	Name	Für	Anlaß/Supplik/Bemerkungen	Beleg
1375 I 18	Walter v. Amance		Vergabe eines Kanonikats in St. Simeon/Trier	VR 5 Nr. 1081
1375 III 1	Propst (Robert v. Saarbrücken)		Visitation u. „procurationes" für Kardinal Wilhelm v. Chanac als Archidiakon v. St. Kastor/Karden	VR 5 Nr. 1095
1375 IV 25	Archid. (Arnold v. Saarbrücken)		Wiederbeschaffung entfremdeter Güter von St. Matthias/Trier	VR 5 Nr. 1107

Bonifaz IX. (1389–1404)

Datum	Name	Für	Anlaß/Supplik/Bemerkungen	Beleg
1391 V 8	Dekan (Gerlach v. Limburg)		Wiederbeschaffung entfremdeter Güter von St. Matthias/Trier	LHAKO Abt. 210 Nr. 353
1398 II 5	Archid. Robert v. Hohenecken		Vergabe der Pfarrei Usselskirch	LHAKO Abt. 1 D Nr. 818
1402 XII 17	Cantor (Winand Bock v. Pommern)		Neuübertragung des Altars Maria Egyptiace im Dom	VR 7 Nr. 310

Innozenz VII. (1404–1406)

Datum	Name	Für	Anlaß/Supplik/Bemerkungen	Beleg
1406 IV 20	Dekan (Gerlach Köth v. Limburg)		Bestätigung Inkorporation der Propstei ins Stift St. Marien/Prüm	STATR Urk. T 37, auch VR 7 Nr. 564

Alexander V. (Pisa) (1409–1410)

Datum	Name	Für	Anlaß/Supplik/Bemerkungen	Beleg
vor 1410 III 20	Dietrich v. Stein		päpstl. Kollektor	VR 7 Nr. 803

Durch die notwendige päpstliche Praxis, lokalen Geistlichen die Sorge für die Ausführung von Verfügungen zu übertragen, entstanden immer wieder besondere Beziehungen von Trierer Domherren zum Papst, wie die Übersicht zur Genüge verdeutlicht. Dabei erscheinen vor allem die Personen interessant, die mehrfach Adressaten entsprechender päpstlicher Schreiben gewesen sind. Für das 13. Jahrhundert lassen sich wegen der noch relativ geringen Anzahl von Belegen nicht allzu viele Aussagen treffen. Der von 1210 bis 1241 belegte Domkantor Kuno von Falkenstein wurde allerdings häufiger mit Aufgaben betraut, ebenso wie sein Vorgänger Johann von Rüttgen, der Dekan Wilhelm und der gleichnamige Nachfolger, zweifellos auch ein Zeichen besonderer Qualifikation[233]. Der Nachfolger Kunos in der Cantorei, der aus einer luxemburgischen Familie stammende Johann von Weiler, wird 1246 von Innozenz IV. mit der Untersuchung einer Beschwerde beauftragt und tritt insbesondere im Zusammenhang mit dem Prozeß gegen den Erwählten Heinrich von Finstingen in den sechziger Jahren des 13. Jahrhunderts in Erscheinung[234]. Sicherlich sind für entsprechende päpstliche Aufträge in dieser Zeit, wie sich auch an den Mandaten für den von dem Finstinger bei der Bistumsbesetzung aus dem Rennen geworfenen Heinrich von Bolanden zeigt, die Parteiverhältnisse im Kapitel zu berücksichtigen, da dem Papst kein dem Elekten freundlich gesinnter Domherr für die Durchführung der angeordneten Untersuchung genehm sein konnte. Bezeichnenderweise erhielt auch Boemund von Warsberg als weiterer Gegner des Finstingers zur selben Zeit zwei Aufträge. Dem Magister Laurentius als päpstlichem Notar brachte Urban IV. wohl besonderes Vertrauen entgegen. Johann von Sierck, der in den achtziger Jahren mehrere Aufträge erhielt, war päpstlicher Kaplan.

Für das 14. Jahrhundert findet sich in der Sammlung von *Sauerland* eine größere Anzahl von Belegen. Besonders häufig erscheinen zunächst die aus luxemburgischen Familien stammenden Herbrand von Zolver, an den sich mindestens sechsmal päpstliche Schreiben richteten, und noch öfter Gottfried von Rodenmacher. Beide dürften dem Grafenhaus nahegestanden haben; Gottfried verdankte Erzbischof Balduin auch seine Stellung als Dompropst[235]. Inwieweit die relativ häufigen päpstlichen Aufträge für sie hierdurch mitbedingt sind, ist jedoch kaum zu klären[236]. Ebensowenig lassen sich aus ihrem Verhalten und aus weiteren Vergünstigungen wie Pfründenverleihungen und Dispensen Aufschlüsse über die Intensität ihrer Beziehungen nach Avignon gewinnen. Entsprechendes gilt für Parzival von Eltz, an den sich 1324/25 zwei päpstliche Aufträge richteten.

Eine Sonderstellung in der Häufigkeit der Nennungen nimmt in der Folgezeit Boemund von Saarbrücken ein, der seit seiner Ernennung zum Großarchidiakon (1325) immer wieder, häufig als Exekutor bei Pfründenvergaben, in päpstlichen Schreiben erscheint, sicherlich ein Beweis für das besondere Vertrauen, das er an

---

233 Vgl. hierzu *Krüger,* Offizialat Trier, S. 49–52; ferner MRUB 3 Nr. 528; MGH Epp. saec. XIII, 1 Nr. 437; Reg EB Köln 3 Nr. 907.
234 Vgl. auch MRR 3 Nr. 1890, 1923, 1971, 2809.
235 Vgl. u. S. 265 u. Personenliste.
236 Bei den Pfründenverleihungen, für die Herbrand von Zolver als Exekutor genannt wird, liegt nur in einem Fall, nämlich durch Johann von Böhmen, die Supplik eines Luxemburgers vor, ebenso bei Gottfried von Rodenmacher. Gottfried gehörte auch zu den Personen, die endlich für die Publizierung des Prozesses gegen Ludwig den Bayern sorgen sollten, bei der Balduin recht zurückhaltend blieb. Sauerland ist in der Einleitung zum ersten Band seiner Quellensammlung auf diesen Vorgang eingegangen (VR 1 S. X–XII), mißt allerdings dem Dompropst nicht die ihm zukommende Rolle zu, da dieser im Gegensatz zu seinen Ausführungen auch im zweiten Schreiben des Papstes angesprochen wird und sich auch weiterhin mit der ihm anvertrauten Aufgabe befaßt hat, wenn auch wohl im Sinne Balduins (vgl. VR 1 Nr. 700 u. 841).

der Kurie genoß. Seine Karriere, die ihn schließlich zur erzbischöflichen Würde führte, ist wohl nicht denkbar ohne die päpstliche Unterstützung, freilich ebenso nicht ohne die Mithilfe der zu seiner Zeit im Reich dominierenden Luxemburger, zu denen er ebenfalls ein gutes Verhältnis hatte[237]. Mehr als einmal wurden im zweiten Viertel des 14. Jahrhunderts und den folgenden Jahren noch Propst Johann von Zolver, Dekan Matthäus von Eich, der ebenfalls in seinen späteren Jahren als Dekan fungierende Nikolaus von Pittingen, ferner Custos Ludolf von Hollenfels und Walter von Amance, später sein Nachfolger in dieser Würde, mit der Ausführung päpstlicher Verfügungen beauftragt. Von diesen Personen gehört die Mehrzahl den in dieser Zeit ohnehin im Kapitel überwiegenden, dem Luxemburger Grafenhaus nahestehenden Familien an. Zu den im engeren luxemburgischen Einflußbereich ansässigen Geschlechtern zählen Zolver, Pittingen und Hollenfels. Daß Johann von Zolver in diesen Umkreis einzuordnen ist, geht auch aus einem Beleg vom 22. Juli 1346 hervor, nach dem König Johann erfolgreich für ihn um Dispens und päpstliche Übertragung vor allem der Dompropstei und der Propstei von St. Paulin bat[238]. Zahlenmäßig ragen neben Johann nur noch Nikolaus von Pittingen und Walter von Amance stärker hervor. Nikolaus wurde bereits unter Clemens VI. zu Tätigkeiten herangezogen und begegnet auch unter dem nachfolgenden Innozenz mehrfach; päpstliche Pfründenverleihungen und andere Gunstbezeigungen sind jedoch nicht auszumachen. Bei Walter von Amance liegt eine päpstliche Provision von 1343 für ein Domkanonikat vor, er erscheint jedoch erst seit 1360, damit aber schon vor Besetzung der Custodie, als Ausführungsorgan päpstlicher Verfügungen[239]. Im Jahre 1363 erhielt er von Urban VI. zu seiner Trierer Pfründe ein Metzer Kanonikat[240].

---

237 Vgl. zu Boemund auch die Ausführungen in den anderen Abschnitten; zu den Kontakten zur Kurie etwa *Jungk,* Regesten, Nr. 1085, Nr. 1248 u. VR 2 Nr. 2201; VR 3 Nr. 92–97; *Schmidt,* Quellen 1, Nr. 742–745; vgl. ferner Nr. 756; VR 3 Nr. 156 u. 707–709.

238 Es handelte sich um Dispens wegen einiger zu jung, ohne Residenz und erforderlichen Weihegrad eingenommener Pfründen (VR 3 Nr. 591). Johann von Zolver verließ dann auch zwei der von ihm besetzten Pfarreien und ließ sie Günstlingen übertragen (VR 3 Nr. 609 v. 1346 IX 13). Daß Johann von Zolvers Verhältnis zur Kurie während seines Lebens aber nicht gleichbleibend gut war, ergibt sich aus der Tatsache, daß der spätere Trierer Erzbischof Kuno von Falkenstein ihn wegen unerlaubten Besitzes von Pfarreien neben der Dompropstei mit Erfolg in Avignon anschwärzte und Johann zugunsten von Kuno und später Konrad von Spiegelberg suspendiert wurde (VR 4 Nr. 695 u. S. LXXVII f.; VR 5 Nr. 5). Die päpstlichen Aufträge für den 1364 gestorbenen Johann sind auch ohnehin nur während des Pontifikats von Clemens VI. (1342–1352) zu verzeichnen.

239 Allerdings ist er auch erst seit 1353 als Domherr nachweisbar.

240 Vgl. Teil 2 (Personenliste). Auch er verfiel aber fast mit dem gesamten Kapitel vorübergehend der Exkommunikation, als man sich der Einsetzung des Konrad von Spiegelberg als neuem Propst nicht fügte. Vgl. hierzu die Lossprechung von 14 Domherren 1364 III 6 (VR 5 Nr. 242). Einzig die beiden Archidiakone Gottfried von Sponheim (Longuyon) und der von Tholey (auf keinen Fall mehr Johann Button) sind nicht aufgeführt. Zur späteren Beziehung von Walter v. Amance zur Kurie vgl. auch VR 6 Nr. 48 u. LHAKO Abt. 1 A Nr. 6380 v. 1382 VI 3 (erneute Lossprechung von einer Exkommunikation).

Für die spätere Zeit des 14. und das 15. Jahrhundert läßt sich die Entwicklung auf Grund fehlender Vorarbeiten schwer verfolgen, sie scheint jedoch der vorhergehenden durchaus ähnlich[241]. Insgesamt lassen sich für die mit Aufträgen bedachten Personen nur teilweise sonstige Beziehungen zum apostolischen Stuhl nachweisen, es ist aber auffällig, daß auf einen recht geringen Anteil der Trierer Domkapitelsmitglieder zurückgegriffen wurde. Die mehrfach genannten und besonders herangezogenen Domherren sind dabei solche, die auch wichtige Stellungen im Kapitel, vor allem Dignitäten, erlangt haben. Gewiß konnten die päpstlichen Anordnungen für die Beauftragten bisweilen Unannehmlichkeiten und Konflikte bringen[242], sie boten jedoch auch die Chance, sich beim apostolischen Stuhl wie auch bei den jeweils betroffenen Personen und Institutionen in Szene zu setzen und hieraus Kapital für die weitere Laufbahn zu schlagen. Fähige Leute wie Boemund von Saarbrücken verstanden es meisterhaft, sich bei verschiedenen Mächten beliebt zu machen und so zu einflußreichen Stellungen zu gelangen. In den meisten Fällen richten sich die päpstlichen Aufträge aber bereits an die Inhaber von bedeutenderen Stellungen. Daß ein höheres kirchliches Amt und die damit verbundene Macht und Autorität eher die Handhabe bot, einen erteilten Befehl tatsächlich durchzusetzen, liegt auf der Hand; somit mußten gerade die höheren Würdenträger des Kapitels als Exekutoren päpstlicher Verfügungen in Frage kommen.

4. Kuriales Finanzsystem[243]

Im Zusammenhang von Vakanz und Neuvergabe von Pfründen bot sich für das Papsttum eine der wichtigsten Möglichkeiten, zu Einnahmen zu gelangen. Die Einbehaltung von Einkünften eines erledigten Benefizes auf ein Jahr ist bereits seit dem 12. Jahrhundert nachzuweisen[244]. Teilweise diente sie dem Kirchenbau, teilweise wurde der Ertrag den Erben des letzten Pfründeninhabers überlassen, seit dem 13. Jahrhundert erhielt bisweilen der jeweilig zuständige Prälat oder Fürst

---

241 Vgl. hierzu die beigefügte Liste, ferner auch für die Mitte des 15. Jh. LHAKO Abt. 54 Nr. 1170 (Auftrag an Propst Philipp v. Sierck zur Einsammlung des Zehnten in der Mainzer Prov.) und Abt. 231,44 Nr. 2 (an denselben zur Umwandlung des Klosters Marienfloß in ein Kollegiatstift) (Felix V!).
242 Auch wurden sie, vor allem bei mächtigen Gegenkräften, gewiß nicht immer im Sinne der Kurie ausgeführt. So wohl bei dem erwähnten Auftrag, EB Balduin zur Publikation der Prozesse gegen Ludwig den Bayern zu zwingen.
243 Vgl. hierzu und den Ausführungen im folgenden allg. *Feine,* Kirchliche Rechtsgeschichte, S. 346–351 u. die dort zit Lit.; *Hauck,* Kirchengeschichte 5,2 S. 585–671; *Jedin,* Kirchengeschichte 3,2 S. 420–425; *Mollat,* Les papes d'Avignon, S. 504–523; RepGerm 2 S. 69*–83*; speziell *Clemens Bauer,* Die Epochen der Papstfinanz. Ein Versuch, in: HZ 138 (1928), S. 457–503; *P. D. Partner,* Camera papae: Problems of the Papal Finance in the Later Middle Ages, in: Journal of ecclesiastical History 4 (1953), S. 55–68; *Arnold Esch,* Bankiers der Kirche im großen Schisma, in: QFIAB 46 (1966), S. 277–398; *Favier,* Finances Pontificales.
244 Vgl. *Haller,* Papsttum und Kirchenreform, S. 50 f.

ein Recht darauf[245]. Erst unter Clemens V. ist für das Papsttum eine erste, freilich zunächst wohl nur auf England und Schottland beschränkte Erhebung von Jahreseinnahmen erfolgt. In der Folgezeit sind dann ordentliche taxmäßige Einnahmen dieser Art für die päpstlichen Finanzen außerordentlich bedeutsam geworden[246].

Für die Trierer Diözese erfolgte die erste Auflage von Annaten unter Johannes XXII. im Jahre 1316[247]. Die neue Verpflichtung wurde wohl nur widerwillig aufgenommen, wie insbesondere auch an der dreizehn Jahre später für Köln erfolgten Erhebung deutlich wird, der kein Erfolg beschieden war und die schon nach sieben Monaten wieder eingestellt wurde[248]. Über die Reaktionen auf die von Clemens VI. und auch Innozenz VI.[249] erneut aufgegriffene Maßnahme in Trier ist mehr bekannt. Der als Kollektor beauftragte Gerard d'Arbent hat in den ersten vier Jahren des Pontifikats von Clemens VI. nur sehr geringe Einnahmen verbuchen können, von fünfzehn Zahlungspflichtigen im Trierer Bereich hatten im vierten Jahr nur drei bezahlt, während der folgenden sieben Jahre gingen überhaupt nur von fünf Personen Zahlungen ein[250].

Im Rechenschaftsbericht, den der päpstliche Kollektor im Jahre 1355 für die vorangegangene Zeit seit 1346 gab, schildert er anschaulich seine vergeblichen Versuche und die Gewaltmaßnahmen seiner Gegner[251]. Der von ihm in Trier ernannte Subkollektor ist hiernach mißhandelt und für den Fall weiterer Aktivitäten mit Ersäufen bedroht worden. Der Bote eines neu ernannten Subkollektors, der Prozesse gegen alle zahlungssäumigen Trierer Pfründenbesitzer führen ließ, wurde angefallen, die Prozeßunterlagen wurden weggenommen und vernichtet, ihm selbst wurde die Hand abgehackt. Der Überbringer anderer Prozeßschriftstücke wurde erdrosselt. Die von der Kurie daraufhin angeordnete Einbehaltung der Provisionsbullen bis zur Zahlung oder dem Stellen von Bürgen wurde nicht durchgeführt. Der 1354 zum Kollektor für seine Diözese bestellte Erzbischof Boemund wagte es nicht, die ihm übersandten Schreiben mit dem Verzeichnis annatenpflichtiger Personen zur Ausführung zu bringen.

An den Widerständen, wie sie im Bericht dargestellt werden, waren gewiß auch Mitglieder des trierischen Domkapitels beteiligt. Nach den überlieferten Abrechnungen des päpstlichen Kollektors hat lediglich Boemund von Saarbrücken, der

---

245 Für Trier vgl. unten zum EB S. 284 ff.
246 Vgl. zu den Annaten bes. *Kirsch*, Annaten; *ders.*, Kollektorien; *Göller*, Einnahmen Johann XXII., S. 79*–97*; *ders.*, Einnahmen Benedikt XII., S. 19 f.*; *Hauck*, Kirchengeschichte 5,2 S. 611–617; *Haller*, Papsttum und Kirchenreform, S. 101–103, 128–138; *Favier*, Finances Pontificales, S. 205–208.
247 Vgl. zum folgenden auch VR 3 S. XLV–XLVIII. Zu den Erträgen für Trier und Köln vgl. *Kirsch*, Kollektorien.
248 Vgl. VR 3 S. XLVI.
249 Für Benedikt XII. gibt es kaum Nachrichten; vgl. *Jacob*, Benedikt XII., S. 53–57.
250 Vgl. VR 3 S. XLVII. u. *Kirsch*, Kollektorien, S. 164–166 mit S. 189 f., 190–196.
251 Vgl. *Kirsch*, Kollektorien, S. 195 f. u. 241–245, VR 3 S. XLVII f. Nach dem genannten fünften Pontifikatsjahr „iam sunt octo anni" ereigneten sich die Vorgänge 1346/47 und in der Folgezeit. Eine genauere Datierung ist nicht möglich.

spätere Trierer Erzbischof, der sich auch päpstlichen Wohlwollens erfreute, für das Jahr 1343 vom Großarchidiakonat und der Propstei von St. Paulin 25 fl. bezahlt und blieb für einen zweiten Termin zur selben Summe verpflichtet. Für die Scholasterei wird in der Rechnungslegung für 1342 bis 1345[252] die Übertragung an Johann von Saarwerden erwähnt, ohne daß von einer Zahlung die Rede ist. Johann ist allerdings auch später nicht im Besitz der ihm verliehenen Würde nachzuweisen. Die Abrechnung für die Zeit von 1346 bis 1354 bringt die Provision des Rudolf Losse unter den Benefizien in Stadt und Diözese, von denen nichts empfangen wurde. Als Inhaber weiterer übertragener Kanonikate werden Heinrich von Apremont, Nikolaus von Gymnich, Dietrich von Hammerstein und für Archidiakonate Gottfried von Sponheim und Arnold von Saarbrücken erwähnt[253]. Alle diese Personen haben mit Sicherheit keine Zahlungen geleistet. Die zuvor erwähnte Schilderung von Gewalttätigkeiten schließt sich nämlich unmittelbar an die Aufzählung der ihnen verliehenen Benefizien an und wird als Begründung für die bisher nicht erfolgte Leistung der Abgaben angeführt. Auch im Kölner Erzbistum hatten die päpstlichen Annatenforderungen offenbar nicht das gewünschte Ergebnis[254].

Auf einen stärkeren Erfolg der Kurie deuten dann die Belege aus der zweiten Hälfte der fünfziger Jahre des 14. Jahrhunderts hin. In der Rechnung des Kammerklerikers Eblo de Mederio werden verschiedene Trierer Kanoniker aufgeführt. Der 1357 providierte Heinrich Beyer (von Sterrenberg) hatte versprochen, bis Weihnachten 1360 die fällige Abgabe zu bezahlen, der Termin wurde um ein Jahr verlängert[255]. Auch bei Johann Zöllner von Leiningen[256], ebenso bei Otto von Schönburg, bei dem auch die zu leistende Summe mit 60 fl. angegeben wird[257], ist von einem Zahlungsversprechen und Aufschub die Rede. Da im Falle des Hesseto von Esch derselbe Betrag genannt wird[258], dürfte dies die für die Annaten bei der Verleihung eines Domkanonikats in Trier übliche Summe gewesen sein. Ein Zahlungsversprechen leistete weiter Jakob von Rollingen[259], während für die Provision des Robert von Saarbrücken für das Archidiakonat St. Kastor/Karden kein entsprechender Vermerk aufgenommen ist[260].

Im Gegensatz zu dem zuvor erwähnten Rechenschaftsbericht und den dort geschilderten Widerständen scheint es nach Regierungsantritt des Boemund als

---

252 VR 3 Nr. 456, *Kirsch,* Kollektorien, S. 165 f.
253 Ebda., S. 190–194.
254 Vgl. VR 3 S. XLVI f.
255 *Kirsch,* Annaten, S. 170.
256 Ebda., S. 172.
257 Ebda., S. 173.
258 Ebda., S. 175.
259 Ebda., S. 174.
260 Allerdings wurde dieses Ereignis und der Dispens des Robert für den gleichzeitigen Besitz von Archidiakonat und Propstei von St. Paulin dem zuständigen päpstlichen Kollektor gemeldet (ebda., S. 171).

Erzbischof demnach zu einer Beruhigung der Lage und Anerkennung der päpstlichen Forderungen gekommen zu sein. Auch das Register der Notare Arnaldus Johannis und Arnaldus Gaucelini über die Annaten der deutschen Benefizien von April 1360 bis Februar 1361 enthält ein Zahlungsversprechen, nämlich des Konrad von Spiegelberg, des päpstlichen „nuntius" in Mainz, durch seinen Prokurator[261]. Daß in der Zeit von Innozenz VI. „gegen die Inanspruchnahme der Servitien, Spolien und Annaten durch die päpstliche Kammer ein Widerstand des Klerus der rheinländischen Diözesen sich nicht erhoben hat", wird auch in Verbindung damit gesehen, daß „die Kammer diese Abgaben nicht vom Klerus in dessen Gesamtheit und dann zur selben Zeit, sondern von einzelnen Klerikern in vereinzelten Zeitpunkten einforderte"[262], was jedoch wohl genauso für die vorhergehende Zeit der Schwierigkeiten bei der Eintreibung gilt. Die Annaten wurden aber auch jetzt noch als Belastung empfunden und gewiß nicht allzu freudig gezahlt, wie aus den erwähnten Aufschubgewährungen hervorgeht. Immerhin scheint sich jedoch das System so weit entwickelt zu haben, daß man dem Papst jeweils seine Zahlungsbereitschaft ausdrücken mußte und wohl zumindest nicht ohne Teilzahlungen auskam. Das Provisionswesen, gerade unter Innozenz VI. für Trierer Domkanonikate mit Erfolg gehandhabt, war zu einem wichtigen Instrument kurialer Finanzpolitik geworden. Das Annatenwesen spielte allgemein bis in die zweite Hälfte des 15. Jahrhunderts hinein trotz der Reformbewegungen eine wichtige Rolle[263]. Im Jahre 1430 leistete der Dompropst Friedrich von Kröv eine Zahlung von 150 fl.[264]. Jakob von Sierck verpflichtete sich 1432 für seinen Bruder Philipp wegen der Propstei von St. Paulin, Magister Jakob Petri im Jahr darauf für denselben wegen des Archidiakonats von Longuyon[265]. Jakob von Sierck selber versprach 1432 und 1433 Zahlungen wegen der Propstei von Würzburg bzw. einer Pension von 2000 Gulden[266].

Eine Verbesserung seiner Finanzen versuchte das Papsttum ferner durch die Anwendung des Spolienrechts[267]. Ein gravierender Fall in Trier war der Anspruch

---

261 Ebda., S. 321; vgl. auch *Hoberg,* Einnahmen Innozenz VI., T. 2, S. 27 für 1361 VI 18.
262 VR 4 S. LXXXV.
263 Für die nach Innozenz VI. regierenden Päpste Urban und Gregor vgl. VR 5 S. LXXX–XC. Zu Annaten unter Urban VI. auch *Theodor Graf,* Papst Urban VI. Untersuchungen über die römische Kurie während seines Pontifikates (1378–1389), Diss. Berlin 1916, bes. S. 75–78. Für die spätere Zeit vgl. *Johann Peter Kirsch,* Die Annaten und ihre Verwaltung in der zweiten Hälfte des 15. Jahrhunderts, in: HJb 9 (1888), S. 300–312. Vgl. für Trier auch RepGerm 7 zu Johannes Carjaval.
264 RepGerm 4 Sp. 716. In Provisionen für Trier zur Zeit Bonifaz IX., der die erwähnte Grenze einführte, werden auch Angaben über die Höhe der Einkünfte der Benefizien gemacht (VR 6 Nr. 572; VR 7 Nr. 152).
265 Vgl. ASV Anm. 6 fol. 142' v. 1432 VII 7 u. fol. 198' v. 1433 II 21.
266 Ebda., fol. 142' v. 1432 VII 7 u. fol. 189' v. 1433 I 18.
267 Vgl. *Hauck,* Kirchengeschichte 5,2 S. 618–620; *Göller,* Einnahmen Johann XXII., S. 106*–115*; *Mollat,* Les papes d'Avignon, S. 510 f.; *Kirsch,* Kollektorien, S. XXIX; VR 4 S. LXXXII–LXXXV; VR 5 S. CXXVII–CXXX. Zu freiwilligen Zahlungen in Testamenten vgl. weiter unten zu den geistlichen Institutionen, Anm. 10.

auf den Nachlaß Balduins, den bereits Clemens VI. im Jahre 1343 mit entsprechendem Auftrag unter anderen an Propst (Johann von Zolver) und Archidiakon (Boemund von Saarbrücken) erhob[268] und der von Innozenz VI. nach dem Tod des Luxemburgers erneut geltend gemacht wurde[269]. Auf die päpstliche Forderung reagierte das Trierer Kapitel mit einem Brief, in dem es die miserable finanzielle Situation des Erzstifts darstellte und unter anderem Leistungen Balduins für Karl IV., kriegerische Auseinandersetzungen und vor allem auch Pest, Judenmord und Zollerhöhungen für das Schwinden des Vermögens und den Rückgang der Einnahmen verantwortlich machte[270]. Es bezifferte den Nachlaß Balduins auf nur 5000 Goldgulden, die man überdies anderen Zwecken habe zuführen müssen. Die Kurie ließ sich freilich durch die sicher übertriebenen Klagen des Kapitels nicht täuschen. Sie einigte sich mit dem nachfolgenden Erzbischof Boemund auf 40 000 Gulden[271], von denen ihm aber nach Zahlung von insgesamt 14 200 Gulden der Rest erlassen wurde[272]. Daß der Papst auch in anderen Fällen vom Spolienrecht Gebrauch gemacht hat, wird unter anderem aus einer Äußerung des Kölner Kapitels aus dem Jahre 1355 deutlich[273].

Über den Erfolg päpstlicher Erhebungen von Zehnten, Subsidien[274] und Procurationen[275] in Trier sind wir besonders durch die Quellensammlung und die Aus-

---

268 Vgl. VR 3 Nr. 244 f.; *Riezler*, Vat. Akt., Nr. 2157 f. v. 1343 VII 26; ferner VR 3 Nr. 463–465 u. *Riezler*, Vat. Akt., Nr. 2225 v. 1345 VI 16 (Schreiben auch an Johann v. Böhmen u. das Kapitel).
269 1354 II 13 wurde Boemund und zwei anderen Geistlichen befohlen, den Nachlaß zu schätzen, einzufordern und ein Verzeichnis in doppelter Ausfertigung an die päpstliche Kammer zu senden (VR 4 Nr. 99; vgl. auch Nr. 93–96: Schreiben an Karl IV., Boemund, den Primizerius von Metz u. EB Wilhelm v. Köln). Der Papst betonte auch, daß die von Balduin eingezogenen Türkenzehnten nicht abgeführt worden seien.
270 VR 4 Nr. 109 v. 1354 III 26; LHAKO Abt. 1 A Nr. 5799 u. 1 D Nr. 4415 S. 761–764.
271 Vgl. VR 4 Nr. 130 f.; zu den Vorgängen auch *Gruhler*, Boemund II., S. 23–25; *Sauerland*, Trierische Taxen, S. 89–91; *Haverkamp*, Studien, S. 467–469.
272 Zur Zahlung vgl. VR 4 Nr. 183 v. 1354 X 30 (11 200 Gulden) u. Nr. 348 (3000 Gulden); vgl. auch *Hoberg*, Einnahmen Innozenz VI., T. 1, S. 58 u. 135; T. 2, S. 27. Zur erneuten Untersuchung über den Nachlaß Balduins und der Befreiung Boemunds VR 4 Nr. 250 f. u. 348.
273 1355 V 17 ist von seiten des sich an das Trierer und auch Mainzer Domkapitel wendenden Kölner Kapitels davon die Rede, daß der Papst „bona clericorum decedentium camere sue confiscabit" (VR 4 Nr. 232). Insbesondere wurden die Spolien bei an der Kurie gestorbenen Geistlichen in Anspruch genommen (vgl. VR 5 Nr. 1065, 1093).
274 Vgl. zu Zehnten u. Subsidien etwa: *Hauck*, Kirchengeschichte 5,2 S. 621–627; *König*, Päpstliche Kammer, S. 43–54; *Favier*, Finances Pontificales, S. 208–217, 221–232; für die Rheinlande VR 3 S. IL–LI; VR 4 S. LXXXII, LXXXV–XC; VR 5 S. XC–CXII; speziell *Adolf Gottlob*, Die päpstlichen Kreuzzugssteuern im 13. Jahrhundert. Ihre rechtliche Grundlage, politische Geschichte und technische Verwaltung, Heiligstadt 1892; *Ernst Hennig*, Die päpstlichen Zehnten aus Deutschland im Zeitalter des avignonesischen Papsttums und während des großen Schismas. Ein Beitrag zur Finanzgeschichte des späteren Mittelalters, Halle 1909.
275 Es handelt sich hierbei um eng mit den Visitationen verbundene Forderungen, die den Bischöfen bei solchen Gelegenheiten zuflossen. Die in der Bulle „Vas electionis" Bene-

führungen von *Sauerland* orientiert[276]. Der von Gregor X. mit Zustimmung des Konzils von Lyon 1274 ausgeschriebene Zehnte für das Heilige Land[277] stieß offenbar auch in der Trierer und Kölner Kirchenprovinz auf Schwierigkeiten, da noch nach mehr als zwanzig Jahren beträchtliche Rückstände gegeben waren[278]. Bei der Zehntauflage von Bonifaz VIII. zu seinem Krieg gegen den König von Sizilien waren mehrere Jahre nach seinem Tod aus der Trierer und Kölner Provinz die Zahlungen noch nicht eingegangen[279]. Auch der von Clemens V. geforderte sechsjährige Zehnte brachte wegen der Weigerung des trierischen Klerus aus unserem Gebiet nur begrenzt Einnahmen[280]. Clemens VI. schrieb 1343 einen

---

dikts XII. (1336) festgelegten Taxen wurden von seinen Nachfolgern zu einem bestimmten Anteil eingefordert. Vgl. zu den Prokurationen etwa *Göller,* Einnahmen Johann XXII., S. 74*–79*; *Favier,* Finances Pontificales, S. 217–221.

276 Zu anderen, im folgenden nicht abgehandelten Einnahmen des Papsttums wie den Bullentaxen vgl. *Hauck,* Kirchengeschichte 5,2 S. 620 f.; *König,* Päpstliche Kammer, S. 30–39; *Walther von Hofmann,* Forschungen zur Geschichte der kurialen Behörden vom Schisma bis zur Reformation (Bibliothek des Deutschen Historischen Instituts in Rom, Bd. XII), Rom 1914, S. 243–303; für Trier VR 6 Nr. 572 (bei Provision für Domkanonikat 1393); zu den Visitationen: *Göller,* Einnahmen Johann XXII., S. 52*–56*; *König,* Päpstliche Kammer, S. 28 f. Zu den „Census" *Göller,* Einnahmen Johann XXII., S. 56*–70*.

277 Vgl. für Trier auch MRR 4 Nr. 126 u. LHAKO Abt. 1 A Nr. 131; *Blattau,* Stat. syn., S. 54 f. Nr. 20. Beauftragt wurde für Trier Magister Roger de Merlomonte, Domherr in Verdun.

278 Vgl. für Trier u. a. VR 1 Nr. 11 v. 1295 IX 20; Nr. 103 v. 1301 IX 16; Nr. 147 v. 1304 V 23; Nr. 208 v. 1307 X 18; für Köln allein VR Nr. 82 f. v. 1300 III 27 u. 29; Nr. 455 v. 1317 V 25; 558 v. 1320 VIII 3; vgl. auch VR 3 S. IL f. Zahlungen in Trier wurden jedoch geleistet. Am 7. Januar 1276 erfolgte eine Abrechnung zwischen dem päpstlichen Kollektor und seinen Subkollektoren für Stadt und Diözese, dem Domdekan Robert (von Warsberg) und Cantor Wilhelm (von Davels), wonach sie bis zu diesem Datum 741 Aachener Mark, 7 sol. 6 den. 1 obol. (12 sol. = 1 Mark), ferner 445 lib. 15 sol. 6 den. in Turnosen, in Trierer Währung 778 lib. 11 sol. 4 den. und in verpfändetem Silber 101 lib. 6 sol. erhalten hatten (*Lamprecht,* Wirtschaftsleben 3, Nr. 54 S. 69 f.; MRR 4 Nr. 250; *Goerz,* Regesten, S. 53; *Mummenhoff,* Regesten Aachen 1, Nr. 318). Weitere Abrechnung 1277 XI 5 (MRR 4 Nr. 454; *Goerz,* Regesten, S. 54). Zu Einsammlungen unter Martin IV. vgl. Reg. Martin IV., Nr. 222, 244 f., 531; zu Honorius IV. vgl. *Prou,* Reg. Honorius IV., Nr. 114–116, 428 f., 640.

279 Vgl. VR 1 Nr. 260 f. v. 1308 X 25.

280 Vgl. VR 3 S. L; entsprechende Zahlungsaufforderungen VR 1 Nr. 375 v. 1312 VIII 12 (Auftrag von Papst Clemens an den EB, säumige Zahler anzutreiben); Nr. 377 v. 1312 XII 19; Nr. 383 v. 1313 IV 5; Nr. 426 v. 1316 XI 11, Nr. 498 v. 1318 VIII 2; Nr. 560 v. 1320 IX 20. Vgl. auch VR 2 Nr. 1809 v. 1329 XII 6 für Köln; weiter Nr. 1852, 1923. *König* führt unter den zur Zeit Clemens V. freiwillig der römischen Kirche angebotenen Zehnten auch das Versprechen des Trierer EB an, den Zwanzigsten eines Jahres zu liefern. Er weist jedoch auch darauf hin, daß Clemens deshalb wiederholt Ermahnungen nach Deutschland schickte; die Zahlung wurde also offenbar nicht geleistet (Päpstliche Kammer, S. 45 u. 49 f.). Unter Johannes XXII. ist für die Kölner, aber nicht für die Trierer Kirchenprovinz die Forderung eines Zehnten bekannt. Allerdings ist in einer Urkunde von einem Subsidium die Rede, das „nonnulli prelati et alie persone ecclesiastice necnon capitula et conventus" der Stadt, Diözese und Provinz von Trier für die Bekämpfung der Häretiker und Rebellen in Italien freiwillig angeboten hätten (vgl. VR 2 Nr. 1294 v. 1327 X 6). 1336

Zehnten gegen die Türken aus und beauftragte mit der Ausführung Gerard d'Arbent[281]. Nach zwei Jahren waren jedoch noch keine Zahlungen an die Kurie erfolgt, wie eine Ermahnung an den Trierer Erzbischof besagt[282]. An den erneuten Vorwürfen, die Clemens VI. 1350 erhob, läßt sich ersehen, daß Balduin von Luxemburg der päpstlichen Aufforderung keineswegs nachgekommen ist[283]. Der Bericht des Kollektors von 1355, der bereits im Zusammenhang mit den Annaten erwähnt wurde, macht deutlich, daß der Erzbischof zwar Teile des Zehnten eingetrieben, aber nichts davon abgeführt hat; die Weigerung des Klerus blieb bestehen und machte Gerard d'Arbent eine Abrechnung unmöglich[284].

Unter Innozenz VI. kam es erneut zu heftigen Widerständen gegen die 1355 ergangene Aufforderung zur Zahlung eines dreijährigen Zehnten[285], der zur Wiedereroberung des Kirchenstaats dienen sollte. Ein Rundschreiben des Papstes an die deutschen Erzbischöfe und Bischöfe vom 15. Mai forderte diese zur Eintreibung nötigenfalls unter Beschlagnahme der Pfründeneinkünfte und Pfründen auf[286]. Das Kölner Domkapitel, das wohl bereits früher von den päpstlichen Plänen erfahren hatte[287], entschloß sich zum Vorgehen gegen die Forderungen der Kurie und wandte sich bereits zwei Tage später auch an Domkapitel und Klerus von Mainz und Trier, um gemeinsames Handeln zu erreichen[288]. Das Ergebnis einer hierauf in Koblenz stattfindenden Tagung ist zwar nicht näher bekannt, die von den Klerikern der deutschen Nation abgegebenen Erklärungen, in denen sie

---

waren die Gelder jedoch noch nicht abgeführt (VR 2 Nr. 2267 v. 1336 XI 10). Unter Benedikt XII. wurde anscheinend keine entsprechende neue Forderung im rheinischen Gebiet gestellt; vgl. VR 3 S. L f.; *Jacob*, Benedikt XII., S. 65–67; *Göller*, Einnahmen Benedikt XII.

281 Vgl. VR 3 S. LI u. Nr. 298 v. 1343 XII 1; Nr. 487–491 v. 1345 IX 10 u. 13 (bezüglich des Gerard d'Arbent), Nr. 514 v. 1345 XII 7. Zur Finanzpolitik von Clemens VI. vgl. auch *Pastor*, Geschichte der Päpste, S. 97–99.

282 VR 3 Nr. 516 v. 1345 XII 19. Vgl. zur Zahlungsverweigerung auch Nr. 644 v. 1347 III 3. Gerhard d'Arbent teilte mit: „De decimis civitatis et diocesis Basilien. nichil computo, quia eas omnino solvere contradicunt. Nec etiam computo de provincia Treverensi simili de causa" (*Kirsch*, Kollektorien, S. 183).

283 Vgl. VR 3 Nr. 827. Der Papst schreibt unter anderem: „. . . sic lente ac tepide te gessisti ac geris . . . quod inde nichil vel modium exactum." Der Papst fordert ihn auf, endlich zu handeln, damit er nicht andere Maßnahmen ergreifen müsse.

284 Vgl. *Kirsch*, Kollektorien, S. 183–185. Das Vorgehen des Erzbischofs wird vom Papst auch in seinen Forderungen wegen des Nachlasses von Balduin nach dessen Tod im Jahre 1354 deutlich angesprochen; vgl. Anm. 269.

285 Vgl. VR 4 S. LXXXVI–XCIII; *Hauck*, Kirchengeschichte 5,2 S. 638–641; *Zaddach*, (wie S. 119 Anm. 287), S. 129. In der Argumentation von seiten des Klerus erscheint auch der Hinweis auf den Schwarzen Tod (vgl. Acta Imperii inedita saeculi XIII et XIV. Urkunden und Briefe zur Geschichte des Kaiserreichs und des Königreichs Sizilien, hg. v. *Eduard Winkelmann*, Bd. 2, 1885, Ndr. Aalen 1964, Nr. 1181 f.).

286 VR 4 Nr. 231.

287 Vgl. VR 4 S. LXXXVI.

288 VR 4 Nr. 232 v. 1355 V 17.

sich als zur Zahlung nicht verpflichtet bezeichneten und gegen den Zehnten Berufung einlegten, gehen jedoch wahrscheinlich auf diese Zusammenkunft zurück[289]. Für die Trierer Diözese wurde der Pfalzeler Scholaster Johann nach Avignon entsandt[290].

Auf dem Reichstag in Nürnberg zu Beginn des Jahres 1356 hat sich der Kaiser[291] offenbar im Sinne des Papstes eingesetzt, eine entscheidende Änderung in der Haltung des deutschen Klerus trat auch jetzt noch nicht ein[292]. Im November wurden die drei rheinischen Erzbischöfe und weitere hohe geistliche Würdenträger erneut zur Einsammlung und Leistung des Zehnten aufgefordert. Man verstand sich jedoch nur zur Entrichtung eines zweijährigen Subsidiums[293]. Der Papst ging auf diesen Vorschlag ein und ließ daraufhin statt des Zehnten ein Subsidium in Höhe von zwei Procurationen einsammeln[294]. Dies stieß jedoch gerade in der Trierer Diözese auf Widerstand. Eine zweite in Koblenz anberaumte Versammlung von Vertretern der Klöster und Stifte sowie anderer geistlicher Institutionen[295] wandte sich gegen die Procuratorien und vom Papst geforderte Zehn-

---

289 VR 4 Nr. 256 f. v. 1355 August.
290 VR 4 Nr. 254 f. v. 1355 VIII 7 u. 16; *Schmidt,* Quellen 1, Nr. 952 u. 954. Innozenz forderte aber den Gesandten auf, den trierischen Klerus zur Zahlung anzutreiben und wandte sich erneut an die Erzbischöfe und auch Karl IV. (vgl. VR 4 Nr. 269–271 v. 1355 X 26).
291 Vgl. VR 4 Nr. 295 v. 1356 II 8 (Innozenz an Bischof Gerlach von Mainz über die Aktivität Karls IV.). Zur Haltung Karls IV. in dieser Frage vgl. unter anderem *Werunsky,* Karl IV., 3, S. 171–175; *Scheffler,* Karl IV. u. Innozenz VI., S. 66–84.
292 Dies veranlaßte den Papst zu erneuten Mandaten an die Erzbischöfe und einer entsprechenden Bitte an den Kaiser; VR 4 Nr. 311–313 u. Nr. 315 v. 1356 V 16. Daß der Papst angesichts der vereinten Widerstände durchaus zum Einlenken bereit war, zeigt seine gegenüber Wilhelm von Jülich und dem Kölner Klerus ausgesprochene Milderung seiner Verfügungen (VR 4 Nr. 314 v. 1356 V 16 u. Nr. 321 v. 1356 V 29). Anscheinend konnte er auch zu dieser Zeit einige Bundesgenossen im Klerus für sich gewinnen, wie etwa sein freundliches Schreiben an den späteren Trierer Erzbischof Kuno von Falkenstein beweist (VR 4 Nr. 316 v. 1356 V 16). Kuno mag sich auch aus Karrieregründen auf die Seite des Papstes gestellt haben (vgl. VR 4 S. LXXXIX, auch zu anderen Helfern des Papstes). Daß nach wie vor große Widerstände im Klerus bestanden, läßt sich aus der Entsendung des Heinrich Sudermann an die drei rheinischen Erzbischöfe (VR 4 Nr. 342 v. 1356 IX 13) und dem päpstlichen Auftrag für den Abt von Cluny erkennen, die die Zahlung verweigernden und sich deshalb in „confoederationes" zusammenschließenden Kleriker zu zitieren, die Verbindungen aufzulösen und erst nach Bezahlung die Kirchenstrafen aufzuheben (VR 4 Nr. 355 v. 1356 X 8).
293 Vgl. VR 4 S. XC mit Quellenzitat.
294 Vgl. VR 4 Nr. 419 v. 1357 VII 11 (Mitteilung an die Erzbischöfe) u. Nr. 439–441. Für einen Großteil der Erzdiözesen wurde Bischof Philipp von Cavaillon beauftragt (vgl. VR 4 Nr. 412 v. 1357 VI 22 u. 417 v. 1357 VII 1; ferner Nr. 428: Empfehlungsbrief an Wenzel von Luxemburg und Brabant), der mindestens bis 1359 in dieser Aufgabe tätig war (VR 4 Nr. 602 f. v. 1359 XII 1 u. 9). Für die Trierer Diözese setzte er den in enger Beziehung zu Karl IV. stehenden und auch mit zahlreichen Pfründen ausgestatteten (vgl. VR 4 Nr. 479) Johann von Luxemburg-Ligny ein (VR 4 S. XCI).
295 Vgl. VR 4 Nr. 523 v. 1358 VIII 21.

ten[296]. Noch 1359 ist von der Weigerung einiger Prälaten, Kapitel, Konvente, Geistlicher und kirchlicher Personen die Rede[297]; Johann von Luxemburg führte erst 1360/61 die von ihm eingesammelten Procuratoriengelder in Höhe von insgesamt 2100 Goldgulden ab[298].

Die etwas ausführlicher geschilderten Vorgänge zeigen, auf welche Schwierigkeiten päpstliche Forderungen unter Umständen stießen und wie sehr der heimische Klerus einschließlich des Domkapitels daran interessiert war, die Belastung möglichst gering zu halten. Innozenz' VI. Maßnahmen zur Verbesserung der Finanzen durch die Erhebung des Zehnten waren insgesamt und besonders im hiesigen Raum so wenig erfolgreich gewesen, daß sein Nachfolger Urban V. zunächst ebenfalls nur ein „subsidium duarum procurationum" auferlegte und nicht auf die Praxis der „decima" zurückgriff[299]. Ein neuer Zehnter wurde – wie bereits erwähnt – 1366 im Zusammenhang mit der geplanten und vom Kaiser durch einen Romzug zu unterstützenden Rückkehr des Papstes nach Rom verfügt[300]. Das Schreiben des an dieser Angelegenheit interessierten Karl IV. an die Erzbischöfe, das sie zum Gehorsam gegenüber den päpstlichen Forderungen aufrief[301], fiel jedoch in eine Zeit, in der wegen der von Erzbischof Engelbert und dem Kölner Kapitel beschlossenen Ernennung Kunos von Falkenstein zum Koadjutor von Köln und der hierauf erfolgten Ablehnung des Papstes vorübergehende Spannungen zwischen diesem und den Erzbischöfen von Köln und Trier bestanden[302]. Der Trierer Klerus, unter anderem das Domkapitel, reagierte auf die Forderungen des päpstlichen Nuntius mit Protest[303]; die Aufschiebung des Romzuges Karls IV. brachte die Zahlung erst recht in Verzug[304]. Schreiben des Papstes vom Ende des Jahres 1367 versuchten dem Zehnten bei den Erzbischöfen

---

296 Vgl. auch VR 4 Nr. 438 v. 1357 IX 22. Man hatte sich zuvor zur Erhebung v. Geldern zur Abwehr der päpstlichen Forderungen entschlossen, wozu vom Kapitel der Präbendat Meffried von Liebfrauen eingesetzt wurde (vgl. VR 4 Nr. 385 v. 1357 III 1).
297 Vgl. VR 4 Nr. 577 v. 1359 VII 14.
298 Vgl. VR 4 S. XCII f.; Nr. 645, 657, 744 f.
299 Vgl. VR 5 S. XC–CXII, bes. S. XCI f. Er forderte auch eine bereits durch Innozenz mit allerdings geringer Wirkung von den Bischöfen und Klostervorständen erhobene Steuer, mit deren Einsammlung unter anderem der Trierer Dompropst Konrad von Spiegelberg beauftragt wurde (vgl. VR 5 S. XCII–XCIV). Über die Reaktion des Klerus auf die Forderung der beiden Prokurationen fehlen leider weitgehend die Nachrichten, eine Urkunde zeigt jedoch die freilich verspätete Zahlung der Benediktinerinnen der Abtei Niederprüm an (VR 5 S. XCVII u. Nr. 366 b).
300 Vgl. VR 5 Nr. 533 v. 1366 X 21 u. Nr. 541–543 v. 1366 XI 7 u. 10 (Ernennung des Bertrand de Macello zum Generaleinnehmer).
301 Vgl. VR 5 S. XCVIII f. u. Nr. 553 v. 1367 I 7 (vgl. auch Nr. 554 f.).
302 Vgl. VR 5 S. XCIX u. Nr. 549–551.
303 Vgl. VR 5 Nr. 558 (Schreiben des Bertrand von Macello aus Koblenz) v. 1367 I 25; Nr. 562 u. *Schmidt*, Quellen 1, Nr. 1171 v. 1367 III 8 (Schreiben von Dekanen u. Kapiteln von St. Kastor u. St. Florin in Koblenz mit Hinweis auf Widerstand auch im Domkapitel).
304 Vgl. VR 5 S. IC f.

zur Geltung zu verhelfen[305] und wandten sich vor allem in recht strenger Form an die Domkapitel von Köln, Mainz und Trier[306]. Diese wurden aufgefordert, schleunigst zu zahlen und für Lossprechungen von etwaigen Kirchenstrafen zu sorgen, statt auf Appellationen zu vertrauen. Der Hoftag im folgenden Jahr und die Ermahnungen des sich zum Romzug rüstenden Kaisers gegenüber dem nunmehr vom Papst als Kölner Koadjutor bestätigten Kuno von Falkenstein brachten anscheinend keine Wende; noch 1371 unter Gregor XI. waren rückständige „subsidia" einzutreiben[307].

Der neue Papst hatte sich in seiner durch die Söldnerheere der Visconti bedrohten Lage gezwungen gesehen, erneut einen Zehnten in Deutschland einzuführen[308]. Auch in diesem Falle scheint sein Aufruf wenig Widerhall gefunden zu haben, da er etwa ein halbes Jahr später den Erzbischöfen von Trier und Mainz befehlen mußte, dem päpstlichen Nuntius Elias de Vodron den Zehnten zu zahlen und ihren Klerus dazu anzuhalten[309]. Proteste durch die Stiftskapitel in Köln und Mainz sind überliefert, für Trier fehlt ein solcher Beleg[310]. Anscheinend war aber gerade der tatkräftige Kuno von Falkenstein einer der Anführer beim Ungehorsam[311]. Der zum Kollektor ernannte Bamberger Dekan Heinrich Rand einigte sich schließlich mit den Erzbischöfen und mit Kapiteln und Geistlichkeit der Diözesen Mainz, Köln, Trier, Worms und Speyer auf die Zahlung eines Subsidiums in Höhe von 30 000 Florenen anstelle des Zehnten[312].

Die Vorgänge zur Zeit Gregors XI. machen ebenso wie die unter Urban V. deutlich, wie widerwillig der deutsche Klerus den päpstlichen Forderungen nachkam und daß der Papst nur bei eigener Nachgiebigkeit und Flexibilität größere Aussichten auf Erfolg hatte. Für die Zeit des großen Schismas läßt das vorhandene Material weitere päpstliche Finanzierungsversuche erkennen, über die Reaktion

---

305 VR 5 Nr. 585 u. 588 v. 1367 XII 17.
306 VR 5 Nr. 587 v. 1367 XII 17.
307 Vgl. VR 5 S. CI u. Nr. 810 v. 1371 IV 26.
308 Vgl. VR 5 Nr. 888 v. 1372 IV 15.
309 Offenbar hatte Vodron schon zuvor Maßnahmen ergriffen. Vgl. VR 5 Nr. 918 v. 1372 X 1.
310 Vgl. VR 5 S. CIII.
311 Vgl. VR 5 S. CV. Daß der Papst in Kuno auch seinen Hauptgegner sah, geht daraus hervor, daß er im Jahre 1373 ihn wegen Zahlungsverweigerung und Anstiftung anderer hierzu vor sein Gericht zu laden vorhatte (vgl. VR 5 Nr. 943 v. 1373 III 1). Dies wurde allerdings nicht in die Praxis umgesetzt, da man sich an der Kurie zum Einlenken entschloß. Man zeigte sich im Hinblick auf die Forderung auch so flexibel, daß man den bevollmächtigten Einnehmern die Möglichkeit gab, statt des verhaßten Begriffs der „decima" eine angenehmere Bezeichnung zu wählen, und ließ ihnen Verhandlungsspielraum über Art und Höhe der nunmehr zu zahlenden Einnahmen (vgl. VR 5 S. CV f. u. Nr. 957–962 v. 1373 VI 9 u. 13). Daß EB Kuno kein eifriger Steuerzahler war, geht übrigens auch aus einem Register seiner Sünden von 1388 I 2 hervor (VR 6 Nr. 79).
312 Vgl. VR 5 Nr. 994 v. 1373 XII 26 u. Nr. 1020 v. 1374 IV 17. In Avignon trafen nunmehr größere Zahlungen ein, wobei sich insbesondere der freilich vergebens auf das vakante Mainzer Erzstift reflektierende Speyerer Bischof Adolf von Nassau hervortat, dem Kuno von Falkenstein dabei finanziell unter die Arme griff und vielleicht auch selbst für Leistungen aus dem eigenen Erzstift sorgte (vgl. VR 5 S. CIX f.).

des Trierer Domkapitels hierauf ist aber kaum etwas bekannt[313]. Im ganzen ist jedoch davon auszugehen, daß in dieser Zeit und später die päpstlichen Forderungen genauso auf Widerstand stießen. Hierauf weist auch die 1452 erfolgte Vereinigung der Dekane und Domkapitel von Trier, Köln und Mainz zur Erhebung gemeinsamer Beschwerden gegen die von Papst Nikolaus ihnen zugemutete Erhebung eines Zehnten von allen ihren Einkünften und Benefizien hin[314].

Die geschilderten Vorgänge haben gezeigt, daß sich bei solchen, dem Klerus eines Gebiets insgesamt auferlegten Abgaben Verweigerungen oder zumindest verzögerte Zahlungen fast regelmäßig ergaben und zum Teil auch ein gemeinsamer und damit wirksamerer Widerstand beschlossen wurde. Nicht zuletzt scheint die jeweilige politische Situation, insbesondere das Verhältnis zwischen Erzbischof und Papst von gravierender Bedeutung für die Entrichtung der Leistungen gewesen zu sein. Die jeweilige Haltung des Trierer Domkapitels ist nicht immer zu erkennen, seine Reaktion dürfte sich jedoch im wesentlichen mit der des übrigen Klerus decken. Die Beziehungen des Domkapitels zum kurialen Finanzsystem, wie sie am Beispiel der Annaten und der anderen Auflagen angesprochen wurden, scheinen von dem Bemühen geprägt gewesen zu sein, sich nach Möglichkeit der Zahlung zu entziehen und nur dann, wenn es unumgänglich oder opportun war, den Anordnungen Folge zu leisten. Die ständigen Geldforderungen der

---

[313] Daß auch Urban VI. einen Zehnten einzutreiben versuchte, geht aus einer Erklärung kölnischer Stiftskapitel und der ihnen vom Erzbischof zugesagten Unterstützung gegen päpstliche Auflagen hervor (VR 6 Nr. 65 f. v. 1386 XI 22 u. 25). Bonifaz IX. verfügte 1390 einen zweijährigen Zehnten für die Geistlichkeit in der Kölner, Mainzer, Trierer, Prager, Salzburger, Gnesener und Magdeburger Provinz und beauftragte seinen Nuntius, den Bischof von Tropea, zu Unterhandlungen mit den Betroffenen (VR 6 Nr. 302 v. 1390 XII 19). Er gestattete auch dem König die Erhebung eines Zehnten, weswegen sich Domkapitel und andere Trierer Geistlichkeit an den EB wandten (vgl. S. 349 f.; VR 6 Nr. 471; LHAKO Abt. 1 A Nr. 6604 v. 1392 I 20). Anläßlich der Wahl Ruprechts von der Pfalz zum deutschen König gab er diesem, der sich auch in besonderem Maße für die Anerkennung des römischen Papstes eingesetzt hatte, ebenfalls die Möglichkeit zu Zehntforderungen (VR 7 Nr. 395 v. 1403 X 1; vgl. hierzu und zum Widerstand der geistlichen Institutionen S. 350; VR 7 Nr. 495; *Struck,* Klöster Lahn 1, Nr. 831; *Schmidt,* Quellen 1, Nr. 1618; LHAKO Abt. 1 D Nr. 836 v. 1405 II 18). Daß Bonifaz IX. auch aus frommen Gelübden Geld zu machen verstand, zeigt sich in seiner Aufforderung an den genannten Nuntius, entsprechende Gelder anzunehmen von Leuten, die am versprochenen Besuch des Heiligen Grabes, anderer entfernter Orte wie etwa Santiago de Compostella, darüber hinaus der Heiligen Stadt und der dortigen Kirchen verhindert seien (VR 6 Nr. 292 f. v. 1390 XII 5). Gregor XII. forderte die deutschen und nordischen Erzbischöfe zur Zahlung eines Subsidiums auf und ernannte hierfür einen Kollektor (VR 7 Nr. 615 u. 619 v. 1407 IV 23 u. V 19). Für Johannes XXIII. ist eine Zehnterhebung in den niederrheinischen Territorien bekannt (VR 7 Nr. 860 f. v. 1411 IV 25); er ernannte auch den Trierer Domherrn Dietrich vom Stein als Nuntius und Generalkollektor für die trierische Provinz (VR 7 Nr. 862 v. 1411 V 1). Zur Gestattung eines Zehnten für Sigismund RepGerm 4 Sp. 3366.

[314] Vgl. hierzu oben zum Königtum; bes. *Weigel,* Kaiser, Kurfürst und Jurist, S. 86–89 mit Belegen. Zur Einigung der drei Domstifte und weiterer Geistlichkeit im Jahre 1457 vgl. *Lager,* Johann II. von Baden, S. 25 f.

Kurie stellten sicherlich eine Belastung für das beiderseitige Verhältnis dar. Ebenso wie gegenüber anderen Herrschaftsträgern versuchten Kapitel und einzelne Domherren, Besitzstand und eigene Stellung nach Möglichkeit zu wahren, andererseits aber doch – wie einzelne durch Provisionen – die Verfügungsgewalt des geistlichen Oberhauptes, auf die sie zuweilen angewiesen waren, zum eigenen Vorteil zu nutzen. Das Verhalten ist sicher auch von der jeweiligen Machtkonstellation abhängig gewesen, die zeitweise mehr, zeitweise weniger Abhängigkeit vom Papst bedingte.

5. Päpstliche Gesetzgebungsgewalt

Die päpstliche Gesetzgebungsgewalt[315], die besonders seit Innozenz III. mit seiner Betonung der „plenitudo potestatis" eine Grundlage von Entscheidungen war, gab dem Papst die Möglichkeit, jederzeit Gesetze zu erlassen, aber auch Disziplinargesetze seiner Vorgänger wie auch der Konzilien aufzuheben. Die kirchenrechtliche Tradition und gesellschaftliche Zwänge bewahrten freilich vor einschneidenden Veränderungen[315a]; gerade beim uneingeschränkten Privilegien- und Dispensationsrecht ist auch die Initiative der davon Begünstigten in besonderer Weise zu berücksichtigen. Päpstliche Anordnungen für das Trierer Domkapitel und Domherren, auch die Aufhebung von Vorschriften, betreffen unterschiedliche Bereiche, wobei auf die Besetzung kirchlicher Ämter und die Steuern und Abgaben bereits in den vorherigen Ausführungen eingegangen wurde.

Hingewiesen sei zunächst auf Verfügungen von Papst Innozenz IV., der Erzbischof und Domkapitel im Mai 1246 ein Exkommunikationsprivileg erteilte und am selben Tag bewilligte, daß das Domkapitel nicht zur Aufnahme neuer Mitglieder gezwungen werden dürfe, bevor die bislang Aufgenommenen nicht alle eine Präbende erlangt hätten. Ferner erklärte er Provisionen nur dann für gültig, wenn ein Spezialmandat vorliege, in dem ausdrücklich die Domkirche und dieses Privileg erwähnt würden[316]. Die Bestimmungen erfolgten kurz vor dem Zeitpunkt, als die drei verbündeten rheinischen Erzbischöfe unter Mitwirkung eines päpstlichen Legaten den Thüringer Landgrafen Heinrich Raspe zum Gegenkönig wählten und damit in einer Lage, bei der der Kampf gegen die Staufer Gemeinsamkeiten zwischen Papst und höherer deutscher Geistlichkeit schuf.

Bei den Aufträgen von Innozenz an den Abt von St. Maximin vom Februar 1249 ist ebenfalls eine spezielle politische Konstellation gegeben. Am 12. Februar verfügte der Papst, daß das Kapitel auch bei Vorlage von durch Papst oder Legaten

---

315 Vgl. hierzu und zum folgenden *Feine*, Kirchliche Rechtsgeschichte, S. 331–336 und die dort zit. Lit.
315a Vgl. *Pitz*, Die römische Kurie (wie Anm. 8), S. 283–286.
316 Vgl. MRUB 3 Nr. 866–868 v. 1246 V 5; MRR 3 Nr. 480. Das Privileg spielte in den vierziger Jahren des 15. Jahrhunderts eine Rolle, als es um die Aufnahme des Sigmund Wecker von Bitsch ging (vgl. BATR Abt. 40, 2 Nr. 4 S. 19).

erteilten Provisionsurkunden nicht zur Aufnahme von Personen gezwungen werden dürfe, die der trierischen und der römischen Kirche Schaden zufügten oder nicht zu persönlicher Residenz bereit seien[317]. Am 23. bewilligte er, daß der Klerus der Stadt derzeit durch Briefe des Papstes oder der Legaten nicht außerhalb Triers vor Gericht gezogen werden dürfe[318]. In beiden Fällen erscheint bei der Begründung die vom Trierer Erzbischof angegebene schwere Bedrängnis, in der sich die Trierer Kirche zur Zeit befinde. Bei den Kämpfen, die damals für das erzstiftische Gebiet erwähnt werden, spielte ganz sicherlich auch die unterschiedliche Stellung zu dem von Innozenz geförderten Wilhelm von Holland eine Rolle, der von Arnold von Isenburg bereits unterstützt wurde, dem sich aber der Luxemburger noch widersetzte[319]. Von daher dürfte der Papst 1249 durchaus zur Unterstützung des Erzbischofs geneigt gewesen sein. 1252 erteilte er ein weiteres Indult[320].

Die geschilderten Beispiele deuten an, daß die päpstlichen Privilegienverleihungen z. T. vor einem politischen Hintergrund gesehen werden können, zumindest muß davon ausgegangen werden, daß die davon Begünstigten dem Papst zum jeweiligen Zeitpunkt recht genehm waren. Bei den Vorgängen zur Zeit Heinrichs von Finstingen dürften ebenfalls solche Momente eine Rolle gespielt haben. Auf die Vorwürfe des Domscholasters Magister Laurentius erging 1263 der Befehl, darauf zu achten, daß die Rechte des Scholasters und des Kapitels bei der Weihe der Domherren nicht verletzt würden[321]. Das Verhältnis zwischen dem von Rom providierten Elekten Heinrich von Finstingen und dem Papst war um diese Zeit gespannt[322], ebenso stand wohl der größere und gewichtigere Teil im Kapitel dem Erzbischof entgegen[323]. Es ist vor diesem Hintergrund vielleicht nicht zufällig, daß das Kapitel Unterstützung in Rom suchte[324]. Clemens IV. erließ 1265 ein weiteres Privileg mit dem Verbot, das Domkapitel zur Aufnahme unehelich Geborener zu zwingen, selbst wenn sie dispensiert worden seien[325]. Im Jahre 1266 wurde mit Befehl an Magister Laurentius das Kapitel dazu ermächtigt, unvorschriftsmäßig geweihte Kanoniker nicht zu den Kapitelsverhandlungen zuzulas-

---

317 MRUB 3 Nr. 987, MRR 3 Nr. 674.
318 MRUB 3 Nr. 990, *Wampach*, UQB 3, Nr. 40 f.; MRR 3 Nr. 678; MGH Epp. saec. XIII, 2 Nr. 662. Der Papst stellte aber etwa auch dem Kölner Kapitel 1247 III 27 ein solches Privileg aus (Reg. EB Köln 3 Nr. 1312).
319 Vgl. *Wampach*, UQB 3, S. 38.
320 MRUB 3 Nr. 1164 v. 1252 IX 27 u. MRR 3 Nr. 970. EB und Domkapitel sollten nicht durch Briefe v. Papst oder Legaten zur Aufnahme von Personen gezwungen werden, deren Verwandte sich feindlich gegen die Kirche verhielten.
321 MRR 3 Nr. 1928.
322 Vgl. etwa MRR 3 Nr. 1914 f., 1922 f.
323 Vgl. zu den Parteiverhältnissen S. 154 Anm. 465.
324 Allerdings können die in der Klage genannten Johann von Berg, Bartholomeus von der Fleischgasse, Dietrich von Siersberg nicht auf Grund anderer Quellen der Partei des Finstingers zugeordnet werden.
325 MRR 3 Nr. 2072 v. 1265 V 18 u. 2103 f.

sen[326]. All dies könnte auch in Verbindung mit den Auseinandersetzungen im Erzstift gebracht werden, die gegen Heinrich von Finstingen opponierende Kapitelsmehrheit fand damals sicher besonders leicht Gehör in Rom. Die erwähnten päpstlichen Pfründenvergaben in dieser Zeit, etwa an Robert von Warsberg aus der damals zu Heinrichs Hauptgegnern zählenden Familie, fügen sich hier ein. Der Papst scheute sich nicht, die Geltung des verliehenen Privilegiums in gewissen Fällen wieder aufzuheben. So gab er 1267 der Bitte des Luther von Eltz, der sich ebenfalls ohne Erlaubnis hatte zum Diakon weihen lassen, statt und forderte das Kapitel auf, ihn dennoch zuzulassen[327].

Die politischen Aspekte dürfen jedoch nicht überbetont werden; gewiß spielen bei den angeordneten Maßnahmen auch andere Momente eine entscheidende Rolle. In starkem Maße religiös motiviert sind sicherlich die Reformen des Klerus und Versuche, dessen Lebensweise und die hierfür vorgeschriebenen Normen durch entsprechendes Vorgehen stärker in Einklang zu bringen. Die 1259 ergangene Aufforderung Alexanders IV. an die Bischöfe, Prälaten und Äbte der trierischen Kirchenprovinz, gegen unsittlich lebende Kleriker einzuschreiten, gehört in diesen Rahmen[328]. Der zu Beginn des 14. Jahrhunderts an Diether von Nassau erteilte päpstliche Auftrag, gegen Mißstände vorzugehen, führte zu einem Gegensatz zwischen dem Erzbischof und einem Teil des höheren Klerus von Trier, in dem sich die geistlichen Institutionen mit Erfolg an den Papst wandten[329]. Die Beiträge der Päpste im 13. und 14. Jahrhundert zur Beseitigung von Übelständen blieben jedoch insgesamt gering[330].

---

326 MRR 3 Nr. 2204 v. 1266 XI 6.
327 Vgl. MRR 3 Nr. 2294 = LHAKO Abt. 1 D Nr. 127 u. 4027 S. 148–151 u. S. 168 f. v. 1267 VIII 29.
328 Vgl. *Wampach*, UQB 3, Nr. 290 v. 1259 II 13.
329 Vgl. *Sauerland*, Dieter von Nassau, S. 28–36 u. S. 234 f.
330 Die Konstitution „Execrabilis" Johannes' XXII. vom 19. November 1317, die gegen die Benefizienhäufung vorging, zur Aufgabe aller ohne Dispens besessenen unvereinbaren Pfründen mit Ausnahme der zuletzt erworbenen aufforderte und bei Neuerwerb eines „beneficium curatum" zu einem früheren den sofortigen Verzicht auf das letztere verlangte, kann auch vor dem Hintergrund einer nicht zuletzt mit finanziellen Interessen verbundenen päpstlichen Pfründenpolitik gesehen werden, da bei dem für Zuwiderhandelnde angedrohten Verlust der Pfründe deren Neubesetzung der Kurie vorbehalten wurde (vgl. hierzu auch die Ausführungen zur päpstlichen Pfründenvergabe). Die Wirkung des Erlasses beurteilt Sauerland äußerst negativ, da er wohl zum Ausbau päpstlichen Provisionswesens und zur Vermehrung der Pfründenbettelei geführt, aber keineswegs zur Verringerung der Benefizienhäufungen beigetragen habe (VR 3 S. LXI–LXVI). Auch im Hinblick auf Residenz, Weihegrad, eheliche Geburt und vorgeschriebenes Alter sieht er eine Bereitschaft zu päpstlichen Dispensen und keineswegs ein grundsätzliches Einschreiten gegen die Mißstände gegeben (VR 3 S. LXVI–LXXIII). Geringfügig blieb auch der Beitrag Innozenz' VI. Er forderte zwar 1359 IV 29 fünf deutsche Erzbischöfe zum Vorgehen gegen die allzu verweltlichte Lebensweise ihres Klerus auf, dies geschah aber wohl hauptsächlich auf Veranlassung des Kaisers und weniger aus Sorge über die herrschenden Zustände (VR 4 S. XCIV f. u. Nr. 554). Allerdings geht die Einführung einer Inquisition in Deutschland gegen die Ketzer auf ihn zurück, wobei jedoch von einer Unterstützung

Ein Ansatz zu einschneidender Reformtätigkeit ist allerdings nach Beendigung des großen Schismas mit der Visitation des Kardinallegaten Heinrich von England in Trier belegt[331]. Der Versuch, durch neue Statuten insbesondere die Residenz der Domherren und ihre Anwesenheit bei gottesdienstlichen Veranstaltungen zu steigern, die weltliche Lebensweise der Domherren etwa im Hinblick auf Kleidung und Jagd einzuschränken, stieß auf den heftigsten Widerstand im Kapitel und rief einen Protest beim apostolischen Stuhl hervor[332]. Die Gegenwehr des Kapitels richtete sich auch gegen die Bestrebungen des Kardinallegaten, die von Otto beschworene Wahlkapitulation durch weniger gravierende Bestimmungen zu ersetzen und für künftige Neubesetzungen des Erzbischofsstuhls Wahlabmachungen zu unterbinden. Der Streit wurde schließlich beigelegt[333], der Erzbischof steckte zurück, das Kapitel gab sich selbst neue Statuten, von Papst Eugen IV. wurden durch Bulle von 1433 sämtliche vom Legaten erlassenen Verordnungen aufgehoben[334].

Im ganzen haben die Päpste und ihre Organe während des Untersuchungszeitraums kaum spezielle Verfügungen erlassen, die auf Veränderung der Zustände im Trierer Kapitel abzielten. Dies dürfte freilich in erster Linie auf fehlende Initiative von lokaler Seite zurückzuführen sein. Mehr als auf Reformen kam es Papst und Kurie wohl darauf an, durch Pfründenvergaben und Erhebung von Abgaben Kapital zu schlagen. Sie waren deshalb auch in vielen Fällen durchaus bereit, Privilegien und Dispense zu erteilen[335]. Die oben angeführten Beispiele für das Kapitel, aber auch die gerade in der avignonesischen Zeit zahlreichen

---

Balduins für den vom Papst bestellten Johann Schadelant kaum gesprochen werden kann (vgl. VR 3 Nr. 777; VR 4 Nr. 66 f., 253 u. S. XCVI f.). Das strenge Dekret Gregors XI. über die Residenzpflicht aus dem Jahre 1375 hatte in der Praxis so gut wie keine Auswirkung (vgl. VR 5 S. XIII f.).

331 Vgl. hierzu die Ausführungen in anderen Abschnitten dieser Arbeit, zur Stadt, zum EB, zu den geistlichen Institutionen. Vgl. auch LHAKO Abt. 1 D Nr. 894.
332 Vgl. *Lager*, Otto von Ziegenhain, S. 25–28; LHAKO Abt. 1 D Nr. 910 u. 4418 S. 421–451, 453–457; BATR Abt. 95 Nr. 314 S. 165–193.
333 Vgl. zu den Vorgängen insbesondere auch *Lager*, Otto von Ziegenhain, S. 24–34.
334 LHAKO Abt. 1 D Nr. 937; BATR Abt. 95 Nr. 311 fol. 12'–13; Nr. 314 S. 375–378.
335 Hingewiesen sei auch auf das der päpstlichen Straf- und Disziplinargewalt unterstehende Buß- und Ablaßwesen. Alexander IV. verlieh etwa ein Sammel- und Ablaßprivileg für die Wiederherstellung des Trierer Doms (MRUB 3 Nr. 1441; MRR 3 Nr. 1477 v. 1258 IV 6), Clemens IV. für die große Prozession am Palmsonntag und zu anderen Festtagen, am selben Tag auch für das Kirchweihfest und andere Feste Ablässe (MRR 3 Nr. 2201; LHAKO Abt. 1 D Nr. 121 f.). Urban V. gestattete 1365 der trierischen Kirche auf zehn Jahre für gewisse Feste – ebenfalls nicht vollkommene – Ablässe (VR 5 Nr. 396 v. 1365 VI 3). Auch für Einzelpersonen existieren Verfügungen. Vgl. zu Ablaßwesen u. Absolution *Hinschius*, Kirchenrecht 5, S. 144–156; *Feine*, Kirchliche Rechtsgeschichte S. 339 f. u. 429 f.; RepGerm 2 S. 36*–38*; *Nikolaus Paulus*, Geschichte des Ablasses im Mittelalter vom Ursprung bis zur Mitte des 14. Jahrhunderts, 3 Bde., Paderborn 1922–1923.

Dispense für Einzelpersonen[336] sind ein Beleg hierfür. Der mißglückte Reformversuch für das Domkapitel gegen Ende der zwanziger Jahre des 15. Jahrhunderts zeigt, daß auch nach dem Konstanzer Konzil wenig an den Gegebenheiten geändert wurde. Die Einflüsse des Papstes auf die inneren Verhältnisse des Domkapitels blieben während des gesamten Untersuchungszeitraums doch ziemlich gering.

6. Päpstliche Gerichtsbarkeit

Als oberster Richter hatte der Papst bei den häufig entstehenden Rechtsstreitigkeiten eine wichtige Funktion inne[337]. Seit Gregor VII. stand seine alleinige Zuständigkeit für „causae maiores" fest; damit oblag ihm insbesondere die Gerichtsbarkeit über Bischofsangelegenheiten[338]. Seine Entscheidung wurde aber auch in weniger gravierenden Fällen angerufen. Da die päpstlichen Behörden nicht in der Lage waren, alle an sie gelangten Rechtssachen selbst zu entscheiden, bildete sich das Institut der Delegation heraus, wobei verschiedentlich auch trierische Domherren – wie erwähnt – mit solchen Geschäften betraut wurden[339].

Bei Angelegenheiten, die intern oder zwischen dem Kapitel bzw. einzelnen Domherren einerseits und weiteren kirchlichen Institutionen bzw. Geistlichen andererseits strittig waren, kam es mehrfach zu einem Austrag vor dem päpstlichen Gericht. Im Jahre 1239 klagte so das Kloster Martinsberg gegen den Domherrn Elias (von Eltz) wegen angeblicher Übergriffe auf Besitz des Klosters[340], 1245 das Kapitel aus ähnlichem Grund gegen den Abt von Rettel, den Wildgrafen von Dhaun und andere Geistliche und Laien in der Trierer, Mainzer und Kölner Diözese[341]. In beiden Fällen wurde die Sache an Kleriker der Trierer Diözese

---

336 Einzelbeispiele sollen hierfür nicht gegeben werden. In den Registern zu Sauerlands Sammlung finden sich genügend Hinweise: Vgl. VR 2 S. 646; VR 3 S. 501 f.; VR 4 S. 376; VR 5 S. 599; VR 6 S. 664; VR 7 S. 517. Vgl. zu den Dispensationen auch *Feine*, Kirchliche Rechtsgeschichte, S. 333–336 u. die dort zit. Lit.; RepGerm 2, S. 34*–36*. Die vom Papst hierbei in Anspruch genommene „plenaria potestas" erscheint als ein Angriffsziel in Reformschriften des 15. Jahrhunderts, da sie als Mittel zu Willkürentscheidungen und Hindernis für die Schaffung geordneter Zustände angesehen wird (vgl. *Jedin*, Kirchengeschichte 3,2 S. 562 f. mit Belegen).

337 Vgl. hierzu und zum folgenden *Feine*, Kirchliche Rechtsgeschichte, S. 336–338.

338 Erzbischofswahlen werden aber im folgenden – da an anderer Stelle behandelt – ausgeklammert.

339 Vgl. die Bemerkungen zu päpstlichen Aufträgen an Trierer Domherren. An der Kurie selbst entstand aus den seit dem Ende des 12. Jahrhunderts bezeugten „auditores" im 13. Jahrhundert die später zur Rota gewordene Behörde der „audientia causarum", die sich ständig mit solchen strittigen Rechtsfällen befaßte. Vgl. zu diesem Komplex: *Peter Herde*, Audientia litterarum contradictarum. Untersuchungen über die päpstlichen Justizbriefe und die Delegationsgerichtsbarkeit vom 13. bis zum Beginn des 16. Jahrhunderts (Bibliothek des deutschen historischen Instituts in Rom, Bd. 31 u. 32), 2 Bde., Tübingen 1970.

340 Vgl. MRUB 3 Nr. 652 u. MRR 3 Nr. 118 v. 1239 V 14. Zu den Auseinandersetzungen zwischen Magister Theoderich und dem Kapitel vgl. weiter oben u. Anm. 123.

341 Vgl. MRR 3 Nr. 418; MRUB 3 Nr. 817.

delegiert³⁴². Im Jahre 1255 entschied einer der Kardinäle eine Auseinandersetzung zwischen Domdekan Wirich (von Rodenmacher) und Dietrich (von Blankenheim), Propst von Prüm, wegen des durch den Tod des Dietrich von Hagen vakanten Archidiakonats³⁴³. Um eine Auseinandersetzung von größerer Tragweite handelte es sich dann in den endenden fünfziger Jahren des 13. Jahrhunderts: Bei den Spannungen, die zwischen Erzbischof Arnold von Isenburg und den trierischen Stiften von Dom, St. Paulin und St. Simeon wegen Besitzungen und Rechtsverhältnissen bestanden³⁴⁴, wurde die Angelegenheit dem Kardinal Hugo von St. Sabina übertragen, dessen vom Papst bestätigte Entscheidung weitgehend zugunsten der Kläger ausfiel³⁴⁵ und Arnold von Isenburg zum Nachgeben zwang. Mit der Untersuchung der weiteren Klage des Domkapitels gegen den Erzbischof wegen unbefugter Absolution des nach Beraubung domkapitularischer Güter exkommunizierten Ritters und Trierer Schultheißen Marsilius von Gondorf und anderer wurde ebenfalls ein Geistlicher außerhalb der Trierer Kirchenprovinz betraut³⁴⁶.

Beim Prozeß gegen den Elekten Heinrich von Finstingen in den sechziger Jahren des 13. Jahrhunderts, bei dem als Vorwürfe unrechtmäßige Zoll- und Geleitforderungen, Führen des Erzbischofstitels ohne Pallium, geistliche Handlungen trotz Exkommunikation, gewaltsame Übergriffe, Absetzung und Gefangennahme von Geistlichen des Stifts, Einmischung in den Metzer Bistumsstreit, ferner auch Schulden an der Kurie und bei Bankiers erscheinen³⁴⁶ᵃ, ging nach *Casper* die Einschaltung des Papstes wesentlich von den Domherren aus. Diese hätten vielleicht noch gehofft, Heinrich aus seiner Stellung zu verdrängen und den Bischofsstuhl mit einem ihnen genehmeren Kandidaten zu besetzen³⁴⁷, wofür sich freilich in den Quellen kein Hinweis findet. Eine Beteiligung von Domkanonikern bei der Auseinandersetzung steht jedoch fest, zum Teil auch ihre Einschaltung durch den apostolischen Stuhl. Der Papst hob so Privilegien für den Elekten auf und beauftragte Heinrich von Bolanden mit der Ausführung seiner Anordnungen; beim weiteren Vorgehen gegen den Finstinger wurden ebenfalls zum Teil Domherren mit Aufgaben betraut³⁴⁸. In denselben Zeitzusammenhang gehören die Proteste

---

342 Im ersten Fall Propst, Dekan und Kanoniker Friedrich vom Liebfrauenstift Prüm, im zweiten Fall den Abt von Beatusberg/Koblenz.
343 *Bourel de la Roncière* (u. a.), Reg. Alexandre IV, Nr. 393 v. 1255 IV 8 u. 13.
344 Vgl. die Ausführungen zur Stadt, zum EB, zu den geistlichen Institutionen. Zu den Auseinandersetzungen MRUB 3 Nr. 1366, 1380, 1388 f., 1407, 1414, 1434, 1436–1440.
345 Vgl. MRUB 3 Nr. 1407 v. 1257 VII 6. Päpstliche Bestätigung v. 1257 VII 28. Vgl. auch MRR 3 Nr. 1413; *Blattau*, Stat. syn., Nr. 16.
346 Vgl. MRUB 3 Nr. 1439 v. 1258 III 7; MRR 3 Nr. 1468.
346a Vgl. *Hontheim*, Historia 1, S. 741 ff.
347 Vgl. *Casper*, Heinrich II., S. 34. Einen Beleg führt Casper für diese Auffassung auch nicht an.
348 Vgl. weiter oben zu den Aufträgen an Domherren. Zum Prozeß auch *Martène-Durand*, Collectio IV; *Hontheim*, Historia 1, S. 741 ff.

einzelner Domkanoniker gegen den providierten Johann von Koerich, weswegen es zu einer Verhandlung vor dem vom Papst bestellten Exekutor, dem Propst von St. Arnual[349], kam. Auch im Falle des Robert von Warsberg gab es den Widerstand eines Teils des Kapitels, die Reaktion des päpstlichen Exekutors war die Exkommunikationsandrohung[350]. Daß der Papst und seine Beauftragten in einem ihre Belange schmälernden Fall die Rechtsposition der Domherren anerkannten, war auch wohl kaum zu erwarten.

Im Jahre 1282 stand Domherr Sybert von Ulmen in Auseinandersetzungen mit dem Kloster St. Maximin wegen der verweigerten Einführung als Pfarrer von Uexheim, wobei der Papst den Dekan von St. Florin und Propst und Thesaurar von St. Kastor/Koblenz mit der Untersuchung beauftragte[351]. 1289 waren bereits früher bestehende Differenzen zwischen dem Domkapitel und dem Karmeliterkloster wegen der „sede vacante" geweihten Karmeliterkirche durch den hierfür delegierten Bischof von Lüttich, den Abt von St. Michael/Verdun und den Propst von Tongern zu schlichten[352]. Im selben Jahre kam es auch zum Prozeß zwischen dem Trierer Domherrn Luther von Eltz und dem von Nikolaus IV. investierten Mainzer Domherrn Philipp von Schöneck um die vakante Propstei von Münstermaifeld[353]. Die Auseinandersetzungen zogen sich länger hin[354]; Luther von Eltz konnte sich aber schließlich in Münstermaifeld behaupten.

Die Appellation der Stifte von Dom, St. Paulin und St. Simeon und der Klöster St. Maximin und St. Maria ad Martyres gegen Erzbischof Diether aus dem Jahre 1306[355] hat *Sauerland* vor allem auf die Reformbestrebungen Diethers bezogen und dessen zuvor allzu negative Beurteilung[356] etwas zu sehr ins Positive verkehrt[357]. Die gegen Diether von Nassau von den Kirchen erhobenen Vorwürfe richten sich vor allem gegen sein Besitzstreben, das sich unter anderem auch in

---

349 Vgl. hierzu S. 173 u. Personenliste.
350 MRR 3 Nr. 2144, 2146, 2148, 2150, 2161.
351 MRR 4 Nr. 1008; *Schmidt,* Quellen 1, Nr. 261.
352 MRR 4 Nr. 1634 v. 1289 III 23. Für 1287 VII 22 bzw. 1288 V 4 sind Belege für eine Aktivität der Karmeliter in Rom vorhanden, die einen Vertreter ihrer Angelegenheiten bestimmten (MRR 4 Nr. 1566; LHAKO Abt. 1 D Nr. 165). 1288 VII 7 bestätigte Papst Nikolaus IV. den Karmelitern das ihnen durch „Margaretha dicta Regina, mulier Trev." geschenkte und zum Kirchenbau bestimmte Haus in Trier (ebda. u. MRR 4 Nr. 1560 u. 1563). Auf Protest des Magister Ludwig von Pfalzel als Procurator des trierischen Domkapitels erklärte der päpstliche Auditor Guido von Neufville, daß diese Bulle keinen Einfluß auf die Differenzen zwischen den Karmelitern und dem Kapitel haben solle (MRR 4 Nr. 1566, LHAKO Abt. 1 D Nr. 165).
353 Vgl. MRR 4 Nr. 1686, 1688, 1720 f., 1740, 1746, 1752 f., 2004, 2023, 2026.
354 In ihrem Verlauf ereignete sich auch ein Übergriff Philipps und seiner Anhänger gegen Güter des Domkapitels in Thür, die vor dem Trierer Offizial ein gerichtliches Nachspiel hatten: MRR 4 Nr. 1929 u. 1935; LHAKO Abt. 54 S Nr. 399 f., 1 D Nr. 174 f. u. 182.
355 Gedruckt bei: *Sauerland,* Dieter von Nassau, S. 48–50, Beil. 19, Darstellung der Vorgänge S. 31–36. Vgl. auch die Ausführungen zu den geistlichen Institutionen.
356 So etwa bei *Dominicus,* Erzstift Trier.
357 Zur Kritik an Sauerland vgl. auch *Heyen,* St. Paulin, S. 104 f.

Beschlagnahmungen von Besitz der ihm Widerstand leistenden Kleriker geäußert habe. Die Klage und auch die wegen Absetzung des Dekans von St. Paulin und der Äbte von St. Marien ad Martyres und St. Matthias[358] eingegangenen Berufungen veranlaßten die Kurie zum Eingreifen, wobei der Kardinaldiakon Petrus zum Untersuchungsrichter ernannt wurde. Die heftige Reaktion Diethers gegen die päpstlichen Boten bewirkte seine Exkommunikation; neue Klagen führten zu einer weiteren Vorladung, auf die er zwar mit einer Rechtfertigung reagierte, aber nicht persönlich vor dem Papst erschien. Die Folge war seine Suspendierung und eine erneute Frist zum Erscheinen[359] vor dem apostolischen Stuhl, während der er jedoch starb.

Clemens V., der sich in stärkerer Abhängigkeit vom französischen König befand, war dem Bruder des ermordeten Königs Adolf wohl nicht allzu freundlich gesinnt; die päpstlichen Begünstigungen für Diether datieren aus der Zeit Benedikts XI. Dennoch hat der Erzbischof wohl durch seine Reaktion das Vorgehen des Papstes selbst verursacht. Vermutet wurden darüber hinaus Aktivitäten seines alten Widersachers, des damaligen Kölner Erzbischofs Heinrich von Virneburg[360]. Nach Arnold von Isenburg und Heinrich von Finstingen ist Diether im Untersuchungszeitraum jedenfalls das dritte Beispiel eines Erzbischofs, dessentwegen sich mehrere mächtige geistliche Institutionen der Stadt an das päpstliche Gericht wandten. Gravierende Zusammenstöße zwischen Kurfürst und Kapiteln, die zu einem solchen Schritt veranlaßt hätten, kommen im weiteren 14. Jahrhundert unter dem mächtigen Balduin und seinen Nachfolgern Boemund von Saarbrücken, Kuno und Werner von Falkenstein nicht vor. Bei den Vorgängen, die im 14. Jahrhundert ansonsten vor päpstlichen Richtern verhandelt wurden, handelt es sich in erster Linie um Pfründenangelegenheiten.

Gegen Eingriffe in das Selbstergänzungsrecht des Kapitels erhob dieses mehrfach Protest, darüber hinaus kam es auch bei zwiespältigen Kanonikatsverleihungen zu einer Anrufung der päpstlichen Entscheidung. 1308 ernannte man spezielle Sachwalter für eine Appellation gegen den vom Papst providierten Trierer Bürgersohn Johann Button, der in der Tat in der Folgezeit nicht im Kapitel erscheint, wohl aber das Archidiakonat erlangt hat[361]. Auch gegen die Ansprüche des Eberhard von Massu auf die Dompropstei im Jahre 1330 wandte sich das Kapitel, wobei hier der vorzeitige Tod des Providierten es jedoch der Sorgen enthob[362]. Richard von Are, der von Dekan und Kapitel wegen unerlaubter Diakonatsweihe nicht zugelassen worden war, rief den Heiligen Stuhl an, der die Angelegenheit dem Abt von St. Pantaleon in Köln übertrug. Nach Androhung bzw. Verhängung von Kirchenstrafen gegen das Kapitel kam es hier 1331 zur Auf-

---

358 Vgl. *Sauerland*, Dieter von Nassau, S. 50–52, Beil. 20.
359 Ebda., S. 52 f., Beil. Nr. 21.
360 Vgl. ebda., S. 32.
361 Vgl. S. 76 u. Personenliste.
362 Vgl. ebda, dort auch für einen anderen Fall (Ernst v. Rennenberg).

nahme als Kanoniker[363]. Zwischen Gottfried von Sponheim und Heinrich von Sterpenich gab es eine längere Auseinandersetzung um ein Domkanonikat. Der Spruch des beauftragten päpstlichen Auditors für Gottfried und gegen Heinrich führte zu einer Appellation und erneuten Verhandlung, die jedoch mit demselben Ergebnis endete[364]. Daß diese Entscheidung keineswegs auf Antipathie seitens der Kurie gegen Heinrich beruhte, ist daraus zu ersehen, daß er noch während des Prozesses mit anderen Pfründen durch den Papst versehen wurde[365]. Gegen die Provision des Nikolaus Thilmanni von Rodenmacher auf Bitte Balduins wehrte sich das Kapitel erfolgreich[366]. Längere Zeit dauerte es, bis der gegen Simon Brömser prozessierende Rudolf Losse sich durchsetzen konnte[367]. Auch bei der Verleihung der Dompropstei an Konrad von Spiegelberg kam es zu Protesten, die vorübergehend zu Exkommunikation und Interdikt gegen das Kapitel führten[368]. In den Fällen, bei denen eine päpstliche Provision erfolgt war, ist damit bei den päpstlichen Behörden wie schon im 13. Jahrhundert ein Beharren auf der Rechtmäßigkeit dieser Verfügung und eine Entscheidung zugunsten des Providierten festzustellen.

Wie auch für Laien bei ihren Differenzen mit geistlichen Institutionen der Papst eine Berufungsinstanz gegen verhängte Strafen darstellte, läßt sich an den Ereignissen des Jahres 1376 erkennen. Gegen Herzog Wenzel von Böhmen und Brabant, der für den Kampf gegen marodierende Söldnertruppen Abgaben auch von der Geistlichkeit verlangt und infolge der Zahlungsverweigerung Beschlagnahmungen unter anderem bei Gütern des Kapitels durchgeführt hatte[369], war vom Trierer Erzbischof durch den Offizial Exkommunikation und Interdikt verhängt worden[370]. Der Herzog appellierte an den apostolischen Stuhl, weswegen der Offizial ein Rechtfertigungsschreiben an Gregor XI. abfaßte und die Appellation als ohne Grundlage bezeichnete[371]. In welcher Weise die Kurie reagierte, ist nicht auszumachen; nach vorübergehender Einigung der Kontrahenten zogen sich die Streitigkeiten jedenfalls bis 1378 hin[372].

Die bisher vorgeführten Belege für die Austragung von Differenzen vor dem päpstlichen Gericht zeigen eine Konzentration auf Pfründenangelegenheiten[373],

---

363 Vgl. LHAKO Abt. 1 D Nr. 4414 S. 137–146, 153–157 u. Nr. 368 u. 370.
364 LHAKO Abt. 1 D Nr. 386.
365 Vgl. Personenliste.
366 Vgl. *Stengel*, Nova Alamanniae Nr. 850 v. 1349.
367 Vgl. Personenliste.
368 Vgl. ebda. u. Anm. 240. Vgl. auch VR 5 Nr. 242 v. 1364 III 6.
369 Vgl. *Goerz*, Luxemburgische Urkunden 29 (1874), S. 363 f.; *Goerz*, Regesten, S. 111, 113, 115; *Würth-Paquet*, Table, 24 (1869), Nr. 720–722, 724, 726; LHAKO Abt. 1 A Nr. 6301; 1 D Nr. 683 u. 4416 S. 685–689, 693–706, 749–759; BATR Abt. 95 Nr. 311 fol. 17 u. Abt. 21 Nr. 4. Vgl. auch *Parisius*, Kuno II. v. Trier, S. 23 f.
370 *Goerz*, Luxemburgische Urkunden, 29 (1874), S. 363 f.
371 LHAKO Abt. 1 A Nr. 6301; BATR Abt. 21 Nr. 4.
372 Vgl. *Parisius*, Kuno II. von Trier, S. 24. Vgl. auch S. 66 f. u. 350.
373 Als Instanz diente der apostolische Stuhl ferner bei Streitigkeiten um niedere Dompfründen. Ludwig Species, Kanoniker von St. Simeon und Vikar des Erasmusaltars im Dom,

machen jedoch auch deutlich, daß die päpstliche Richterfunktion vor allem bei Angelegenheiten zum Tragen kam, die durch lokale Instanzen schwer zu lösen oder so entschieden worden waren, daß der davon Benachteiligte seine Chance durch eine Appellation zu wahren suchte. Aus der Zeit des großen Schismas nach 1378 sind für das Domkapitel und seine Mitglieder keine nennenswerten Streitigkeiten vor der Kurie zu verzeichnen. Erst unter Erzbischof Otto mit den bereits angesprochenen Reformen des Kardinallegaten Heinrich von England kam es zu Spannungen, die im Februar 1428 die Appellation des Kapitels gegen die neuen Statuten hervorriefen, von der sich nur der Dompropst Friedrich von Kröv distanzierte[374]. Nach der Urkunde Erzbischof Ottos vom 7. April wurde die Regelung der Differenzen dem Bischof von Metz, dem Domdekan in Köln und Trierer Archidiakon Ulrich von Manderscheid und dem Speyerer Dekan übertragen[375]. Zu einer Entscheidung kam es zunächst jedoch nicht; das Domkapitel beharrte auf seinem Standpunkt und konnte schließlich den Erzbischof zum Einlenken zwingen[376]. Nach dessen Tod wurde die Appellation vom Kapitel nicht weitergeführt. Ein Ende fand die Angelegenheit – wie erwähnt – durch die Bulle des nachfolgenden Papstes Eugen IV., der im Januar 1433 die Verordnung des Legaten aufhob[377].

Dies ist jedoch auch schon die Zeit der Manderscheidschen Fehde, die erneut die Bedeutung des Papstes als Richter bei zwiespältigen Bischofswahlen deutlich

---

appellierte, nachdem ihn der von Erzbischof Balduin als Richter eingesetzte Dekan von Pfalzel des Altars für verlustig erklärt und diesen dem Heinrich von Ehrang übertragen hatte; der Dekan wies die Appellation als unberechtigt zurück. (Vgl. 1315/16 BATR Abt. 91 Nr. 135 fol. 78–83; LHAKO Abt. 1 D Nr. 4413 S. 425–429. Vgl. zu den Auseinandersetzungen auch LHAKO Abt. 1 D Nr. 259, 266 u. 4413 S. 349 f.; BATR Abt. 91 Nr. 135 fol. 78 f., 95 Nr. 311 fol. 176.) In denselben Zusammenhang gehören auch die Ereignisse etwa zwei Jahrzehnte später mit dem erneuten Streit um den Altar zwischen einem vom Custos eingesetzten und einem auf päpstliche Provision sich berufenden Kandidaten, wobei jedoch diesmal die Angelegenheit vom Offizial entschieden wurde (vgl. weiter oben zu päpstlichem Einfluß bei niederen Pfründen u. Anm. 203).
374 Vgl. *Lager,* Otto von Ziegenhain, S. 25–28 mit Inhaltsangabe; LHAKO Abt. 1 D Nr. 910 u. Nr. 4418 S. 421–451, 453–457; BATR Abt. 95 Nr. 314 S. 165–193.
375 Vgl. *Goerz,* Regesten, S. 157 f.
376 Vgl. auch die Ausführungen zum Verhältnis von Kapitel u. Erzbischof, S. 274 f.
377 LHAKO Abt. 1 D Nr. 937, BATR Abt. 95 Nr. 311 fol. 12'–13 u. 314 S. 375–378. Ein Zusammenhang mit der Fehde ist bei der Bulle Eugens IV. nicht zuletzt deshalb anzunehmen, weil am selben Tag auch ein Schreiben des Papstes an Jakob von Sierck erfolgte, in dem ihm wegen seines Gehorsams gestattet wurde, die in den Abmachungen zwischen Ulrich von Manderscheid und den Sierckern vereinbarte Summe von diesem einzufordern und auch die ihm neulich verliehene jährliche Pension von 2000 Kammergoldgulden von Erzbischof Raban und seinen Nachfolgern entgegenzunehmen (LHAKO Abt. 1 D Nr. 938). *Meuthen* (Trierer Schisma S. 68 und 149) datiert ebenfalls auf 1433, dagegen *Lager* (Otto von Ziegenhain, S. 34) auf 1432. In der Urkunde ist zwar das Jahr 1432 genannt, aber auch als Zeitangabe das zweite Pontifikatsjahr Eugens angegeben, was auf 1433 deutet. Meuthen vermutet, daß Jakob den Übertritt der Kapitelsmehrheit in Aussicht gestellt hat.

werden ließ und ihm bei den Streitigkeiten in der Trierer Kirche und speziell im Kapitel eine wichtige Rolle zuwies, wenn auch das Konzil von Basel als konkurrierende Instanz durch den dort geführten Prozeß stark in den Vordergrund rückte[378]. Im Zusammenhang der damaligen Ereignisse steht auch die Auseinandersetzung der Kapitelsmehrheit mit dem bereits unter Erzbischof Otto opponierenden Propst Friedrich von Kröv; sie wurde ebenfalls vor der Kurie ausgetragen. Wegen seines gegen die Kapitelinteressen gerichteten Verhaltens war Friedrich von Kröv die Propstei von den Mitkanonikern entzogen worden, Anfang 1431 wurde er jedoch von Martin V. neu providiert[379], wogegen das Kapitel appellierte[380]; 1432 trug Papst Eugen IV. dem Bischof von Verdun auf, gegen Friedrich – zu dieser Zeit noch Anhänger Ulrichs von Manderscheid – die Untersuchung zu führen und ihm gegebenenfalls die Propstei zu entziehen[381]. Bald darauf wurde die Entscheidung im schwebenden Verfahren Erzbischof Raban übertragen, zu dem Friedrich wohl inzwischen übergegangen war[382]; durch diesen Schachzug wurden die Gegner Friedrichs in der Propsteisache vom Wohlwollen des providierten Speyerer Bischofs abhängig gemacht. Am selben Tag, an dem Eugen IV. auch dem Kapitel eine Verlängerung für seine Befreiung von den Kirchenstrafen gewährte, erkannte er (1433) dem Jakob von Sierck die von Friedrich von Kröv jahrelang hindurch unrechtmäßig behaltenen Einkünfte zu[383]. Das Vorgehen gegen den von der Mehrheit des Kapitels bekämpften Dompropst erfolgte also gerade zu dem Zeitpunkt, als dessen Gegner sich anschickten, auf die Seite des vom Papst unterstützten Kandidaten Raban überzuschwenken. Dies deutet darauf hin, daß die päpstliche Richterfunktion bisweilen als politisches Instrument eingesetzt worden ist. Die Führung des Prozesses, Beschleunigung oder Verlangsamung und auch das Urteil und sein Zeitpunkt sind – wenn auch nicht überall gleich und im selben Umfang – von der jeweiligen Konstellation mitbedingt gewesen. Wichtig war zweifellos das Verhältnis der Prozeßführenden zum Heiligen Stuhl.

Mit welchen Schwierigkeiten eine in Rom ausgetragene Auseinandersetzung und ein Aufenthalt dort verbunden waren, schildert anschaulich ein Schreiben des im Auftrag des Kapitels an der Kurie weilenden Domkantors Adam Foil von Irmtraut wohl Anfang 1432[384]. Die erschwerte Kommunikation zwischen ihm

---

378 Vgl. hierzu insbesondere die Arbeit von *Meuthen* (Trierer Schisma).
379 LHAKO Abt. 1 D Nr. 928 f. v. 1431 II 11.
380 Ebda., Nr. 931 v. 1431 III 15.
381 Ebda., Nr. 939 v. 1432 II 12. Walter von Brucken gab zur gleichen Zeit eine Gehorsamserklärung für den Papst ab (ebda. Nr. 940).
382 LHAKO Abt. 1 D Nr. 944; BATR Abt. 95 Nr. 314 S. 381 f. u. *Kreglinger,* Analyse, S. 137 Nr. 1107 v. 1432 VII 23. Vgl. bes. *Meuthen,* Trierer Schisma, S. 93 Anm. 211.
383 LHAKO Abt. 1 D Nr. 953 f. v. 1433 VI 1.
384 BATR Abt. 40,2 Nr. 4 S. 7 f. Dieses Schreiben ist m. W. bisher unbekannt. Bekannt ist lediglich der vorangehende, im selben Zusammenhang stehende Brief Adam Foils an das Kapitel (BATR Abt. 40,2 Nr. 3 S. 8), den Lager (Raban von Helmstadt, S. 736; ihm folgt Meuthen, Trierer Schisma, S. 93) auf 5. November 1430 datiert (Jahresangabe fehlt in beiden Schriftstücken). Unter anderem auf Grund von Bemerkungen Adams im zweiten

und den von ihm Vertretenen wird deutlich, wenn er sich für das längere Ausbleiben von Nachrichten entschuldigt. Er begründet dies jedoch unter anderem damit, daß das Anfertigen von Kopien viel Zeit gekostet habe. Weiterhin geht er kurz auf die Aktivitäten seiner Advokaten und der Gegenpartei vor dem mit der Angelegenheit betrauten Kardinal ein. Hoffnung setzt er vor allem auf die persönlichen Verbindungen des Scholasters Jakob von Sierck[385], der beim Papst und allen Kardinälen so wohl angesehen sei, daß man den Dompropst wohl „müde machen" werde.

Die Warnung, wegen weiterer Streitigkeiten[386] dem Dompropst eine Klageschrift zuzustellen, bevor man ihm selbst eine Vollmacht als Prokurator auch hierfür gegeben habe, und die Aufforderung, für die Handhabung an der Kurie besondere Klageartikel zu machen und entweder durch in diesem Falle nicht beizubringende Zeugen oder aber durch Urkunden mit genauen Angaben zu beweisen, zeigen die formellen Vorschriften und die dadurch bedingte Umständlichkeit eines Verfahrens an der Kurie an. Auf erhebliche Kosten, die mit einem Aufenthalt in Rom und der Vertretung von Interessen dort verbunden waren, läßt die Bitte Adam Foils um Geld schließen[387]. Wegen seiner Schwierigkeiten hatte er angeblich sogar eins seiner Pferde verkaufen müssen und sich nicht die für ihn in des Kapitels Dienst notwendigen Kleider kaufen können. Im anderen Falle hätte er lange Zeit nichts zum „Verzehren" gehabt und den Advokaten, Prokuratoren, Notaren und Cursoren nichts zahlen können, wodurch nach seiner Dar-

---

Schreiben (Baseler Konzil und Unsicherheit über seine Auflösung, Jakob von Sierck bereits zum päpstlichen Cubicular ernannt; vgl. hierzu LHAKO Abt. 1 D Nr. 936) halte ich jedoch 1431 XI 5 bzw. 1432 I 21 als Daten für die Abfassung für wahrscheinlicher. Die Frage Adams im ersten Brief, ob Ulrich dem Kapitel „syne eyde fullen zogen" habe, könnte statt auf die Ablegung auch auf die Erfüllung bezogen werden (vgl. ähnliche Frage im zweiten Schreiben), die von Lager herangezogene weitere Äußerung („auch so besorgent dye Romer und dye ander heren umbe Rome daz der babest nyt lange moge geleben") muß nicht unbedingt in die letzte Zeit Martins V. verlegt werden. Sie steht auch unmittelbar im Anschluß an die Klage über die große Verteuerung in Rom „umbe des kriges willen, der gewest ist", womit die Unruhen und militärischen Auseinandersetzungen gemeint sein könnten, die es zu Beginn der Regierungszeit von Eugen IV. gab und in denen er sich rachsüchtige und nicht vor Anschlägen zurückschreckende Feinde geschaffen hatte. Zudem ist Adam Foil 1431 II 11 bzw. 25 in Trier belegt (LHAKO Abt. 1 D Nr. 928 f.), was bei einer Datierung seines Romaufenthaltes auf 1430/31 eine unmittelbare Rückkehr auf sein zweites Schreiben bedeuten würde und dessen Intentionen widerspräche. Am 10. Februar 1432 dagegen wurde Adam vom Papst eine Supplik für eine Vikarie in Münstermaifeld bewilligt (RepGermReg 1 Nr. 2673) und am 12. eine Untersuchung gegen Friedrich von Kröv befohlen (Meuthen, Trierer Schisma, S. 93 Anm. 211).

385   Er wohnte unter anderem mit Jakob v. Sierck u. Goswin Mule in einem Haus.
386   Es ging dabei um die domkapitularischen Orte Licht und Berg.
387   Offenbar war hier das Kapitel nicht allzu freigebig, da Adam behauptete, bereits vor langer Zeit darum gebeten, aber nichts erhalten zu haben. Vgl. in diesem Zusammenhang auch: *Dieter Brosius,* Eine Reise an die Kurie im Jahre 1462. Der Rechenschaftsbericht des Lübecker Domherrn Albert Krummediek, in: QFIAB 58 (1978), S. 411–440.

stellung großer Schaden entstanden wäre, wie das Kapitel wohl noch merken werde. Dessen Reaktion auf die Geldforderungen Adams konnte nicht ermittelt werden. Immerhin gelang es aber später – jedoch wohl vor allem auf Grund der erwähnten Annäherung zwischen der Majorität der Domherren und dem Papst –, die Suspendierung Friedrichs durchzusetzen.

Wie sehr bei Eugen IV. Politik und richterliche Entscheidungen miteinander verquickt sein konnten, zeigt sein Eintreten für die gegen den Erzbischof opponierenden Domherren im Jahre 1445[388]. Im Verlauf des Prozesses, den der Kurfürst gegen eine Partei im Domkapitel führte, kam es zu einer Appellation nach Rom. Die Reaktion Eugens beweist, daß er dem Erzbischof keineswegs wohlgesinnt war, der um diese Zeit an der Spitze der Opposition gegen ihn stand[389]. Er hob dessen sämtliche Verfügungen gegen die Appellierenden auf, erklärte ihn und seine Anhänger für exkommuniziert und suspendiert und verhängte das Interdikt über Diözese und Stadt bis zur vollen Genugtuung für die von Jakob bekämpften Domherren[390]; am 24. Januar 1446 folgte dann die Absetzungsbulle für den Erzbischof[391].

Der Erfolg dieser Maßnahme war nicht allzu groß, ebensowenig konnte sich jedoch Jakob mit Strafmaßnahmen gegen seine Widersacher durchsetzen. Der Nachfolger Eugens, Papst Nikolaus V., nahm sich dann 1449 des Erzbischofs an[392], nachdem er ihn bereits 1447 wieder in seine Würde eingesetzt hatte[393], und erließ Verfügungen gegen seine Gegner[394]. Ferner wurde im April 1450, als Jakob sich wahrscheinlich schon in Rom aufhielt, über diese die Exkommunikation, Suspension, Entziehung von Benefizien und Würden und das Interdikt für sie unterstützende Kirchen verkündet[395]. Im Dezember 1454 gab der Papst die Zustimmung, sie bei Gehorsam loszusprechen; unter Calixt III. (1455 bis 1458) und Pius II. (1458 bis 1462) sind jedoch noch Stellungnahmen und Verfügungen

---

388 Vgl. hierzu und zum folgenden *Lager,* Jakob von Sirk, TA 5 (1900), S. 2–12. Vgl. auch die Ausführungen in anderen Abschnitten dieser Arbeit.

389 Vgl. *Lager,* Jakob von Sirk, TA 3 (1899), S. 23–40, 5 (1900), S. 4–7; *Bachmann,* Kurfürstliche Neutralität, bes. S. 164; *Weigel,* Kaiser, Kurfürst und Jurist, S. 85.

390 Vgl. *Lager,* Jakob von Sirk, TA 3 (1899), S. 5 f.; *Hansen,* Westfalen und Rheinland, Nr. 183 v. 1445 XII 14. Zum Protest des Kapitels hiergegen Nr. 218 v. 1447 IV 16. Vgl. auch Nr. 227.

391 *Lager,* Jakob von Sirk, TA 2 (1899), S. 6 f. Gedruckt: *Hansen,* Westfalen und Rheinland, Nr. 189; auch Nr. 195 f., 199, 201, 209; *Goerz,* Regesten, S. 186; ASV Reg. Vat. Nr. 379 fol. 26–26', 235'–236. Eugen IV. ernannte statt Jakob Bischof Johann von Cambrai zum Trierer EB.

392 RepGerm 6; *Lager,* Jakob von Sirk, TA 5 (1900), S. 8. Vgl. aber bereits *Hansen,* Westfalen u. Rheinland, Nr. 255a für Eugen IV.

393 *Lager,* Jakob von Sirk, TA 3 (1899), S. 33. Vgl. auch *Goerz,* Regesten, S. 186; *Hansen,* Westfalen und Rheinland, Nr. 329a.

394 Vgl. ASV Reg. Vat. 410 fol. 235–238; LHAKO Abt. 1 D Nr. 1133.

395 *Lager,* Jakob von Sirk, TA 5 (1900), S. 9; LHAKO Abt. 1 D Nr. 1133 u. 4420, bes. S. 1–32, 205–209, 277–308; RepGerm 6, auch zur Bestätigung der an Friedrich Meynfelder, Gerhard Rheingraf und Johann von Finstingen neuvergebenen Kanonikate.

in dieser Angelegenheit erfolgt[396]. Eine Korrelation zwischen den päpstlichen Entscheidungen und dem politischen Verhältnis zwischen dem beteiligten Erzbischof und den Päpsten läßt sich insgesamt bei den Vorgängen nicht leugnen.
  Festzuhalten ist, daß die päpstliche Stellung als Richter, die während des gesamten Untersuchungszeitraums eine Rolle spielte, den Päpsten bzw. ihren Behörden immer wieder die Möglichkeit eröffnete, in den lokalen Bereich einzugreifen, wenn auch vielfach die Entscheidung durch Delegation auf regionaler Ebene fiel. Gewiß wurden solche Gegebenheiten auch im päpstliche Sinne genutzt, die Vollgewalt ließ einigen Spielraum. Auf der anderen Seite aber darf nicht vergessen werden, daß die päpstliche Gerichtsbarkeit nicht unglaubwürdig werden durfte, daß die Initiative für die Einschaltung des Papstes durch Anrufung von lokalen Kräften ausging, die ihr Vertrauen auf die Wirksamkeit dieser Instanz setzten. Die Appellation nach Rom bzw. Avignon wurde als eine gute oder auch die letzte Möglichkeit angesehen, um sich gegen Maßnahmen eines zum Teil mächtigen Gegners zu wehren. Man erhoffte sich von der päpstlichen Autorität eine Legitimation der eigenen Ansprüche, bisweilen versuchte man auf dem Rechtsweg sogar gegen Entscheidungen des Papstes selbst oder der von ihm Beauftragten seine Einsprüche vorzubringen. In vielen Fällen spielten wohl die persönlichen Verbindungen zur Kurie eine erhebliche Rolle. Nicht zuletzt ist bei der Betrachtung auch ein finanzielles Moment zu berücksichtigen, da die Prozeßführung teilweise mit erheblichen Kosten verbunden war. Für den kurialen Behördenapparat ergaben sich hierbei wichtige Einnahmen. Auf der anderen Seite ging es bei den Prozeßführenden jedoch häufig um einträgliche Pfründen und Besitzungen, die den Aufwand gerechtfertigt erscheinen ließen.

7. Zusammenfassung

Zu Eingriffen des Heiligen Stuhls in die Bistumsbesetzungen gaben vor allem viele strittige Wahlen Anlaß. Politische Überlegungen des Papstes bei der Entscheidung für bestimmte Kandidaten sind dabei zumindest in einigen Fällen naheliegend; sicherlich spielten aber Protektion durch einflußreiche kirchliche Würdenträger oder weltliche Mächte, persönliche Bindungen zur Kurie und finanzielle Zugeständnisse eine gravierende Rolle. Die von den Päpsten gegen den Willen des Kapitels eingesetzten Erzbischöfe hatten teilweise große Schwierigkeiten, sich im Erzstift durchzusetzen.
Die Vergabe von Dignitäten und Kanonikaten an der Trierer Domkirche durch den Papst ist bereits im 13. Jahrhundert faßbar; im 14. Jahrhundert erreichte das Provisionswesen – auch für kleinere Pfründen an Dom und Liebfrauenkirche –

---

[396] Vgl. *Lager*, Jakob von Sirk, TA 5 (1900), S. 11 f.; RepGerm 6, auch für Johann Zant (Lossprechung 1453). Zu den Streitigkeiten zwischen Johann Beyer, Walter von Brucken, Johann Greiffenclau v. Vollrads u. Friedrich Meynfelder einerseits und Adam Foil andererseits vgl. ebenfalls RepGerm 6 (auch zu Treveris).

seinen Höhepunkt. Der Erfolg der Kanonikatsverleihungen war unterschiedlich; für nicht aus dem Einzugsbereich des Kapitels stammende oder nichtadelige Bewerber war es schwierig, sich durchzusetzen. Von einer grundsätzlichen Opposition der Domherren gegen Provisionen darf aber nicht ausgegangen werden, zumal sie sich selbst in vielen Fällen dieses Mittels für die Erlangung kirchlicher Stellen bedienten.

Einzelne Trierer Domherren hatten besondere Verbindungen zum Heiligen Stuhl und erscheinen in Funktionen und Ehrenstellungen wie der des päpstlichen Kaplans, Notars usw. Einige wurden auch häufiger und bevorzugt mit der Durchführung bestimmter Aufgaben betraut. Es handelt sich vor allem um solche Personen, die auch eine höhere Stellung im Kapitel oder anderen geistlichen Institutionen erlangt haben.

Finanziellen Forderungen durch den Papst an einzelne Geistliche, etwa im Zusammenhang mit der Pfründenvergabe, oder den Klerus insgesamt, wie bei den Zehnten, wurde durch Kapitel und Domherren meist nur widerstrebend oder überhaupt nicht Folge geleistet. Zum Teil kam es in diesem Zusammenhang zu überregionalen Zusammenschlüssen der betroffenen Geistlichkeit.

Der Einfluß der päpstlichen Gesetzgebungsgewalt auf das Kapitel blieb insgesamt gering, sie wirkte sich über Einzelverfügungen kaum einschneidend auf dessen innere Verhältnisse aus. Allgemeine Vorschriften wurden bereitwillig durch Privilegien und Dispense aufgehoben.

Eine wichtige Funktion kam der päpstlichen Gerichtsbarkeit zu. Vor allem bei regional nicht zu lösenden Streitigkeiten wurde die Entscheidung der Kurie angerufen, die diese teilweise wieder delegierte. Die Prozesse brachten den päpstlichen Behörden Einnahmen, ferner ergab sich aus den Klagen immer wieder die Möglichkeit, in den lokalen Bereich einzugreifen und dabei auch eigene Interessen zu wahren.

Auf Grund der Entfernung, einer Zentralfunktion für viele lokale Bereiche und unterschiedlicher Orientierung war das Papsttum nicht immer gleichermaßen an Trierer Angelegenheiten interessiert. Dennoch ergab sich aus der institutionellen Verflechtung und der Rolle als oberster, von der lokalen Ebene aus einbezogener und angerufener Instanz eine stärkere Einflußnahme als etwa die des Königtums. Zudem schuf die Präsenz der vom Papst mit speziellen Aufgaben betrauten Personen in den einzelnen Gebieten laufende, wenn auch indirekte Beziehungen zum kirchlichen Oberhaupt.

Das Verhältnis von Kapitel und Domherren zu Papst und Kurie war durchaus ambivalent. Spannungen verursachten teilweise päpstliche Entscheidungen, die in die Kompetenz der Kanoniker eingriffen, sowie die als belastend empfundenen finanziellen Forderungen; der Erfolg von Abwehrmaßnahmen hiergegen war abhängig von der jeweiligen politischen Situation und dem Gewicht der beteiligten Personen. Die Autorität von Papst und Kurie war jedoch nicht nur Bedrohung eigener Selbständigkeit, sondern konnte für die eigene Stellung nützlich sein und gegen Dritte schützen. Sie bot für einzelne Personen Unterstützung zum Erreichen lukrativer und einflußreicher Stellungen in der kirchlichen Hierarchie, ferner konnte sie Ansprüche gegenüber Forderungen anderer legitimieren. Die Wahrung des eigenen Interesses zwang also das Kapitel und seine Mitglieder zu einer recht unterschiedlichen, der jeweiligen Situation angepaßten Haltung gegenüber dem Papst.

II. Erzbischof

1. Bistumsbesetzung

a. Herkunft und vorherige Stellung der Erzbischöfe

Der bereits mehrfach angesprochene Einfluß verschiedener weltlicher und geistlicher Herrschaftsträger und Institutionen bei der Bistumsbesetzung braucht hier nicht erneut dargestellt zu werden. Eine über den engeren Untersuchungszeitraum hinausreichende Betrachtung[1] der Herkunft und vorherigen Stellung der Trierer Erzbischöfe kann aber von den unterschiedlichen personellen Daten her entscheidende Voraussetzungen für die Erlangung des Erzbischofsstuhls und durch wechselnden Einfluß verursachte Wandlungen von Kriterien bei der Bistumsbesetzung in besonderer Weise veranschaulichen.

Veränderungen in der regionalen Herkunft der Trierer Erzbischöfe sind augenfällig. In der Zeit der sächsischen Kaiser finden sich Erzbischöfe aus dem sächsischen Gebiet, meist Verwandte des Herrschergeschlechts. Unter den Saliern verlagert sich das Herkunftsgebiet nach Süddeutschland, die Trierer Erzbischöfe nach dem Tod des Megingaud (1015) bis zu Bruno, der 1124 starb, stammen fast ausnahmslos aus diesem Raum[2]. Ebenso wie zur sächsischen Zeit ist aber als ein Grundzug bei der Bistumsbesetzung die Vergabe an nicht aus demselben Landesteil stammende Kandidaten festzustellen. Dies ist im Rahmen des ottonisch-salischen Reichskirchensystems und im Zusammenhang mit der Überlegung des Königs zu sehen, Kirchenfürsten, die nicht dem lokalen Adel verbunden waren, stärker an sich binden zu können. Das Wormser Konkordat brachte zwar zunächst keine Ausschaltung des königlichen Einflusses; es wird aber in stärkerem Maße eine Beteiligung des Klerus und der Laien im Erzbistum erkennbar[3]. In der Herkunft der Bischöfe zeichnet sich eine entsprechende Veränderung ab, wohl durch das Gewicht regionaler Kräfte kamen Kandidaten aus größerer Nähe zu Trier zum Zuge, wobei besonders das nördlich gelegene Gebiet der Diözesen Köln und Lüttich und der lothringisch-luxemburgische Raum zu nennen sind.

---

1 Sie stützt sich auf: *Martini*, Bischofswahlen; *Löhnert*, Personal- und Amtsdaten; *Pauly*, Geschichte des Bistums Trier; *Dohna*, Ständischen Verhältnisse; *Fleckenstein*, Hofkapelle.
2 *Fleckenstein* stellt für Konrad II. auch eine Verschiebung in der Zusammensetzung der Hofkapelle fest. Vor allem treten fränkische, ferner auch alemannische Kapelläne in Erscheinung (Hofkapelle 2, S. 196 f.).
3 Vgl. *Martini*, Bischofswahlen.

Im 13. Jahrhundert, als das Kapitel sein Wahlrecht gegen die Laien endgültig durchsetzen konnte[4], und bis weit ins 14. Jahrhundert hinein finden sich dann fast nur noch dem Trierer Einzugsbereich entstammende Bewerber um den Erzbischofsstuhl; aus dem Westen und Südwesten, nämlich Heinrich von Finstingen, Boemund von Warsberg und Boemund von Saarbrücken aus dem Westrich und der Luxemburger Balduin, aus dem Osten wie Dietrich von Wied, Arnold von Isenburg, Diether von Nassau, als Gegenkandidaten Heinrich von Bolanden (Pfalz), Arnold von Schleiden (Nordeifel), Heinrich von Virneburg (Osteifel), Emicho von Sponheim (Hunsrück). Mit Ausnahme des vom Papst providierten und auch nur kurz regierenden Diether von Nassau setzten sich nach dem Tod Arnolds von Isenburg im Jahre 1259 aber für die nächsten hundert Jahre nur Bewerber aus dem Westen durch; die fast regelmäßig zwiespältigen Wahlen deuten freilich darauf hin, daß die Zusammensetzung des Kapitels keineswegs so war, daß von einer einseitigen Orientierung gesprochen werden kann. Mit der Nachfolge Boemunds von Saarbrücken beginnt die längere, nur von Jakob von Sierck unterbrochene Reihe der Erzbischöfe, die aus der Mainzer Kirchenprovinz stammen; auf entsprechende Veränderungen im Kräftespiel der Territorien und in der personellen Zusammensetzung des Domkapitels ist an anderer Stelle einzugehen[5]. Daß jedoch auch jetzt die Machtverhältnisse im Kapitel nicht eindeutig waren, zeigt sich an den mehrfach skizzierten Wahlstreitigkeiten bei den Vakanzen von 1430 und 1456[6]. Erst im 16. und 17. Jahrhundert kamen wieder Familien aus der Trierer Diözese selbst zum Zuge[7].

Auch in der sozialen Herkunft sind bei den Trierer Erzbischöfen im Laufe der Jahrhunderte gewisse Veränderungen festzustellen. Die Nachrichten seit dem 10. Jahrhundert zeigen, daß in der früheren Zeit und unter königlicher Einflußnahme vor allem Grafensöhne den Erzbischofsstuhl erlangten; zumindest darf edelfreie Abkunft angenommen werden[8]. Dies ändert sich in der Folgezeit zunächst nicht; die Trierer Erzbischöfe nach dem Investiturstreit bis hin zu Boemund von Saarbrücken entstammen dem alten Adel, wenn auch im 13. Jahrhun-

---

4 Vgl. *Speyer*, Entstehung; *Ganzer*, Bischofswahl.
5 Vgl. Teil 2.
6 Wobei im letzteren Falle aber kein Kandidat aus dem Westen des Trierer Einzugsgebietes stammte.
7 Sie sind jedoch zumeist dem östlichen Teil des trierischen Gebietes zuzuordnen. Im 18. Jahrhundert schließlich sind außer Franz Georg von Schönborn und Johann Philipp von Walderdorff drei aus unterschiedlichen Gebieten stammende Reichsfürsten Trierer Erzbischof geworden, was *Dohna* im Zusammenhang mit einer österreichfreundlichen Haltung des Kapitels wertet (Ständischen Verhältnisse, S. 68 f.).
8 Aloys Schulte ist in seinem grundlegenden Buch „Der Adel und die deutsche Kirche im Mittelalter" den Standesverhältnissen der deutschen Bischöfe überhaupt nachgegangen und hat für alle Jahrhunderte des Mittelalters seit Karl d. Gr. einen hocharistokratischen Charakter des deutschen Episkopats festgestellt. Mit dem wachsenden Einfluß des Kapitels und der Päpste sieht er allerdings dieses Prinzip häufiger durchbrochen (vgl. *Schulte*, Adel und Kirche, S. 61–73).

dert Vertreter von in der Stauferzeit aufgestiegenen Ministerialengeschlechtern wie Rudolf von der Brücke und Heinrich von Bolanden als Bewerber auftraten, sich allerdings nicht durchsetzen konnten. Erste aus früherer Reichsministerialität stammende Erzbischöfe sind Kuno und Werner von Falkenstein, wobei jedoch gerade ihr Geschlecht durch politische Bedeutung und Connubium mit wichtigen edelfreien Adelsgeschlechtern relativ früh die Merkmale der Ministerialenstellung verloren hatte und 1398 Philipp (VIII.) sogar in den Grafenstand erhoben wurde[9]. Im 16. Jahrhundert mit Richard von Greiffenclau beginnt dann eine kaum unterbrochene Reihe von Erzbischöfen, die von ursprünglich ministerialischen Familien abstammen[10]. Zu betonen ist allerdings, daß im Spätmittelalter längst eine Verschmelzung von Ministerialen und Teilen des alten Adels stattgefunden hatte und weniger der Trennung von Altfreien und Ministerialen, als der zwischen dem hohen Adel und dem nun formierten niederen, entweder reichsunmittelbaren oder aber landsässigen Adel Bedeutung zukam[11]. Für das Trierer Domkapitel gilt dabei ebenso wie für viele andere deutsche Domstifte in der frühen Neuzeit ein reichsritterschaftliches Standesgefühl, das sich in Abschließungstendenzen gegenüber den neu Nobilitierten und dem landsässigen Adel, aber auch gegenüber den Reichsfürsten äußerte[12].

Bei der Betrachtung der vorherigen Funktionen der Trierer Erzbischöfe zeigen sich erneut Unterschiede zwischen der Zeit, in der der König von besonderem Gewicht war, und späteren Bistumsbesetzungen, in denen die regionalen Kräfte oder auch zeitweise der Papst den Ausschlag gaben. Die frühen Ernennungen betrafen meist Personen, die aus größerer Entfernung von Trier stammten und so auch kirchliche Ämter und Pfründen in Diözesen außerhalb des Trierer Einflußbereichs innehatten; mehrfach waren es Dompröpste in anderen Kapiteln, zum Teil gehörten die späteren Erzbischöfe der Hofkapelle zu, Egbert im 10. und Johann im endenden 12. Jahrhundert waren vor ihrem Amtsantritt königliche Kanzler. Seit dem Aufstand gegen den 1066 von Anno von Köln protegierten Konrad und dessen Ermordung[13] scheint eine stärkere Mitbeteiligung des regionalen Klerus und der Laien stattgefunden zu haben[14]. Diese Entwicklung ist sicherlich auch vor dem Hintergrund der Auseinandersetzungen des Investiturstreites zu sehen. Nunmehr ist bei den Erzbischöfen zumeist eine vorherige Mitgliedschaft im Trierer Kapitel gegeben. Dies gilt in besonderem Maße für den

---

9 Vgl. Lit. in Personenliste.
10 Dies ändert sich erst teilweise im 18. Jahrhundert mit den aus dem genannten Grund (Anm. 7) zur Regierung gekommenen Reichsfürsten.
11 Vgl. auch Teil 2 mit Lit.; *Dohna*, Ständischen Verhältnisse, S. 59.
12 Vgl. ebda., S. 56–70.
13 Vgl. *Martini*, Bischofswahlen, S. 26–29.
14 Wie Martini zwar nicht ausdrücklich formuliert, wie aber aus seinen Berichten zu den nachfolgenden Wahlen hervorgeht, bei denen der König zwar zunächst noch die ausschlaggebende Kraft war, aber anscheinend stärker auf die Wünsche der Trierer Wählerschaft Rücksicht nahm (ebda., S. 28–93).

engeren Untersuchungszeitraum mit Wahlen durch das Domkapitel, als mit Ausnahme der vom Papst eingesetzten Heinrich von Finstingen, Diether von Nassau und Raban von Helmstadt nur Trierer Domkanoniker die Erzbischofswürde erlangten; Kuno und Werner von Falkenstein, die nicht gewählt wurden, sondern als Koadjutoren und durch Resignation ihrer Amtsvorgänger in den Besitz des Erzstifts kamen, sind allerdings nur kurz vorher als Domherren belegt[15]. Mit Arnold von Isenburg, Boemund von Warsberg, Balduin von Luxemburg und Otto von Ziegenhain wurden nicht weniger als vier Trierer Dompröpste Erzbischof. Auch Domherren und gleichzeitige Inhaber von Archidiakonaten und damit ebenfalls bedeutender Stellungen in der Trierer Kirche erscheinen bevorzugt als Kandidaten bei der Erzbischofswahl wie Arnold von Schleiden, Heinrich von Bolanden, Gerhard von Eppstein, Heinrich von Virneburg, Boemund von Saarbrücken und Ulrich von Manderscheid. Von diesen konnte sich allerdings nur der Großarchidiakon Boemund durchsetzen, während die übrigen mit ihren Ansprüchen scheiterten. Für die Folgezeit gilt ähnliches: Fünf der Trierer Erzbischöfe vom 16. bis 18. Jahrhundert waren zuvor Propst, drei Kanoniker und Archidiakon, je zwei Dekan und Scholaster; die entscheidenden Kapitelspositionen erwiesen sich also als guter Ausgangspunkt für die spätere Karriere[16].

Insgesamt zeigt sich an den vorherigen Funktionen der Erzbischöfe seit der Ausbildung des alleinigen Wahlrechts des Kapitels ein Bestreben, das künftige Oberhaupt des Erzbistums aus dem eigenen Kreis zu wählen. Dies gab dem im Kapitel vertretenen Adel die Hoffnung auf eine Machtstellung, die für ihn zum großen Teil sonst nicht zu erreichen war; verschiedenen Domherren brachte es die Möglichkeit, bereits länger bestehende persönliche Verbindungen zum neuen Erzbischof für die Karriere auszunutzen; darüber hinaus versuchte das Kapitel, durch entsprechende interne Beschlüsse und Forderungen frühzeitig den zukünftigen Landesfürsten auf seine Linie festzulegen und Zugeständnisse für später zu erreichen.

b. Wahlkapitulationen

Vorformen der Wahlkapitulationen reichen bis ins 13. Jahrhundert zurück[17]. In den ersten in direktem Zusammenhang mit Wahlen stehenden Beschlüssen des Kapitels aus dem Jahre 1286 nach dem Tod des Heinrich von Finstingen verpflichteten sich die Domherren aus Anlaß der Übergriffe des Verstorbenen, niemanden als Erzbischof anzuerkennen, der nicht den Offizial aus der Reihe der Domherren nehme, der „officiales foraneos" in der Trierer Diözese einsetze und der nicht die für die Stationen jährlich aufzubringenden Gefälle bezahle sowie auf

---

15 Vgl. Personenliste.
16 Vgl. die Anm. 1 zit. Lit. Lediglich im 18. Jahrhundert konnten die drei Reichsfürsten die Reihe der aus Trierer Prälaten hervorgegangenen Erzbischöfe durchbrechen.
17 Vgl. *Bastgen*, Domkapitel, S. 276–278.

Rechte an der Domfabrik und an den Einkünften vakanter Prälaturen verzichte[18]. Über Offizial und Stationen hatte es bereits zu Zeiten Arnolds von Isenburg Streitigkeiten gegeben[19], unter seinem Nachfolger war es offenbar erneut zu Reibereien gekommen. Die erste Wahlabmachung des Kapitels hatte damit einen durchaus konkreten Anlaß. Ihr Erfolg war jedoch insofern gering, als unter Boemund von Warsberg kein Domherr als Offizial faßbar wird.

Die von *Kremer* als „Anerkennungskapitulation"[20] bezeichneten Vereinbarungen zwischen dem vom Papst providierten und daher nicht gewählten Diether von Nassau und dem Kapitel kamen erst 1303 zustande, als nach Friedensschluß Diethers mit König Albrecht und Beruhigung in der Stadt Trier sowohl der Erzbischof als auch das Kapitel an einer Regelung ihrer Angelegenheiten interessiert waren. Die Versprechungen des Erzbischofs beziehen sich in einer allgemein gehaltenen und wohl für die Öffentlichkeit bestimmten[21] Urkunde[22] auf Erhaltung und Verteidigung der Rechte und des Besitzes der Domherren, auf Zahlung der Stationsgelder sowie auch auf Rückgabe des Hofes Andernach, um den es bereits unter Arnold von Isenburg zu Auseinandersetzungen gekommen war, und Besitz bei Hamm an der Saar. Ferner erklärte Diether seinen Verzicht auf das Spolienrecht und seine Bereitschaft zu Bemühungen, um das Domkapitel endlich von den Kirchenstrafen zu befreien, in die es wegen seines Widerstandes gegen die Besetzung der Propstei bzw. Cantorei mit Peter von Aspelt und Johann Gileti geraten war. In einer weiteren Urkunde vom selben Tag mußte der Erzbischof sogar Zugeständnisse machen, die gegen die Bestimmungen des dritten Laterankonzils von 1179 verstießen[23]; er versprach, keine Maßnahmen bei fehlendem Weihegrad, Nichtresidenz und Benefizienpluralität zu ergreifen. Ferner erklärte er seinen Verzicht auf Einmischung in Beschlüsse des Kapitels über die Aufnahme neuer Mitglieder, auf jegliche Behelligung des Domkapitels in dessen Einkünften und auf Verhängung von Kirchenstrafen[24]. Er inkorporierte dem Kapitel die Kirche von Lenningen; den Hof Andernach restituierte er im Dezember[25].

Es handelte sich jedoch nicht nur um eine einseitige Angelegenheit, auch das Kapitel mußte über die Anerkennung Diethers als Erzbischof hinaus[26] beträchtliche Gegenleistungen erbringen. Dies geht aus einer zu wenig beachteten

---

18 MRR 4 Nr. 1349 v. 1286 V 31 = LHAKO Abt. 1 D Nr. 159; vgl. auch *Kremer*, Wahlkapitulationen, S. 5 f.
19 Siehe S. 257 f. u. 283 unten und weiter zu den geistl. Institutionen.
20 *Kremer*, Wahlkapitulationen, S. 7.
21 Vgl. *Sauerland*, Dieter von Nassau, S. 25 f.
22 Vgl. *Blattau*, Stat. syn., Nr. 24, S. 62 f.; *Goerz*, Regesten, S. 63; *Ernst Friedländer*, Rheinische Urkunden, in: Ann. Hist. Ver. Niederrh. 50 (1890), S. 226 f.
23 Vgl. *Kremer*, Wahlkapitulation, S. 8 mit Belegen.
24 LHAKO Abt. 1 D Nr. 207. Im September richtete der EB auch ein Rundschreiben an seine Burggrafen und Amtleute wegen Rückgabe domkapitularischer Einkünfte (*Lamprecht*, Wirtschaftsleben 3, Nr. 86, S. 110 f.; *Goerz*, Regesten, S. 66).
25 Vgl. *Goerz*, Regesten, S. 63.
26 Bei *Kremer* (Wahlkapitulationen, S. 8) ist nur von diesem Gesichtspunkt die Rede.

Urkunde vom 9. September 1303[27] hervor, in der sich die Domherren für die Zugeständnisse Diethers zu einer Zahlung von 1100 Pfund großer Turnosen bis zum 1. Oktober[28] verpflichteten, woran der Erzbischof auf Grund seiner Schuldenlast sicher besonders interessiert war[29]. Weiterhin kündigten die Kapitulare ihre Zustimmung zu einem Subsidium für den Klerus an, wobei sie freilich für sich selbst und alle ihre Kirchen in Stadt und Diözese Exemtion forderten, und erkannten dem Erzbischof bei einer „ordinatio" über die Aufnahme von Kanonikern das Recht zur Besetzung der ersten und letzten Präbende zu[30]. Damit konnten sie zwar insgesamt ihre eigene Rechtsposition verankern und weitere Zugeständnisse erreichen, mußten auf der anderen Seite aber Diether von Nassau eine – wenn auch eingeschränkte – Möglichkeit zuerkennen, seine Günstlinge ins Kapitel zu bringen und ihm finanziell entgegenkommen. Man kann die Versprechungen Diethers sicher nur bedingt den Vorläufern von Wahlkapitulationen zuordnen und muß sie vor allem im Zusammenhang mit der Beilegung der bestehenden Differenzen sehen. Daß sich der Erzbischof an seine Zusagen nicht gehalten hat, wie aus den schon bald wieder erhobenen Klagen des Kapitels und der Trierer Stifte hervorgeht, gilt freilich auch für die eigentlichen Kapitulationen[31].

Für die nächsten Trierer Erzbischöfe bis zum Ende des 14. Jahrhunderts sind keine Wahlabmachungen überliefert. Diesen Befund hat *Kremer* wohl zu Recht aus den speziellen Umständen bei der Bistumsbesetzung gedeutet[32]. Werner von Falkenstein mußte allerdings lange nach seinem Regierungsantritt dem Kapitel im Jahre 1397 Zugeständnisse machen, die ihres Inhalts wegen (Testierfreiheit des Klerus) ebenfalls unter die Vorläufer späterer Kapitulationen eingereiht wurden[33].

Das Wahlversprechen von 1399, als er wegen Regierungsunfähigkeit durch den Utrechter Bischof Friedrich von Blankenheim ersetzt werden sollte, ist in der Forschung zwar angesprochen, aber nicht weiter behandelt worden[34]. Offensicht-

---

27 LHAKO Abt. 1 D Nr. 208 u. 4413, S. 49–54. Bei *Sauerland* (Dieter von Nassau, S. 45 f., Beil. Nr. 16) nur unvollständig überliefert und auch von ihm wie von Kremer in den weiteren Bestimmungen bei der Interpretation nicht berücksichtigt; vgl. aber bereits *Dominicus*, Baldewin, S. 30.
28 Zur Voraussetzung wurde gemacht, daß der EB dem Johann von Koerich für das durch ihn und seine Offiziaten Abgezogene Wiedergutmachung leiste.
29 Zur Verschuldung Diethers vgl. *Sauerland*, Dieter von Nassau, S. 21 f.
30 Allerdings sollte er Personen nominieren und präsentieren, die ihrer Kirche nicht zur Last fallen würden, eine Formulierung, die Spielraum zur Ablehnung ließ.
31 Vgl. *Sauerland*, Dieter von Nassau, S. 29–36 u. S. 48–53, Beil. Nr. 19–21. Vgl. für die Auseinandersetzungen auch weiter unten S. 347 f.
32 Vgl. *Kremer*, Wahlkapitulationen, S. 9–11.
33 Siehe *Bastgen*, Domkapitel, S. 277.
34 Vgl. *Kremer*, Wahlkapitulationen, S. 11. Dies gilt auch für Bastgen.

249

lich ist auch nur die bei *Sauerland* edierte[35], allgemein gehaltene Fassung bekannt, für den Fall der Erlangung des Erzstifts dem Kapitel entsprechende Briefe auf dessen Forderung auszustellen. Es existiert jedoch eine Überlieferung, die die vom Kapitel im einzelnen verlangten Zusicherungen enthält[36]. Friedrich von Blankenheim sollte hiernach so für den Erzbischof Werner sorgen, daß er „nyt brech" habe, alle Prozesse und kirchlichen Strafen gegen Kapitel, Geistlichkeit, Städte und das ganze Land aufheben, Domherren und alle anderen geistlichen Institutionen und Personen im Stift in ihrer Freiheit, dem Herkommen und der Gewohnheit belassen, ihren Besitz schützen und auch den Amtleuten keine Übergriffe erlauben. Erwähnenswert erscheint weiter der Verzicht auf das Spolienrecht und das Einräumen der Testierfreiheit für die Geistlichen, wie es durch Erzbischof Werner kurz zuvor zugestanden worden war[37]. Bede, Steuer und Subsidien wurden von der Zustimmung des Kapitels abhängig gemacht. Ein Recht zur Besetzung von Prälaturen, Präbenden und Pensionen war weder von Papst oder Legaten zu erbitten noch auszunutzen. Nur noch ein einziger erzbischöflicher Kaplan sollte aus dem Kapitel genommen werden. Dagegen waren die lukrativen Chorbistümer bei Vakanz nur an Domherren zu vergeben.

Diese und die sonstigen Bestimmungen des zu leistenden Wahlversprechens und die gesamten Vorgänge im Zusammenhang mit der geplanten Ernennung Friedrichs zum Koadjutor zeigen, daß das Kapitel die Möglichkeit ausnutzen wollte, die durch die Schwäche des amtierenden Erzbischofs gegeben war. Es versuchte, diesmal auf die Besetzung des Erzbischofsstuhls Einfluß zu nehmen, was ihm die beiden vorherigen Male nicht gelungen war, und auch den Kandidaten durch Auflagen möglichst weitgehend zu binden. Das Interesse galt vor allem der Sicherung der erworbenen Rechte; man wollte Machtstellung und Besitz schützen und eine Einmischung des Erzbischofs in die eigenen Angelegenheiten ausschalten. Auf der anderen Seite ließ man sich jedoch zum Teil ein Mitspracherecht bei Aktivitäten des Erzbischofs garantieren.

Die erste ausführliche und förmliche Wahlkapitulation[38], die 1418 bei der Wahl Ottos von Ziegenhain aufgestellt wurde, ist von denselben Gesichtspunkten bestimmt[39]. Das Wahlversprechen zielt auch hier auf den Schutz der Rechte und

---

35 VR 6 Nr. 1202; *Kreglinger*, Analyse, S. 120, Nr. 954; *Goerz*, Regesten, S. 125 f.; LHAKO Abt. 1 D Nr. 813 u. 4417, S. 685–687.
36 Vgl. BATR Abt. 40,3 Nr. 1.
37 Vgl. auch die weiteren Ausführungen.
38 Vgl. *Kremer*, Wahlkapitulationen, S. 11 f.; *Lager*, Otto von Ziegenhain, S. 3–5.
39 Vgl. LHAKO Abt. 1 D Nr. 866 u. 4418, S. 265–277, BATR Abt. 95 Nr. 314, S. 112–124 vom Oktober 1418; ferner *Günther*, Cod. dipl. 4, Nr. 82, S. 199–205 v. 1419 III 26. So schwört der EB allgemein, die „libertates, consuetudines, ordinationes et statuta" des Kapitels zu bewahren und zu verteidigen. Er wird weder Kapitel noch Domherren ihres Besitzes und ihrer Einkünfte berauben und sich etwas aneignen, sondern den Besitz auf Aufforderung verteidigen, sogar auf eigene Kosten. Auch für die Steuerfreiheit wird er eintreten. Speziell hat der EB dem Kapitel die Hälfte von Sommerau zuzugestehen.

des Besitzes des Kapitels und der Domherren ab[40]. Die finanzielle Belastung versuchte man möglichst gering zu halten und bestand auf seinen Bevorrechtigungen[41]. In deutlicher Form wurde eine Reform oder Einmischung des Erzbischofs im Hinblick auf die Gewohnheiten des Kapitels bei Residenz, Pensionsverteilung und Weihegrad abgelehnt[42], die Vergabe von Dignitäten, Kapitelsämtern, Kanonikaten und Präbenden auf Grund päpstlicher „gratia" stand dem Kurfürsten nicht zu[43]. Vor allem wurde die Mitwirkung des Kapitels bei verschiedenen Angelegenheiten weiter verankert. Der Konsens der Domherren war hiernach bei endgültigen oder zeitweisen Veräußerungen und Verleihungen von Besitzungen und Rechten, bei der Verwendung von Geld aus Rückkäufen verpfändeter Güter anderer Herrschaftsträger und der Erhebung von Zöllen nötig. Die Handlungsfreiheit des Kurfürsten wurde sogar noch weiter eingeschränkt. Bei einem Schisma hatte er nur in Übereinstimmung mit dem Kapitel einem Papst zu gehorchen; eine Auseinandersetzung mit der Stadt durfte er ohne Erlaubnis des Kapitels nicht führen, überhaupt waren bei allen Handlungen, die das Kapitel oder einzelne Mitglieder betrafen, diese hinzuzuziehen. Eine Sicherung der Vakanzrechte versuchte man dadurch zu erreichen, daß die Burggrafen und Offiziaten auch dem Kapitel einen Eid leisten sollten. Wie sehr dem Kapitel an seinem Einfluß auf die Besetzung des Erzbischofsstuhls gelegen war, zeigen zwei weitere Auflagen: ein Koadjutor durfte nur mit seiner Zustimmung bestellt werden, eine Resignation auf den Erzbischofsstuhl nur in seine Hände erfolgen. Im ganzen gehört diese Kapitulation damit zwar auch in den Zusammenhang von Abwehrmaßnahmen der Domherren gegen Eingriffe von außen, vor allem durch den Erzbischof, was wohl überhaupt als Grund für die Entstehung der Kapitulationen anzusehen ist;

---

40 Die Offiziale sollen kein Recht besitzen, Kapitel oder Kanoniker zu belangen. Andere Benefiziaten können zwar vorgeladen werden, müssen aber auf Wunsch dem Domdekan überstellt werden; das Gericht von Propst, Dekan, Archidiakonen und anderen Prälaten hat der Erzbischof zu respektieren und zu schützen. Auch soll der EB die geistliche Jurisdiktion, wo sie vernachlässigt wird, wiederzugewinnen versuchen, was nicht zuletzt wohl auch auf die Stadt bezogen ist.

41 Der Erzbischof hat das Sestergeld für den von Domherren verkauften Wein zu zahlen und keine Veranlagung irgendwelcher Art durch Papst, Kaiser oder Legaten für Geistliche zu dulden. Ferner soll er keine Subsidien ohne Konsens des Kapitels auferlegen, keine „primos fructus" und „medios fructus" bei Neuvergabe oder Tausch in Anspruch nehmen, Zollfreiheit für zwischen Trier und Koblenz wachsende Weine in Engers einräumen, erneut Testierfreiheit zugestehen und auf das Spolienrecht verzichten.

42 Er sollte jedoch den sonstigen Klerus reformieren.

43 Die Einsetzung eines Poenitentiars durch das Kapitel durfte er nicht behindern (zum Poenitentiar vgl. *Bastgen*, Domkapitel, S. 156). Bei der Verleihung von Archidiakonaten und Propsteien der Diözese hatte er auf der anderen Seite (wie 1399) auf residierende Kapitulare zurückzugreifen. Zur Realisierung dieser Forderungen vgl. die Personenliste, die Ausführungen zu den Archidiakonen im folgenden und das Register. Speziell für St. Paulin vgl. *Heyen*, St. Paulin, S. 179 f. Vgl. auch MRR 4 Nr. 273 v. 1276 IV 7 für Kyllburg.

auf der anderen Seite ist jedoch ein über eine Verteidigungsmaßregel hinausgehendes Bemühen unverkennbar, den Einfluß des Kapitels zu erweitern[44].

Die Einschränkungen des Landesherrn, wie sie 1418 und später formuliert werden, sind auch im Hinblick auf die sich ausbildende landständische Verfassung beachtenswert, durch die die Befugnisse des Kurfürsten zumindest in den wichtigen Steuerangelegenheiten ebenfalls beschnitten wurden. Die Mitsprache, die sich das Kapitel in der Wahlkapitulation garantieren ließ, kann teilweise als Präfiguration späterer landständischer Rechte angesehen werden. Freilich ist zu betonen, daß in Trier das Domkapitel eine Mittelstellung einnahm. Es gehörte nicht selbst zu den Ständen und trat diesen gegenüber sogar auf Grund seiner Sedisvakanzrechte als Erblandesherr auf[45]. Gegenüber dem Erzbischof trat es aber für die Interessen und die Substanz des Stifts ein und spielte für die Stände die Rolle eines „Beschützers des Landes gegenüber fürstlicher Willkür"[46]; die von ihm in der Kapitulation geforderten Bedingungen im Zusammenhang mit finanziellen Forderungen gegenüber dem Klerus kamen zumindest dem gesamten geistlichen Stand zugute.

Der Eid[47], den die Trierer Kanoniker, speziell Jakob von Sierck und Thilmann von Hagen, nach dem Tod Erzbischof Ottos schworen für den Fall, daß einer von ihnen in den Besitz des Erzbistums käme, macht deutlich, daß die in der ersten Wahlkapitulation von 1418 für wichtig gehaltenen Anliegen unverändert Geltung behielten. Sie werden wiederholt. Es fehlt freilich der Hinweis auf eine Reformatio des Klerus, möglicherweise wegen der Aktivitäten Ottos auf diesem Gebiet; ansonsten kommen einige Ergänzungen hinzu, die die Bestellung von Amtmännern, Gefangennahmen durch Offizial oder Amtmann in der Stadt Trier, ferner die Wanderprediger, die Öffnung von Burgen, Städten und Dörfern (Saarburg und Grimburg) und die alte Konföderation der Kirchen, Stifte und Klöster von Trier betreffen. Auf die aktuelle Situation gibt einen Hinweis der Zusatz[48] zu diesem Eid, wo von Streitigkeiten zwischen Archidiakonen und anderen Offizianten der trierischen Kirche über die Gerichtsbarkeit, von Auseinandersetzungen über Schlösser und Städte und von einer nach dem Tod Erzbischof Werners ohne Erlaubnis des Kapitels auferlegten Steuer die Rede ist. Dies deutet auf eine mangelnde Realisierung der Erzbischof Otto abverlangten Versprechungen hin

---

44 Dies sieht *Kremer* in zunehmendem Maße gegeben (Wahlkapitulationen, S. 29).
45 Vgl. ebda., S. 62, 78–81; *Bastgen*, Domkapitel, S. 260 f.; *Knetsch*, Landständische Verfassung, S. 44–46; *Georg von Below*, System und Bedeutung der landständischen Verfassung, in: *ders.*, Territorium und Stadt, Aufsätze zur deutschen Verfassungs-, Verwaltungs- und Wirtschaftsgeschichte, München-Berlin ²1923, S. 53–160, bes. S. 69 f.; *Helbig*, Fürsten und Landstände, S. 35.
46 *Kremer*, Wahlkapitulationen, S. 80.
47 LHAKO Abt. 1 D Nr. 915 f.; BATR Abt. 40,2, Nr. 4, S. 2–4 v. 1430 II 21; vgl. auch *Lager*, Raban von Helmstadt, S. 721–726.
48 LHAKO Abt. 1 D Nr. 915.

und nimmt Bezug auf dessen im Jahre 1427 erhobene Steuerforderungen, gegen die sich Protest im Kapitel regte[49]. Ein neuer Erzbischof sollte nach der Wahlkapitulation von 1430 innerhalb von drei Monaten für die Streitigkeiten Schiedsrichter einsetzen[50]. Einen bedeutsamen finanziellen Gewinn erwartete das Domkapitel aus dem Versprechen, ihm vom Engerser Zoll 5300 fl. zu zahlen.

Durch die Doppelwahl Jakobs von Sierck und Ulrichs von Manderscheid kam es jedoch vorerst nicht zu einem Versuch, die Forderungen zu realisieren. Der Gegenkandidat Jakobs leistete aber ebenfalls dem Domkapitel ein Jurament[51], das sich mit dem eben genannten im wesentlichen deckt[52]. Dies gilt auch für die von Erzbischof Raban 1433 nach seiner Aussöhnung mit dem Kapitel gemachten Versprechungen[53]. Der Eid Jakobs von Sierck von 1442 hält sich zwar weitgehend an dasselbe Schema[54], weist aber schon zu Beginn eine bedeutsame Abweichung auf, da er seine Gültigkeit insoweit verlieren sollte, als einzelne Artikel gegen bestehendes Recht verstießen[55]. Hierdurch sicherte sich der Erzbischof eine Möglichkeit zur Rechtfertigung eines gegen sein Versprechen gerichteten Verhaltens. Eine Resignation in die Hände des Papstes sollte nur nach vorheriger dreimonatiger Beratung mit dem Kapitel erfolgen, das nur eine Person zum Besitz des Erzbistums zuzulassen hatte, die zuvor einen entsprechenden Eid geschworen hatte. Das Gericht des Offizials über Kapitel und Kanoniker, das 1418 und 1430 nur für den Fall einer Nachlässigkeit von Dekan und Kapitel zum Zuge kommen sollte, durfte ausdrücklich nunmehr auch dann ausgeübt werden, wenn sich jemand freiwillig dem Urteil der Offiziale oder erzbischöflichen Kommissare unterwarf, ferner in Appellationssachen oder wenn das Kapitel aus einsichtigen Gründen für befangen zu halten war[56]. Im ganzen konnte dieses wohl seine Position behaupten, jedoch nicht weiter ausbauen. Veränderungen sind sogar eher zugunsten des Erzbischofs zu deuten, der zweifellos eine starke Position innehatte. Wie sich Jakob von Sierck in der Folgezeit zu seinen Versprechun-

---

49 Vgl. die Ausführungen weiter unten, S. 284.
50 Diese sollten auch zu einer „ordinatio" über die Offiziale, Siegelführer und Offiziaten sowie über die „taxa sigillarum" und das „sigillum cancellarie" Vollmacht erhalten.
51 *Goerz*, Regesten, S. 160. LHAKO Abt. 1 D Nr. 921 v. 1430 XI 2 u. Nr. 4418, S. 677–690; BATR Abt. 95 Nr. 314, S. 343–353; *Kremer*, Wahlkapitulationen, S. 13.
52 Hinzu kommt die Bestimmung, daß nicht nur nach der Konfirmation, sondern auch Konsekration eine neue Verbriefung erfolgen soll; vgl. *Kremer*, Wahlkapitulationen, S. 13. Im Zusammenhang mit der Manderscheidschen Fehde vgl. auch die Forderungen des Kapitels: LHAKO Abt. 1 D Nr. 1034 u. 4418, S. 869–883; BATR Abt. 95 Nr. 314, S. 441–453.
53 Vgl. *Goerz*, Regesten, S. 164; LHAKO Abt. 1 D Nr. 958 u. BATR Abt. 95 Nr. 311 fol. 28'.
54 LHAKO Abt. 1 D Nr. 1020 v. 1442 X 18 u. 4420, S. 357–368; BATR Abt. 95 Nr. 311 fol. 30'; *Goerz*, Regesten, S. 178.
55 *Kremer*, Wahlkapitulationen, S. 13 f. mit Zitat.
56 Der Poenitentiar des Domkapitels sollte, falls geeignet, eine größere Befugnis als die anderen Poenitentiare besitzen.

gen verhielt, läßt sich nicht zuletzt aus den Auseinandersetzungen ablesen, die er mit einem Teil der Domherren in der zweiten Hälfte der vierziger Jahre führte.

Bei den Vorwürfen, die durch diese Kapitelsopposition mit den Anführern Egid (Schilz) von Kerpen und Friedrich von Sötern erhoben wurden, erscheint auch immer wieder der Hinweis darauf, daß sich der Erzbischof nicht an seinen Eid gehalten habe. Nicht umsonst wurden sein Jurament und einzelne Punkte daraus gerade in dieser Zeit abgeschrieben[57]. Gravierende Verstöße Jakobs wurden darin gesehen, daß er Freudenburg, Montclair und andere Besitzungen seinen Verwandten erblich oder pfandweise habe zukommen lassen und sich angeblich durch Zollerhöhung und Errichtung neuer Zölle ihm nicht zukommender Rechte vermessen habe. Die von Jakob von Sierck für seine Maßnahmen in Anspruch genommene Rechtsgrundlage, eine „industria" genannte Urkunde und Schuldbriefe, die ihm ein Verfügungsrecht zugestanden und an Wert sich angeblich bis auf etwa 100 000 Gulden beliefen, wurde insofern angefochten, als er sie sich vor Zeiten mit List erworben habe und bei der Zustimmung des Kapitels der Scholaster Friedrich von Sötern und andere Domherren nicht zugegen gewesen seien noch später ihre Einwilligung gegeben hätten[58]. Gerade die Tatsache, daß Domdekan Egid von Kerpen, Archidiakon Adam Foil und Friedrich von Sötern zu einem Zollbrief des Erzbischofs für Treis die Einwilligung verweigerten[59], wird als Grund für ihre Vertreibung und Beraubung durch den Erzbischof und seine Anhänger im Kapitel angegeben[60].

Aber nicht nur eigenmächtiges Verhalten Jakobs von Sierck und damit ein Zuwiderhandeln gegen das von ihm zugesicherte Konsensrecht der Domherren diente seinen Gegnern als Argumentationsgrundlage. Schwer wog für sie auch sein Vorgehen gegen den Archidiakon Adam Foil von Irmtraud, den er nach einem Wortwechsel[61] gefangensetzte[62]. In einem Schreiben wies dessen Bruder Gerhard darauf hin, daß Jakob Adam gegenüber seinen Eid nicht erfüllt habe[63]. Der Archidiakon wurde erst nach längerer Haft freigelassen; eine Aussöhnung gab es nach Bitte um Begnadigung und einem Gehorsamseid im Dezember[64].

---

57 BATR Abt. 40,2 Nr. 4: verschiedene Abschriften. LHAKO Abt. 1 D Nr. 1053 u. 1071.
58 Vgl. BATR Abt. 40,2 Nr. 4, S. 20.
59 Die Besiegelung der Gegenpartei für die erzbischöflichen Zollbriefe wird insofern nicht anerkannt, als man hierzu Friedrich von Sötern die in seinem Besitz befindliche Kiste weggenommen habe, in der sich das Kapitelssiegel befinde, und die Kiste mit Gewalt aufgebrochen habe (LHAKO Abt. 1 D Nr. 1043).
60 Vgl. BATR Abt. 40,2 Nr. 4, S. 5; LHAKO Abt. 1 D Nr. 1040, 1043 ff. Vgl. zum Ausschluß von Schilz v. Kerpen, Adam Foil u. Friedrich von Sötern auch LHAKO Abt. 1 D Nr. 1038 f. v. 1445 IV 5; *Goerz*, Regesten, S. 181 f. Das Domkapitel gesteht wenig später dem EB zu, zwei oder drei neue Kapitulare für die Ausgeschlossenen zu ernennen (LHAKO Abt. 1 D Nr. 1048 v. 1445 V 18; BATR Abt. 9,5 Nr. 2).
61 Vgl. LHAKO Abt. 1 D Nr. 1040 v. 1445 IV 5.
62 Vgl. die Schreiben an die Stifte Karden und Münstermaifeld und andere (LHAKO Abt. 1 D Nr. 1043 ff.).
63 LHAKO Abt. 1 D Nr. 1054.
64 Vgl. LHAKO Abt. 1 D Nr. 1052, 1058, 1060–1065; *Struck*, Klöster Lahn 2, Nr. 207.

Die Streitigkeiten des Erzbischofs mit der Kapitelsopposition gingen jedoch weiter. Durch die von ihm geförderte Verleihung eines Domkanonikats an Sigmund Wecker von Bitsch durch den Kardinallegaten Johannes Carjaval kam es sogar zu einer Verstärkung der Gegenpartei, da Johann Zant von Merl und Heinrich von Rheineck hiergegen protestierten und deswegen der Exkommunikation verfielen[65]. Auch in diesem Zusammenhang wird auf den von Jakob geleisteten Eid hingewiesen. Seine Forderung und sein Einsatz für Sigmund Wecker widersprachen in den Augen seiner Gegner dem Artikel, Freiheit und Privilegien der Kirche und des Kapitels von Trier zu belassen und zu schützen. Dies wurde damit begründet, daß die Provision einem Privileg von Innozenz IV. zuwiderlaufe und daher ungültig sei[66]. Dem Entzug ihrer Ämter und Pfründen für Schilz von Kerpen, Friedrich von Sötern, Heinrich von Rheineck und Johann Zant stand die Verpflichtung des Erzbischofs entgegen, keinen Prälaten oder Kanoniker zu Unrecht und ohne eine klare Beweisführung vor dem Kapitel seiner Stellung zu berauben[67]. Die ganze Argumentation der Opposition im Kapitel zeigt, daß die Wahlversprechungen genügend Punkte enthielten, um in einer Auseinandersetzung mit dem Erzbischof darauf zurückzugreifen. Jakob von Sierck war jedoch in der vorteilhaften Lage, einen starken Rückhalt an einer ihm gewogenen Partei im Kapitel zu besitzen, so daß die Gegner trotz zeitweiliger päpstlicher Unterstützung nicht recht zum Zuge kommen konnten. Die Streitigkeiten zogen sich dennoch sehr lange hin und bestanden noch beim Tode des Erzbischofs[68].

Die letzte vor der Wahl aufgestellte ausführliche Kapitulation mit dem Kapitel als Aussteller ist die seines Nachfolgers. Alle späteren, in diesem Zusammenhang zu nennenden Quellen sind außer Konzepten feierliche Verbriefungen mit bereits Gewählten als Aussteller[69]. Das von Johann von Baden zu leistende Jurament ist auch deshalb erwähnenswert, weil es wesentliche Erweiterungen gegenüber den vorherigen Bestimmungen enthält[70]. Hierzu zählen vor allem die Artikel, durch die das Kapitel eine zusätzliche Beschränkung der Handlungsfreiheit des Erzbischofs erzielen wollte: Der Konsens der Domherren bei Belehnungen wurde auf die bischöflichen Tafelgüter ausgeweitet. Zu einer Übersicht über den Bestand des Erzstifts verlangte das Kapitel Kopien von Kanzleimaterial. Als Zahlmeister sollte nur ein Domkapitular fungieren. Als Maximalgrenze für erzbischöfliche

---

65 Vgl. *Goerz*, Regesten, S. 189 f.; *Schmidt*, Quellen 2, Nr. 1968 f., 1971 f., 1974; *Blattau*, Stat. syn., Nr. 57, S. 275–279.
66 Vgl. BATR Abt. 40,2 Nr. 4, S. 5 u. 19. Vgl. zum Privileg von Innozenz: MRUB 3 Nr. 868 v. 1246 V 5: Nur durch Spezialmandat des Papstes kann das Kapitel gezwungen werden, jemandem eine Pfründe zu erteilen.
67 LHAKO Abt. 40,2 Nr. 4, S. 5.
68 Vgl. *Böhn*, Pfalz-Veldenz.
69 Vgl. *Kremer*, Wahlkapitulationen, S. 14. Zu der Kapitulation und Ausstellungen bei der Wahl Johanns vgl. *Goerz*, Regesten, S. 205, LHAKO Abt. 1 D Nr. 1179 u. 1183 f., 1 C Nr. 16212 fol. 18–22.
70 Vgl. *Kremer*, Wahlkapitulationen, S. 14–17; auch *Lager*, Johann II. von Baden, S. 11 f.

Schuldenkontrahierung wurden 3000 rheinische Gulden festgelegt. Die Forderungen sind wohl aus einem Bestreben des Kapitels zu erklären, durch weitergehende Kontrolle einen übermäßigen Substanzverlust des ohnehin durch die Politik der vorhergehenden Erzbischöfe verschuldeten Erzstifts möglichst zu vermeiden. Mit dem Regierungsantritt Johanns von Baden sieht *Kremer* ferner eine neue Periode gegeben, „in welcher die Kapitulationen vornehmlich dem Streben des Kapitels nach immer größeren politischem Einflusse dienen"[71].

Gerade 1456 war es aber auch zu jener erwähnten Einung von Grafen, Herren, Rittern, Städten und Dörfern gekommen, die auf eine Verpflichtung des zukünftigen Erzbischofs abzielte und sich gegen eine dem Kapitel zu leistende Wahlkapitulation mit für die Bündnispartner und das Stift ungünstigen Bestimmungen wandte[72]. Von seiten der weltlichen Stände wurde also die Machtstellung der Kapitulare argwöhnisch beobachtet, wobei die vorangegangenen Auseinandersetzungen der Manderscheider Fehde und die jahrelangen Querelen zwischen Erzbischof Jakob und der Domherrenopposition ihnen eine gute Argumentationsgrundlage boten. Im Gegensatz zu Köln, wo 1463 ein Zusammengehen des zu den Landständen gehörigen Kapitels und der übrigen Stände und eine Ausdehnung der Kapitulationsbestimmungen auf alle Stände erfolgte[73], ist damit in Trier ein Auseinanderfallen der Interessen von Domherren und laikalen Herrschaftsträgern zu erkennen, die im Anspruch auf die Verantwortung für das Erzstift miteinander konkurrierten. Der Dualismus von Kapitel und Landständen, wie er sich in Trier durch die verfassungsmäßige Sonderstellung des Kapitels ergab, wird hier bereits deutlich sichtbar.

Trotz der landständischen Verfassung spielten die Wahlkapitulationen auch in der Neuzeit noch eine gewichtige Rolle, wobei freilich mit der Reformation neue Elemente hinzukamen und die Ziele der katholischen Reaktion einbezogen wurden. Die Forderungen des Kapitels nach stärkerer Mitbeteiligung bei der Regierung des Kurstaates erreichten bei Karl Kaspar von der Leyen (1652) einen Höhepunkt[75]. Insgesamt lassen die Wahlkapitulationen ständige Spannungsfelder zwischen Kapitel und Erzbischof und den Versuch der Domherren erkennen, ihren Einfluß auf die Bistumsbesetzung zur Festigung und zum Ausbau ihrer Stellung nutzbar zu machen. Den ursprünglich stärker defensiven Charakter verloren die dem Erzbischof auferlegten Verpflichtungen dabei mehr und mehr und entwickelten sich zu einem Instrument in einer auf Mitregentschaft im Erzstift gerichteten Politik, wobei die tatsächliche Ausführung der beschworenen Artikel freilich in vielen Fällen nicht durchzusetzen war.

---

71 *Kremer,* Wahlkapitulationen, S. 29.
72 Vgl. o. S. 52 ff.
73 Vgl. *Knetsch,* Landständische Verfassung, S. 33 f.
74 Ebda., S. 35 f.; *Lager,* Johann II. von Baden, S. 14 f.
75 Vgl. *Kremer,* Wahlkapitulationen, S. 29 f. Zur Bedeutung der Wahlkapitulationen allg. u. vor allem in neuerer Zeit vgl. *Feine,* Besetzung Reichsbistümer, S. 330–347.

2. Beteiligung der Domherren an der Verwaltung des Erzstifts[75a]

a. *Konsensrecht des Kapitels*

Das Konsensrecht des Kapitels entwickelte sich aus einer Beratungsfunktion. Bis zum 13. Jahrhundert gelang es den Domherren, die Zustimmung zu Entscheidungen des Erzbischofs, an der zunächst auch Laien und Mitglieder des Sekundarklerus beteiligt waren, für sich zu monopolisieren[76]. *Bastgen* führt eine Reihe von Angelegenheiten auf, bei denen sie zum Tragen kam, so Inkorporationen, Schenkungen des Patronatsrechts, Veränderungen im Klosterwesen, Güterveräußerungen durch Klöster, Hospitalstiftungen, Präbendenveränderungen, Bestätigung kirchlicher Gewohnheiten, Einrichtung von Kirchen, Erhebung des „subsidium caritativum" und Verwaltung des „cathedraticum"[77]. Insbesondere bezog sich die Forderung auf Konsens aber auch auf Veräußerungen und Verpfändungen durch den Erzbischof, Lehnsangelegenheiten, Errichtung und Verlegung von Zöllen, Subsidienzahlungen, allgemein Steuererhebung und Finanzen[78]. Zunehmend versuchte das Kapitel die Mitsprache auch für das Gebiet der äußeren Politik durchzusetzen, so für Bündnisse mit Fürsten, Städten und anderen Herrschaftsträgern[79]. Nach den Bestimmungen der Wahlkapitulationen durfte der Erzbischof überhaupt keine „arduam causam praeiudicialem ecclesiae" ohne Konsens des Kapitels beginnen und hatte bei allen Angelegenheiten, die die Kirche betrafen, die Kapitulare hinzuzuziehen[80]. Freilich entsprach der Norm nicht immer die Wirklichkeit[81]. Immerhin bot das Konsensrecht jedoch dem Kapitel Kontrollmöglichkeiten gegenüber dem Erzbischof und – wie am Beispiel Jakobs von Sierck gezeigt – eine Argumentationsgrundlage bei Auseinandersetzungen. Zu berücksichtigen ist ferner, daß nicht nur die Institution des Kapitels als Ganzes, sondern auch einzelne Domherren auf Grund ihrer Funktion in bestimmten kirchlichen Ämtern einen Einfluß bei der Verwaltung des Erzstifts erlangten.

75a Nicht eingegangen werden soll in diesem Zusammenhang (Verhältnis zum Erzbischof) auf das Sedisvakanzrecht.

76 Vgl. hierzu besonders *Bastgen*, Domkapitel, S. 245–261.

77 Vgl. ebda., S. 259; ferner *Hinschius*, Kirchenrecht 2, S. 153–161; *Hofmeister*, Bischof und Domkapitel, S. 25–36 (auch für die Neuzeit).

78 Vgl. *Kremer*, Wahlkapitulationen, S. 64–70, 75 f., 83–89.

79 Vgl. ebda., S. 97–100.

80 Vgl. *Bastgen*, Domkapitel, S. 259 f.; *Kremer*, Wahlkapitulationen, S. 49 u. 58. Dies wurde später auch auf die Konzilien bezogen.

81 Vgl. etwa die Auseinandersetzungen zur Zeit Jakobs von Sierck. Die Anzahl der Beispiele für eine Anwendung des Konsensrechtes ist allerdings groß. Auf eine Aufzählung soll verzichtet werden. Vgl. aber die bei Bastgen genannten Fälle.

b. Archidiakone und Offiziale[82]

Eine der wichtigsten, in überwiegendem Maße von Domherren wahrgenommenen Funktionen war die des Archidiakons (Tabelle S. 260 ff.). Entscheidend für die Archidiakone „jüngerer Ordnung", die am frühesten im Westen Deutschlands, gerade auch in Trier, belegt sind, war ihre Ausstattung mit kirchlicher Gerichtsbarkeit und Verwaltungsaufgaben, die vom Bischof nicht mehr persönlich versehen werden konnten[83]. Ihre Verselbständigung ging bis zum 13. Jahrhundert relativ weit[84]; ein Gegengewicht erwuchs ihnen allerdings mit der Einrichtung des Offizialats[85], das in Trier zum erstenmal im 12. Jahrhundert faßbar wird und nach einer vorübergehend rückläufigen Bewegung sich im 13. Jahrhundert endgültig konstituierte[86]. Die den Offizialen von den Erzbischöfen verliehenen Vollmachten kollidierten häufiger mit den Rechten der Archidiakone und führten zu einem Ringen um Machtstellungen[87].

Ein solches Spannungsverhältnis kam auch bei den bereits genannten Auseinandersetzungen zur Zeit Arnolds von Isenburg zum Tragen. In der Beschwerde des Domkapitels und der Stifte St. Paulin und St. Simeon vom 10. Februar 1257 wird unter anderem zum Ausdruck gebracht, daß der Erzbischof die Archidiakone, insbesondere Heinrich von Bolanden, bei der Abhaltung ihrer Gerichtsbarkeit behindert habe[88]. Bereits früher hatte er vom Papst die Erlaubnis erwirkt, die Einkünfte des rechtsrheinischen Archidiakonats seiner „mensa episcopalis" einzuverleiben[89]. Auch die Schaffung einer Kurie mit eigenem Siegel und entsprechendem Behördenapparat geht gerade auf Arnold von Isenburg zurück[90]. Schließlich hatte er noch einen einfachen Kleriker, Johann von Luxemburg, zum Offizial bestellt, während die früheren Inhaber dieses Amtes Mitglieder des Kapitels gewesen waren[91]. All dies trug zu einer Verhärtung der Beziehungen

---

82 Vgl. hierzu insbesondere auch *Bastgen*, Trierer Archidiakonate.

83 *Feine*, Kirchliche Rechtsgeschichte, S. 201–204, auch 217 f.; *Bastgen*, Domkapitel, S. 136–138; *Brackmann*, Halberstädter Domkapitel, bes. S. 131–136.

84 Für frühe Spannungen zwischen EB u. Archidiakonen vgl. *Blattau*, Stat. syn., Nr. 4 u. 6, S. 7–9; MRUB 1 Nr. 592 u. 601.

85 Zum Offizialat in Deutschland vgl. einführend *Feine*, Kirchliche Rechtsgeschichte, S. 370 f. u. 374 f. mit Lit.

86 Zu den Anfängen der Einrichtung in Trier hat unlängst Hans-Jürgen Krüger eine Studie verfaßt und sich dabei z. T. von verbreiteten Vorstellungen abgesetzt. Insbesondere warnt er davor, die Einführung des Offizialats in Trier als Kampfmittel gegen die Macht der Archidiakone zu werten, und betont das Vordringen des römisch-kanonischen Rechts und das Anwachsen von Prozessen mit komplizierteren Verfahren als Grund für die Handlungsweise der Erzbischöfe. Zum Offizialat in Trier vgl. insbesondere auch *Michel*, Gerichtsbarkeit.

87 Vgl. ebda., S. 17–46.

88 MRUB 3 Nr. 1388; MRR 3 Nr. 1370.

89 *Wampach*, UQB 2, Nr. 496; MGH Epp. saec. XIII,2 Nr. 245 v. 1246 IX 28.

90 Vgl. *Michel*, Gerichtsbarkeit, S. 20 nach MRUB 3 Nr. 908 v. 1247 VI 19.

91 Vgl. *Michel*, Gerichtsbarkeit, S. 20; *Krüger*, Offizialat Trier. Zu Domherren als Offizialen vgl. auch weiter unten.

gegenüber Domkapitel und Archidiakonen bei, die zudem auch durch Maßnahmen anderer Art strapaziert wurden[92].

Der vom Papst in der Streitsache eingesetzte Kardinal Hugo von St. Sabina entschied weitgehend zugunsten der Kläger[93]. Das Archidiakonat, das der Erzbischof mit zwei weiteren Dignitätsstellen und fünf Pfarreien zurückgehalten hatte, sollte er ebenso wie die anderen Pfründen sofort verlassen. Die Archidiakone hatte er in ihrer Gerichtsbarkeit nicht zu behindern. Auf der anderen Seite wurde jedoch auch eine Untersuchung über die Vorwürfe Arnolds von Isenburg gegen die Archidiakone angeordnet, die nach seiner Darstellung Rechte usurpiert, sich von Archipresbytern und vom Dekan Gehorsam zu seinem Nachteil verschafft und unter Hinweis auf die eigene Zuständigkeit deren Untergebene daran gehindert hatten, sich außer in Appellationssachen vor sein oder des Offizials Gericht zu begeben. Ihnen wurde befohlen, sich mit dem zu begnügen, was ihnen zustehe.

Arnold von Isenburg war nach dem Urteil gezwungen, nachzugeben[94]. Er setzte zur Regelung seiner Streitigkeiten mit den Stiften sogar zwei der Archidiakone selbst ein, die im März des folgenden Jahres verschiedene Entscheidungen trafen. Unter anderem legten sie die eigene Stellung fest. Ihnen wurde in ihrem Bereich die Ausübung der vollen und freien Jurisdiktion zuerkannt, weiterhin auch die Ein- und Absetzung der Pfarrer und auch die freiwillige und streitige Gerichtsbarkeit[95]. Dem Offizial wurde dagegen jede Befugnis abgesprochen, auf sie oder ihre Untergebenen bei Nachlässigkeit Einfluß zu nehmen oder gar Klage zu erheben; hierfür sollte allein der Erzbischof oder ein von ihm dazu speziell Beauftragter zuständig sein. Am selben Tag wurde von den beiden Schiedsrichtern auch bestimmt, daß der Offizial immer ein Domkanoniker sein müsse, wie es auch vorher Gewohnheit gewesen sei. Die von Johann von Luxemburg gefällten Sentenzen wurden damit als ungültig erachtet[96]. Die Bindung des Offizials ans Domkapitel wurde in der Folgezeit jedoch nur vorübergehend und recht wenig beachtet, wie sich aus der Liste der Domherren ergibt, die als Offiziale nachweisbar sind (s. u. S. 260). Insgesamt hat die Auseinandersetzung in den fünfziger Jahren des 13. Jahrhunderts aber mit einem Sieg der Stifte und Archidiakone geendet, deren Rechte bestätigt wurden.

Unter Heinrich von Finstingen, dem Nachfolger Arnolds, ist eine Beeinträchtigung der archidiakonalen Position wenig erkennbar[97]. Im Kapitel fürchtete man dennoch auch damals das Offizialat als Instrument, wie aus der ersten Wahlab-

---

92 Vgl. die Klagen in der Anm. 88 zit. Urkunde.
93 Vgl. MRUB 3 Nr. 1407 v. 1257 VII 6.
94 Vgl. hierzu auch *Michel*, Gerichtsbarkeit, S. 21. Der Erzbischof lenkte auch 1257 IX 5 in verschiedenen Punkten ein (MRUB 3 Nr. 1414; *Blattau*, Stat. syn., Nr. 17, S. 51 f.).
95 MRUB 3 Nr. 1437 v. 1258 III 6; MRR 3 Nr. 1466.
96 Vgl. MRUB 3 Nr. 1438; MRR 3 Nr. 1467.
97 Vgl. *Michel*, Gerichtsbarkeit, S. 23.

machung der Domherren nach dem Tod des Finstingers hervorgeht. Es wurde erneut der Beschluß gefaßt, daß der zum Erzbischof Gewählte nur Mitglieder des Domkapitels als Offiziale anstellen dürfe. Weiter verbot man die Einführung von „officiales foraneos", wohl um der Einrichtung weiterer unliebsamer Organe vorzubeugen[98]. Freilich installierte gegen Ende des Jahrhunderts Boemund von Warsberg eine zweite erzbischöfliche Kurie in Koblenz, jedoch wohl nicht als Affront gegen das Kapitel, sondern um dem anfallenden Verwaltungsaufwand besser gerecht zu werden[99].

Balduin von Luxemburg gelang es dann, die erzbischöfliche Position gegenüber den Archidiakonen weiter zu stärken. Bereits Bestimmungen des Provinzialkonzils von 1310 versuchten die Jurisdiktionsgewalt und das Ansehen der erzbischöflichen Kurie und ihrer Beamten zu heben[100]. Bei späteren Gelegenheiten folgten weitere Vorschriften, die auf eine Einschränkung der Tätigkeit der Archidiakone abzielten[101]. Balduin belebte auch die bischöflichen Kirchenvisitationen wieder und ließ sich hierüber vom Papst Urkunden ausstellen[102]. Ferner datieren aus seiner Zeit die ersten Reverse von Archidiakonen; sie drücken deren Abhängigkeitsverhältnis zum Erzbischof aus[103], dem ihre Einsetzung oblag[104]. Der Rückgang archidiakonaler Gewalt äußert sich nach *Michel* nicht zuletzt in einem Schwinden der Belege für Vorgänge der freiwilligen Gerichtsbarkeit aus Archidiakonatskurien[105].

Die Konkurrenz zwischen Erzbischof und Archidiakonen hatte sich damit weitgehend zugunsten des Kurfürsten entwickelt, Spannungen bestanden aber noch im 15. Jahrhundert[106]. In die Wahlkapitulation von 1418/19 wurde nur die

---

98 Vgl. MRR 4 Nr. 1349 v. 1286 V 31 = LHAKO Abt. 1 D Nr. 159; vgl. auch *Kremer*, Wahlkapitulationen, S. 5 f.
99 Vgl. *Michel*, Gerichtsbarkeit, S. 25 u. 47–64.
100 Vgl. *Michel*, Gerichtsbarkeit, S. 28; bes. *Blattau*, Stat. syn., Nr. 25.
101 Eine unmittelbare Fühlungnahme zwischen Offizialen und Landdechanten diente nach *Michel* zu einer stärkeren Ausschaltung der Archidiakone im Kirchenregiment; vgl. *Michel*, Gerichtsbarkeit, S. 27 f.
102 Vgl. *Michel*, Gerichtsbarkeit, S. 29 mit Belegen.
103 Vgl. ebda., ferner *Bastgen*, Domkapitel, S. 146 f. 1329 IX 7 leistete Heinrich v. Pfaffendorf einen entsprechenden Eid (*Günther*, Cod. dipl. 3, Nr. 163, S. 281 f.; *Kreglinger*, Analyse, S. 51 Nr. 374); 1329 XI 3 Robin v. Isenburg (*Struck*, Klöster Lahn 2, Nr. 42); 1338 XII 1 Gottfried v. Brandenburg (LHAKO Abt 1 A Nr. 4973 f. u. 1 D Nr. 4414, S. 657–667); 1350 VIII 20 Gottfried v. Sponheim (*Stengel*, Nova Alamanniae, Nr. 875); 1359 X 29 Robin v. Isenburg (*Struck*, Klöster Lahn 2, Nr. 78a); 1392 XI 9 Wilhelm v. Wied (*Hammerstein-Gesmold*, Urkunden, Nr. 586). Vgl. auch Anm. 196. Vgl. zu Balduins Stellung auch *Mötsch*, Balduineen, Nr. 1342.
104 Vgl. hierzu *Bastgen*, Domkapitel, S. 144; vgl. auch die Bestimmungen in den Wahlkapitulationen, ferner VR 4 Nr. 466 und *Struck*, Klöster Lahn 2, Nr. 220.
105 Vgl. *Michel*, Gerichtsbarkeit, S. 29.
106 Für einen speziellen Fall, der freilich aus anderen Gründen resultierenden Differenzen zwischen EB Jakob v. Sierck u. Archidiakon Adam Foil, vgl. die Ausführungen zu diesen Streitigkeiten weiter oben, S. 253.

Bestimmung aufgenommen, daß dem Offizial keine Jurisdiktion und Aufsicht über Kapitel und Kanoniker zustehe, 1456/57 aber eine Einmischung der Offiziale in die Angelegenheiten der Archidiakone untersagt[107]. Dies zeigt an, daß die Kompetenzabgrenzung immer noch nicht eindeutig war und Überschneidungen nach wie vor bestanden. Erst das Tridentinum brachte einen entscheidenden Einbruch in die Stellung der Archidiakone[108].

Für die Domherren blieb die Erlangung eines Archidiakonats sehr erstrebenswert. Ihr Interesse an dieser Funktion zeigt sich an den genannten Forderungen in den Wahlkapitulationen. Die Trierer Archidiakone sind auch in ihrer Mehrzahl bereits vor der Besetzung dieser Funktion Mitglieder des Domkapitels gewesen[109]. Die für das Mittelalter angenommene Regel, daß Propst und Dekan zugleich eines der fünf Archidiakonate innegehabt hätten[110], trifft für den Untersuchungszeitraum freilich nicht zu. Dies gilt allenfalls für die frühere Zeit.

Domherren als Offiziale*

1195–1197/98	Konrad (von Oberstein?), Archidiakon, später Propst
1195–1197/98	Friedrich (von Isenburg?), Cantor
1221	Wilhelm (von Salm?), Dekan
1227–1238	Mag. Thimar, Scholaster
1239–1242	Mag. Theoderich (seit 1240 als Scholaster)
1243–1253	Simon von Franchirmont
1253–1258	Mag. Laurentius (seit 1258 als Scholaster)
1262–1265	Mag. Johann Gileti (I.), Dekan von St. Kastor/Koblenz
1269–1272	Reiner von Davels
1289–1295	Johann Gileti (II.); Widerstand im Kapitel gegen Aufnahme
1324–1330	Eberhard von Massu; erfolgreicher Widerstand im Kapitel
1344–1351	Rudolf Losse; Widerstand im Kapitel erst spät gebrochen

* Angaben nach *Krüger,* Offizialat Trier; *Michel,* Gerichtsbarkeit; Personenliste (Teil 2). Nicht berücksichtigt sind die „vices gerens" – Belege der Frühzeit (vgl. zur Problematik *Krüger,* Offizialat Trier).

Archidiakone
(Angaben, soweit nicht anders vermerkt, nach Personenliste; in Klammern nicht als Domherren belegte Personen; berücksichtigt in der Liste auch Provisionen u. ä.)

St. Peter/Trier		Domherr
1236–1273	Arnold v. Schleiden	1230–1273
1274–1289	Boemund v. Warsberg	1262–1289

---

107 Vgl. *Günther,* Cod. dipl. 4, Nr. 82; *Kremer,* Wahlkapitulationen, S. 52 f. u. Anm. 219 mit Quellenzitat.
108 Allerdings wurden gerade in Trier bis zuletzt deren Rechte betont. Vgl. ebda., S. 52–57.
109 Vgl. Personenliste u. u.
110 So *Bastgen,* Domkapitel, S. 138 f. Vgl. auch den interessanten Hinweis bei *Krüger,* Offizialat Trier, S. 57.

		Domherr
1289–1325	Friedrich v. Warsberg	1287–1325
1325–1354	Boemund v. Saarbrücken	1308–1354
1354–1379	Arnold v. Saarbrücken	1338–1379
1379	Ulrich v. Falkenstein	1379
1388–1417	Robert v. Hohenecken	1372–1417
1418–1419	Johann v. Solms	1411–1426
1418–1419	Friedrich v. Kröv	1397–1437
1420–1434	Egid Wabe v. Lehmen	1385–1434
1436–1439	Philipp v. Sierck	1411–1492
1439	Jakob v. Sierck	1413–1439
1442–1445	Walter v. Brucken	1432–1468
1445–1455	Johann Beyer v. Boppard	1438–1476
1456–1457	Wilhelm v. Haraucourt	1451–1495
1457	Philipp v. Savigny	1450–1501
1457–1475	Johann v. Stein	1450–1475

St. Lubentius/Dietkirchen

1217–1259	Arnold v. Isenburg	1210–1242
(1246	Heinrich v. Vianden)*	
1268–1287	Gerhard v. Eppstein	1272–1287
1290–1329	Gottfried v. Eppstein	1293–1329
1329–1368	Robin v. Isenburg	1359–1368
1330	Robert v. Virneburg	1326–1330
1371–1385	Dietrich v. Güls	1371–1385
(1387–1392	Johann v. Westerburg)**	
1396–1424	Kuno Raugraf v. Neu-Bamberg	1372–1424
1424–1435	Werner v. d. Leyen	1395–1435
1438–1454	Adam Foil v. Irmtraut	1411–1454
1455–1476	Johann Beyer v. Boppard	1438–1476

St. Kastor/Karden

		Domherr
1241–1286	Heinrich v. Bolanden	1242–1286
1287–1291	Johann v. Sierck	1286–1291
1291–1305	Hermann v. Weilnau	1291–1305
1305–1338	Heinrich v. Pfaffendorf	1301–1338

---

* MGH Epp. Saec. XIII,2 Nr. 245.
** Vgl. *Wolf-Heino Struck* (Bearb.), Das Marienstift zu Wetzlar im Spätmittelalter. Regesten 1351–1500 (Veröffentlichungen der Historischen Kommission für Hessen und Waldeck 8; Urkundenbuch der Stadt Wetzlar, Bd. 3), Marburg 1961, Nr. 411 u. 460 v. 1287 II 26 u. 1392 II 15.

		Domherr
1338–1358	Gottfried v. Brandenburg	1330–1358
1358–1371	Robert v. Saarbrücken	1331–1380
(1372–1374	Thomas v. Ammanatis)***	
(1374	Wilhelm v. Chanac)****	
(1384	Johannes v. Neufchâtel (Novocastro)*****	
(1384–1390	Wilhelm v. Sayn)******	
1392–1439	Wilhelm v. Wied	1385–1439
1445–1468	Walter v. Brucken	1432–1468
1446–1447	Friedrich v. Sötern	1422–1454
1469–1500	Johann v. Finstingen	1447–1500

St. Agatha/Longuyon

1239–1242	Dietrich v. Hagen	1220–1242
1251–1282	Dietrich v. Blankenheim	1251–1282
1282–1291	Heinrich v. Finstingen	1289–1291
1291–1297	Arnold v. Hüncheringen	1282–1297
1299–1306	Heinrich v. Virneburg	1296–1301
1308–1350	Gerhard v. Virneburg	1319–1331
1350–1395	Gottfried v. Sponheim	1329–1395
1397	Bruno v. Scharfenstein	1397
1397–1427	Bruno v. Hammerstein	1372–1427
vor 1430	Adolf v. Eppstein	1419–1433
1430	Eberhard v. Eppstein	1430
1432–1433	Philipp v. Sierck	1413–1492
1433–1463	Johann v. Greiffenclau zu Volrads	1415–1463
1464–1470	Philipp v. Isenburg	1447–1470
1470–1480	Eberhard v. Hohenfels	1455–1515

St. Mauritius/Tholey

1228–1244	Rudolf v. d. Brücke	1216–1244
1244–1267	Simon v. Warsberg	1242–1267
1268–1282	Walram v. Schleiden	1249–1282

*** 1372 VIII 23 als „decretorum doctor", päpstlicher Auditor und Kaplan sowie Archidiakon von St. Kastor/Karden genannt (VR 5 Nr. 910), 1374 XI 22 als Elekt von Limasol/Zypern, Neuvergabe des Archidiakonats durch den Papst (VR 5 Nr. 1063). In Trierer Urkunden nicht nachzuweisen.

**** Kardinalpriester tit. St. Vitalis; erhält 1374 XI 22 vom Papst das Archidiakonat Karden (VR 5 Nr. 1063). In hiesigen Urkunden nicht nachzuweisen. Vgl. auch VR 5 Nr. 1095.

***** Kardinal; 1384 I 6 von Clemens VII. für ein Archidiakonat vorgesehen (RepGerm 1 S. 90).

****** 1384 VI 1 u. 1390 VIII 14 als Archidiakon von Karden belegt; vgl. *Tille-Krudewig*, Übersicht Bd. 2 H. 1, bearb. v. Armin Tille (Annalen des historischen Vereins für den Niederrhein, Beih. 5), Bonn 1911, S. 57; BATR Abt. 32 Nr. 101 fol. 140.

		Domherr
1282–1290	Werner v. Montabaur	1251–1290
1293–1313	Robert v. Warsberg	1285–1313
1315–1316	Friedrich v. Sierck	1306–1322
1319–1351	Johann Button	1306
1360–1404	Georg v. Veldenz	1352–1404
1419–1426	Adolf v. Eppstein	1419–1433
1428–1438	Ulrich v. Manderscheid	1422–1438
1440–1452	Johann v. Lewenstein	1429–1452
1452–1467	Rorich v. Reichenstein	1413–1467
1467–1469	Johann v. Finstingen	1447–1500
1469–1471	Wiegand v. Nassau	1445–1471

3. Vergabe von Kapitelsstellen

Eine wichtige Rolle im Zusammenhang mit den mehrfach genannten Auseinandersetzungen von 1242 spielte anscheinend die Personalpolitik des vorherigen Trierer Erzbischofs Theoderich von Wied, die Verwandte und Vertraute begünstigte und möglicherweise die Opposition einer Gruppe des Kapitels gegen seinen Neffen Arnold von Isenburg und dessen Anhänger hervorrief[111]. Nach den Gesta Treverorum sorgte Arnold selber für seine Günstlinge[112]. Am 25. Mai 1248 erwirkte er vom Papst, in Kirchen seiner Diözese je drei ihm genehme Kleriker für Dignitäten, Personate oder andere Benefizien providieren zu dürfen[113]. Bei der Nomination von Domizellaren 1249 wurden auf seine Bitte Walram von Schleiden und Gerhard von Bolanden ernannt[114]. Außerdem ist von zwei Personen die Rede, die der Erzbischof nominieren wollte. Beim gleichen Vorgang 1251 ist allerdings nur seine „petitio" erwähnt, der dazugehörige Name eines Domherrn fehlt[115]. Sowohl Schleiden wie Bolanden waren 1242 auf seiner Seite im Kampf gegen Rudolf von der Brücke zu finden[116]. Dessen Familie ist nach Beendigung der Auseinandersetzungen dagegen nicht mehr im Kapitel vertreten. Eine Personalpolitik durch Arnold und die ihn unterstützende Partei darf also ebenfalls angenommen werden[117].

Für seinen Nachfolger Heinrich von Finstingen, der nicht vom Domkapitel gewählt wurde und lange Auseinandersetzungen mit einem Teil des höheren

---

111 Vgl. *Heyen*, Doppelwahlen, S. 32.
112 Vgl. MGH SS XXIV (Gesta Treverorum), S. 413.
113 MRUB 3 Nr. 946. Am selben Tag wurde er auch ermächtigt, den der römischen Kirche Ungehorsamen die bewilligten Provisionen wieder zu entziehen (Nr. 947).
114 MRUB 3 Nr. 998, MRR 3 Nr. 695 v. 1249 IV 30.
115 MRUB 3 Nr. 1110 v. 1251 VII 5; MRR 3 Nr. 874.
116 Vgl. *Aldinger*, Erhebung, Beilage; *Bastgen*, Beschwerdeschrift, S. 81–85; *Wampach*, UQB 2, Nr. 405.
117 Bei den Rheineckern, die ihn 1242 unterstützt hatten (vgl. ebda.: Conrad ist Propst von St. Florin), kam ein weiterer Domherr hinzu.

Trierer Klerus, unter anderem auch der Domherren, zu bestehen hatte, ist eine Einwirkung bei der Vergabe von Pfründen schwerer nachzuweisen. Auch er erhielt jedoch von Alexander IV. eine von Urban IV. widerrufene Befugnis zur Besetzung von durch längere Vakanz dem apostolischen Stuhl anheimgefallenen Pfründen sowie durch Gregor X. das Recht, insgesamt sechs Stellen in der Kirchenprovinz vergeben zu dürfen[118]. Sein gleichnamiger Verwandter Heinrich wurde zu seiner Zeit Domherr und war schon 1282 Archidiakon[119]. Werner von Montabaur, der in den Auseinandersetzungen der sechziger Jahre als Parteigänger des Elekten belegt ist[120], erscheint seit 1282 in derselben Funktion. Wann Johann Gileti, Offizial und ebenfalls einer der Anhänger Heinrichs, ein Domkanonikat erlangte, ist allerdings nicht genau festzustellen[121]. Nicht zuletzt bei Boemund von Warsberg war wohl das nach anfänglicher Gegnerschaft gute Verhältnis zu Heinrich von Finstingen für die spätere Karriere förderlich[122].

Boemund, der vom Erzbischof in dessen letzten Jahren sichtlich bevorzugt und sein Nachfolger wurde, versuchte selbst ebenfalls ihm genehme Personen ins Kapitel zu bringen und mit einflußreichen Stellen zu versehen[123]. Die Begünstigung des Offizials Johann Gileti, um ihn als Cantor durchzusetzen, und des als Propst vorgesehenen Peter von Aspelt war zwar vergeblich[124]. Deutlich zu erkennen ist jedoch, daß die Karriere von Boemunds Verwandten in seiner Regierungszeit gefördert wurde. Friedrich von Warsberg ist 1287 erstmals als Domherr belegt, er wurde 1289 Großarchidiakon. Isenbard erscheint seit 1287 als Custos; Robert fungiert seit 1293 als Archidiakon in Tholey. 1297 wird schließlich Nikolaus, der Propst von Pfalzel, als Domherr urkundlich faßbar, wobei es sich um den Sohn des Johann Vogt von Hunolstein und der Christine von Warsberg, Schwester des Erzbischofs, handelt[125]. Eine direkte Einwirkung des Erzbischofs bei der Vergabe von Kanonikaten und Würdenstellen ist zwar außer bei den ihm unterstehenden, nicht zu den Kapitelsdignitäten zählenden Archidiakonaten nicht auszumachen. Es liegt jedoch nahe, daß er zumindest indirekt seinen Einfluß geltend zu machen suchte.

---

118 *Hontheim*, Historia 1, S. 740. Bereits 1272 XI 28 hatte er das Recht zur Verleihung von 3 Präbenden an Kathedral- und 3 an sonstigen Kirchen seiner Provinz erhalten; *Jean Guiraud, E. Cadier* (Bearb.), Les registres de Grégoire X (1272–1276) et de Jean XXI (1276–1277). Recueil des bulles de ces papes publiées ou analysées d'après les manuscrits originaux des archives du Vatican (B.E.F.A.R. 2e ser. 12), Paris 1892–1960, Nr. 92. Vgl. auch MRR 3 Nr. 2689.
119 Vgl. Personenliste.
120 Zum Verhältnis von Werner zu Heinrich von Finstingen MRR 3 Nr. 1811 u. 2228, MRR 4 Nr. 799, 1340, 1350, 1353.
121 Vgl. Personenliste (Teil 2) u. MGH SS XXIV (Gesta Treverorum), S. 426, 435, 437 u. 440; MRR 3 Nr. 1971 u. 2005.
122 MRR 4 Nr. 799, 811, 1284, 1350, 1353.
123 Auch er erhielt päpstliche Urkunden; vgl. *Langlois*, Reg. Nicolas IV, Nr. 960 f.
124 Vgl. Personenliste.
125 Vgl. Personenliste.

Für Diether von Nassau und seine kurze Regierungszeit lassen sich keine entsprechenden Beispiele anführen, wenn auch die erwähnten Verträge von 1303 mit dem Kapitel ihm Spielraum ließen. Balduin von Luxemburg jedenfalls hat sich im langen Zeitraum von 1308 bis zu seinem Tod im Jahre 1354 mehrfach bei der Pfründenbesetzung im Kapitel engagiert und zumindest sich rechtliche Möglichkeiten gesichert. Er erhielt bereits kurz nach seiner Wahl am 30. März 1308 vom Papst das Recht, die Propstei des Doms, die er vorher innegehabt hatte, einer geeigneten Person zu übertragen[126]. Als Nachfolger erscheint bald darauf Gottfried von Rodenmacher aus einer dem Grafenhaus nahestehenden Familie[127]. Am selben Tag mit dem Recht zur Verleihung dieser höchsten Würde des Domkapitels verschaffte der neue Erzbischof sich auch ein Provisionsrecht für Kathedral- und Kollegiatkirchen sowie Klöster in Stadt, Diözese und Kirchenprovinz[128]; darüber hinaus wurde ihm erlaubt, Benefizien, die so lange vakant seien, daß das Besetzungsrecht an den Heiligen Stuhl gefallen sei, geeigneten Personen zu übertragen[129]. Damit hatte er Kompetenzen erhalten, die ihm einen Einfluß auf personelle Veränderungen im Kapitel ermöglichten. Hinzu kam, daß ihm sein König gewordener Bruder Heinrich VII. ein Jahr später seine ersten Bitten im Gebiet der Diözese übertrug und damit ein Wahlversprechen einlöste[130].

Inwieweit Balduin die ihm verliehenen Vollmachten auf das Trierer Domkapitel tatsächlich angewandt hat, läßt sich allerdings nicht genau feststellen. Es ist jedoch sicher, daß der 1309 und 1310 belegte Johannes de Bruaco durch seinen Einfluß Dekan geworden ist[131]. 1311 gestattete Balduin den Kanonikern wohl nach dem Tod von Johannes die Neuwahl eines Dekans, behielt sich aber die Besetzung vor, falls man sich nicht bis Ostern geeinigt habe[132]. Im Jahre 1314 erhielt der Luxemburger von Ludwig dem Bayern dann die „primariae preces" für die Provinz Trier sowie die Kirchen von Aachen, Utrecht, Speyer und Lüttich[133], 1317 im Dezember von Papst Johannes XXII. für den Dom und die Stifte Münstermaifeld und St. Kastor/Koblenz das Recht, geeignete Personen als Kanoniker aufnehmen zu lassen und für vakante Präbenden zu providieren[134]. 1322 griff er zugunsten des vom Papst providierten Alexander von Braunshorn ein, dessen unverzügliche Aufnahme er unter Androhung von Maßnahmen befahl[135]. Es ist

---

126 VR 1 Nr. 234; *Wampach*, UQB 7, Nr. 1154.
127 Vgl. Personenliste (Teil 2); Gesta Trevirorum 2, S. 200 mit eindeutigem Hinweis darauf, daß Gottfried auf Balduins Veranlassung die Propstei erhielt.
128 VR 1 Nr. 236; *Wampach*, UQB 7, Nr. 1156.
129 VR 1 Nr. 242; *Wampach*, UQB 7, Nr. 1161.
130 Vgl. *Stengel*, Nova Alamanniae, Nr. 68.
131 Vgl. Personenliste u. den Anm. 127 genannten Beleg.
132 Friedensburg, Beiträge, Nr. 7; BATR Abt. 95 Nr. 295/29.
133 MGH Const. 5 Nr. 63 u. 157.
134 VR 1 Nr. 482 v. 1317 XII 13.
135 *Goerz*, Regesten, S. 69 f. (= LHAKO Abt. 1 D Nr. 4413, S. 681–683).

jedoch schwierig zu entscheiden, inwieweit hier eigene Interessen im Spiel waren oder dies auf päpstliche Anordnung geschah. Im Jahre 1326 gestattete Johannes XXII. dem Erzbischof in ähnlicher Weise wie sein Vorgänger, je ein Kanonikat am Dom und den einzelnen Stiften seiner Diözese zu vergeben[136], in den vierziger Jahren stellte Clemens VI. ähnliche Schriftstücke aus[137]. Die 1343 erfolgte Providierung des Nikolaus von Rodenmacher, Sohn des „magister coquine" Balduins, geht auf den Erzbischof zurück[137a]. In einer Supplik setzte sich Balduin am 2. Dezember 1344 zusammen mit den Grafen Friedrich von Saarwerden und Johann von Saarbrücken-Commercy für Johann von Saarwerden ein, der die durch Tod des Johann von Gerlfangen vakant gewordene Scholasterei erhalten sollte[138]. 1350 bat er Clemens VI. um eine erneute Erlaubnis zur Provision von Kanonikern an Dom und Kollegiatkirchen und gleichzeitig für verschiedene Personen um Pfründen, unter anderem für seinen „consanguineus" und Generalvikar Johann von Lichtenberg, was vom Papst genehmigt wurde[139].

Es ist ferner auffällig, daß zur Zeit Balduins zwei seiner Offiziale versuchten, im Kapitel Fuß zu fassen; es handelt sich dabei um Eberhard von Massu und Rudolf Losse. Der erste ist seit 1324 als Offizial bezeugt[140]; vor dem 5. Mai 1328 wurde ihm vom Papst mit Reservierung einer Dignität, eines Personats oder Offiziums ein Domkanonikat übertragen[141]. Er erhob nach dem Tod des Gottfried von Rodenmacher einen Anspruch auf die Dompropstei; der hieraus entstehende Streit zwischen ihm und dem Kapitel wurde jedoch durch seinen baldigen Tod beendet. Daß Balduin ihn in seinen Ansprüchen unterstützt hat, ist zwar nicht zu belegen, aber nicht auszuschließen. Bei Rudolf Losse[142] aus Eisenach, der von 1346 an um ein Kanonikat kämpfte und sich 1350 schließlich durchsetzen konnte, ist ein Eingreifen des Erzbischofs zu seinen Gunsten nachzuweisen; Balduin bestätigte ihm eine ritterbürtige Abstammung, allerdings erst im November 1350[143]. Insgesamt sind für Balduin zwar die Einzelbelege für die Förderung bestimmter Personen bei der Erlangung einer Kapitelsstelle nur zum Teil vor-

---

136 VR 1 Nr. 906; *Riezler,* Vat. Akt., Nr. 644d.
137 VR 3 Nr. 213 v. 1343 VII 16, Nr. 343 v. 1344 IV 20; vgl. auch Nr. 1157 v. 1349.
137a VR 3 Nr. 225.
138 VR 3 Nr. 416. Daß in der Zwischenzeit keine Suppliken durch Balduin erfolgt sind, kann auch nicht zuletzt wohl auf sein lange Zeit gespanntes Verhältnis zum Papsttum zurückgeführt werden (vgl. insbesondere *Stengel,* Avignon und Rhens; ferner *Dominicus,* Baldewin, S. 279–388, zum Bann Balduins auch VR 1, S. XV f.; zur Entspannung nach dem Regierungsantritt von Clemens VI. vgl. weiter oben die Ausführungen zu Johann v. Böhmen u. seinen Suppliken; für Balduin VR 3, S. XXI–XXVI; *Stengel,* Avignon und Rhens, S. 184–192).
139 Vgl. VR 3 Nr. 849.
140 Vgl. *Michel,* Gerichtsbarkeit, S. 31. Hierzu u. zum folgenden auch Personenliste.
141 VR 2 Nr. 1473.
142 Vgl. zu Losse *Langer,* Losse.
143 *Stengel,* Nova Alamanniae, Nr. 878 v. 1350 XI 1; VR 5 Nr. 1312.

handen, es kann jedoch nicht zuletzt auf Grund der verschiedenen Zusicherungen durch Papst und König davon ausgegangen werden, daß er in dieser Hinsicht rege Aktivitäten entfaltet hat.

Sein Nachfolger Boemund von Saarbrücken hat vor allem für seine Verwandten gesorgt. Bereits kurz nach Regierungsantritt erbat er von Papst Innozenz VI. für seinen Bruder Robert die Propstei von St. Paulin und das durch seine Erhebung vakante Archidiakonat[144]. Am selben Tag verwandte er sich auch für Walter von Amance, einen jener Domherren, die ihm die Benachrichtigung seiner Wahl zum Erzbischof überbracht hatten[145], und bat für ihn um Neuverleihung einer Pfarrkirche, aus der er unberechtigt Einkünfte erhalten hatte. Weiterhin setzte er sich für eine Provision des Johann von Hammerstein für ein Domkanonikat und die Reservierung eines Propst, Dekan und Custos unterstehenden Benefizes für seinen Hauskaplan Nikolaus von Steinsel ein[146], der später Vikar des Willibrordaltars wurde[147]. Der Papst übertrug Robert zwar die Propstei, aber nicht das Archidiakonat. Für diese wichtige Position hatte Boemund jedoch zwei Tage später mit der Bitte für seinen Neffen Arnold Erfolg, dem der Papst die freigewordene Stelle verlieh[148]. Im November erfolgte eine weitere Supplik Boemunds für Gerhard von Pittingen[149], die zwar genehmigt wurde, aber wohl zunächst nicht zum Erfolg führte[150]. Ebenso wie Balduin scheint auch Boemund für die Bepfründung seines Offizials gesorgt zu haben. Zwar wurde Albert de Sapoguez kein Domkanoniker, erhielt aber 1359 den vakanten Georgaltar im Dom[151], eine Stiftung Balduins und daher auch in der Besetzung vom Erzbischof abhängig[152].

Unter Kuno von Falkenstein lassen sich weitere Einflußnahmen des Erzbischofs auf die Pfründenbesetzung am Dom verfolgen. 1371 wurde sein Sekretär, Kaplan und ständiger Tischgenosse Dietrich von Güls auf sein Betreiben hin Domherr und Archidiakon[153]. Robert von Saarbrücken, der Bruder des vorherigen Erzbischofs, erhielt die durch den Tod des Konrad von Spiegelberg frei gewordene Dompropstei auf Supplik des Erzbischofs und Kapitels[154]. Bei der Ahnenprobe

---

144 Zu den folgenden Personen Personenliste.
145 Vgl. etwa *Goerz*, Regesten, S. 90, VR 4 Nr. 110. Vgl. für die Beziehungen v. Walter v. Amance zur Familie des Boemund auch LHAKO Abt. 1 D Nr. 751 u. 4417, S. 149–151; BATR Abt. 95 Nr. 311 fol. 149.
146 Vgl. zu diesen Vorgängen VR 4 Nr. 132 u. 136; auch *Jungk*, Regesten, Nr. 1576.
147 Vgl. etwa LHAKO Abt. 1 D Nr. 581 u. 603.
148 VR 4 Nr. 146 u. 184; *Jungk*, Regesten, Nr. 1577 u. 1583.
149 VR 4 Nr. 187.
150 Vgl. Personenliste.
151 *Goerz*, Regesten, S. 95 = LHAKO Abt. 1 D Nr. 4415, S. 881 f.
152 Siehe weiter unten zu den religiösen Bindungen.
153 Vgl. VR 5 Nr. 772 f.; *Struck*, Klöster Lahn 2, Nr. 101 f.; *Schmidt*, Quellen 1, Nr. 1247 f. v. 1371 II 26. Vgl. auch VR 5 Nr. 809. Er beurkundet auch die ritterbürtige Abstammung Dietrichs (*Goerz*, Regesten, S. 107 = LHAKO Abt. 1 D Nr. 4416, S. 489).
154 VR 5 Nr. 826.

des Johann von Clotten 1373, dem für Trier frühesten Zeugnis dieser Art, notifizierte Kuno die ritterliche Abstammung des zur Aufnahme Vorgesehenen, Sohn eines seiner Burggrafen[155]. König Wenzel überließ Kuno 1376 das Recht der ersten Bitte in der Diözese Trier[156]. 1379 beurkundete der Erzbischof die adelige Herkunft des Dietrich von Crummenau, Neffe des von ihm zuvor unterstützten Archidiakons Dietrich von Güls[157]. Im Streit zwischen Egid von Milberg und Gottfried von Brauneck um die vakante Dompropstei fungierte er als Schiedsrichter. Der nach der Urkunde durch das Kapitel unterstützte Egid behielt die Dompropstei, Gottfried wurde jedoch zum Nachfolger bestimmt[158]; im Jahre 1384 gelangte er tatsächlich in den Besitz der Propstei[159].

Eine längere Auseinandersetzung mit dem Kapitel ergab sich durch die Tatsache, daß Kuno dem Jakob Huntschwyn von Lahnstein das Domkanonikat verlieh, das durch den Tod des Johann von Clotten vakant geworden war. Als Kampfmaßnahme gegen das widersetzliche Kapitel verhängte er sogar die Exkommunikation[160]. Die Domherren appellierten gegen seine Maßnahmen an den Heiligen Stuhl[161]. In der Begründung wiesen sie darauf hin, daß Kanonikate ausschließlich in ihrer Kirche adeligen Personen vorbehalten seien; Jakob Huntschwyn, der weder in der Theologie noch im kanonischen oder weltlichen Recht einen Grad besitze, habe sich vom Erzbischof, der von Urban VI. das Recht auf Reservierung eines Kanonikats im Dom erhalten habe, diese Stelle erschlichen, indem er eine edle Abkunft[162] und andere Eigenschaften vorgegeben habe. Das Recht des Erzbischofs, die ihm vom Papst verliehene Vollmacht auszunutzen, wird damit nicht bestritten; vielmehr versucht man den Kandidaten als nicht akzeptabel vorzustellen. Der Streit war auch 1386 noch nicht entschieden[163]; Huntschwyn erscheint jedoch in der Folgezeit nicht als Kanoniker.

In der Zwischenzeit hatte der Erzbischof sich von Urban VI. ein Indult zur Verleihung von vier Benefizien am Dom und zwei an jeder Kollegiatkirche verschafft[164]. Unter Berufung hierauf erteilte er 1385 dem Heinrich von Fleckenstein, Sohn des gleichnamigen Herrn von Fleckenstein-Dagstuhl, die Anwartschaft auf die nächste frei werdende Pfründe am Dom[165]. Erscheint der von ihm

---

155 *Günther,* Cod. dipl. 3,2 Nr. 544; *Goerz,* Regesten, S. 108.
156 LHAKO Abt. 1 C Nr. 5, S. 351 Nr. 383.
157 *Goerz,* Regesten, S. 114; LHAKO Abt. 1 D Nr. 715 v. 1379 XI 30.
158 *Goerz,* Regesten, S. 116; LHAKO Abt. 1 D Nr. 742 u. 4417, S. 69–78.
159 Vgl. Personenliste.
160 Vgl. *Struck,* Klöster Lahn 2, Nr. 131–135; *Goerz,* Regesten, S. 116 f.; LHAKO Abt. 1 D Nr. 746–748, 750 u. 4417, S. 133 f., 137 f., 141–147.
161 Vgl. *Struck,* Klöster Lahn 2, Nr. 134 v. 1383 IV 5.
162 Vgl. auch ebda. Nr. 132 v. 1382 XII 8.
163 VR 6 Nr. 62 v. 1386 VII 27. *Parisius* meint, daß das Kapitel nachgegeben habe (Kuno II. von Trier, S. 43). Hierfür findet sich jedoch kein Anhaltspunkt.
164 VR 6 Nr. 56 (= LHAKO Abt 1 A Nr. 6407 v. 1384 XI 15).
165 *Goerz,* Regesten, S. 118 (= LHAKO Abt. 1 D Nr. 4417, S. 181–194).

Vorgesehene auch nicht gleich darauf im Kapitel, sondern erst 1392 beim Studium in Köln als Kanoniker[166], so ist er doch im Gegensatz zu Jakob Huntschwyn aufgenommen worden und hat sogar die Stellung des Custos erreichen können. Für ein erfolgreiches Wirken des Erzbischofs zeugt es weiter, daß Ulrich von Falkenstein in seiner Zeit Domherr und Großarchidiakon und der Großneffe Werner Domherr, Koadjutor und schließlich Nachfolger Kunos wurde[167].

Werner von Falkenstein erhielt durch Bonifaz IX. 1389 kurz nach dem eigenen Regierungsantritt und zu Beginn des Pontifikats des Papstes ähnlich wie seine Vorgänger die Berechtigung zur Vergabe von vier Stellen am Dom und zwei an den Kollegiatkirchen[168]. 1392 verlieh er daraufhin das durch Heirat des Johann von Ornes vakant gewordene Domkanonikat an seinen Verwandten Otto, Raugrafen von Neu-Bamberg[169]. Ob Otto ins Kapitel gelangt ist, ist allerdings fraglich. Sein Onkel, Kuno, erscheint dagegen bereits seit d. J. 1372 bei der „divisio prebendarum", wurde 1391 Kapitularkanoniker und schließlich zum Archidiakon bestellt[170]. Auch er ist zweifellos durch den ihm verwandten Erzbischof begünstigt worden. Daß die Falkensteiner wie zuvor Boemund ihre Angehörigen förderten, zeigt sich weiter daran, daß der Großneffe Kunos, Otto von Ziegenhain, Dompropst wurde und später den Erzbischofsstuhl erlangte; ein zweiter Ziegenhainer, Johann, ist zwischen 1393 und 1406 als Domherr belegt[171]. Auf Veranlassung Werners von Falkenstein wurde auch Werner von der Leyen aufgenommen[172].

Erzbischof Otto bezeugte 1428 die acht Ahnen seines Neffen Georg von Hohenlohe[173]. Ein Erfolg von dessen Bemühen ist jedoch nicht erkennbar, wozu möglicherweise auch die Streitigkeiten Ottos mit dem Kapitel beitrugen. Nach seinem Tod, während der längeren Wirren und in der kurzen Regierungszeit Rabans von Helmstadt lassen sich starke Einflußnahmen des Erzbischofs ebenfalls nicht fassen. Für den von außen ins Erzstift gekommene Raban war es auch wohl schwieriger, sich durchzusetzen. Sicher gilt jedoch für Jakob von Sierck wieder eine aktive Pfründenpolitik. Jakob hat sich 1442 von Papst Eugen das Verleihungsrecht für ein geistliches Benefiz und vier Dignitäten an Dom- und Kollegiatstiften verleihen lassen[174]. Es ist wohl kein Zufall, daß gerade sein Bruder Philipp im selben Jahr Dompropst wurde[175] und zeugt für die starke Stellung des

---

166 Vgl. Personenliste. Hier kann auch das Alter eine Rolle spielen.
167 Vgl. ebda.
168 Vgl. ebda.; VR 6 Nr. 189 v. 1389 XI 13. Von Ruprecht und Siegmund erhielt Werner das Recht der Ersten Bitte (vgl. oben zum Königtum, S. 32).
169 VR 6 Nr. 540; *Goerz,* Regesten, S. 123.
170 Vgl. Personenliste.
171 Vgl. ebda.
172 *Goerz,* Regesten, S. 123 u. LHAKO Abt. 1 D Nr. 4417, S. 489–500.
173 *Goerz,* Regesten, S. 158 v. 1428 XII 31.
174 LHAKO Abt. 1 A Nr. 8070 v. 1442 IV 9.
175 Vgl. Personenliste.

Erzbischofs, der natürlich über genügend Anhang unter den Domherren verfügte. Im Zusammenhang mit den mehrfach angesprochenen Auseinandersetzungen mit einer Kapitelsopposition, die auch zu Pfründenentzug für Friedrich von Sötern und Egid von Kerpen führten, wurde dem Erzbischof vom Kapitel am 26. April 1446 auf drei Jahre die Befugnis erteilt, nicht durch Tod erledigte Pfründen zu besetzen[176]. Daß Jakob aufsässigen Kapitularen ihre Pfründen entzogen und sie an ihm genehme Personen vergeben habe, wird auch in den Gesta Trevirorum betont[177]. Am 31. Mai 1446 nominierte er Friedrich Meynefelder als Scholaster[178]. Mit Johann von Finstingen wurde 1447 der Sohn seiner Schwester Schennette Domherr[179]. Der Erzbischof setzte 1450 dann das einige Jahre zuvor beschlossene Statut[180] einer Begrenzung des Kapitels auf sechzehn Mitglieder gerade für den vom Kardinal Johannes Carjaval providierten Sigmund Wecker von Bitsch außer Kraft[181] und scheute deswegen eine längere Auseinandersetzung mit opponierenden Domherren nicht[182]. Dies dürfte mit der zuvor erfolgten Heirat seiner Nichte Elisabeth mit Hannemann von Zweibrücken-Bitsch zusammenhängen[183]. Arnold von Rollingen, seit 1455 als Domherr belegt[184], ist der Sohn einer weiteren Schwester des Erzbischofs[185]. Der 1455 als Domherr bezeugte Friedrich von Leiningen, Sohn Rudolfs und der Agnes von Zweibrücken-Bitsch, ist der Bruder des Hannemann, der Adelheid von Sierck heiratete[186]. Eine zumindest indirekte Einflußnahme Jakobs darf in all diesen Fällen angenommen werden.

Die Erzbischöfe hatten – wie die Ausführungen gezeigt haben – ein sichtbares Interesse an der Vergabe von Kapitelsstellen. Sie setzten ihre Position dazu ein, um ihren Verwandten oder Günstlingen zu Kanonikaten oder Dignitäten zu verhelfen. Zwar waren ihre rechtlichen Möglichkeiten dabei begrenzt, durch Supp-

---

176 *Goerz,* Regesten, S. 183; *Bastgen,* Domkapitel, S. 76; vgl. auch *Schmidt,* Quellen 2, Nr. 1947; LHAKO Abt. 1 D Nr. 1048; BATR Abt. 9,5 Nr. 2 u. 3. Hier ist auch davon die Rede, daß sich Jakob für Gerlach von Isenburg eingesetzt habe. Auch hier sind wohl enge Beziehungen zur Sierckschen Familienpolitik gegeben. Wenig später (1446 XII 21) stellt Gerlach Herr von Isenburg eine Urkunde wegen der Verheiratung seines Sohnes Gerlach (des Domherrn, der später tatsächlich heiratete) mit Hildegard von Sierck aus (LHAKO Abt. 54 S Nr. 1180). Vgl. bereits LHAKO Abt. 1 D Nr. 1171 v. 1443 V 21.
177 Gesta Trevirorum 2, S. 331; *Zenz,* Taten der Trierer 6, S. 29.
178 *Kreglinger,* Analyse, S. 153 Nr. 1254; *Goerz,* Regesten, S. 184. Vgl. auch RepGerm 6.
179 Vgl. *Goerz,* Regesten, S. 186. Er erhielt die Präbende des Egid von Kerpen durch den EB. Zur Verwandtschaft Johanns zum EB vgl. Angaben in Personenliste.
180 *Blattau,* Stat. syn., Nr. 56, S. 274 v. 1445 XII 22.
181 *Kreglinger,* Analyse, Nr. 1343, S. 161; *Goerz,* Regesten, S. 191 v. 1450 XII 21.
182 Vgl. *Lager,* Jakob von Sirk (TA 5), S. 7 f.
183 Vgl. *Möller,* Stamm-Tafeln 3, Tafel CXXI.
184 Vgl. Personenliste.
185 *Möller,* Stamm-Tafeln 3; Tafel CIII.
186 Vgl. Personenliste (Teil 2); von 1446 II 7 datiert ein Schreiben Jakobs v. Sierck an Friedrich von Leiningen, den Scholaster von Straßburg und Domkanoniker in Trier. Offensichtlich hatte sich Jakob für dessen Aufnahme ins Kapitel eingesetzt (LHAKO Abt. 1 C Nr. 16205 fol. 58; LHAKO Abt. 1 D Nr. 1067).

liken an den Papst konnten sie sich jedoch einen Einfluß auf die Vergabe von Kapitelsstellen sichern und ihnen nahestehende Personen in ihren Ambitionen unterstützen. Zu berücksichtigen ist weiterhin, daß wohl in der Regel eine dem Erzbischof nahestehende Partei im Kapitel vorhanden war, die seine Absichten beförderte. Im Herkunftsgebiet der Trierer Domherren sind Veränderungen festzustellen, die zum Teil auch in einer Relation zu der unterschiedlichen Orientierung der Erzbischöfe stehen[186a]. So ist es auffallend, daß zur Zeit Balduins viele Luxemburger Geschlechter im Kapitel vertreten sind und zur Zeit der Erzbischöfe aus dem Hause Falkenstein eine deutliche Repräsentanz gerade der Familien aus der Wetterau zu bemerken ist. Freilich muß vor einer Überbewertung erzbischöflichen Einflusses auf die Pfründenvergabe gewarnt werden. Der hartnäckige und zum Teil erfolgreiche Widerstand des Kapitels gegen Eingriffe von außen ist hierfür ein Argument.

4. Besondere persönliche Kontakte

Über die auf seine Veranlassung ins Kapitel gelangten, ihm – zumindest zu diesem Zeitpunkt – freundlich gesinnten Personen bot sich dem Erzbischof Gelegenheit, auf das Verhalten des Kapitels einzuwirken. Bindungen von Domherren an ihn mußten für ihn auf jeden Fall von Vorteil sein. Sie wurden verstärkt durch von ihm verliehene Stellungen, die auch auf ein besonderes Vertrauensverhältnis hindeuten. Wichtig sind hier neben den bereits genannten Offizialen die erzbischöflichen Kapläne, zu denen auf Grund eines päpstlichen Privilegs zwei Mitglieder des Kapitels bestimmt werden konnten[187]. Sie waren von der Residenzpflicht befreit[188], erhielten aber ihre Einkünfte[189].

Die Belege für eine solche Funktion von Domherren sind allerdings nicht allzu häufig. Das Versprechen, das 1399 dem als Koadjutor vorgesehenen Bischof Friedrich von Utrecht abverlangt wurde, macht deutlich, daß dem Domkapitel recht wenig an der Vergabe dieser Stellung an Kapitelsmitglieder gelegen war; gefordert wird, daß nach dem Tod der zwei Kapläne, die Erzbischof Werner nunmehr im Kapitel habe, künftig nicht mehr als ein Kaplan, der im Dienst des Erzbischofs stehe und ständig bei ihm sei, aus dem Kapitel genommen werden solle[190]. Werner von Falkenstein beharrte auf seinem Recht auf zwei Kapläne, wie er im

---

186a Vgl. Teil 2.
187 Vgl. *Bastgen,* Domkapitel, S. 156 f., auch mit einigen Belegen.
188 Vgl. hierzu auch das Indult von Clemens VI. für Balduin; VR 3 Nr. 853 v. 1350 V 13.
189 Vgl. ebda; *Bastgen,* Domkapitel, S. 156 f.; MRR 3 Nr. 1725; *Johann Jacob Blattau,* Statuta synodalia, ordinationes et mandata archidioecesis Trevirensis, Bd. 2, Trier 1844, Nr. 95, S. 428. Im Kompromiß zwischen Balduin und dem Kapitel vom 14. März 1328 ist von einer Zahlung von jährlich 10 lib. durch den Vizepastor von St. Gangolf für den erzbischöflichen Kaplan die Rede. (LHAKO Abt. 1 D Nr. 333 u. 4413, S. 865–871.)
190 BATR Abt. 40,3 Nr. 1.

Zusammenhang mit der Einsetzung Ottos von Ziegenhain deutlich machte[191].
Auch Jakob von Sierck betonte die alte Gewohnheit bei der Ernennung seines
Bruders Philipp[192]. Bei den Domherren, die insgesamt als erzbischöfliche Kapläne
nachzuweisen sind, lassen sich auch enge Bindungen anderer Art zum Erzbischof
feststellen[193].

Erzbischöfliche Kapläne aus dem Kapitel*	Belegt als Domherr:
Kuno (v. Noviant)**	ca. 1189–1228***
Dietrich, Kaplan	1220–1251
Simon v. Franchirmont	1227–1256
Rudolf Losse****	1346–1364
Dietrich v. Güls	1371–1385
Friedrich v. Stein	1409
Otto v. Ziegenhain	1406–1418
Johann v. Lewenstein	1429–1452
Philipp v. Sierck	1411–1492
Johann Beyer v. Boppard	1438–1476

* Vgl. Personenliste mit Belegen.
** MRUB 3 Nr. 15, 75, 265, 315, 420.
*** Vgl. *Pixton*, Dietrich von Wied, S. 69 Anm. 106.
**** *Stengel*, Nova Alamanniae, Nr. 691 u. ö.

Domherren fungierten weiterhin als zeitweilige Stellvertreter und Bevollmächtigte des Erzbischofs. Als Generalvikar[194], für Fälle, in denen der Erzbischof als Richter entscheiden sollte, aber durch anderweitige Inanspruchnahme gehindert wurde, für auswärtige Gesandtschaften und Verhandlungen etwa an der Kurie wurden solche Personen beauftragt, die sicher sein besonderes Vertrauen genossen. Dies zeigen Personen wie der Cantor Kuno, Simon von Franchirmont, Boemund von Warsberg und Werner von Montabaur, Johannes de Bruaco und

---

191 *Goerz*, Regesten, S. 132; LHAKO Abt. 1 D Nr. 850 v. 1409 III 8.
192 LHAKO Abt. 1 D Nr. 1056; *Goerz*, Regesten, S. 183.
193 Simon v. Franchirmont u. Rudolf Losse sind Offiziale, Dietrich v. Güls wird auf Betreiben des EB Kanoniker, Otto v. Ziegenhain ist Verwandter des EB, Philipp v. Sierck ein Bruder.
194 So Robert von Warsberg für die Romfahrt Balduins (*Stengel*, Nova Alamanniae, Nr. 77 v. 1310 IX 15). Weiterhin der Kanoniker v. St. Simeon Magister Heinrich Busschardi und der Offizial bzw. dessen Nachfolger 1313. Die Tätigkeit der drei meist gemeinsam urkundenden „vicarii generales in spiritualibus" zog sich bis 1317 hin (vgl. *Michel*, Gerichtsbarkeit, S. 31). Eine besondere Beziehung Balduins zu Robert, aber auch zu Gottfried von Rodenmacher und Arnold von Eltz geht auch daraus hervor, daß diese sich zusammen mit Balduins Bruder Heinrich für das Servitium Balduins verpflichteten (*Wampach*, UQB 7, Nr. 1140 v. 1308 II 20; VR 1 Nr. 224). Vgl. zum Generalvikar allg. *Feine*, Kirchliche Rechtsgeschichte, S. 372–375 mit weiterer Lit.

ganz besonders Boemund von Saarbrücken[195]. Abgesehen von verschiedenen Lehensreversen der Archidiakone von St. Kastor über die Burg Bischofstein[196] finden sich auch diverse Urkunden von Kanonikern, aus denen lehnrechtliche Beziehungen zwischen Domherren und Erzbischof hervorgehen: Johann von Sierck stellte so am 2. März 1325 und am 4. Juni 1332 Reverse über sein Saarburger Burglehen mit den dazugehörigen weiteren Gütern aus[197]; Domcantor Ruprecht von Saarbrücken erhielt in den fünfziger Jahren die Feste Schwarzenberg auf Lebenszeit[198]. Nach seinem Tod kam sie an den ihm verwandten Chorbischof Ruprecht von Hohenecken[199], der 1402 auch mit der Burg Ramstein bei Kordel belehnt wurde[200]. Arnold von Berwart, der Propst, erscheint 1394 als Amtmann im halben Besitz von Sommerau[201]. Teilweise gelang es dem Erzbischof, Dom-

---

195 Zu Kuno *Krüger*, Offizialat Trier, S. 61–63. 1255 III 1 Simon v. Franchirmont als v. EB eingesetzter „iudex" in einem Streit zwischen den Klöstern von Marienthal u. Himmerod (*Werveke*, Cartulaire 1, S. 61 Nr. 74; nicht in seiner Offizialatzeit); 1275 IX 19 Robert (v. Warsberg) Domdekan, Boemund (v. Warsberg) Großarchidiakon, der Abt von Sayn und der Domherr Werner, Propst v. S. Kastor/Koblenz, als v. EB ernannte Richter im Streit zwischen Stift und Stadt Wetzlar (MRR 4 Nr. 209; *Wiese-Sponheimer*, UB Wetzlar 1, Nr. 201, S. 80–82; *Schmidt*, Quellen 1, Nr. 217); für 1308 II 20 vgl. vor. Anm.; 1309 fungiert der Domdekan (Johannes de Bruaco) für den EB als Richter in der Auseinandersetzung zwischen dem Vikar von Bergen u. dem Stift Limburg (*Struck*, Klöster Lahn 1, Nr. 97 u. 99); derselbe überbringt auch für Balduin Servitiengelder (*Wampach*, UQB 7, Nr. 1276; VR 1 Nr. 292). 1327 VIII 31 ist Boemund v. Saarbrücken „nuntius" an den Papst (VR 2 Nr. 1252), ebenso 1336 XI 16 mit Rudolf Losse (VR 2 Nr. 2270); 1336 XI 12 werden er, der Ritter Symon Philippi u. Rudolf Losse zu „procuratores ac nuntios speciales" für Balduins Mainzer Angelegenheiten ernannt (*Stengel*, Nova Alamanniae, Nr. 419). Für das Provinzialkonzil fungierten Boemund, der Offizial und der Scholaster v. St. Paulin als Commissare des EB (vgl. *Blattau*, Stat. syn., Nr. 33). 1345 VI 15 gehören Boemund u. Rudolf Losse auch zu den Bevollmächtigten des EB bei den Verhandlungen im Hinblick auf den lothringischen Landfrieden. (*Goerz*, Regesten, S. 85; *Stengel*, Nova Alamanniae, Nr. 1564); Nikolaus von Pittingen (Domdekan) wird v. EB als Richter zwischen Rudolf Losse u. Johann v. Karden eingesetzt (ebda., Nr. 648, 651, 662); 1362 XII 13 wird Konrad von Spiegelberg als „nuntius" Kunos mit dem Pallium an diesen gesandt (VR 5 Nr. 59).
196 Vgl. Anm. 103 u. LHAKO Abt. 1 D Nr. 4415, S. 813–817 v. 1358 I 21.
197 LHAKO Abt. 1 A Nr. 4615, 4736; *Mötsch*, Balduineen, Nr. 725 u. 1011.
198 *Jungk*, Regesten, Nr. 1554 v. 1353 V 31; LHAKO Abt. 1 A Nr. 5715; vgl. auch *Hammerstein-Gesmold*, Urkunden, Nr. 455 u. LHAKO Abt. 1 A Nr. 5954 v. 1358 I 21. 1366 I 13 verleiht ihm Kuno wegen seiner beträchtlichen Ausgaben für die Reparatur des Schlosses das früher zu dieser Herrschaft gehörige Dorf Weiler (*Goerz*, Regesten, S. 100; *Jungk*, Regesten, Nr. 1735). 1379 X 13 wurde bestimmt, daß der Vetter Roberts, Boemund v. Saarbrücken, Herr zu Linster, die Feste erhalten sollte, falls er Ruprecht überlebe (LHAKO Abt. 54 S Nr. 8).
199 1393: LHAKO Abt. 1 C Nr. 8, S. 489 f. Nr. 764; *Hontheim*, Historia 2, Nr. 757, S. 295 f.
200 Vgl. *Johann Christian Lager*, Notizen zur Geschichte der Burg Ramstein, in: Trier. Chron. 3 (1907), S. 132. Ramstein hatte EB Balduin bereits 1310 an Dekan Johannes de Bruaco und die Domdechanei übertragen (ebda., S. 131; LHAKO Abt. 1 D Nr. 239).
201 1394 I 24: Vgl. LHAKO Abt. 1 C Nr. 8, S. 490 f. Nr. 765. Die Beziehungen Philipps von Sierck zum Erzstift stellen einen Sonderfall dar, da der EB Jakob sein Bruder war.

herren durch spezielle Treueversprechen an sich zu binden[202]. Ohne Zweifel ist für das persönliche Verhältnis der Domherren zu ihm nicht zuletzt auch die Stellung ihrer Familie von Belang gewesen.

5. Einflüsse erzbischöflicher Amts- und Banngewalt

Den Erzbischöfen stand die Gesetzgebung und Aufsicht für den Klerus ihrer Diözese zu[203]. Von daher machten sie auch mehrfach Versuche – vor allem in früherer Zeit –, auf die Zustände in der Domgeistlichkeit einzuwirken. Hierzu zählen insbesondere die Ansätze, die „vita communis" am Dom wiederherzustellen[204], wobei auf die noch 1215 erfolgte Maßnahme des Erzbischofs Theoderich von Wied hingewiesen sei[205]. Gegen die Mißstände der Benefizienpluralität, Vernachlässigung der Residenz und Fehlen des nötigen Weihegrades hat Diether von Nassau auf Grund päpstlicher Vollmacht einzuschreiten gesucht. Er schreckte dabei vor einer Konfiszierung von Einkünften nicht zurück und ließ sich auf jene Konfrontation mit den wichtigsten geistlichen Institutionen Triers ein, die zu einer Untersuchung gegen ihn durch den Papst führte[206]. Der Kardinallegat Heinrich von England bei seiner Visitation und Otto von Ziegenhain haben dann in den zwanziger Jahren des 15. Jahrhunderts auf eine Reform des Domkapitels hingewirkt. Die bereits angesprochenen Maßnahmen gegen bestehende Miß-

---

202 1329 X 13 gab Robin von Sayn, Propst zu Wetzlar, Balduin ein Hilfsversprechen gegen Heinrich von Virneburg (*Mötsch,* Balduineen, Nr. 869); 1331 IV 20 Engelbert von der Mark, Propst von St. Martin/Worms ein Gelöbnis zur Waffenhilfe (wohl ebenfalls für den Mainzer Bistumsstreit) (LHAKO Abt. 1 A Nr. 4714; *Mötsch,* Balduineen, Nr. 955); 1331 V 30 gelobte Otto von Schönburg, Erzbischof Balduin „obediens et fidelis" zu sein und dessen Geschäfte in allen Kirchen und Kapiteln, wo er bepfründet sei, zu befördern (LHAKO Abt. 1 A Nr. 4715); 1332 IV 17 schlossen Johann von Sierck und sein gleichnamiger Neffe ein Bündnis auf Lebenszeit mit Balduin (*Mötsch,* Balduineen, Nr. 1003); 1340 XII 13 leistete Dietrich Meynevelder einen Gehorsamseid (LHAKO Abt. 1 D Nr. 459; *Stengel,* Nova Alamanniae, Nr. 663); 1341 VII 6 Dietrich von Hammerstein (*Stengel,* Nova Alamanniae, Nr. 688). Auf einen entsprechenden Fall für St. Paulin aus der Zeit Balduins weist *Heyen* hin (St. Paulin, S. 105 f.). Er sieht im Bestreben Balduins, die Kapitel und ihr Personal stärker in seinen Dienst zu nehmen. Für Belege aus der Zeit Jakobs von Sierck LHAKO Abt. 1 D Nr. 1036 u. 4418, S. 149–160.
203 Vgl. *Hinschius,* Kirchenrecht 2, S. 40–46; *Feine,* Kirchliche Rechtsgeschichte, bes. S. 213–221.
204 Vgl. *Bastgen,* Domkapitel, S. 14–22. Zum Problem des gemeinsamen Lebens zur Zeit des Theoderich vgl. *Egon Boshof,* Das Erzstift Trier und seine Stellung zu Königtum und Papsttum im ausgehenden 10. Jahrhundert. Der Pontifikat des Theoderich (Studien und Vorarbeiten zur Germania Pontificia 4), Köln-Wien 1972, S. 12–17.
205 Vgl. hierzu zuletzt *Paul Brewer Pixton,* Auf Gottes Wachtturm: Ein erzbischöfliches Reformprogramm im Trier des 13. Jahrhunderts, in: Kurtrier. Jb. 17 (1977), S. 12–23.
206 Vgl. hierzu weiter unten zu den geistlichen Institutionen, S. 347 f.

stände im Kapitel führten aber zu einem heftigen Widerstand seitens der Mehrheit der Domherren und zwangen schließlich Otto zum Nachgeben[207].

Den Erzbischöfen oblag die Einberufung und Leitung von Provinzial- und Diözesankonzilien[208]. Gerade bei solchen Gelegenheiten wurden häufiger Verordnungen erlassen, die auf Reformen und Beseitigung von Mißbräuchen abzielten und auch die Interessen der Domherren berührten. Nachdem man gegen Ende der Regierungszeit Theoderichs von Wied eine Provinzialsynode abgehalten hatte und hierbei verschiedene Bestimmungen vor allem für das sittlich-religiöse Leben der Geistlichkeit getroffen worden waren[209], fand ein solches Ereignis offenbar erst wieder zur Zeit und unter Leitung des Boemund von Warsberg statt[210]. Die 1289 und 1290 verkündeten Statuten[211] wandten sich unter anderem gegen alle Regelungen der einzelnen Kollegiatkapitel, namentlich auch des Domkapitels, wegen der Vergabe vakanter Pfründen. Dies kann im Zusammenhang mit der Opposition von Domherren gegen die Aufnahme des Peter von Aspelt und Johann Gileti gesehen werden[212], zumal letzterer die Verfügungen beurkundete. Gefordert wurde weiterhin von mehrfach bepfründeten Prälaten und Klerikern die Vorlage von Dispensen, von Rektoren und Pfarrern gleich welchen Standes Residenz (bzw. Dispens) und die Priesterweihe, was eine Aktivität von Domherren in diesem Bereich ausschloß oder einschränkte. Zu betonen ist freilich, daß die Bestimmungen in beträchtlichem Maße durch das allgemeine kirchliche Recht bedingt waren, wie die Statuten in den einzelnen kirchlichen Provinzen eine starke Verwandtschaft aufweisen und römischer Einfluß unverkennbar ist[213]. Sie stellten also nicht nur eine spezielle Reaktion auf lokale Mißstände dar.

Das große Provinzialkonzil von 1310 brachte eine Vielzahl von Verordnungen, die zum Teil die Gesetzgebung des 13. Jahrhunderts wiederaufnahmen[214]. Auch hier spielte das religiöse und sittliche Leben der Kleriker eine wichtige Rolle[215], Festlegungen für die religiöse Praxis wurden getroffen[216]. Etliche Bestimmungen

---

207 Vgl. die Darstellung bei *Lager*, Otto von Ziegenhain, S. 25–34 u. die Ausführungen in den anderen Abschnitten.
208 Vgl. *Hinschius*, Kirchenrecht 2, S. 2 f. u. *Johanne Heydenreich*, Die Metropolitangewalt der Erzbischöfe von Trier bis auf Baldewin (Marburger Studien zur älteren Deutschen Geschichte, 2. Reihe, H. 5), Marburg 1938, S. 80–112.
209 *Blattau*, Stat. syn., Nr. 11, S. 32–43 v. 1238 IX 21; MRR 3 Nr. 80 mit weiteren Druckorten.
210 Vgl. für die Zeit Heinrichs von Finstingen *Heydenreich* (wie Anm. 208), S. 110, Anm. 193.
211 *Blattau*, Stat. syn., Nr. 23, S. 57–62.
212 Vgl. MGH SS XXIV (Gesta Treverorum), S. 471 f. Vgl. in diesem Zusammenhang auch *Langlois*, Reg. Nicolas IV, Nr. 963 v. 1289 V 23.
213 Vgl. *Heydenreich* (wie Anm. 208), S. 107 f.; *Feine*, Kirchliche Rechtsgeschichte, S. 365.
214 *Blattau*, Stat. syn., Nr. 25, S. 63–155; *Heydenreich* (wie Anm. 208), S. 112.
215 Beispiele: Cap. IX, XVI, XCIII (Tonsur); Cap. XI, LII (Gelage); Cap. XIII, LXVIII (Residenz); Cap. XV, XLII (Kleidung), Cap. XIX, XLI, LIV (weltliche Beschäftigungen, Unterhalt v. Schenken, Spiel u. a.). Zu den Vikaren vgl. Cap. XII u. XXIII.
216 Cap. XXIV, LXXXIV (Kanonische Stunden); CXII f., CVII–CIX (Beichte); XVII, LXX (Sakramente).

bezogen sich auf die Regelung des Nachlasses[217]; ferner wurden Vorschriften über Inkorporation und Veräußerung kirchlicher Güter erlassen[218]. Bemerkenswert im Zusammenhang mit dem Provinzialkonzil ist aber die Tatsache, daß Erzbischof Balduin die Bestimmungen für die Domkanoniker soweit zurücknahm, als diese für sie einen Verlust von Einkünften aus Pfarrkirchen bedeuteten oder andere Strafen wegen der Pfarrkirchen damit verbunden waren[219]. Anscheinend war ihm damals an einem guten Verhältnis zum Kapitel gelegen. Auch das Gnadenjahr wurde den Domherren zugestanden[219a].

Die Statuten von 1337 und der Folgezeit sind gegenüber denen von 1310 weniger umfassend und brachten keine wesentlichen Änderungen[220]. Ein großes Konzil fand erst wieder unter Erzbischof Otto im 15. Jahrhundert statt[221]. In den Statuten wandte man sich gegen Ketzer wie Wiklif und Hus, traf neue Festlegungen über die kanonischen Stunden, verbot in scharfer Form den Klerikern den Umgang mit Konkubinen[222], hielt – vor allem die Prälaten – zu einer dem geistlichen Stande entsprechenden Lebenshaltung an[223], untersagte die Zulassung von Quaestoren ohne bischöfliche Erlaubnis und erließ Verordnungen gegen Mißbräuche bei der Beichte. Im übrigen wurden die Statuten Balduins bestätigt. Ob die Bestimmungen und die in diesem Zusammenhang versuchten Reformen tatsächlich als entscheidender Grund für die späteren Auseinandersetzungen Ottos mit dem Kapitel angesehen werden können[224], wie es der Bericht der Gesta Treverorum nahelegt[225], muß bezweifelt werden[226]. Hier spielten vielmehr auch wirtschaftliche Motive eine bedeutende Rolle[227].

---

217 Cap. XIV, XLIV f., LXXI–LXXVI. Das Gnadenjahr („annus gratiae") wurde verboten (Cap. XXXI). Cap. L u. LII f. beziehen sich auf Exequien und Anniversare.
218 Vgl. Cap. XVIII, XXVIII, CII. Für Aussagen über die Rechtsstellung der Geistlichkeit gegenüber Laien vgl. die Ausführungen zur Stadt.
219 LHAKO Abt. 1 D Nr. 238 u. 4413, S. 221 f. v. 1310 VI 27.
219a *Goerz*, Regesten, S. 65; LHAKO Abt. 1 D Nr. 240 v. 1310 VIII 18.
220 *Blattau*, Stat. syn., Nr. 27, S. 156–160 v. 1337 V 22; Nr. 28, S. 161–163 v. 1338 IV 8; Nr. 30, S. 166–168 v. 1338 IV 8; Nr. 31, S. 168–171 v. 1338 VIII 31, Nr. 32 S. 171 f. v. 1338; Nr. 33 S. 172 f. v. 1338 VIII 31; Nr. 35 S. 180–184 v. 1339 VI 1; Nr. 37 S. 188–190 v. 1341 VIII 15. Es erfolgte allerdings der strenge Hinweis auf Einhaltung der Constitution „Execrabilis" wegen Benefizienpluralität (S. 162).
221 Vgl. ebda., Nr. 48, S. 222–234.
222 Daß hier auch die Domkapitulare nicht immer Zurückhaltung übten, läßt sich belegen: In der Volleiste von 1363/64 erscheint „Katrine des proistz mynne van Sent Pauline" (*Kentenich*, Trierer Stadtrechnungen, S. 33), also des Domherrn Robert v. Saarbrücken, Bruder von Erzbischof Boemund. Auch Arnold von Hohenecken hatte eine uneheliche Tochter (vgl. *Holbach*, Inventar).
223 Vgl. *Blattau*, Stat. syn., Nr. 48, S. 229; *Lager*, Otto von Ziegenhain, S. 26.
224 So *Hontheim*, Historia 2, S. 367.
225 Gesta Trevirorum 2, S. 313–315.
226 Vgl. auch *Lager*, Otto von Ziegenhain, S. 23 f.
227 Dies zeigen die gegen den Erzbischof erhobenen Klagen (LHAKO Abt. 1 C Nr. 16202). Hier werden ihm unter anderem vorgeworfen: seine Zollpolitik; sein Verbot, Getreide

Die Provinzialstatuten insgesamt können sicherlich als Indiz für das Bemühen der Erzbischöfe gelten, auf die Zustände in der Geistlichkeit einzuwirken. Der durch die Bestimmungen gesetzten Norm entsprach freilich nicht die Wirklichkeit. Zumindest für das Domkapitel ist kaum eine praktische Veränderung durch Reformversuche festzustellen[228]. Die ständige Wiederholung verschiedener Bestimmungen auf den Provinzialkonzilien deutet auch darauf hin, daß laufend Übertretungen vorkamen. Die Erzbischöfe haben zwar über die Konzilien Verordnungen erlassen, insgesamt aber an den Zuständen wenig geändert; vor einem Konflikt mit dem mächtigen Domkapitel schreckten sie zudem wohl zum Teil zurück, wie die genannte Ausnahmeregelung Balduins für das Domkapitel von 1310 beweist. Die Gewohnheiten des Kapitels und der Domherren wurden so wenig beeinflußt.

Ebenso wie die Domherren in verschiedenen Fällen dem Erzbischof ihre Zustimmung gaben, wirkte auch dieser durch seinen Konsens bei Angelegenheiten des Kapitels mit[229]. Teilweise geschah dies jedoch auf Initiative der Kano-

---

aus dem Maifeld (Domkapitelsbesitz: Polch, Ochtendung, Thür, Mendig) auf dem Andernacher Markt zu verkaufen; Übergriffe zum Schaden des Kapitels gegen dessen Leute in Welschbillig, Newel, Gilzem, Möhn, Wawern und Koenen, insbesondere Versuche, sie zum Verkauf von Naturalien unter Wert zu seinen Gunsten zu zwingen; die ungerechtfertigte Erhebung von Subsidien und Abgaben gegen die Hussiten; die Vertreibung der Juden ohne Konsens des Kapitels und Aneignung ihrer Pfänder im Wert von 60 000 fl., ohne dem Domkapitel hiervon etwas zuzuteilen. Es geht aber auch um Eingriffe in die Jurisdiktion und anderes.

228 Der Versuch Diethers von Nassau, gegen Mißstände vorzugehen, hatte eine Beschwerde des Domkapitels und anderer geistlicher Institutionen zur Folge (vgl. *Sauerland*, Dieter von Nassau, S. 28–36); der erwähnte Reformversuch des Kardinallegaten Heinrich und Erzbischof Ottos in den zwanziger Jahren des 15. Jahrhunderts scheiterte ebenfalls.

229 Seinen Konsens oder sein Siegel gab der Erzbischof auch für einzelne Domherren: Nach 1221 beurkundete EB Theoderich von Wied eine Schenkung des Domherrn Gottfried von Berg (MRUB 3 Nr. 262); 1227 IX 14 bestätigte ders. die Stiftung seines Kaplans, des Domherrn Cuno, an die Liebfrauenkirche (MRUB 3 Nr. 315; MRR 2 Nr. 1817); 1234 IV des Theoderich v. Ulmen an St. Thomas (MRR 2 Nr. 2113; MRUB 3 Nr. 501); 1237 beurkundete er einen Tausch, an dem ders. Domherr beteiligt war (MRR 3 Nr. 38; MRUB 3 Nr. 603); 1241 besiegelte er das Testament des Domcantors Cuno (*Goerz*, Regesten, S. 43; MRUB 3 Nr. 723); 1330 VI 23: EB Balduin bestätigt die Dotation des Kreuzaltars im Dom durch die Testamentsexekutoren des Gottfried von Rodenmacher (*Goerz*, Regesten, S. 73); 1367 II 11 ratifizierte Kuno von Falkenstein das Testament des Robert von Saarbrücken (*Goerz*, Regesten, S. 101); 1379 V 1 stimmte er dem Verkauf einer Rente durch die Abtei Echternach an den Domherrn Robert v. Saarbrücken zu (*Wampach*, UQB 8, Nr. 561); 1379 XI 3 bestätigte EB Kuno das Testament des Arnold v. Saarbrücken (*Goerz*, Regesten, S. 114). Das Einverständnis des Erzbischofs bei testamentarischen Verfügungen wurde auch wohl deshalb eingeholt, weil man sich gegen etwaige Ansprüche von seiner Seite (Spolienrecht) absichern wollte (vgl. die weiteren Ausführungen).

niker, die an einer stärkeren Absicherung interessiert waren[230]. Eine Bestätigung von Statuten durch den Erzbischof erfolgte mehrfach im 15. Jahrhundert[231]. Ein anscheinend regelmäßiger Konsens findet sich bei der Besetzung der Propstei[232]. Im Jahre 1443 wurde Jakob von Sierck auch um seine Zustimmung zur Wahl des neuen Dekans ersucht[233]. Sein Einverständnis gab der Erzbischof insbesondere ebenso wie das Kapitel für ihn bei Besitzveränderungen. Bei Tausch, Käufen und

---

230 Am 8. April 1247 während der Belagerung von Thuron wurde Arnold von Isenburg aufgefordert, das auf dem Generalkapitel beschlossene Statut wegen der Residenz von Dekan, Scholaster, Cantor und anderer Inhaber von Ämtern zu bestätigen. Dabei wurde die unverhüllte Drohung ausgesprochen, bei Nichterfüllung dieses Anliegens den Gottesdienst einzustellen (MRUB 3 Nr. 902; *Blattau*, Stat. syn., Nr. 13, S. 45 f.; MRR 3 Nr. 537 f.).

231 Vorher finden sich keine weiteren Belege. Vgl. hierzu u. zum folgenden auch *Bastgen*, Domkapitel, S. 195–198. 1428 wurden die Kapitelsbeschlüsse durch Otto von Ziegenhain approbiert (*Blattau*, Stat. syn., Nr. 51, S. 242–245; *Goerz*, Regesten, S. 158 von 1428 XII 29). Hier waren längerfristige Auseinandersetzungen vorausgegangen. Am 22. Dezember 1445 gab Jakob von Sierck seinen Konsens zur Begrenzung des Kapitels auf 16 Kapitulare (*Blattau*, Stat. syn., Nr. 56, S. 274; *Goerz*, Regesten, S. 183), am 9. September 1449 zu den von den Domherren festgelegten Statuten (*Blattau*, Stat. syn., Nr. 57, S. 275–279; *Schmidt*, Quellen 2, Nr. 1975). 1451 erließ der Erzbischof selbst schließlich nach voraufgegangener Visitation umfangreiche Statuten (*Blattau*, Stat. syn., Nr. 59, S. 309–329), die die erste „abgeschlossene Fassung" (*Bastgen*, Domkapitel, S. 195) darstellten und grundlegend für die späteren blieben. Jakob von Sierck begründete sein Vorgehen mit seiner „ordinaria auctoritas" und Pflicht zur Visitation. Auf Grund seines Rechtsstandpunktes nahm er es für sich in Anspruch, dem Kapitel auch ohne dessen Aufforderung solche neuen Verordnungen geben zu können, hat sie in diesem Falle freilich mit dem Einverständnis der Kanoniker erlassen (vgl. *Blattau*, Stat. syn., Nr. 59, bes. S. 328 u. *Bastgen*, Domkapitel, S. 195). Ein derartiges Vorgehen eines Erzbischofs ist allerdings nur in diesem Falle nachzuweisen. Der Reformversuch in den zwanziger Jahren hatte zwar die Unterstützung Ottos gefunden, war aber durch den Kardinallegaten erfolgt. Die anderen Beispiele zeigen, daß die Kapitelsstatuten auf dem Generalkapitel erlassen wurden (vgl. ebda., S. 197) und lediglich bisweilen um Bestätigung nachgesucht wurde.

232 Am 21. Juli 1335 bestätigte Balduin die Wahl des Johann von Zolver und befahl seine Investitur, nachdem er vom Kapitel darum gebeten worden war (*Stengel*, Nova Alamanniae, Nr. 378). Am 28. Mai 1380 erklärte Egid (Schilz) von Milberg, seine Anerkennung als Propst bei Papst und Erzbischof betreiben zu wollen (LHAKO Abt. 1 D Nr. 730; BATR Abt. 95 Nr. 311 fol. 120); am 9. Juni forderte Erzbischof Kuno von Falkenstein mögliche Gegner der Wahl zum Erscheinen auf und kündigte seine Zustimmung an (*Goerz*, Regesten, S. 114; LHAKO Abt. 1 D Nr. 735 f. u. Nr. 4417, S. 21–28). 1406 schließlich wandte sich das Kapitel an Werner von Falkenstein um „confirmatio" zur nach dem Tod des Propstes Arnold von Berwart erfolgten Wahl des Otto von Ziegenhain (LHAKO Abt. 1 D Nr. 839 v. 1406 XI 9). Daß die Mitteilung an den Erzbischof zum Zwecke der Bestätigung ein üblicher Vorgang war, zeigen weitere von Bastgen angeführte Belege aus späterer Zeit (vgl. *Bastgen*, Domkapitel, S. 126 f., Anm. 5. Bastgen nennt die 1335 erfolgte Wahl des Johann von Zolver nicht).

233 LHAKO Abt. 1 D Nr. 1023 v. 1443 IV 30. Wahl des Schilz von Kerpen nach Resignation des Heinrich von Greiffenclau.

Verkäufen[234], bei Übertragung von Patronatsrechten u. ä. ans Kapitel war er beteiligt[235]; Inkorporationen von Kirchen ins Domkapitel nahm er selbst vor[236]. Auch bei den Altären läßt sich eine Einflußnahme erkennen. Der Erzbischof weihte neue Altäre[237], sprach bei der Besetzung mit, soweit er von der Stiftung her Rechte für sich in Anspruch nehmen konnte[238], und traf Anordnungen über

---

234 Eine Einwilligung des Erzbischofs ist etwa 1251 bezeugt bei dem Tausch zwischen dem Domkapitel und Simon von Sponheim (vgl. MRUB 3 Nr. 1111 u. 1155), wobei der Konsens im Zusammenhang mit der ans Kapitel übertragenen Kirche von Reil erfolgte, weiter beim Verkauf einer Fruchtrente von St. Maximin ans Kapitel (vgl. *Goerz*, Regesten, S. 56; *Wampach*, UQB 5, Nr. 104, 106; MRR 4 Nr. 1165, 1167) und 1344 bei der Übertragung des Patronatsrechts von St. Marien an der Brücke vom Domkapitel an die Johanniter (gedruckt: *Hansen*, Geschichte Pfarreien, S. 102 f.; vgl. auch S. 99-102; STATR L 25), die dem Domkapitel gegen 700 lib. ihren Hof in Wawern mit dazugehörigen Besitzungen überließen (vgl. hierzu auch S. 329 Anm. 80). Das Tauschgeschäft zwischen dem Domkapitel und der Kartause St. Alban 1339 (vgl. *Goerz*, Regesten, S. 82; LHAKO Abt. 1 D Nr. 439 u. 4413, S. 713-718) und 1389 (ebda. Nr. 765 u. 4417, S. 301-305) besiegelte der Erzbischof. Als Lehnsherr stimmte er 1380 dem Verkauf von einem Anteil von Kobern durch Arnold von Pittingen und Dagstuhl ans Domstift zu (*Goerz*, Regesten, S. 114).

235 Vgl. das Überlassen von Präsentations- oder Patronatrechten ans Domkapitel 1218/19 durch Dompropst Konrad für St. Marien an der Brücke (Bestätigung durch EB); durch St. Marien ad martyres in Gondorf, St. Matthias für St. Gervasius, Kl. Mettlach für Piesport, St. Maximin für Remich (vgl. MRUB 3 Nr. 98, 108, 113-113c; *Wampach*, UQB 2, Nr. 117; *Goerz*, Regesten, S. 34; *Hansen*, Geschichte Pfarreien, S. 132; MRR 2 Nr. 1413 f., 1423, 1437); 1254 III Abtei Echternach in Ettelbrück (MRR 3 Nr. 1015; MRUB 3 Nr. 1190; *Wampach*, UQB 3, Nr. 136).

236 Beispiele für Inkorporationen durch den EB: 1200 Perl u. Ochtendung ans Refektorium (MRUB 2 Nr. 181; MRR 2 Nr. 897; *Günther*, Cod. dipl. 2, Nr. 1, S. 67-69); 1254 VIII 5 dem Refektorium Schillingen (MRUB 3 Nr. 1264; MRR 3 Nr. 1138); 1302 V 1 Bestätigung (BATR Abt. 95 Nr. 311 fol. 171); 1303 VIII 22 Lenningen (*Goerz*, Regesten, S. 63); 1310 VI 30 Viviers, Mairy, Ediger an Propstei (*Wampach*, UQB 7, Nr. 1302); 1353 I 17 Eich an Domfabrik (*Schmidt*, Quellen 1, Nr. 914).

237 So 1121 X 23 den Nikolausaltar (*Goerz*, Regesten, S. 15); 1196 V 1 den Hochaltar, 1196 XII 7 den Helenaaltar (*Goerz*, Regesten, S. 27); Vor 1340 VI 14 läßt der EB den allerdings von ihm selbst gestifteten Georgaltar weihen (*Goerz*, Regesten, S. 82; *Holzer*, De proepiscopis, S. 34; LHAKO Abt. 1 D Nr. 454; BATR Abt. 14,2 Nr. 19). Vom Weihbischof wird 1320 IV 2 der Matthiasaltar geweiht (VR 1 Nr. 544; *Kreglinger*, Analyse, S. 43 Nr. 314; *Holzer*, De proepiscopis, S. 29 f.; LHAKO Abt. 1 D Nr. 291 u. 4413, S. 465 f.; BATR Abt. 95 Nr. 311 fol. 133).

238 Von 1334 bis 1340 gibt es eine längere Auseinandersetzung zwischen Erzbischof und Domcustos um die Besetzung des Erasmusaltars, die schließlich dahingehend entschieden wird, daß die durch Balduin geschehene Übertragung gelten, bei erneuten Vakanzen der Altar jedoch abwechselnd von Custos und Erzbischof übertragen werden soll. Vgl. *Goerz*, Regesten, S. 76 u. 82; LHAKO Abt. 1 D Nr. 393 f., 457 f. u. 4415, S. 57-59; Abt. 1 A Nr. 5026; BATR Abt. 14,2 Nr. 17 u. Abt. 95 Nr. 311 fol. 221. Der Georgaltar ist ebenfalls v. EB gestiftet, der sich die Collation vorbehält (vgl. vor. Anm. u. *Goerz*, Regesten, S. 73 v. 1329 XI 26). 1359 V 22 wird der Altar etwa an Albert v. Saponguez, den Offizial des EB, übertragen (vgl. Anm. 151).

den Gottesdienst[239]. Eine Beteiligung an der Verwaltung der Heiligtümer wurde 1450 Jakob von Sierck dadurch gegeben, daß er einen Schlüssel erhielt, vier weitere an Mitglieder des Kapitels verliehen wurden[240]. Für die Kirchenfabrik scheinen die Erzbischöfe zumindest vorübergehend ein Mitspracherecht gefordert zu haben, wie die Wahlabmachung des Kapitels von 1286 beweist, in der eine gegenteilige Erklärung des zukünftigen Erzbischofs verlangt wird[241].

Der Erzbischof fungierte nicht zuletzt als Richter und Vermittlungsinstanz bei strittigen Angelegenheiten im Kapitel und zwischen dem Kapitel und anderen Personen oder Institutionen. 1250 beauftragte Arnold von Isenburg den Abt von St. Matthias mit der Untersuchung der an ihn gelangten Klage des Kapitels gegen die Subdiakone und den Scholaster[242]; 1283 und 1284 lud Heinrich von Finstingen junge Domherren vor, die sich Übergriffe gegen Kapitulare erlaubt hatten[243]. Im Jahre 1321 übertrugen die Kanoniker die Entscheidung über eine vor längerem getroffene „ordinatio de prebendis", gegen die der Propst opponierte, an Balduin von Luxemburg[244]; 1333 fungierten verschiedene Personen als von diesem eingesetzte „inquisitores et compromissarii" bei einem Streit zwischen Domkapitel und St. Matthias über Güter und Rechte in Franzenheim[245]. In der Auseinandersetzung zwischen den Kanonikern Egid von Milberg und Dietrich von Daun und ihren Anhängern fällte der Erzbischof 1346 ein Urteil[246]. Boemund wurde 1354 bei Streitigkeiten um vakante Pfründen als Compromissar bestellt, wobei jedoch ausdrücklich aus seiner Entscheidung kein Präjudiz für später erwachsen sollte[247]; 1356 gab er in der ihm vom Kapitel und Dietrich von Daun übertragenen Entscheidung wegen der Mißhandlung des Herbrand von Differdingen durch Dietrich

---

239 Vgl. Gesta Trevirorum 2, S. 292–295; LHAKO Abt. 1 D Nr. 620 u. 4416, S. 345–351. EB Cuno bezieht sich auf Anordnungen und Schenkungen seines Vorgängers Boemund an den Nikolaus-, Agneten-, Georg- und Dreifaltigkeitsaltar. Die Kapläne von Nikolaus- und Georgaltar sollen sich gegenseitig unterstützen und abwechselnd Dienst tun, ebenso die von Agneten- und Dreifaltigkeitsaltar, da an den einen Altären täglich, an den andern weniger oft Messen zu lesen seien. Regelungen werden über die Verteilung der Einkünfte nach dieser Neuordnung getroffen.
240 *Rudolph*, Quellen, Nr. 140. Vgl. auch die Ausführungen zu Stadt u. Domgeistlichkeit. 1449 im Statut des Kapitels ist nur von vier Schlüsseln für Kapitelsmitglieder die Rede (*Blattau*, Stat. syn., Nr. 57, S. 275–279). Vgl. auch *Lager*, Jakob von Sirk, TA 5 (1900), S. 8.
241 MRR 4 Nr. 1349 v. 1286 V 31 (= LHAKO Abt. 1 D Nr. 159).
242 MRUB 3 Nr. 1062, MRR 3 Nr. 801 v. 1250 VII 10.
243 MRR 4 Nr. 1076 u. 1114 f.; *Wampach*, UQB 5, Nr. 67 u. 81 f.
244 LHAKO Abt. 1 D Nr. 295 u. 4413, S. 637–639 v. 1321 II 4.
245 LHAKO Abt. 210 Nr. 253–256 u. Abt. 1 D Nr. 383 v. 1333 II 21.
246 LHAKO Abt. 1 D Nr. 495 v. 1345 IX 18 u. Nr. 497 v. 1346 III 20. Bereits früher hatte es Auseinandersetzungen Dietrichs mit Dompropst Johann von Zolver bzw. den Johannitern gegeben, die vor den EB kamen (*Mötsch*, Balduineen, Nr. 1227 u. 1322; *Holbach*, Domherr).
247 LHAKO Abt. 1 D Nr. 557 f. u. 4415 S. 769–779. Zur Entscheidung des EB vgl. *Lamprecht*, Wirtschaftsleben 3, Nr. 192, S. 226 f.

die Sache an seinen Bruder und zwei andere Personen weiter, da er sich zur Zeit nicht selbst darum kümmern könne[248]. Im Jahre 1384 sollte Kuno von Falkenstein über die Differenzen im Kapitel wegen vakanter Pensionen befinden[249]. Im Jahre 1440 appellierte Friedrich Meynfelder im Streit mit seinem Mitkanoniker Heinrich von Rheineck an Jakob von Sierck[250], 1442 wollte man den Streit um die Zulassung des Konrad von Rüdesheim zu einer Dompräbende vor dem Erzbischof zum Austrag bringen[251]. Dem Erzbischof kam also gerade im Falle von Streitigkeiten eine wichtige Rolle zu, ihm als kirchlichem und weltlichem Oberhaupt von Diözese und Stift wurde häufiger die Entscheidung übertragen.

Insgesamt ist festzuhalten, daß die gewiß vorhandene Autonomie des Kapitels und sein den Erzbischof beschränkendes Mitspracherecht nicht überbetont werden dürfen, wie es durch eine auf diese Gesichtspunkte orientierte Domkapitelsforschung nahegelegt wird. Die umgekehrte Einflußnahme des Erzbischofs auf das Kapitel und eine wechselseitige Abhängigkeit sind zu beachten. Dies ist auch nicht – trotz mancher Versuche, die eigene Stellung zu wahren und sich besser durchzusetzen – als Zeichen für eine ständige Konkurrenz von Erzbischof und Domkapitel zu deuten; vielmehr muß häufig das Interesse gesehen werden, den eigenen Entscheidungen durch die Mitwirkung des anderen größere Geltung zu verleihen.

6. Beziehungen im wirtschaftlichen Bereich[252]

Zwischen Erzbischof, Kapitel und einzelnen Domherren fanden verschiedene Besitzveränderungen statt. Die vorhandenen Belege[253] verdeutlichen, daß vor

---

248 *Goerz*, Regesten, S. 92; LHAKO Abt. 1 D Nr. 567.
249 LHAKO Abt. 1 D Nr. 755 u. 4417, S. 165–170. Zum Propsteistreit 1382 s. o. S. 268.
250 LHAKO Abt. 1 D Nr. 1002.
251 LHAKO Abt. 1 D Nr. 1015 u. 1017 f.
252 Auf das bei Güterveräußerungen wichtige Konsensrecht sei hier nur noch einmal hingewiesen. Auf Stiftungen, die ebenfalls für den zu behandelnden Aspekt wichtig sind, zu gegenseitigen Verpflichtungen und auch Streitigkeiten führen konnten, soll im folgenden noch eingegangen werden.
253 Transaktionen zwischen EB und Kapitel: Johann verpfändete als Erwählter dem Kapitel für die Beschaffung der Palliumsgelder die Höfe Pfalzel, Ehrang und Kordel (MRUB 2 Nr. 103 v. 1190). Das Kapitel verpachtete seinen Hof Bulzingen an den Erzbischof Arnold; der Nachfolger Heinrich stellte das Anwesen zurück (MRR 3 Nr. 1690; *Goerz*, Regesten, S. 50 v. 1261 V 2). Nach Aussage Arnolds von Isenburg hatte ihm auch das Kapitel die Einkünfte des Domhospitals „pro quadam quantitate pecunie" überlassen (MRUB 3 Nr. 1407 v. 1257 VII 28). Ein Tausch zwischen Kapitel u. EB ist für 1317 überliefert. Balduin soll die Rechte an der Mühle am Herrenbrünnchen erhalten (die gleichwohl in der Folgezeit noch bei Pensionsverteilungen erscheint); den Domherren hat er zwei Teile des Zehnten in Osburg und ein Haus bzw. eine Scheune oder ein entsprechendes zum Bau geeignetes Grundstück zu überlassen (LHAKO Abt. 1 A Nr. 4518, 1 D Nr. 4413, S. 573–575; *Mötsch*, Balduineen, Nr. 494; BATR Abt. 91 Nr. 135 fol. 112 f.). Transaktionen zwischen EB u. einzelnen Domherren: Die im Zusammenhang mit den Ausein-

allem im 15. Jahrhundert die Erzbischöfe gezwungen waren, Einkünfte zu verpfänden, um sich aus momentanen Geldverlegenheiten zu helfen. Es handelt sich dabei um recht beträchtliche Summen. Die Verschuldung des Erzstifts war auch gegenüber anderen Kapitalgebern ziemlich groß, wie aus den gerade für diesen Zeitraum häufig überlieferten Konsensen des Kapitels für Verpfändungen her-

---

andersetzungen zwischen Arnold v. Isenburg u. Anhängern u. einer Gegenpartei erfolgte Verpfändung von Burg Saarburg durch EB u. Kapitel an den unterlegenen Kandidaten Rudolf v. d. Brücke kann als Abfindung gelten und stellt wohl einen Sonderfall dar (vgl. hierzu MRUB 3 Nr. 755 v. 1242 X 4). Robin von Isenburg hatte zusammen mit Vater und Bruder 500 Pf. Heller Schulden bei Balduin (*Mötsch*, Balduineen, Nr. 974 v. 1331 VIII 16). 1339 XII 21 verkauft der Domkanoniker Nikolaus von Weiskirchen an Erzbischof Balduin seinen Hof „Durrebach" beim „castrum" Schwarzenberg in der Pfarrei Hasborn für 150 lib. kl. Turnosen (ebda., Nr. 1439; LHAKO Abt. 1 A Nr. 1557). 1350 VII 5 quittiert Balduin dem Dietrich von Daun den Erhalt von 500 Malter Korn, wobei jedoch nicht ausgesagt wird, aus welchem Grund ihm der Domherr die vier unmittelbar vorausgehenden Jahre hindurch jeweils 125 Malter schuldete (*Goerz*, Regesten, S. 88; LHAKO Abt. 1 D Nr. 3630; vgl. auch *Holbach*, Domherr). 1356 III 8 überläßt Boemund mit Consens des Kapitels dem Domdekan Nikolaus von Pittingen und Custos Ludolph von Holfels 40 trier. Pfund aus dem Trierer Zoll gegen 1000 Pfund gleicher Währung (LHAKO Abt. 1 A Nr. 5835; 1 D Nr. 565). 1414 VIII 4 verkauft Erzbischof Werner gegen 5000 schwere rheinische Gulden den Testamentsexekutoren des Domdechants Gerlach von Limburg seinen Anteil am Sestergeld von Trier, den die Exekutoren dann an das Kapitel übertragen. Das Kapitel verspricht 1415 I 15 hierfür den acht Vikaren am Hochaltar jährlich 24 rhein. Gulden Zins zu zahlen für eine Messe, die sie und ihre Nachfolger täglich am Hochaltar lesen sollen (vgl. hierzu *Rudolph*, Quellen, Nr. 110; *Goerz*, Regesten, S. 139; *Kreglinger*, Analyse, S. 128 Nr. 1034; LHAKO Abt. 1 A Nr. 4159 u. 1 D Nr. 4418, S. 217–224; BATR Abt. 11,2 Nr. 1). 1421 VII 9 erklärt der Erzbischof Otto, daß ihm die Testamentsexekutoren weitere 500 Gulden auf das von Werner verkaufte Sestergeld geliehen haben und dieses nunmehr mit 5500 Gulden einzulösen sei (*Goerz*, Regesten, S. 149; LHAKO Abt. 1 C Nr. 10, S. 428 f. Nr. 516). 1423 XII 27 erneute Bestätigung (*Goerz*, Regesten, S. 153; LHAKO Abt. 1 D Nr. 882 u. 4418, S. 361–364; 1 C Nr. 10, S. 191 f. Nr. 237). Einen Tag später Verkauf von 212 Gulden Jahrzins aus dem Engerser Zoll an die Testamentsexekutoren des Arnold von Hohenecken gegen 5300 Gulden (*Goerz*, Regesten, S. 153; LHAKO Abt. 1 D Nr. 4418, S. 365–372 u. 1 C Nr. 10, S. 481 f. Nr. 575; zum Testament Arnolds *Holbach*, Inventar). Auch dieser Zins ist ans Domkapitel gelangt, wie die Erklärung des Johann van Valender, Zollschreiber Ottos in Engers, besagt, der dem Domkapitel schwört, die 212 Gulden zu zahlen, solange er seine Funktion innehat (LHAKO Abt. 1 D Nr. 905 u. 4418, S. 605-607 v. 1429 V 10; vgl. auch LHAKO Abt. 1 D Nr. 1024 u. 1029 v. 1443). Dem Jakob von Sierck, damals noch Scholaster, schuldete Erzbischof Raban 17600 rhein. Gulden und überließ ihm hierfür die Hälfte des Zolls von Boppard (LHAKO Abt. 1 D Nr. 975 f.). 1440 I 6, selbst Erzbischof, stellte Jakob dem Kapitel einen Revers über die vom Archidiakon Adam Foil von Irmtraut als Pensionär überlassenen Domkapitelshöfe Nunkirchen u. Wahlen aus und versprach nach dem Tod des Adam Rückstellung (BATR Abt. 95 Nr. 311 fol. 63'); 1445 X 16 erklärte Jakob, an Conrad v. Braunsberg u. Friedrich Meynfelder 80 rhein. Gulden jährl. Rente für 2000 rhein. Gulden verkauft zu haben (LHAKO Abt. 1 D Nr. 1055; *Goerz*, Regesten, S. 182 f.).

vorgeht[254]. In den Wahlkapitulationen finden sich so auch Bestimmungen, die das Mitspracherecht des Kapitels bei derartigen Vorgängen hervorheben[255].

Eine Verpflichtung des Erzbischofs anderer Art waren die sogenannten „stationes", die für die Teilnehmer aus den Stiftskapiteln bei den an bestimmten Festtagen stattfindenden Prozessionen und Stationen gedacht waren. Hierüber gab es zur Zeit von Arnold von Isenburg Auseinandersetzungen[256]. Dabei warf das Kapitel dem Erzbischof vor, die Zahlung fünfzehn Jahre nicht geleistet zu haben[257]. Arnold wurde durch das päpstliche Urteil zum Nachgeben gezwungen. In den Wahlabmachungen von 1286 legte das Kapitel fest, daß jeder künftige Erzbischof die entsprechenden Summen zugestehen müsse[258]; Diether von Nassau erklärte sich hierzu 1303 bereit[259]. Zwischen Balduin und dem Kapitel kam es am 14. März 1328 nach Streitigkeiten zu einer Einigung, durch die der Erzbischof von der vorherigen Verpflichtung entbunden wurde[260].

Umgekehrt versuchten auch die Erzbischöfe, sich Einnahmen vom Klerus ihrer Diözese, z. T. auch den Domherren, zu verschaffen und zu erhalten[261]. Bei den Pensionsverteilungen erscheinen sie mehrfach als Nutznießer[262]. Gefordert von ihnen wurden im Zusammenhang mit Send bzw. Visitation stehende Abgaben, das aus der Zehntquart entwickelte „cathedraticum"[263], zu dessen Verwaltung das Kapitel seine Zustimmung gab[264], und die „procurationes", die aus ursprünglich für die Unterkunft und Verpflegung des Erzbischofs aufzuwendenden Naturalleistungen in Geldzahlungen umgewandelt wurden[265]. Nach einer Urkunde von 1339 hat das Domkapitel zuvor 40 lib. Trev. zu letzterem Zweck an Balduin gezahlt[266].

---

254 Siehe oben Anm. 78. Zum Finanzgebaren der Erzbischöfe vgl. auch *Lamprecht*, Wirtschaftsleben 1, 2, S. 1444–1481.
255 Siehe oben S. 250.
256 Vgl. MRUB 3 Nr. 1388 u. 1407 u. 1414.
257 Was von dessen Procuratoren bestritten wurde.
258 MRR 4 Nr. 1349.
259 *Blattau*, Stat. syn., Nr. 24, S. 63. Vgl. S. 247.
260 LHAKO Abt. 1 D Nr. 333–335 u. 4413, S. 865–871. Gleichzeitig erfolgte eine Einigung über St. Gangolf.
261 Auf die Vergabe von erzstiftischen Gütern an Kapitelsangehörige und hierdurch bedingte Einkünfte soll nicht erneut eingegangen werden, vgl. S. 273.
262 Vgl. LHAKO Abt. 1 D Nr. 289, 292, 311, 361, 4260.
263 Für Trier hatte Papst Hadrian IV. Erzbischof Hillin diese Abgabe bestätigt (*Blattau*, Stat. syn., Nr. 4, S. 7 f.; *Günther*, Cod. dipl. 1, Nr. 164, S. 355 f.; MRUB 1 Nr. 592).
264 Vgl. *Bastgen*, Domkapitel, S. 259; MRUB 3 Nr. 63 v. 1217 III 10.
265 Vgl. zu beiden Einkünften *Feine*, Kirchliche Rechtsgeschichte, S. 377 f.
266 LHAKO Abt. 1 D Nr. 440 v. 1339 VI 15. Wenige Jahre später gestattete Papst Clemens VI. Balduin, die Visitationen auch durch andere Personen durchführen zu lassen und die „procurationes" in barem Geld zu empfangen (*Blattau*, Stat. syn., Nr. 38, S. 190 f.). Für Clemens V. VR 1 Nr. 233 v. 1308 III 30.

Für die Erhebung von Beisteuern wie der Subsidien bedurfte der Erzbischof der Zustimmung des Kapitels[267]. Otto von Ziegenhain wurde zu Beginn seiner Regierungszeit von den Domherren gestattet, der Diözese ein Subsidium caritativum aufzuerlegen, die Kanoniker und Benefiziaten am Dom wurden dann am 20. April 1419 von der Zahlung losgesprochen[268]. Im Jahre 1421 beurkundete der Erzbischof, daß das Kapitel freiwillig Gelder für das Subsidium gegen die Hussiten gegeben und gestattet habe, von seinen Leuten in den Dörfern und Gerichten „volleist zu heischen". Ausdrücklich wird aber darauf hingewiesen, daß der Erzbischof hieraus keine Rechte für die Zukunft ableiten dürfe[269]. Zu Streitigkeiten kam es dann nach erneuten Subsidienforderungen im Jahre 1427 ohne die Zustimmung des Kapitels. Der Trierer Domherr Dietrich von Oberstein appellierte deswegen, Jakob von Sierck, Nikolaus von Brucken und Johann von Greiffenclau schlossen sich an[270]. Darüber hinaus gab es auch aus anderen Gründen – so wegen das Kapitel wirtschaftlich schädigender Übergriffe des Erzbischofs – Differenzen[271]. Die Kapitulation von 1430 nahm – wie erwähnt – auf diese Subsidienforderung Bezug.

Zu den umstrittenen Maßnahmen gehörten hauptsächlich die Einschränkung der Testierfreiheit des Klerus, insbesondere die Aneignung der Habe von Verstorbenen (Spolienrecht[272]), sowie das Einziehen der Einkünfte von vakanten Benefizien. In der Beschwerde der Trierer Stifte gegen den Erzbischof von 1257 wird Arnold von Isenburg aufgefordert, auf die Erträge von vakanten Benefizien zu verzichten, die er lange Zeit ohne Grund für sich vereinnahmt habe[273]. Das Urteil des päpstlichen Kommissars Hugo von St. Sabina machte dem Erzbischof zur Auflage, künftig von seiner Gewohnheit abzulassen, wenn er nicht innerhalb von fünfzehn Tagen entsprechende Indulte des apostolischen Stuhls vorweisen könne, die Ausführung letztwilliger Verfügungen von verstorbenen Klerikern zu

---

267 Vgl. *Bastgen,* Domkapitel, S. 259; ferner die Ausführungen zu den Wahlkapitulationen. Daß es schon früh wegen der nur mit eigener Zustimmung möglichen Veranlagung zu Abgaben Querelen gab, zeigen die Streitigkeiten von Arnold von Isenburg mit den Stiften; in der Beschwerde heißt es, daß er „graves admodum tallias et exactiones indebitas" dem Klerus auferlegt habe, was durch den Schiedsspruch des päpstlichen Kommissars untersagt wird (MRUB 3 Nr. 1407 v. 1257 VII 28).
268 Vgl. LHAKO Abt. 1 D Nr. 869; BATR Abt. 95 Nr. 314, S. 124 f. v. 1419 IV 20.
269 Vgl. LHAKO Abt. 1 D Nr. 877; 1 C Nr. 10, S. 77 Nr. 108b; BATR Abt. 95 Nr. 314, S. 126–128 v. 1421 VII 10.
270 Vgl. LHAKO Abt. 1 D Nr. 4418, S. 461–464; BATR Abt. 95 Nr. 314, S. 198–201. Die Appellation Dietrichs erfolgte am 2. 3., der Anschluß der anderen genannten Personen am 24. 3. Vgl. hierzu auch *Lager,* Otto von Ziegenhain, S. 23 f. Lager datiert mit *Günther* (Cod. dipl. 4, S. 205 Note 2) wohl zu Recht auf 1426/27. Die Belege enthalten nicht, wie in dieser Zeit bereits üblich, den Hinweis auf den Trierer Stil, ferner wird das 10. Pontifikatsjahr Papst Martins angegeben.
271 Zum Reformversuch vgl. oben, bes. auch Anm. 227 zu den wirtschaftlichen Motiven.
272 Vgl. allg. *Feine,* Kirchliche Rechtsgeschichte, S. 191 f. mit weiterer Lit.
273 MRUB 3 Nr. 1388 v. 1257 II 10.

gestatten und nicht deren Güter zu okkupieren[274]. Bei seinem Einlenken gestand Arnold dem Klerus Testierfreiheit zu, versprach, keine Güter von Verstorbenen zu besetzen und kündigte an, für die von ihm beanspruchten Einkünfte aus der Karenzzeit eine päpstliche gratia „super fructibus ecclesiasticis unius anni percipiendis" vorzuweisen oder keine Kirche und kirchliche Person weiter damit zu behelligen[275].

Das Provinzialkonzil unter Boemund in den achtziger Jahren des 13. Jahrhunderts nahm zur Testamentsausführung Stellung und ermahnte die Exekutoren, betonte aber wieder ausdrücklich das vom Papst speziell verliehene Recht[276] auf die Einkünfte eines Jahres aus allen vakanten Pfründen in Stadt und Diözese und befahl den Landdekanen, alle in Frage kommenden Benefizien dem Erzbischof oder dem Offizial anzuzeigen[277]. Erzbischof Diether versprach in seiner Einigung mit dem Kapitel im Jahre 1303, sich keine Güter von ohne Testament verstorbenen Kanonikern und den Benefiziaten am Dom anzueignen[278]. Balduin von Luxemburg verbot auf dem Provinzialkonzil von 1310 – wie bereits Theoderich 1238 – wegen vieler Mißbräuche die Gewohnheit des „annus gratiae", gestand aber für das Mobilvermögen die Testierfreiheit zu[279]. Daß dem Domkapitel eine Sonderstellung eingeräumt wurde, zeigt die wenig später erfolgte, bereits erwähnte Aufhebung von Bestimmungen, die zu seinem Nachteil waren[280]; vor allem wurde ihm auch das Gnadenjahr gestattet[281]. In den Kapitelsstatuten von 1338 wurde die Praxis des „annus gratiae" für die residierenden Kanoniker als „consuetudo" der Domkirche bezeichnet und eine interne Regelung hierzu getroffen[282]. Testamente des 13. und 14. Jahrhunderts zeigen deutlich, daß das Gnadenjahr von den Domherren tatsächlich in Anspruch genommen wurde und daß diese eine – wenn auch vielleicht eingeschränkte – Testierfreiheit besaßen[283].

---

274 MRUB 3 Nr. 1407 v. 1257 VII 28; *Blattau,* Stat. syn., Nr. 16, S. 49–51; 1253 VII 12 hatte freilich der Papst Arnold gestattet, daß er die Einkünfte der Präbenden „usque ad triennium semel vacantium per annum recipiat" (MGH Epp. saec. XIII, 3 Nr. 220); 1255 sein Nachfolger erneut (*Bourel de la Roncière* u. a., Reg. Alexandre IV, Nr. 665).
275 MRUB 3 Nr. 1414 v. 1257 IX 5; *Blattau,* Stat. syn., Nr. 17, S. 51 f. Heinrich von Finstingen erhielt wie Arnold 1260 VIII 20 die Erlaubnis zum Einziehen der Einkünfte aus vakanten Pfründen (MRR 3 Nr. 1635).
276 Vgl. hierzu auch *Langlois,* Reg. Nicolas IV, Nr. 956 v. 1389 V 23.
277 *Blattau,* Stat. syn., Nr. 23, S. 57–62, S. 60 u. 62.
278 *Blattau,* Stat. syn., Nr. 24, S. 62 f.
279 *Blattau,* Stat. syn., Nr. 25, S. 63–155, Cap. XXXI u. LXXVI; *Heyen,* St. Paulin, S. 167.
280 Vgl. oben S. 276.
281 *Goerz,* Regesten, S. 65; LHAKO Abt. 1 A Nr. 287 u. 1 D Nr. 240 u. 4413, S. 233. Auch für St. Kastor/Koblenz, Münstermaifeld u. St. Paulin wurde eine Sonderregelung getroffen (vgl. *Heyen,* St. Paulin, S. 165).
282 *Blattau,* Stat. syn., Nr. 34, S. 173–180, S. 179 f.
283 Vgl. hierzu auch *Bastgen,* Domkapitel, S. 97–99. Beleg für „annus gratiae": 1246 IV 17 Conrad v. Rheineck an Maria-Magdalenen-Kapelle in seinem Haus in Trier (MRUB 3 Nr. 861; MRR 3 Nr. 475); 1253 X 19 Elyas v. Eltz an Gobelo Pingui (MRUB 3 Nr. 1221; MRR 3 Nr. 1070); 1256 IV 29 Th. Scholaster an Kapitel (MRUB 3 Nr. 1342; MRR 3

Aus den Festlegungen zur Zeit Werners von Falkenstein läßt sich ersehen, daß es in diesem Bereich auch nach der Zeit Balduins noch Differenzen gab, möglicherweise unter Boemund II. und Kuno eine rückläufige Bewegung stattfand[284] und weiterhin der Erzbischof auf Einkünfte im Zusammenhang mit dem Tod eines Pfründeninhabers nicht verzichten wollte. In einer Urkunde vom 28. Mai 1397 beseitigte Bonifaz IX. auf Bitte des Erzbischofs, des Trierer Kapitels und der Geistlichkeit der Diözese zwar die alte, als „coruptela" bezeichnete Gewohnheit, daß der Erzbischof sich bei allen Gütern von verstorbenen Pfründeninhabern in der Stadt und Diözese einschalten, sie an sich nehmen und zu seinem Nutzen verwenden könne; als Ersatz wurden ihm jedoch unbeschadet der Rechte der Camera apostolica die „fructus primi anni" der Benefizien zugestanden[285]. Erzbischof Werner verzichtete auch wenig später gänzlich auf das Spolienrecht, wie es von seinen Vorgängern gehandhabt worden sei, und gestand mit der Auflage einer Zahlung an die Kirchenfabrik[286] jedem Kleriker das volle Verfügungsrecht über seinen Besitz zu[287].

Das Kapitel war sicherlich an dieser Regelung in besonderem Maße interessiert, da es nicht nur an den vorherigen Verhandlungen beteiligt war, sondern ihm auch bei Nichtbeachtung der Vorschrift, die künftig von jedem Erzbischof bei Amtsantritt beschworen werden sollte, das Recht der Steuerverweigerung und des Widerstandes zuerkannt wurde. Bereits bei Aufnahme ins Kapitel sollten die Kanoniker auf diese Bestimmung einen Eid leisten. Dies deutet auf ein Bestreben nach möglichst großer Absicherung und eine wohl vorher von den Erzbischöfen zum Nachteil ihres Klerus geübte Praxis hin. Der Verzicht Werners ist sicherlich vor dem Hintergrund der zuvor erfolgten Übertragung der Einkünfte des ersten Jahres zu sehen. Auch hatten die Kleriker als Gegenleistung jeweils

---

Nr. 1292); 1276 VI 30 Dietrich v. Kempenich halb an Kapitel, halb an Prediger (MRR 4 Nr. 321; LHAKO Abt. 1 D Nr. 137); 1296 VI 16 Luther von Eltz an Kapitel (MRR 4 Nr. 2535; LHAKO Abt. 1 D Nr. 183). Zu den Schwierigkeiten einer Interpretation des Verhältnisses von Testierfreiheit und Spolienrecht *Heyen,* St. Paulin, S. 166 f.

284 Vgl. ebda., S. 167. Offenbar war man auch daran interessiert, die Zustimmung des Erzbischofs zu gewinnen, um sich gegen dessen Forderungen abzusichern (vgl. die erzbischöflichen Bestätigungen für die Testamente von Robert u. Arnold v. Saarbrücken: LHAKO Abt. 1 D Nr. 610 u. 4416, S. 257 f.; *Goerz,* Regesten, S. 101 u. 114).

285 VR 6 Nr. 960 (= LHAKO Abt. 1 A Nr. 6710).

286 1402 III 11 wird gerade diese Bestimmung noch einmal interpretiert. Der Kleriker, der einen Altar, eine Kaplanei oder eine andere Pfründe innehat, soll seine Schenkung nicht an die Fabrik der Kirche, zu der diese Pfründe gehört, sondern an die Pfründe selbst richten (vgl. *Blattau,* Stat. syn., Nr. 47, S. 221 f.; *Goerz,* Regesten, S. 127; *Schmidt,* Quellen 2, Nr. 1588).

287 Sofern kein Testament vorhanden sei, sollten nach Zahlung der genannten Beiträge die rechtmäßigen Erben die Nutznießer sein. *Hontheim,* Historia 2, Nr. 764, S. 303–308; *Blattau,* Stat. syn., Nr. 45, S. 206–213; *Struck,* Klöster Lahn 1, Nr. 780; *Goerz,* Regesten, S. 125; *Schmidt,* Quellen 1, Nr. 1547; vgl. auch *Nicolaus Steffens,* Dissertatio inauguralis de testamento clerici Trevirensis, Trier 1751, S. 7–12; *Heyen,* St. Paulin, S. 167 f.

am 3. November das Anniversar aller verstorbenen Erzbischöfe der trierischen Kirche zu begehen. Die Streitigkeiten um den Klerikernachlaß wurden damit nicht unvorteilhaft für den Erzbischof gelöst. In den Wahlkapitulationen der Folgezeit kehren die Testierfreiheit und das Verbot der Beschlagnahmung von Gütern ohne Testament Verstorbener wieder[288].

Insgesamt zeigt sich, daß das Kapitel und die Domherren – wie auch im rechtlichen Bereich – für ihren Besitz nach Möglichkeit Eingriffe von außen durch den Erzbischof ausschalten wollten. Hierbei kam es immer wieder zu Differenzen, die freilich nicht darüber hinwegtäuschen dürfen, daß es auf der anderen Seite gemeinsame Interessen im Bereich von Besitz und Einkünften gab, die sich etwa bei Angriffen von Laien auf die eigenen Positionen äußern konnten[289].

7. Religiöse Bindungen

Der Dom, das religiöse Zentrum der Diözese, war für Erzbischof und Kapitel jenseits aller Spannungen ein gemeinsamer Zielpunkt. Vor allem an den hohen Festtagen trafen Domklerus und Erzbischof, sofern anwesend, zu gottesdienstlichen Verrichtungen zusammen[290]. Die Teilnahme des Erzbischofs an Prozessionen und Stationen ist für die frühere Zeit bezeugt, scheint jedoch wohl auf Grund anderweitiger Verpflichtungen und Interessen später nicht mehr üblich gewesen zu sein[291]. – In besonderer Weise wird die Bindung der Erzbischöfe an Dom und Domkapitel an Stiftungen deutlich[292]. Gerade in der älteren Zeit sind viele Schenkungen an die Dom- bzw. die zeitweise für den Domgottesdienst

---

288 Vgl. oben zu den Kapitulationen, S. 249 ff.
289 Vgl. o. S. 66 ff. und u. S. 350.
290 Vgl. *Kurzeja,* Liber ordinarius: O-Antiphonen im Advent (S. 87); Mitternachtsstatio am Heiligabend nach Liebfrauen mit feierlichem Amt durch EB (S. 92 u. 443); Palmenweihe (S. 267 f.); Palmprozession (S. 274); Karfreitagsvesper mit Ablaßerteilung durch EB (S. 136); Osternacht mit feierlichem Pontifikaleinzug (S. 146); Osterhochamt (S. 280 f.). Spende einer „propinatio solemnis" durch den EB an: Christi Himmelfahrt (S. 155) u. am Kirchweihfest St. Peter (S. 284 f.).
291 In den älteren Zeiten haben die Erzbischöfe wohl regelmäßig auch an den Stationsfeiern in den Trierer Kirchen teilgenommen. Im Jahre 975 erhielt EB Theoderich v. Papst das Recht, zu den Stationsfeiern auf einem mit Purpur geschmückten Pferd zu reiten (vgl. ebda., S. 290). Auch bei Bittprozessionen kann wohl für die frühere Zeit von einer Teilnahme des EB ausgegangen werden (S. 312). An der Bannprozession hat der EB im 11. Jahrhundert noch teilgenommen, wenn auch wohl nicht regelmäßig, nach 1300 wohl kaum mehr (S. 322 Anm. 1473).
292 Stiftungen an EB u. Erzstift: 1273 IX 11 Heinrich v. Bolanden, Archidiakon v. Karden, Burg Bischofstein (MRR 3 Nr. 2851; *Goerz,* Regesten, S. 52; *Hontheim,* Historia 1, Nr. 547, S. 802 f.; LHAKO Abt. 1 A Nr. 427); 1296 VI 16 Luther v. Eltz an EB „cingulum meliorem" (LHAKO Abt. 1 D Nr. 183); 1330 I 29 Eberhard v. Massu, Propst v. St. Simeon, providiert für Dompropstei, erläßt EB 100 lib. Hall. Schulden (LHAKO Abt. 215 Nr. 273); 1343 I 28 Johann Jakelonis, Dekan/St. Simeon, Pfründner/Liebfrauen, Hafervorräte an Balduin und Schuldforderung über 45 lib. gr. Tur. gegenüber Heinrich v. Sponheim,

zuständige Liebfrauenkirche[293] und die Kanoniker durch entsprechende Verfügungen der Erzbischöfe gelangt. Erzbischof Ruotbert restaurierte und dotierte die Marienkirche[294], Egbert stattete das Kapitel mit Nunkirchen aus[295]. Poppo übertrug der Marienkirche Güter in der Umgebung Triers, dem Domkapitel schenkte er für seine Memorie den Hof Kühr an der Mosel[296]. Erzbischof Eberhard überließ ihm 1061 für sein Anniversar das Oratorium St. Matthiae beim „Bruderhof", ausgestattet mit Land in Euren und Kirche und Zehntem in Minheim[297]. Udo übermachte dem Marien- und Domstift Grundbesitz in „Brucinga"[298] und dem Domkapitel die „pensio civitatis"[299], Egilbert dem Kapitel Oberperl[300]. Bruno stiftete sein Anniversar durch ein Gut in Lehmen[301]; dem von ihm 1121 geweihten Nikolausaltar schenkte er 1122 den Zoll von Gondorf[302]. Albero dotierte für sein Anniversar das Domkapitel mit Thür und Mendig[303].

Propst/Marienstift Aachen (LHAKO Abt. 215 Nr. 416 f.; *Stengel,* Nova Alamanniae, Nr. 733); 1360 I 21 Ludolf v. Hollenfels, Thesaurar, 50 lib. Trev. (LHAKO Abt. 1 D Nr. 587); 1380 II 19 Robert v. Saarbrücken, Dompropst, 400 fl. Mog. „pro defensione ipsius ecclesie Treverensis" (LHAKO Abt. 1 D Nr. 722 u. 4416, S. 849–869); 1417 XII 20 Eberhard v. Eppelborn „marca argenti", damit EB Ausführung des Testaments gestattet oder verteidigt (LHAKO Abt. 1 D Nr. 864); 1418 VIII 7 ders. 2 „marcas argenti" mit selber Auflage (ebda., BATR Abt. 91 Nr. 127 fol. 2).

293 Für die Stiftungen speziell an die Liebfrauenkirche und die Kleriker dort gibt das Jahrzeitbuch von Liebfrauen Auskünfte (LHAKO Abt. 206 Nr. 102): I 22: Balduin; Boemund hat für sein Anniversar 20 sol. Zins gegeben (vgl. für Balduin auch VIII 31). II 10: Boemund II.; Anniversar mit Vigilien, Messe, „Commendatio", Glockengeläut; 1 lib. Trev. von Gütern in Euren an anwesende Präbendaten zu verteilen; Boemund hat ihnen 40 lib. für Zins gegeben zu seinem und Balduins Anniversar (vgl. zu Boemund auch XI 14). III 22: Theoderich; hat 10 sol. gegeben; muß der Dompropst von Gütern in Ediger zahlen (vgl. auch V 9). V 1: Cuno; für das Anniversar 10 fl. Mog. gestiftet zum Kauf von 40 sol. Zins aus ihrer Küsterei. XI 3: Arnold; 3 sol. Zins aus einem Haus in der Dietrichgasse.
294 MRUB 1 Nr. 198 v. 955 IX 9.
295 NLBH Ms. XVIII, 1006, fol. 46: Der „pensionarius" hat 40 sol. zu geben, Kerzen zu stellen und für eine „propinatio" zu sorgen. Zum Anniversar vgl. auch fol. 61.
296 Den er ausdrücklich den Kanonikern und nicht dem Propst unterstellte und dessen Einkünfte für das Refektorium verwendet werden sollten. MRUB 1 Nr. 325 f.; *Günther,* Cod. dipl. 1, Nr. 49 f., S. 118–124; MRR 1 Nr. 1304–1306; *Goerz,* Regesten, S. 9; An der Vigil von Fronleichnam war eine „propinatio" durch den Vikar, der seine Kurie bewohnte, zu halten (NLBH Ms. XVIII, 1006, fol. 30').
297 MRUB 1 Nr. 354 v. 1061 IX 3; *Goerz,* Regesten, S. 10; Anniv. im April, zur Verteilung 23 sol., 1 Ohm Wein und 1 Malter Getreide (NLBH Ms. XVIII, 1006, fol. 19').
298 MRUB 1 Nr. 376; 2 Nr. 420 u. MRR 1 Nr. 1463 v. 1066–1078. Der Ort ist unbekannt.
299 NLBH Ms. XVIII, 1006, fol. 55'. Der Pensionär hat 30 sol. zu geben, für Kerzen u. „propinatio" zu sorgen.
300 Ebda., fol. 45. Der Pensionär hat am Todestag im September 40 sol. zu zahlen, Kerzen zu stellen und einen Umtrunk zu veranstalten.
301 *Günther,* Cod. dipl. 1, Nr. 87, S. 182–184; MRUB 1 Nr. 431; *Goerz,* Regesten, S. 14 v. 1115.
302 *Brower-Masen,* Antiquitatum 2, S. 17; *Günther,* Cod. dipl. 1, Nr. 94, S. 193 f.; MRUB 1 Nr. 448; *Goerz,* Regesten, S. 15 v. 1121/22.
303 NLBH Ms. XVIII, 1006, fol. 3, Anniv.: Die Pensionäre geben 1 „marca" für eine „spenda"; 40 sol. werden verteilt, davon 1 sol. zum Läuten; weiterhin ist eine „propinatio" zu halten; 2 Kerzen sind zu geben von 2 Talenten Wachs.

Erzbischof Johann überließ ihm für das Refektorium die Kirchen Perl und Ochtendung; er konsekrierte eine Kapelle in seiner Kurie und gab für sie drei köln. Mk. vom Kardener Zoll an die Domherren[304]. Nach dem Präsenzgelderverzeichnis hat er auch sein Anniversar im Dom gestiftet[305]. Theoderich von Wied gründete eine Vikarie im Dom und stattete sie mit der Kirche von Wittlich aus[306], in seinem Testament hinterließ er der Dompropstei ein Gut in Ediger mit verschiedenen Auflagen, unter anderem auch 12 Pfund ans Domkapitel[307]. Darüber hinaus stiftete er bereits 1215 im Zusammenhang mit seinem Reformversuch für das gemeinsame Leben des Domklerus eine Weinrente in Güls[308]. Arnold von Isenburg erscheint im Präsenzgelderverzeichnis mit 30 sol. zur Verteilung[309]. Heinrich von Finstingen fundierte den Erasmusaltar und dotierte ihn in seinem Testament mit dem Zehnten in Altrich, jeweils einem Drittel des Zehnten in Bernkastel und Kues sowie Weinbergen in Bernkastel[310]; für sein Anniversar im Dom stiftete er zur Verteilung an Kanoniker, Priester, Glöckner und zur „propinatio" für das Refektorium insgesamt 6 lib.[311]. Für Boemund von Warsberg ist keine entsprechende Urkunde bekannt; für ihn wurde zwar zusammen mit seinen Verwandten Nikolaus von Hunolstein, Friedrich und Isenbard von Warsberg Gedächtnis gehalten[312], die Stiftung geht aber nicht auf ihn, sondern auf seinen Neffen, Dompropst Nikolaus, zurück[313]. Erzbischof Balduin errichtete und dotierte den Georgsaltar[314]. Im Präsenzgelderverzeichnis ist er sowohl mit seinem Anniversar, an dem 2 fl. zur Verteilung kamen, wie auch verschiedenen Memorien

---

304 Für Perl und Ochtendung und die Kapelle: MRUB 2 Nr. 181 u. 290; MGH SS XXIV (Gesta Treverorum), S. 396 f.; vgl. auch STATR 1179/481 4⁰ fol. 206. Vgl. ferner *Bunjes*, Denkmäler, S. 498 f. Der Erzbischof sollte den jeweiligen Priester ernennen u. investieren. Der Kapelle wurde auch die Kirche von Osburg angefügt. Ferner erhielt sie 20 sol. und Nüsse als Zinsen.
305 Vgl. NLBH Ms. XVIII, 1006, fol. 35. Propinatio. Das Kapitel zahlte an die Kanoniker von St. Simeon u. St. Paulin je 15 sol. Vgl. auch MRR 2 Nr. 1173; MGH SS XXIV S. 396.
306 MRUB 3 Nr. 183 v. 1222 V 27; ferner MRR 2 Nr. 1566; *Goerz*, Regesten, S. 35. Anniv. im März (NLBH Ms. XVIII, 1006, fol. 14') mit 6 lib. zur Verteilung. Zur Memorie dieselbe Summe (ebda., fol. 25').
307 MRR 3 Nr. 79 v. 1238 IX 5, Korrespondenzbl. d. Westdt. Zs. f. Gesch. u. Kunst 5 (1886), Sp. 268 f.
308 MRUB 3 Nr. 29; *Günther*, Cod. dipl. 2, Nr. 28, S. 114–118; *Blattau*, Stat. syn., Nr. 8, S. 11–14; *Goerz*, Regesten, S. 32; MRR 2 Nr. 1252.
309 NLBH Ms. XVIII, 1006, fol. 55': Zur Verteilung 30 sol. „quos dominus Treverensis solvit ex castro Hardenvels".
310 MRR 4 Nr. 1350 (= LHAKO Abt. 1 D Nr. 160 f.; BATR Abt. 91 Nr. 135 fol. 75 f.; Abt. 95 Nr. 311 fol. 220; Abt. 14,2 Nr. 17).
311 MRR 4 Nr. 1353 (LHAKO Abt. 1 A Nr. 11485; BATR Abt. 14,2 Nr. 17 u. Abt. 95 Nr. 311 fol. 220'; zum Anniversar auch NLBH Ms. XVIII, 1006, fol. 20').
312 Ebda., fol. 7', 46, 61'.
313 Vgl. *Toepfer*, UB Hunolstein 1, Nr. 201, S. 161–171, S. 162.
314 Vgl. *Goerz*, Regesten, S. 73 v. 1329 XI 26 u. S. 82 v. 1340 VI 14; *Holzer*, De proepiscopis, S. 34; LHAKO Abt. 1 D Nr. 454; BATR Abt. 14,2 Nr. 19.

erwähnt[315]. Eine Anniversarstiftung für ihn geht auf seinen Nachfolger Boemund zurück. Dieser überließ nach einer Urkunde vom 2. Mai 1362, also zur Zeit seiner Resignation, dem Domkapitel 325 lib. Trev. zum Zinskauf[316]. Hierfür war am 22. Januar das feierliche Jahrgedächtnis Balduins zu begehen[317]. Die Restsumme diente zu Anniversar und Memorie des Trierer Kanonikers Johannes de Fontibus[318] und Boemunds selbst, für den auch zu seinen Lebzeiten bereits eine Messe jährlich gesungen werden sollte[319]. Boemund von Saarbrücken gab auch dem Domkapitel 80 Florentiner Goldgulden, die dieses zur Verbesserung seines Hauses am Fischbach in der Nähe des Marktes verwendete. Den hierfür überlassenen Ewigzins in Höhe von vier trierischen Pfund schenkte der Erzbischof für das Seelenheil seiner Vorfahren, Vorgänger und Nachfolger wie auch des verstorbenen Scholasters Johann von Gerlfangen und dessen Vorfahren und bestimmte ihn für das Fest St. Peter in Ketten[320]. Boemund erscheint darüber hinaus mit Anniversar und Memorie mehrfach im Präsenzgelderverzeichnis[321].

---

315 Anniv. (NLBH Ms. XVIII, 1006, fol. 3' u. 70); Memorien (fol. 9', 26', 46' mit jeweils 1 1/2 Goldschild zur Verteilung).
316 LHAKO Abt. 1 D Nr. 4413, S. 97–103; BATR Abt. 95 Nr. 311 fol. 119.
317 Mit Vigilien, Verstorbenenmesse am Morgen mit angezündeten Kerzen, „commendationes" an der Tumba. Die Messe sollte am Nikolausaltar durch den Kaplan feierlich gesungen werden. Zur Verteilung 4 lib.: 56 sol. an die Kanoniker u. Vikare, 15 an die Kapläne „in inferioribus sedibus chori", an die „scolares et chorales" 3 sol., den Kaplan des Nikolausaltars 5 sol., die Küster zum Läuten 1 sol.
318 Johannes de Fontibus hatte Boemund seinerzeit Gelder – wohl mit Auflagen – überlassen (vgl. LHAKO Abt. 1 D Nr. 440).
319 Das Anniversar für Johannes de Fontibus sollte am 3. 2., die Memorie am 16. 8. begangen werden, zu beiden Gelegenheiten waren 50 sol. zu verteilen. Die Messe zu Lebzeiten Boemunds sollte als Dreifaltigkeitsmesse am ersten Werktag nach der Oktav von Peter und Paul am Hochaltar vom Kaplan des Agnetenaltars gelesen werden; nach dem Tod des EB war das Anniversar ähnlich wie das Balduins zu begehen, 5 sol. fielen hierbei jedoch nicht an den Kaplan des Nikolaus-, sondern des Agnetenaltars. Offensichtlich stammte ein Teil des geschenkten Geldes von Johannes de Fontibus, da das Kapitel erklärte, von der von ihm überlassenen Summe 5 lib. Zins aus der Domkurie Weiskirchen gekauft zu haben.
320 LHAKO Abt. 1 A Nr. 5960. Es werden auch genaue Angaben über die Verteilung gemacht. Am Fest St. Peter in Ketten 20 sol. zur ersten Vesper; für Wasserweihe vor den Matutinen und für die Ausstellung der Reliquien d. hl. Petrus bei den Matutinen 30 sol.; für das Hochamt 20 sol. zur Verteilung an die anwesenden Kanoniker und Vikare des Hochaltars; 10 sol. an die Kapläne der niederen Pfründen. Bei der zweiten Vesper soll nach der gewohnten „statio" in Liebfrauen für alle genannten und anderen Verstorbenen mit Psalm gebetet werden.
321 Anniversar (NLBH Ms. XVIII, 1006, fol. 2): 3 fl., davon 15 gr. an die „presbyteri", 5 sol. an den Kaplan des Agnetenaltars, den chorales 3 sol., zum Läuten 1 sol.; von den fl. kommen 2 aus 50 fl. „in Lacu" (Laach?), der dritte von 16 fl., die Abt und Konvent von Echternach zahlen. Die Gemeinde Schillingen hat jährlich an Mariä Lichtmeß (2. 2.) 2 Talente Wachs für das Anniversar zu geben (vgl. auch fol. 70), Memorien (ebda., fol. 10, 24', 31', 39', 62) mit jeweils 2 fl.

Dies gilt auch für Kuno von Falkenstein[322]. Die Quellenlage für die nachfolgenden Erzbischöfe ist ungünstiger[323]. Von Jakob von Sierck liegt jedoch ein umfangreiches Testament vor. Dem Dom vermachte der Erzbischof dabei einen Turnos aus dem Zoll zu Engers, allerdings mit einer Reihe von Auflagen für Zahlungen an andere geistliche Institutionen. An die Dompräsenz sollten hiervon 100 rhein. Gulden jährlich, 40 Gulden an die Liebfrauenkirche fallen[324].

Interessant für die Entwicklung des Verhältnisses der Erzbischöfe zur Domkirche und damit auch in gewisser Weise zum Kapitel erscheint die Wahl des jeweiligen Bestattungsortes. Als regelmäßige Grabstätte für die Erzbischöfe fungierte der Dom dabei erst seit dem späteren 11. Jahrhundert[325], vor allem im 12. Jahrhundert. In der Zeit des 13. bis 15. Jahrhunderts sind die Begräbnisorte unterschiedlich, wenn auch der Dom weiterhin als bevorzugte Grabkirche erscheint[326]. Anderweitige Beziehungen haben jedoch teilweise die Erzbischöfe bewogen, ihren Bestattungsort außerhalb Triers zu wählen. Für die zweite Hälfte des 14. Jahrhunderts sieht *Heyen* eine Parallele zwischen der Residenzverlagerung in den östlichen Teil des Erzstifts und der Wahl der Grabkirchen gegeben[327]. Eine gewisse, freilich naheliegende Relation scheint zwischen Grabstätte im Dom und Stiftungen der Verstorbenen an die Domkirche zu bestehen. Von den im Dom beerdigten Erzbischöfen im Untersuchungszeitraum sind für Theoderich von Wied, Heinrich von Finstingen, Balduin von Luxemburg und Boemund von Saarbrücken umfängliche Legate an die Domkirche bekannt. Von den außerhalb Beerdigten tritt lediglich Johann durch Stiftungen in stärkerem Maße hervor, Kuno von Falkenstein ist nur im Präsenzgelderverzeichnis vertreten, Anniversar und Memorie Boemunds von Warsberg gehen auf seinen Neffen zurück, für Werner von Falkenstein und Raban von Helmstadt fehlen die Belege. Wahrscheinlich spielt hierbei die Vorliebe für andere geistliche Institutionen eine entscheidende Rolle[328].

---

322 Anniversar (ebda., fol. 2) mit Verteilung von 2 fl. Mog., davon an die „presbyteri" 10 gr., aus dem Hof Brubach (vgl. auch fol. 69'); Memorie (fol. 62) mit 2 fl.
323 Das Präsenzgelderverzeichnis wurde 1399 abgefaßt.
324 Vgl. *Lager*, Jakob von Sirk, TA 5 (1900), S. 30 f.; *Goerz*, Regesten, S. 203; LHAKO Abt. 1 A Nr. 7899; 1 D Nr. 1171; BATR Abt. 95 Nr. 315, S. 297–348.
325 Vgl. *Heyen*, Grabkirchen, S. 595, auch zum folgenden. In den frühen Zeiten einer Christengemeinde in Trier war durchaus nicht der Dom die übliche Grabstätte trierischer Bischöfe. Entsprechend antiken Gepflogenheiten, die Leiber der Verstorbenen außerhalb der Stadt zu bestatten, wurden auch sie nach ihrem Tod in der Gegend der großen antiken Gräberfelder beigesetzt, wo früh die Kirchen St. Eucharius im Süden, St. Maximin u. St. Paulin im Norden entstanden.
326 Vgl. *Günther*, Grabmahle; *Löhnert*, Personal- und Amtsdaten; *Pauly*, Geschichte des Bistums Trier 2; *Heyen*, Grabkirchen.
327 Vgl. *Heyen*, Grabkirchen, S. 596.
328 Es wäre interessant, wenn über die Reaktion des Domkapitels in den Einzelfällen und das Interesse an einer Bestattung des jeweiligen Erzbischofs mehr bekannt wäre, leider geben die knappen Darstellungen in den erzählenden Quellen nur dürftige Auskünfte. Die Über-

Die Teilnahme des Erzbischofs an religiösen Veranstaltungen wie Prozessionen, eine intensive Stiftungstätigkeit und auch die Wahl der Grabstätte im Trierer Dom waren also in stärkerem Maße vor dem engeren Untersuchungszeitraum gegeben, während der Befund für das 13. bis 15. Jahrhundert recht unterschiedlich ist. Die häufige Abwesenheit und andere Engagements des Erzbischofs, aber auch der Domkanoniker, wie auch insgesamt die Schwerpunktverlagerung vom Westen in den Osten des Erzstifts trugen sicherlich nicht zu einer Intensivierung der beiderseitigen Kontakte im Dom bei. Dennoch blieben zahlreiche Bindungen im religiös-kultischen Bereich bestehen, das gemeinsame Interesse an der Domkirche führte immer wieder zusammen.

8. Verhalten in Konfliktlagen

Für die Beziehungen von Erzbischof und Domkapitel zueinander ist auch das Verhältnis zu anderen Personen und Institutionen zu beachten, insbesondere bei Konflikten. Die bereits oftmals genannten Wahlauseinandersetzungen von 1242 wurden durch die Gegensätze im Reich zwischen staufischen und antistaufischen Kräften, Interessen des Adels wie Luxemburgs und Sayns, aber auch Rivalitäten in der städtischen Bürgerschaft mitgeprägt. Bei den langen Wirren der sechziger Jahre des 13. Jahrhunderts, in denen ein wichtiger Teil des Kapitels gegen Heinrich von Finstingen stand, spielten die Bindungen von Domherren zu den Gegnern des Elekten in anderen geistlichen Institutionen Triers eine wichtige Rolle. Kurz vor dem Tod Heinrichs von Finstingen führten Kampfmaßnahmen Heinrichs von Luxemburg zu einer Vereinigung der Kräfte des Erzbischofs mit solchen in den städtischen Kirchen; mit Konsens des Domkapitels und anderer Institutionen wurde die Entrichtung des 20. Teils der Einkünfte des Jahres mit den für das Heilige Land zu zahlenden Subsidiengeldern vom Klerus gefordert[329].

In der Zeit Diethers von Nassau waren die Ereignisse im Reich, aber auch Machtkämpfe in der städtischen Oberschicht gravierend. Die Vereinbarungen und der Friedensschluß des Kapitels mit dem Erzbischof 1303 fallen erst in die Zeit, als Diether sich mit König Albrecht geeinigt und auch mit der Stadt eine Übereinkunft erzielt hatte[330]. Ein anscheinend gemeinsames Vorgehen von Erzbischof Balduin und Kapitel gab es in den zwanziger Jahren des 14. Jahrhunderts

---

führung von Leichen verschiedener außerhalb Triers verstorbener Erzbischöfe nach Trier, teils durch Domherren, teils durch den Nachfolger, deutet jedoch auf eine Intention hin, die Stellung des Doms als Grabeskirche zu erhalten. Im Falle Balduins setzte man sich über den Wunsch des Verstorbenen hinweg, in anderen Fällen wie bei Johann, Boemund und dem wohl ohnehin nicht allzu beliebten Diether respektierte man diesen.

329 *Blattau,* Stat. syn. 1, Nr. 22, S. 56 f.; *Wampach,* UQB 5, Nr. 161; MRR 4 Nr. 1328.
330 Vgl. auch *Sauerland,* Dieter von Nassau, S. 24.

gegen die Herren von Dorsweiler³³¹. Die Gefangennahme des Erzbischofs durch Loretta von Sponheim forderte eine Aktion der Kanoniker heraus: Im Juni 1328 wählte das Kapitel sechs Domherren, die für die Freiheit des Erzbischofs wirken und hierfür alles Nötige entscheiden sollten³³². Wenig später folgte der Friedensschluß mit der Gräfin³³³. Wohl im Zusammenhang mit seinen kirchenpolitischen Aktivitäten³³⁴ in Mainz schloß Balduin im Jahre 1333 ein auf fünf Jahre befristetes Bündnis mit den Stiften von Dom, St. Paulin und St. Simeon³³⁵.

Auch gegen die Versuche der Stadt zur Zeit Balduins und Kunos, die geistlichen Vorrechte zurückzudrängen, verband Erzbischof und Kapitel gemeinsames Interesse³³⁶. Ähnliches gilt für die Auseinandersetzungen mit Lothringen. 1368 ernannten so Erzbischof Kuno und das Kapitel auf der einen Seite, Herzog Johann auf der anderen Seite, Schiedsrichter für eine Vereinbarung über die Burgen und Orte, die Herzog Rudolf nach dem Vertrag von 1334 von der Kirche zu Lehen erhalten hatte³³⁷. Die Übergriffe Wenzels von Luxemburg und Brabant einige Jahre später gegen Güter des Domkapitels und der Klöster St. Maximin, St. Matthias und St. Marien ad martyres wegen Verweigerung von Subsidien und die erfolglose Anmahnung des Herzogs durch den Archidiakon Dietrich von Güls

---

331 Vgl. hierzu *Goerz*, Regesten, S. 70 v. 1323 IX 24; *Jungk*, Regesten, Nr. 1079; *Würth-Paquet*, Table 19 (1863), S. 11 Nr. 492; LHAKO Abt. 1 A Nr. 4565 f. v. X 4 u. X 7. Zu den Auseinandersetzungen vgl. auch Gesta Trevirorum 2, S. 241; *Zenz*, Taten der Trierer 5, S. 51. Über das Verhalten des Godemann von Dorsweiler, um diese Zeit wohl noch Kanoniker, ist allerdings nichts bekannt.
332 *Goerz*, Regesten, S. 72; LHAKO Abt. 1 D Nr. 336 u. 4413, S. 949 f. Vgl. *Lehmann*, Grafschaft Sponheim, S. 35 f.; *Heinrich Disselnkötter*, Gräfin Loretta von Spanheim geborene von Salm. Ein Lebens- und Zeitbild aus dem 14. Jahrhundert (Rheinisches Archiv, H. 37), Bonn 1940, S. 68 f.
333 *Günther*, Cod. dipl. 3, Nr. 155, S. 256–269; *Goerz*, Regesten, S. 72.
334 So zumindest *Heyen*, St. Paulin, S. 105.
335 *Stengel*, Nova Alamanniae, Nr. 286 f.; *Goerz*, Regesten, S. 76; LHAKO Abt. 1 D Nr. 388; zu den Belegen für St. Paulin u. St. Simeon: *Heyen*, St. Paulin, S. 105; *Mötsch*, Balduineen, Nr. 1058.
336 Vgl. die Ausführungen zu Stadt u. Domgeistlichkeit, S. 92 ff.
337 *Goerz*, Regesten, S. 103; *Herrmann*, Inventar saarländischer Betreffe, S. 190 (Tom. 412 fol. 24 r⁰ 25 v⁰); LHAKO Abt. 1 A Nr. 6195; 1 D Nr. 624 u. 4416, S. 373–378 v. 1368 X 25. 1369 IV 23 wurde die Frist verlängert (*Goerz*, Regesten, S. 103; LHAKO Abt. 1 A Nr. 6205; 1 D Nr. 626). Vgl. auch die vorherige Einigung zwischen EB Balduin und Rudolf v. Lothringen (*Goerz*, Regesten, S. 77; LHAKO Abt. 1 D Nr. 397 f. u. 4413, S. 289–302 sowie 4414, S. 317–324; Abt. 52,17 Nr. 1; BATR Abt. 95 Nr. 311 fol. 20 v. 1334 XI 13 u. 1335 II 12). Wegen Perl u. Oberleuken wird dem Domkapitel zugestanden, daß für es keine Änderung durch die Vereinbarung eintreten soll. 1371 war die Angelegenheit noch nicht geklärt, für den verstorbenen Dompropst Konrad v. Spiegelberg wurde ein neuer Schiedsrichter ernannt (*Goerz*, Regesten, S. 107 v. 1371 IX 25). Vgl. auch o. S. 64 f.

führten erneut zu einem gemeinsamen Vorgehen des Klerus[338]. Bei der bereits häufig erwähnten Stiftsfehde in den dreißiger Jahren des 15. Jahrhunderts schließlich spielten Papst und Konzil, Königtum und größere Territorien sowie der heimische Adel eine Rolle, das Verhalten der Majorität des Domkapitels zum vom Papst eingesetzten Erzbischof Raban ist wesentlich durch die jeweilige Machtkonstellation geprägt.

Die Beispiele verdeutlichen, daß die behandelten Beziehungen von Erzbischof und Kapitel jeweils vom politischen Hintergrund her einen besonderen Akzent erhalten. Beiderseitige Spannungen mit Beteiligung wichtiger anderer Kräfte konnten zu einem besonders heftigen Austrag führen, so bei den Auseinandersetzungen in den vierziger und sechziger Jahren des 13. Jahrhunderts, so auch in der Manderscheidschen Fehde. Gemeinsame Schwierigkeiten mit anderen Herrschaftsträgern führten zusammen.

9. Zusammenfassung

Zwischen Erzbischof und Domkapitel gab es eine wechselseitige Beeinflussung in unterschiedlichen Bereichen, die sich im Untersuchungszeitraum auch vor dem Hintergrund von Wandlungen in der politischen Konstellation teilweise in Intensität und Richtung änderte.

Bei der Bistumsbesetzung kamen vor allem Kandidaten zum Zuge, die zuvor und darüber hinaus meist höhere Stellungen im Kapitel innehatten, wenn auch zum Teil nur kurze Zeit. In der regionalen Herkunft lassen sich gewisse Verlagerungen feststellen, im Untersuchungszeitraum selbst entstammten die Erzbischöfe zunächst besonders Geschlechtern aus dem Westen der Trierer Kirchenprovinz, seit der zweiten Hälfte des 14. Jahrhunderts bis auf weiteres vorwiegend der Mainzer Kirchenprovinz.

Das Kapitel nutzte die ihm bei der Wahl gegebene Möglichkeit, seine Ansprüche zur Geltung zu bringen und versuchte den Erzbischof durch Auflagen zu binden, die anfänglich einen stärker devensiven Charakter hatten, später zunehmend auf den Ausbau der eigenen Rechte abzielten. Eine Einschränkung des Landesherrn bei der Verwaltung der Diözese war zumindest theoretisch durch das Konsensrecht gegeben, das dem Kapitel eine Mitsprache sicherte; einzelne Kapitelspersonen traten als Archidiakone auf Grund der damit verbundenen Befugnisse in Konkurrenz zum Erzbischof, wobei ihnen mit dem Offizialat aber ein Gegengewicht erwuchs.

Zu beobachten ist, daß die Person des jeweiligen Erzbischofs Auswirkungen auf die Zusammensetzung des Kapitels hatte, wobei in unterschiedlichem Grad ver-

---

[338] *Goerz*, Luxemb. Urk., 29 (1874), S. 363 f.; *Würth-Paquet*, Table 24,2 (1896), Nr. 720–722, 724, 726, S. 152–154; LHAKO Abt. 1 A Nr. 6301; 1 D Nr. 683 u. 4416, S. 685–706, 749–759; BATR Abt. 21 Nr. 4 und Abt. 95 Nr. 311 fol. 17 v. 1376, 1376 II 24, 1376 III 13, 1376 IV 6.

sucht wurde, Verwandten und Günstlingen zu Kanonikaten und einflußreichen Stellungen im Kapitel zu verhelfen. Aus ihrer Stellung als Oberhaupt der Diözese ergaben sich für die Erzbischöfe verschiedene Möglichkeiten, auf die Geistlichkeit und damit auch auf das Domkapitel Einfluß zu nehmen; Gewohnheiten der Domherren wurden jedoch trotz einiger Reformversuche kaum angetastet. Der Konsens des Erzbischofs wurde bei verschiedenen Gelegenheiten eingeholt, auch nahm er eine Funktion als Richter bei Streitigkeiten wahr; entscheidende Weiterungen für das Kapitel ergaben sich jedoch hieraus nicht.
Auf Grund finanzieller Verlegenheiten waren die Erzbischöfe unter anderem gezwungen, Güter und Einkünfte zu vergeben, zum Teil auch an Domherren; in den Wahlkapitulationen legte das Domkapitel in späterer Zeit auch auf eine Aufsicht über die Finanzen Wert. Auf das von den Erzbischöfen mehrfach ausgeübte Spolienrecht mußten diese verzichten, konnten sich jedoch Einkünfte aus vakanten Benefizien erhalten.
Auf dem religiösen Sektor ist eine Abnahme von Kontakten festzustellen, zum Teil wohl auch durch Residenzverlegung und Abwesenheit von Trier bedingt. Zusammenarbeit und Streitigkeiten von Erzbischof und Domherren in den behandelten Bereichen sind auch durch die jeweilige politische Situation bedingt gewesen.

III. Weitere geistliche Institutionen

1. Trierer Domherren als auswärtige Pfründeninhaber

Enge personelle Beziehungen zwischen dem Kapitel und fremden geistlichen Institutionen ergaben sich durch die Tatsache, daß seine Mitglieder neben ihrem Kanonikat am Trierer Dom weitere Pfründen besaßen. Ein Blick auf regionale Verteilung und Art der von ihnen eingenommenen Stellen an anderen Kirchen und die „geistliche Laufbahn" der Trierer Domherren – wozu auf Personenliste und Register hingewiesen sei[1] – vermag einen Eindruck über ihren Wirkungskreis zu vermitteln und Schwerpunkte und Orientierungen aufzuzeigen.

Etliche Trierer Kanoniker konnten sogar auswärtige Bischofsstühle erlangen, insbesondere in den Nachbardiözesen. Dies gilt vor allem für das Erzbistum Mainz – weit mehr als für die Trierer Suffraganbistümer –, wie auch im Zusammenhang mit dem Herkunftsgebiet der Trierer Domherren besondere Beziehungen zum Mainzer Raum festzustellen sind[1a]. Eine Betrachtung der Zugehörigkeit von Trierer Kanonikern zu anderen Domkapiteln zeigt das zu erwartende Ergebnis,

---

1 Auf den Abdruck von Listen in der ursprünglich vorgelegten Fassung wurde aus Platzgründen verzichtet.
1a Vgl. hierzu Teil 2.

daß sie ebenfalls vor allem in benachbarten Diözesen Domherrenstellen innehatten und darüber hinaus zwischen der regionalen Herkunft der einzelnen Personen und ihrer Mitgliedschaft in bestimmten Kapiteln eine Beziehung besteht. Daß unter den Trierer Suffraganbistümern Metz eine größere Bedeutung einnimmt, während Toul und Verdun weitgehend zurücktreten, kann bei dem Anteil der aus dem Raum des Westrich stammenden Trierer Domkanoniker und der besonderen Nähe von Metz zu Trier nicht überraschen. Ein Blick auf die Familienzugehörigkeit der in beiden Kapiteln bepfründeten Adeligen läßt weitgehend eine Herkunft aus dem deutsch-lothringischen Gebiet oder dem weiteren Metzer Einzugsbereich erkennen. Die Zahl der Trierer Kanoniker mit Domherrenstellen in den beiden rheinischen Erzbistümern ist aber ungleich höher. Gemäß dem von *Kisky* festgestellten „edelfreien" Charakter des Domkapitels Köln finden sich dort vor allem Angehörige von Grafen- und Freiherrengeschlechtern, zum Teil auch aus größerer Entfernung. Von den Kölner Suffraganbistümern sind besonders die westlich gelegenen Lüttich und Utrecht zu nennen. Die meisten der gleichzeitigen Trierer und Mainzer Kanoniker entstammen dem Raum um den Mittelrhein. Auch in Speyer, Worms, Straßburg, Bamberg und Würzburg sind hauptsächlich Trierer Domherren aus dem südöstlichen Einzugsbereich des Kapitels vertreten.

Bepfründet waren Trierer Domkanoniker ferner vor allem an den verschiedenen Kollegiatstiften im Erzstift Trier. Die Propstei von St. Paulin bei Trier ist im Untersuchungszeitraum bis 1388 mit Ausnahme des 1331/32 belegten Peter von Pfalzel durchgängig von Domherren besetzt, mit Otto von Ziegenhain (1413–1417), Philipp von Sierck (erstmals 1433) und den nachfolgenden Pröpsten auch im 15. Jahrhundert die überwiegende Zeit in der Hand von Kanonikern der Domkirche. In St. Simeon lassen sich zumindest im 13. Jahrhundert verschiedene bedeutendere Trierer Domkapitelsmitglieder als Stiftsherren und Inhaber von Dignitäten nachweisen, während die für das 14. Jahrhundert belegten Personen z. T. auf heftige Widerstände im Domkapitel wegen ihrer Aufnahme stießen und bei Kapitelsangelegenheiten keine Rolle spielten. Das Stift Pfalzel erscheint von untergeordneter Bedeutung. Die Tatsache, daß vier der in der Regel von Domherren besetzten Trierer Archidiakonate mit Propsteien an anderen Kirchen verbunden waren, nämlich in St. Lubentius/Dietkirchen, St. Kastor/Karden, St. Mauritius/Tholey und St. Agatha/Longuyon, stellte eine personelle Brücke zwischen diesen Institutionen und dem Trierer Kapitel her; in Karden lassen sich auch weitere Domherren als Kanoniker nachweisen. Die relativ große Anzahl von Trierer Kapitularen in St. Martin und Severus/Münstermaifeld und den beiden Koblenzer Stiften St. Kastor und St. Florin macht die hervorragende Rolle deutlich, die diesen niederstiftischen Kirchen zukam. Es ist leicht zu erkennen, daß auch hier vor allem die in der Umgebung ansässigen Adelsfamilien präsent waren. Für die Kollegiatstifte außerhalb der Trierer Diözese gilt ähnliches; in Bischofsstädten ist bisweilen gleichzeitig eine Mitgliedschaft im Domkapitel gegeben.

In der Mehrzahl der Fälle nahmen Trierer Domherren besondere Positionen

(Dignitäten) in den angesprochenen geistlichen Institutionen ein. Wie sehr die Mitglieder des Domkapitels an solchen lukrativen Stellungen interessiert waren, wird an den Wahlkapitulationen im 15. Jahrhundert deutlich, in denen davon die Rede ist, daß die Propsteien der Stifte an sie vergeben werden sollten[2]. Selbstverständlich verzichteten sie jedoch nicht auf Einkünfte auch aus geringeren Pfründen. Die zweifellos besonders unvollständigen Angaben über Trierer Domherren als Pfarreiinhaber lassen dies deutlich werden. Sie zeigen zugleich, daß die Belange der Kapitelsmitglieder durch Bestimmungen, wie sie auf Trierer Provinzialkonzilien hinsichtlich der Pfarrer getroffen wurden[2a], durchaus tangiert waren. Maßnahmen der Päpste wie Dispense oder Pfründenentzug[3] sind Belege für die Situation in diesem Bereich.

Insgesamt ist aus der Zahl und Verteilung der von den Trierer Domherren bekleideten kirchlichen Funktionen und eingenommenen Benefizien ein recht großer Wirkungskreis mit unterschiedlichen, vor allem auch herkunftsbedingten Schwerpunkten in den Kirchenprovinzen Trier, Mainz, Köln und verbunden damit ein mehr oder weniger intensiver persönlicher Kontakt zu einer Reihe von geistlichen Institutionen zu erkennen. Der Besitz mehrerer Pfründen legt aber auch die Frage nach deren Rangfolge und dem Stellenwert eines Trierer Domkanonikats innerhalb der kirchlichen Ämterlaufbahn einer Person nahe. Allerdings erschwert hier die außerordentliche Vielfalt von Institutionen, an denen Pfründen erworben wurden, und die differierende regionale und soziale Herkunft der Trierer Domherren generelle Aussagen.

Eine Rangfolge von Pfründen ergibt sich zweifellos durch das Ansehen und die Bedeutung der jeweiligen geistlichen Institution, Domkanonikate sind höher einzustufen als entsprechende Positionen an Kollegiatstiften. Wie ein Blick auf die in der Personenliste genannten biographischen Daten der einzelnen Domherren zeigt, ist die chronologische Abfolge im Erwerb der Pfründen jedoch unterschiedlich gewesen, teilweise sind spätere Trierer Kanoniker zuvor an Kollegiatstiften bezeugt[4], teilweise gelang es ihnen als Trierer Domherren, ihre Einkünfte durch den Erwerb einer lukrativen Pfründe wie der Propstei an einem Kollegiatstift

---

2 Vgl. oben S. 250; ferner MRR 4 Nr. 273 v. 1276 IV 7 (Errichtung des Kollegiatstifts Kyllburg durch EB Heinrich, der bestimmt, daß die Stiftspropstei nur einem Domherrn verliehen werden soll); *Heyen,* St. Paulin, S. 179 (Bestimmung von 1450, daß die Propstei von St. Paulin nur an einen bepfründeten Domkanoniker fallen soll).
2a Vgl. S. 275.
3 Etwa bei Johann von Zolver (vgl. S. 216).
4 Vgl. hierzu etwa die Angaben der Personenliste zu Walter von Amance, Heinrich (I.) Beyer von Boppard, Alexander von Braunshorn, Richard von Daun, Heinrich (I.) von Virneburg, Dietrich von Güls, Dietrich von Hammerstein, Konrad von Helfenstein, Johann von Nancy, Konrad von Rheineck. Hier sind wohl auch räumliche Gesichtspunkte zu beachten, vgl. Anm. 6.

zu vergrößern⁵. Die regionale Herkunft der Domherren ist insofern zu beachten, als diese häufiger zunächst in die geistlichen Institutionen ihrer Umgebung zu gelangen suchten⁶. Die Reihenfolge des Auftretens in verschiedenen Domkapiteln differiert ebenfalls, so daß sich zumindest hieraus schwerlich der Stellenwert des trierischen etwa gegenüber dem Kölner und Mainzer Domkapitel ablesen läßt⁷. Augenfällig, wenn auch nicht verwunderlich ist aber, daß der Erwerb von Kanonikaten in mehr als einem Domkapitel wie auch überhaupt einer größeren Anzahl von besser ausgestatteten Pfründen vor allem den Mitgliedern bedeutenderer Familien gelang. Der Stellenwert der einzelnen Domkapitel für sie und die Häufigkeit ihrer Residenz dort war von der regionalen Herkunft und der Orientierung ihres Geschlechts mitbedingt, maßgeblich war nicht zuletzt auch, zu welcher Stellung etwa durch den Erwerb von Dignitäten sie in den einzelnen Kapiteln gelangen konnten. Für die Domherren, die auch in anderen Domkapiteln Kanonikate besaßen, trat ihre Aktivität in Trier teilweise hinter der am anderen Ort zurück. Dagegen ist für die außer im Trierer Kapitel nur an Kollegiatkirchen – meist im Erzstift – bepfründeten Kanoniker eher das Trierer Kapitel als die hauptsächliche Wirkungsstätte anzusehen⁸.

2. Stiftungen und Testamente

Bei der folgenden Behandlung von Stiftungen und Testamenten der Geistlichen an Dom und Liebfrauen⁹ sollen zwar vor allem deren Beziehungen zu den kirchlichen Institutionen des Umlandes deutlich gemacht werden. Um einen

---

5   Vgl. hierzu die Angaben zu Heinrich (I.) Beyer von Boppard, Dietrich von Blankenheim, Heinrich von Bolanden, Johann von Kerpen, Arnold von Isenburg, Boemund von Saarbrücken, Robert von Saarbrücken, Arnold von Schleiden, Dietrich (I.) von Ulmen, Friedrich von Warsberg, Otto von Ziegenhain.
6   Vgl. etwa die Angaben zu Walter von Amance, Heinrich (I.) von Virneburg, Dietrich von Güls, Dietrich von Hammerstein, Konrad von Helfenstein, Johann von Nancy, Konrad von Rheineck. Vgl. auch die Herkunft der in folgender Anm. gen. Personen.
7   Zuerst in Trier belegt: Dietrich Beyer v. Boppard, Heinrich (I.) Beyer v. Boppard, Werner von Bolanden, Thilmann (I.) von Hagen, Kuno Raugraf, Arnold von Saarbrücken, Philipp (III.) von Sierck, Gottfried von Sponheim. Zuerst in Köln oder Mainz belegt: Johann von Kleve, Kuno von Falkenstein, Johann v. Virneburg, Robert v. Virneburg, Johannes de Fontibus, Raban von Helmstadt, Engelbert von der Mark, Ernst von Rennenberg, Johann von Sponheim, Heinrich von Sponheim, Hermann von Weilnau.
8   Weitere Aufschlüsse über den Rang verschiedener geistlicher Institutionen und die Orientierung der Trierer Domherren vermag die anschließende Betrachtung der Stiftungstätigkeit der Trierer Domherren zu geben.
9   Selbstverständlich sind Kontakte auch umgekehrt durch Verfügungen von Geistlichen außerhalb des Doms zugunsten des Domkapitels oder geistlicher Einrichtungen im Dom und seinem Umkreis gegeben. Eine Berücksichtigung und Untersuchung der hier in Frage kommenden Testamente war im Rahmen dieser Arbeit aber nicht möglich. Das Präsenzgelderverzeichnis des Doms und das Jahrzeitbuch von Liebfrauen enthalten verschiedene Hinweise auf Legate einzelner Geistlicher.

299

besseren Vergleich zu ermöglichen, werden aber die weiteren Legate einbezogen. Papst[10] und Bischof[11] spielen in diesem Zusammenhang eine geringe Rolle, wichtig sind jedoch Dom und Liebfrauenkirche selbst, die naturgemäß von den hier bepfründeten Personen in besonderer Weise bedacht wurden. Bei den überlieferten Verfügungen ist allerdings – auch für die weiteren Ausführungen – zu berücksichtigen, daß sie hauptsächlich von solchen Personen stammen, die nur oder doch vor allem in Trier Kanonikate und geistliche Funktionen innehatten[12] und bei denen der Schwerpunkt ihres Wirkens so auch stärker in Trier lag. Ob daraus zu schließen ist, daß Trier für die im Kölner und Mainzer Kapitel ebenfalls vertretenen Domherren einen geringeren Stellenwert besaß, konnte auf Grund der Quellenlage leider nicht geklärt werden.

Die Stiftungen an den Dom durch die Domherren[13] wie auch durch Geistliche

---

10 An den Papst: 1238 XI 6 Domscholaster Thymar 60 lib. für Hl. Land (MRUB 3 Nr. 631, MRR 3 Nr. 83); 1330 I 29 Eberhard v. Massu, Propst/St. Simeon, providiert für Dompropstei, 50 lib. Tur. parv. (LHAKO Abt. 215 Nr. 273); 1352 IX 18 Johann Jakelonis, Dechant v. St. Simeon, Pfründner von Liebfrauen, 1 fl. (LHAKO Abt. 215 Nr. 417); 1377 V 8 verst. Dietrich v. Daun 2 fl. Robert. an die „camera" (VR 5 Nr. 1246; LHAKO Abt. 1 D Nr. 686); 1377 XII 30 Domvikar Nikolaus v. Luxemburg 2 fl. „currentes Romae" (46 sol. „monete Urbis" = 1 fl. cam.) (VR 5 Nr. 1264); 1380 II 19 Robert v. Saarbrücken, Dompropst, 10 fl. Robert. an „camera" (VR 6 Nr. 29; *Jungk*, Regesten, Nr. 1890; LHAKO Abt. 1 D Nr. 722 u. 4416, S. 849–869).
11 Vgl. Anm. 292 bei den Ausführungen zum EB.
12 Rudolf Losse und Eberhard von Eppelborn waren allerdings Dekan in Mainz.
13 Stiftungen an den Dom, insbesondere für Anniversar und Memorien, durch Domherren: c. 1110 Domscholaster Magister Petrus verschiedene Geld- u. Naturaleinkünfte (MRUB 1 Nr. 411, MRR 1 Nr. 1638, *Goerz*, Regesten, S. 15); vor 1129 V 2 Dompropst Rambert Gut in Sigendorf für Anniv. (MRUB 1 Nr. 464; *Goerz*, Regesten, S. 16; MRR 1 Nr. 1809); 1219 Dompropst Konrad Patronat von St. Marien a. d. Brücke an Refektorium (MRUB 3 Nr. 108, MRR 2 Nr. 1437, *Goerz*, Regesten, S. 34); 1238 XI 6 Domscholaster Th. Wingert für Anniv., 30 sol. Zins und „propinatio" aus Domkurie, 2 carr. Wein (MRUB 3 Nr. 631; MRR 3 Nr. 83); 1241 X 21 Domcantor Kuno v. Falkenstein 10 lib. jährl. für eig. Anniv. u. seines Onkels Ludwig (MRUB 3 Nr. 723; MRR 3 Nr. 254; *Goerz*, Regesten, S. 43); 1246 IV 17 Konrad v. Rheineck, Domherr u. Propst v. St. Florin/Koblenz, 25 sol. Zins aus Haus in Trier (20 zur Verteilung, 5 für „propinatio") beim Anniv. (MRUB 3 Nr. 861; MRR 3 Nr. 475); 1252 VI 2 Heinrich, Propst v. Pfalzel, Güter in Reinsfeld für Anniv. (MRUB 3 Nr. 1151; MRR 3 Nr. 947); 1253 X 19 Elias v. Eltz Domkurie, Wingerte in Euren, Hof Kottenheim (Verkauf Haus u. Wingerte u. Zinskauf; jährl. Verkauf der Einkünfte aus Hof) für Anniv.; 12 den. an Glöckner (MRUB 3 Nr. 1221; MRR 3 Nr. 1070); 1256 IV 29 Scholaster Th. Domkurie; Nachfolger darin soll bei Antritt 40 lib. ans Kapitel zahlen zum Erwerb v. Einkünften für Anniv.; Bücher („decreta", „decretales", „summa Gaufridi") zum Verkauf, „propinatio" durch Kaplan des Stephanaltars (s. u.); weiter 35 lib., 10 „modios" Getreide, die ihm das Kapitel schuldet; 4 „vasa vini"; 8 carr. „vini", 6 lib. (Rückstände aus Scholasterei), „annus gratiae" ans Kapitel, alles zum Erwerb v. Einkünften für Anniv. (MRUB 3 Nr. 1342; MRR 3 Nr. 1292); 1267 V 23 Wilhelm v. Davels (senior) 40 lib. zum Kauf v. Jahrzinsen für Anniversare, aus Wohnkurie und Gütern in Heiligkreuz (MRR 3 Nr. 2265; LHAKO Abt. 1 D Nr. 126); 1276 VI 30 Dietrich v. Kempenich Hälfte v. Präbende u. „annus gratiae", Erbschaft v. seinen Eltern für deren u. sein Anniv. (MRR 4 Nr. 321; LHAKO Abt. 1 D Nr. 137); 1278 III 21 Robert v.

Warsberg, Dekan, Vermögen nach Begleichung der Schulden zum Zinskauf für Anniv. (Dom oder Liebfrauen); je 30 den. für „sacerdotes" an Dom u. Liebfrauen für Memorie (30 Tage nach Tod) u. Besuch des Grabes (MRR 4 Nr. 493; LHAKO Abt. 1 D Nr. 138); 1280 X 20 Gerhard v. Daun, Domherr, 40 sol. für Anniv., 5 sol. an „sacerdotes", 12 den. für die Küster, 2 den. an ihren Gehilfen für Läuten; „propinatio" für „domini" u. „scolares"; alles von den seinen verwandten Mitkanonikern vererbten Gütern (MRR 4 Nr. 747; LHAKO Abt. 1 D Nr. 140); 1284 III 20 Domcantor Wilhelm v. Davels 400 lib.; 50 sol. Ewigzins aus Kurie für Anniv. seiner Oheime, spätere weitere Verkäufe der Kurie zur Vermehrung d. eigenen Anniversars (MRR 4 Nr. 1136; BATR Abt. 95 Nr. 312, S. 447–453); 1284 VI 13 ders., Kelter in Küntzig (MRR 4 Nr. 1160; Wampach, UQB 5 Nr. 98; LHAKO Abt. 1 D Nr. 148); 1296 VI 16 Luther v. Eltz 140 lib. u. „annus gratiae" (MRR 4 Nr. 2535; LHAKO Abt. 1 D Nr. 183); 1309 VI 29 Dietrich v. Daun 40 sol. Ewigzins (aus Hof Reil) für Anniv. (LHAKO Abt. 1 D Nr. 235); vor 1317 IX 17 Isenbard v. Warsberg 14 lib. Trev. Zins ans Kapitel (LHAKO Abt. 1 D Nr. 3627 u. 4413, S. 561–568; Abt. 96 Nr. 639); 1320 V 20 Dietrich v. Montabaur 15 lib. 10 sol. Ewigzins für Anniv. u. 9 Memorien (jeweils zu verteilen 25 sol. an Kan. u. Vikare Hochaltar, 4 sol. „presbiteris in sedibus inferioribus", 12 den. den „scolares", 12 den. an Glöckner); für fundierten Altar 15 lib. Zins (LHAKO Abt. 1 D Nr. 293 u. 4413, S. 661–667; *Schmidt*, Quellen 1, Nr. 459); 1324 I 19 Matheus v. Eich 4 lib. Trev. Zins für Zins für Commemoratio u. Memorie aller verstorbenen Gläubigen (LHAKO Abt. 1 D Nr. 310; BATR Abt. 95 Nr. 311 fol. 142'); 1326 VIII 14 Domdekan Ludwig v. Homburg Wingert „apud longum murum extra vetus castrum" zum Zinskauf (BATR Abt. 91 Nr. 128 fol. 45); 1330 I 29 Eberhard v. Massu, Propst/St. Simeon, providiert für Dompropstei, 150 lib. Tur. parv.; jedem „choralis seu pauper clericus chorum frequentans"; 1 Tunika im Wert v. ca. 20 sol. Tur. parv.; Altarstiftung u. -dotation (LHAKO Abt. 215 Nr. 273); 1330 VIII 9 Testamentsexekutoren des Eberhard v. Massu 5 lib. Trev. Ewigzins für Anniv. d. Verstorbenen (LHAKO Abt. 1 D Nr. 357 f. u. 4414, S. 57–67); 1333 IX 4 Zinskauf durch zwei Vikare namens des Kapitels für Memorie des Eberhard im Dom (40 sol.) (LHAKO Abt. 1 D Nr. 389 u. 4414, S. 233–236); ähnliche Käufe 1330 VI 23 für Anniv. d. Walter v. Eich (20 sol.) (LHAKO Abt. 1 D Nr. 356 u. 4414, S. 53–55), 1331 V 6 für Memorie des Dekans Ludwig v. Homburg (20 sol.) (Nr. 363 u. 4414, S. 117–120) u. 1334 VI 29 für dens. (20 sol.) (Nr. 396); 1331 VI 26 Testamentsexekutoren des Wilhelm v. Turre 25 sol. Zins für dessen Anniv. (LHAKO Abt. 1 A Nr. 3899 u. 1 D Nr. 4414, S. 125–127); 1335 IV 29 Dompropst Nikolaus v. Hunolstein 4 lib. Trev. Ewigzins („domini de superioribus stallis sive sedibus" 3 lib. 10 sol., „presbiteri sedium inferiorum" 7 sol., „scolares pauperes" 2 sol., „custodes campanas pulsantes" 12 den.) für Anniv.; 5 lib. Tur. parv. Zins für Anniv. v. EB Boemund, Friedrich u. Isenbard v. Warsberg („domini . . ." 4 lib., „sacerdotes sedium inferiorum" 15 sol., „pauperes scolares" 4 sol., „custodes" 12 den.); 5 lib. Tur. parv. Zins für Memorien für ihn, Eltern u. Genannte; weitere 5 lib. Tur. parv. Zins hierfür (Verteilung wie oben); 5 lib. Tur. parv. Zins für denselben Zweck; 56 „marcas argenti ad faciendum ornamenta ad altare majus"; Altar gestiftet, Kaplan soll v. Einkünften 50 sol. Ewigzins für „statio" am Fest Inventio Crucis dort an Domherren zahlen (*Toepfer*, UB Hunolstein 1, Nr. 211); 1339 VI 1 kauft das Kapitel einen Zins von 5 lib. Trev. aus der Kurie Weiskirchen für das Anniversar des Johannes de Fontibus, gegen wohl von diesem gestiftete 100 lib. Trev. (LHAKO Abt. 1 D Nr. 438 u. 4414, S. 693–697, 701–705; BATR Abt. 9, 1 Nr. 7); 1343 I 24 dass. 3 lib. Zins für das Anniv. des Nikolaus v. Pittingen u. des Kanonikers v. St. Simeon Nikolaus v. Metz (LHAKO Abt. 1 D Nr. 469 u. 4414, S. 129–132); 1347 X 3 dass. 40 sol. Trev. für das Anniv. des Dekans Ludwig v. Homburg (LHAKO Abt. 1 D Nr. 503; BATR Abt. 95 Nr. 311 fol. 163'); 1344 VII 24 Domscholaster Johann v. Gerlfangen überträgt Herrschaft Gerlfangen ans Kapitel (BATR Abt. 5,1 Nr. 6 u. 15; Abt. 95 Nr. 311 fol. 181'–183; LHAKO Abt. 1 D Nr. 4415, S. 293–300, 546–549); 1357 II 1 Rudolf Losse 100 fl. für Anniv., ihm noch zustehende Präbendeneinkünfte; 100 fl. für Schmuck der Reliquien u. Altäre (*Stengel*, Nova Alamanniae, Nr. 986); 1359 XII 16 Thesaurar Ludolf v. Hollenfels

20 lib. Zins für Vigilien u. Messen an Vigil v. Marienfesten (Verteilung: 3 lib. 7 sol. an „canonici", „vicarii"; 10 sol. an „presbiteri"; 10 sol. 8 den. an „chorales"; 18 den. „campanariis qui compulsabunt") (LHAKO Abt. 1 D Nr. 586 u. 4415, S. 909–918); 1360 I 21 ders., jedem Priester am Dom 3 sol. bei Teilnahme am Begräbnis und anderen Tagen; an den Dom 400 lib.; die Banthuspriester 25 lib. (LHAKO Abt. 1 D Nr. 587); vor 1373 XI 18 Domdekan Nikolaus v. Pittingen seine Wohnkurie u. die Brictiuskurie ans Kapitel zum Verkauf für Anniversar (*Blattau*, Stat. syn., Nr. 43 S. 201); 1378 IX 9 Dompropst Robert v. Saarbrücken erklärt zur Verbesserung seines Anniversars seinen Hof, bisher „cloisterhusz", zum Kapitelshaus, das jeweils vom Kapitel an den meistbietenden Kanoniker verkauft werden soll (LHAKO Abt. 1 D Nr. 4010 u. 4416, S. 825–829; BATR Abt. 95 Nr. 311 fol. 131); 1379 I 20 Dompropst Robert v. Saarbrücken 30 fl. Mog. Zins für Anniv. (4 fl. Verteilung, davon an „chorales" 3 sol., Küster 12 den. zum Läuten, für 12 Memorien je 2 fl. u. das Fest Conceptio Marie 2 fl.) (LHAKO Abt. 1 D Nr. 694 u. 4416, S. 777–787); 1380 II 19 Robert v. Saarbrücken, Dompropst, 1000 fl. Mog. zum Zinskauf für Anniv. und seine, EB Boemunds, u. anderer Memorien; 200 fl. für Domfabrik; an den Dom weiter 40 sol. Ewigzins für Anniv. des Dietrich v. Warsberg, 20 sol. für das des Bertram von Wolmeringen; an Banthuspriester 50 lib. Trev.; Kurien mit Auflagen (LHAKO Abt. 1 D Nr. 722 u. 4416, S. 849–869); 1380 II 20 Quittung des Kapitels für Testamentsexekutoren des Archidiakons Arnold v. Saarbrücken über 2000 fl. Mog. u. 2800 fl. Robert. zum Zinskauf für Anniv. u. Memorien, weiterhin über 23 Silberschalen, 6 „crateres" (Becher), 1 überall vergoldete „coppa" (Kelch), 1 große „pixis" (Büchse); 1 „vas specierum cum cocleari" (Spezereigefäß mit Löffel), 10 andere Löffel (Silber) mit 11 Goldringen, davon 7 mit kostbaren Steinen, 4 ohne, und 4 andere Steine zum Schmuck des Hauptes der hl. Helena (LHAKO Abt. 1 D Nr. 723 u. 4417, S. 309–312; BATR Abt. 95 Nr. 311 fol. 228'); 1380 III 4 Robert v. Saarbrücken gibt vom Geld seines verstorbenen Neffen Arnold, Archidiakon, u. für dessen Anniv. gekauften Zins v. 40 fl. parv. Mog. (60 = 1 „bona marcha puri auri") (BATR Abt. 91 Nr. 130 fol. 3; vgl. Anm. 92); 1381 IX 9 Quittung des Kapitels über 60 fl. Mog. für Anniversarstiftung des Symon von Lussey (LHAKO Abt. 1 D Nr. 741 u. 4417, S. 93 f.; BATR Abt. 95 Nr. 311 fol. 153); 1383 III 15 Arnold v. Hunsingen überträgt seine Kurie ans Kapitel zum jeweiligen Verkauf für Vermehrung seines und des Anniversars seiner Vorgänger in der Kurie (LHAKO Abt. 1 D Nr. 749 u. 4417, S. 105–110); 1383 IV 20 Domkapitel hat v. den v. Walter v. Amance zu seinem u. des Arnold v. Saarbrücken Anniversar geschenkten 200 fl. Mog. den Betrag v. 150 fl. erhalten u. teilt 6 fl. Mog. Ewigzins zu (LHAKO Abt. 1 D Nr. 751 u. 4417, S. 149–151, ferner Nr. 757; BATR Abt. 95 Nr. 311 fol. 149); 1389 I 2 Zellerar Wilhelm v. Lussey schenkt für sein und seines Bruders Symon, des Otto und Friedrich v. Schönburg Seelenheil für die Vermehrung der Anniversare die Kurien Ulmen u. „zu den drei Schilden" ans Kapitel zum jeweiligen Verkauf an den meistbietenden Kanoniker (LHAKO Abt. 1 D Nr. 766 u. 4417, S. 237–239); vor 1397 XII 22 Gerlach v. Limburg Wingert im Niederfeller Bann ans Kapitel (Hof Kůhr) (LHAKO Abt. 1 D Nr. 808; BATR Abt. 9,3 Nr. 1); 1399 IV 7 Domkapitel hat v. Testamentsexekutoren des Herbrand v. Differdingen 150 fl. Mog. erhalten u. weist 6 fl. Mog. Ewigzins an; weiterhin zur Präsenz für eine Memorie „vinea" in der Feldgasse erhalten (LHAKO Abt. 1 D Nr. 4417, S. 689–692; BATR Abt. 95 Nr. 311 fol. 152); 1407 I 8 Gerlach v. Limburg, Dekan, hat 8 fl. Zins für die Präsenz zu Anniversar u. Memorien gekauft (LHAKO Abt. 1 D Nr. 838; BATR Abt. 95 Nr. 311 fol. 151); 1409 V 3 Arnold v. Hohenecken hat 8 fl. parv. Mog. von St. Martin gekauft, für Präsenz übertragen (BATR Abt. 10,2 Nr. 1 S. 2); 1409 VI 15 Testamentsexekutoren des Dompropstes Arnold v. Berwart Verkauf des Brubacher Hofes an Dekan u. Kapitel, der Hof soll jährl. 4 fl. Mog. zur Vermehrung des Anniv. geben (LHAKO Abt. 1 D Nr. 852 f. u. 4418 S. 137–145; BATR Abt. 14,2 Nr. 44); 1412 I 9 Testamentsexekutoren des Scholaster Johann von Hammerstein haben jährliche Einkünfte von 12 Mainzer Goldgulden von St. Martin gekauft, für Präsenz übertragen (BATR Abt. 10,2 Nr. 1 S. 3 f.); 1414 VIII 4 Testamentsexekutoren des Domdekans Gerlach von Limburg haben v. EB

in niedrigeren Funktionen[14], bei denen im allgemeinen ein geringeres Vermögen vorausgesetzt werden darf, sind meist für Anniversare oder Memorien bestimmt. Für den jeweiligen Zweck werden Liegenschaften und Sachwerte sowie bestimmte

---

Werner für 5000 fl. seinen Anteil am Sestergeld in Trier gekauft; an Domkapitel übertragen für Erbmesse (Kapitel wird 24 rhein. Gulden jährlich an Vikare am Hochaltar geben für Messen) (*Goerz*, Regesten, S. 139; *Rudolph*, Quellen, Nr. 110; *Kreglinger*, Analyse, S. 128, Nr. 1034; LHAKO Abt. 1 A Nr. 4159 u. 1 D Nr. 4418 S. 217–224; BATR Abt. 11,2 Nr. 1 v. 1415 I 15; vgl. auch LHAKO Abt. 1C Nr. 10 S. 428 f. v. 1421; weitere 500 fl.); 1418 II 27 Testamentsexekutoren des Archidiakons Robert v. Hohenecken kaufen 8 Mainzer Gulden Ewigzins aus Domkurie Rodenmacher, davon 4 für Anniv. im Dom (LHAKO Abt. 1 D Nr. 865, Nr. 4158 fol. 2 u. 4264 fol. 1; Abt. 206 Nr. 68); 1418 VIII 7 Eberhard v. Eppelborn 150 fl. an Domfabrik, „due ampulle ardentes" Tag u. Nacht vor dem Sakrament im Dom; Hälfte aller restlichen nicht anderweitig vergebenen Trierer Hinterlassenschaft für Anniv. für ihn u. Geschwister (LHAKO Abt. 1 D Nr. 864; BATR Abt. 91 Nr. 127 fol. 2); 1422 Arnold v. Hohenecken, Scholaster, alle nicht anderweitig verfügten Güter (vgl. auch oben zum EB, S. 282 Anm. 253); zur Verteilung bei jeder Memorie u. Anniv. 3 fl. (davon 3 sol. den „chorales", 1 sol. Glöckner); 1 fl. an die Altaristen; „in tricesimo" 30 Messen in Dom u. Liebfrauen zu lesen, für Zelebrierende je 7 sol.; „Item do et lego trecentos fl. Mog. quos ego concessi reverendissimo domino meo Ottoni archiepiscopo Trev. pro tribus memoriis meis in ecclesia Trev. peragendis" (*Holbach*, Inventar; BATR Abt. 91 Nr. 128 fol. 36'–38); 1429 V 18 Dietrich v. Stein 3 fl. (29 alb. = 1 fl.) Ewigzins an die Präsenz zur Verteilung; alle nicht anderweitig verfügten Güter „ad pios usus" an den Dom (LHAKO Abt. 1 D Nr. 906 u. 4418, S. 609–617; BATR Abt. 95 Nr. 314, S. 298–307); 1446 III 16 Konrad v. Braunsberg alle Güter außer für Schuldbezahlung notwendigen und anderweitig verschenkten ans Kapitel für Memorie, jeweils 4 fl. zu verteilen (Altaristen 1 fl., „chorales" 4 sol., Glöckner 2 sol.) (LHAKO Abt. 1 D Nr. 1149 u. 4420 S. 145–155; BATR Abt. 95 Nr. 315, S. 126–132).

14 Durch niedere Geistlichkeit:
11. Jh. (bestätigt 1238 VI 28) Matthias, Vikar des EB Poppo, 7 sol. Zins (Eitelsbach) für Kerze am Hochaltar (MRUB 3 Nr. 628; MRR 3 Nr. 75); 1252 IV Jakob v. Castell Haus in Trier; Verkauf Kelter u. Weinfässer, v. Erlös u. weiteren 5 lib. Zinskauf; Bewohner seines Hauses soll jährl. 30 sol. am Anniv. für Propination u. Verteilung geben (MRUB 3 Nr. 1141; MRR 3 Nr. 930; 1262 XI 29 Testamentsänderung: Haus soll Jakob, Kan. v. St. Paulin, erhalten, hierfür 20 sol. jährl. am Anniv. zu verteilen u. „propinatio:" MRR 3 Nr. 1833; LHAKO Abt. 1 D Nr. 105); 1316 VIII 2 Heinrich Kuvleisch, Domvikar, 5 lib. Zins, davon 40 sol. am Anniv.: an anwesende „sacerdotes de sedibus inferioribus" 4 sol., für „propinatio" 5 sol., für die Küster zum Läuten 12 den., 30 sol. an Kanoniker u. Vikare; je 20 sol. an 3 Memorien (LHAKO Abt. 1 D Nr. 4413, S. 445–458); 1316 VIII 9 Gottschalk Rait, Rektor v. Ulmen, Vikar d. Margaretenaltars, 40 sol. für Anniv. (an Kanoniker 30 sol., „sacerdotes de inferioribus sedibus" 9 sol., Glöckner 12 den.); einzelne „sacerdotales", die Chor besuchen, je 3 sol. (LHAKO Abt. 1 D Nr. 4413, S. 465–474); 1330 XII 1 Testamenentsexekutoren d. Vikars Johannes v. Homburg Hausübertragung an den Altar St. Cosmas u. Damian gegen 10 sol. (u. 30 sol.) jährlich für Anniv. d. Verstorbenen im Dom (12 den. „pauperes scolares", 12 den. für Läuten, 7 sol. für „presbiteri de sedibus inferioribus") (LHAKO Abt. 1 D Nr. 360 u. 4414, S. 89–91); 1343 I 14 Testamentsexekutoren des Vikars Gobelo v. Weckeringen 41 sol. Zins aus Verkauf von Gütern des Verstorbenen (Büchern) für dessen Anniv. (LHAKO Abt. 1 D Nr. 468 u. 4415, S. 145–147); 1348 VI 12 Testamentsexekutoren des Präbendars von Liebfrauen Hermann 20 sol. Zins für dessen Anniv. im Dom (LHAKO Abt. 206 Nr. 20 u. 4415, S. 453–456); 1350 VII 6 Johann Jakelonis als Exekutor des Gobelo v. Vulbach, Domvikar, Silbergefäße (Schätzwert

Rechte und Ansprüche[15], Zinse[16] oder aber Geldsummen[17] zum Erwerb von Zinsen ans Kapitel geschenkt. Zum Teil sind die Legate also schwer vergleichbar. Allgemein scheint nach den Belegen die Neigung, Grundbesitz zu übertragen, in der früheren Zeit etwas stärker ausgeprägt, die Übertragung von Domkurien mit Auflagen für die Nachfolger beliebt, die Überlassung von Einkünften zu allen Zeiten üblich, die Stiftung von Geldsummen dagegen vor allem seit dem endenden 13. Jahrhundert häufiger gewesen zu sein. Die Höhe der überlassenen Summen schwankt von unter 50 lib. bis zu mehreren tausend Gulden oder bei den Einkünften von Schillingsbeträgen bis zu 40 fl. Ein Unsicherheitsfaktor ist die Unkenntnis über eventuelle frühere oder später weitere Stiftungen für entsprechende Zwecke. Zu berücksichtigen ist bei den Stiftungen insgesamt auch,

---

14 Silbermark), großer Garten u. 3 Betten auf Wunsch des Erblassers zu verkaufen zum Zinskauf für Anniv., 3 lib. 4 sol. 3 den. Ewigzins (LHAKO Abt. 1 D Nr. 529 u. 4415, S. 629–633; BATR Abt. 95 Nr. 311 fol. 141'); vor 1367 IX 17 für Anniv. des Vikars Johann v. Daun 100 fl. parv. Mog. zum Zinskauf (LHAKO Abt. 1 D Nr. 615 u. 4416, S. 313 f.); 1427 X 24 Heinrich v. Bettenberg, Domvikar, 20 Malter Roggen von Schulden des Friedrich v. Kröv an Präsenz u. 10 fl. des Schilz v. Lehmen; 25 fl. zum Erwerb v. Einkünften an die Fabrik (LHAKO Abt. 1 D Nr. 893 u. 4418, S. 501–506; BATR Abt. 95 Nr. 314, S. 227–232).

15 Vor 1129 V 2 Gut; 1219 Patronat; 1238 XI 6 Wingert; Wein; 1252 VI Güter; 1253 X 19 Domkurie, Wingerte, Hof; 1256 IV 29 Domkurie, Bücher, Präbendenanteil, „annus gratiae", Getreide, Wein; 1276 VI 30 Präbendenanteil, „annus gratiae", Erbschaft; 1278 III 21 Vermögen nach Schuldenbegleichung; 1284 VI 13 Kelter; 1296 VI 16 „annus gratiae"; 1326 VIII 14 Wingert; 1344 VII 24 Herrschaft; 1357 II 1: Präbendeneinkünfte; vor 1373 XI 18 Kurien; 1378 IX 9 Kurie; 1380 II 19 Kurien; 1380 II 20 Wertgegenstände; 1383 VIII 15 Kurie; 1389 I 2 Kurien; 1399 IV 7 Wingert; 1418 VIII 7 Teil der Hinterlassenschaft; 1422 u. 1446 III 16 nicht anderweitig verfügte Güter. Durch niedere Geistlichkeit: 1252 IV Haus, Kelter, Weinfässer; 1427 X 24 20 Malter Getreide („siligo") Präsenz.

16 c. 1110: verschiedene Geld- und Naturaleinkünfte; 1238 XI 6: 30 sol. u. „propinatio" aus Kurie; 1241 X 21: 10 lib.; 1246 IV 17: 25 sol.; 1280 X 20: 40 sol. u. a.; 1284 III 20: 50 sol.; 1309 VI 29: 40 sol.; vor 1317 IX 17: 14 lib.; 1320 V 20: 15 lib. 10 sol.; 1324 I 19: 4 lib.; 1330 VIII 9: 5 lib. Trev. (v. Exekutoren); 1331 VI 26: 25 sol. (v. Exekutoren); 1335 IV 29: 4 lib. Trev., 20 lib. Tur.; 1359 XII 16: 20 lib.; 1379 I 20: 30 fl. Mog.; 1380 II 19: 60 sol.; 1380 III 4: 40 fl. parv. Mog.; 1407 I 8: 8 fl. (Präsenz); 1409 V 3: 8 fl. (Präsenz); 1409 VI 15: 4 fl.; 1412 I 9: 12 fl. (Präsenz); 1414 VIII 4: Sestergeldanteil in Trier; 1418 II 27: 4 fl.; 1422: 3 fl.; 1429 V 18: 3 fl. (für Kerze); 11. Jh.: 7 sol. (für Kerze); 1316 VIII 2: 8 lib.; 1316 VIII 9; 40 sol.; 1330 XII 1; 40 sol. (Exekutoren); 1343 I 14: 41 sol. (Exekutoren); 1348 VI 12: 20 sol. (Exekutoren); 1350 VII 6: 3 lib. 4 sol. 3 den. (Exekutoren).

17 1256 IV 29: 35 lib. u. 6 lib.; 1267 V 23: 40 lib.; 1278 III 20: Vermögen nach Begleichung der Schulden; 1284 III 20: 400 lib.; 1296 VI 16: 140 lib.; 1330 I 29: 150 lib.; 1335 IV 29: 56 Mk. („marcas argenti"); vor 1339 VI 1: 100 lib.; 1357 II 1: 200 fl.; 1360 I 21: 25 lib. (aber nur für Banthuspriester); 1380 II 19: 1000 fl. Mog.; 200 fl. (für Fabrik), 50 lib. Trev. (Banthuspriester); 1380 II 20: 2000 fl. Mog. u. 2800 fl. Robert.; 1380 III 4: vom Geld des Bruders Zins v. 40 fl.; 1381 IX 9: 60 fl. Mog.; vor 1383 IV 20: 200 fl. Mog.; vor 1399 IV 7: 150 fl. Mog.; 1418 VIII 7: 150 fl. (Fabrik) u. weitere Hinterlassenschaft; 1422: Teile der Hinterlassenschaft; 1446 III 16: ebenfalls. Durch niedere Geistlichkeit: 1252 IV: 5 lib.; vor 1367 IX 17: 100 fl. parv.; 1427 X 24: 10 fl. u. 25 fl. (Fabrik).

daß vielfach Anniversare und Memorien noch für andere Personen eingerichtet wurden und die Zahl der jeweiligen Memorien unterschiedlich ist. Gewisse Beträge vor allem im Hinblick auf die Verteilung bei Anniversar oder Memorie wiederholen sich aber und können als Richtwerte oder Mindestsätze gelten. So liegt die den Küstern bzw. Glöcknern für das Läuten zuerkannte Summe in der Regel bei 12 den.[18], die „propinatio" kann wohl mit 5 sol. angesetzt werden[19]. Zu erkennen sind auch Relationen; die Kanoniker und Vikare von den höheren Sitzen[20] erhalten bei Anniversarverteilungen das Drei- bis Zehnfache[21] von dem, was an die „presbiteri de sedibus inferioribus" fällt.

Stiftungen erfolgten auch an einzelne Domaltäre. Hinzuweisen ist in diesem Zusammenhang darauf, daß Domherren selbst Altäre im Dom fundiert haben, so Dietrich von Montabaur den Kastor-/Matthiasaltar[22], Herbrand von Zolver den Dreikönigs-/Odilienaltar[23], Gottfried von Rodenmacher den Kreuzaltar[24], Eberhard von Massu den Agathaaltar[25] und Nikolaus von Hunolstein, der 1335 seine letztwilligen Verfügungen traf, ebenfalls einen Altar[26]. Bei den testamentarischen und ähnlichen Verfügungen für Altäre[27] sind zu einem größeren Teil

---

18 Für Glöckner: 1253 X 19: 12 den.; 1280 X 20: 12 den. u. 2 den. für Gehilfen; 1320 V 20: 12 den.; 1335 IV 29: 12 den. u. 12 den.; 1359 XII 16: 18 den.; 1379 I 20: 12 den.; 1422: 1 sol.; 1446 III 16: 2 sol.; von niederer Geistlichkeit: 1316 VIII 2: 12 den.; 1316 VIII 9: 12 den.; 1330 XII 1: 12 den.
19 Für „propinatio:" 1246 IV 17: 5 sol.; bei niederer Geistlichkeit: 1316 VIII 2: 5 sol. (vgl. auch Angaben im Präsenzgelderverzeichnis: NLBH Ms. XVIII, 1006).
20 Vgl. zu den Vikaren: *Bastgen,* Domkapitel, S. 159–161.
21 1320 V 20: 25 sol. zu 4 sol. (6,25:1); 1335 IV 29: 3 lib. 10 sol. zu 7 sol. (10:1) u. 4 lib. zu 15 sol. (5,33:1); 1359 XII 16: 3 lib. 7 sol. zu 10 sol. (6,7:1); bei niederer Geistlichkeit: 1316 VIII 2: 30 sol. zu 4 sol. (7,5:1); 1316 VIII 9: 30 sol. zu 9 sol. (3,33:1).
22 Vgl. BATR Abt. 95 Nr. 311 fol. 170; LHAKO Abt. 1 D Nr. 293 u. 4413, S. 661–667; *Schmidt,* Quellen 1, Nr. 459; vor 1320 V 20.
23 Vgl. LHAKO Abt. 1 D Nr. 338 u. 4413, S. 961 f. Stiftung vor 1328 IX 3 u. 1 D Nr. 343 u. 4413, S. 901 f. v. 1329 I 6.
24 *Goerz,* Regesten, S. 73; LHAKO Abt. 1 D Nr. 355 u. 4414, S. 49–52: vor 1330 VI 23 (auch Johannes Baptista, Hubert, Felix u. Andactus).
25 LHAKO Abt. 215 Nr. 273 vor 1330 I 29 (hier allerdings Agathaaltar für St. Simeon, Hubertaltar für Dom geplant); vgl. aber S. 123 f.
26 *Toepfer,* UB Hunolstein 1, Nr. 211 v. 1335 IV 29.
27 Stiftungen an Domaltäre und Vikare:
1238 XI 6 Domscholaster Thimar an Priester der Altäre von St. Willibrord, St. Agneten, St. Abrunculus u. die Priester Nikolaus u. Rudenger je 30 den. (MRUB 3 Nr. 631, MRR 3 Nr. 83); vor 1244 V Domkellner Friedrich „vinea" in Brittenbach an Willibrordaltar und 3 lib. Häuserzins („posterna", „super fossatum"), 8 sol. v. Gärten („retro castellum") für Anniv.; der Priester Jakob hat Haus „versus Muselun", Garten dort u. 1 Ohm Wein (Ellenberg) übertragen (MRUB 3 Nr. 794); 1248 IV 5 Kellner Johann überläßt die beiden genannten Häuser („posterna", „super fossatum") an Willibrordaltar (MRUB 3 Nr. 939; MRR 3 Nr. 609); 1256 IV 29 Th. Scholaster Weinberge am Neuberg an Stephansaltar, Priester muß „propinatio" veranstalten (MRUB 3 Nr. 1342; MRR 3 Nr. 1292); 1266 VII 2 Reiner v. Davels Kauf eines Wingerts in Perl zugunsten des Julianenaltars in der Krypta

für Memorie für ihn, Brüder u. a. (MRR 3 Nr. 2185; LHAKO Abt. 1 D Nr. 119 f.); vor 1291 X 8 Dietrich v. Blankenheim 90 lib. Trev. an Margaretenaltar für Zinskauf (MRR 4 Nr. 1946; LHAKO Abt. 1 D Nr. 176 f. u. 4414, S. 93–96; BATR Abt. 95 Nr. 311 fol. 148 u. 155'; vgl. auch später LHAKO Abt. 1 D Nr. 464 u. 4415, S. 105–108; BATR Abt. 95 Nr. 311 fol. 163); vor 1315 V 29 der Banthuspriester Johann Moyses wohl 50 lib. an den Agneten- und Cosmas-/Damianaltar (LHAKO Abt. 1 D Nr. 255 u. 4413, S. 373–377); 1316 VIII 2 Domvikar Heinrich Kuvleisch je 10 sol. für Memorie für ihn u. Eltern an Helena-, Maria-Magdalena-, Stephan-, Cosmas-/Damian-, Martin-, Agneten-, Dreifaltigkeits-, Nikolausaltar (LHAKO Abt. 1 Nr. 4413, S. 445–458; vgl. auch Nr. 280 f.); 1316 VIII 9 Kaplan des Margaretenaltars Gottschalk Rait, Rektor v. Ulmen, an seinen Altar „cistam meam cum calice, ornamentis et indumentis sacerdotalibus omnibus que posita est in sacristia ecclesie Treverensis", Kerzen für Domaltäre (LHAKO Abt. 1 D Nr. 4413, S. 465–474); 1317 IV 23 Testamentsexekutoren des Isenbard v. Warsberg, Domcustos, 10 sol. Ewigzins an den Blasiusaltar (LHAKO Abt. 1 D Nr. 277 u. 4413, S. 541–543); vor 1319 IV 28 u. 1320 V 20 Dietrich v. Montabaur Altargründung; im Testament 15 lib. Zins an Altar (BATR Abt. 95 Nr. 311 fol. 170; LHAKO Abt. 1 D Nr. 293 u. 4413, S. 661–667; *Schmidt*, Quellen 1, Nr. 459); vor 1328 IX 3 Herbrand v. Zolver, Scholaster, Altarstiftung; von Exekutoren mit 10 lib. Trev. Ewigzins, 3 Ohm Wein, 3 Ml. Getreide („siligo"); 1 „plaustrum" Heu jährlich (LHAKO Abt. 1 D Nr. 338 u. 4413, S. 961 f.); vor 1329 VI 24 Herbrand v. Zolver, Scholaster, 10 lib. an Altar St. Cosmas u. Damian, 5 lib. an Altar St. Andreas (LHAKO Abt. 1 D Nr. 340 u. 4413, S. 993 f.); 1330 I 29 Eberhard v. Massu, Propst v. St. Simeon, providiert für Dompropstei, Stiftung Altar u. Dotierung mit Einkünften aus Haus „ad gallum" in Trier, in Zewen u. Stadt Trier u. Vorstadt (LHAKO Abt. 215 Nr. 273); 1332 XI 11 Diethard von Ulmen, Scholaster, Wingert in Lehmen an Leonardaltar (BATR Abt. 95 Nr. 321 fol. 115–117; zu einer anderen Schenkung einer Gülte an denselben Altar vgl. LHAKO Abt. 1 D Nr. 540 f.; BATR Abt. 91 Nr. 135 fol. 92–94 v. 1352); 1335 III 5 Testamentsexekutoren des Dekans Johann v. Daun 10 sol. Ewigzins an Altäre St. Stephan, Cosmas/Damian, Willibrord, Katharina u. Dreifaltigkeit (LHAKO Abt. 1 D Nr. 373 u. 4414, S. 111 f.); 1335 IV 29 Dompropst Nikolaus von Hunolstein an zehn Domaltäre (Martin-, Nikolaus-, Willibrord-, Cosmas-/Damian-, Blasius-, Stephan-, Dreifaltigkeits-, Agnes-, Maria-Magdalena-, Helenaaltar) je 30 sol. Tur. parv. Zins; Abrunculusaltar 10 sol. Tur. parv. Zins; von ihm neu errichteter Altar im Dom mit Hof u. Gütern u. Rechten in Leiwen 5 lib. Trev. Zins, 100 lib. Trev. zum Zinskauf (*Toepfer*, UB Hunolstein 1, Nr. 211; vgl. für den Stephanaltar auch LHAKO Abt. 1 D Nr. 419 u. 4414, S. 525 f., für den Nikolausaltar ebda. Nr. 429, für den Blasiusaltar Nr. 431 u. 4414 S. 601–604, für den Cosmas-/Damianaltar Nr. 432 u. 4414, S. 645–650, 4413 S. 129–133, für den Martinaltar Nr. 434 u. 4414, S. 621–624, für den Agnesaltar Nr. 426 u. 4414, S. 521–524, für den Stephanaltar Nr. 435 u. 4414, S. 629–631); vor 1340 VIII 30 Gottfried v. Rodenmacher, Dompropst, Geld zum Zinskauf, von dem 1332 XI 26 4 lib. Zins für die Altäre Cosmas/Damian, Martin, Agnes, Maria Magdalena, Margareta u. 10 000 Märtyrer (je 10 sol.) und für den von Gottfried errichteten Hubertaltar (vgl. Anm. 24) (20 sol.) gekauft wurden (LHAKO Abt. 1 D Nr. 380 f. u. 4414, S. 197–200); 1341 III 3 Archidiakon Boemund Haus „in vico retro domum fratrum Predicatorum" an Odilien-, Dreikönigen-, Antoniusaltar, vorbehaltlich 2 Zinse an Matthiasaltar u. Andreaskapelle (*Kreglinger*, Analyse, Nr. 479, S. 63 f.; LHAKO Abt. 1 D Nr. 4415, S. 1–3; zur Zinsschenkung an den Matthiasaltar (8 sol.) u. die Kapelle (4 sol.) LHAKO Abt. 1 D Nr. 449 u. 1340 V 1); 1354 X 11 Johann Franoit, Kaplan des Agathenaltars, halbes Haus „ad parvam choreamboum" (Flandergasse) an seinen Altar (LHAKO Abt. 1 D Nr. 561 u. 4415 S. 745–754); 1372 VII 16 Testamentsexekutoren des Priesters Petrus de Ponte 5 sol. Trev. Ewigzins für Beleuchtung des Dreifaltigkeitsaltars (LHAKO Abt. 1 A Nr. 4010 u. 1 D Nr. 647 u. 4416, S. 549 f. u. 553 f.); 1400 XI 12 Arnold v. Hohenecken 3 fl. Ewigzins für Ampel am Katharinenaltar, 2 fl. für acht Vikare des Hochaltars (LHAKO Abt. 1 D Nr. 826 u. 4417, S. 705–711; BATR Abt. 91 Nr. 135 fol. 103–106,

die Summen niedriger als bei den Zuwendungen für das Domkapitel, mehrfach sind allerdings auch Liegenschaften Gegenstand von Schenkungen[28]. Für die Annexkirche des Doms, die ebenfalls Nutznießerin von Stiftungen der im Umkreis des Doms tätigen Geistlichen war[29], zeigen die urkundlichen Belege eine ähnliche

---

Abt. 95 Nr. 311 fol. 165); 1409 VI 15 Testamentsexekutoren des Arnold v. Berwart Hof Brubach ans Domkapitel unter Bedingung, daß jährl. dem Kaplan des Odilienaltars 3 Malter Roggen („siligo"), 3 Ohm Wein u. 1 „plaustrum" Heu gegeben werden (LHAKO Abt. 1 D Nr. 852 f. u. 4418, S. 137–147; BATR Abt. 14,2 Nr. 44); 1418 X 27 Klas v. Kues, Präbendat v. Liebfrauen, gibt Wingert („in Mergenberch an der bach bij Triere") an Cosmas-/Damianaltar (LHAKO Abt. 1 D Nr. 867). Vgl. auch oben zum EB Anm. 253.

[28] Liegenschaften u. Gegenstände: 1242 V: Wingert, 1248 IV 5: Häuser; 1256 IV 29 Wingerte; 1266 VII 2 Wingerte; 1316 VIII 9: Kiste mit Schmuck u. Gewändern; 1330 II 3: Wingert; 1332 XI 1 Wingert; 1335 IV 29: Hof, Güter, Rechte; 1341 III 3: Haus; 1354 X 11 halbes Haus; 1418 X 27: Wingert.
Einkünfte: 1238 je 30 den.; 1242 V: 3 lib.; vor 1244 IV: 3 lib., 8 sol.; 1316 VIII 2: je 10 sol.; 1317 IV 23: 10 sol.; 1320 V 20: 15 lib.; vor 1328 IX 3: 10 lib., Wein, Getreide, Heu; 1330 I 29: versch. Einkünfte; 1335 III 5: 10 sol.; 1335 IV 29: je 30 sol., 10 sol., 5 lib.; 1372 VII 16: 5 sol. für Beleuchtung; 1400 XI 12: 3 fl., 2 fl.; 1409 VI 15: 3 Ml. Korn, Heu.
Einmalige Summen: vor 1291 X 8: 90 lib.; vor 1315 V 29: 50 lib.; vor 1329 VI 24: 10 lib., 5 lib.; 1335 IV 29: 100 lib.; vor 1340 VIII 30: Geld für 4 lib. Zins.

[29] Testamentarische und andere Stiftungen: für 1070/80 Dompropst Arnulf, 1 Manse in Bombogen u. 1 Manse v. Erbpächter für Rente von 1 Fuder Wein zum Anniv. (MRUB 1 Nr. 393; MRR 1 Nr. 1479); vor 1129 V 2 für St. Marien und Dom (s. Anm. 13); vor 1227 IX 14 Kuno, Kaplan des EB u. Domherr, Kanonikatspräbende in Liebfrauen (Altar St. Johannes Baptista) mit Wingerten, Garten, Kelterhaus, Häusern in Trier (MRUB 3 Nr. 315; MRR 2 Nr. 1817; *Goerz*, Regesten, S. 36); 1273 I Gottfried v. Turre u. Gerhard v. Daun Patronatsrecht „Bugonisvilla" mit Zubehör für neue Präbende (Messe in Lukaskapelle in Domkurie) und 2 „vinee" („Evischerberg", Petersberg) (MRR 3 Nr. 2790; LHAKO Abt. 206 Nr. 10); 1278 III 21 Dekan Robert v. Warsberg (s. o. Anm. 13) (MRR 4 Nr. 493; LHAKO Abt. 1 D Nr. 138); 1280 X 20 Gerhard v. Daun, 40 sol. zum Zinskauf, 30 den. am Todestag an „sacerdotes" (LHAKO Abt. 1 D Nr. 140; MRR 4 Nr. 747); 1316 VIII 2: Heinrich Kuvleisch, Domvikar, Begräbnisort; Gründung Michaelsaltar, dotiert mit 10 lib. Trev. Ewigzins u. 2 sol. für Kaplan dort; an Kanoniker v. Liebfrauen 20 sol. Zins für Anniversar u. 3 Memorien (LHAKO Abt. 1 D Nr. 4413, S. 445–458); 1316 VIII 9 Gottschalk Rait, Rektor v. Ulmen, Kaplan des Margaretenaltars, 13 lib. zum Zinskauf für Anniv.; an „sacerdotales" 3 sol.; Kerzen für Altäre (LHAKO Abt. 1 D Nr. 4413, S. 465–474); 1320 V 20 Dietrich v. Montabaur, Domherr, an Altar St. Michael, St. Martin u. Kastor in Liebfrauen 40 sol. Zins; an Kanoniker 51 sol. Zins für Anniv. (12 den. an Glöckner) (LHAKO Abt. 1 D Nr. 293 u. 4413, S. 661–667; *Schmidt*, Quellen 1, Nr. 459); 1330 I 29 Eberhard v. Massu, Propst/St. Simeon, providiert für Dompropstei, an Kanoniker 30 lib. Tur. parv. für Anniversar- u. Memorienmesse (LHAKO Abt. 215 Nr. 273); 1335 IV 29 Nikolaus v. Hunolstein Dompropst, 40 sol. Tur. parv. Zins für Anniversar u. Memorie für ihn, EB Boemund, Friedrich u. Isenbard v. Warsberg, Eltern u. Wohltäter (*Toepfer*, UB Hunolstein 1, Nr. 211); 1343 I 28 Johann Jakelonis, Dechant v. St. Simeon u. Kanoniker v. Liebfrauen, 32 lib. 10 sol. Schulden der Pfründner, 12 sol. Zins, „vinea" in „Brittenbach"; den Kanonikern liturg. Gefäße u. vergoldeten Silberkelch; Einkünfte aus „crummenrecht" v. Wingerten, 10 sol. am Begräbnistag, je 5 sol. am 3., 7. und 30. Tag danach zur Verteilung; weiterhin an Liebfrauen „scargiam meam viridem meliorem" (Baldachin, Teppich?), die zwei besten Leintücher als Bahrtücher für Begräbnis

Streuung; auch hier sind Grund- und Hausbesitz, Gegenstände, Einkünfte oder Geldsummen als Legate bezeugt[30].

Bei der Betrachtung der übrigen testamentarischen Verfügungen und Stiftungen von Geistlichen an Dom und Liebfrauen erscheinen vor allem die Institutionen von Gewicht, in denen die Kanoniker, Vikare und Pfründner weitere Benefizien

---

    v. Armen oder Pilgern, seinen drittbesten Chorrock für Herrichtung des Marienaltars; dem Johannes-Evangelista-Altar (von ihm besetzt) 26 den. u. 4 sol. Zins, ein Stück Land, ein Meßgewand, Schale und Becher (LHAKO Abt. 215 Nr. 416 f.); 1359 XII 16 Thesaurar Ludolf v. Hollenfels 5 lib. Zins für Gedächtnismessen (LHAKO Abt. 1 D Nr. 586 u. 4415, S. 909–918); 1360 I 21 ders. 50 lib. (ebda. Nr. 587); 1378 V 1 Dompropst Robert v. Saarbrücken Hof „zü Hove" bei Welschbillig für tägl. Messe an dem von ihm fundierten Annaaltar (LHAKO Abt. 206 Nr. 25); 1379 I 20 ders., 4 fl. Zins für Anniv. mit 4 Kerzen u. Baldachin u. für 4 Memorien (LHAKO Abt. 1 D Nr. 694 u. 4416, S. 777–787); 1380 II 19 ders. 200 lib. Trev. zum Zinskauf für Anniv. u. Memorien; zur Verteilung für Tod, Begräbnis u. Gedächtnistage 1 gr. antiquus bzw. 4 lib. (LHAKO Abt. 1 D Nr. 722 u. 4416, S. 849–869); 1381 X 9 Domvikar Johann v. Bernkastel Garten außerhalb der Musilpforte u. Wingert im Deimelberg (LHAKO Abt. 206 Nr. 67 u. 1 D Nr. 4417, S. 97–99); vor 1397 XII 22 Schenkung eines Weinbergs durch Dekan Gerlach v. Limburg ans Kapitel; daraus 1 fl. jährlich an Präbendaten (LHAKO Abt. 1 D Nr. 808; BATR Abt. 9,1 Nr. 1); vor 1401 VII 8 Eberhard v. Eppelborn 25 fl. Mog. für 2 Memorien; hierfür Zins v. 1 fl. (LHAKO Abt. 1 D Nr. 4418, S. 1–3); 1404 II 23 Dompropst Arnold v. Berwart Haus bei Kurie Zolver für Anniv. (LHAKO Abt. 206 Nr. 28); 1404 XII 20 Arnold v. Hohenecken 2 Mainzer fl. Ewigzins aus dem Bauamt des Doms für Anniv. des Arnold ($^{1}/_{2}$ fl.) u. Öl für Ampel in Liebfrauen ($1^{1}/_{2}$ fl.) (BATR Abt. 35,1 Nr. 130); 1418 II 27 Testamentsexekutoren des Archidiakons Ruprecht v. Hohenecken Zinskauf aus Kurie Rodenmacher, davon 4 Gulden zur Verteilung für Anniv. u. Memorie in Liebfrauen (LHAKO Abt. 1 D Nr. 865, Nr. 4158 fol. 2 u. 4264 fol. 1; Abt. 206 Nr. 68); 1418 VIII 7 Eberhard v. Eppelborn $^{1}/_{6}$ der nicht anderweitig verfügten Trierer Hinterlassenschaft zum Zinskauf für Anniv. für ihn u. Verwandte (LHAKO Abt. 1 D Nr. 864; BATR Abt. 91 Nr. 127 fol. 2); 1418 X 27 Klas v. Kues, Präbendar, 1 schweren rhein. Gulden Erbzins für Jahrgedächtnis (LHAKO Abt. 1 D Nr. 867 f. u. 4418, S. 281–283); 1422 Arnold v. Hohenecken 25 fl. Mog. für Anniv. u. 25 fl. „pro luminaribus disponendis die animarum supra sepulchrum meum, avunculi mei et fratris mei Roperti et Arnoldi archidiaconi et etiam in anniversariis nostri in ecclesia Treverensi"; für weiteres Anm. 13 (vgl. *Holbach*, Inventar; BATR Abt. 91 Nr. 128); 1427 X 24 Heinrich v. Bettenberg, Vikar, seinen besseren Silberbecher („cyphum") (LHAKO Abt. 1 D Nr. 893); 1429 V 18 Dietrich v. Stein, Domherr, Begräbnisort; 1 fl. Ewigzins für Memorie u. Anniv. (LHAKO Abt. 1 D Nr. 906 u. 4418, S. 609–617; BATR Abt. 95 Nr. 314, S. 298–307). 1446 III 16 Konrad v. Braunsberg 50 fl. u. „breviarium meum in duabus petiis" für Memorie, jeweils 1 fl. zur Verteilung (LHAKO Abt. 1 D Nr. 1149 u. 4420, S. 145–155; BATR Abt. 95 Nr. 315, S. 126–132).

30 Einmalige Summen:
    1280 X 20: 40 sol.; 1316 VIII 9: 13 lib.; 1330 I 29: 30 u. 50 lib. Tur. parv.; 1343 I 28: 32 lib. 10 sol.; 1360 I 21: 50 lib.; 1380 II 19: 200 lib.; vor 1401 VII 8: 25 fl. Mog.; 1418 VIII 7: $^{1}/_{6}$ der nicht sonst verfügten Hinterlassenschaft; 1422: 25 u. 25 fl. Mog.; 1446 III 16: 50 fl.
    Einkünfte:
    1070/80: Rente v. 1 Fuder Wein; 1316 III 2: 10 lib. 2 sol., 20 sol.; 1320 V 20: 40 sol. für Altar; 51 sol.; 1335 IV 29: 40 sol.; 1343 I 28: 12 sol.; 26 den. u. 4 sol. für Altar; 1359 XII 16:

besaßen. Bei St. Paulin, St. Simeon und Pfalzel kommt die räumliche Nähe zum Trierer Domstift hinzu. Für St. Paulin, wo verschiedene Trierer Domherren Inhaber von Dignitäten waren und das unter den Trierer Kollegiatkirchen auch wohl den ersten Platz einnimmt[31], sind Zuwendungen durch Domcantor Wilhelm von Davels, durch Dietrich von Montabaur, Nikolaus von Hunolstein, Ludolf von Hollenfels, Robert und Arnold von Saarbrücken, Arnold von Hohenecken erfolgt[32]. Robert ist Propst von St. Paulin, Ludolf von Hollenfels als Kanoniker belegt[33]. Die Liste der Domherren, die urkundlich nachweisbar an St. Simeon gestiftet haben, nimmt sich mit den Dompröpsten Rambert und Gottfried im 12. Jahrhundert, Wilhelm von Davels, Scholaster Herbrand von Zolver, Dompropst Gottfried von Rodenmacher, Rudolf Losse, Ludolf von Hollenfels, Robert von Saarbrücken und Arnold von Hohenecken jedoch nicht bescheidener

---

5 lib.; 1379 I 20: 4 fl.; 1404 XII 20: 2 fl., Öl; 1418 II 27: 4 fl.; 1418 X 27: 1 fl.; 1429 V 18: 1 fl.
Grundstücke und Sachwerte:
1070/80: 2 Mansen; vor 1129 V 2: Gut; vor 1227 IX 14: Wingerte, Garten, Kelterhaus, Häuser; 1273 I: Patronatsrecht, zwei Wingerte; 1278 III 21: Restvermögen; 1343 I 28: „vinea", Land, liturg. Gefäße, Gewänder; 1378 V 1: Hof; 1381 X 9: Garten, Wingert; 1404 II 23: Haus; 1418 VIII 7: Teil der Hinterlassenschaft; 1427 X 4: Becher; 1446 III 16: „breviarium".

31 Vgl. in diesem Zusammenhang auch *Heyen*, St. Paulin.
32 St. Paulin: 1284 III 20 Domcantor Wilhelm v. Davels am Todestag 40 sol. (MRR 4 Nr. 1136 u. BATR Abt. 95 Nr. 312, S. 447–453); 1316 VIII 9 siehe St. Simeon; 1320 V 20 Dietrich v. Montabaur 4 lib. Zins für Anniv. u. 3 Memorien (LHAKO Abt. 1 D Nr. 293 u. 4413, S. 661–667; *Schmidt*, Quellen 1, Nr. 459; vgl. auch LHAKO Abt. 213 Nr. 23: Quittung über Erhalt d. Geldes); vor 1325 VII 2 siehe St. Simeon: 1330 I 29 Eberhard v. Massu, Propst/St. Simeon, providiert für Dompropstei, 100 lib. Tur. parv., jedem „chorali seu pauperi clerico chorum frequentanti" eine Tunika im Wert von 24 sol. Tur. parv. (LHAKO Abt. 215 Nr. 273); 1335 IV 29 Nikolaus v. Hunolstein, Dompropst, 3 lib. Zins für Anniv. für ihn u. andere (*Toepfer*, UB Hunolstein 1, Nr. 211); 1343 I 28 Johann Jakelonis, Dechant/St. Simeon, Pfründner v. Liebfrauen, insgesamt 47 sol. 6 den. Ewigzins (LHAKO Abt. 215 Nr. 416 f.); 1359 XII 16 Ludolf v. Hollenfels, Thesaurar, 5 lib. Zins für Gedächtnismessen (LHAKO Abt. 1 D Nr. 586 u. 4415, S. 909–918); 1360 I 21 ders., jedem Priester 3 sol. am Begräbnis u. weiteren Tagen; 50 lib. an Kirche (LHAKO Abt. 1 D Nr. 587); 1379 I 20 Robert v. Saarbrücken, Dompropst u. Propst v. St. Paulin, 5 fl. Mog. Zins für Anniv. u. 4 Memorien (LHAKO Abt. 1 D Nr. 694 u. 4416, S. 777–787); 1379 V 16 Testamentsexekutoren des Arnold v. Saarbrücken, Archidiakon, 100 lib. Trev. zum Zinskauf für Anniv. u. Memorie (LHAKO Abt. 1 D Nr. 707); 1380 II 19 Robert v. Saarbrücken, Dompropst u. Propst v. St. Paulin, 400 lib. Trev. zum Zinskauf für Anniv. u. Memorien, an Fabrik 400 lib., 1 „gr. antiquus" bzw. 6 lib. zur Verteilung im Zusammenhang mit Tod, Begräbnis u. am 1., 3., 7., 30. Tag (LHAKO Abt. 1 D Nr. 722 u. 4416, S. 849–869; 1381 II 3 Quittung des „elemosinarius" über 5 fl. Mog., von Robert „pro sua commemoratione" an St. Paulin geschenkt, LHAKO Abt. 213 Nr. 284); 1422 Arnold v. Hohenecken 25 lib. Trev. (*Holbach*, Inventar; BATR Abt. 91 Nr. 128).
33 Vgl. Personenliste.

aus[34]; Dompropst Gottfried war auch Kanoniker von St. Simeon[35], Gottfried von Rodenmacher stand dem Simeonstift wohl vor allem wegen der dort vertretenen Familienmitglieder nahe[36]. Ins Auge fällt, daß gerade für St. Simeon auch Stiftungen verschiedener Inhaber kleinerer Pfründen an Dom und Liebfrauen belegt sind. Dies hängt teilweise gewiß damit zusammen, daß Verbindungen durch gemeinsame Benefizien bestanden. Das Stift Pfalzel scheint dagegen insgesamt

---

34 Stiftungen an St. Simeon:
1113 VII 20 Dompropst Rambert 20 Mark Silber für Anniv.; ist in Gebetsverbrüderung aufgenommen worden (Wampach, UQB 1 Nr. 345, MRUB 1 Nr. 427); 1150 Dompropst Gottfried bzw. bereits seine Mutter Gerberga Allod in Ernzen (*Wampach*, UQB 1, Nr. 449; MRUB 1 Nr. 554; MRR 2 Nr. 2099); 1284 III 20 Domcantor Wilhelm v. Davels 40 sol. am Todestag (MRR 4 Nr. 1136; BATR Abt. 95 Nr. 311, S. 447–453); 1316 VIII 9 Gottschalk Rait, Rektor/Ulmen u. Kaplan des Margaretenaltars, 40 sol. Hall. (LHAKO Abt. 1 D Nr. 4413, S. 465–474); vor 1325 VII 2 Kaplan d. Martinsaltars, Gerbodo, mit anderen Stiften u. Klöstern 30 lib.; aber widerrufen (LHAKO Abt. 96 Nr. 691); 1324 IX 10 Scholaster Herbrand v. Zolver 32 sol. Ewigzins für Anniv. (LHAKO Abt. 215 Nr. 146; vgl. auch Nr. 130, Dorsalvermerk); 1330 I 29 Eberhard v. Massu, Propst/St. Simeon, providiert für Dompropstei, an Johannes-Bapt.-Altar 50 lib. Tur. zum Zinskauf für Anniv. u. Memorie, an Stift 100 lib., jedem „chorali seu pauperi clerico chorum frequentanti" 1 tunica im Wert v. 24 sol.; ein Altar gestiftet (LHAKO Abt. 215 Nr. 273; 1331 V 4 Quittung über 100 lib. Tur. parv., Nr. 427); vor 1331 V 4 Gottfried v. Rodenmacher, Dompropst, 30 lib. Tur. nigr. für 30 sol. Tur. nigr. Zins (LHAKO Abt. 215 Nr. 427; Quittung für Exekutoren); 1343 I 28 Johann Jakelonis, Dekan/St. Simeon u. Pfründner/ Liebfrauen, 11 lib. 8 den. Trev. Zins; „stallum vocatum Cramestat cum dimidio" am Markt zur Verpachtung gegen Zins; dem jeweiligen Dekan v. St. Simeon Wiese bei Franzenheim; der Kiche 40 sol. Zins zur Verteilung bei Gedächtnistagen; Altären Wachs von seinen Bienen u. Ewiglichte; den Vikaren u. Kaplänen Zinse, von 150 lib. Trev. zu kaufen; der Kirche Tücher bzw. Gewänder u. Silberbecher, der Kelter v. St. Simeon sein Faß; der Georgskapelle 3 sol. Zins (LHAKO Abt. 215 Nr. 416 f.); 1354 X 11 Johann Franoit, Kaplan/Agathenaltar, halbes Haus „ad parvam choreamboum" (Flandergasse) an Hubertaltar (LHAKO Abt. 1 D Nr. 561 u. 4415, S. 745–754); 1357 II 1 Rudolf Losse, Domherr, 50 fl. zum Zinskauf für Anniv. (*Stengel*, Nova Alamanniae, Nr. 986); 1360 I 21 Thesaurar Ludolf v. Hollenfels jedem Priester v. St. Simeon am Begräbnis u. bei Gedächtnistagen 3 sol. (LHAKO Abt. 1 D Nr. 587); 1379 I 20 Robert v. Saarbrücken, Dompropst, 1 fl. Mog. Zins für Anniv. (LHAKO Abt. 1 D Nr. 694 u. 4416, S. 777–787); 1380 II 19 ders., 100 lib. Trev. zum Zinskauf für Anniv. u. Memorie (ebda., Nr. 722 u. 4416, S. 849–869); 1382 I 26 Testamentsexekutor des Domvikars Nikolaus v. Luxemburg kauft 20 sol. Ewigzins für dessen Anniv. (LHAKO Abt. 215 Nr. 500); 1422 Arnold v. Hohenecken, Scholaster, 25 lib. Trev. für Anniv. (*Holbach*, Inventar; BATR Abt. 91 Nr. 128); Der Nekrolog (STATR 1894/1646 2°) enthält die Namen von Herbrand v. Zolver, Ludwig v. Homburg, Bartholomäus v. d. Fleischgasse, Gottfried v. Rodenmacher, Isenbard v. Warsberg, Nikolaus v. Hunolstein, Rudolf v. d. Brücke, Luther v. Eltz, Johann Button u. einiger Vikare. Vgl. zu St. Simeon: *Bunjes*, KD Trier, S. 463–497.
35 Vgl. MRUB 1 Nr. 630 v. 1161.
36 Nikolaus v. Rodenmacher, Kanoniker v. St. Simeon und St. Paulin, seit 1331 Dekan, belegt v. 1314–1340 (LHAKO Abt. 215 Nr. 189, 234, 259, 271 f., 280–283, 320, 391, 428); Reyner v. Rodenmacher, Kanoniker v. St. Simeon 1314–1322 (ebda., Nr. 187, 189, 271 f.); später: Gottfried von Rodenmacher, Propst v. St. Simeon; belegt 1331–1357 (Nr. 219, 242, 274–276, 280 f., 284, 398, 405 f., 412, 416, 421 f., 424–426, 428, 435).

kaum eine Rolle in den Schenkungen gespielt zu haben[37]; das überlieferte Legat des Nikolaus von Hunolstein ist zweifellos dadurch bedingt, daß er Propst in Pfalzel war[38]. Vom Umfang der Stiftungen her läßt sich zwischen St. Paulin und St. Simeon wenig Gefälle feststellen. In vielen Fällen ist die Höhe der ausgesetzten Summe gleich; Bevorzugungen in anderen Fällen sind wohl auf besondere persönliche Bindungen zurückzuführen.

Neben den Trierer Stiften werden nur wenige weitere bedacht[39]. Hervorzuheben ist Münstermaifeld[40], wo ebenfalls Trierer Domherren – wie erwähnt –

---

37 Pfalzel: 1280 X 20 Gerhard v. Daun, Domherr, „propinatio" (MRR 4 Nr. 747; LHAKO Abt. 1 D Nr. 140); 1335 IV 29 Nikolaus v. Hunolstein 3 lib. Tur. parv. Zins für Anniv. u. Memorien (*Toepfer*, UB Hunolstein 1, Nr. 211).

38 Vgl. Personenliste.

39 Andere Stifte außer den im Text noch genannten: 1278 X 31 Dietrich v. Blankenheim, Dompropst/Trier u. Kanoniker v. St. Aposteln/Köln, 30 köln. Mark für seine Kurie dort v. Nachfolger, Präbendeneinkünfte v. 2 Jahren, 10 köln. Mark für Memorie an St. Aposteln/Köln; Preis auch v. zukünftigen Besitzern d. Kurie zu zahlen (*S. Muller,* Das Eigentum an den Domkurien der deutschen Stifter, in: Westdt. Zs. f. Gesch. u. Kunst 10, 1891, S. 341–374, S. 364–366, Nr. X); 1309 VI 29 Dietrich v. Daun, Domherr in Trier u. Kanoniker in St. Kunibert/Köln, „domus claustralis" u. „annus gratiae" dort für Anniv. (LHAKO Abt. 1 D Nr. 235 u. 4413 Nr. 189–192; 1309 VII 2 widerrufen: ebda., Nr. 236 u. 4413, S. 192 f.); 1330 I 29 Eberhard v. Massu, Propst/St. Simeon, providiert für Dompropstei, je 50 lib. Tur. parv. an St. Marien/Ivoix, St. Agatha/Longuyon (LHAKO Abt. 215 Nr. 273); 1357 II 1 Rudolf Losse, Dekan/Mainz u. Domherr/Trier, an Domstift Mainz 100 fl. für Anniv., ihm noch zustehende Präbendeneinkünfte (*Stengel,* Nova Alamanniae, Nr. 986); 1379 V 30 Testamentsexekutoren des Arnold v. Saarbrücken an Domstift Straßburg 200 fl. Mog. zum Zinskauf (LHAKO Abt. 1 D Nr. 711 u. 4416, S. 923 f.); 1380 IV 19 Robert v. Saarbrücken, Dompropst/Trier, 100 fl. Mog. bzw. 30 fl. Mog. an St. Gereon/Köln bzw. St. Stephan/Weißenburg (LHAKO Abt. 1 D Nr. 722 u. 4416, S. 849–869). Für das Mainzer Domstift vgl. auch STAWÜ Mz. Bü. versch. Inh. Nr. 47 u. 48 (Liber animarum); für Speyer Busch-Glasschröder, Chorregel.

40 Münstermaifeld: 1228 VIII 6 Ingebrand (v. Daun), Archidiakon u. Propst v. Münstermaifeld, Allod in „Neifla" und Güter bei „Valvey" mit genauen Bestimmungen für Anniversar seiner selbst, seines Bruders u. seiner Eltern (Weinrente an Priester der Kapelle Burgen und Pleban v. Münstermaifeld) (MRUB 3 Nr. 349; MRR 2 Nr. 1872); 1253 X 19 Elias (v. Eltz), Domherr und Kanoniker v. Münstermaifeld, Weinberge in Alken für Anniv. u. früher 6 den., 3 sol. Colon., 1 Huhn jährl. (MRUB 3 Nr. 1221; MRR 3 Nr. 1070 f.); 1276 VI 30 Dietrich v. Kempenich, Domherr u. Kanoniker v. Münstermaifeld, halbe Einkünfte aus Präbende u. „annus gratiae" (MRR 4 Nr. 321; LHAKO Abt. 1 D Nr. 137); 1296 VI 16 Luther v. Eltz, Domscholaster und Propst v. Münstermaifeld, fundiert Altar St. Nikolaus mit Einkünften v. 1 Mark; an Laurentiusaltar 1 Malter Roggen Einkünfte, an Michaelskapelle Backhaus; bereits früher an Münstermaifeld Güter in Alken und jenseits der Mosel in „Felle" und „Suische" (MRR 4 Nr. 2535; LHAKO Abt. 1 D Nr. 183); 1309 VI 29 Dietrich v. Daun, Domkanoniker u. Kanoniker v. Münstermaifeld, Kurie dort u. „annus gratiae" für sein Anniversar (LHAKO Abt. 1 D Nr. 235 u. 4413, S. 189–192; 1309 VII 2 widerrufen: ebda. Nr. 236 u. 4413, S. 192 f.); 1330 I 29 Eberhard v. Massu, Propst v. St. Simeon, providiert für Dompropstei, 100 lib. Tur. parv. (LHAKO Abt. 215 Nr. 273); 1422 Arnold v. Hohenecken, Scholaster, 25 fl. Mog. für Anniv., 25 fl. Mog. für Severusfest (*Holbach,* Inventar; BATR Abt. 91 Nr. 128).

häufiger Kanonikate und höhere Funktionen einnehmen konnten. Die Stifterpersönlichkeiten stammen vor allem aus der Eifel, also dem Einzugsbereich von St. Martin und Severus; alle im 13. Jahrhundert und zu Beginn des 14. Jahrhunderts schenkenden Domherren sind auch als Mitglieder des Münstermaifelder Kapitels belegt. Für die spätere Zeit sind kaum Belege vorhanden, was mit einem Fehlen von Nachweisen über Trierer Domherren als Münstermaifelder Kanoniker in Einklang steht. Bei Karden[41] als Sitz eines Archidiakonats sind die stiftenden Domherren ebenfalls ausschließlich als Archidiakone oder Kanoniker nachzuweisen. Ähnliches gilt für St. Kastor/Koblenz[42], während für St. Florin[43] kaum Zeugnisse vorhanden sind. Vom Umfang der Dotationen her läßt sich kaum ein

---

41 St. Kastor/Karden: 1274 IV 16 Archidiakon u. Propst v. Karden Heinrich v. Bolanden Güter in Pommern u. Brieden (MRR 4 Nr. 62, LHAKO Abt. 99 Nr. 35; auch Grabstätte in Karden, vgl. Personenliste); 1284 III 20 Wilhelm v. Davels, Domcantor und Kanoniker v. Karden, Kurie dort zum Verkauf für Anniv.; Geldzins v. 4 sol. (MRR 4 Nr. 1136; BATR Abt. 95 Nr. 312, S. 447–453); 1316 VIII 2 Heinrich Kuvleisch, Domvikar, 40 sol. Zins für Anniv. u. 1 „marca" v. seinem Haus dort für Memorie für ihn u. Eltern (LHAKO Abt. 1 D Nr. 4413, S. 445–458); 1338 X 15 Heinrich v. Pfaffendorf, Archidiakon u. Propst v. Karden, Grabstätte dort; 2 Mk. den. (3 Hall. = 1 den.) Ewigzins für Anniv. (LHAKO Abt. 99 Nr. 500); 1357 II 1 Rudolf Losse, Domherr (u. Cantor v. Karden), 50 fl. zum Zinskauf für Anniv. (Stengel, Nova Alamanniae, Nr. 986); 1380 II 19 Robert v. Saarbrücken, Dompropst und vorher Archidiakon in Karden, 100 lib. Trev. für Anniv. (LHAKO Abt. 1 D Nr. 722 u. 4416, S. 849–869). Der Nekrolog (STATR Archiv Kesselstatt Nr. 8200) enthält: Gottfried v. Brandenburg, Alexander v. Braunshorn, Robert v. Saarbrücken, Luther v. Eltz, Heinrich v. Bolanden, Heinrich v. Pfaffendorf.
42 St. Kastor/Koblenz: 1316 VIII 2 Domvikar Heinrich von Kuvleisch, Custos v. St. Kastor/Koblenz, 40 sol. für Anniv. (LHAKO Abt. 1 D Nr. 4413, S. 445–458); 1320 VII 9 Dietrich von Montabaur, Domherr v. Trier und Scholaster v. St. Kastor, bereits früher zwei Altäre gestiftet, jetzt dotiert mit Weinbergen (Ertrag ca. 6 Mark); 300 Mark Pfennige (3 Heller = 1 Pfennig) für Kauf von Einkünften u. Zinsen für Altäre; 50 Mark Pfennige an Andreasaltar, der von seinem Onkel Werner von Montabaur fundiert und dotiert wurde; an die Kastorkirche für Feier des Fronleichnamsfestes 6 sol. Zins Koblenzer Währung, für das Fest Translatio sancti Martini 7 sol. 9 den. Zins; für Memorien seiner Eltern u. seines Bruders insgesamt 2½ Mark Zins; für eigene 10 Memorien 10 Mark Zins „boni pagamenti" (6 Mark Koblenzer Pagament = 4 Mark „boni pagamenti"); für Anniv. 2 Mark „boni pagamenti"; an Kaplan Agathenaltar 6 sol. „boni pagamenti" Zins; zur Verbesserung aller Anniversare in der Kirche 100 Mark „boni pagamenti" zum Zinskauf (Schmidt, Quellen 1, Nr. 461); 1322 III 13 teilweise abgeändert (ebda., Nr. 487); 1335 IV 29 Dompropst Nikolaus von Hunolstein (Propst v. St. Kastor) 5 lib. Tur. parv. für Anniv. u. Memorien verschiedener Personen (Toepfer, UB Hunolstein 1, Nr. 211; Schmidt, Quellen 1, Nr. 654); 1357 II 1 Rudolf Losse, Domherr/Trier u. vorübergehend Kanoniker v. St. Kastor, 50 fl. für Anniv. zum Zinskauf (Stengel, Nova Alamanniae, Nr. 986; Schmidt, Quellen 1, Nr. 969). Dietrich von Güls stiftete einen Zins v. 1 fl. (LHAKO Abt. 109 Nr. 1604 fol. 9).
43 St. Florin/Koblenz: 1320 VII 9 Dietrich v. Montabaur, Domherr u. Scholaster v. St. Kastor/Koblenz, 10 Mark „boni pagamenti" zum Zinskauf (Schmidt, Quellen 1, Nr. 461); 1357 II 1 Rudolf Losse, Domherr u. Kanoniker v. St. Florin, 50 fl. zum Zinskauf für Anniv. (Stengel, Nova Alamanniae, Nr. 986). Im Memorienbuch (LHAKO Abt. 112 Nr. 1349) erscheint der Propst v. St. Florin (u. Trierer Domherr) Konrad v. Rheineck am 5. 3., „qui legavit ecclesie bona sua in Gülsz. Item vineam suam in Kalckoven sitam" (fol 28').

Gefälle zwischen den einzelnen Kollegiatstiften feststellen, Unterschiede sind wohl weniger durch eine bestehende Rangfolge als durch persönliche Neigungen bestimmt. Festzuhalten ist allerdings, daß die Verfügungen im Vergleich zu denen für das Domkapitel im allgemeinen wesentlich niedriger ausfallen. Insgesamt ist das Übergewicht der trierischen Stifte St. Simeon und St. Paulin hervorstechend, was besonders auch für die niedere Geistlichkeit an Dom und Liebfrauen gilt, deren Lebenskreis im allgemeinen wohl begrenzter als der der Domherren war. Auch bei diesen sei erneut auf ihre durch die Bepfründung gegebene Orientierung auf den hiesigen Raum hingewiesen, die einen Trierer „Horizont" bei den Verfügungen verständlich erscheinen läßt.

Bei den Klöstern, an die Zuwendungen erfolgten, haben eine größere Bedeutung sichtlich ebenfalls die Niederlassungen in Trier, vornehmlich die traditionsreichen Benediktinerklöster St. Maximin, St. Eucharius/Matthias, St. Martin und St. Maria ad martyres[44]. Neben Fällen, in denen nur für einzelne von ihnen Stif-

---

[44] St. Maximin: 1284 III 20 Domcantor Wilhelm von Davels 40 sol. am Todestag (BATR Abt. 95 Nr. 312, S. 447–453; MRR 4 Nr. 1136); 1296 VI 16 Domscholaster Luther v. Eltz Einkünfte für Pitanz zum Anniversar für ihn u. Eltern (MRR 4 Nr. 2535; LHAKO Abt. 1 D Nr. 183); 1316 VIII 9 Gottschalk Rait, Kaplan des Margaretenaltars, 40 sol. Hall. (LHAKO Abt. 1 D Nr. 4413, S. 465–474); vor 1325 VII 2 Gerbodo, Vikar des Martinsaltars, mit anderen Stiften und Klöstern 30 lib. Trev.; aber widerrufen (LHAKO Abt. 96 Nr. 691); 1330 I 29 Eberhard von Massu an St. Maximin u. andere Klöster je 44 lib. Tur. parv. (LHAKO Abt. 215 Nr. 273); 1332 V 19 Gottfried von Weckeringen, Domvikar, an den Nikolausaltar bei St. Maximin Wingerte zwischen Euren und Zewen, 10 „fercellas" Getreide, 10 sol. Ewigzins, „librum meum missalem novum deauratam cum pathena, casulam meam rubeam cum aliis ornamentis sacerdotalibus"; Kaplan hat v. Gütern 10 sol. für „propinatio" an Konvent zu geben (LHAKO Abt. 211 Nr. 325); 1335 IV 29 Dompropst Nikolaus von Hunolstein 30 sol. Tur. parv. Zins für sein Anniv. (*Toepfer*, UB Hunolstein 1, Nr. 211); 1360 I 21 Ludolf von Hollenfels 25 lib. (LHAKO Abt. 1 D Nr. 587); 1379 V 15 Quittung über 100 lib. Trev. v. Testamentsexekutoren des Arnold v. Saarbrücken (Abt. 211 Nr. 418); 1380 II 19 Robert von Saarbrücken, Dompropst, 100 lib. zum Zinskauf für Anniv. (Abt. 1 D Nr. 722 u. 4416, S. 849–869); 1418 VIII 7 Eberhard v. Eppelborn 30 fl. für 1 fl. Zins zum Anniv. (LHAKO Abt. 1 D Nr. 864; BATR Abt. 91 Nr. 127 fol. 2; Bruder Rorich war Abt v. St. Maximin); 1422 Arnold von Hohenecken 3 lib. Trev. für eine Sterbemesse (*Holbach*, Inventar; BATR Abt. 91 Nr. 128). Zu St. Maximin u. d. hierzu wichtigen Lit. vgl. *Heit*, St. Maximin. Der Nekrolog enthält als identifizierbar: Herbrand v. Zolver, Isenbard v. Warsberg, Robert v. Saarbrücken, Luther v. Eltz (Hontheim, Prodromus 2, S. 966, 974, 978, 980).
St. Matthias: 1238 XI 6 Domscholaster Thymar 5 sol. Zins v. Weinberg („Brittenbach") (MRUB 3 Nr. 631; MRR 3 Nr. 83); 1259 XI 7 Gerard, Rektor der Domschule, „vinea" bei Heiligkreuz (MRUB 3 Nr. 1503; MRR 3 Nr. 1588); 1264 XI Dompropst und Archidiakon Simon v. Warsberg die Hälfte eines steinernen Hauses in „Pachte" mit Zubehör und Rechten für Anniv. (MRR 3 Nr. 2014; LHAKO Abt. 210 Nr. 121: ist Bruder des Abtes); 1272 I Rudenger, Priester des Stephansaltars, 30 sol. Zins aus Wingerten u. verschiedenen Häusern (MRR 3 Nr. 2677; LHAKO Abt. 210 Nr. 123); 1284 III 20 Domcantor Wilhelm v. Davels 40 sol. am Todestag (MRR 4 Nr. 1136; BATR Abt. 95 Nr. 312, S. 447–453); 1316 VIII 9 Gottschalk Rait, Rektor in Ulmen, Kaplan des Margaretenaltars, 40 sol. Hall. (LHAKO Abt. 1 D Nr. 4413, S. 465–474); vor 1325 VII 2 Gerbodo, Kaplan des Martinsaltars, mit anderen Trierer Stiften u. Klöstern 30 lib.; aber widerrufen (LHAKO Abt. 96

tungen überliefert sind, finden sich solche, in denen sie in Testamenten gemeinsam bedacht werden; dabei ist die ihnen übermachte Summe zumeist gleich hoch. Im Verhältnis zu den eben erwähnten Trierer Stiften liegen bei Testamenten, die Vergleichsmöglichkeiten bieten, die Beträge nicht höher, bisweilen gleich,

---

Nr. 691); 1330 I 29 Eberhard v. Massu, Propst/St. Simeon, providiert für Dompropstei, St. Matthias u. anderen Klöstern je 44 lib. Tur. parv. (LHAKO Abt. 215 Nr. 273); 1335 V 29 Dompropst Nikolaus v. Hunolstein 40 sol. Tur. parv. Zins für Anniv. (*Toepfer*, UB Hunolstein 1, Nr. 211); 1357 II 1 Rudolf Losse, Domherr, „sex casseas argenteas meas mediocres" oder 20 fl. hierfür zum Schmuck v. Reliquien oder Grab d. hl. Matthias oder Ewigzinskauf für Anniv. (*Stengel*, Nova Alamanniae, Nr. 986); 1360 I 21 Ludolf v. Hollenfels, Thesaurar, 25 lib. (LHAKO Abt. 1 D Nr. 587); 1379 V 16 Testamentsexekutoren des Archidiakons Arnold v. Saarbrücken 100 lib. Trev. zum Zinskauf für Anniv. u. Memorie (LHAKO Abt. 1 D Nr. 3657 u. 4416, S. 915 f.); 1380 II 19 Dompropst Ruprecht v. Saarbrücken 100 lib. zum Zinskauf für Anniv. (ebda. Nr. 722 u. 4416, S. 849–869); 1422 Arnold v. Hohenecken, Scholaster, 3 lib. Trev. für Sterbemesse (*Holbach*, Inventar; BATR Abt. 91 Nr. 128). Der Nekrolog enthält: Herbrand (v. Zolver), Scholaster; Kuno (v. Arlon), Scholaster; Robert (v. Saarbrücken), Dompropst; Arnold (v. Saarbrücken), Archidiakon (BIPTR Hs. 63 fol. 119, 126', 128'). Das Memorienbuch verzeichnet: Herbrand v. Zolver, Scholaster (3. 1., 1 lib. Zins); Ludolf (v. Hollenfels), Custos (2. 2., 1 lib. Zins); Kuno (v. Arlon) u. Herbrand (v. Zolver), Scholaster (17. 2., 1 lib. Zins); Gottfried v. Rodenmacher, Propst (24. 2., 10 sol. Zins); Arnold v. Saarbrücken, Archidiakon (28. 2., Legat v. 50 lib.); Herbrand v. Zolver, Johann v. Koerich u. Kuno (v. Arlon), Scholaster (17. 5., 1 lib.); Johann v. Hammerstein, Scholaster (19. 5., Legat v. 5 fl.); Johann v. Koerich u. Herbrand (v. Zolver), Scholaster (14. 6., 1 lib. Zins); Eberhard (v. Massu), Propst v. St. Simeon (providiert für Dompropstei) (11. 12., 12 sol. Zins) (BIPTR Hs. 28, fol. 11, 14, 15', 16, 16', 24, 24', 27, 44'; teilweise jedoch Unstimmigkeiten in der Tageszählung). Vgl. zu St. Matthias immer noch: *Bunjes*, KD Trier, S. 204–284.

St. Maria ad martyres: 1280 X 20 Gerhard v. Daun 20 sol. (MRR 4 Nr. 747; LHAKO Abt. 1 D Nr. 140); 1284 III 20 s. o.; 1316 VIII 9 s. o.; 1324 VIII 23 Domscholaster Herbrand v. Zolver 30 sol. Ewigzins für seine Onkel Johann v. Koerich u. Kuno (v. Arlon) u. eigenes Seelenheil (Anniv. u. Memorien) (LHAKO Abt. 207 Nr. 95); vor 1325 VII 2 s. o.; 1329 XI 24 Ludwig v. Odelingen, Vikar des Dreifaltigkeitsaltars, 18 sol. Ewigzins an Verwandten Johann v. Odelingen, Mönch, nach dessen Tod ans Kloster (LHAKO Abt. 207 Nr. 97); 1330 I 29 s. o.; 1335 IV 29 Dompropst Nikolaus v. Hunolstein 40 sol. Tur. parv. Zins für Anniv. verschiedener Personen (*Toepfer*, UB Hunolstein 1, Nr. 211); 1360 I 21 s. o.; 1380 II 19 s. o.; 1422 s. o. Zu St. Maria ad martyres vgl. *Bunjes*, KD Trier, S. 441–446 u. die dort zit. Lit.; *Werner Schuhn*, Die Benediktinerabtei St. Maria ad martyres bei Trier, in: Ehranger Heimat 27 (1976), S. 118–128.

St. Martin: 1284 III 20 s. o.; 1316 VIII 2 Domvikar Heinrich Kuvleisch 20 lib. zum Zinskauf für Anniv. (LHAKO Abt. 1 D Nr. 4413, S. 445–458); 1316 VIII 9 s. o.; vor 1325 VII 2 s. o.; 1330 I 29 s. o.; 1335 IV 29 Dompropst Nikolaus v. Hunolstein 20 sol. Tur. parv. Zins für Anniv. (*Toepfer*, UB Hunolstein 1, Nr. 211; 1337 VI 13 Quittung über 20 lib., ebda. Nr. 213 = LHAKO Abt. 1 D Nr. 422); 1343 I 28 Johann Jakelonis, Dechant v. St. Simeon u. Kanoniker v. Liebfrauen, 15 lib. Schulden für Ewigzinskauf zum Anniv. (LHAKO Abt. 215 Nr. 416 f.); 1360 I 21 wie St. Maximin; 1379 V 16 Testamentsexekutoren des Archidiakons Arnold v. Saarbrücken 100 lib. Trev. zum Zinskauf für Anniv. u. Memorie (LHAKO Abt. 1 D Nr. 706 u. 4416, S. 919 f.; *Kreglinger*, Analyse, S. 107, Nr. 837); 1380 II 19 s. o.; 1422 s. o.; zu St. Martin vgl. immer noch: *Armin Tille*, Die Benediktinerabtei St. Martin bei Trier. Ein Beitrag zur Trierer Kirchengeschichte, in: Trier. Arch. 4 (1900), S. 1–94; *Bunjes*, KD Trier, S. 450–455.

öfter aber niedriger. Die Stifte standen den Domherren anscheinend näher, wenn auch durch Verwandtschaftsbeziehungen zu Äbten oder Insassen teilweise enge Beziehungen zu den alten Benediktinerabteien gegeben waren[45].

Der Umfang der Schenkungen an die Mendikantenorden ist deutlich geringer[46], wie auch wohl die persönlichen Bindungen hier weniger stark ausgeprägt waren.

---

45 Vgl. hierzu *Petrus Becker*, Die ständische Zusammensetzung der Abteien St. Matthias und St. Maximin in Trier zu Beginn der Reform des Abtes Johannes Rode (†1439), in: Arch. f. mrh. KiG 18 (1966), S. 313–320.

46 Mendikantenorden: 20er Jahre 13. Jh. Domkanoniker Ernst Haus an Prediger (MGHSS XXIV, Gesta Treverorum, S. 399; *Zenz*, Taten der Trierer 3, S. 49 f.); 1238 XI 6 Domscholaster Thimar an Prediger und Minoriten 2 bzw. 1 carr. Wein (MRUB 3 Nr. 631; MRR 3 Nr. 83); 1252 IV Priester Jakob v. Castell an Prediger u. Minoriten je 5 lib. (MRUB 3 Nr. 1141; MRR 3 Nr. 930); 1276 VI 30 Dietrich v. Kempenich halbe Einkünfte aus Präbende u. „annus gratiae" in Trier an Prediger, entsprechendes in Münstermaifeld an Minoriten für „commemoratio" (MRR 4 Nr. 321; LHAKO Abt. 1 D Nr.137); 1284 III 20 Domcantor Wilhelm v. Davels an Prediger und Minoriten je 40 sol., Karmeliter, Wilhelmiter je 10 sol. (MRR 4 Nr. 1136; BATR Abt. 95 Nr. 312, S. 447–453); 1316 VIII 2 Heinrich Kuvleisch, Domvikar, je 10 sol. für Pitanz an Prediger u. Minoriten (LHAKO Abt. 1 D Nr. 4413, S. 445–458); 1316 VIII 9 Gottschalk Rait, Rektor v. Ulmen, Kaplan d. Margaretenaltars, je 40 sol. Hall. an Prediger, Minoriten, Augustiner, Karmeliter (ebda., S. 465–474); 1330 I 29 Eberhard v. Massu, Propst v. St. Simeon, providiert für Dompropstei, jedem der vier Trierer Mendikantenorden: 1 carr. Wein u. 6 Malter Getreide (LHAKO Abt. 215 Nr. 273); 1335 IV 29 Nikolaus v. Hunolstein, Dompropst, am Todestag den vier Mendikantenorden je 5 Malter Roggen (*Toepfer*, UB Hunolstein 1, Nr. 211); 1343 I 28 Johann Jakelonis, Dechant v. St. Simeon, Kanoniker v. Liebfrauen, 4 sol. 6 den. Zins für sein und seiner Mutter Anniv. (bei Franziskanern beerdigt); 40 sol. u. $^1/_2$ carr. Weingülte; an andere 3 Mendikantenorden je 40 sol. (LHAKO Abt. 215 Nr. 416 f.); 1357 II 1 Rudolf Losse, Domherr, an die Prediger Buch „de natur(is) rerum in primis foliis monstruosis hominibus depictum" u. 20 fl.; an Minoriten, Augustiner, Karmeliter je 5 lib. Trev. (*Stengel*, Nova Alamanniae, Nr. 986); 1360 I 21 Ludolf v. Hollenfels, Thesaurar, je 10 lib. an die vier Mendikantenorden (LHAKO Abt. 1 D Nr. 587); 1379 III 16 u. 26 Testamentsexekutoren Arnolds v. Saarbrücken, Archidiakon, je 10 lib. an Augustiner u. Karmeliter (LHAKO Abt. 1 D Nr. 709); 1380 II 19 Ruprecht v. Saarbrücken, Dompropst, Predigern 50 lib. für Zins zum Anniv., 20 Malter Roggen u. 1 carr. Wein: jedem Konvent „fratrum mendicantium" in Trier 10 Malter Roggen (LHAKO Abt. 1 D Nr. 722 u. 4416, S. 849–869); 1418 VIII 7 Eberhard v. Eppelborn jedem Mendikantenorden 3 fl. (LHAKO Abt. 1 D Nr. 864; BATR Abt. 91 Nr. 127 fol. 2); 1422 Arnold v. Hohenecken Predigern 2 Malter Roggen, 1 Ohm Wein u. 20 lib. Trev.; Minoriten, Augustinern, Karmelitern je 1 Malter, 1 Ohm u. 6 lib. (*Holbach*, Inventar; BATR Abt. 91 Nr. 128); 1427 X 24 Domvikar Heinrich v. Bettenberg je 1 fl. an 4 Mendikantenorden (LHAKO Abt. 1 D Nr. 893); 1446 III 16 Konrad v. Braunsberg an die Prediger 12 fl. für jährlich einmal zu begehende Memorie u. 4 Ml. Roggen, an übrige Mendikanten (Augustiner, Karmeliter, Minoriten) je 2 fl. u. 1 Ml. (LHAKO Abt. 1 D Nr. 1149 u. 4420, S. 145–155; BATR Abt. 95 Nr. 315, S. 126–132). Vgl. zu den Mendikanten: *Bunjes*, KD Trier, S. 42–47 (Augustiner), 48–65 (Franziskaner), 407–409 (Dominikaner), 424–430 (Karmeliter) u. die dort zit. Lit., bes. auch *Gottfried Kentenich*, Zur Geschichte der Trierer Dominikaner, in: Trier. Arch. 26/27 (1916), S. 230–244; *Gabriel M. Löhr*, Der Dominikanerorden und seine Wirksamkeit im mittelrheinischen Raum, in: Arch. f. mrh. KiG 4 (1952), S. 120–156, bes. S. 125 f.; *Johann Christian Lager*, Notizen zur Geschichte der Karmeliter in Trier, in: Trier. Chron. 16 (1920), S. 23–28 u. ö., 17 (1921), S. 28 f. u. 73–76.

Bei verschiedenen Gelegenheiten wird an die vier Niederlassungen in Trier jeweils das gleiche gestiftet; unverkennbar ist aber, daß die Prediger eine gewisse Sonderstellung einnehmen und die Legate an sie bisweilen höher als an die Minoriten, Augustiner und Karmeliter ausfallen. Die Kartause St. Alban[47], erst unter Balduin entstanden, tritt bis ins 15. Jahrhundert hinein nur einige Male und in unregelmäßigen Abständen in Erscheinung, die in den Testamenten hinterlassenen Legate sind aber durchaus respektabel. Die Ritterorden werden ebenfalls nicht allzuoft genannt; die Schenkungen fallen auch gegenüber den zuvor genannten Institutionen vom Umfang her deutlich ab[48].

Selbstverständlich erscheinen auch die religiösen Genossenschaften von Frauen in Trier in den Verfügungen; St. Marien/Oeren, St. Katharinen in seiner Nähe, St. Barbara und die Zisterzienserinnen bei Löwenbrücken außerhalb der Stadtmauern, die Reuerinnen in der Dietrichgasse (Klarissen), St. German und St. Gervasius/Agneten im Gelände der Kaiserthermen werden häufiger genannt, in wenigen Fällen sind bis zur Mitte des 14. Jahrhunderts auch Trierer Beginen Nutznießerinnen von Schenkungen[49]. Das traditionsreichste dieser Klöster, das bis ins 7. Jahrhundert zurückgehende St. Marien/Oeren, wird bisweilen höher dotiert, in der Regel setzten die Erblasser jedoch für all diese Institutionen dieselbe Summe aus. Im Vergleich zu den genannten Männerklöstern liegen die Beträge weit unter den Zuwendungen für die alten Benediktinerabteien, können sich jedoch durchaus mit denen an die Bettelorden messen.

---

47 St. Alban: 1343 I 28 Johann Jakelonis, Dekan v. St. Simeon u. Pfründner v. Liebfrauen, 1 carr. Wein u. Schuldenerlaß (LHAKO Abt. 1 D Nr. 416 f.); 1357 II 1 Rudolf Losse, Domherr, alle Utensilien in seiner Wohnkurie in Trier, die St. Alban gehört; 50 fl. zum Zinskauf für Anniv. (*Stengel*, Nova Alamanniae, Nr. 986); 1360 I 21 Ludolf v. Hollenfels, Thesaurar, 25 lib. (LHAKO Abt. 1 D Nr. 587); 1380 II 19 Dompropst Ruprecht v. Saarbrücken 100 fl. Mog. für Zinse zum Anniv. (LHAKO Abt. 1 D Nr. 722 u. 4416, S. 849–869); 1422 Arnold v. Hohenecken, Scholaster, 25 fl. Mog. für Anniv. (BATR Abt. 91 Nr. 128; *Holbach*, Inventar); 1446 III 16 Konrad v. Braunsberg 10 fl. für eine jährliche Memorie (LHAKO Abt. 1 D Nr. 1149 u. 4420, S. 145–164; BATR Abt. 95 Nr. 315, S. 126–132). Im Memorien-Buch erscheinen: Robert v. Saarbrücken („duas petias vini mensure quatuor amarum"; 100 fl.), Nikolaus v. Pittingen (50 lib.), Arnold v. Saarbrücken (50 lib.), Ludolf v. Hollenfels (25 lib.) (BIPTR Hs. 29, S. 11). Vgl. zu St. Alban: *Johannes Simmert*, Zur Frühgeschichte der Kartause St. Alban b. Trier. 1330/1–54, in: Jb. f. Gesch. u. Kunst. d. Mittelrheins 15/16 (1963/64), S. 5–38.

48 Ritterorden: 1335 IV 29 Dompropst Nikolaus v. Hunolstein an Deutschherren 20 sol. Tur. parv. Zins, Johanniter 40 sol. Zins für Anniv. u. Memorie (*Toepfer*, UB Hunolstein 1, Nr. 211; 1337 VII 11 Quittung der Johanniter über 40 lib. Tur. parv. zum Zinskauf: LHAKO Abt. 55 B Nr. 200); 1380 II 19 Dompropst Ruprecht v. Saarbrücken an die Deutschherren 5 fl. Robert. u. Johanniter bei der Brücke 5 fl. Mog. für Gedenken im Gebet (LHAKO Abt. 1 D Nr. 722 u. 4416, S. 849–869); 1380 V 5 Quittung über 10 lib. Trev. v. Testamentsexekutoren d. Archidiakons Arnold v. Saarbrücken an Johanniter (LHAKO Abt. 1 D Nr. 705); 1422 Arnold von Hohenecken, Scholaster, an Deutschherren u. Johanniter je 3 lib. für eine Messe (*Holbach*, Inventar; BATR Abt. 91 Nr. 128). Zu den Ritterorden: *Bunjes*, KD Trier, S. 404–406 (Deutschherren), 417 f. (Johanniter).

49 Frauenklöster u. Beginen in Trier: 1238 XI 6 Domscholaster Thimar an Kl. Martinberg, Löwenbrücken, St. Barbara je 2 Ohm, Reuerinnen 1 Ohm Wein; die Reclusen v. St. Ger-

vasius 20 sol.; andere Reclusen 20 sol., Beginen 20 sol. (MRUB 3 Nr. 631; MRR 3 Nr. 83); 1252 IV Jakob v. Castell, Priester, 5 lib. an St. Gervasius; an St. Barbara „vinea" in Rodenbach; an Löwenbrücken „vinea" in Rodenbach (MRUB 3 Nr. 1141; MRR 3 Nr. 930); 1278 III 21 Dekan Robert v. Warsberg Pelzmantel an St. German (LHAKO Abt. 1 D Nr. 138; MRR 4 Nr. 493); 1280 X 20 Gerhard v. Daun 20 sol. an Oeren (MRR 4 Nr. 747; LHAKO Abt. 1 D Nr. 140); 1284 III 20 Domcantor Wilhelm v. Davels an Oeren, Löwenbrücken, St. Barbara, Martinsberg, Reuerinnen je 40 sol., an St. Gervasius u. St. German je 10 sol. (MRR 4 Nr. 1136; BATR Abt. 95 Nr. 312, S. 447–453); 1316 VIII 2 Heinrich Kuvleisch, Domvikar, je 10 sol. am Todestag für Oeren, St. Katharina, St. Barbara, Reuerinnen, St. German, St. Agnes, Löwenbrücken (LHAKO Abt. 1 D Nr. 4413, S. 445–458); 1316 VIII 9 Kaplan des Margaretenaltars Gottschalk Rait je 40 sol. Hall. an b. Maria in Oeren, St. Katharina, St. Agnes, Löwenbrücken, St. Barbara, St. German, St. Maria Magdalena (Reuerinnen) (ebda., S. 465–474); 1330 I 29 Eberhard v. Massu, Propst v. St. Simeon, providiert für Dompropstei, an b. Maria Oeren u. alle anderen Frauenklöster in Stadt u. Suburbien je 30 lib. Tur. parv. für Anniv. u. Memorie (LHAKO Abt. 215 Nr. 273); 1335 IV 29 Dompropst Nikolaus v. Hunolstein an b. Maria in Oeren 3 lib. Tur. parv. Zins für Anniv. u. Memorie, an St. Katharina, St. Barbara, Löwenbrücken, St. Maria Magdalena, St. Agnes u. St. German je 20 sol. Tur. parv. Zins (*Toepfer*, UB Hunolstein 1, Nr. 211); 1343 I 28 Johann Jakelonis, Dechant v. St. Simeon u. Pfründner v. Liebfrauen, an Agnetenkloster 3 lib. 3 sol. Trev. für Pitanz; Schulden des Klosters bei ihm zum Zinskauf zu verwenden; allen anderen Nonnenklöstern je 10 sol. Trev. für Pitanz; dem großen Beginenkonvent (hinter Predigern) sein bestes Bett, 10 sol. Trev., 3 Ohm Wein u. eine Karre Reisig, den 3 kleineren Konventen je 10 sol. u. 1 Ohm Wein; hierfür soll jede Begine bis zum 30. Tag nach seinem Tod 30 „Vater unser" u. 30 „Gegrüßet seist Du Maria" beten (LHAKO Abt. 215 Nr. 416 f.); 1357 II 1 Rudolf Losse, Domherr, an b. Maria in Oeren, St. Katharinen, Löwenbrücken, St. Barbara je 4 lib. Trev. (*Stengel*, Nova Alamanniae, Nr. 986); 1360 I 21 Thesaurar Ludolf v. Hollenfels an b. Maria in Oeren 25 lib.; je 15 lib. an St. Katharina, Reuerinnen, St. German, St. Barbara, St. Agnes (LHAKO Abt. 1 D Nr. 587); 1380 II 19 Dompropst Ruprecht v. Saarbrücken an b. Maria/Oeren, Löwenbrücken, St. Barbara, St. Agnes, St. Katharina, die Reuerinnen, St. German je 30 lib. für Zinse zum Anniv. (LHAKO Abt. 1 D Nr. 722 u. 4416, S. 849–869); 1418 VIII 7 Eberhard v. Eppelborn an Oeren 25 fl. zum Kauf v. 1 fl. Zins für Anniv. (LHAKO Abt. 1 D Nr. 864; BATR Abt. 91 Nr. 127 fol. 2); 1422 Arnold v. Hohenecken, Scholaster, an 7 Klöster: b. Maria/Oeren, St. Katharina, Maria Magdalena, St. Agnes, St. Barbara, St. German, Maria/Löwenbrücken je 3 lib. Trev. für 1 Messe (*Holbach*, Inventar; BATR Abt. 91 Nr. 128). Zu den Trierer Frauenklöstern vgl. die einschlägigen Abschnitte bei: *Marx*, Erzstift Trier 2,1 S. 461–467 (Oeren), 2,2 S. 458–460 (Katharinen), S. 457 f. (Barbara), 2,1 S. 579–581 (Löwenbrücken) u. bes. in: *Bunjes*, KD Trier: S. 104–118 (Oeren), 119–123 (Reuerinnen), 393–395 (Agneten), 399–401 (Löwenbrücken), 402 f. (Barbara), 433–436 (Katharinen). Vgl. auch speziell für Oeren, freilich die Frühzeit bis 1300: *Theresia Zimmer*, Das Kloster St. Irminen-Oeren in Trier von seinen Anfängen bis ins 13. Jahrhundert, Trier 1956, auch in: Trier. Zs. 23 (1954/55), S. 5–180; für St. Agneten: *Richard Laufner*, St. Agneten an der Weberbach. Ein Beitrag zur Trierer Kirchen- und Kulturgeschichte, in: Kurtrier. Jb. 8 (1968), S. 112–135; für die Reuerinnen: *Gottfried Kentenich*, Zur Geschichte des Trierer Klarissenklosters, in: Trier. Chron. 13 (1915), S. 63 f.; vgl. insgesamt auch *Michael Franz Joseph Müller*, Summarisch-geschichtliche Darstellung der klösterlichen Institute unserer Vaterstadt und ihrer Umgebung, Trier 1824, 2. Abth.; *Johann Christian Lager*, Die Kirchen und klösterlichen Genossenschaften Triers vor der Säkularisation. Nach den Aufzeichnungen von Fr. Tob. Müller und anderen Quellen bearbeitet, Trier 1920; *Mathilde Gantenberg*, Mittelalterliche Frauenklöster in Trier, in: Rheinland Pfalz. Kultur und Wirtschaft, Trautheim 1953, S. 147–150.

Nur wenige der Klöster außerhalb von Trier und seinen Suburbien werden in den Testamenten häufiger bedacht. Besonders ist hier das im 12. Jahrhundert entstandene Himmerod zu nennen, für das eine ganz Anzahl von Schenkungen bis ins endende 14. Jahrhundert belegt ist, zu einem größeren Teil aber von Angehörigen der niederen Geistlichkeit an Dom und Liebfrauen[50]. Gerade im 13. Jahrhundert handelt es sich um Liegenschaften, die der noch nicht überreich ausgestatteten Abtei überlassen wurden[51]. Hinter Himmerod treten alle übrigen Klöster weit zurück[52], mehrfach bezeugt als Empfänger von Legaten sind aber

---

50 An Himmerod: 1220 Domherr Ernst Wiese mit Bann u. Wasserlauf beim Kloster St. Maria ad martyres (MRUB 3 Nr. 138; MRR 2 Nr. 1498; *Lager*, Himmerod, Nr. 107); 1227 Domkellner Friedrich 3 Ohm Wein Zins (Deimelberg) für Anniv. (MRUB 3 Nr. 331; MRR 2 Nr. 1845; *Lager*, Himmerod, Nr. 109); 1241 Friedrich, Kaplan der Abrunculuskapelle, u. Mutter Haus in der Flandergasse mit Garten u. kleinere Häuser (MRUB 3 Nr. 730; *Lager*, Himmerod, Nr. 6); 1252 IV Priester Jakob v. Castell Wingerte bei Trier (MRUB 3 Nr. 1141; MRR 3 Nr. 930); 1253 I Simon v. Franchirmont Anniv. (MRR 3 Nr. 1003); 1256 V Simon v. Franchirmont Hof in Rheinbachweiler, Güter bei Ürzig, Zeltingen, Pommern, Kröv u. anderswo für Memorien u. Anniv. (MRUB 3 Nr. 1347; MRR 3 Nr. 1298; zu den besonderen Eigenheiten dieses Vorgangs vgl. *Thiele*, Echternach u. Himmerod, S. 111 f.); 1259 XI 7 Gerard, Rektor der Domschule, Haus in der Brotgasse u. Wingerte für Anniv. (MRUB 3 Nr. 1503; MRR 3 Nr. 1588; *Lager*, Himmerod, Nr. 18); 1263 IX 28 Johann, Kaplan des Agnetenaltars, Wingert in „Brittenbach" (MRR 3 Nr. 1916; *Lager*, Himmerod, Nr. 112; LHAKO Abt. 96 Nr. 307); 1297 II 11 Domvikar Johann Backhaus für Jahrgedächtnis u. Seelenheil seiner selbst u. Verwandten Elisabeth (Nutzrecht) u. EB Heinrichs, für Pitanz (*Lager*, Himmerod, Nr. 43; MRR 4 Nr. 2610); 1316 VIII 2 Domvikar Heinrich Kuvleisch 40 sol. für Pitanz (LHAKO Abt. 1 D Nr. 4413, S. 445–458); 1316 VIII 9 Kaplan des Margaretenaltars Gottschalk Rait, Rektor v. Ulmen, 80 Pf. Heller (falls ihm verschuldet) zum Kauf v. Einkünften in Wein in Briedel (LHAKO Abt. 1 D Nr. 4413, S. 465–474); 1325 VII 2 Vikar des Martinsaltars Gerbodo, widerruft frühere Schenkung von 30 lib. Trev. an Trierer Stifte und Klöster und überläßt Summe dem Margaretenaltar in Himmerod, weiterhin „vinea" an Himmerod (wohnt in einem der Abtei gehörigen Haus) (LHAKO Abt. 96 Nr. 691; STATR 1717/38 8° Pars 1 fol. 68); 1335 IV 29 Dompropst Nikolaus v. Hunolstein 40 sol. Tur. parv. Zins für eig. Anniv., des EB Boemund, seiner Eltern, seines Bruders, seiner Wohltäter (*Toepfer*, UB Hunolstein 1, Nr. 211); 1380 II 19 Dompropst Robert v. Saarbrücken 60 lib. Trev. für Zinse zum Anniv. (LHAKO Abt. 1 D Nr. 722 u. 4416, S. 849–869). Vgl. zu Himmerod: *Schneider*, Himmerod; *Thiele*, Echternach und Himmerod.

51 Auch Erzbischöfe standen dieser Zisterzienserabtei nahe. Johann I. und Boemund I. ließen sich dort beerdigen (vgl. oben zum EB Anm. 326).

52 Legate an andere Klöster: 1226 XII Rudolf v. d. Brücke, Domherr u. Custos v. St. Paulin, Allod in „Bieverbach", Mühle, Backhäuser, Brottische auf dem Markt in Trier u. Mühle dort an die Zisterzienser Weiler-Bettnach; Erträge für Bearbeitung der Weinberge des Klosters; Bruder des Rudolf Abt des Klosters (*Wampach*, UQB, Nr. 202); 1234 IV Dietrich v. Ulmen, Kanoniker, Allod in „Wilre" und Badenheim an die Zisterzienserinnen in St. Thomas an der Kyll (MRUB 3 Nr. 501, MRR 2 Nr. 2113; *Goerz*, Regesten, S. 39; das Urkundenkopiar des Klosters aus dem 14. Jahrhundert mit Aufzeichnungen über Memorien am Ende enthält die Memorie des Dietrich v. Ulmen mit Hinweis auf die genannte Schenkung und des Friedrich v. d. Brücke mit Schenkung von Gütern in Piesport, Emmel u. anderswo, LHAKO Abt. 171 Nr. 476); 1241 V 23 Domkellner Friedrich an dieselben Apotheke am Graben mit Haus u. Zubehör, Wingerte mit Kelter am Neuberg

(MRUB 3 Nr. 708; MRR 3 Nr. 224; 1272 XI 9 ist v. Anniv. des Domkellners die Rede, MRR 3 Nr. 2767); 1252 IV Jakob v. Castell, Priester, Wingert „ad Castellum" an Prämonstratenser von Wadgassen; je 5 lib. an die Zisterzienser in Orval und die Zisterzienserinnen von St. Thomas a. d. Kyll (MRUB 3 Nr. 1141; MRR 3 Nr. 930); vor 1270 VI 10 Domvikar Jakob Haus an Kl. Werschweiler (*Neubauer*, Werschweiler, Nr. 278); 1284 VI 13 Wilhelm v. Davels, Domcantor, 40 sol. Met. an die Franziskaner v. Metz (MRR 4 Nr. 1160; LHAKO Abt. 1 D Nr. 148); vor 1316 VII 4 Isenbard v. Warsberg, Thesaurar, 30 lib. an Echternach (*Wampach*, UQB 8, Nr. 215; *Würth-Paquet*, Table, 22, 1866, Nr. 1899); 1316 VIII 2 Heinrich Kuvleisch, Domvikar, 6 sol. Zins an den Konvent „de Steyga" in Zabern, an die Schwestern (Inklusen) außerhalb 6 sol. Zins; an die Benediktiner v. St. Johannes bei Zabern 63 lib. (alles Straßburger Währung); an die Nikolauskirche „in monasterio Metensis diocesis" 30 lib. parv. Tur. für Zinskauf; 40 sol. für Pitanz in Wadgassen (LHAKO Abt. 1 D Nr. 4413, S. 445–458); 1316 VIII 9 Kaplan des Margaretenaltars Gottschalk Rait, Rektor v. Ulmen, 80 Pf. Heller (falls ihm verschuldet) zum Zinskauf an Nonnenkloster St. Nikolaus („in insula") (ebda., S. 465–474); 1320 VII 9 Dietrich v. Montabaur, Kanoniker in Trier u. Scholaster v. St. Kastor/Koblenz, an Beatusberg/Koblenz (damals Chorherren) 6 Mark, Nonnen v. Lehr 20 Mark, Rath, Boppard, Pedernach (Boppard), Brunnenburg (Unterlahnkreis), Besselich (Urbar), in „Insula superiori" (Oberwerth) je 5 Mark („boni pagamenti"), „in Inferiori" (Niederwerth) 3, Vallendar u. Andernach je 5 Mark, Prediger u. Minoriten in Koblenz je 5 Mark (*Schmidt*, Quellen 1, Nr. 461); 1330 I 29 Eberhard v. Massu, Propst/St. Simeon u. providiert für Dompropstei, erläßt Kloster St. Hubert in den Ardennen Schulden; Abt u. Konvent v. Beaupré 50 lib. Tur. parv., an Zisterzienser von Châtillon 50 lib. Tur. parv.; Abt u. Konvent auf dem St. Bernhard diesen geschuldige 50 lib. Tur. parv. (LHAKO Abt. 215 Nr. 273); vor 1330 VIII 16 Scholaster Herbrand v. Zolver 50 lib. Tur. parv. an Echternach (*Wampach*, UQB 8, Nr. 258); 1335 IV 29 Dompropst Nikolaus v. Hunolstein an die Nonnen in (Frau)Lautern, b. Maria bei Andernach, die Zisterzienserinnen v. Machern je 40 sol. Tur. parv. Zins, die Augustinerinnen v. Stuben bei Eller u. die Zisterzienserinnen in der Lehr (Koblenz) je 20 sol. Tur. parv. Zins, Reklusen in Nickenich 20 sol. Tur. parv. Zins (*Toepfer*, UB Hunolstein 1, Nr. 211; 1337 IX 22 Quittung v. Machern = LHAKO Abt. 1 D Nr. 424 u. 4413, S. 593 f.; 1338 VI 23 v. Lehr = Abt. 118 Nr. 30 u. 1 D Nr. 4414, S. 617–620); 1343 I 28 Johann Jakelonis, Dechant v. St. Simeon u. Kanoniker v. Liebfrauen, 1 carr. Weingülte an die Augustiner-Chorherren v. Springiersbach; Schuldenerlaß v. 50 fl. u. 33 lib. Trev. u. vererbt 1 carr. Wein an Marienthal gegen Nutzungsrecht für Erben an Haus in der Rindertanzstr.; 1352 IX 18 an die Augustinereremiten in Avignon 2 fl., andere Mendikanten dort je 1 fl. (LHAKO Abt. 215 Nr. 416 f.); 1360 I 21 Ludolf v. Hollenfels an Marienthal 25 lib. (LHAKO Abt. 1 D Nr. 587); 1380 II 19 Dompropst Robert v. Saarbrücken Fraulautern 100 lib. zum Zinskauf für Anniv.; Wadgassen 100 lib. Trev. zum Zinskauf für Anniv.; Laach 60 lib. Trev. (LHAKO Abt. 1 D Nr. 722 u. 4416, S. 849–869); 1422 Arnold v. Hohenecken, Scholaster, für Kartausen Koblenz u. Sierck je 25 lib. Trev. für Anniv. (*Holbach*, Inventar; BATR Abt. 91 Nr. 128); 1446 III 16 Konrad v. Braunsberg: an die „fraternitas" in Sierck „tunicam meam post meliorem"; an die Nonnen in Echternach 25 fl. Rhen. (LHAKO Abt. 1 D Nr. 1149 u. 4420, S. 145–155; BATR Abt. 95 Nr. 315, S. 126–132). Vgl. auch: Necrolog der Abtei Engelport, hg. v. *Christian v. Stramberg*, in: Archiv für Rheinische Geschichte, hg. v. *Karl August Grafen von Reisach* u. *Peter Adolph Linde*, Th. 2, Koblenz 1835, S. 1–94. Darin: 1. 3. Commemoratio des Bartholomäus (v. d. Fleischgasse), „qui legauit ecclesie nostre decem talenta Treverensium; pro quibus ministrabuntur conventui singulis annis 5 solidi de vinea quadam Godescalci de Vanckel" (S. 17); 24. 9. Commemoratio des Propstes Dietrich von Blankenheim, der 7 Mark stiftete (S. 67); 4. 10. Arnold von Eltz (2 Mk.) (S. 70); 22. 10. Heinrich von Pfaffendorf (4 Mk.) (S. 74); nachgetragen: Dietrich v. Stein (S. 93).

etwa die Zisterzienserinnen von St. Thomas an der Kyll im 13. Jahrhundert[53] und die Prämonstratenser in Wadgassen[54]. Ebenso wie bei den Stiften ist anscheinend auch bei den Klöstern das Interesse der testierenden Domgeistlichen weitgehend auf die Institutionen in ihrer unmittelbaren Umgebung beschränkt.
Verschiedentlich sind für die Pfarrer der Pfarreien Triers Summen ausgesetzt; die Beträge bewegen sich z. T. durchaus in Höhe der Legate an die weniger bedeutenden klösterlichen Genossenschaften[55]. Belege für Schenkungen an Bruderschaften sind erst seit der Mitte des 14. Jahrhunderts vorhanden, natürlich auch durch die relativ späte Errichtung solcher Vereinigungen bedingt. Im Vordergrund steht dabei die zur Zeit Balduins entstandene Priesterbruderschaft St. Johannes Evangelista[56]. Bereits früh kam es zu Stiftungen an die Hospitäler der Stadt und

---

53 Vgl. zu St. Thomas: *Marx*, Erzstift Trier 2,1 S. 581–585; *Schorn*, Eiflia Sacra 2, S. 623–640; *Dominikus Ed. Junges*, St. Thomas an der Kyll. Ein Beitrag zur Geschichte des Klosters und des Ortes, Trier 1904; *Wackenroder*, KD Bitburg, bes. S. 273–275 u. die dort zit. Lit.

54 Zu Wadgassen vgl. bes.: *Michael Tritz*, Geschichte der Abtei Wadgassen, zugleich eine Kultur- und Kriegsgeschichte der Saargegend, Wadgassen 1901, Ndr. Saarbrücken 1978.

55 An Pfarreien und Pfarrer in Trier: 1238 XI 6 Domscholaster Thimar für Plebane v. St. Laurentius, St. Gangolf, St. Maria a. d. Brücke, St. Paulus je 30 den. für Memorien; Johannes von St. Gervasius erhält 4 lib. (MRUB 3 Nr. 631; MRR 3 Nr. 83); 1330 I 29 Eberhard v. Massu, Propst v. St. Simeon u. providiert für Dompropstei, an jede Pfarrkirche in Trier 20 sol. Tur. parv. für Seelgerät (LHAKO Abt. 215 Nr. 273); vor 1333 IX 11 Herbrand v. Zolver mindestens 3 lib. 10 sol. Trev. an St. Gangolf (*Lager*, Reg. Pfarrarchive, Nr. 193; BATR Abt. 71,3 Nr. 19); 1343 I 28 Johann Jakelonis, Dechant v. St. Simeon u. Pfründner v. Liebfrauen, jedem Pfarrer in der Stadt u. Suburbien 5 sol. Trev. (LHAKO Abt. 215 Nr. 416 f.); 1360 I 21 Thesaurar Ludolf v. Hollenfels an Pfarrkirchen bei der Brücke, St. Gangolf, Laurentius, Paulus u. Gervasius je 5 lib. zum Ewigzinskauf für Anniv. u. Memorie (LHAKO Abt. 1 D Nr. 587); 1379 IV 3 Testamentsexekutoren des Archidiakons Arnold v. Saarbrücken 50 lib. Trev. an Rektor v. St. Medard (LHAKO Abt. 1 D Nr. 699); 1379 V 20 dies. 20 lib. an Rektor v. St. Gangolf (ebda., Nr. 708 f.); 1379 V 24 dies. 20 lib. an St. Gervasius (LHAKO Abt. 1 A Nr. 4116); 1379 VI 29 dies. 20 lib. an St. Laurentius (STATR Urk. Karm. 23); 1380 II 19 Dompropst Robert v. Saarbrücken je 40 sol. an die Rektoren der Pfarrkirchen St. Laurentius, Gangolf, Gervasius, Marien bei d. Brücke, Paulus, Michael, Walpurgis, Medard für Gedenken i. Messen u. Gebeten (LHAKO Abt. 1 D Nr. 722 u. 4416, S. 849–869); 1422 Arnold v. Hohenecken an die Pfarreien innerhalb der Mauern je 1 lib. Trev. für Messe (*Holbach*, Inventar; BATR Abt. 91 Nr. 128). Auswärtige Pfarreien werden nur vereinzelt bedacht.

56 Bruderschaften: 1343 I 28 Johann Jakelonis, Dechant v. St. Simeon u. Pfründner v. Liebfrauen, an die Bruderschaft St. Johannes Evangelista 5 lib. Trev. zum Zinskauf, soll aufgenommen u. eingeschrieben werden; Bürgerbruderschaft, „fraternitas cauponum", Knappenbruderschaft je 20 sol., Bruderschaft der Priester v. St. Simeon einen vergoldeten Becher u. Silberschale für Aufnahme (LHAKO Abt. 215 Nr. 416 f.); 1360 I 21 Thesaurar Ludolf v. Hollenfels an Bruderschaft St. Johannes Evangelista 25 lib. (LHAKO Abt. 1 D Nr. 587); 1380 II 19 Dompropst Ruprecht v. Saarbrücken an dies. 20 fl. Robert. u. „vestes meas meliores", (Dreifaltigkeits- =) Knappenbruderschaft 10 lib. Trev. (LHAKO Abt. 1 D Nr. 722 u. 4416, S. 849–869); 1422 Arnold v. Hohenecken, Scholaster, an „fraternitas" St. Andreas (Bruderschaft St. Johannes Evangelista hatte Sitz in Andreaskapelle) 5 fl. Mog. „pro tunica mea"; Dreifaltigkeitsbruderschaft 3 lib. Trev. (BATR Abt. 91 Nr. 128; *Holbach*, Inventar; 1429 V 18 Dietrich v. Stein, Domherr, an „fraterni-

die beiden Leprosenhäuser[57]. Zum Teil erhielten sie Sachwerte oder Naturalien zur Verteilung an die Kranken, zum Teil auch bestimmte Geldsummen, die jedoch fast immer im Verhältnis zu dem für andere Zwecke gestifteten Vermögen nicht allzu hoch sind. Die traditionsreichen Stifte und Klöster lagen insbesondere den höheren Geistlichen offenbar mehr am Herzen; die karitative Einstellung tritt sichtlich hinter persönlichen Bindungen und der Affinität zur eigenen sozialen Schicht, darüber hinaus auch hinter einer Sorge um das eigene Seelenheil zurück, die in Anniversar- und Memorienstiftungen an den Hauptkirchen zum Ausdruck

---

tas" St. Andreas 2 fl. (1 fl. = 29 alb.) (LHAKO Abt. 1 D Nr. 906 u. 4418, S. 609–617; BATR Abt. 95 Nr. 314, S. 298–307); 1446 III 16 Konrad v. Braunsberg an Bruderschaft St. Johannes Evangelista 50 fl. et „meliorem tunicam" für Anniv. (LHAKO Abt. 1 D Nr. 1149 u. 4420, S. 145–155; BATR Abt. 95 Nr. 315; S. 126–132). Vgl. zur Priesterbruderschaft bes. Laufner (wie S. 118, Anm. 284).

57 Hospitäler u. Leprosenhäuser: 1252 IV Jakob v. Castell an Hospitäler von St. Maximin, St. Matthias, St. Simeon, St. Jakob, Ludowicus Freisami je 1 Bett, 2 Kissen u. 2 Laken (MRUB 3 Nr. 1141; MRR 3 Nr. 930, *Lager*, Reg. Jakobshospital, S. IV); 1284 III 20 Wilhelm v. Davels, Domcantor, für Hospital St. Elisabeth „coapertorium meum melius, quod habeo, una cum duobus lintheaminibus melioribus et sargia meliori et lecto meliori cum pulvinari" zum Verkauf, für Erlös jährliche Einkünfte „ad pitantiam"; Leprosen in Estrich u. Biewer je 5 sol. (MRR 4 Nr. 1136; BATR Abt. 95 Nr. 312, S. 447–453); 1316 VIII 2 Domvikar Heinrich Kuvleisch an Hospitalskapelle Zabern/Diöz. Straßburg Präbende mit Einkünften, 3 Ohm Wein ans dortige Spital zur Verteilung an die Kranken; 20 sol. ans Hospital St. Elisabeth bei St. Maximin/Trier, je 10 sol. an Hospitäler St. Nikolaus bei St. Simeon, St. Johannes in Brotgasse, St. Jakob in Fleischgasse, St. Matthias; 5 sol. für Leprosen St. Jodocus/Biewer (LHAKO Abt. 1 D Nr. 4413, S. 445–458; *Lager*, Reg. Jakobshospital, S. IV); 1316 VIII 9 Kaplan des Margaretenaltars Gottschalk Rait, Rektor v. Ulmen, an Hospital St. Elisabeth 2 lib. Hall., an Hospitäler St. Nikolaus, St. Jakob, St. Johannes, St. Nikolaus bei St. Matthias je 1 lib. Hall., Leprosen St. Jodocus u. Estrich je 10 sol. Hall. (LHAKO Abt. 1 D Nr. 4413, S. 465–474; *Lager*, Reg. Jakobshospital, S. IV); 1320 V 20 Dietrich v. Montabaur, Domherr, 16 sol. Zins an Hospital St. Elisabeth, je 10 sol. an Nikolaus- u. Jakobshospital (LHAKO Abt. 1 D Nr. 293 u. 4413, S. 661–667; *Schmidt*, Quellen 1, Nr. 459; *Lager*, Reg. Jakobshospital, S. IV); 1330 I 29 Eberhard v. Massu, Propst/St. Simeon u. providiert für Dompropstei, jedem der vier Hospitäler in Stadt u. Vorstadt 3 Ohm Wein u. 3 Ml. Roggen; den Leprosen in Estrich u. St. Jodocus je 2 Ohm Wein u. 2 Ml. Roggen; dem Hospital St. Maria in Himmerod 200 lib. Tur. parv., Getreidespeicher, Felder u. Wiesen, neu erworbene Güter in „Cloes" und „Villers" (LHAKO Abt. 215 Nr. 273); 1332 V 19 Domvikar Gottfried v. Weckeringen Stiftung an Nikolausaltar in Kapelle bei St. Maximin, dessen Kaplan jährlich 10 sol. „pro refectione, recreatione et pytantia debilium infirmorum" im Elisabethhospital geben soll, wofür jeder Begünstigte 50 „salutationes angelicas, ave maria" etc. sprechen soll (LHAKO Abt. 211 Nr. 325); 1335 IV 29 Dompropst Nikolaus von Hunolstein an Hospitäler St. Elisabeth, St. Jakob, bei St. Simeon, je 10 sol. Tur. parv. Zins (*Toepfer*, UB Hunolstein 1, Nr. 211; *Lager*, Reg. Jakobshospital S. IV); 1343 I 28 Johann Jakelonis, Dechant v. St. Simeon u. Pfründner v. Liebfrauen, an Nikolaushospital zur Speisung der Kranken 22 den. u. 4 sol. (Zins aus Gärten); sämtlichen Spitälern in Stadt u. Suburbien je 5 sol., ebenso den Leprosen in Estrich u. bei St. Jodocus (LHAKO Abt. 215 Nr. 416 f.); 1357 II 1 Rudolf Losse, Domherr, an Hospital St. Elisabeth „meliorem lectum meum cum pulvinari et maiori sarsa viridi" oder 24 fl. zum Erwerb v. Einkünften für Priester (Anniv.) u. Arme des Spitals

kommt. Auch Schenkungen für Arme sind nicht allzu ausgeprägt[58]; allerdings ist es wohl üblich gewesen, beim Begräbnis und an bestimmten Gedächtnistagen

---

(*Stengel*, Nova Alamanniae, Nr. 986); 1360 I 21 Thesaurar Ludolf v. Hollenfels an 5 Hospitäler (St. Elisabeth, St. Nikolaus, St. Jakob, St. Johannes u. Hospital bei St. Matthias) je 5 lib. zum Unterhalt der Kranken (LHAKO Abt. 1 D Nr. 587); 1379 IV 23 Testamentsexekutoren des Archidiakons Arnold v. Saarbrücken je 5 lib. Trev. an die Leprosen in Estrich u. St. Jodocus (LHAKO Abt. 1 D Nr. 704 u. 709); 1379 V 5 dies. 10 lib. an Johanneshospital (LHAKO Abt. 1 D Nr. 705); 1379 V 20 dies. an Hospital bei St. Matthias 10 lib. Trev. (LHAKO Abt. 1 D Nr. 710); 1380 II 19 Dompropst Ruprecht v. Saarbrücken an die fünf Hospitäler je 10 lib. zur Verteilung, ebenso die Leprosen in Estrich (LHAKO Abt. 1 D Nr. 722 u. 4416, S. 849–869); 1418 VIII 7 Eberhard v. Eppelborn $^1/_3$ der nicht anderweitig verfügten Hinterlassenschaft in Trier für Hospitäler St. Elisabeth, St. Simeon, St. Matthias und die Hausarmen (LHAKO Abt. 1 D Nr. 864; BATR Abt. 91 Nr. 127 fol. 2); 1422 Arnold v. Hohenecken, Scholaster, an Leprosen in Estrich u. bei St. Jodocus je 6 lib. Trev.; an vier Hospitäler St. Jakob, Johannes, Nikolaus u. Matthias je 3 lib. Trev. (*Holbach*, Inventar; BATR Abt. 91 Nr. 128); 1427 X 24 Domvikar Heinrich v. Bettenberg jedem Leprosenhaus 1 fl., ein „breviarium" ans Hospital in Luxemburg (LHAKO Abt. 1 D Nr. 893); 1445 III 16 Konrad v. Braunsberg an die Hospitäler St. Elisabeth, St. Nikolaus, St. Johannes u. Leprosenhäuser je 1 fl. (LHAKO Abt. 1 D Nr. 1149 u. 4420, S. 145–155; BATR Abt. 95 Nr. 315, S. 126–132). Vgl. zum Elisabethhospital bei St. Maximin: *Michael Winckelmann*, Historia succincta Hospitalis S. Elisabetheae extra muros Imperialis Monasterii S. Maximini, Ordinis S. Benedicti, prope Treviros, London 1786; für das Jakobshospital die Regesten von Lager u. *Bunjes*, KD Trier, S. 414 f. mit der dort zit. Lit. (zu St. Jost ebda., S. 376–379); *Peter Neu*, Das St. Jakobshospital zu Trier, in: Kurtrier. Jb. 13 (1973), S. 39–49; *Richard Laufner*, Die Geschichte der Trierer Hospitäler, der Leprosen- und Spinnhauses und der adeligen Benediktinerinnenabtei St. Irminen-Oeren bis zur Säkularisation, in: *Heinz Cüppers, Richard Laufner, Emil Zenz, Hans Pilgram*, Die Vereinigten Hospitien in Trier, hg. v. *Hans* u. *Mechtild Pilgram*, Trier 1980, S. 33–70.

58 Für Arme: 1241 X 21 Domcantor Cuno v. Falkenstein Rest nach Abzug des anderweitig Verfügten (MRUB 3 Nr. 723; MRR 3 Nr. 254); 1253 X 19 Elias v. Eltz nach Gutdünken der Exekutoren (MRUB 3 Nr. 1221); 1316 VIII 9 Gottschalk Rait, Kaplan am Margaretenaltar u. Rektor v. Ulmen, am Begräbnistag 20 lib. Hall., am 3., 7., 30. Tag 20 lib. Hall. (LHAKO Abt. 1 D Nr. 4413, S. 465–474); 1330 I 29 Eberhard v. Massu, Propst v. St. Simeon, providiert für Dompropstei, ordnet Verkauf v. Häusern, Hof, Feldern u. Wingerten in Zewen an; Erlös zu seinem u. seines Onkels Seelgerät an Arme zu verteilen (LHAKO Abt. 215 Nr. 273); 1343 I 24 Johann Jakelonis, Dechant v. St. Simeon u. Pfründner v. Liebfrauen, am Begräbnistag jedem bittenden Armen 1 den. oder Brot; wöchentliche Brotverteilung (1 Jahr); sein zweit- u. drittbestes Bett zum Verkauf, Erlös für Arme in Pfarreien (Hausarme); 12 Hemden von seinen „pannis lineis" u. 20 Röcke vom Verkauf seiner Weinfässer u. Kühe an die von den Exekutoren für am bedürftigsten gehaltenen Armen (LHAKO Abt. 215 Nr. 416 f.); 1357 II 1 Rudolf Losse, Domherr, 10 Malter Roggen zur Verteilung am Begräbnistag, am 7. u. 30. Tag an Arme „eciam si hostiatim victum non querant, dummodo manuum labores eos seu eas commode nutrire non possint" (*Stengel*, Nova Alamanniae, Nr. 986); 1418 VIII 7 Eberhard v. Eppelborn $^1/_3$ seiner nicht anderweitig verfügten Hinterlassenschaft in Trier an 3 Hospitäler und den „pauperibus huszarum nuncupatis", damit sie für sein Seelenheil beten (LHAKO Abt. 1 D Nr. 864; BATR Abt. 91 Nr. 127 fol. 2); 1422 Arnold v. Hohenecken, Scholaster, 6 Malter Roggen („siligo") u. 8 fl. Mog. beim Begräbnis zu verteilen; 6 Malter u. 8 fl. Mog. am 30. Tag; bis zum 30. täglich vom Morgen an sollen die Armen in seinem Haus speisen,

hierfür gewisse Summen aufzuwenden[59]. Die Abhängigkeit von der eigenen sozialen Stellung und dem dadurch bedingten Umfeld äußert sich insgesamt in einer Orientierung bei der Höhe der Legate nach dem Ansehen der einzelnen Institution. Zum Teil allerdings spielt auch ein anderer Gesichtspunkt, nämlich die Effektivität der Stiftung für das Seelenheil, eine gravierende Rolle und bewirkt eine andersartige Abstufung der Stiftungsbeträge[60]. Die räumliche Streuung der Schenkungen steht – was freilich nicht verwundert – in Beziehung zum Lebensbereich des Stifters; die unmittelbare Umgebung wird bevorzugt.

Selbstverständlich ist Entsprechendes auch bei den Verfügungen zugunsten einzelner Personen gegeben, worauf hier nicht ausführlicher eingegangen werden soll. Verwandte und Bedienstete[61] wie auch auf andere Weise nahestehende Personen erscheinen als Nutznießer. Häufig sind gerade solche Personen bevor-

---

die zu seinen Lebzeiten gewöhnlich dort aßen, jeder erhält auch Kleidungsstücke (*Holbach*, Inventar; BATR Abt. 91 Nr. 128); 1427 X 24 Heinrich v. Bettenberg, Vikar, 5 fl. zur Verteilung beim Begräbnis (LHAKO Abt. 1 D Nr. 893); 1446 III 16 Konrad v. Braunsberg: 30 Tage nach seinem Tod täglich 10 Messen zu lesen und 10 Arme zu speisen (LHAKO Abt. 1 D Nr. 1149 u. 4420, S. 145–155; BATR Abt. 95 Nr. 315, S. 126–132).

59 Vgl. in diesem Zusammenhang neben den zuvor genannten Belegen vor allem: *Nikolaus Kyll*, Tod, Grab, Begräbnisplatz, Totenfeier. Zur Geschichte ihres Brauchtums im Trierer Lande und in Luxemburg unter besonderer Berücksichtigung des Visitationshandbuches des Regino von Prüm († 915) (Rheinisches Archiv, 81), Bonn 1972, bes. S. 201–207.

60 Vgl. *Holbach*, Inventar.

61 Bedienstete/„familia:" 1253 X 19 Elias v. Eltz (für Münstermaifeld) nach Maßgabe der Exekutoren (MRUB 3 Nr. 1221; MRR 3 Nr. 1071); 1259 XI 7 Gerard, Rektor der Domschule, Wingert in „Berkentheim" auf Lebenszeit u. Haus in Neugasse an „ancilla" Hadewidis (MRUB 3 Nr. 1503; MRR 3 Nr. 1588); 1284 III 20 Wilhelm v. Davels, Domcantor, Wert seiner Pferde zur Verteilung (BATR Abt. 95 Nr. 312, S. 447–453); 1284 VI 13 ders., an Kleriker u. Kaplan je ein Pferd, an Burschen 20 sol., Küchenjungen 10 sol. (LHAKO Abt. 1 D Nr. 148; MRR 4 Nr. 1160); 1335 IV 29 Nikolaus v. Hunolstein, detailliert, Geldsummen (bis 10 lib.), Getreide (2–10 Malter), Sachwerte (Kleidungsstücke, Pferd) (*Toepfer*, UB Hunolstein 1, Nr. 211); 1357 II 1 Rudolf Losse, etwa an seinen „famulus" eine Getreiderente v. 1 Malter jährlich, jeder „familiaris domesticus", der kein spezielles Legat erhalten hat, soll 4 lib. Trev. erhalten (*Stengel*, Nova Alamanniae, Nr. 986); 1360 I 21 Ludolf v. Hollenfels: Geldsummen (3 lib. bis 20 lib.) (LHAKO Abt. 1 D Nr. 587); 1379 Arnold v. Saarbrücken: Geldlegate (sein „choralis" 10 lib. Trev., LHAKO Abt. 1 D Nr. 695 u. 709; sein „clericus" 50 fl. Mog., 10 Malter Getreide, 2 „capellos de vario", ebda. Nr. 696; zwei „familiares domestici" je 10 lib. Trev., ebda. Nr. 697 f.); 1380 II 19 Robert v. Saarbrücken: Den zum Todestag in seinem Dienst stehenden „familiaribus meis domesticis" 500 flor. Mog. lt. besonderer Anordnung zu verteilen; vier Hauskaplänen: 50 fl. Mog. (auch Testamentsexekutor) bzw. dreimal 30 fl. Robert. (LHAKO Abt. 1 D Nr. 722); 1418 VIII 7 Eberhard von Eppelborn: 10 fl. an Johannes Morichin über seinen Lohn hinaus, 5 fl. an „ancilla" (BATR Abt. 91 Nr. 127 fol. 2; LHAKO Abt. 1 D Nr. 864); 1422 Arnold v. Hohenecken an seinen Kaplan 40 lib. Trev. u. eine schwarze Tunika, an seinen Koch und seinen „famulus" dasselbe, an seinen „choralis" 25 lib. u. eine Tunika, ebenso an seine Magd u. einen Küchenjungen; seinem Kellner, einem Vikar, 70 lib. u. eine Tunika (*Holbach*, Inventar; BATR Abt. 91 Nr. 128 fol. 36'–38); 1427 X 24 Heinr. v. Bettenberg Vikar seiner Magd Margarete alle „utensilia" u. 20 fl. sowie „vestem unam de suis quam voluit et pellicium magnum et unum cyphum argenteum deauratum",

zugt, die ebenfalls eine geistliche Funktion innehaben; ein religiöses Moment kommt auch hier zum Ausdruck[62]. Wie bei den geistlichen Institutionen ist die Spannweite bei der Höhe der Hinterlassenschaft recht groß und schwankt je nach Nähe der einzelnen Person zum Testator und sozialer Stellung erheblich. Besonders nahestehende Einzelpersonen erhalten bisweilen genauso viel oder gar mehr als wichtige geistliche Institutionen[63], andere nur geringfügige Zuwendungen.

3. Rechtliche Beziehungen

Eine Sonderstellung des Kapitels gegenüber den Kirchen der Diözese insgesamt ergab sich aus seinem Recht bei der Sedisvakanz[64]. Die Zwischenregierung ließ es an die Stelle des Erzbischofs rücken und damit vorübergehend zur Entscheidungsinstanz werden[65]. Einen besonderen Status bewirkte ferner das Konsens-

---

an die Magd Agnes „blancam tunicam", an die im Haus beschäftigte „famula" Katherina 5 fl. (LHAKO Abt. 1 D Nr. 893); 1446 III 16 Konrad v. Braunsberg dem Koch und dem kleinen Stallknecht („parvus stabularius") je 10 fl., letzterem, daß er ein Handwerk lernt, an übrige „familiares" je 4 fl. (LHAKO Abt. 1 D Nr. 1149 u. 4420 S. 145–155; BATR Abt. 95 Nr. 315, S. 126–132).

62 Vgl. etwa das Testament von Robert v. Saarbrücken v. 1380 II 19, wo dies deutlich zum Ausdruck kommt (LHAKO Abt. 1 D Nr. 722 u. 4416, S. 849–869). Vgl. auch folgende Anm.

63 Hierfür seien nur einige Beispiele angeführt: 1335 IV 29 überläßt Nikolaus v. Hunolstein seinem Verwandten u. Mitkanoniker Thilmann v. Stein seine Kurie, eine Olke, eine „vinea" u. 20 sol. sowie 8 Kapaune bzw. Hühner Zins (das Kloster St. Martin etwa erhält nur 20 sol. Tur. parv. Zins, andere Institutionen erhalten freilich erheblich mehr; vgl. *Toepfer*, UB Hunolstein 1 Nr. 211); 1338 X 15 schenkt Heinrich von Pfaffendorf seiner Nichte 3 Mark Ewigzins (die Kirche St. Kastor/Karden, deren Propst er ist, erhält nur 2 Mark) (LHAKO Abt. 99 Nr. 500); 1360 I 21 vererbt Ludolph v. Hollenfels seinen Nichten je 20 lib., den drei „filiis" 100 lib. Trev. (der Dom erhält 400 lib., St. Paulin 50 lib., die Benediktinerklöster erhalten je 25 lib.) (LHAKO Abt. 1 D Nr. 587); 1380 II 19 hinterläßt Robert v. Saarbrücken seinem Verwandten und Mitkanoniker Arnold v. Hunsingen eine Kurie, 10 Silberschalen u. 100 fl. Robert., falls er Geistlicher bleibt (zum Vergleich: St. Simeon und die Benediktinerklöster erhalten 100 lib. Trev., die Kartause St. Alban erhält 100 fl. Mog.) (LHAKO Abt. 1 D Nr. 722 u. 4416, S. 849–869); 1446 III 16 hinterläßt Konrad v. Braunsberg seinem Neffen 50 fl. u. sein besseres Pferd (Liebfrauen erhält ebenfalls 50 fl.) (LHAKO Abt. 1 D Nr. 1149 u. 4420, S. 145–155; BATR Abt. 95 Nr. 315, S. 126–132).

64 Vgl. allg. *Feine*, Kirchliche Rechtsgeschichte, S. 383 f.; *Bastgen*, Domkapitel, S. 261.

65 1286 V 10 Confirmation durch das Domkapitel der Wahl des Luther v. Eltz zum Propst von Münstermaifeld (LHAKO Abt. 144 Nr. 58 f.; MRR 4 Nr. 1656; ZGORh 20, 1867, S. 309 f.); 1286 VI 22 Bestätigung der Lizenz zur Einweihung einer Kapelle des Kl. Werschweiler in Oberwesel (MRR 4 Nr. 1356); 1288 XI 6: Der Prämonstratenserorden präsentiert dem Trierer Domkapitel sede vacante den zum Abt von Wadgassen gewählten Johann v. Saarbrücken, bisherigen Prior, zur Bestätigung (MRR 4 Nr. 1592); 1287 XII 8 Weihe der Quirinuskapelle in St. Matthias „auctoritate et permissione" von Dekan u. Kapitel (BIPTR Hs. 28 fol. 7); 1288 XII 27: Im Streit zwischen dem Stift u. der Stadt Wetzlar fällt das Domkapitel in der Sedisvakanz ein Exkommunikationsurteil auf Klage von Dekan u. Kapitel v. Wetzlar (*Struck*, Klöster Lahn 2, Nr. 13; *Wiese-Sponheimer*, UB Wetzlar 1, Nr. 333); 1287 VII 19 Befehl des Domkapitels an die Priester der Umgebung

recht des Kapitels, durch das sich in manchen Fällen für den betroffenen Sekundarklerus die Notwendigkeit ergab, die Zustimmung der Domherren einzuholen[66]. Bei Rechtsstreitigkeiten in anderen geistlichen Institutionen wurde teilweise das Kapitel angerufen, um eine Regelung herbeizuführen[66a].

Einige Kirchen waren auf Grund ihrer Rechtsstellung in besonderem Maße mit dem Kapitel verbunden. Dies gilt vor allem für Liebfrauen, dessen Klerus unter Hinweis auf die Zusammengehörigkeit mit dem Dom bisher bereits mehrfach in die Betrachtung einbezogen wurde. Für Liebfrauen, nach dem Normannensturm von 882 und der Zerstörung des Doms über längere Zeit für den Domgottesdienst benutzt, läßt sich eine gewisse Trennung vom Domkapitel überhaupt erst wieder seit dem 12. Jahrhundert erkennen[67]. Seit dem 13. Jahrhundert sind eigene Kanoniker erwähnt[68], im 14. Jahrhundert bestand das Kollegium der Präbendare aus zwölf Mitgliedern[69], war aber nicht selbständig, sondern dem Dompropst bzw. Dekan unterstellt[70]. Die Güter wurden getrennt vom Kapitelsbesitz ver-

---

zum Vorgehen gegen einige Bürger (MRR 4 Nr. 1459); 1287 VII 25 Prior u. Konvent v. Sayn zeigen dem Domkapitel die Wahl eines neuen Abts an (MRR 4 Nr. 1462); 1289 II 15: Domkapitel soll Wahl Werners zum Abt v. St. Beatus (Bened./Trierer Diöz.) untersuchen u. gegebenenfalls bestätigen (*Langlois*, Reg. Nicolas IV Nr. 518); 1308 I 11: Das Domkapitel erklärt die v. EB Diether geschehenen Provisionen für St. Florin/Koblenz für ungültig (LHAKO Abt. 112 Nr. 53); 1456 VI 25: Das Kapitel will von Abt Johann v. Prüm das z. Z. v. EB Jakob verpfändete Schloß Bernkastel ablösen; Zahlungsversprechen (LHAKO Abt. 1 A Nr. 337). Auf Streitigkeiten deutet eine Urkunde v. 1289 III 23 hin: Papst Nikolaus IV. befiehlt dem Bischof v. Lüttich u. zwei weiteren Geistlichen die Entscheidung im Streit zwischen dem Domkapitel u. den Karmelitern wegen der sede vacante geweihten Karmeliterkirche und des deswegen erlassenen Exkommunikationsdekretes (MRR 4 Nr. 1634; *Potthast*, Regesta, Nr. 22911; *Langlois*, Reg. Nicolas IV, Nr. 7479; vgl. in diesem Zusammenhang auch STATR Urk. Karm. 1; LHAKO Abt. 1 D Nr. 165 u. MRR 4 Nr. 1560, 1563, 1566).

66 Zum Konsensrecht *Bastgen*, Domkapitel, S. 245–261.
66a Vgl. *Heyen*, St. Paulin, S. 257 f., der Beispiele zu diesem Themenkomplex bringt, auf den hier nicht ausführlicher eingegangen werden kann.
67 Vgl. hierzu u. zum folgenden: *Bastgen*, Domkapitel, S. 161–171; *Pauly*, Siedlung u. Pfarrorganisation 6, S. 217–225.
68 MRUB 3 Nr. 315 v. 1227 IX 14.
69 *Brower-Masen*, Metropolis 1, S. 198; *Bastgen*, Domkapitel, S. 170; vgl. auch LHAKO Abt. 206 Nr. 102.
70 Vgl. *Brower-Masen*, Metropolis 1, S. 198 (Dekan); MRUB 3 Nr. 315 v. 1227 IX 14: Dekan überträgt Präbende u. investiert; 1403 II 10 Dekan als Patron Präbendenvergabe (VR 7 Nr. 357); vgl. ferner die Gehorsamserklärungen für EB u. Dekan im Jahrzeitbuch (LHAKO Abt. 206 Nr. 102); 1334 II 4 Küsterlehen von Liebfrauen untersteht der „collatio et institutio" des Dompropstes (LHAKO Abt. 1 A Nr. 3919). Bei der Aufzählung von der Collation des Propsts abhängiger Benefizien wird auch auf „duas prebendas" in der Liebfrauenkirche hingewiesen (LHAKO Abt. 1 D Nr. 4591 fol. 7).

waltet[71]. Die Funktion der Kleriker war neben der Abhaltung des Gottesdienstes in der Liebfrauenkirche auch die Mithilfe beim Domgottesdienst. Die Geistlichen von Liebfrauen hatten einen Platz im Dom und mußten die Chorgesänge mitsingen, erhielten aber auch ihren Anteil von der Präsenz[72].

Abhängig in der Besetzung vom Domkapitel waren verschiedene Pfarrkirchen und Kapellen. Eine Zusammenstellung nach der vorhandenen Literatur zeigt, daß außer im Burdekanat Trier vornehmlich an der Mittelmosel in den Dekanaten Zell und Piesport und an der Obermosel in den Dekanaten Remich und Perl Kapitel und Dignitäre Einflußmöglichkeiten auf die Vergabe der entsprechenden Pfründen besaßen. An der Mittelmosel liegen auch Schwerpunkte des domkapitularischen Besitzes überhaupt[73].

Pfarrkirchen und Kapellen mit Patronats-/Collationsrechten für Kapitel und Domgeistlichkeit (nach *Fabricius*, Karten der kirchlichen Organisation; *Lorenzi*, Pfarreien; *Pauly*, Siedlung und Pfarrorganisation; *Müller*, Wallonischen Dekanate).

Adendorf	*Fabricius* 1, S. 129 f.
Bausendorf	*Fabricius* 2, S. 181; *Lorenzi* 1, S. 677.
Berg/Licht	*Fabricius* 2, S. 48; *Lorenzi* 1, S. 116; *Pauly* 2, S. 67.
Bertrich	*Fabricius* 2, S. 182; *Lorenzi* 2, S. 156; *Pauly* 1, S. 155.
Bremm	*Fabricius* 2, S. 184; *Lorenzi* 2, S. 157; *Pauly* 1, S. 155.
Büdingen	*Fabricius* 2, S. 103; *Lorenzi* 1, S. 378.
Klotten	*Fabricius* 2, S. 193 f.; *Lorenzi* 2, S. 180; *Pauly* 1, S. 119.
Könen	*Fabricius* 2, S. 107 f.; *Pauly* 6, S. 48 f.
Kommlingen	*Fabricius* 2, S. 18; *Lorenzi* 1, S. 181; *Pauly* 6, S. 300.
Ediger	*Fabricius* 2, S. 186; *Lorenzi* 2, S. 167; *Pauly* 1, S. 155.
Eich	*Fabricius* 2, S. 155; *Lorenzi* 2, S. 116; *Pauly* 2, S. 326.
Eller	*Fabricius* 2, S. 186; *Lorenzi* 2, S. 172; *Pauly* 1, S. 155.
Ettelbrück	*Fabricius* 2, S. 79; *Pauly* 8, S. 107–110.
Gerlfangen	*Fabricius* 2, S. 103; *Lorenzi* 1, S. 576; *Pauly* 6, S. 112 f.
Gondorf	(nicht zur Ausführung gekommen)
	Fabricius 2, S. 156; *Lorenzi* 2, S. 324; *Pauly* 2, S. 290.
Greisch	*Fabricius* 2, S. 79; *Pauly* 8, S. 150.

---

71 Vgl. *Bastgen*, Domkapitel, S. 170 f.; *Pauly*, Siedlung u. Pfarrorganisation 6, S. 224; MRUB 3 Nr. 1393 v. 1257 IV 9: Nikolaus, Dekan von Karden, vermacht der Fabrik von Liebfrauen 6 sol.; vgl. auch 1282 VIII 9: Verfügung des Priesters Wilhelm v. Gegen: 10 sol. an die Fabrik v. Liebfrauen (*Wampach*, UQB 8, Nr. 154); 1418 II 27 wird ein Präsenzmeister für Liebfrauen genannt, der einen Anteil von einem Zins aus der Kurie Rodenmacher für das Anniversar v. Robert v. Hohenecken erhalten soll (LHAKO Abt. 1 D Nr. 865 u. 4264 fol. 1; Abt. 206 Nr. 68).
72 *Bastgen*, Domkapitel, S. 171; *Pauly*, Siedlung und Pfarrorganisation 6, S. 224; zu den engen Beziehungen von Dom und Liebfrauen in diesem Zusammenhang vgl. vor allem *Kurzeja*, Liber ordinarius, S. 226, u. den dort zit. Beleg.
73 An einer Untersuchung hierzu mangelt es noch.

Hamm	*Fabricius* 2, S. 89; *Lorenzi* 1, S. 168; *Pauly* 5, S. 61.
Horn	*Fabricius* 2, S. 190 f.
Landkern	*Fabricius* 2, S. 195.
Lenningen	*Pauly* 9, S. 67 f.
Mairy	*Fabricius* 2, S. 70; *Müller*, S. 276–278.
Merscheid	*Fabricius* 2, 57 f.; *Lorenzi* 1, S. 107 f.
Minheim	*Fabricius* 2, S. 58; *Lorenzi* 1, S. 452; *Pauly* 2, S. 81 f.
Nehren	*Fabricius* 2, S. 198 f.; *Lorenzi* 2, S. 167; *Pauly* 1, S. 154 f.
Niederdonven	*Pauly* 9, S. 71.
Niedermendig	*Fabricius* 2, S. 170; *Lorenzi* 2, S. 316; *Pauly* 2, S. 342 f.
Ochtendung	*Fabricius* 2, S. 171 f.; *Lorenzi* 2, S. 344; *Pauly* 2, S. 311–313.
Perl	*Fabricius* 2, S. 112; *Lorenzi* 1, S. 434; *Pauly* 6, S. 150–153.
Piesport	*Fabricius* 2, S. 60; *Lorenzi* 2, S. 456; *Pauly* 2, S. 85.
Pluwig	*Fabricius* 2, S. 19; *Lorenzi* 1, S. 183 f.; *Pauly* 6, S. 298–300.
Reilkirche	*Fabricius* 2, S. 200; *Lorenzi* 1, S. 686; *Pauly* 1, S. 127.
Remich	*Pauly* 9, S. 57.
Schillingen	*Fabricius* 2, S. 130; *Lorenzi* 1, S. 249; *Pauly* 4, S. 72–75.
Simmingen	*Fabricius* 2, S. 118; *Pauly* 9, S. 138–140.
Sorbey	*Fabricius* 2, S. 75; *Müller*, S. 202–205.
Speicher	*Fabricius* 2, S. 44; *Lorenzi* 1, S. 140; *Pauly* 3, S. 138–143.
Stegen	*Fabricius* 2, S. 81; *Pauly* 8, S. 117 f.
Thil	*Fabricius* 2, S. 77; *Pauly* 9, S. 282.
Thür	*Fabricius* 2, S. 175; *Lorenzi* 2, S. 321; *Pauly* 2, S. 344.
Trier	
St. Gervasius	*Fabricius* 2, S. 11; *Lorenzi* 1, S. 31; *Pauly* 6, S. 235–238.
Liebfrauen	*Fabricius* 2, S. 6 f.; *Lorenzi* 1, S. 17 f.; *Pauly* 6, S. 217–225.
St. Marien/Brücke	*Fabricius* 2, S. 11 f.; *Lorenzi* 1, S. 23; *Pauly* 6, S. 229 f.; *Heyen*, St. Paulin, S. 569.
Udern	*Fabricius* 2, S. 116; *Pauly* 6, S. 171.
Viviers-sur-Chiers	*Fabricius* 2, S. 75; *Müller*, S. 224–226.
Wahlholz/Morscheid	*Fabricius* 2, S. 64; *Lorenzi* 1, S. 109.
Welschbillig	*Fabricius* 2, S. 30; *Lorenzi*, 1, S. 234; *Pauly* 3, S. 210–214.
Wittlich	*Fabricius* 2, S. 65 (Domvikarie).
Zewen	*Fabricius* 2, S. 19 f.; *Lorenzi* 1, S. 55; *Pauly* 6, S. 275.

Zuordnung zu Dekanaten:

Burdekanat Trier	St. Gervasius
	Liebfrauen
	St. Marien/Brücke
	Kommlingen
	Pluwig
	Zewen

Dekanat Bazailles	Mairy
Dekanat Kyllburg-Bitburg	Speicher Welschbillig
Dekanat Longuyon	Sorbey Viviers-sur-Chiers
Dekanat Luxemburg	Thil
Dekanat Mersch	Ettelbrück Greisch Stegen
Dekanat Merzig	Hamm
Dekanat Ochtendung	Eich Niedermendig Ochtendung Thür
Dekanat Perl	Büdingen Gerlfangen Könen Perl Udern
Dekanat Piesport	Berg/Licht Merscheid Minheim Piesport Wahlholz/Morscheid (Wittlich)
Dekanat Remich	Niederdonven Lenningen Remich Simmingen
Dekanat Wadrill	Schillingen

Dekanat Zell	Bausendorf
	Bertrich
	Bremm
	Klotten
	Ediger
	Eller
	Horn
	Landkern
	Nehren
	Reilkirche
Erzdiözese Köln	Adendorf

Gegenüber anderen Kirchen, vor allem den mächtigen Stiften und Klöstern, hatte das Kapitel außer durch das nur sporadisch wirksame Sedisvakanz- und Konsensrecht keine einschneidenden rechtlichen Möglichkeiten. Auf der anderen Seite konnte es jedoch Eingriffe dieser Institutionen in die eigenen Belange ausschalten. Dies gilt insbesondere für die Bistumsbesetzungen, bei denen die Durchsetzung des ausschließlichen Wahlrechts des Kapitels die Mitsprache der übrigen Prälaten verdrängte[74].

4. Wirtschaftliche Kontakte

Zu einer gründlichen Analyse der gegenseitigen Beziehungen im wirtschaftlichen Bereich müßten Erwerbsgeschichte und Umfang des domkapitularischen Besitzes, aber auch verschiedener anderer kirchlicher Einrichtungen untersucht und einander gegenübergestellt werden. Dies kann hier selbstverständlich nicht geleistet werden. Etliche Urkunden sollen aber herangezogen werden, um Zusammenhänge wenigstens anzudeuten. Es geht dabei insbesondere um Besitzveränderungen wie Schenkungen, Tausch und Kauf bzw. Verkauf.

Für Schenkungen, bei denen eine einseitige, meist auf Gegenleistung durch religiöse Handlungen abzielende Vergabe von Besitz erfolgte, sei auf die vorherigen Ausführungen zu Testamenten und Stiftungen verwiesen. Neben Einzelpersonen übertrugen aber auch ganze Institutionen einander Güter und Rechte. So ist dem Domkapitel für das Refektorium bzw. dem Domdekan gegen Ende des zweiten Jahrzehnts im 13. Jahrhundert das Präsentationsrecht für einige Pfarr-

---

74 Vgl. *Below*, Entstehung; *Speyer*, Entstehung.

kirchen von verschiedenen Klöstern überlassen worden[75]. Diese Ereignisse stehen wohl im Zusammenhang mit etwa gleichzeitig erfolgenden Verbrüderungen[76], bei der Schenkung durch St. Matthias wird darüber hinaus ein Einfluß Erzbischof Theoderichs erwähnt[77], mit dessen Reformbestrebungen zur Wiederherstellung der „vita communis" diese zusätzliche Ausstattung des Refektoriums der Domkirche in Einklang steht. Spätere Belege sind die Übertragung des Collationsrechtes in Ettelbrück durch das Kloster Echternach an die Domdechanei für das Refektorium im Jahre 1253[78] und im Jahre 1300 die Schenkung des Patronatsrechts der Pfarrkirche Udern ans Kapitel durch das Kloster Mettlach[79]. Im Jahre 1343 wurden umgekehrt das Präsentationsrecht von St. Marien an der Brücke in Trier und alle Einkünfte und Rechte dort von den Domherren an die Johanniter abgegeben, wobei dies jedoch auch im Zusammenhang mit dem gleichzeitigen Übergang des Hofes Wawern ans Kapitel zu sehen ist[80]. Die genannten Belege für

---

75 1218 III 23 ging das Kloster Malmedy die Verpflichtung ein, nur einen vom Domkapitel vorgeschlagenen Pfarrer in Klotten zu präsentieren (MRUB 3 Nr. 64; MRR 2 Nr. 1362 f.; *Halkin-Roland*, Recueil Stavelot-Malmedy 2, Nr. 303 f., S. 14–17; Wauters, Table 7, S. 520); 1219 wurde für folgende Pfarreien das Präsentationsrecht an den Dekan bzw. Stellvertreter überlassen: Remich (durch St. Maximin), St. Gervasius/Trier (durch St. Matthias), Gondorf (durch St. Maria ad martyres, aber nicht realisiert), Piesport (durch Kl. Mettlach) (vgl. hierzu MRUB 3 Nr. 98 u. 113–113c; *Wampach*, UQB 2, Nr. 117; *Hansen*, Geschichte Pfarreien, S. 132; MRR 2 Nr. 1413 f., 1423; vgl. zu den Pfarreien bzw. den Vorgängen auch die bei der Zusammenstellung der domkapitularischen Patronats-/Collationsrechte zit. Lit.).
76 Vgl. unten Anm. 124–129.
77 MRUB 3 Nr. 98 u. MRR 2 Nr. 1423.
78 Regest: MRR 3 Nr. 1015 mit weiteren Fundstellen u. MRUB 3 Nr. 1190; gedruckt: *Wampach*, UQB 3, Nr. 136.
79 MRR 4 Nr. 2986; LHAKO Abt. 1 D Nr. 190; BATR Abt. 95 Nr. 311 fol. 168 v. 1300 I 28; vgl. auch *Wampach*, UQB 6, Nr. 950.
80 1343 V 17 bzw. VIII 9 Übertragung des Präsentationsrechtes v. St. Marien a. d. Brücke, aller Einkünfte und Rechte durch das Kapitel an die Johanniter (STATR L 19 u. LHAKO Abt. 1 D Nr. 4415, S. 181–185; *Hansen*, Geschichte Pfarreien, S. 99–102, Nr. 1; vgl. *Bunjes*, KD Trier, S. 418); Bestätigung durch Balduin 1344 II 2 (*Hansen*, Geschichte Pfarreien, S. 102 f. Nr. 2; STATR L 25; *Goerz*, Regesten, S. 84). Die Johanniter verkauften ihren Hof mit allem Dazugehörigen in Wawern an das Kapitel für 700 lib. Trev. (LHAKO Abt. 1 D Nr. 475 f. u. 4415, S. 189–192, sowie 4417, S. 229–232 v. 1343 V 21; Quittung über die 700 lib. 1343 IX 9; LHAKO Abt. 1 D Nr. 480; vgl. auch LHAKO Abt. 1 D Nr. 4415, S. 313–315). Bis die Johanniter im Besitz der Kirche seien, versprach das Kapitel die Hälfte v. Heu u. Wein von Wawern und anderer von ihnen gekaufter Güter (STATR L 12; LHAKO Abt. 1 D Nr. 4415, S. 205–208 u. 233–237 v. 1343 VI 23). Anscheinend waren der Anlaß für die Transaktionen Auseinandersetzungen des Kapitels mit den Johannitern, da 1343 III 9 Visitatoren der Johanniter der Trierer Kommende auftrugen, eine Einigung in ihrer Streitigkeit mit dem Kapitel herbeizuführen und ihren Hof Wawern gegen andere Güter zu tauschen (BATR Abt. 95 Nr. 311 fol. 134').

Übertragungen zeigen auf jeden Fall eine positive Bilanz für das Kapitel und deuten auf einen Substanzgewinn hin[81].

Für Gütertausch gibt es einige Hinweise[82]. Mehrfach bezeugt ist ferner, daß sich offenbar in Geldschwierigkeiten befindliche Institutionen an das Domkapitel wandten und ihm gegen eine einmalige Zahlung dauernde Einkünfte überließen. Die Augustiner in Springiersbach 1271[83], die Benediktiner von St. Maximin bei Trier 1284[84], die Zisterzienser von Himmerod 1317[84a], die Deutschherren 1368

---

81 Der im Mittelrheinischen Urkundenbuch gegebene Hinweis, daß der Trierer Archidiakon Simon 1255 die Verleihung einiger namentlich genannter, der Dompropstei zugehöriger Pfarreien ans Refektorium von St. Paulin erneuert habe (MRUB 3 Nr. 1292), ist insofern unrichtig, als die ursprüngliche Verleihung von 1227 XI 26 eindeutig sich nicht auf Kirchen der Dompropstei, sondern der Propstei von St. Paulin bezieht (vgl. zu diesem Vorgang *Heyen*, St. Paulin, S. 449 f.).

82 1226 wurden mit dem Kloster S. Maria ad martyres vom Kapitel ein Wingert und ein Zinshaus gegenüber dem Kloster gegen einen Weinberg am Deimelberg getauscht (MRUB 3 Nr. 299; MRR 2 Nr. 1784 u. 2247); 1317 I 31: Herbrand v. Zolver hat mit Abt und Konvent v. Himmerod seinen Wingert im Trierer Bann „in loco qui dicitur Wimpel" für einen Wingert im Konzer Bann „in loco qui dicitur Bruneberg" neben einem eigenen Wingert dort getauscht (LHAKO Abt. 96 Nr. 624; STATR 1717/38 8° Pars 1 fol. 91; vgl. auch *Schneider*, Himmerod, S. 227); 1339 V 20: Das Domkapitel und speziell die Refektoriumsmeister Johann v. Daun, Cantor, und Nikolaus v. Pittingen, Zellerar, haben einen umzäunten Obstgarten des Refektoriums, genannt „Berkentheim", gegenüber der Mauer bei St. Alban, an die Kartäuser gegen 3 lib. Trev. Ewigzins aus Häusern u. Garten („in novo vico", „in vico pontis", „extra portam Treverensem dictam Můselporte") getauscht (LHAKO Abt. 186 Nr. 71; Abt. 1 D Nr. 439, 4413, S. 713–718, u. 4414, S. 609–613; BATR Abt. 95 Nr. 311 fol. 124'). 1389: Haustausch zwischen Peter v. Lenningen, Kaplan des Martinsaltars, und der Kartause St. Alban (LHAKO Abt. 1 D Nr. 765); 1392 II 4: Dietrich v. Crummenau hat Höfe bei St. Kastor/Koblenz mit Wilhelm, Propst v. St. Paulin, getauscht (*Schmidt*, Quellen 1, Nr. 1488); 1405 V 4: Wiesentausch zwischen Friedrich als Propst v. St. Paulin und Heinrich v. Daun als Inhaber der Kurie Altendaun (LHAKO Abt. 213 Nr. 80).

83 1271 IV 13: Die Augustiner v. Springiersbach verkaufen ans Kapitel 30 Ohm Wein jährlich aus Merl oder vielleicht Zell für 254 trier. Pfund (MRR 3 Nr. 2597; LHAKO Abt. 1 D Nr. 130; BATR Abt. 95 Nr. 311 fol. 60'). Die Abgabe taucht in der Folgezeit bei Pensionsverteilungen auf; vgl. *Lamprecht*, Wirtschaftsleben 3, Nr. 60 S. 86–89; MRR 4 Nr. 914 (1282 IV 6); LHAKO Abt. 1 D Nr. 4413, S. 817–847 (1327 II 10); *Blattau*, Stat. syn., Nr. 43, S. 199–203 (1373 XI 18).

84 Aufgrund der „urgentes et evidentes necessitates ac varias oppressiones" ihres Klosters verkaufen die Mönche dem Kapitel gegen 600 trierische Pfund 200 Malter Getreide jährlich aus verschiedenen Gütern (*Wampach*, UQB 5, Nr. 104; MRR 4 Nr. 1165; *Goerz*, Regesten, S. 56; LHAKO Abt. 1 D Nr. 149; BATR Abt. 95 Nr. 311 fol. 237), wobei sich als Bürgen die Trierer Schöffen Bonifaz und Heinrich Enkillin stellen (MRR 4 Nr. 1169; BATR Abt. 9,1 Nr. 4 u. Abt. 95 Nr. 311 fol. 158'). Von der Möglichkeit des Rückkaufs in den nächsten vier Jahren (MRR 4 Nr. 1167; *Wampach*, UQB 5, Nr. 106) hat das Kloster keinen Gebrauch gemacht; immer wieder werden bei den Pensionsverteilungen des Domkapitels in der Folgezeit bis ins 15. Jahrhundert hinein Anteile der Fruchtrente an einzelne Domherren vergeben (vgl. LHAKO Abt. 1 D Nr. 198 f. v. 1301 II 20 u. Nr. 4418, S. 161–168 v. 1411 VI 17).

84a LHAKO Abt. 1 D Nr. 3627 u. 4413, S. 561–568; Abt. 96 Nr. 639. Es handelt sich um 9 lib. aus Häusern in Trier. Zu bereits zuvor an einen Domherrn verkauften, ebenfalls

oder früher[85], das Kloster Laach 1382[86] und vielleicht Abt und Konvent von St. Matthias vor 1427[87] verkauften an das Kapitel Geld- oder Naturalrenten, die nur zum Teil wieder abgelöst wurden. Umgekehrte Fälle, bei denen das Domkapitel zum Verkauf schritt, treten dagegen fast überhaupt nicht auf[88]. Dies deckt sich mit dem Befund, wie er auch sonst für die Rolle des Kapitels bei Zinsgeschäften festgehalten werden konnte. Der Erwerb von nicht grundherrschaftlichen Einkünften wie den Ewigzinsen[89], im 15. Jahrhundert darüber hinaus von Anteilen am städtischen Sestergeld und dem Engerser Zoll[90], mag insgesamt zu einer größeren Unabhängigkeit von Krisenerscheinungen beigetragen haben, wie sie im Agrarbereich vor allem nach der Mitte des 14. Jahrhunderts teilweise auftraten[91]. Es könnte sich auch gegenüber den Klöstern die andersartige Organisation des Kapitelbesitzes mit einer Aufteilung auf die Kanoniker ausgewirkt haben[91a]. Diesen bot sich so unter anderem die Möglichkeit, einen gesteigerten Bedarf ohne Substanzverlust durch den Erwerb weiterer Pfründen zu decken. Auch die einzelnen Domherren und die Vikare erwarben von anderen geistlichen

---

ans Kapitel gelangten 14 lib., vgl. Anm. 92; zu den 23 lib. auch *Lager*, Himmerod, Nr. 179; STATR 1717/38 8° Pars I fol. 102'.

85 1368 III 24: Die Deutschherren haben von Dekan und Domkapitel das Rückkaufsrecht über einen Zins von 70 lib. Trev. erhalten und können ihn mit 1400 lib. Trev. (34 sol. = 1 fl. parv.) ablösen. Nach entsprechender Mitteilung des Kapitels nach 5 Jahren läuft aber nach weiterem Jahr und Tag die Frist ab (LHAKO Abt. 1 D Nr. 3613 u. 4416, S. 293–295; BATR Abt. 95 Nr. 311 fol. 125').

86 1382 II 21: Das Kloster Laach verkauft eine jährliche Rente in Höhe v. 50 fl. ans Kapitel gegen 1200 fl.; Rückkaufrecht wird zugestanden (LHAKO Abt. 1 D Nr. 3611 f., u. Abt. 128 Nr. 274 f.); 1396 III 13 u. 1399 XI 13 wird auf die Zahlungsverpflichtung erneut Bezug genommen (LHAKO Abt. 128 Nr. 305; Abt. 109 Nr. 620); 1445 VIII 6 erfolgte die Ablösung (LHAKO Abt. 128 Nr. 768).

87 1427 VI 11 erklärt das Domkapitel, daß Abt und Konvent 14 fl. Zins, an den Pfingsttagen geschuldet, zurückgekauft hätten (LHAKO Abt. 210 Nr. 457). Ein vorheriger Verkauf des Klosters ist durchaus wahrscheinlich, wenngleich der Grund für die Belastung nicht festzustellen ist. Vgl. auch Anm. 93.

88 1436 VII 12 verkaufte aber das Kapitel an die drei Kapläne in der neuen Kapelle zu Gemünden (Metzer Bistum) und die Kirchherren dort 30 rhein. Gulden Erbzins aus seinen Einkünften im Stift Trier und außerhalb für 600 rhein. Gulden. Die Summe erhielten allerdings die beiden Archidiakone Philipp von Sierck und Johann von Greiffenclau, die eine Ablösung innerhalb von 6 Jahren und Schadloshaltung des Kapitels versprachen (LHAKO Abt. 1 D Nr. 970–974).

89 Vgl. hierzu insbesondere die Ausführungen zu den wirtschaftlichen Beziehungen von Stadt und Domkapitel, S. 117 ff.

90 Vgl. die Ausführungen zum EB, dort Anm. 253. In beiden Fällen verkaufte der EB an Testamentsexekutoren eines Domherrn, durch die die Einkünfte ans Kapitel gelangten.

91 Vgl. hierzu die Ausführungen zum Adel u. dort Anm. 194 sowie zur Stadt, Anm. 287, 349. Vgl. aber auch S. 350.

91a Vgl. hierzu aber: *Petrus Becker*, Das monastische Reformprogramm des Johannes Rode Abtes von St. Matthias in Trier. Ein darstellender Kommentar zu seinen Consuetudines (Beiträge zur Geschichte des alten Mönchtums und des Benediktinerordens, H. 30), Münster 1970, S. 11.

Institutionen Einkünfte und Güter. Zum Teil kamen die Zinse später durch Stiftungen ans Kapitel und vermehrten so die Verpflichtungen anderer Kirchen ihm gegenüber[92]. Verschiedene Urkunden und das Präsenzgelderverzeichnis

---

[92] Vor 1272 IV Springiersbach verkauft für 70 köln. Mk. die Höfe „Pumere" (Pommern) u. „Predhe" (Brieden) an Heinrich v. Bolanden, Archidiakon (MRR 3 Nr. 2711 u. MRR 4 Nr. 937; LHAKO Abt. 99 Nr. 649; vgl. auch Anm. 83); 1300 VI 20: Die Abtei Gorze verkauft dem Domcustos Isenbard v. Warsberg ihren Weinzehnten und die anderen Güter bei Briedel für 420 lib. Tur. parv.; Bischof Gerhard v. Metz gibt seinen Consens (MRR 4 Nr. 3037 f.; BATR Abt. 95 Nr. 311 fol. 94, 162' u. 218; *Kreglinger*, Analyse, S. 27, Nr. 195). Daß solcher Streubesitz abgestoßen wurde, ist verständlich: vgl. hierzu auch *Edith Ennen*, Ein geschichtliches Ortsverzeichnis des Rheinlandes. Anlage, Aufgaben und bisher geleistete Arbeiten, in: Rhein. Vjbll. 9 (1939), S. 255–275, jetzt leicht gekürzt in: *dies.*, Gesammelte Abhandlungen zum europäischen Städtewesen und zur rheinischen Geschichte, hg. v. *Georg Droege* u. a., Bonn 1977, S. 413–432, bes. S. 426–432. 1317 III 14: Die Johanniter verkaufen an Gerbodo, Vikar des Martinsaltars, eine „vinea ultra pontem" für 10 lib. (LHAKO Abt. 1 D Nr. 262; STATR 1717/38 8° Pars I, fol. 67'–68); vor 1317 IX 17: Das Kloster Himmerod verkauft einen Zins v. 14 lib. an Isenbard v. Warsberg (LHAKO Abt. 1 D Nr. 3627 u. 4413, S. 561–568; Abt. 96 Nr. 639); 1318 II 25: Die Johanniter haben vorher den Testamentsexekutoren des Domvikars Heinrich Kuvleisch für acht Altäre im Dom einen Zins von 4 lib. verkauft (LHAKO Abt. 1 D Nr. 280); 1319 X 27 Kl. Himmerod verkauft einen Zins von 20 sol. an Gerbodo, Vikar des Martinsaltars (LHAKO Abt. 1 D Nr. 3629 u. 4413, S. 629 f.; vgl. *Schneider*, Himmerod, S. 111). 1361 VIII 17 haben die Deutschherren einen bisher von Robert v. Saarbrücken geschuldeten Zins v. 4 lib. „ex curia sua sita retro summum" an ihn für 100 lib. verkauft (LHAKO Abt. 99 Nr. 509 u. 1 D Nr. 4416, S. 77–79); 1371 X 31: Das Kloster Echternach verkauft an Robert v. Saarbrücken jährl. Zinsen in Höhe v. 8 alten Florentiner Goldschilden u. 16 kl. Mainzer Gulden aus Gütern in Kersch und Kröv gegen 200 Goldschilde u. 400 Mainzer Gulden (*Wampach*, UQB 8, Nr. 511). Am selben Tag verkauft das Kloster auch ans Domkapitel und die Kapläne der Altäre St. Nikolaus, St. Georg, St. Agnes u. hl. Dreifaltigkeit für die Altäre 72 trier. Pfund Zinsen aus denselben Gütern für $171^1/_2$ Silbermark. Grund für die Verkäufe ist die Notlage des Klosters, das seinen Hof in Mondorf wieder einlösen will und zudem durch Schulden wegen des Apostolischen Stuhls belastet ist (*Wampach*, UQB 8, Nr. 512 f.; *Kreglinger*, Analyse, S. 101 Nr. 788); 1377 V 1 Robert v. Saarbrücken hat vom Marienkloster bei Andernach einen Zins von 40 fl. parv. Mog. von dessen Höfen Miesenheim und Kobern gekauft, den er 1379 I 20 für Dom, Liebfrauen, St. Paulin und St. Simeon bestimmt (vgl. LHAKO Abt. 1 D Nr. 694 u. 4416, S. 777–784; auch *Schmidt*, Quellen 1, Nr. 1511 v. 1393); 1379 V 1: Rente v. 40 kl. Goldgulden, Verkauf des Klosters Echternach an Robert v. Saarbrücken, Dompropst, als Testamentsexekutor des Arnold v. Saarbrücken (*Wampach*, UQB 8, Nr. 561 f.; vgl. auch BATR Abt. 91 Nr. 130 fol. 3 v. 1380 III 4); 1396 XII 20: Gegen 130 Goldgulden überläßt das Kloster Siegburg eine an es in Emphyteuse gelangte „vinea" in Kühr an Domdekan Gerlach von Limburg, nach dessen Tod ans Kapitel (LHAKO Abt. 1 D Nr. 804 u. 4417, S. 617–623; BATR Abt. 95 Nr. 311 fol. 105'; Urkunden und Quellen zur Geschichte von Stadt und Abtei Siegburg, bearb. v. *Erich Wisplinghoff*, Bd. 1, Siegburg 1964, Nr. 610). Vor 1407 I 8: Für die Dompräsenz hat Dekan Gerlach von Limburg 8 fl. Zins erworben, von den Deutschherren (LHAKO Abt. 1 D Nr. 838; BATR Abt. 95 Nr. 311 fol. 151). Vor 1409 V 3 hat Arnold v. Hohenecken v. Kloster St. Martin 8 fl. Zins erworben, nun an Präsenz (BATR Abt. 10,2 Nr. 1 S. 2); 1412 I 9 die Testamentsexekutoren des Johann von Hammerstein, Scholaster, von dems. Kl. 12 fl. in (Trier-) Irsch, ebenfalls an

deuten darauf hin, daß ihm nicht wenige Zahlungen von auswärtigen kirchlichen Einrichtungen und Personen zustanden. Der Grund für diese Ansprüche war allerdings wohl recht unterschiedlich[93]; Kapitel und Domherren waren selbst ebenfalls gegenüber anderen Kirchen zu Leistungen verpflichtet[94]. In den Zusammenhang von Besitzveränderungen gehören schließlich Verpachtungen. Hier läßt sich feststellen, daß sowohl vom Kapitel an Kirchen und einzelne Geistliche,

---

Präsenz (ebda., S. 3–4). Beleg für Liebfrauen: 1441 VIII 20 kaufen die Präbendaten von Abt u. Konvent v. Prüm 40 rhein. Gulden Zins gegen 1000 Gulden (LHAKO Abt. 18 Nr. 293).

[93] Vgl. *Lager*, Verzeichnis, sowie die zahlreichen Belege im Präsenzgelderverzeichnis des Kapitels; 1441–1448 Einnahmen- u. Ausgabenverzeichnis des Klosters Echternach: An den Dom sind 10 fl. „pensionis" zu zahlen (*Wampach*, UQB 10, Nr. 57). Weitere Beispiele: 1245 VIII 10: Die Dienerschaft des Kapitels erhält v. verschiedenen Kirchen Beträge (MRUB 3 Nr. 833); 1246 IV 26: Die Abtei Himmerod erhält als Schenkung einen Wingert, muß aber daraus unter anderem 6 den. jährlich an den Vorsteher des Domhospitals zahlen (MRUB 3 Nr. 863; MRR 3 Nr. 477; *Lager*, Himmerod, Nr. 113); 1287 IX 25: Das Nonnenkloster St. Gervasius zahlt jährlich 41 sol. 2 den. ans Kapitel für das Anniversar des verstorbenen Custos Arnold (MRR 4 Nr. 1478); 1322 VI 28: Himmerod hat aus einer geschenkten „area" „in Castele" 3 sol. Jahreszins an Domscholaster Herbrand zu zahlen (STATR 1717/38 8° Pars I fol. 99'); 1334 IV 26: Dekan u. Kapitel von St. Kastor/Karden setzen einen von ihnen zu zahlenden Zins ans Domkapitel in Höhe von 40 sol. Trev. jährlich für die Begehung des Kastorfestes fest (LHAKO Abt. 1 D Nr. 392; Abt. 99 Nr. 108); zu den Verpflichtungen v. St. Matthias u. zu 2 „commestiones", vgl. weiter unten zu Prozessionen u. Stationen; 1359 VIII 17: Das Agnetenkloster hatte dem Domkapitel am 27. August, an dem der Konvent eine Statio zur Kirche v. Euren zu machen pflegte, 22 sol. 8 den. Trev. Ewigzins zu zahlen und Fladen zu liefern. Künftig sind statt der „placente" 27 sol. 4 den. Trev. jährlich zu zahlen, so daß sich der zu entrichtende Ewigzins auf 50 sol. beläuft (LHAKO Abt. 1 D Nr. 582 u. 4415, S. 893–896; BATR Abt. 9,1 Nr. 8); 1382 I 6: Das Kloster Echternach ist dem Kapitel zur Zahlung von 40 Mainzer Gulden an Weihnachten verpflichtet, für das Jahr 1381 wird eine Quittung ausgestellt (*Wampach*, UQB 9, Nr. 583; vgl. hierzu aber Anm. 92); 1427 II 18: Quittung des Domkapitels über 40 fl., die ihm an Weihnachten vom Kloster Himmerod geschuldet werden (LHAKO Abt. 96 Nr. 1040).
Für Liebfrauen: 1445 III 9: Den Präbendaten von Liebfrauen standen aus Häusern und Wohnungen vom Beginenkonvent Weilerbettnach zu zahlende 30 Schillinge Zins zu, die abgelöst wurden (LHAKO Abt. 214 Nr. 7).

[94] Vgl. etwa *Lager*, Verzeichnis, S. 85: Propination am Anniversar v. EB Eberhard für „fratres" v. St. Paulin; 1322 VII 23: Die Franziskaner erhielten am Anniversar d. verst. EB Heinrich einen Zins v. 10 sol. aus den Einkünften des Erasmusaltars, der nunmehr vom Domkapitel abgelöst wurde (LHAKO Abt. 1 D Nr. 300 u. 4413, S. 717 f.); 1337 IV 15: Das Domkapitel wird vom Kl. Malmedy dazu aufgefordert, die 20 sol. Trev., die es jährlich v. d. Pfarrkirche Klotten schuldet, von diesem und nicht bezahlten Jahren zu geben (LHAKO Abt. 1 D Nr. 420; vgl. Anm. 75); 1361 VIII 17: Von den Deutschherren Trier hat Robert von Saarbrücken einen Zins von 4 lib. Trev., den er aus seiner einst Wilhelm v. Dorsweiler gehörigen Kurie hinter dem Dom zahlen mußte, für 100 lib. Trev. abgelöst (LAHKO Abt. 99 Nr. 509; Abt. 1 D Nr. 4416, S. 77–79; *Holbach*, Domfreiheit, S. 19). Vgl. in diesem Zusammenhang besonders auch das Präsenzgelderverzeichnis (NLBH Ms. XVIII, 1006) u. weiter unten zu den Prozessionen u. Stationen.

vor allem im 13. Jahrhundert, Güter vergeben wurden[95] wie auch Angehörige der Domgeistlichkeit von verschiedenen kirchlichen Institutionen Grundstücke und Häuser in Pacht übernahmen[96]. Die Bindungen sind also wechselseitig.

---

95 Um 1160: Das Kapitel überläßt „censuali jure inperpetuum" für $^1/_2$ Ohm Wein Propst Heinrich von Fraulautern bzw. seiner Kirche einen Wingert gegenüber der Burg von Neumagen (*Ausfeld*, Fraulautern, S. 19 Nr. 3; *Jungk*, Regesten, Nr. 100); 1179: ebenso der Abtei Himmerod drei Wingerte auf dem Martinsberg und ein zum Wingert kultiviertes Feld für 3 Seidel Wein bzw. 8 den., an die Almosenei zu zahlen (MRUB 2 Nr. 63; *Lager*, Himmerod, Nr. 124; MRR 2 Nr. 434); 1230: Pachtrevers des Kanonikers W. v. St. Kastor/Koblenz über den Hof Sprendlingen, den er gegen zweimal 13 lib. 10 sol. Trev. jährlich auf Lebenszeit erhalten hat (MRUB 3 Nr. 410; MRR 2 Nr. 1958; *Schmidt*, Quellen 1, Nr. 71); 1230: Konsens des Kapitels als Lehnsherr zum Verkauf von Gütern in „Erlesborn" durch Dietrich v. Malberg und Frau ans Kloster St. Thomas/Kyll; Vererblehnung von Salland mit Zehnten bei Erlesborn, von jährlichen Einkünften von 2 sol., 32 den., 10 Hühnern und 50 Eiern in Neidenbach und „Erlesborn" an dasselbe Kloster (MRUB 3 Nr. 408 f., MRR 2 Nr. 1956 f.); 1250 VIII 7: Das Domkapitel verpachtet an Propst und Kirche von Merzig auf 20 Jahre seine Höfe Harlingen und Biringen (MRUB 3 Nr. 1065; MRR 3 Nr. 805); 1286 IX 8 hat das Domkapitel dem Custos v. St. Matthias einen zu seinem Spital gehörigen Wingert in Halbpacht gegeben (MRR 4 Nr. 1374); 1344 IV 12: Der Pleban von Reil und Landdekan von Zell, Marsilius, hat auf Lebenszeit eine domkapitularische „vinea" in Reil in Halbpacht übernommen (LHAKO Abt. 1 D Nr. 483). 1348 IV 28 Domkapitel und Herbrand v. Zolver als Pensionär in Bulzingen verpachten dem Priester Heinrich v. Enkirch zu ihrem Hof gehörige Grundstücke auf Lebenszeit (LHAKO Abt. 1 D Nr. 507); 1382 VI 23: Die Domkapitelspensionäre von Thür, Mendig und Bell verpachten ihre Einkünfte dort gegen 90 Malter Korn jährlich auf 16 Jahre an Johann v. Andernach, Pastor in Niedermendig, und seinen Bruder Dietrich, Pastor in Sinzig (LHAKO Abt. 1 D Nr. 744 u. 4417, S. 41–46).
Für Liebfrauen:
1318 XI 21: Das Katharinenkloster bei Oeren pachtet „omne ius . . . in locis et areis sitis in loco dicto amestaffele" von den Kanonikern von Liebfrauen für 12 den. Ewigzins (LHAKO Abt. 193 Nr. 89).

96 1236 VIII: Abt und Konvent v. St. Martin überlassen dem Domherrn Wilhelm v. Davels die Güter und Einkünfte von ihrem Hof Leiwen zur lebenslänglichen Nutzung gegen 11 sol. Trev. jährlich (MRUB 3 Nr. 566; MRR 2 Nr. 2231); Domherr Simon v. Franchirmont hatte lange den Hof des Kl. St. Trond in Briedel inne (MRR 3 Nr. 681 v. 1249 II; *Thiele*, Echternach u. Himmerod, S. 112); 1266 II 3 hat Dompropst Symon (von Warsberg) vom Kloster St. Apri/Toul Güter und Einkünfte zu Lehen (*Toepfer*, UB Hunolstein 1, Nr. 37); 1316 III 5: Die Deutschherren verpachten und übertragen eine Kurie hinter dem Dom gegen 4 lib. Trev. Jahreszins und bereits bezahlte 60 lib. Trev. an Wilhelm v. Dorsweiler (LHAKO Abt. 1 D Nr. 3614 f. u. 4413, S. 361–368); 1318 I 13: Die Johanniter erlassen dem Domherrn Isenbard v. Wellingen auf Lebenszeit die ihnen zustehende Hälfte des Weinwachstums aus einem Wingert „apud Beys" vor den Mauern von Trier, damit er diesen und andere Wingerte, die er von ihnen hat, gut bebaut bzw. bebauen läßt (LHAKO Abt. 55 B Nr. 199; Abt. 1 D Nr. 4413, S. 501 f.; BATR Abt. 95 Nr. 311 fol. 224'); 1325 XII 5: Die Deutschherren verpachten ihren Wingert in Olewig hinter dem Kelterhaus des Domherrn Parzival von Eltz an diesen bzw. seinen Nachfolger in der Oboedienz für 3 sol. 3 den. Trev. Ewigzins (LHAKO Abt. 1 D Nr. 322 u. 3616); 1329 IV 3 oder 1330 III 19: Das Kloster St. Marien ad martyres überläßt seine „curia" bei Hl. Kreuz für einen Jahreszins von 30 sol. Trev. an Domcantor Nicolaus v. Hunolstein (LHAKO Abt. 1 D Nr. 345 u. 4413, S. 973–979; vgl. auch *Toepfer*, UB Hunolstein 1, Nr. 198); 1332 II 15:

Die Gemeinsamkeit mancher Besitzungen und Ansprüche und die komplizierte Rechtslage führten nicht selten zu Streitigkeiten. Je nach Situation und Interessenlage mußte es zu einer Zusammenarbeit oder einem Gegensatz zwischen dem Kapitel und anderen beteiligten geistlichen Institutionen kommen. Ein Zusammenwirken ergab sich etwa in den fünfziger Jahren des 13. Jahrhunderts mit den Stiften St. Paulin und St. Simeon gegen Erzbischof Arnold[97], im 14. Jahrhundert mit dem Kapitel von St. Maria/Kyllburg und dem Konvent von St. Maria/Oeren gegen die Erben des Ritters Jakob von Dudeldorf[98], im 15. Jahrhundert mit dem Kloster Mettlach gegen die Kartause St. Alban und den Pfarrer von Niederemmel[99]. Zu Konflikten kam es mit den verschiedensten Institutionen und Per-

---

Das Agnetenkloster überträgt eine „area" in Olewig gegen 50 sol. Trev. und einen Jahreszins von 6 den. an den Archidiakon Boemund v. Saarbrücken, der daneben einen Wingert besitzt (LHAKO Abt. 1 D Nr. 4414, S. 105–108). 1406 X 27: Archidiakon Bruno von Hammerstein hat pachtweise Güter des Bamberger Domkapitels in Hönningen inne (*Hammerstein-Gesmold*, Urkunden, Nr. 642 f.).
Für Liebfrauen:
1282 I 8: Der Kanoniker von Liebfrauen, Eberhard, hat v. d. Abtei Himmerod gegen einen Zins v. 9 sol. Trev. jährlich ein Haus in Trier auf Lebenszeit erhalten (MRR 4 Nr. 881; STATR 1717/38 8° Pars I, fol. 110). 1330 V 17: Johann Jakelonis, unter anderem auch Kanoniker von Liebfrauen, hat das Haus „zu me Rindertanze" auf Lebenszeit vom Kloster Marienthal gepachtet (*Werveke*, Cartulaire 2, S. 37 f. Nr. 363).

97 In ihrer Beschwerde gegen EB Arnold vom 10. 2. 1257 verlangten die seit Januar verbündeten Stifte von Dom, St. Paulin u. St. Simeon die Rückgabe der seit seiner Wahl den trierischen Kirchen zurückgehaltenen Einkünfte der Güter in Ediger (MRUB 3 Nr. 1388), die von seinem Vorgänger Dietrich v. Wied an die Dompropstei mit Zahlungsverpflichtungen von 1 Pfund jährlich gegenüber unter anderem auch St. Paulin u. St. Simeon übertragen worden waren (MRR 3 Nr. 79 v. 1238 IX 5). In seinem Friedensschluß gestand Arnold v. Isenburg schließlich die Erfüllung des Testaments zu und versprach eine Regelung im Hinblick auf das durch seine Leute den Kirchen geraubte Gut (MRUB 3 Nr. 1414; MRR 3 Nr. 1422). Die Beteiligung der beiden Kollegiatstifte an den Einkünften von Ediger wird auch deutlich, wenn bei der Pensionsverteilung von 1261 ausdrücklich von den „portiones" von St. Paulin und St. Simeon die Rede ist (MRUB 3 Nr. 1119; MRR 3 Nr. 1717).
98 1345 VII 24: Einigung zwischen den Rittern Wilhelm und Tristand von Dudeldorf einerseits und Domkapitel, Kapitel v. St. Maria/Kyllburg u. Konvent St. Maria/Oeren andererseits über einen bereits zwischen dem Vater der Ritter und den genannten Institutionen schwebenden Streit über den Zehnten von Gütern bei Dudeldorf. Der Zehnte wird nunmehr in fünf Teile geteilt, je einen erhalten Domkapitel, St. Maria/Kyllburg und die Ritter, 2 Teile St. Maria/Oeren. 1345 IX 9 verspricht das Kloster Oeren, dem Domkapitel, falls nötig, die „littere" über diese Einigung immer zu übergeben, falls es sich zur Verteidigung seiner Rechte ihrer bedienen will (LHAKO Abt. 54 D Nr. 183, Abt. 1 D Nr. 4415, S. 365–371).
99 1428 IX 9: Vergleich des Domkapitels und der Abtei Mettlach einerseits mit der Kartause St. Alban und dem Pfarrer von Emmel andererseits über Zehntrechte in Piesport und (Nieder-) Emmel (*Lager*, Mettlach, S. 342; *Kreglinger*, Analyse, S. 134, Nr. 1083; LAHKO Abt. 186 Nr. 319 u. 1 D Nr. 4418, S. 489–496; BATR Abt. 95 Nr. 314, S. 218–225).

sonen, so 1215 mit dem Kloster Laach[100], 1228 mit den Templern[101], 1245 und wohl schon früher mit dem Abt von Rettel[102], 1295 wegen einer neu errichteten Kirche mit dem Konvent von St. Gervasius[103]. Im 14. Jahrhundert hatte sich das Kapitel mit dem Kloster St. Matthias um Güter und Gerechtsame in Franzenheim auseinanderzusetzen[104], gegen Ende des Jahrhunderts bestanden zeitweise mit der Abtei Echternach[105] und dem Stift Karden[106] Differenzen, 1428 mit der Kartause St. Alban[107]. Nimmt man noch die Gegensätze hinzu, die zwischen

---

100 1215 III 23: Einigung über den Zehnten von Niedermendig zwischen Domkapitel, Kloster Laach und den Rittern Johann und Heinrich v. Rheineck nach vorherigen Streitigkeiten; durch EB Theoderich ausgestellte Urkunde (MRUB 3 Nr. 31; *Günther*, Cod. dipl. 2, Nr. 29; MRR 2 Nr. 1254).

101 1228 VII 14 u. VIII 23: Streitsache zwischen dem Domkapitel und dem Templerorden um eine Wiese in Wawern vom prozeßführenden Domscholaster und Offizial Thimar zugunsten des Kapitels entschieden (MRUB 3 Nr. 345; MRR 2 Nr. 1868 u. 1874).

102 1245 III 10: Klagsache des Trierer Domkapitels gegen den Abt von Rettel und andere Geistliche und Laien wegen der Übergriffe auf seine Güter vom Papst an den Abt v. St. Beatusberg in Koblenz übergeben (MRUB 3 Nr. 817; MRR 3 Nr. 418; *Potthast*, Regesta, Nr. 26315). Dies könnte noch mit der Parteiung von 1242 zusammenhängen.

103 1295 I 12: Vergleich zwischen dem Kloster St. Gervasius und dem Domkapitel, von dem die dortige Pfarrei abhängt, bzw. dem Pfarrer Enffrid von St. Gervasius. Das Kloster St. Gervasius überweist auf Entscheid des Domkapitels dem Pastor v. Gervasius einen jährlichen Zins von 30 sol. Erzbischof Boemund erklärt, die neue Kirche des Klosters vorbehaltlich des Vergleichs weihen zu lassen (*Lager*, Reg. Pfarrarchive, Nr. 685; MRR 4 Nr. 2358 falsch, Nr. 2359; STATR W 4; BATR Abt. 95 Nr. 311 fol. 145; Abt. 71,4 Nr. 2). Die Kirche wurde am 11. 4. 1296 konsekriert.

104 Der Erzbischof setzte den Burggrafen von Grimburg, den Schultheißen von Saarburg, Reiner von Osburg und seinen Offizial Heinrich Kempe für die Untersuchung der Angelegenheit ein. Bei einer Zeugenvernehmung vor Ort 1333 II 21 sprachen sich alle geladenen Personen zugunsten des Klosters aus. Vor allem Heinrich, der Landdechant v. Schillingen, vormals Rektor der Kirchen in Pellingen und Franzenheim, bestätigte Abt und Konvent das volle „dominium" über die Leute von Franzenheim, das auch stets mit Ausnahme von Übergriffen des verstorbenen Domscholasters Herbrand v. Zolver ungefährdet gewesen sei. Günstig für das Kloster weiterhin die Aussage des Dietrich Küchenmeister, über zehn Jahre Diener des verstorbenen Mattheiser Abtes. Auch die weiteren Zeugen, Förster des EB aus Konz und Leute aus verschiedenen Dörfern, sagten zugunsten v. St. Matthias aus, zumindest im Hinblick auf das Ufer in Richtung Pellingen (LHAKO Abt. 210 Nr. 253–256 u. Abt. 1 D Nr. 383). Vgl. zu den Auseinandersetzungen auch: *Fritz Rörig*, Die Entstehung der Landeshoheit des Trierer Erzbischofs zwischen Saar, Mosel und Ruwer und ihr Kampf mit den patrimonialen Gewalten (Westdt. Zs. f. Gesch. u. Kunst, Erg. h. XIII), Trier 1906, S. 19 f., 26–28. Vgl. auch LHAKO Abt. 1 D Nr. 4174 für spätere Zeiten.

105 1381 IV 26 Vergleich zwischen der Abtei Echternach und Domcantor Johann von Hammerstein und dem Kapitel über einen Fruchtzehnten bei Rodenmacher (*Wampach*, UQB 9, Nr. 575); für spätere Auseinandersetzungen mit Echternach vgl. LHAKO Abt. 1 D Nr. 4544; ferner Nr. 4174 u. 4197.

106 1393–1395 Akten über den Streit des Kollegiatstifts St. Kastor/Karden mit Winzern und Bauern des domkapitularischen Hofes Ruver bei Ellenz und dem Domkapitel um Zehnten; 1395 VI 25 verzichtet der Kardener Prokurator Johannes von Ehrang, Dekan v. St. Simeon/Trier, auf Ansprüche (LHAKO Abt. 1 D Nr. 4417, S. 501–586).

107 Vgl. Anm. 99.

einzelnen Angehörigen des Klerus am Dom und der Liebfrauenkirche und verschiedenen geistlichen Institutionen bestanden[108], so ergibt sich zwar ein insgesamt keineswegs spannungsfreies Verhältnis. Die Aufzählung mit wechselnden Kontrahenten und Schauplätzen macht aber auch deutlich, daß von einem ständigen, auf bestimmte Besitzungen und bestimmte Geistlichkeit fixierten Gegensatz nicht ausgegangen werden darf; zu Differenzen kam es fast zwangsläufig hier und da, sie endeten aber vielfach mit einem Vergleich.

---

108 1173: Rechtsstreit Mettlachs mit dem Dompropst Rudolf, Pfarrer von St. Marien a. d. Brücke, um die Zehnteinnahmen des zum Kloster gehörigen Johannes-Hofs; zugunsten der Abtei entschieden (MRUB 2 Nr. 17; MRR 2 Nr. 325; *Lager*, Mettlach, S. 166 f. u. 294. Zur Zugehörigkeit von St. Marien a. d. Brücke zur Dompropstei bzw. dem Domkapitel vgl. auch MRUB 3 Nr. 108 u. 131); 1216: Verzicht des Kanonikers Rudolf v. d. Brücke, Pastor v. Bernkastel, auf den Zehnten in Graach gegenüber dem Kloster St. Martin nach Streitigkeiten, vom Domkapitel beurkundet (MRUB 3 Nr. 59; MRR 3 Nr. 1298; *Zimmer-Heyen*, Inventar FWG, Nr. 4). Die Auseinandersetzungen zwischen dem Kloster St. Maximin und dem Domherrn Kuno von Noviant über Ansprüche in Wiltingen und anderes sind durch dessen Funktion als Pfarrer der Michaelskirche bedingt (vgl. MRR 2 Nr. 1701; MRUB 3 Nr. 242 v. 1225 III 21); 1239 V 14: Klagsache des Klosters Martinsberg gegen den Domherrn Elias wegen angeblicher Übergriffe auf Besitzungen des Klosters vom Papst an drei Stiftsherren in Prüm übertragen (MRUB 3 Nr. 652; MRR 3 Nr. 118). 1237 IV: Streitigkeiten zwischen Archidiakon Rudolf als Pfarrer von Noviant und Mehring um Rechte dort mit der Abtei Himmerod (MRUB 3 Nr. 588; auch 663; MRR 3 Nr. 9 u. 137); 1249: Auseinandersetzungen zwischen dem Domcustos Symon (v. Warsberg) und dem Kapitel von St. Paulin über Kirche und Zehnten v. Grenderich, einer Wüstung zwischen Gusenburg und Sauscheid, wobei die Entscheidung zugunsten des Stifts ausfiel (vgl. *Heyen*, St. Paulin, S. 555 f. mit Belegen); 1253: Streit zwischen Ritter Johann von Berg und seinem Sohn Domherrn Egidius einerseits, der Abtei St. Matthias und Kanoniker Macharius von St. Paulin andererseits wegen der Kirche von Sinz (MRUB 3 Nr. 1222; MRR 3 Nr. 1024 u. 1072); 1254: Streit um die Kirche Rockingen zwischen dem Kloster Marienthal und dem Domherrn Kuno von Arlon, als Pfarrer von dem das Patronatsrecht beanspruchenden Alexander v. Zolver eingesetzt (*Werveke*, Cartulaire, Nr. 69 f.; MRR 3 Nr. 1014); 1282/83: Streit des Sybert v. Ulmen mit St. Maximin Trier wegen der Pfarrei Uexheim (MRR 4 Nr. 1008 u. 1021; *Schmidt*, Quellen 1, Nr. 261); 1296: Streit zwischen den Domherren Heinrich v. Ulmen u. Thomas, Kanoniker v. St. Simeon/Trier, um die Pfarrkirche von Schillingen (*Wampach*, UQB 6, Nr. 643; MRR 4 Nr. 2545, 2547, 2553; BATR Abt. 95 Nr. 311 fol. 171' f.); 1312 V 19 – 1314 V 13: Prozeß zwischen Dekan u. Kapitel v. St. Simeon einerseits u. Wilhelm V. Turm, Domkanoniker und Pfarrer v. Hönningen, wegen eines Weinanteils vom Zehnten in Hönningen; dahingehend des Prozesses ist nicht bekannt (LHAKO Abt. 215 Nr. 263–271); 1312 VII 30: Streit zwischen dem Kanoniker Wilhelm v. Turm u. den Johannitern wegen eines Hauses auf dem Graben dahingehend von den Bürgern Ordulf Scholer, Johann Walrave und Ernst Pittipas als Schiedsrichtern entschieden, daß Wilhelm innerhalb v. drei Jahren für Bauten 30 trier. Pfund aufwenden solle und jährlich er und seine Nachfolger 4 trier. Pfund als Zins zu zahlen hätten (LHAKO Abt. 1 D Nr. 4413, S. 293–297; BATR Abt. 95 Nr. 311 fol. 235); 1315 VII 26 vergleichen sich die Johanniter mit Dompropst Gottfried v. Rodenmacher als Pensionär von Hamm über Bach u. Wasserlauf ihrer Mühle in Wawern. Der Propst verzichtet, soll aber jährlich ein Schwein im Wert v. 20 sol. und 6 Kapaune als Zins aus der Mühle erhalten (LHAKO Abt. 1 D Nr. 4413, S. 393–395; Abt. 55 B Nr. 81 Stück 2;

5. Religiös-kultische Bindungen

Regelmäßig trafen das Kapitel und der Klerus anderer Kirchen zu gemeinsamen gottesdienstlichen Veranstaltungen zusammen. Bei verschiedenen Gelegenheiten diente der Dom als Stationskirche und Versammlungsort zum Gottesdienst. Hier läßt sich fast ausschließlich eine Beteiligung der Stifte St. Paulin und St. Simeon feststellen[109]. Eine Reihe von Patroziniums- und Dedikationsstationen, an denen

---

Kreglinger, Analyse, S. 39, Nr. 287); 1329 II 21: Erneuter Streit zwischen Dompropst Gottfried v. Rodenmacher und den Johannitern, diesmal über „juribus et servitutibus silvarum ville de Wavere". Er verspricht den Johannitern einen Anteil aus den Erträgen der Wälder und Weiderechte (BATR Abt. 9,1 Nr. 6; zu Hamm und Wawern vgl. *Holbach*, Domherr); 1440 V 23: Streit Abt Lamprecht von Maximin, Domcantor Heinrich v. Rheineck und Rheingraf Wilhelm, „spittaler" des Elisabethhospitals bei St. Maximin, im Zusammenhang mit dem Zehnten von Usselskirch und Senningen (STATR Urk. Elisabethhosp. Nr. 62; BATR Abt. 95 Nr. 311 fol 133). 1455 Philipp v. Sierck mit Springiersbach um Einkünfte aus Pfarrkirche Zell (LHAKO Abt. 1 D Nr. 4421, S. 117–132).

Domvikare und Kanoniker von Liebfrauen:

1249 VIII 28 beauftragt EB Arnold den Offizial Simeon mit der Untersuchung der Klage des Klosters Martinsberg gegen den Dekan v. St. Paulin und Ruger, Kanoniker v. Liebfrauen, wegen Beraubung (MRUB 3 Nr. 1019); 1324 VI 25: Streit zwischen dem Kloster Machern und Heinrich v. Ehrang, Vikar des Erasmusaltars, als Pastor v. Wittlich über Felder bei Altrich (LHAKO Abt. 132 Nr. 78 f. u. Nr. 590).

109 Gottesdienste u. Stationen im Dom mit Beteiligung anderer geistlicher Institutionen nach Präsenzgelderverzeichnis (NLBH, Ms. XVIII, 1006), *Kurzeja* (Liber ordinarius) (= K) u. *Heyen* (St. Paulin) (= H), die vor allem auf dem Ordinarius des Doms bzw. des Stifts St. Paulin und dem Präsenzgelderverzeichnis des Doms fußen. Eine Zusammenstellung von Tagen, an denen die Stiftsangehörigen von St. Paulin und St. Simeon zum Trierer Dom kamen, befindet sich auch im Trierer Stadtarchiv (STATR 1610 b/416 4°, S. 211).

Weihnachten mit St. Paulin, St. Simeon; Stiftsherren erhalten je 17 sol. 6 den.; „propinatio" (K 251–253, H 368 u. 404).

Lichtmeß St. Paulin, St. Simeon; zusammen mit dem Domkapitel $3^{1}/_{2}$ Pfund v. Einkünften der Kirchen Perl u. Ochtendung (je 15 sol. an Kollegiatstifte), je Kanoniker 6 den., (K 253–263, H 371 f. u. 404).

Palmsonntag St. Paulin, St. Simeon, Pfalzel u. vier Benediktinerabteien, wohl auch der weitere Klerus (K 263–280, H 373–375, 393–395).

Ostersonntag St. Paulin, St. Simeon; je 17 sol. 6 den. an Stiftsherren (K 280–282, H 378 f. u. 405).

Anniv. EB Heinrichs v. Finstingen (26. 4.) St. Paulin, St. Simeon, Dominikaner; je 20 sol. an Stifte, 10 sol. an Ordenshaus (K 343 f., H 405).

Kirchweih des Doms (1. 5.) St. Paulin, St. Simeon; je 15 sol.; Agape im Domrefektorium (K 282–284, H 405 f.).

Peter u. Paul St. Paulin, St. Simeon; je 15 sol. (lt. „ordo serviciorum", vgl. *Bastgen*, Domkapitel, S. 316) bzw. je 17 sol. 6 den. (lt. Präsenzgelderverzeichnis), „propinatio" (K 284 f., H 406).

Anniversar EB Johanns I. (Juli) St. Simeon, St. Paulin; je 15 sol.; „propinatio" (K 343 f., H 406).

Übertragung des hl. Maternus mit St. Paulin, St. Simeon; je 35 sol. u. „propinatio" (K 286 f., H 407 f.).

Anniversar aller Trierer Erzbischöfe (seit 1398) St. Paulin, St. Simeon (H 408).

der Domklerus teilnahm, hatte Kloster-, Stifts- und Pfarrkirchen sowie Kapellen in Stadt und Umgebung zum Ziel[110]. Es handelt sich hierbei um die alten Abteien und Stifte – aber nicht die Frauenklöster – und die alten Pfarrkirchen des Stadtberings, während alle sogenannten Stifts- bzw. Klosterpfarreien fehlen[111]. Bei den Freitagsstationen in der Fastenzeit wurden mehrere Kirchen berührt[112], entsprechendes gilt für die Bittprozessionen[113]. Eine Sonderform stellt die vom Klerus

---

110 Stationen in anderen Kirchen an bestimmten Festtagen nach Kurzeja u. Heyen (basierend auf Präsenzgelderverzeichnis).
Eucharius in St. Matthias, „propinatio" an Domklerus 7 lib. Tur. parv. (K 291, H 417), 1 Ohm Wein u. 1 Ml. Getreide für „prebenda".
Agritius in St. Maximin; Domklerus erhält 50 sol. (K 291 f., H 417).
Valerius in St. Matthias; 15 Pfund Turnosen für Vesper u. Amt des Domklerus (K 292, H 417).
Kreuzauffindung in Heiligkreuz; Vikar des Jodocusaltars im Dom zahlt 50 sol. (K 292, H 417).
Gangolf in St. Gangolf; Rektor zahlt Domklerus 15 sol. 8 den. (K 293, H 417).
Maximin in St. Maximin; an Domklerus 50 sol., „propinatio" (K 203, H 418).
Simeon in St. Simeon; 3 lib. an Domklerus (K 293, H 418).
Gervasius u. Protasius in St. Gervasius (K 294, H 418).
Alban (bis 1330) v. St. Matthias „propinatio" u. a., dann eingestellt (K 294, H 418).
Viktor bei der gleichnamigen Pfarrkirche; St. Martin für Domklerus 13 sol. minus 2 den., „placente", „propinatio", 1 Ohm Wein, 1 Ml. Getreide für „prebenda" (K 294, H 418).
Laurentius in St. Laurentius; Rektor zahlt 40 sol. an Domklerus (K 295, H 418).
Mariä Himmelfahrt in St. Marien ad martyres; 50 sol. an Domklerus, 1 Ohm Wein u. 1 Ml. Getreide für „prebenda"; 2 fl. aus Stiftung des Domdekans Gerlach v. Limburg (K 295, H 418).
Symphorian in Pfarrkirche St. Symphorian; St. Paulin zahlt an Domklerus 50 sol. (K 295 f., H 418).
Augustinus u. Hermes in Helenakirche Euren, St. Agneten inkorporiert; 3 lib. 34 den. an Domklerus, 1 Ohm Wein u. 1 Ml. Getreide für „prebenda" (K 296 f., H 418).
Paulin in St. Paulin; 50 sol. an Domklerus (K 297, H 386, 397, 419).
Martin in St. Martin; 50 sol. an Domklerus, 1 Ohm Wein u. 1 Ml. Getreide für „prebenda" (K 297, H 419).
Klemens in St. Paulin; Stift zahlt an Domklerus 3 lib. 10 sol. (K 298, H 397 f. u. 419).
Am Todestag v. EB Poppo (16. 7.) zog das Domkapitel nach St. Simeon (K 343 f.).
111 Vgl. *Heyen*, St. Paulin, S. 420–423.
112 Freitagsstationen in der Fastenzeit durch das Domkapitel:
nach 1. Fastensonntag nach St. Matthias, bei der Rückkehr in St. Gangolf;
nach 2. Fastensonntag nach St. Irminen, Johanniterkirche, St. Paulus;
nach 3. Fastensonntag nach St. Martin, St. Symphorian;
nach 4. Fastensonntag nach St. Maria ad martyres;
nach Passionssonntag nach St. Paulin, St. Simeon, St. Maximin (vgl. *Kurzeja*, Liber Ordinarius, S. 303 f.; *Heyen*, St. Paulin, S. 373 u. 431 f.). Die beiden anderen Stiftskirchen führten mittwochs (St. Simeon) bzw. samstags (St. Paulin) die Stationen durch, wobei für St. Simeon das Ziel stets die Liebfrauenkirche war, bei St. Paulin nur einmal die Liebfrauenkirche aufgesucht wurde.
113 Bittprozessionen mit Stationen außerhalb v. Dom u. Liebfrauen:
Markustag: mit Stiftskapiteln ohne Zwischenstation nach St. Matthias (K 307 f., H 381 u. 426).
Bittwoche Montag: mit Stiftskapiteln über St. Laurentius, Alt-St. Gervasius, Heiligkreuz,

der drei Stiftskirchen durchgeführte sogenannte Wolfsprozession nach Temmels oder Echternach dar, bei der die Strecke teilweise mit dem Schiff zurückgelegt wurde[114]. Bei der Bannprozession nach Ostern wurden die neben dem Dom wichtigen sieben Kirchen Triers besucht[115]. Die sieben Freitagsprozessionen nach Pfingsten führten jeweils auf direktem Weg ebenfalls zu einer der alten Kloster- bzw. Stiftskirchen[116]. Insgesamt macht sich bei den gemeinsamen gottesdienstlichen Handlungen der unterschiedliche Rang der einzelnen geistlichen Institutionen bemerkbar; besonders ausgeprägt sind die religiösen Kontakte des Domklerus – wie auch bei den Legaten ersichtlich – zu den beiden anderen Trierer Stiften und zu den alten Benediktinerabteien. Neben den regelmäßig stattfindenden Prozessionen und Stationen konnten auch bei besonderen Anlässen entsprechende Veranstaltungen den städtischen Klerus zusammenführen, so die Bittprozessionen in Not- und Katastrophenzeiten, Reliquienprozessionen, Prozessionen beim Empfang weltlicher Großer oder bei Trauerfeierlichkeiten[117].

Über die tatsächliche Beteiligung bei den in den Ordinarien vorgesehenen Gelegenheiten fehlen allerdings weitgehend die Quellen. Im 18. Jahrhundert mehren sich die Klagen über den schlechten Besuch der Stationen im Dom; für die frühere Zeit dürfen ähnliche Zustände angenommen werden[118]. Ein Indiz hierfür ist die Einschränkung von Stationen schon zu Beginn des 14. Jahrhunderts[119]. Die Stiftungen und Präsenzgelder dienten sicherlich in erster Linie dazu, einen stärkeren Anreiz für die Teilnahme zu schaffen; hinzu kamen Ablaßprivilegien[120]. Strafandrohungen wie etwa in den Statuten des Domkapitels von 1451 deuten

---

Maternuskapelle nach St. Matthias; Rückweg Löwenbrücken, St. Barbara, Salvatorkapelle, St. Marien a. d. Brücke; 40 sol. ans Domkapitel (K 308 f., H 418 u. 427).
Dienstag mit Stiftskapiteln nach St. Gangolf, St. Johann zur Brücke, Salvatorkapelle bei Oeren, St. Maria/Oeren, St. Paulus, seit 1337 St. Katharinen (vgl. LHAKO Abt. 1 D Nr. 421), St. Mauritius/Deutschherren, St. Martin, St. Symphorian, Remigiuskapelle, St. Maria ad martyres (K 310 f., H 427).
Mittwoch: Domklerus nach St. Simeon (3 Stationen), gemeinsam nach St. Paulin, gemeinsam nach St. Maximin (K 311 f., H 427 f.). Vgl. insgesamt auch *Heyen*, St. Paulin, S. 379–381.

114 Zur Wolfsprozession vgl. *Balthasar Fischer*, Die jährliche Schiffsprozession des mittelalterlichen Dom- und Stiftsklerus auf der Obermosel, in: Trier. Jahrb. 5 (1954) S. 6–12; *Nikolaus Kyll*, Zur Trierer Wolfsprozession, in: Landeskdl. Vjbll. 7 (1961), S. 16–23; *Kurzeja*, Liber ordinarius, S. 317-320; *Heyen*, St. Paulin, S. 429 f.
115 Vgl. *Kyll*, Pflichtprozessionen, S. 81–92; *Kurzeja*, Liber ordinarius, S. 321–323; *Heyen*, St. Paulin, S. 379 u. 428 f. Der Mönchsklerus nahm an dieser Prozession wohl nicht teil.
116 Vgl. *Kurzeja*, Liber ordinarius, S. 323–325. Die Reihenfolge war: St. Matthias, St. Irminen, St. Martin, St. Maria ad martyres, St. Paulin, St. Maximin, St. Simeon.
117 Vgl. *Kurzeja*, Liber ordinarius, S. 334–345; *Heyen*, St. Paulin, S. 433–438.
118 Vgl. *Heyen*, St. Paulin, S. 409–412.
119 Vgl. ebda., S. 424.
120 Vgl. *Kurzeja*, Liber ordinarius, S. 346. Im Jahre 1266 erteilte etwa Papst Clemens IV. zwei Privilegien für die Palmprozession und andere Feste (MRR 3 Nr. 2201). Zu den Ablässen vgl. auch oben zum Papsttum, Anm. 335.

ebenfalls auf nicht genügenden Eifer der Geistlichen beim Besuch der Prozessionen und Stationen hin[121]. Schwierigkeiten gab es auch im Zusammenhang mit den bei den Gottesdiensten zu verteilenden Geldern und Naturalien. Daß die Benediktinerklöster ihren Verpflichtungen nicht immer nachkamen, geht aus dem Vertrag Balduins von Luxemburg mit dem Domkapitel hervor, durch den der Erzbischof von der Zahlung der sogenannten „stationes" für den Dom- und Stiftsklerus befreit wurde. Ausdrücklich wird hier an der Gewohnheit festgehalten, daß der Domdekan bei Zahlungssäumigkeit der Mönchskonvente sein Wachssiegel über den Altar der betreffenden Kirche hängt und bis zur Leistung der geforderten Abgaben die Nichtzahlenden sich des Gottesdienstes zu enthalten haben[122]. Auch bei dem Vergleich zwischen dem Kloster St. Matthias und dem Domkapitel von 1330 wird das Interdikt als Bestrafung bei Nichtzahlung vorgesehen[123].

Trotz solcher Probleme stellten aber die gemeinsamen Prozessionen und Stationen sicherlich ein ständiges Bindeglied zwischen dem Domkapitel und dem Sekundarklerus der Stadt dar. Ein Indiz für eine sich auf religiösem Gebiet äußernde enge Beziehung sind ferner die überlieferten Verbrüderungen des Kapitels mit verschiedenen, zum Teil auch weiter entfernten geistlichen Institutionen. Vor allem um 1218/19[124] kam es zu solchen „fraternitates", so mit dem Kloster Malmedy[125], mit St. Maximin[126], St. Maria ad martyres[127], St. Matthias[128], 1226 mit dem Zisterzienserorden[129]. Im Jahre 1288 verbrüderte

---

121 Vgl. *Kurzeja*, Liber ordinarius, S. 346, Anm. 1582 mit weiteren Belegen; *Blattau*, Stat. syn., Nr. 316 f.; Strafe ist der Verlust der Distributionen des Tages bzw. ein zu zahlender Albus.
122 Vgl. *Heyen*, St. Paulin, S. 424 f. LHAKO Abt. 1 D Nr. 333 u. 4413, S. 865–871; *Goerz*, Regesten, S. 72; *Kreglinger*, Analyse, S. 49, Nr. 359 v. 1328 III 14.
123 Vgl. *Heyen*, St. Paulin S. 425; *Simmert* (wie Anm. 47), S. 37 Anm. 11; LHAKO Abt. 1 D Nr. 359 u. 4414, S. 81–84; Abt. 1 A Nr. 11484; Abt. 210 Nr. 239; BIPTR Hs. 27, S. 101 f.; BATR Abt. 95 Nr. 311 fol. 95'; *Kreglinger*, Analyse, S. 52 Nr. 384; *Goerz*, Regesten, S. 73 v. 1330 X 2: Es geht hier um die bisher gereichten zwei „comestiones" an den Festen St. Eucharius u. Valerius, für die künftig zusammen 15 Pfund kleiner Turnosen zu zahlen sind, ferner den vor Errichtung der Kartause St. Alban üblichen Umtrunk und die Lieferung von Kuchen und Früchten an der Vigil von St. Alban.
124 Vgl. in diesem Zusammenhang auch *Elard Friedrich Biskamp*, Das Mainzer Domkapitel bis zum Ausgang des 13. Jahrhunderts, Diss. Marburg 1909, S. 75–77.
125 1218 III 23 (vgl. MRUB 3 Nr. 64; MRR 2 Nr. 1362 f.; *Halkin-Roland*, Recueil Stavelot-Malmedy 2, S. 14–17, Nr. 303 f.).
126 c. 1219: MRR 2 Nr. 1415; STATR 1644/380 4°, S. 479; LHAKO Abt. 211 Nr. 2510; vgl. auch: Verzeichnis der Handschriften und Aktenstücke trierischer Beziehung in der Bibliothèque Nationale zu Paris, in: Trier. Arch. 3 (1899), S. 64–74, S. 73 (hiernach bereits 1212).
127 c. 1219: MRUB 3 Nr. 160; MRR 2 Nr. 1415.
128 c. 1219: MRR 2 Nr. 1415; BIPTR Hs. 27, S. 14.
129 1226: MRR 2 Nr. 1782; BATR Abt. 95 Nr. 311 fol. 123'.

man sich mit Mettlach[130], 1358 wurde mit der Abtei St. Salvator, 1361 mit dem Stift Prüm eine Vereinbarung getroffen[131]; im Jahre 1363 versprachen Abt und Konvent von Rettel, die Trauerfeierlichkeiten für alle verstorbenen Domherren zu begehen[132]. Die Bestimmungen der verschiedenen Verbrüderungen sind ähnlich und beziehen sich auf eine gleiche Behandlung bei Todesfällen für Mitglieder der verbrüderten wie der eigenen Kirche; darüber hinaus wird der jeweilige Abt im Domrefektorium den Prälaten gleichgestellt[133]. Zwischen den älteren Stiften und Klöstern bestand eine Vereinbarung für die Teilnahme an Beerdigungen[134]. Auch der Blick auf die bekannten „fraternitates" zeigt, daß es sich bei den mit dem Kapitel verbrüderten Institutionen zumeist um alte und bedeutende Klöster handelt. Eine enge Beziehung zwischen dem Rang der jeweiligen Kirche und Kontakten zum Domkapitel bestätigt sich also auch hier.

6. Zusammenarbeit und Auseinandersetzung in Krisensituationen

Das bereits vielfach erwähnte Jahr 1242 brachte eine „confoederatio" der Stifte und Klöster Triers gegen ihre Widersacher[135]. Es liegt nahe, einen Zusammenhang zwischen dieser am 17. April erfolgenden Vereinigung und der zwiespältigen Bischofswahl zu sehen, die ebenfalls im April stattgefunden hat[136]. *Bastgen* hat so auch den Bericht der Gesta, daß die Streitigkeiten von Ostern (20. April) bis Remigiustag (1. Oktober) gedauert hätten, im weiten Sinne gedeutet und den Zusammenschluß der sieben Kirchen als Vorbereitungsmaßnahmen der Partei Arnolds von Isenburg gewertet[137]. Von der Bischofswahl ist in der entsprechenden Urkunde allerdings nicht die Rede. Die Kapitel von Dom, St. Paulin, St. Simeon und die Konvente von St. Maximin, St. Eucharius, St. Maria ad martyres und St. Martin beschließen vielmehr ein anderes Vorgehen gegen die Kirchenschädiger, da sich die zuvor („iam dudum") geübte Praxis der Einstellung der Gottesdienste nachteilig ausgewirkt habe, Religionsausübung und „scholastica disciplina" gelitten hätten und auch die Feinde um so wütender gegen sie vorgehen würden. Falls dies nicht nur eine formelhafte Wendung ohne direkten Bezug auf

---

130 *Lager*, Mettlach, S. 205 u. 304; STATR 1670/349 4° fol 62'.
131 LHAKO Abt. 18 Nr. 100 u. 1 D Nr. 4415, S. 837 f.; 1 D Nr. 3665 u. BATR Abt. 95 Nr. 311 fol. 140. Beide erklärten, für jedes verstorbene Kapitelsmitglied Exequien begehen zu wollen.
132 LHAKO Abt. 1 D Nr. 604.
133 Für ähnliche Verbrüderungen in St. Paulin vgl. *Heyen*, St. Paulin, S. 259 f., 434–438.
134 Vgl. ebda., S. 437 f.; *Kurzeja*, Liber ordinarius, S. 342 f.
135 MRUB 3 Nr. 744; MRR 3 Nr. 293.
136 Vgl. *Aldinger*, Erhebung, S. 22 Anm. 7.
137 Vgl. *Bastgen*, Beschwerdeschrift, S. 79. *Aldinger* (Erhebung, S. 26 Anm. 4) hat in seinen von Bastgen nicht herangezogenen Ausführungen die Frage aufgeworfen, ob die Einigung nicht erst später stattgefunden haben könnte, da so das beschlossene strenge Vorgehen gegen Kirchenschädiger eher einen Sinn habe.

die damaligen Ereignisse ist, wofür die wörtliche Übernahme in spätere „confoederationes" spricht, deutet es auf bereits bestehende Auseinandersetzungen hin. Das nunmehr vorgeschlagene Vorgehen richtet sich gegen die Gegner aus dem Laienstande, die in allen Kirchen feierlich als exkommuniziert verkündet werden sollen. Kleriker wie auch der Erzbischof sind nur insoweit betroffen, als sie die Exkommunizierten unterstützen. Daß hierunter auch Herzöge und Grafen fallen können, also möglicherweise die 1242 eingreifenden Matthäus von Lothringen, Heinrich von Luxemburg und Heinrich von Sayn, wird im Text durchaus eingeschlossen. Ebenso ist aber die Möglichkeit offen gelassen, daß es sich um Trierer Bürger handelt. Eine Stoßrichtung gegen einen ganz bestimmten Gegner ist also nicht erkennbar[138]. Die Urkunde fügt sich jedoch gut in die Ereignisse des Jahres 1242 ein, die Konflikte mit Beteiligung sowohl von städtischen Kreisen wie auch von Adeligen brachten.

Im Zusammenhang mit den Wahlereignissen muß freilich ein gemeinsames Vorgehen der sieben Kirchen als recht fraglich erscheinen. Ebenso wie beim Domkapitel dürfte es auch in den anderen geistlichen Institutionen Parteiungen gegeben haben. Daß St. Paulin sich mit seinem um den Bischofsstuhl bemühten Propst Rudolf einer gegen dessen Anhänger gerichteten Vereinigung angeschlossen haben soll, ist zumindest zweifelhaft[139]. Über die Beteiligung von Stifts- und Klostergeistlichen an den Auseinandersetzungen von 1242 fehlen aber überhaupt weitgehend die Nachrichten[140]; eine Aussage über die Parteiung und eine Interpretation der Einung der sieben Kirchen vom April sind damit erschwert. Bemerkenswert ist an dieser Urkunde noch die Formulierung, die sich auf die anderen geistlichen Institutionen Triers bezieht, namentlich die Templer, Deutschherren, Prediger, Franziskaner, Karmeliter und die Frauenorden. Ihnen gegenüber wird die Drohung ausgesprochen, zu gelegener Zeit die Unterstützung zu verweigern, wenn sie sich nicht dem Vorgehen der anderen Kirchen anschließen. Inwieweit hier aber tatsächliche Befürchtungen vorgelegen haben und die spezifische Personal- und Sozialstruktur und dadurch bedingte andersartige Kontakte dieser Niederlassungen eine Rolle gespielt haben, ist schwer zu entscheiden. In den späteren Einungen der Trierer Kirchen erscheint jedenfalls der entsprechende Passus wieder, so daß von einem speziellen und nur 1242 bestehenden Gegensatz wohl nicht auszugehen ist.

Zu einem gemeinsamen Vorgehen der Trierer Kirchen und vor allem der drei Stifte kam es wieder 1257/58. Nachdem das Domkapitel bereits zuvor sich selbst

---

138 *Heyen* (St. Paulin, S. 256) betrachtet den Kirchenbund von 1242 als in erster Linie gegen die Bürger Triers gerichtet; dies ergibt sich jedoch nicht zwingend aus dieser Abmachung.
139 Die von Heyen erarbeitete Personenliste läßt leider für diesen Zeitraum keine Rückschlüsse auf die Zusammensetzung zu.
140 Bei dem Propst von St. Simeon und dem Scholaster von Karden auf seiten Rudolfs und den Pröpsten von Pfalzel, Münstermaifeld, St. Florin/Koblenz und Zell auf seiten Arnolds handelt es sich um Domherren; der Propst von Prüm, Dietrich von Blankenheim, hat wohl den Gegenkandidaten Rudolf unterstützt.

gegen seine Widersacher zusammengeschlossen hatte[141], folgten zu Beginn des Jahres 1257 St. Simeon und St. Paulin nach[142], die Benediktinerklöster St. Matthias und St. Maximin traten Ende 1258 bei[143]. Der gleichbleibende Wortlaut der Abmachungen bezieht sich auf Bewahrung, Wiedergewinnung und Verteidigung von Rechten, Freiheiten, Gütern, Immunitäten und Privilegien gegenüber allen Gegnern. Daß sich etwa einen Monat nach ihrem Zusammenschluß die drei Stifte beschwerend an Arnold von Isenburg wandten[144], legt eine Stoßrichtung ihres Bündnisses gegen den Erzbischof nahe; dessen Reaktion und das Verbot jeglicher „coniuratio" und „conspiratio" gegen ihn läßt sie vollends deutlich werden[145]. Betroffen waren die Kollegiatstifte unter anderem von der Einbehaltung der Einkünfte in Ediger, von denen ihnen Anteile zufließen sollten. Von Belang war ferner die Weigerung Arnolds, die Gelder für die Stationen zu zahlen, die Einbehaltung von Bezügen aus vakanten Pfründen, die Einschränkung der Testierfreiheit und Ausübung des Spolienrechts sowie die Erhebung unzulässiger Abgaben vom Klerus. Weiterhin werden allgemein Übergriffe des Erzbischofs und seiner Offiziaten und Burgmannen angeführt, speziell die Beraubung und Gefangennahme von Geistlichen[146]. Auf die weitgehende Niederlage des Erzbischofs im Prozeß vor dem päpstlichen Kommissar und sein Nachgeben wurde bereits an anderer Stelle hingewiesen[147]; die Bestätigung von Schenkungsurkunden früherer Erzbischöfe für St. Simeon und St. Paulin zeigt ebenfalls sein Einlenken an[148]. Seine vorherigen Streitigkeiten mit St. Paulin wegen des Wildbannes in Greimerath, Zerf und Wadrill und wegen der Burgwache von Grimburg wurden am 4. März 1258 von den dazu bestellten Archidiakonen Simon von Warsberg und Heinrich von Bolanden entschieden[149].

Gleichwohl scheinen die Spannungen zwischen Arnold von Isenburg und den Trierer Kirchen damit nicht beendet gewesen zu sein. Die erneute Klage des Domkapitels beim Papst ist ein Beweis hierfür[150]. Bemerkenswert ist, daß sich die beiden Benediktinerklöster erst zu Ende des Jahres 1258 der Einigung der Kirchen anschlossen. Wie ihre Haltung vorher war, wird nicht ganz deutlich; beim Nach-

---

141 MRUB 3 Nr. 1366 v. 1256 XI 20; MRR 3 Nr. 1335.
142 MRUB 3 Nr. 1380 v. 1257 I 5; MRR 3 Nr. 1359.
143 MRUB 3 Nr. 1380 v. 1258 XI 29; MRR 3 Nr. 1524; STATR C 12.
144 MRUB 3 Nr. 1388; *Blattau*, Stat. syn., Nr. 15, S. 47–49; MRR 3 Nr. 1370.
145 Antwort d. EB vom 4. März: MRUB 3 Nr. 1389; MRR 3 Nr. 1377.
146 Vgl. Anm. 144. Zu weiteren Vorwürfen MRUB 3 Nr. 1407.
147 Vgl. die Ausführungen zu Papst u. EB, S. 233 u. 257 f.
148 Vgl. MRUB 3 Nr. 1427 v. 1258 I 9 u. 1430 v. 1258 I 17; MRR 3 Nr. 1451 u. 1454 mit weiteren Belegen.
149 MRUB 3 Nr. 1436; zum vorherigen Auftrag an die Kommissare MRUB 3 Nr. 1434. Vgl. ferner MRR 3 Nr. 1460 u. 1465. Am 7. März legten dieselben auch fest, daß die dem Paulinstift von EB Theoderich ausgestellten Urkunden wie vorher Gültigkeit besitzen sollten (MRR 3 Nr. 1469). Vgl. auch *Heyen*, St. Paulin, S. 539.
150 Vgl. MRUB 3 Nr. 1439 v. 1258 III 7.

geben des Erzbischofs vom September 1257 ist lediglich die Besiegelung der Äbte von St. Maximin, St. Eucharius, St. Marien ad martyres und St. Martin erwähnt[151]. Es ist nicht auszuschließen, daß außer dem möglichen Konflikt mit dem Erzbischof[152] für ihren Beitritt zum Kirchenbund auch Spannungen mit städtischen Kreisen wichtig gewesen sind, wie sie ja für die Stifte und die Stadt 1258 belegt sind. Die Urkunde vom 12. September 1258 läßt freilich hiervon nichts verlauten[153]. Fraglich ist auch, ob überhaupt von einer Einigkeit der Benediktinerklöster in dem besprochenen Zeitraum ausgegangen werden kann[154]. Auch wie sich der übrige Klerus in der Stadt verhielt, ist schwer zu sagen; Erzbischof Arnold versuchte jedenfalls in der erwähnten Urkunde auf die Dominikaner, Franziskaner und die Rektoren und Vikare der trierischen Kirchen zugunsten der Stadt Einfluß zu nehmen, indem er ihnen auftrug, den Entscheidungen des Archidiakons keine Folge zu leisten.

Beim Vorgehen des Elekten Heinrich von Finstingen zu Beginn der sechziger Jahre des 13. Jahrhunderts, als er nach dem Bericht der Gesta auf dem Rückmarsch von einem Kriegszug Güter des Klosters St. Matthias heimsuchte und plünderte und in der Folgezeit die aus der Familie der Warsberger stammenden Äbte von St. Matthias und St. Marien ad martyres vertrieb und durch ihm genehme Leute ersetzte, zeigt bereits die Polarisierung im Domkapitel[155], daß von einer Geschlossenheit der trierischen Geistlichkeit in dieser Situation nicht die Rede sein kann. Der Verfasser der Gesta Henrici berichtet, daß es auch im Kloster St. Matthias eine dem Finstinger zuneigende Gruppe von Mönchen gab[156]. Die

---

151 MRUB 3 Nr. 1414, *Blattau*, Stat. syn., Nr. 17, S. 51 f., MRR 3 Nr. 1422.
152 Die Beurkundung einer Schenkungsurkunde für St. Maximin durch den Erzbischof am 14. 1. 1257 und der Auftrag an den Abt von St. Martin zur Beschützung des Klosters Himmerod am 7. April (oder 23. März 1258) deuten für diese Zeit eigentlich nicht auf einen Konflikt zwischen den Klöstern und dem EB hin (vgl. MRR 3 Nr. 1363 u. 1384; *Schmidt*, Quellen 1, Nr. 132).
153 Vgl. die Ausführungen zu Stadt und Domkapitel; bes. MRUB 3 Nr. 1461; MRR 3 Nr. 1499 u. 1513. Es ist nur von einem Streit der Stadt mit den Prälaten und Kapiteln die Rede.
154 Noch zu Ende des Jahres 1256, also kurz vor dem Zusammenschluß der drei Stifte, gab es Spannungen zwischen St. Maximin und St. Martin um die Pfarrei Schönberg (vgl. MRUB 3 Nr. 1374 v. 1256 XII 30; MRR 3 Nr. 1345). Ein Protest von Prior und Konvent von St. Maximin wurde bei den Exequien für den verstorbenen Domherrn Simon von Franchirmont ausgesprochen. Dies schließt freilich ein Zusammenwirken in anderen Bereichen nicht aus.
155 Vgl. oben S. 153 Anm. 465.
156 Zunächst (MGH SS XXIV, Gesta Treverorum, S. 416 u. 420; *Zenz*, Taten der Trierer 4, S. 16 f. u. 24) ist noch davon die Rede, daß alle Mönche einmütig gewesen seien. Der Prior Engelbert und ein Mönch Heinrich werden auch im Zusammenhang mit Appellationen des Klosters genannt; der Prior wurde auch von den Leuten des EB angegriffen (MGHSS XXIV, S. 421–423, 428; *Zenz*, Taten der Trierer 4, S. 27 f. u. 30), die Mönche Gottfried, Alexander und Hugo wurden mit Abt Theoderich von dem mit dem Elekten verschwägerten Diethard von Pfaffendorf und seinem Bruder in Thurandt gefangengesetzt (*Hontheim*,

Mehrzahl zählte aber offenbar zu dessen Gegnern. Entsprechendes muß für die anderen geistlichen Institutionen angenommen werden, wobei das Gewicht der Parteien in den einzelnen Kirchen freilich unterschiedlich verteilt war und nicht zuletzt auf Grund andersartiger persönlicher Zusammensetzung etwa im Kloster St. Maximin wohl mehr Anhänger Heinrichs als in St. Matthias zu finden waren[157]. Vor diesem Hintergrund kann auch der erneute, in der Formulierung an den Zusammenschluß von 1242 anknüpfende Bund der sieben Kirchen Triers vom 16. März 1263 nur für einen Teil der Mitglieder dieser Institutionen repräsentativ

---

Historia 1, S. 791). Nach der Schilderung über eine Zusammenkunft der Mönche mit Versprechen im Zusammenhang mit dem Zug Heinrichs v. Finstingen gegen das Kloster im Sommer 1263 wird aber davon berichtet, daß vier Mönche übergelaufen seien (MGHSS XXIV, S. 423 u. 426; *Zenz*, Taten der Trierer 4, S. 31 u. 36).

157 Nach dem Bericht der Gesta schickte Heinrich nach seinem ersten Übergriff gegen St. Matthias die Prioren der anderen Trierer Benediktinerklöster nach St. Matthias, um Prior und Konvent dazu zu bringen, vom Abt abzufallen und einen von ihm eingesetzten Abt zu akzeptieren (vgl. MGH SS XXIV, S. 420; *Zenz*, Taten der Trierer 4, S. 25). Eingesetzt wurde von ihm dann ein Mönch von St. Maximin, Wilhelm von Meisenburg, ferner Ägidius von Manderscheid, Mönch in St. Marien ad martyres, als Abt dort gegen den ebenfalls von Heinrich abgesetzten Abt Robert, einen weiteren Warsberger (vgl. MGH SS XXIV, S. 425; *Zenz*, Taten der Trierer 4, S. 35). Die Gesta erwähnen weiter, daß Heinrich von Finstingen am 18. 6. 1263 mit Wilhelm von Meisenburg, dem Abt Heinrich von Daun und fast dem gesamten Konvent von St. Maximin nach St. Matthias gezogen sei (MGH SS XXIV, S. 426; *Zenz*, Taten der Trierer 4, S. 36). Im Verlauf der Auseinandersetzungen schmolz der Anhang Wilhelms v. Meisenburg dann erheblich zusammen. Seine Rückkehr nach St. Maximin 1264 erfolgte angeblich nicht wie der Zug nach St. Matthias unter zahlreichem Gefolge von Äbten, Prioren, Klerikern und Maximiner Mönchen, Rittern und Knechten sowie in Begleitung des Erzbischofs, sondern ohne Geleit. Das Vorgehen des Abts von St. Maximin gegen ihn war nach dem Verfasser der Gesta recht streng; nur auf Bitten anderer wurde ihm seine Pfründe wiedergegeben. Begründet wird das Vorgehen des Abts mit den Vorgängen bei dessen Wahl, als sich Wilhelm von Meisenburg mit anderen Mönchen gegen ihn gestellt habe (MGH SS XXIV, S. 440 f.; *Zenz*, Taten der Trierer 4, S. 61). Die in St. Matthias vorhandenen internen Spannungen waren also auch in St. Maximin gegeben. Die Position der Bettelorden ist ebenfalls recht schwer einzuschätzen. Berichtet wird, daß der Elekt die Niederlassung der Dominikaner als Ort für einen Termin mit dem Abt von St. Matthias gewählt habe. Hier kam es auch zur feierlichen Appellation des Abts (MGH SS XXIV, S. 420; *Zenz*, Taten der Trierer 4, S. 25 f.). Beauftragt vom Papst mit der Untersuchung der Angelegenheit wurden vorübergehend zwei Minoriten, nämlich Wilhelm von Waltmannshausen, Guardian in Oberwesel, und Rorich von Warsberg in Trier, der ganz gewiß nicht der Partei des Finstingers zuzurechnen ist, da er Verwandter der vertriebenen Äbte war (vgl. MGH SS XXIV, S. 419 f. u. 424, 427, 429; *Zenz*, Taten der Trierer 4, S. 19–24, 41, 67; vgl. auch mit weiteren Belegen MRR 3 Nr. 1834, 1868, 1875 f., 1886, 1910). Daß aber Trierer Franziskaner und Prediger offenbar die beiden mit der Untersuchung Beauftragten behinderten, geht aus einer entsprechenden Ermahnung des Papstes hervor (MGH SS XXIV, S. 418 f. u. 454; MRR 3 Nr. 1875); zum Predigerprior in Trier *Hontheim*, Historia 1, S. 744, 746. Die zunächst vom Papst mit der Untersuchung beauftragten Bischöfe von Worms und Speyer und der Abt von Rodenkirchen unterstützten offenbar den Finstinger (vgl. *Hontheim*, Historia 1, S. 741 f., 743: „amicitiae foedere copulatus").

sein[158]; er dürfte sich in diesem Falle gegen den Elekten und dessen Parteigänger gerichtet haben, wozu auch städtische Kreise zählten[159]. Die Wirksamkeit der Konföderation mußte freilich bei einer ähnlichen Situation wie 1242 mit einer Spaltung in der Geistlichkeit der beteiligten Kirchen recht begrenzt bleiben. In den nachfolgenden Streitigkeiten findet sich leider kein Hinweis.

Die endgültige Beilegung des Konfliktes zwischen dem Erzbischof und Abt Theoderich von St. Matthias erfolgte erst 1272[160]. Für das darauffolgende Jahr ist bereits eine neue Belastungsprobe für die Trierer Kirchen überliefert. Der Kontrahent, mit dem sich das Domkapitel, die Äbte von St. Maximin und St. Matthias und die übrigen Prälaten und Kleriker der Trierer Kirchen auf Vermittlung des Erzbischofs einigten, war der Luxemburger Graf Heinrich der Blonde, der eine Reihe von Kirchengütern an sich gezogen hatte und sich nunmehr zur Herausgabe und zum Schadenersatz verstand[161]. Aus der Urkunde scheint ein gemeinsames Vorgehen der Geistlichkeit gegen einen Widersacher hervorzugehen; ob aber außer dem vielleicht ebenfalls nicht einmütigen Kapitel und den beiden genannten Äbten tatsächlich der übrige Klerus geschlossen gegen den Grafen stand, kann bei den engen Verbindungen vieler geistlicher Personen und ihrer Familien zum Luxemburger Haus zumindest in Frage gestellt werden. Von den Gütereinziehungen des Grafen waren auch wohl die Kirchen je nach Besitzschwerpunkt in unterschiedlichem Maße betroffen. Für eine eindeutige Aussage zur Position der Geistlichkeit in der Stadt reicht das Material leider nicht aus. Entsprechendes gilt für die mehr als ein Jahrzehnt späteren Vorgänge, als der Erzbischof 1286 mit Konsens von Domkapitel, St. Paulin, St. Simeon und anderen Kirchen der Stadt auf die Übergriffe des Grafen Heinrich VI. den Zwanzigsten von allen Einkünften des Jahres forderte[162].

Die Haltung vor allem der bedeutenden Klöster und Stifte in den Wirren der ersten Jahre der Regierungszeit Diethers von Nassau ist ebenfalls kaum auszumachen. Im Jahre 1306 kam es jedoch zu den bereits erwähnten ernsthaften Zusammenstößen zwischen dem Erzbischof und verschiedenen Kirchen, die *Sauerland* vor dem Hintergrund der von Diether gegen die Pfründenkumulation eingeleiteten Maßnahmen gedeutet hat[163]. Seine Drohung, Einkünfte von wider-

---

158 MRR 3 Nr. 1864; *Rudolph*, Quellen Nr. 21; LHAKO Abt. 1 D Nr. 97; STATR Urk. E 18. Zum Zusammenhang v. Kirchenbünden u. Interregnum vgl. *Redlich* (wie bei Königtum, Anm. 38), S. 61.
159 Vgl. die Ausführungen zur Haltung der Stadt in Krisensituationen, S. 153 f.
160 Vgl. MRR 3 Nr. 2752 f.
161 *Wampach*, UQB 4, Nr. 309; MRR 3 Nr. 2823 mit weiteren Belegen; LHAKO Abt. 1 D Nr. 134.
162 Vgl. *Wampach*, UQB 5, Nr. 161; *Blattau*, Stat. syn., Nr. 22, S. 56 f.; MRR 4 Nr. 1328.
163 Vgl. hierzu und zum folgenden *Sauerland*, Dieter von Nassau, bes. S. 29–36 u. S. 48–53 (= Beil. Nr. 19–21). Zur Kritik an Sauerland vgl. *Heyen*, St. Paulin, S. 104 f. Heyen wendet sich aber zu Recht ebenso gegen das auf Grund der Quellenlage allzu negativ gefärbte Bild des Erzbischofs durch *Dominicus* (Erzstift Trier).

rechtlich besessenen Pfarrkirchen einzuziehen und deren Inhaber zu exkommunizieren, hat der Erzbischof unter Nichtbeachtung einer Appellation wahrgemacht und zur Erntezeit Erträge auch anderer Herkunft konfisziert. So lautet zumindest der schwerwiegende Vorwurf, der von den Stiften von Dom, St. Paulin und St. Simeon und den Klöstern St. Maximin und St. Marien ad martyres am 28. Dezember 1306 gegen ihn beim Papst erhoben wurde[164]. Als Gegenmaßnahme waren die Einstellung des Gottesdienstes und die weitere Klage erfolgt, wobei neben dem Domherrn Arnold von Eltz der Scholaster von St. Simeon als Prokurator fungierte. Offenbar war der Erzbischof gerade auch gegen das Stift St. Paulin scharf vorgegangen, da dieses sich zur Besiegelung außerstande sah, weil Diether von Nassau ihm angeblich Siegel, Reliquien, Kleinodien und anderes bei einem gewaltsamen Übergriff geraubt hatte. Daß der Erzbischof nicht gerade behutsam in seinen Maßnahmen war, zeigen andere Klagen in Avignon. Der Abt von St. Marien ad martyres und der Dekan von St. Paulin wurden hiernach von ihm abgesetzt und ihrer Pfründen für verlustig erklärt; der Abt von St. Matthias, der sich einer entsprechenden Verfügung widersetzte, wurde sogar tätlich angegriffen und erlag nach sechs Tagen seinen Verletzungen[165]. Es ist leicht verständlich, daß sich bei solchen Begebenheiten der von den Maßnahmen des Erzbischofs betroffene Klerus solidarisierte; gleichwohl hat es sicherlich auch Anhänger Diethers gegeben[166]. Von seinen Maßnahmen war zudem nur ein Teil des städtischen Klerus betroffen. Gute Beziehungen hatte er als ehemaliger Dominikanermönch sicher zu den Trierer Predigern, deren Niederlassung er auch als Begräbnisort wählte[167].

Bei den Auseinandersetzungen in den fünfziger und sechziger Jahren des 14. Jahrhunderts zwischen städtischen Kreisen einerseits und dem Stadtherrn und geistlichen Institutionen andererseits liegt eine gemeinsame Gegenwehr der betroffenen Stifte und Klöster nahe; ein Zusammenschluß ist aber nicht überliefert. Aus den verschiedenen Klageschriften, die Erzbischof Balduin und später Erzbischof Kuno gegen die Stadt richteten, läßt sich aber zweifelsfrei ersehen, daß die bürgerlichen Kampfmaßnahmen nicht nur den Stadtherrn und das Domkapitel allein betrafen[168]. Allerdings gab es Gradunterschiede; so wirkten sich die geistlichen Sonderrechte bei einer vor den Mauern liegenden und in Trier

---

164 Vgl. *Sauerland*, Dieter v. Nassau, S. 48–50, Beil. Nr. 19.
165 Vgl. *Sauerland*, Dieter von Nassau, S. 32 f. u. 50–52, Beil. Nr. 20.
166 Auffällig ist, daß bei der Klage vom Dezember 1306 die beiden Klöster St. Matthias und St. Martin fehlen. Dies kann jedoch nicht im Sinne einer Parteinahme für den Erzbischof gedeutet werden; die eben geschilderten Vorgänge machen es vielmehr wahrscheinlich, daß Opponenten auch in diesen Kreisen zu finden waren. Zu St. Matthias vor. Anm. Für das Domkapitel vgl. S. 154 Anm. 470.
167 Vgl. *Günther*, Cod. dipl. 3,1 Nr. 29. Der Predigerprior gehörte zu den Testamentsexekutoren.
168 Zu den Vorgängen S. 92 ff.

selbst relativ gering begüterten Institution wie St. Paulin im Hinblick auf Liegenschaften wohl weniger gravierend aus[169].

Zu einer zum Teil überregionalen Zusammenarbeit des Klerus kam es im 14. und 15. Jahrhundert gegenüber finanziellen Forderungen des Papstes. 1355 fand auf Initiative des Domkapitels Köln die genannte Zusammenkunft in Koblenz wegen des Kirchenzehnten und der „fructus primi anni" statt[170], im August desselben Jahres richtete das Trierer Domkapitel in dieser Angelegenheit ein Schreiben an die Dekane von St. Florin und St. Kastor in Koblenz unter Hinweis auf die gemeinsamen Interessen der Kirchen und Klöster. Eine Appellation erfolgte; der Scholaster von Pfalzel wurde im Auftrag des Trierer Klerus nach Avignon gesandt[171]. Für den Widerstand gegen den vom Papst auferlegten Zehnten wurden sogar 1357 von einem speziell von Domdekan und -kapitel hierzu bestellten Kollektor Gelder bei den anderen Kirchen eingesammelt[172].

Auf spätere, ähnliche Widerstände und gemeinsames Vorgehen der geistlichen Institutionen bei teils auch zugunsten des Königs erhobenen Forderungen sei hier nur noch einmal hingewiesen[172a]. Erinnert sei an die Vorgänge von 1367 im Zusammenhang mit dem auferlegten Subsidium, wobei das Schreiben der Stifte St. Florin und St. Kastor an Äbte, Äbtissinnen und Geistliche im Bereich des Koblenzer Offizialats und der Hinweis auf gemeinsame Verteidigungsmaßnahmen von Domkapitel und Klerus des Oberstifts erneut den Willen zur Solidarität dokumentiert[173]. Gemeinsam richteten auch 1392 das Domkapitel, die Äbte, Prälaten, Kollegiatkirchen und der Klerus von Trier an Erzbischof Werner die Bitte, sich für sie beim König wegen des von diesem geforderten Zehnten einzu-

---

169 Vgl. *Heyen*, St. Paulin, S. 255 f. Dennoch blieb St. Paulin bei den Auseinandersetzungen keineswegs ungeschoren. In der Klage Erzbischof Kunos vor Karl IV. heißt es etwa, daß man Robert von Saarbrücken, Propst von St. Paulin, die Pforte zum zu den Propsteigütern gehörigen Hof aufgebrochen und ihm Schaden zugefügt habe (STATR Y 2, Städtische Übergriffe Art. 1; Antwort der Stadt Y 3 a u. b). Bereits Balduin beschwerte sich darüber, daß die Stadt die Verkaufsstände der Weber von St. Maximin und St. Paulin „vor den juden" gewaltsam entfernt habe (Rudolph, Quellen, Nr. 55 Art. 9). Vgl. zu durchaus vorhandenen Reibungsflächen zwischen der Stadt und den geistlichen Institutionen der Vorstadt vor allem *Heit*, St. Maximin.
170 Vgl. VR 4 Nr. 232; ferner die Ausführungen zum Papsttum S. 223 f. mit weiteren Belegen.
171 VR 4 Nr. 254 f.
172 VR 4 Nr. 385 v. 1357 III 1. Das Kastorstift zahlte ans Domkapitel zu diesem Zweck 10 „scudati aurei" (Goldschilde).
172a Bei anderen Subsidienforderungen wie denen Jakobs von Sierck (1450), die die „gemeyne phaffheit" ablehnend aufnahm, war das Domkapitel nicht betroffen (*Wampach*, UQB 10, Nr. 58, 77–79a, 86).
173 Vgl. VR 5 Nr. 562 v. 1367 III 8.

setzen[174]. Mehr als ein Jahrzehnt später appellierten das Domkapitel Trier und die wichtigsten Kirchen der Stadt gegen einen an Ruprecht verliehenen Zehnten, führende geistliche Institutionen des Niederstifts schlossen sich 1405 an[175]. Auf die Gerüchte einer bevorstehenden Zehntforderung traten 1452 die rheinischen Domkapitel in Kontakt und einigten sich auf gemeinsame Abwehrmaßnahmen[176].

Erst recht setzte sich zumindest ein Teil der Geistlichkeit gegen ähnliche Ansprüche von Territorialherren zur Wehr. Die vergeblichen Kontributionsforderungen Herzog Wenzels führten zu einem 1376 faßbaren heftigen Konflikt, in dessen Verlauf nach Konfiszierung von Kirchengütern in seinem Machtbereich der Herzog und seine Anhänger nach vergeblichen Ermahnungen des Erzbischofs der Exkommunikation verfielen. Speziell betroffen von den Übergriffen waren das Domkapitel und die drei Benediktinerklöster St. Maximin, St. Matthias und St. Maria ad martyres, für die allerdings keine förmliche Vereinigung wie in den Jahren 1242 und 1263 belegt ist[177].

Ein solcher, bisher kaum beachteter Zusammenschluß ist aber für das Ende des Jahres 1402 belegt[178]. Die frühere Einigung von 1242 erscheint als Insert; den Bezug zu aktuellen Ereignissen bringt im weiteren Text der Hinweis auf Spannungen zwischen dem Erzbischof einerseits und dem Utrechter Bischof Friedrich von Blankenheim andererseits und zwischen diesem und Klerus und „Volk" von Trier. Wegen der ihm durch den Papst verliehenen Koadjutorstelle in Trier hatte Friedrich angeblich gegen die bündnisschließenden Kirchen, die weitere Geist-

---

174 VR 6 Nr. 471 v. 1392 I 20. Interessant ist die bereits angesprochene Begründung der Aussteller. Zur ihrer Entschuldigung führen/sie den Rückgang ihrer Einkünfte an, wobei sie die „inopiam ministrorum" als wichtige Ursache hierfür angeben. Der „defectus colentium" wird auf die „gemebunda pestilentia" zurückgeführt. Wenn die Darstellung auch sicherlich im eigenen Interesse übertreibt, deutet dies doch auf einen spürbaren wirtschaftlichen Rückschlag für die Kirchen auf Grund der Pest. Daß offenbar auch das Schisma nicht ganz ohne Wirkung auf den Trierer Raum blieb, zeigt sich an der Formulierung, daß man bald durch „scismaticos vicinos", bald durch andere Feinde bedrängt werde.

175 VR 7 Nr. 495 v. 1405 II 18.

176 Vgl. *Weigel*, Kaiser, Kurfürst und Jurist, S. 86–89 mit Belegen, zu späteren Widerständen vgl. *Lager*, Johann II. v. Baden, S. 24 Anm. 3. Für Kontakte zur Zeit Ottos von Ziegenhain zwischen dem Mainzer und Trierer Kapitel LHAKO Abt. 1 D Nr. 822. Wegen der „zweytracht, dye leyder zu dieser zijt in der heiliger gemeyner kristen kirchen gelegen is", gab es 1445 zwischen dem Kölner, Mainzer und Trierer Kapitel einen Austausch (*Hansen*, Westfalen u. Rheinland, Nr. 159).

177 Vgl. hierzu die Ausführungen zu Territorialherren und Adel, S. 66 f. Für einen sich in einer Einschaltung des Papstes äußernden Widerstand gegen die geistliche Steuerfreiheit beeinträchtigende Forderungen von laikalen Herrschaftsträgern vgl. die Bulle v. Martin V. v. 1418 III 22 (LHAKO Abt. 1 D Nr. 863 u. 4418, S. 197–210; BATR Abt. 95 Nr. 311 fol. 1–2').

178 Vgl. *Hontheim*, Historia 2, Nr. 769, S. 338–340. Für Belege zu einigen Exemplaren vgl. *Heyen*, St. Paulin, S. 256. Weitere Ausfertigung LHAKO Abt. 1 D Nr. 829–831 u. 4418, S. 17–28; Abt. 210 Nr. 44; BATR Abt. 95 Nr. 311 fol. 53 ff.; STATR 1681/397 4°.

lichkeit und den „populus" zu schwerwiegenden Maßnahmen („processus") gegriffen. Mit keinem Wort wird gesagt, daß das Domkapitel selbst oder zumindest seine Mehrheit sich im Jahre 1399 beim Papst für die Einsetzung des Utrechter Bischofs als Koadjutor eingesetzt hatte[179]; offenbar war inzwischen eine entscheidende Wandlung eingetreten.

Aus der Formulierung der Urkunde läßt sich weiter erschließen, daß man nicht die Position Erzbischof Werners vertrat[180]. Einen Hinweis auf die Einstellung der Bündnispartner gibt die Erwähnung der Möglichkeit, daß Werner von Falkenstein gegen die Kirchen vorgehen könne, weil sich das Kapitel an den König und andere „principes et nobiles, civitates et potentes terrae" wegen der Verteidigung und Bewahrung der trierischen Kirche gewandt hätte. Der ganze Wortlaut und die Parteiung deuten darauf hin, daß die Kapitelsmehrheit und die mit ihm vereinigten Geistlichen – wohl nicht zuletzt auch im Zusammenhang der reichspolitischen Veränderungen, nämlich der Absetzung Wenzels[180a] – an Friedrich von Blankenheim als Koadjutor nicht mehr interessiert waren, aber dennoch Erzbischof Werner durch eine andere Person zu ersetzen suchten. Die bereits genannten Kontakte zwischen Ruprecht von der Pfalz und dem Kapitel fügen sich in diesen Zusammenhang gut ein[181]. Eine Stoßrichtung gegen die Stadt ist aus dem Wortlaut der Urkunde nicht zu erkennen. Allerdings ist das Bündnis in einer Abschrift im

---

179 Vgl. hierzu oben zum Papsttum, S. 166.
180 Daß bei den geschilderten Parteiungen die Auseinandersetzungen zwischen Werner und Friedrich und zwischen Friedrich und Klerus/„Volk" getrennt werden und nicht von einer gemeinsamen Partei gegen Friedrich die Rede ist, deutet schon auf unterschiedliche Positionen hin. Dies wird deutlicher weiter unten, wenn davon die Rede ist, daß man sich gemeinsam durch Einstellung der Gottesdienste und andere Mittel wehren wolle, falls der EB oder der Bischof v. Utrecht, ein Nachfolger der beiden oder jemand anders im Zusammenhang mit den Auseinandersetzungen gegen sie vorgehe. Vgl. auch die weiteren Ausführungen.
180a Reichspolitisch hatte Friedrich v. Blankenheim lange König Wenzel nahegestanden, der ihn auch in seinen Ambitionen beim Mainzer Bistumsstreit 1396 wenigstens zunächst begünstigt hatte (*Lindner*, Wenzel, wie S. 26 Anm. 58, S. 356 f. u. 495 Brück, Vorgeschichte wie S. 27 Anm. 66, S. 78). *Schmedding* spricht freilich bereits für die Folgezeit von einer spürbaren Entfremdung (Frederik van Blankenheim, S. 216 f.). Friedrich von Blankenheim hat dann 1400 Gesandte zu jenem Frankfurter Tag gesandt, auf dem die Absetzung Wenzels beschlossen wurde, und sich auf die Seite Ruprechts von der Pfalz begeben (ebda., S. 217 f.). Von einer möglichen Translation ist bereits 1398 die Rede (ebda., S. 218 Anm. 3). Zu bereits frühem Ehrgeiz Friedrichs im Hinblick auf ein Kurfürstentum *Lindner*, Wenzel (wie S. 26 Anm. 58), Bd. 1, 1875, S. 239.
181 Vgl. die Ausführungen zum König, S. 27. *Ruthe* (Werner III. v. Falkenstein, S. 60 f.) datiert die Verhandlungen mit Weizsäcker wohl zu Recht auf Herbst 1402 bis Frühjahr 1403. Das Bündnis der sieben Kirchen zieht er jedoch in diesem Zusammenhang nicht heran und deutet es an anderer Stelle fälschlich als Zusammenschluß von sieben Kirchen, um dem Erzbischof gegen das Domkapitel zu helfen (ebda., S. 41). Vgl. auch RTA 5, S. 367 f.

Stadtarchiv Trier im Zusammenhang mit weiteren Urkunden zum Verhältnis von Stadt und Klerus überliefert[182].

Bei den Auseinandersetzungen von 1428 um die Reform des Domkapitels[183] ist eine Beteiligung der übrigen städtischen Geistlichkeit im Sinne des Kapitels nicht zu erkennen. Die Dekane der Stifte St. Paulin und St. Simeon und der Prior der Kartause St. Alban übernahmen allerdings vermittelnde Funktionen[184]. St. Matthias mit dem von Otto von Ziegenhain geförderten Reformabt Johannes Rode und einer bereits in dessen Sinne veränderten und sich verändernden Zusammensetzung stand wohl weniger auf der Seite der opponierenden Domherren[185]. Demgegenüber kann für einen größeren Teil des St. Maximiner Konvents eine distanziertere Position gegenüber Otto angenommen werden, der im Zusammenhang mit seiner Klosterreform von 1427 sogar zur Inhaftierung von Mönchen geschritten war[186]. Mit einer Umbesetzung in der Spitze des Klosters wurden ebenfalls in St. Martin sowie in St. Marien ad martyres 1427/28 Reformmaßnahmen durchgeführt, wobei von einem solchen Widerstand wie in St. Maximin hier freilich nichts bekannt ist[187].

Bei den wenige Jahre später erfolgenden Auseinandersetzungen um die Neubesetzung des Erzbischofsstuhls sind wir dank der Quellenaussagen und der Forschungsarbeit – besonders von *Erich Meuthen* – über die Haltung des Sekundarklerus recht gut unterrichtet. Wenn auch wie bei früheren Auseinandersetzungen gewiß von großer Bedeutung persönliche Beziehungen gewesen sind und unterschiedliche Parteinahmen bewirkt haben, lassen sich doch Parallelen zwischen der Position des Kapitels und der übrigen Geistlichkeit in seiner Umgebung erkennen. Von den Klerikern, die zu Beginn des Jahres 1432 – als die meisten Domherren noch Ulrich unterstützten – Johannes Rode und Nikolaus von Kues als ihre Prokuratoren vor den Konzilsvätern ernannten, gehörten die

---

182 Vgl. *Rudolph*, Quellen, Nr. 131, S. 393 Anm. 1; entsprechend deutet auch *Heit*, St. Maximin, S. 140. Auf Spannungen mit der Stadt wie eine Immunitätsverletzung 1403 wurde bereits hingewiesen.

183 Vgl. die Ausführungen in anderen Abschnitten, insbesondere zu Papst u. EB, S. 231 u. 274.

184 Vgl. Gesta Trevirorum 2, S. 314; *Brower-Masen*, Antiquitatum 2, S. 271; *Lager*, Otto von Ziegenhain, S. 31. Es handelte sich um den Dekan Johann Cruchter von St. Paulin (vgl. zu ihm *Heyen*, St. Paulin, S. 625 f.).

185 Zu Johannes Rode vgl. insbesondere *Becker* (wie Anm. 91a); zu Otto von Ziegenhain u. seinen Reformversuchen S. 4–10.

186 Vgl. *Marx*, Erzstift 3, S. 120; *Kentenich*, Geschichte Trier, S. 291; *Becker* (wie Anm. 91a), S. 13–21, *Heit*, St. Maximin, S. 140. Wenn auch Abt Lambert von Sachsenhausen und der größte Teil des Konvents sich unterwarfen, hat die Rebellion in St. Maximin dennoch länger gedauert; der Professe Konrad von Bömmersheim wurde erst 1428 VIII 11 freigelassen. Vgl. im Zusammenhang mit der Reform Ottos auch: *Petrus Becker*, Dokumente zur Klosterreform des Trierer Erzbischofs Otto von Ziegenhain (1418–1430). Übereinstimmung und Gegensatz von päpstlicher und bischöflicher Reform, in: Revue Bénédictine 84 (1974), S. 126–166.

187 Vgl. *Becker* (wie Anm. 91a), S. 15, 20.

353

meisten zu den Institutionen des Oberstifts. Dort waren aber auch jene Geistlichen bepfründet, die als erste ebenso wie wenig später die Kapitelsmehrheit von dem Manderscheider abfielen, während er sich im Koblenzer Raum länger behaupten konnte[188]. Ansätze einer gemeinsamen Anpassung der Trierer Stifte und Klöster an die veränderte Lage sind unverkennbar, wobei sicherlich die Situation in der Stadt eine Rolle gespielt hat[189]. Daß die Bürger die Manderscheidsche Fehde zu einem gegen kirchliche Interessen gerichteten Vorgehen nutzten, zeigt sich an der Zerstörung des Suburbiums von St. Maximin im Jahre 1434[190].

Im Zusammenhang mit den Auseinandersetzungen zwischen Stadt und Klerus nach der Fehde wurde 1437 ein Bund der Klöster und Stifte geschlossen, der sich diesmal ausdrücklich gegen die Bürger richtete[191]. Jede der sieben Kirchen schloß sich an, auch St. Matthias, das 1433 von der Stadt noch besondere Vergünstigungen erhalten hatte[192]. Von der Formulierung her knüpfte die auf zehn Jahre befristete Einung nicht an die früheren, allgemeiner formulierten Zusammenschlüsse an[193], sondern bezog sich speziell auf die aktuellen Übergriffe gegen Personen und Besitz der Geistlichkeit durch die Bürger[194]. Beschlossen wurden Kontributionen zur gemeinsamen Verteidigung[195], ferner zur größeren Effektivität die Ernennung

---

188 Vgl. *Meuthen*, Trierer Schisma, S. 104; vor allem aber *ders.*, Oboedienzlisten. Die etwa zwanzig Kleriker, die am 21. April desselben Jahres Prokuratoren für eine Gehorsamserklärung an Raban einsetzten, stammten von St. Maximin, St. Marien ad martyres, St. Martin, St. Paulin, St. Simeon, den Frauenklöstern, aus dem Burdekanat und den angrenzenden Dekanaten; darunter befanden sich auch Geistliche von Liebfrauen und Domvikare (*Meuthen*, Trierer Schisma, S. 117). Meuthen betont zwar, daß sicherlich nur ein Teil des Oberstifts vertreten war; dennoch mißt er diesem Umschwung Signalcharakter bei. Im Verhalten des Domkapitels läßt sich wenig später, wie bereits ausgeführt wurde, ebenfalls eine Änderung erkennen; seit Sommer 1432 zeichnet sich ein Abschwenken ab (ebda., S. 145).
189 Am 11. April, also kurz vor dem genannten Prokuratorium, war die Bannbulle gegen Ulrich angeschlagen worden (vgl. ebda., S. 117 f.). Zur Angleichung der Haltung von trierischen Kirchen und Stadt vgl. auch *Heit*, St. Maximin, S. 148. Ulrich von Manderscheid rächte sich an den Abgefallenen (vgl. *Meuthen*, Trierer Schisma, S. 120 f.).
190 Vgl. hierzu *Heit*, St. Maximin, bes. S. 149.
191 STATR Urk. E 10; LHAKO Abt. 1 D Nr. 977; BATR Abt. 95 Nr. 311 fol. 55–58.
192 *Rudolph*, Quellen, Nr. 121.
193 Freilich wurde auf die alte Einung Bezug genommen, die auch nach Erlöschen dieses Bundes Gültigkeit behalten sollte.
194 Ausgeklammert von gemeinsamer Regelung wurden die Forderungen, die die Bürger „van schulden unsers hern domdechen und capitel zom doem vorg. gelyden und ouch an uns gedayn haynt", eine separate Regelung sollte auch erfolgen wegen der schweren Schäden, die durch Brand, Abbruch und Schleifung von kirchlichen Gebäuden im Vorstadtgebiet entstanden seien, ein deutlicher Hinweis auf die erwähnten Vorgänge in der Manderscheidschen Fehde.
195 Zuerst war zu zahlen wie bisher üblich. Sollte mehr Geld nötig sein, hatte das Domkapitel 7 Pfennig, St. Maximin 6, St. Matthias 5, St. Maria ad martyres 3, St. Martin 1$^1/_2$, St. Paulin 3 und St. Simeon 3 Pfennig zu zahlen. Andere in der Vereinigung befindliche Kirchen sollten nach Maßgabe der sieben Stifte u. Klöster bzw. deren Beauftragten zahlen.

besonders beauftragter Personen[196]. Bei weiterem feindlichem Verhalten der Stadt wurde ein Auszug der Geistlichkeit angedroht, der dann auch offenbar ausgeführt wurde[197]. Gegen Ende des Jahres wurden verschiedene Prokuratoren ernannt[198]. Auf den weiteren Verlauf der Auseinandersetzung, insbesondere die Einigung von 1440, braucht nicht mehr erneut eingegangen zu werden[199]. Auch hier traten die sieben Kirchen gemeinsam auf[200]. Bei den heftigen Kontroversen seit Mitte der vierziger Jahre des 15. Jahrhunderts zwischen Jakob von Sierck und einer Opposition im Kapitel, die schwere Vorwürfe gegen ihn erhob[200a], konnten sich die Gegner des Erzbischofs anscheinend auf eine Anzahl von Anhängern aus dem Diözesanklerus stützen. Beide Seiten versuchten, die anderen Kirchen für sich zu gewinnen[201]. Bei den Auseinandersetzungen wurden unter anderem auch Güter und Einkünfte des Klosters St. Maximin in Luxemburg in Mitleidenschaft

---

196 Ernennen sollten das Domkapitel zwei, die vier Äbte drei und die Kapitel von St. Paulin u. St. Simeon zwei Personen. Diese sollten wieder einen Präsidenten wählen. Weiterhin sollte jede Institution noch zwei weitere Personen wählen, die den genannten sieben auf Aufforderung zur Beratung zur Verfügung stehen sollten. Aufenthaltsort der sieben: die Trierer Gegend; falls kein Krieg im Stift sei, in der Nähe von Bernkastel, sonst in Wesel oder Boppard.
197 Vgl. *Heyen*, St. Paulin, S. 256 f.
198 LHAKO Abt. 1 A Nr. 4202 v. 1437 XII 29. Hierzu zählte auch Jakob v. Sierck.
199 Vgl. die Ausführungen zur Stadt u. Domgeistlichkeit, S. 103 f.
200 Zu speziellen Übergriffen der Stadt gegen die Märkte von St. Maximin u. St. Paulin und die „in dem Mare" wohnenden Leute vgl. *Rudolph*, Quellen, Nr. 135 b, Art. 3 f.
200a Vgl. oben S. 253. Aus dem Jahre 1447 datieren Lager offenbar unbekannt gebliebene Äußerungen des Dekans Schilz (Egid) von Kerpen, in denen er sich (vorübergehend) von seiner bisherigen Oppositionshaltung distanziert (allerdings war eine Gefangennahme durch Anhänger des Erzbischofs vorausgegangen; vgl. hierzu auch *Lager*, Jakob von Sirk, TA 5, 1900, S. 10). Er liefert hier eine spektakuläre Begründung, warum er sich gegen Jakob von Sierck an Friedrich von Sötern und Adam Foil von Irmtraud angeschlossen habe. Hiernach hätten diese fälschlicherweise verbreitet, der Erzbischof habe die Absicht, das Stift dem Bruder des Pfalzgrafen, Ruprecht, zu überstellen und verbunden damit sich selbst von den Einkünften als „Leibgeding" 16000 rh. fl. und etliche Burgen und Städte mit dazugehörigen Ansprüchen und Rechten vorzubehalten und auch seinem Bruder bzw. der Herrschaft Sierck/Montclair weitere Besitzungen und den „nuwen geworben tornis" zukommen zu lassen (LHAKO Abt. 1 D Nr. 1097). Interessanterweise spielte Ruprecht beim Streit um die Nachfolge Jakobs 1456 dann tatsächlich eine Rolle (*Lager*, Johann II. von Baden, S. 7 f.).
201 Vgl. *Lager*, Jakob von Sirk, TA 5 (1900), S. 8. Für die Opponenten vgl. etwa das Schreiben an die Stifte Karden und Münstermaifeld (LHAKO Abt. 1 D Nr. 1044). Auf die Aufforderung des Kapitels an die sechs Kirchen, gegen die Rebellen vorzugehen, bat der Abt von St. Maximin für den angeblich recht schwierigen Fall um Bedenkzeit (LHAKO Abt. 1 D Nr. 1038 v. 1445 IV 5). Teilweise nahmen die Prälaten auch vermittelnde Funktionen ein. Als Schiedsrichter fungierte unter anderem der Abt von St. Matthias, Johannes Rode. Zur Einschaltung von geistlichen Institutionen Triers wie des Mainzer u. Kölner Kapitels etwa LHAKO Abt. 1 D Nr. 1032, 1047, 1051; BATR Abt. 40,2 Nr. 4 S. 16 f.

gezogen[202]. Sicherlich spielte insgesamt die unterschiedliche Bindung an die Siercker und die von ihnen betriebene Politik eine Rolle.
Für das Verhalten der kirchlichen Institutionen bei Krisensituationen muß überhaupt jeweils die spezifische Interessenlage ihrer Mitglieder beachtet werden. Ein Zusammenwirken und eine gewisse Homogenität im Verhalten ergab sich dann am ehesten, wenn eine gemeinsame starke Bedrohung von außen, etwa durch Geldforderungen von Papst oder König oder durch Übergriffe der Stadt, auftrat. Bei stärker personalbezogenen Streitigkeiten wie der Besetzung von Kirchenstellen kam es dagegen leicht zu parallelen internen Spannungen in verschiedenen Kirchen, wobei je nach persönlicher Zusammensetzung das Gewicht der einzelnen Gruppen unterschiedlich sein mußte.

7. Zusammenfassung

Die Beziehungen des Domkapitels zu den geistlichen Institutionen in seiner Umgebung sind von unterschiedlicher Intensität gewesen. Sie hingen wesentlich von der räumlichen Nähe, aber auch vom Rang, der Verfassung und der persönlichen Zusammensetzung der jeweiligen Kirche ab.
Ein besonderes Gewicht in fast allen Bereichen kam den beiden Kollegiatstiften und den vier Benediktinerklöstern Triers zu. Von den außerhalb des Stadtbereichs gelegenen Kirchen waren für das Kapitel vor allem weitere Stifte in der Diözese bedeutsam, in denen Trierer Domherren bepfründet waren. Ein Zusammenwirken des Domklerus mit der Geistlichkeit anderer Domstifte war bisweilen gegeben, wobei jedoch nur die Kapitel der rheinischen Erzbistümer und nicht die der Trierer Suffragane in Erscheinung treten. Von den auswärtigen Klöstern ist vor allem die Zisterzienserabtei Himmerod in der Eifel zu nennen.
Bei den Beziehungen einzelner Kapitelspersonen, die sich auch in ihren auswärtigen Kanonikaten sowie ihren Stiftungen äußern, macht sich die unterschiedliche regionale Herkunft bemerkbar.
Eine gewisse Vorrangstellung des Domkapitels ergab sich im rechtlichen Bereich durch Konsensrecht und Sedisvakanzverwaltung und auf dem religiösen Sektor durch die zentrale Rolle der Domkirche. Auch für Grundbesitz und „Kapitalmarkt" deutet sich eine Überlegenheit des Kapitels an, das als Geldgeber fungierte, während Belege für eigene Veräußerungen fast gänzlich fehlen.
Trotz einer gewissen Führungsposition des Kapitels standen ihm freilich die anderen bedeutenden Kirchen Triers und des Erzstifts kaum nach; ihre Selbständigkeit wurde auch durch das Kapitel kaum betroffen. Wenn ihre Interessen bedroht waren, scheuten sie Auseinandersetzungen mit den Domherren nicht; auf

---

202 Vgl. STATR 1644/380 4°, S. 506–513.

der anderen Seite stellte natürlich die Zusammenarbeit mit dem Kapitel eine wichtige Hilfe gegen die Bedrohung durch andere dar.
Intensivierung der Kontakte oder voneinander unabhängiges Handeln hingen nicht zuletzt von den exogenen Faktoren ab.

Schlußbemerkungen

Nach der Darstellung des Verhältnisses zwischen dem Domklerus und einzelnen weltlichen und geistlichen Herrschaftsträgern und Institutionen sollen die abschließenden Bemerkungen einer Zusammenfassung dienen, dabei aber stärker das Aufeinandertreffen wechselseitiger Einflüsse in den angesprochenen Bereichen berücksichtigen. Die Einbindung der Trierer Domgeistlichkeit in ein umgebendes Herrschafts- und Sozialgefüge soll auf diese Weise erneut und weiter verdeutlicht werden.

Die Grenzen des Einzugsgebietes für das Kapitel umfassen einen weiten, unterschiedlich orientierten Raum. Innerhalb der Untersuchungszeit lassen sich Wandlungen in der Herkunft der Domherren erkennen, die mit Veränderungen im Machtgefüge wie dem Niedergang des Luxemburger Grafenhauses im Westen und territorialen Verschiebungen am Ober- und Mittelrhein, insbesondere auch einer Schwerpunktverlagerung des Erzstifts nach Osten, einhergehen. Solche Tendenzen änderten freilich nichts daran, daß die Herkunft und die personellen Verbindungen der einzelnen Domherren weiterhin stark differierten[1]. Dies machte sich bemerkbar besonders bei den wichtigsten politischen Entscheidungen, an denen das Kapitel beteiligt war, den Besetzungen des Erzbischofsstuhls. Die Domherren beanspruchten hierbei das alleinige Wahlrecht, die Wahlen fielen jedoch häufig zwiespältig aus. Die gegenüberstehenden Kandidaten und Kapitelsparteien lassen sich teilweise der jeweiligen Mächtekonstellation zuordnen, König und Territorialherren bezogen – bisweilen direkt – Stellung. Als Entscheidungsinstanz fungierte der Papst, der in einigen Fällen über die Kapitelsbefugnisse hinweg ihm genehme oder von nahestehenden Personen bzw. Mächten empfohlene Erzbischöfe einsetzte. Das Wahlrecht des Kapitels ist also in der Praxis mehrfach nicht zum Tragen gekommen; die unterschiedliche persönliche Orientierung der einzelnen Kanoniker – in starkem Maße durch Herkunft und verwandtschaftliche Beziehungen bedingt – stand allzuoft einem geschlossenen Auftreten entgegen.

Für Verbindungen von Trierer Domherren zu ihren Angehörigen und gemeinsames Handeln findet sich eine Reihe von Belegen. Insbesondere wirkten sich verwandtschaftliche Verknüpfungen auf die Zusammensetzung des Kapitels aus; die dort vertretenen Adeligen waren selbstverständlich bemüht, vor allem ihnen nahestehenden Personen freiwerdende Kanonikate zukommen zu lassen. Die

---

1 Vgl. Teil 2 zum Herkunftsgebiet.

Trierer Erzbischöfe im Untersuchungszeitraum entstammten ebenfalls meist diesem – relativ geschlossenen – Kreis von Adeligen und nahmen vor ihrer Erhebung Würdenstellen im Kapitel ein. Durch ihre z. T. erfolgreichen Bemühungen, Verwandten oder Günstlingen zu Kanonikaten zu verhelfen, suchten sie ihren Einfluß im Kapitel zu verstärken. Die Könige und Päpste waren an den Trierer Angelegenheiten nicht ständig interessiert, auch sie hatten jedoch ihre speziellen Kontaktpersonen unter den Domherren, die sie bisweilen mit Aufgaben betrauten und auch in ihrer Karriere förderten. Dies geschah ebenso durch einen Landesherrn wie Johann von Böhmen.

Die rechtliche Sonderstellung des Kapitels in verschiedenen Bereichen brachte den Domherren politischen Einfluß und wirtschaftliche Vorteile, barg aber auch Konfliktstoffe. Durch den besonderen Gerichtsstand und die Steuerfreiheit des Klerus kam es zu Schwierigkeiten mit bürgerlichen Kreisen; dabei gelang es diesen, vor allem bei Rechten, die ihre wirtschaftlichen Interessen berührten, gegenüber der Geistlichkeit Fortschritte zu erzielen. Das alleinige Wahlrecht bei der Besetzung des Erzbischofsstuhls eröffnete dem Kapitel die Möglichkeit, den späteren Landesherrn durch entsprechende Auflagen vor seiner Erhebung an sich zu binden und sich weitere Rechte garantieren zu lassen, in die Praxis wurden sie freilich nicht immer umgesetzt, und gelegentlich gab es deswegen Spannungen. Die Sedisvakanzrechte des Kapitels ließen dieses vorübergehend in die Funktion des Landesherrn einrücken, wobei es allerdings zu Gehorsamsverweigerungen kommen konnte, wie es in der Manderscheidschen Fehde geschah. Rechtliche Möglichkeiten, in fremde Belange einzugreifen, hatte das Kapitel ansonsten kaum; es gelang ihm aber auch, eine Einmischung durch Laien und Sekundarklerus in die eigenen Angelegenheiten weitgehend auszuschalten. Die kirchliche Hierarchie bedingte freilich eine Abhängigkeit von Verfügungen der Erzbischöfe oder Päpste, gegen die es bisweilen Widerstände bei den Domherren gab.

Die breite Streuung des Kapitelbesitzes brachte vor allem in entlegeneren Gebieten oder bei Konkurrenz mächtiger Herrschaftsträger Gefährdungen mit sich, z. T. wurde von weltlicher Seite versucht, Ansprüche – bis ins 14. Jahrhundert etwa über die Vogtei – gegen die Domherren auszunutzen. Zu Streitigkeiten um Besitz und Rechte kam es immer wieder, auch zwischen Kapitel und anderen geistlichen Institutionen. Die überlieferten Besitzveränderungen lassen eine große wirtschaftliche Potenz des Kapitels erkennen. Domherren und Domgeistlichkeit erwarben zahlreiche Liegenschaften und Einkünfte von Adeligen, geistlichen Personen und Gemeinschaften, besonders aber auch von Bürgern der Stadt Trier oder Einwohnern anderer Orte hinzu. Auch Erzbischöfe waren gerade in späterer Zeit gezwungen, Einkünfte an Domgeistliche zu überlassen. Kapitel und Domherren scheinen zumindest hiernach nicht entscheidend von einer Wirtschaftskrise im Spätmittelalter betroffen. Der aktiven Bilanz stehen zwar nahezu keine Verkäufe, allerdings einige kurzfristige Verschuldungen gegenüber. Darüber hinaus sind auch die Belege für Verpachtungen relativ zahlreich, wobei dies jedoch mit einer auf Rentengrundherrschaft tendierenden Wirtschaftsweise zusammenhängen dürfte. Eine Belastung für die Domherren stellten finanzielle Forderungen durch König, Papst oder Erzbischof dar, wobei die Domherren jedoch mehrfach die Zahlungen verweigerten oder nur Teilsummen abführten, z. T. sich auch mit dem weiteren betroffenen Klerus zusammenschlossen.

Als religiöser Mittelpunkt führte der Dom regelmäßig einen Teil des Klerus und der Einwohnerschaft der Stadt wie auch der Umgebung zusammen. Dabei sind vor allem enge Beziehungen zwischen dem Kapitel und den alten Stiften und Klöstern der Stadt zu erkennen, die auch von Trierer Domherren in ihren Testamenten in besonderer Weise bedacht wurden. Die Erzbischöfe nahmen im Spätmittelalter nicht mehr so häufig wie früher an gottesdienstlichen Veranstaltungen im Dom teil, wie sich auch aus ihren Legaten und der Wahl des Begräbnisortes eine z. T. stärkere Bindung an andere Kirchen erkennen läßt. Das religiöse Interesse bürgerlicher Kreise am Dom kommt unter anderem in einer Stiftungstätigkeit zum Ausdruck, die zunächst vor allem von Angehörigen der alten städtischen Führungsschicht, im 14. Jahrhundert stärker von den in ihren Kreis einrückenden, aufgestiegenen Bürgern ausging. Der Stadt war sehr an der Erhaltung der Reliquien des Doms gelegen, wobei jedoch nicht nur religiöse, sondern auch wirtschaftliche Motive zu berücksichtigen sind. Der laikale Adel scheint dagegen wenig religiöses Interesse am Dom gehabt und das Kapitel hauptsächlich als Versorgungsinstitut und politisches Instrument betrachtet zu haben; Stiftungen durch Adelige sind kaum überliefert. Schenkungen sind überhaupt in erster Linie durch die Trierer Erzbischöfe – vor allem in früherer Zeit – und durch Domherren und Domgeistlichkeit selbst erfolgt, die aber auch jeweils anderen nahestehenden geistlichen Institutionen z. T. beträchtliche Legate zukommen ließen.

Bei den verschiedenen größeren Konflikten werden Parteiverhältnisse im Kapitel und Bindungen der einzelnen Domherren zu bestimmten Herrschaftsträgern dann besonders sichtbar, wenn sich Polarisierungen parallel zu solchen in der Konstellation der beteiligten Mächte ergaben. Gemeinsame äußere Bedrohungen führten andererseits zu einem solidarischen Verhalten und überdeckten bestehende Gegensätze. Die Bedeutung der Außenbeziehungen für das Verhalten der Kanoniker ist gerade in den Krisensituationen zu erkennen.

Eine Abhängigkeit der Intensität der Beziehungen des Kapitels und einzelnen weltlichen und geistlichen Mächten, Personen und Institutionen von der räumlichen Entfernung liegt auf der Hand. Für das Verhältnis zum Königtum ist dabei die Randlage des Erzstifts im Reich zu berücksichtigen. Zum selten im trierischen Gebiet weilenden König bestanden so außer unter dem Luxemburger Karl IV. kaum Kontakte; Einflüsse des französischen Königtums auf das Domkapitel sind aber noch weniger festzustellen. Mit den wichtigen Territorialherren im trierischen Einzugsbereich – wie den Grafen bzw. Herzögen von Luxemburg –, dem Adel des Umlandes und der Stadt Trier gab es dagegen viele Berührungspunkte. Eine entsprechende Abstufung gilt für Papst und Erzbischof, wobei jedoch das Papsttum nicht zuletzt durch die vom regionalen Bereich ausgehenden Initiativen stärker als das Königtum auf das Kapitel einwirkte. Auch bei den verschiedenen weiteren geistlichen Institutionen ist die räumliche Entfernung für den Grad der Beziehungen von Belang gewesen.

Entscheidend für die Art und das Ausmaß der Abhängigkeit war darüber hinaus der unterschiedliche Stellenwert im Herrschafts- und Sozialgefüge. Durch die mit hohem Rang, entsprechenden rechtlichen Möglichkeiten und bestimmten Machtmitteln ausgestatteten Könige und Päpste hatte das Kapitel mehrfach – vor allem im Zusammenhang mit Bistumsbesetzung, Kanonikatsvergabe und in finanzieller Hinsicht – Eingriffe und Forderungen hinzunehmen, konnte aber selbst kaum Einfluß nehmen. Die von diesen übergeordneten Mächten wahrgenommene Schutzfunktion und die Rolle als Entscheidungsinstanz deuten ebenfalls eine einseitige, hier aber aus der Sicht der Domherren positiv zu nutzende Abhängigkeit an.

Der soziale wie räumliche Abstand zwischen dem Domkapitel und dem Erzbischof, weiteren Landesherren und Adel ist dagegen geringer, die Beeinflussung wechselseitig. Der Erzbischof hatte zwar eine Führungsposition inne und konnte diese auch zur Einwirkung auf das Kapitel nutzen, mußte aber selbst in einigen Bereichen eine Beeinträchtigung seiner Handlungsfreiheit hinnehmen. Herren von größeren und kleineren Territorien, einzelne Adelsfamilien nahmen zwar – durch personelle Verbindungen unterstützt – auf die Kapitelsangelegenheiten wie die Bistumsbesetzung und Vergabe von Kanonikaten Einfluß, Rechte der Domherren etwa im grundherrschaftlichen Bereich tangierten aber auch ihre Interessen. Zum Teil gab es zwischen Domherren, Adel und geistlichen Institutionen Konkurrenzstellung und Spannungen, häufiger aber auch Zusammenarbeit; die unterschiedliche Anbindung der einzelnen Kapitelsmitglieder trug zu Parteiungen im Kapitel bei.

Gegenüber den Trierer Bürgern versuchten die Domherren eine soziale Abgrenzung und die eigene privilegierte Stellung aufrechtzuerhalten. Der erstarkten städtischen Führungsschicht konnte zwar der Zugang zum Kapitel weitgehend verwehrt werden, es gelang den Bürgern jedoch im Laufe der Zeit und zum Teil unter heftigen Auseinandersetzungen, zumindest einen Teil der geistlichen Sonderrechte zu unterlaufen. Dies gilt insbesondere für den wirtschaftlichen Bereich, in dem das Interesse der Domgeistlichkeit an der Stadt recht stark ausgeprägt war, fand sie dort doch eine Umsatzmöglichkeit für ihre Naturalienüberschüsse wie auch eine Anlagemöglichkeit für das erworbene Kapital.

Besonders gut faßbar wird die Bedeutung räumlicher wie sozialer Distanz bei den Kontakten des Domkapitels zu den übrigen geistlichen Institutionen. Eine deutliche Abstufung ist in den Testamenten der Domherren zu erkennen. Aber auch in anderen Bereichen kommt den alten Klöstern und Stiften der Stadt und des Erzstifts, die in Rang und Zusammensetzung dem Domkapitel nahestanden, erhöhte Bedeutung zu, während andere Kirchen eine untergeordnete Rolle spielten. Eine stärkere Bindung ist allerdings dort gegeben, wo das Domkapitel oder einzelne seiner Mitglieder auf Grund besonderer Rechte Einflußmöglichkeiten besaßen (etwa Pfarrkirchen) oder Domherren bepfründet waren. Die

Kontakte zu anderen Domkapiteln sind zwar personell vorhanden, ansonsten aber – wohl nicht zuletzt auf Grund der Entfernung – kaum ausgeprägt. Dies gilt insbesondere für die Suffraganbistümer, während es mit den rheinischen Kapiteln bei gemeinsamer Bedrohung bisweilen zu einer Abstimmung zwecks Gegenmaßnahmen kam.

Insgesamt hat die Darstellung wohl zeigen können, daß es wichtig ist, eine geistliche Institution wie das Trierer Domkapitel nicht nur in ihrer Verfassung und Organisation bzw. ihrer ständischen Zusammensetzung zu betrachten. Bei der Behandlung der – bisher noch nicht genügend beachteten – Frage nach Zusammenhängen zwischen s e i n e r Geschichte und der seines „Ambiente" unter Berücksichtigung sowohl der entscheidenden weltlichen als auch geistlichen Herrschaftsträger und Institutionen und im Bemühen, jeweils die unterschiedlichen Lebensbereiche und Kontaktzonen zu erfassen und zu einem Gesamtbild zusammenzufügen, hat sie eine ganze Vielfalt von Beziehungssträngen erkennen lassen, in die Kapitel und Domherren eingebunden waren und die ihre Existenz in nicht geringem Maße bedingten und beeinflußten. Dabei erscheint das Kapitel als keineswegs homogenes Gebilde, wie dies durch die herkömmliche, einseitig verfassungsgeschichtlich, aber auch die ständegeschichtlich ausgerichtete Forschung nahegelegt wird, die die zweifellos vorhandenen gemeinsamen Merkmale von Organisation und exklusiver personeller Zusammensetzung betonen. Der neue Ansatz hat deutlich machen können, in welch starkem Maße das Kapitel von Spannungsverhältnissen (einem „Spannungsfeld") geprägt war, die in starkem Maße mit seiner Funktion als adeliger Hochkirche, mit der Verquickung von kirchlichen und weltlichen Aufgaben, von religiösen und politisch-wirtschaftlichen Interessen zusammenhängen. Der kirchlichen Idee vom Kapitel als einer nach fester Regel harmonisch zusammenlebenden Klerikergemeinschaft wirkten die divergierenden Einzelinteressen der adeligen Mitglieder schon in der Frühphase entgegen. Das Abgehen von der „vita communis" und die weitgehende Aufteilung des Kapitelsvermögens – in Trier spätestens im 11. Jahrhundert – mit der Einrichtung des Pensionsystems sind in diesem Sinne Auflösungserscheinungen. Das Kanonikat mit seinen lukrativen Einnahmen wurde vom Adel als Versorgungsstelle für seine Söhne genutzt und bot diesen standesgemäßes Auskommen.

Darüber hinaus war das Domkapitel aber als nach Erzbischof bzw. Bischof wichtigstes Glied in der kirchlichen Hierarchie auf regionaler Ebene und bedeutendes Herrschaftszentrum ein gewichtiger Faktor im Kräftespiel geistlicher wie weltlicher Institutionen und Personen. Es konnte für diese die Rolle einer „Relaisstation" übernehmen, die Impulse aufnahm, umsetzte und weitergab. Das Funktionieren in diesem Sinne wurde freilich durch die Ansätze von verschiedener Seite erschwert, die Möglichkeiten des Kapitels und der Domherren für die eigenen Zwecke nutzbar zu machen. Die dabei von außen hineingetragenen widerstreitenden Interessen stellten ein Element dar, das den Zusammenhalt der Kanoniker entscheidend lockerte und teilweise sprengte. Die Untersuchung der Außenbeziehungen des Trierer Domkapitels hat gerade dies besonders deutlich werden lassen und damit vielleicht zu einem differenzierteren Bild von dieser Institution beitragen können. Zugleich hat die Kapitelsgeschichte dabei eine neue Dimension gewonnen. Das Kapitel erscheint als Brennpunkt politischer und gesellschaftlicher Kräfte und als Indikator für Kontinuität und Wandel im Herrschafts- und Gesellschaftsgefüge. Von hierher rechtfertigt sich die Beschäftigung mit diesem Untersuchungsgegenstand in besonderem Maße. Freilich ist zu betonen, daß entsprechende Fragestellungen auch auf andere Institutionen und Personenverbände angewendet werden können und wohl zu ähnlichen Ergebnissen führen. Für die Kapitelsgeschichte wäre sicherlich ein Vergleich der Zustände verschiedener Kapitel und weiterer geistlicher Institutionen aufschlußreich. Hierfür fehlen jedoch zur Zeit noch die Vorraussetzungen.